L'influence du droit international des droits de l'homme sur le droit des investissements

Logiques Juridiques

Fondée par Gérard Marcou

Dirigée par Jean-Claude Némery et Thomas Perroud

Le droit n'est pas seulement un savoir, il est d'abord un ensemble de rapports et pratiques que l'on rencontre dans presque toutes les formes de sociétés. C'est pourquoi il a toujours donné lieu à la fois à une littérature de juristes professionnels, produisant le savoir juridique, et à une littérature sur le droit, produite par des philosophes, des sociologues ou des économistes notamment.

Parce que le domaine du droit s'étend sans cesse et rend de plus en plus souvent nécessaire le recours au savoir juridique spécialisé, même dans des matières où il n'avait jadis qu'une importance secondaire, les ouvrages juridiques à caractère professionnel ou pédagogique dominent l'édition, et ils tendent à réduire la recherche en droit à sa seule dimension positive. À l'inverse de cette tendance, la collection « Logiques juridiques » des éditions L'Harmattan est ouverte à toutes les approches du droit. Tout en publiant aussi des ouvrages à vocation professionnelle ou pédagogique, elle se fixe avant tout pour but de contribuer à la publication et à la diffusion des recherches en droit, ainsi qu'au dialogue scientifique sur le droit. Comme son nom l'indique, elle se veut plurielle.

Dernières parutions

Adolphe KUMBA SHINDANO, *Introduction au droit congolais de la santé,* 2025.

Marcelle BONGRAIN, *Grands-parents, quels droits ?*, 2025.

Patrick MBOYO BAKAMBO, *La représentation des collectivités territoriales*, 2025.

Jean-Louis SABLON, *Violences et autres infractions sexuelles. Le droit de A à Z pour les connaître et les combattre*, 2025.

Vincent BENELBAZ, *Les doctrines du corporatisme : Vichy et les Républiques*, 2025.

Sous la coordination de Cristina Elena POPA TACHE, Elise Nicoleta VÂLCU et Cătălin-Silviu SĂRARU, *Droit international et intégration européenne, Perspectives de l'Europe centrale et orientale*, 2025.

Boubacar El Ide

L'influence du droit international des droits de l'homme sur le droit des investissements

L'économique au détriment du social ?

L'Harmattan

5-7, rue de l'École Polytechnique, 75005 Paris
http://www.editions-harmattan.fr
ISBN : 978-2-336-54174-7
EAN : 9782336541747

Cette étude est issue d'une thèse de doctorat soutenue à l'université Bourgogne Europe, sous les directions de M. Sébastien Manciaux et le professeur Mohamed Mahmoud Mohamed Salah. Au premier j'exprime ma reconnaissance et chez le second je salue le sens de l'écoute, la rigueur, la patience, la finesse d'esprit et le sens aiguisé du conseil. Qu'il en soit vivement remercié.

Ma famille occupe une place particulière au sein de ces lignes. Son soutien moral et intellectuel m'était une source d'énergie inépuisable.

J'exprime également ma gratitude à tous les amis rencontrés dans les universités et/ou dans les bibliothèques. Nos échanges parfois vifs mais toujours constructifs m'ont été d'une grande utilité et ont sans doute contribué à l'enrichissement de ce travail.

Enfin, je remercie toutes les personnes qui, de près ou de loin, d'une manière ou d'une autre, ont contribué à la réalisation de ce travail.

A « mon cher ami » Mohmamed Abdellahi Ould Boubacar
(10/12/1953 - 09/06/2023)

Sommaire

« Chaque ordre juridique forme un ensemble ayant une aire de diffusion spatiale, encore que même les plus territoriaux d'entre eux, ceux des États, ne se réduisent pas à la contrainte exercée sur un territoire déterminé »[1].

[1]. F. RIGAUX, « Les situations juridiques individuelles dans un système de relativité générale », *RCADI*, 1989, vol. 1, t. 213, p. 40, § 18.

Introduction

1. Le 28 juillet 2015, un tribunal constitué sous l'égide du CIRDI[1] juge, qu'en dépit de la pertinence du droit international de la protection de la personne, celui-ci demeure d'une portée marginale au sein du droit des investissements.[2] Un peu plus d'un an plus tard et toujours sous l'égide du CIRDI, un autre tribunal[3] juge que le droit international des droits de l'homme est une partie intégrante des obligations dont sont tenus les investisseurs[4]. Ces deux décisions interrogent sur la véritable place du droit international des droits de l'homme dans le droit des investissements. D'autant plus que dans la première décision, les droits de

[1]. CIRDI, *Bernhard von Pezold et autres c. la République du Zimbabwe*, aff. n° ARB/10/15, sentence du 28 juillet 2015.

[2]. CIRDI, *Bernhard von Pezold et autres c. la République du Zimbabwe*, précitée, § 465 *: « As to "margin of appreciation" and the Respondent's argument that it should be given a wide margin when determining what is in the Zimbabwean public interest, the Tribunal is of the opinion that due caution should be exercised in importing concepts from other legal regimes (in this case European human rights law) without a solid basis for doing so. Balancing competing (and non-absolute) human rights and the need to grant States a margin of appreciation when making those balancing decisions is well established in human rights law, but the Tribunal is not aware that the concept has found much support in international investment law. »*. Dans cette affaire, il était question d'une confiscation des terres à la suite d'une réforme agraire décidée par le gouvernement zimbabwéen, laquelle a débouché sur des expropriations dont les destinataires étaient des fermiers « blancs ». Alors que le Zimbabwé justifiait ladite réforme par l'État de nécessité, le tribunal décide qu'il était en réalité question d'une discrimination ne pouvant pas justifier l'état de nécessité (§ 467 : « *In any case, the Claimants have noted that neither the "margin of appreciation" nor the proportionality doctrine can be used to justify illegal conduct, such as a breach of an obligation erga omnes, by engaging in racial discrimination. As discussed below, there is ample evidence that the Claimants were targeted in the present case on the basis of skin colour.* ».

[3]. CIRDI, *Urbaser SA c. la République argentine*, aff. n° ARB/07/26, sentence du 8 décembre 216. Cette affaire est née de la menace d'une crise économique en Argentine à la suite de la dévaluation de la monnaie de ce pays. En l'espèce, des mesures ayant pour but de garantir à la population un service d'eau potable et consistant en une limitation des prix impactaient les attentes de la société *Urbaser*, laquelle a saisi le CIRDI pour l'occasion. En réaction, l'Argentine a déposé une demande reconventionnelle par le biais de laquelle, les arguments relatifs aux droits de l'homme ont été entendus.

[4]. CIRDI, *Urbaser SA*, précitée, § 1195 : « *The (...) international law accepts corporate social responsibility as a standard of crucial importance for companies operating in the field of international commerce. This standard includes commitments to comply with human rights in the framework of those entities' operations conducted in countries other than the country of their seat or incorporation.* ».

l'homme sont mobilisés pour défendre les droits de l'investisseur vis-à-vis de l'État alors que dans la seconde c'est pour asseoir les droits de l'État et de sa population vis-à-vis de l'investisseur. À ce stade, une chose semble certaine : le droit des investissements est ouvert aux droits de l'homme. Mais cette ouverture peut-elle être qualifiée d'« influence » ?

2. « *Action qu'exerce une chose, un phénomène, une situation sur quelqu'un ou quelque chose* »,[5] le terme influence a deux vertus au regard du sujet qui nous occupe. D'une part, il s'agit d'un vocable apte à placer l'étude sous l'angle du domaine censé produire des effets sur un autre domaine : « *l'influence de* ». Et d'autre part, il s'agit d'un vocable susceptible d'inciter à rechercher les impacts d'un domaine sur un autre : « *l'influence sur* ». La présente étude a comme point de départ le droit international des droits de l'homme qu'elle tente de tester à travers le droit des investissements[6] : « *L'influence du droit international des droits de l'homme sur le droit des investissements* ». De manière plus générale, il est question de savoir si le domaine dit *social* est apte à agir sur l'*économique*.

3. L'étude du droit des investissements peut amener à un constat. Celui de remarquer que ce droit est selon certains marqué par un déséquilibre quant aux droits conférés à ses principaux acteurs[7] que sont l'État et l'investisseur étranger[8]. Selon d'autres, il conviendrait de *« reconnaitre que dès l'instant où l'arbitrage a été mis en œuvre, il n'existe aucun déséquilibre structurel entre l'État et*

---

[5]. A. REY et J. REY-DEBOVE (dir.), *Le Petit Robert de la langue française*, éd. Le Robert, 2022, p. 1328.

[6]. Le terme influence peut en rappeler un autre duquel il se distingue nettement : rapport. Ce terme désigne à juste titre la « *relation qui existe entre plusieurs objets distincts et que l'esprit constate* » (*Ibid*, p. 2120), ce qui véhicule une sorte de neutralité au regard des objets étudiés et astreint à une simple opération de constative.

[7]. B. STERN, « L'entrée de la société civile dans l'arbitrage entre État et investisseur », *Revue de l'Arbitrage*, 2002, N° 2, pp. 329-345 ; ainsi que de la même auteure, « Un petit pas de plus : l'installation de la société civile dans l'arbitrage CIRDI entre État et investisseur », *Revue de l'Arbitrage*, 2007, N° 1, pp. 3-43 ; dans le même sens, P. JUILLARD, « Table ronde. Le système actuel est-il déséquilibré en faveur de l'investisseur privé étranger et au détriment de l'État d'accueil ? » *in* Ch. LEBEN (dir.), *Le contentieux arbitral transnational relatif à l'investissement. Nouveaux développements*, Louvain-la-Neuve, LGDJ, coll. Anthémis, 2006, p. 190 pour qui il « *y a un vrai déséquilibre* (...) *qui se situe dans le système conventionnel même.* » ; également, Ph KAHN, « Table ronde. Le système actuel est-il déséquilibré en faveur de l'investisseur privé étranger et au détriment de l'État d'accueil ? » *in* Ch. LEBEN (dir.), *Le contentieux arbitral transnational relatif à l'investissement. Nouveaux développements*, Louvain-la-Neuve, LGDJ, coll. Anthémis, 2006, pp. 193 et s.

[8]. A ces acteurs on peut légitimement ajouter la société civile, tant les rapports entre l'investisseur et l'État la touchent à certains égards. À titre d'exemple, sur le plan contentieux ou certaines associations interviennent de plus en plus dans les différends opposant l'État à l'investisseur, dans les domaines techniques en tant qu'*amici curiae* (CIRDI, *Ioan Micula et al. c. Roumanie,* aff. n° ARB/05/20, sentence du 11 décembre 2013). En ce sens, voy. P. MAYER, « Les arbitrages CIRDI en matière d'eau », in SFDI, *L'eau en droit international. Colloque d'Orléans*, Paris, éd. Pedone, 2011, pp. 172 et s ; Relativement aux acteurs du droit des investissements, voy. A. DE NANTEUIL, *Doit international de l'investissement*, Paris, éd. Pedone, 2017, 2ème éd., pp. 165-222.

l'investisseur, notamment sur le plan procédural».[9] Cette divergence semble présenter une dimension historique[10], mais appelle avant tout la vérification des champs où se manifestent potentiellement les divergences nées des relations entre l'État et l'investisseur.[11] Ces champs peuvent être recensés sous trois dimensions qu'il convient d'exposer tour à tour : la compétence *ratione personae* ; la compétence *ratione loci* ; et la compétence *ratione materiae.*

4. Concernant la compétence *ratione personae*, on sait que les investisseurs étrangers sont habilités à initier à l'encontre d'un État une procédure d'arbitrage en vertu d'un traité relatif à l'investissement[12], un contrat d'État, ou encore selon une loi nationale[13]. Pour ce qui est de la compétence *ratione loci*, les différends opposant un investisseur et un État-hôte peuvent être réglés sur le territoire de ce même État (devant les juridictions de ce même État), mais aussi, en dehors du territoire de cet État (devant les tribunaux institutionnalisés ou *ad hoc*). Quant à la compétence *ratione materiae*, c'est surtout le sens donné à la notion d'investissement qui en détermine la portée avec toutes les conséquences que cela comporte en termes de compétence pour la juridiction saisie. Ces trois éléments produisent des effets sur la capacité à agir des parties à un litige né d'une opération d'investissement, tant cette capacité à agir a connu une nette évolution que l'on pourrait même qualifier de « transformation ».

---

[9]. B. AUDIT, « Table ronde. Le système actuel est-il déséquilibré en faveur de l'investisseur privé étranger et au détriment de l'État d'accueil ? » *in* Ch. LEBEN (dir.), Le contentieux arbitral transnational relatif à l'investissement. Nouveaux développements, Louvain-la-Neuve, LGDJ, coll. Anthémis, 2006, p. 185 ; G. BURDEAU, « Table ronde. Le système actuel est-il déséquilibré en faveur de l'investisseur privé étranger et au détriment de l'État d'accueil ? » *In* Ch. LEBEN (dir.), *Le contentieux arbitral transnational relatif à l'investissement. Nouveaux développements*, Louvain-la-Neuve, LGDJ, coll. Anthémis, 2006, p. 187. L'auteure fait remarquer que du point de vue du contentieux État/investisseur, « *il ne s'agit pas d'un contentieux relatif aux obligations contractuelles des États, mais en réalité d'un contrôle de la légalité du comportement de l'État* ».

[10]. Ch. LEBEN, « L'évolution du droit international des investissements : un rapide survol », in Ch. LEBEN (dir.), *Le contentieux arbitral transnational relatif à l'investissement. Nouveaux développements*, Louvain-la-Neuve, LGDJ, coll. Anthémis, 2006, p. 18 ; sur le déséquilibre des relations État/investisseur, voy. H. GHERARI, « CIRDI : favorable aux investisseurs privés », in H. ASCENSIO et *al.* (dir.), *Dictionnaire des idées reçues en droit international*, Paris, éd. Pedone, 2017, p. 72. L'auteur relève qu'« *Il semble que la jurisprudence du CIRDI soit effectivement plutôt favorable aux investisseurs privés, même si toute généralisation est forcément hasardeuse et que des inflexions, inspirées par la prise en compte des intérêts légitimes de l'État, n'y sont pas totalement absentes. (...) En réalité, le CIRDI parait (et avec lui l'ensemble de l'arbitrage de ce type), (...), déséquilibré au détriment de l'État, et cela tant du point de vue du consentement à l'arbitrage que des règles de protection applicables sur le fond* ». La vérification de cette hypothèse est opérée par l'auteur à travers la notion d'investissement, le consentement à l'arbitrage, ainsi que la protection des investisseurs découlant des standards. Au bout du compte, il a été soutenu que la protection est effectivement en faveur de l'investisseur.

[11]. Lesquelles sont, il est vrai, la conséquence des règles qui régissent les rapports entre États et investisseurs, règles dont la plupart visent à protéger les investisseurs et leurs investissements.

[12]. CIRDI, *Asian Agricultural Products Ltd (AAPL) c. Sri Lanka*, aff. n° ARB/87/3, sentence du 27 juin 1990.

[13]. CIRDI, *SPP c. Égypte*, aff. n° ARB/83/4, décision sur la compétence du 14 avril 1988.

5. En effet, l'aptitude à saisir les juridictions, lorsqu'un investisseur étranger s'estimait lésé, revenait originellement à l'État de rattachement de celui-ci, et ce par la voie de la protection diplomatique[14]. Mais, les contrats d'États l'ont singulièrement étendue à l'investisseur étranger. Suivant la logique de ces derniers dans leur dynamique de détachement des différends investisseurs/États de la seule volonté de deux États[15], la Convention de Washington de 1965 créant le Centre international pour le règlement des différends relatifs à l'investissement (CIRDI)[16] a institué un mécanisme permettant à l'investisseur étranger de saisir directement un tribunal arbitral, sans qu'il soit besoin de recourir à son État d'origine[17] pour faire valoir ses droits[18]. Il faut dire que cet état de fait a poussé certains auteurs à envisager la question du consentement de l'État à l'arbitrage sous l'angle de la volonté de l'investisseur à travers des expressions telles qu'« *arbitrage unilatéral* »[19] ou arbitrage « *whithout privity* » (sans lien contractuel)[20], lesquelles ont été qualifiées d'expressions « *équivoques et trompeuses* ».[21]

6. À cela s'ajoute le fait que l'arbitrage d'investissement domine en la matière au détriment des juridictions de l'État-hôte. Cela se justifie par la considération

---

[14]. CPJI, *Concessions Mavrommatis en Palestine (gouvernement de la République hellénique c. gouvernement d'Angleterre)*, arrêt du 30 aout 1924, série A, n° 2, p. 12 : « *C'est un privilège élémentaire du droit international que celui qui autorise l'État à protéger ses nationaux lésés par un autre État, dont ils n'ont pu obtenir satisfaction par les voies ordinaires. En prenant fait et cause pour l'un des siens, en mettant en mouvement, en sa faveur, l'action diplomatique ou l'action judiciaire internationale, cet État fait, à vrai dire, valoir son droit propre, le droit qu'il a de faire respecter en la personne de son ressortissant le droit international.* » ; ainsi que CIJ, *Amadou Sadio Diallo (République de Guinée c. République démocratique du Congo)*, arrêt du 19 juin 2012, Rec. p. 324 ; En passant, notamment, par les affaires *Barcelona Traction* et *LaGrand*, respectivement, CIJ, *Barcelona Traction Light and Power Company (Belgique c. Espagne)*, arrêt du 5 février 1970, Rec. p. 33 et, CIJ, *LaGrand (Allemagne c. États-Unis)*, arrêt du 27 juin 2001, *Rec.* p. 466.

[15]. Celui dont est issu l'investisseur et celui qui accueille l'investissement.

[16]. Signée le 18 mars 1965 et entrée en vigueur le 14 octobre 1966. Disponible en plusieurs langues, la Convention est consultable sur en suivant le lien : https://icsid.worldbank.org/en/Pages/resources/ICSID-Convention-in-other-Languages.aspx.

[17]. Comme fut le cas avec la protection diplomatique.

[18]. Sur la question des contrats d'État, voy. Ch. LEBEN, « La théorie du contrat d'État et l'évolution du droit international des investissements », *RCADI*, 2003, t. 302, pp. 197-386 ; et du même auteur, « Quelques réflexions théoriques à propos des contrats d'États », in *Souveraineté étatique et marchés internationaux à la fin du 20ème siècle. À propos de 30 ans de recherche du CREDIMI. Mélanges en l'honneur de Philippe Kahn*, Paris, éd. Litec, 2000, pp. 119 et s ; P. WEIL, « Problèmes relatifs aux contrats passés entre un État et un particulier », *RCADI*, 1969, t. 128, pp. 94-240.

[19]. Voy. W. BEN HAMIDA, *L'arbitrage transnational unilatéral : réflexions sur une procédure réservée à l'initiative d'une personne privée contre une personne publique*, thèse dactylographiée, Université Paris II, 2003, 728 p.

[20]. Voy. J. PAULSON, « Arbitation Without Privity », *ICSID Review./Foreign Investment Law Journal*, 1995, pp. 232-257 ; Il faut cependant relever que cet état de fait risque, fort probablement, de changer, car les États sont de plus en plus réticents quant à la conclusion des traités d'investissement très favorables aux investisseurs. En ce sens, voy. J. CAZALA, « La défiance étatique à l'égard de l'arbitrage investisseur-État exprimée dans quelques projets et instruments conventionnels récents », in *JDI*, n° 1, 2017, p. 82.

[21]. B. AUDIT, « Table ronde », *loc. cit.*, note, p. 185.

selon laquelle l'arbitrage est plus adapté pour le règlement des différends entre États et investisseurs étrangers, car *a priori* « neutre » contrairement aux juridictions de certains États. Aussi, la définition de la notion d'investissement[22] joue un rôle prépondérant dans la détermination de la compétence de la juridiction saisie. Au bout du compte, la seule difficulté sérieuse posée en pratique, relativement aux problèmes soulevés par les rapports entre l'État d'accueil et l'investisseur, est celle de savoir si l'activité de l'opérateur économique (ou le pouvoir privé économique)[23] est réellement un investissement[24]. Là encore, l'objectif n'est pas difficile à atteindre, lorsqu'on sait que les arbitres ont adopté par le passé une vision libérale de la notion d'investissement[25]. Cependant, et la nuance est de taille, des incertitudes demeurent quant à la vision que peut retenir un tribunal donné de la notion d'investissement dans une affaire relevant du droit des investissements.

7. Inspirées de la doctrine, les définitions de la notion d'investissement sont tantôt rattachables à la conception classique, tantôt rattachables à la vision moderne. La première conception renvoie à trois critères d'identification[26] de l'investissement que sont l'apport, la durée et le risque.[27] La seconde met l'accent sur la contribution au développement de l'État d'accueil pour qu'une opération soit considérée comme un investissement[28].

8. Compte tenu des éléments qui précèdent, les repères du droit international classique semblent quelque peu brouillés par le droit des investissements, lequel

---

22. Qualifiée de maudite par un auteur, voy. W. BEN HAMIDA, « La notion d'investissement : notion maudite du système CIRDI ? », *Gazette du Palais*, 2007, spéc. p. 33.

23. Les termes désignant le fait que « *De simples personnes privées disposent d'un pouvoir de décision unilatéral, analogue sur le plan "matériel" a celui de la puissance publique* », sont empruntés à G. Farjat, « Les pouvoirs privés économiques », in *Souveraineté étatique et marchés internationaux à la fin du 20ème siècle. Mélanges en l'honneur de Philippe Kahn*, Paris, éd. Litec, 2000, pp. 613-661, spéc. p. 613.

24. Pour un exposé détaillé des différentes approches de la notion d'investissement, voy. S. MANCIAUX, *Investissements étrangers et arbitrage entre États et ressortissants d'autres États. Trente années d'activité du CIRDI*, Dijon, éd. Litec/LexisNexis, 2004, spéc. pp. 43 et s.

25. Ainsi, ont été dégagés comme critères d'investissements, la durée, l'apport, le risque et le développement du pays d'accueil : voy. CIRDI, *Salini Construttori SpA et Italstrade SpA c. Maroc*, aff. n° ARB/00/4, décision sur la compétence du 23 juillet 2001.

26. On peut certes se demander si l'énumération d'un certain nombre de critères est suffisamment apte à cerner un concept lorsqu'il s'agit de le définir, mais l'objectif étant son identification, se contenter de dégager des critères renseigne sans aucun doute sur la perception que l'on peut ou l'on doit en avoir.

27. Sur ce point, voy. E. GAILLARD, « Reconnaitre ou définir ? Réflexions sur l'évolution de la notion d'investissement dans la jurisprudence du CIRDI », in J. M. SOREL (dir.), *Le droit international économique à l'aube du XXIème siècle. En hommage aux professeurs Dominique CARREAU et Patrick JUILLARD*, Paris, éd. Pedone, coll. Cahiers internationaux, 2009, pp. 17-32, spéc. p. 20 ; S. MANCIAUX, « Actualité de la notion d'investissement international », in Ch. LEBEN (dir.), *La procédure arbitrale relative aux investissements internationaux. Aspects récents*, Louvain-La-Neuve, éd. LGDJ, coll. Anthémis, 2010, pp. 145-173. spéc. p. 169.

28. G. Delaume, « Le Centre International pour le règlement des Différends relatifs aux Investissements (CIRDI) », *JDI*, n° 4, 1982, pp. 775-843, spéc, p. 801.

fait place à des phénomènes nouveaux[29], allant tous dans le sens d'une meilleure protection de l'investisseur[30]. On peut cependant se demander si ce penchant est de nature à compromettre le rôle que le droit international des droits de l'homme assigne à l'État pour la protection des individus dont il a la charge. La réponse à cette question semble positive du côté de l'investisseur et, cela s'expliquerait par le fait que la protection de l'investisseur est la vocation première du droit des investissements[31] comme la protection de la personne est la vocation première du droit international des droits de l'homme. Il en résulte que l'investisseur est susceptible d'être protégé par les droits de l'homme en tant que personne, indépendamment de son statut d'investisseur.

9. Cependant, une nuance mérite d'être apportée. Si une définition doctrinale de la notion d'investissement peut donner des indications sur ce que serait éventuellement un investissement étranger, il est tout aussi important de rendre compte de la manière dont les tribunaux arbitraux compétents en la matière qualifient une opération d'investissement. À ce titre, il serait déraisonnable de jauger les sens que donnent les tribunaux arbitraux à la notion d'investissement, sans pour autant considérer, ne serait-ce qu'intuitivement, que l'investissement est « *une opération consistant pour un acteur économique à développer une activité économique — ou à y participer — par le biais d'un apport et dans l'espoir d'en retirer ultérieurement un revenu* »[32]. À cet égard, l'investissement se révèle être, de façon souple, l'opération économique répondant aux critères de durée, de gain pour le ou les personnes à l'origine de l'opération, et d'apport pour l'État d'accueil[33]. Un détour par les champs conceptuels de la notion d'investissement vise à rendre plus visibles les variations qui l'entourent dans le

---

[29]. Tant les États ont toujours été considérés classiquement comme les seuls sujets de droit international.

[30]. En ce sens, voy. P. WEIL, « L'État, l'investisseur étranger et le droit international : la relation désormais apaisée d'un ménage à trois », in *Écrits de droit international*, Paris, éd. PUF, pp. 409-423, spéc. pp. 410 et s.

[31]. Une nuance pourrait être apportée à ce propos, dans la mesure ou « *Droit des investissements et droits de l'homme peuvent entretenir des rapports de complémentarité, d'inspiration mutuelle et d'emprunt, ou de conflit. S'agissant des rapports de complémentarité, on peut en déceler, au moins, trois manifestations. La première est l'usage de deux mécanismes contentieux pour réaliser le même objectif: la protection des droits de l'investisseur* ». Voy. W. BEN HAMIDA, « Rapport introductif », in W. BEN HAMIDA, F. COULEE, *Convergences et contradictions du droit des investissements et des droits de l'homme : une approche contentieuse. Convergences and Contradictions between Investment Law and Human Rights Law: a Litigation Approach*, Paris, éd. Pedone, coll. Publications de l'Institut International des Droits de l'Homme, 2017, pp. 11-20, spéc. p. 16.

[32]. S. MANCIAUX, « Que disent les textes OHADA en matière d'investissement », *La revue de l'ERSUMA*, 2012, n° 1, spéc. p. 270.

[33]. Le critère de contribution au développement de l'État d'accueil a fait l'objet de vives contestations. Voy. F. HORCHANI, « Le développement au cœur de la définition de la notion d'investissement ? », in J. M. SOREL (dir.), *Le droit international économique à l'aube du XXIème siècle. En hommage aux professeurs Dominique CARREAU et Patrick JUILLARD*, Paris, éd. Pedone, coll. Cahiers internationaux, 2009, pp. 50-80, spéc. pp. 50 et s.

but de tirer des conclusions utiles à l'appréhension des manifestations des droits de l'homme dans ce type d'opérations.

10. Dès lors, il est important de faire la distinction entre deux types de définitions de la notion d'investissement[34]. La première, textuelle, renvoie aux législations nationales[35] et conventions internationales[36] et s'intéresse aux objectifs de l'instrument ainsi qu'à la volonté de ses auteurs. Et la seconde, arbitrale ou jurisprudentielle, s'inspirant souvent de la doctrine, vise à établir la compétence des arbitres pour trancher un différend relatif à l'investissement[37].

11. Au-delà des distinctions ci-dessus exposées, on peut remarquer que le point de discorde au sujet de la notion d'investissement reste celui de la contribution ou non de l'opération au développement de l'État-hôte. Il est légitime

---

[34]. Du fait de l'absence d'un sens univoque de la notion d'investissement dans les instruments internationaux, principalement la Convention internationale créant le Centre international pour le règlement des différends relatifs à l'investissement, cette notion connait des définitions tantôt subjectives, tantôt objectives. Les premières se rattachent à l'intention des parties au moment de la conclusion d'un traité relatif à l'investissement d'inclure ou d'exclure une opération du cadre de l'investissement. Les secondes sont de nature à exclure une opération du cadre de l'investissement dès lors que celle-ci ne répond pas à un certain nombre de critères, dont celui de l'apport, du risque, de la durée, du développement économique de l'État d'accueil. Et en dernier ressort, vise à établir la compétence du tribunal devant lequel le litige est porté. Voy. CIRDI, *Salini c. Maroc*, aff. n° ARB/00/4, décision du 23 juillet 2001 dans laquelle les arbitres ont élaboré une « conciliation » des critères doctrinaux et le développement de l'État d'accueil. Les premiers se matérialisant par la durée, le risque et l'apport ; et les seconds renvoyant à la contribution au développement de l'État d'accueil. Ainsi, certaines sentences sont favorables à une vision restreinte de la notion d'investissement, tandis que d'autres sont dans une logique opposée. En ce sens, voy. Respectivement, CIRDI, *MHS c. Malaisie*, aff. n° ARB/05/10, sentence du 17 mai 2007, spéc. §§ 123 et s ; CIRDI, *LESI c. Algérie*, aff. n° ARB/05//3 décision du 12 juillet 2006, spéc. §§ 80 et s.

[35]. Qu'il s'agisse d'une loi ou d'un code d'investissement.

[36]. Qu'il s'agisse d'un Traité bilatéral d'Investissement (TBI) ou d'un Accord multilatéral relatif à l'Investissement (AMI).

[37]. Pour des développements relatifs à la notion d'investissement, voy. Entre autres : S. MANCIAUX, *Investissements étrangers et arbitrage entre États et ressortissants d'autres États. Trente années d'activités du CIRDI*, Dijon, éd. Litec, coll. Travaux du CREDIMI, 2004, pp. 43 et s ; Du même auteur, « The Notion of Investment : New Controversies, *JWIT*, 2008, n° 4, pp. 443-466 ; Ch. OMAN, Les *nouvelles formes d'investissement dans les pays en développement*, Paris, éd. Études du Centre de développement de l'OCDE, 1984 ; A. BENCHENEB, « Sur l'évolution de la notion d'investissement », in *Souveraineté étatique et marchés internationaux à la fin du 20ème siècle. À propos de 30 ans de recherche du CREDIMI. Mélanges en l'honneur de Philippe Kahn*, Paris, éd. Litec, 2000, pp. 177-196. A. GILLES, *La définition de l'investissement international*, Bruxelles, éd. Larcier, 2012, 534 p ; Ph. KAHN, « Les définitions de l'investissement international », in J. M. SOREL (dir.), *Le droit international économique à l'aube du XXIème siècle. En hommage aux professeurs Dominique Carreau et Patrick Juillard*, Paris, éd. Pedone, coll. Cahiers internationaux, 2009, pp. 11-16 ; W. BEN HAMIDA, « La notion d'investissement : notion maudite du système CIRDI ? », *Gazette du Palais*, 2007, p. 33 ; I. FADLALLAH, « La notion d'investissement : vers une restriction à la compétence du CIRDI ? », in *Global Reflections on International Law. Commerce and Dispute Resolution. Liber Amicorum in honour of Robert Briner*, ICC Publishing, 2005, pp. 259-268; J. MATRINGE, « La notion d'investissement », in Ch. LEBEN (dir.), *Droit international des investissements et de l'arbitrage transnational*, Paris, éd. Pedone, 2015, pp. 135-160 ; N. RUBINS, "The Notion of "Investment" in International Investment Arbitration", in N. HORN (ed.), *Foreign Investment Disputes*, Kluwer Law International, 2004, pp. 283-324.

de dire à ce propos que non seulement l'investissement a vocation à être bénéfique pour l'État d'accueil, mais aussi pour l'investisseur lui-même[38]. Ces considérations se justifient, la première, par le fait que la logique des traités d'investissement va de pair avec celle de développement économique du pays intéressé ; et la seconde, par le fait que les investisseurs s'attendent à ce que leur investissement soit source de gains. Ainsi, l'investissement pourrait être défini comme l'opération économique visant à porter profit à son auteur tout en contribuant au développement de l'État sur le territoire duquel elle a lieu.

12. Cela étant, seront considérés comme investissements, toutes les opérations économiques qualifiées de telles dans la jurisprudence ou dans les traités relatifs à l'investissement ; et comme investisseurs, tous les acteurs économiques, personnes physiques ou morales, impliquées dans une activité économique de long ou moyen terme, tâchant de poursuivre leurs intérêts économiques sans compromettre ceux de l'État d'accueil.

13. Ainsi, seront retenues dans le cadre de ce travail les visions souples de la notion d'investissement afin d'éviter l'exclusion de certaines opérations qui mériteraient une telle qualification. Car, comme il a été dit plus haut, la notion d'investissement n'est consensuelle ni au niveau de la jurisprudence arbitrale[39] ni au niveau de la doctrine[40], et encore moins sur le plan conventionnel[41].

14. L'on est tenté d'affirmer qu'il y a dans le droit des investissements une dilution de l'*économique* dans le *juridique* en ce sens que les premières règles de protection des investisseurs sont un prolongement de la condition des étrangers et les règles les plus récentes sont celles qui visent, principalement, la protection des

---

[38]. Le fait même que les États tout comme les investisseurs soient liés par une même opération d'investissement en est un témoignage éloquent. Les premiers, par le canal de l'expression de la volonté à travers la conclusion des traités relatifs à l'investissement ; et les seconds, par le biais de la manifestation de la volonté qui se matérialise par le montage d'une opération d'investissement dans un pays étranger donné.

[39]. Sans qu'elles soient les seuls exemples, les affaires *Salini*, *MHS*, et *LESI*, précitées, en sont l'illustration.

[40]. Deux visions s'opposent à cet égard. Certains comme Georges Delaume considèrent que l'investissement se définit à travers la contribution au développement de l'État d'accueil d'investissement : G. Delaume, « Le Centre International pour le règlement des Différends relatifs aux Investissements (CIRDI) », *JDI*, n° 4, 1982, pp. 775-843, spéc. p. 802 ; et d'autres comme Emmanuel Gaillard, estiment que l'investissement repose sur les critères d'apport, de durée et de risque. Voy. E. GAILLARD, « Chronique des sentences arbitrales du Centre international pour le règlement des différends relatifs aux investissements (CIRDI) », *JDI*, n° 1, 1999, pp. 273-297, spéc. p. 292.

[41]. Le nombre croissant des traités d'investissement en est sans doute la cause. Selon le rapport de la CNUCED de 2017 sur l'investissement dans le monde, le nombre des accords relatifs à l'investissement a atteint 3324 (voy. CNUCED, Rapport sur l'investissement dans le monde — 2017. L'investissement et l'économie numérique. Repères et vue d'ensemble, Genève, éd. NU, 2017, p. xiii. À cela s'ajoute l'absence d'un accord unique ou général sur l'investissement, constituant un cadre général applicable à toutes les opérations d'investissement dans le monde. En ce sens, voy. C. CREPET DAIGREMONT, « Les sources du droit international des investissements », in Ch. LEBEN [dir.], *Droit international des investissements et de l'arbitrage transnational*, Paris, éd. Pedone, 2015, pp. 83-117, spéc. p. 104.

intérêts économiques de l'investisseur[42]. Une telle affirmation serait téméraire, car, comme on le sait, certains traités récents relatifs à la protection et la promotion des investissements se montrent de plus en plus ouverts aux droits de l'homme[43]. Mais si tel est le cas, on pourrait *a contrario*, relever sous un autre registre que les règles actuelles du droit des investissements sont celles qui visent à sortir du seul cadre de la protection de l'investisseur pour lui imposer des obligations[44], lesquelles auraient pour finalité « l'équilibrage » des relations entre États-hôtes et investisseurs, condition *sine qua non* de la garantie des droits individus dont les États ont la charge. Si le droit des investissements trouve certaines de ses sources dans le droit international des droits de l'homme[45], il a tout de même été renforcé,

---

42. On peut ici faire référence à la distinction entre les règles coutumières et les règles conventionnelles. Les premières se matérialisent par le traitement juste et équitable (TJE) et la pleine et entière protection et sécurité (PEPS), tandis que les secondes se manifestent à travers l'expropriation indirecte et la protection des attentes légitimes, lesquelles constituent une extension de la protection des investisseurs pour la simple et bonne raison qu'ils sont porteurs d'investissement. Voy. G. BURDEAU, « La clause de protection et de sécurité pleine et entière », *RGDIP*, 2015, n° 1, pp. 87-101, spéc. p. 87.

43. L'exemple le plus emblématique reste le modèle norvégien de protection et de promotion des investissements de 2007 qui prend largement en compte les droits de l'homme. Le modèle est consultable en suivant le lien : https://www.italaw.com/investment-treaties. On peut également se référer au chapitre 11 de l'ALENA que la doctrine est allée jusqu'à lui accoler le qualificatif « bizarre » en ce qu'il ne protège que les investisseurs et met à l'écart toute protection dont le bénéficiaire serait l'État ou encore les populations dont il a la charge (cité par W. BEN HAMIDA, « Rapport introductif », in W. BEN HAMIDA, F. COULEE [dir.], *Convergences et contradictions du droit des investissements et des droits de l'homme : une approche contentieuse. Convergences and Contradictions between Investment Law and Human Rights Law: a Litigation Approach*, Paris, éd. Pedone, coll. Publications de l'Institut International des Droits de l'Homme, 2017, pp. 11-20, spéc. p. 11 ; par ailleurs, pour une analyse récente de la question du rôle grandissant de l'éthique au sein du droit des investissements, voy. R. MAUREL, « L'éthicisation du droit international des investissements », in R. MAUREL, *Le droit international des investissements au prisme de l'éthique*, Paris, éd. LexisNexis, coll. Travaux du CREDIMI, 2021, pp. 3 et s.

44. La tendance vers cette prise en compte se fait sentir à travers un nombre croissant d'instruments de protection et de promotion des investissements. À titre d'exemple, le traité bilatéral d'investissement de 2016 liant le Qatar à l'Argentine qui comporte, en son article 12 (disponible sur le lien : http://investmentpolicyhub.unctad.org/IIA/MostRecentTreaties#iiaInnerMenu), des dispositions relatives aux droits de l'homme incombant à l'investisseur, et ce à travers la Responsabilité sociale de l'entreprise (RSE) ; le modèle norvégien de protection et de promotion des investissements de 2007 est très ambitieux en la matière (disponible sur le lien : https://www.italaw.com/resources/investment-treaties) ; ou encore, le code panafricain des investissements qui passe sous silence les standards classiques de protection des investisseurs comme le traitement juste et équitable (TJE) pour consacrer des développements aux droits des populations de l'État récepteur d'investissement (disponible sur le lien : http://repository.uneca.org/handle/10855/23070).

45. Une référence emblématique reste l'affaire L.F.H Neer and Pauline Neer (États-Unis) c. Mexique, Commission générale des réclamations Mexique/États-Unis, sentence du 31 mars 1926 ; Dans le même sens, Voy. A. VERDROSS, « Les règles internationales concernant le traitement des étrangers », *RCADI*, 1932-III, t. 37, pp. 323-412 ; M. M. M'BENGUE, « Les obligations des investisseurs étrangers », in DUBIN (L.) et *al* (dir.), *L'entreprise multinationale et le droit*

principalement, par les règles substantielles de protection des investissements[46]. Ces dernières l'ont façonné et détaché des droits de l'homme en le soustrayant des préoccupations sociales[47]. Aujourd'hui, on assiste à un retour du droit des investissements aux droits de l'homme, lequel se manifeste par une prise en compte du premier dans le second[48]. Plusieurs facteurs permettent d'expliquer ce phénomène.

15. Identifiable au niveau des obligations pesant sur l'un et l'autre des deux protagonistes, le constat permet de relever que les règles du droit des investissements, coutumières comme conventionnelles, se préoccupent, davantage, des intérêts de l'investisseur au détriment de ceux de l'État d'accueil. À dire vrai, on est en face d'un dilemme, ou du moins, l'État est dans un dilemme. Soit protéger convenablement l'investisseur étranger au risque d'une violation des droits de l'individu ou des populations à sa charge, soit, reléguer au second plan la protection de l'investisseur en protégeant convenablement la population locale, et courir le risque d'une mauvaise réputation auprès des investisseurs potentiels. Alors que l'une et l'autre des deux solutions seraient radicales, une solution intermédiaire pourrait être envisagée. Cette dernière consisterait en une intégration des préoccupations sociales dans les traités bi et multilatéraux d'investissement. Est visée ici une conciliation des obligations incombant à l'État en matière des droits de l'homme, soit qu'elles tendent vers la protection de l'investisseur ou celle des populations locales. Deux voies s'ouvrent à cet égard. L'une sinueuse et radicale tend à obliger l'État à être prudent au moment de la conclusion d'un traité relatif à l'investissement[49] ; et l'autre plus paisible consiste

---

international. Colloque de Paris 8 Vincennes — Saint-Denis, organisé les 19, 20 et 21 mai 2016, Paris, éd. Pedone, 2017, p. 295-337.

[46]. Contenues dans les traités bilatéraux et multilatéraux de protection des investissements. On compte aujourd'hui dans le mode quelques 3000 traités relatifs à l'investissement (voy. https://icsid.worldbank.org/fr/Pages/resources/Bilateral-Investment-Treaties-Database.aspx).

[47]. Cet état de fait se comprend aisément, car l'ordre économique international, dont le droit des investissements en constitue une partie intégrante, s'inscrit dans une dynamique de prééminence de l'économique au détriment du social. Voy. B. OPPETIT, « Droit et affaiblissement des valeurs non marchandes : l'exemple du commerce international », in B. OPPETIT, *Droit et modernité*, Paris, éd. PUF, 1998, p. 205-218, spéc. 208.

[48]. La thématique de la responsabilité sociale des entreprises en est l'exemple type. En effet, elle permet une intégration des aspirations sociales au sein du droit des investissements et ce, à travers des clauses incorporées dans les traités relatifs à l'investissement, ou encore à travers les codes d'éthique. Il faut dire que La particularité de cette thématique réside dans son caractère volontaire. En ce sens, voy. J. — C. NAJAR, « La responsabilité sociale de l'entreprise », in *L'entreprise multinationale dans tous ses États*, *Archives de philosophie du droit*, Paris, éd. Dalloz, 2013, tome 56, pp. 295-319. spéc. p. 296. L'auteur reprend la définition contenue dans le livre vert de la Commission européenne (disponible sur www.europa.eu) qui met l'accent sans aménagement sur le « volontariat » de la thématique en ces termes : « *Concept dans lequel les entreprises intègrent les préoccupations sociales, environnementales et économiques dans leurs activités et dans leurs interactions avec leurs parties prenantes sur une base volontaire* ».

[49]. Il est clair que le critère de développement du pays d'accueil est à ranger du côté des avantages résultant de l'investissement, dont l'État récepteur d'investissement peut bénéficier. Il en découle qu'il serait difficile, voire même contradictoire, pour un État de pouvoir attirer un maximum

à « horizontaliser » les droits de l'homme. Ainsi, les investisseurs étrangers se verraient impliqués dans les violations des droits de l'homme[50] nées de leurs activités.

16. Tel que cela a été exposé ci-dessus, l'étude du droit des investissements révèle des difficultés notamment d'ordre conceptuel. Il en va de même pour les droits de l'homme même si le questionnement en cette matière ne se pose pas en des termes identiques à ceux du droit des investissements. La question fondamentale, préalable à toute étude des droits de l'homme, reste celle de l'identification des droits pouvant leur être assignés.

17. À la question de savoir quels droits peuvent être considérés comme des droits relevant du droit international des droits de l'homme, un détour par les différentes catégories que ce droit comporte mérite d'être fait : les droits civils et politiques[51], les droits sociaux et économiques[52] et les droits dits de solidarité[53]. Les deux premières catégories de droits s'imposent dans le droit international des droits de l'homme, car elles ont fait l'objet, respectivement, d'un pacte[54] international sur les droits civils et politiques et d'un pacte international sur les droits sociaux et économiques[55]. Par ailleurs, la difficulté se présente lorsque l'on essaie d'accorder une importance à ces droits, égale à celle qui est reconnue ou

---

d'investisseurs en concluant des traités d'investissement faisant peser sur les investisseurs étrangers pléthore d'obligations. Etant donné que l'objectif premier de l'investisseur est la recherche d'un gain provenant de son opération d'investissement, et que les traités d'investissement sont censés constituer une garantie allant dans ce sens, il serait irréaliste ou en tous cas fastidieux de déplacer les obligations de l'État en matière des droits de l'homme vers l'investisseur sans que cela n'impacte négativement le flux des investissements. Une telle solution pourrait provoquer des réticences de la part des investisseurs quant à l'idée d'aller investir à l'étranger, et priverait ainsi les États de l'éventualité d'une contribution des opérateurs économiques transnationaux à leur développement.

50. Voy. S. MANCIAUX, « L'implication des investisseurs étrangers dans certaines violations des droits de l'homme », in E. DOCKES (dir.), *Au cœur des combats juridiques. Pratique du droit, pensée du droit et engagement social. Actes du colloque organisé par le CREDIMI, les 11 et 12 mai 2006*, Paris, éd. Dalloz, 2007, pp. 355-370, spéc. pp. 151 et s.

51. Ce sont les droits consacrés par le pacte international sur les droits civils et politiques, adopté et ouvert à la signature, à la ratification et à l'adhésion par l'Assemblée générale des Nations Unies dans sa résolution 2200 A (XXI) du 16 décembre 1966, et entré en vigueur le 23 mars 1976.

52. Les droits consacrés par le pacte international sur les droits sociaux et économiques, adopté et ouvert à la signature, à la ratification et à l'adhésion par l'Assemblée générale des Nations Unies dans sa résolution 2200 A (XXI) du 16 décembre 1966, et entré en vigueur le 3 janvier 1976.

53. A propos desquels Karel Vasak remarque qu'« *En l'état actuel de nos réflexions et, surtout, du droit international positif, on peut identifier les cinq droits de solidarité suivants : le droit au développement, le droit à la paix, le droit à un environnement sain et écologiquement équilibré, le droit de propriété sur le patrimoine commun de l'humanité et le droit à l'assistance humanitaire* », voy. K. VASAK, « Les différentes typologies des droits de l'homme », in E. BRIBOSIA, L. HENNEBEL (dir.), *Classer les droits de l'homme*, Bruxelles, éd. Bruylant, 2004, pp. 11-23, spéc. p.19.

54. Voy. M. M. MOHAMED SALAH, *L'irruption des droits de l'homme dans l'ordre économique international : mythe ou réalité ?*, Paris, éd. LGDJ, coll. Doit et économie, 2012, spéc. p. 5.

55. On aura relevé que les deux pactes ont été adoptés le même jour, ce qui leur a valu l'appellation « Pactes jumeaux ».

doit l'être aux droits dits de solidarité[56]. C'est pourquoi la discussion[57] autour des droits de l'homme vise à passer du réel [58](ce qui est) vers l'idéal [59](ce qui doit être). Sans chercher à élaborer une définition supplémentaire, contentons-nous de reprendre les aspects les plus saillants de la question des droits de l'homme, de sorte à disposer d'un cadre conceptuel bien déterminé.

18. Confrontant tantôt à la proximité entre le droit et la philosophie, tantôt à la proximité entre le droit et la justice, l'étude du droit international des droits de l'homme[60] n'est pas toujours aisée. L'une des explications, non des moindres, pouvant être apportée à cette considération, est qu'il existe au moins trois manières d'aborder les droits de l'homme qui ont tout de même le mérite de permettre de dresser une frontière claire entre les différentes appellations susceptibles d'identifier cet objet. Il en découle que plusieurs notions renvoient à l'idée de droits de l'homme [61]: les droits de l'homme ; les droits naturels ; les droits publics subjectifs ; les libertés publiques ; les droits moraux ; les droits fondamentaux[62]. En réalité, toutes ces appellations ne sont que la résultante de la jeunesse d'une matière à connotation ancienne[63]. Indépendamment des choix terminologiques, deux dimensions ressortent de l'ensemble des vocables utilisés.

---

[56]. Malgré l'absence d'un texte consacrant de façon claire les droits dits de solidarité, ces derniers connaissent tout de même une certaine effectivité, et sont considérés par certains comme une manifestation concrète de l'évolution des droits de l'homme. On a d'ailleurs relevé que « *La Charte des Nations Unies entend établir la paix par le droit. Plus précisément, elle conçoit la paix par le développement du droit international fondé sur la solidarité. Il en résulte une immanence de cette idée à travers l'ensemble du texte adopté à San Francisco* » : J. DETAIS, « La charte des Nations Unies et le principe de solidarité », in S. DOUMBE-BILLE, H. GHERARI, R. KHERAD (dir.), *Droit, liberté, paix, développement. Mélanges en l'honneur de Madjid Benchikh*, Paris, éd. Pedone, 2011, pp. 233-255, spéc. p. 236.

[57]. L. HENNEBEL et H. TIGROUDJA, *Traité de droit international des droits de l'homme*, Paris, éd. Pedone, 2016, spéc. p. 46.

[58]. Approche positiviste du droit. À titre d'exemple l'ouvrage collectif de l'école aixoise L. FAVOREU et *al.*, *Droit des libertés fondamentales*, Paris, éd. Dalloz, coll. Précis, 7ème éd., 2015, 774 p.

[59]. Approche jus naturaliste. À titre d'exemple, l'ouvrage de M. LEVINET, *Théorie générale des droits et libertés*, Bruxelles, éd. LGDJ/Anthémis, 4ème éd., 2012, 828 p.

[60]. L. HENNEBEL, H. TIGROUDJA, *Traité de droit international des droits de l'homme*, *op. cit.* note 47, spéc. p. 22.

[61]. Pour un exposé de ces différentes appellations, voy. G. P-B MARTINEZ, *Théorie générale des droits fondamentaux*, Paris, éd. LGDJ, coll. Droit et société, 2004, spéc. pp. 21-36.

[62]. Voy. D. CAPITANT, « Genèse du concept : France », in Société de législation comparée, *Les droits fondamentaux — Inventaire et théorie générale. Colloque de Beyrouth, 6 et 7 novembre 2003*, pp. 21-34, spéc. p. 23. L'auteur relève que : « *si l'on peut s'accorder à considérer que ces différents termes ont servi à designer la même notion dans les différentes phases de son développement, chacun d'entre eux met l'accent sur un élément de sa définition* » et que « *L'expression droits de l'homme met l'accent sur les prérogatives individuelles reconnues à chaque individu, de la même manière que celle de "libertés publiques" qui insiste particulièrement sur leur caractère libéral, tandis que les termes droits fondamentaux insistent sur la prééminence accordée à ces droits dans l'ordre juridique* ».

[63]. En ce sens, voy. Ph. VEGLERIS, « Préliminaire de la méthodologie des droits de l'homme », in *René CASSIN, Amicorum Discipulorumque Liber IV. Méthodologie des droits de l'homme*, Paris, éd. Pedone, 1972, pp. 19-30, spéc. p. 21.

D'une part, la dimension éthique, et d'autre part, la dimension juridique. Dès lors surgit une interrogation quant au sens qu'il faut donner à l'un ou l'autre des vocables désignant les droits de l'homme : les appellations « droits de l'homme » et « droits fondamentaux »[64] désignent-elles la même chose ? Voilà deux dimensions, source de clivages doctrinaux, lesquels peuvent être résumés en deux points. La première école est celle qui consiste à ne prendre en compte que les droits de l'homme inscrits dans un texte, tandis que la seconde école est celle qui va au-delà des textes et cherche à trouver l'élément matriciel permettant d'asseoir l'idée de droits de l'homme. Avant d'aborder le clivage doctrinal, rappelons qu'il existe plusieurs façons d'approcher les droits de l'homme que l'on peut synthétiser en trois, voire quatre volets.

19. D'abord, l'approche intuitive qui vise à considérer comme des droits fondamentaux, les droits dont on a l'impression qu'ils sont fondamentaux. Ensuite, l'approche positiviste ou existentialiste qui considère comme des droits fondamentaux, les droits que l'on trouve dans un texte fondamental.[65] Et enfin, l'approche systématique ou dogmatique qui consiste à dire que le constitutionnel étant fondamental, les droits fondamentaux sont les droits constitutionnels[66]. À ces trois façons d'aborder la question des droits de l'homme, on peut ajouter une quatrième : l'approche essentialiste ou substantielle[67] qui s'intéresse à l'essence des droits de l'homme.

20. Tout laisse penser à ce stade que c'est l'usage de ces différentes approches qui a donné lieu au débat autour de la définition de l'objet « droits de l'homme », lequel semble trouver écho dans le concept de fondamentalité, d'où l'occasion de revenir sur le clivage doctrinal évoqué sommairement plus haut.

21. Certains se placent du côté de l'éthique et se montrent indifférents à la consécration des droits de l'homme par une norme juridique pour qu'ils soient considérés comme tels. Cela a eu pour conséquence de considérer que la fondamentalité est quelque chose d'étranger au droit, mais le transcende. Il est dit d'ailleurs que « (...) *la fondamentalité n'est pas réductible au droit considéré, qu'elle marque simplement de son empreinte, le cas échéant. Ce n'est donc pas tant le droit qui est fondamental : c'est bien plutôt une fondamentalité qui le*

---

64. La doctrine s'accorde à dire que l'appellation droits fondamentaux est importée de l'Allemagne et a fait son apparition dans le droit positif français en se substituant (ou en se superposant) aux appellations « libertés publiques » et « droits de l'homme ». À ce propos, entre autres, voy. E. PICARD, « L'émergence des droits fondamentaux en France », *AJDA*, n° spécial, 1998, pp. 6-42, spéc. p. 7 ; V. CHAMPEIL-DESPLATS, « Les droits et libertés fondamentaux en France. Genèse d'une qualification », in A. LYON-CAEN, P. LOKIEC (dir.), *Droits fondamentaux et droit social*, Paris, éd. Dalloz, 2004, pp. 11-37, spéc. p. 11.

65. Ainsi, le conseil d'État français semble en adéquation avec cette manière d'approcher les droits de l'homme. En ce sens,

66. Ces différentes approches sont exposées de façon détaillée dans les travaux d'Etienne Picard, en particulier dans l'étude précitée de la fin des années 1990. Voy. E. PICARD, « L'émergence des droits fondamentaux en France », loc. *cit.* Note 54, spéc. pp. 8 et s.

67. Appelée par ailleurs « la conception axiologique ». Voy. *idem.* ; et dans le même sens, voy. V. CHAMPEIL-DESPLALTS, « Les droits et libertés fondamentaux en France. Genèse d'une qualification », *loc. cit.* note 54, spéc. pp. 11 et s.

touche, mais qui le dépasse, une raison qui le fait prévaloir sans se dissoudre dans sa prééminence ».[68] Loin d'être partagée par l'ensemble de la doctrine[69], cette vision essentialiste ou substantielle se heurte à une autre conception dite formaliste, qui fait des droits de l'homme, les droits consacrés dans un texte fondamental interne ou international. Les tenants de cette thèse s'allient à la cause « normativiste » et ne considèrent les droits de l'homme comme tels, que lorsqu'ils sont consacrés par un instrument juridique, appliquant ainsi une théorie positiviste[70] à la signification des droits de l'homme. C'est dans cet ordre d'idées que David Capitant relève que « *[l]e mécanisme de transformation des droits de l'homme en droits fondamentaux est celui de leur inscription dans le droit positif, celui de leur passage de l'ordre moral et politique dans l'ordre juridique* »[71] ; et l'auteur d'ajouter plus loin que « *les droits de l'homme sont devenus des droits fondamentaux lorsqu'ils ont pris place dans l'ordre juridique positif et y ont occupé la première place, en sont ainsi devenus le fondement* »[72].

22. À ce stade, on constate que la fondamentalité sert, dans une certaine mesure, à identifier les droits de l'homme. En d'autres termes, c'est le critère de fondamentalité [73] d'un droit qui est apte à établir ou nier l'existence d'un droit de

---

68. E. PICARD, « L'émergence des droits fondamentaux en France », *loc. cit.*, spéc. p. 29.

69. Il est reproché à la conception substantielle de considérer « *"La fondamentalité" (...) comme une propriété qui appelle le rang constitutionnel d'un droit et non l'inverse, une conception qui se double parfois de l'idée que la fondamentalité constitue une articulation entre le "droit naturel" et le droit positif : les droits fondamentaux le sont en tant que tels, donc le droit positif ne peut que leur attribuer la place la plus importante. Un tel raisonnement se situe d'emblée explicitement en dehors du droit positif puisqu'il affirme que le droit positif devrait être le prolongement de quelque chose de plus "fondamental"* » : O. PFERSMANN, « Esquisse d'une théorie des droits fondamentaux en tant qu'objets juridiques », in L. FAVOREU et *al.*, *Droit des libertés fondamentales*, Paris, éd. Dalloz, coll. Précis, 7ème éd., 2015, pp. 63-114, spéc. p. 70. En réalité, ce reproche n'est que le reflet de la manière dont la scientificité d'une étude juridique est évaluée, car la science juridique admet le recours à des concepts se trouvant hors du champ juridique comme c'est le cas lorsque la démarche poursuivie relève de la philosophie du droit ou encore de la sociologie du droit. Dans ces hypothèses, les critères de scientificité de l'analyse sont, pour la première démarche, des concepts ou théories philosophiques, et pour la seconde, les réalités sociales et les theories sociologiques. À ce propos, voy. O. CORTEN, *Méthodologie du droit international public*, Bruxelles, éd. ULB, 2009, spéc. pp. 21 et s.

70. Norberto Bobbio en identifie trois variantes (Positivisme méthodologique, positivisme théorique et positivisme juridique). Le positivisme comme approche scientifique du droit : séparer le droit réel et le droit idéal ou distinguer le droit comme fait et le droit comme valeur pour ne s'intéresser qu'au réel et aux faits. Le positivisme comme théorie positiviste du droit : L'État est seul apte à produire le droit donc les droits de l'homme non reconnus par les États ne peuvent être considérés comme droits de l'homme. Et le positivisme comme idéologie positiviste du droit : Le droit positif est de ce seul fait juste et n'a pas besoin d'un fondement jus naturaliste. Aussi, le droit posé détient à lui seul le monopole de la force. Voy. N. BOBBIO, « Sur le positivisme juridique », in *Essais de théorie du droit*, Paris, éd. Bruylant/LGDJ, coll. La pensée juridique, 1998, pp. 23-38. Spéc. pp. 24 et s.

71. D. CAPITANT, « Genèse du concept : France », *loc. cit.* note 52, spéc. p. 30.

72. *Idem.*

73. Ce terme renvoie à l'élément déterminant, permettant de savoir si un droit est susceptible d'être intégré dans les droits de l'homme. Concrètement, il s'agit d'une sorte de « mesure » applicable à un droit pour jauger son appartenance aux droits de l'homme.

l'homme. D'un côté, on fait du droit positif, le créateur de cette fondamentalité, et de l'autre côté, on fait du droit positif, une émanation de cette fondamentalité.

23. Confrontées à l'ordre juridique international[74], chacune de ces deux positions doctrinales présente des avantages et des inconvénients. La première semble plus rationnelle en ce qu'elle s'attache à avoir comme cadre de référence les principes fondateurs du droit international des droits de l'homme, en particulier le principe d'universalité[75], et se rapporte *in fine* au principe matriciel de dignité, mais se fragilise dès lors qu'elle sert d'argument pour écarter la consécration d'un droit de l'homme[76] « nouveau », imposé par les évolutions sociales. La seconde conception présente l'avantage d'être scientifique d'autant plus qu'elle s'intéresse au droit posé (droit positif), donc à ce qui est existant ; mais présente l'inconvénient de ne pas s'intéresser au fondement, encore moins à la justification de ce qui est posé comme « droits de l'homme ».

24. Faire de tout droit un droit fondamental, simplement parce qu'il est inscrit dans un texte interne ou international revient à faire un usage excessif de la notion de fondamantalité, alors que « *[l]a construction d'un métadiscours exige de ne pas s'en tenir aux mots du langage-objet et, ainsi, de forger des concepts spécifiques qui s'expriment par des termes dont l'usage ne coïncide pas toujours avec celui du langage-objet* »[77]. Poussée à l'extrême, cette position est de nature à faire du droit une condition *sine qua non* de la fondamantalité. Or, s'il est incontestable que la consécration d'un droit dans une norme constitutionnelle ou internationale contribue à sa reconnaissance, et plus loin à sa mise en œuvre, il est également admis que certains champs échappent au droit et souffrent d'un vide juridique. Il convient de dire à ce propos comme Michel Levinet que « *l'approche essentialiste parait plus séduisante dans la mesure où elle combine sources matérielles et sources formelles des droits fondamentaux et évite l'antinomie du juridique et de l'axiologique (ce qui est relatif aux valeurs), en mettant en exergue le principe fondateur, matriciel, de dignité de l'être humain* ».[78]

---

74. La question de l'ordre juridique international a fait l'objet de multiples études et controverses doctrinales. À titre d'exemple, l'emblématique cours général de droit international public de P. M. DUPUY, « L'unité de l'ordre juridique international », *RCADI*, 2002, vol. 297, pp ; ainsi que D. ALLAND, « De l'ordre juridique international », *Droits*, 2002, vol. 35, n° 1, pp. 79-102 ; ou encore D. ALLAND et *al.* (eds.), *Unité et diversité du droit international. Écrits en l'honneur du Professeur Pierre-Marie Dupuy — Unity and Diversity of International Law. Essays in Honour of Professor Pierre-Marie Dupuy*, Leiden, Martinus Nijhoff Publishers, 2014, 1007 p.

75. En ce sens que « *Qualifier un droit ou une liberté de "fondamental" le ou la situe parmi les valeurs inhérentes à l'humanité, à "l'homme en tant qu'il est homme", qu'il soit citoyen ou étranger. La fondamentalité est ici liée à l'universalité : les droits fondamentaux appartiennent, et bénéficient à tous sinon ils ne sont pas fondamentaux* » : V. CHAMPEIL-DESPLATS, « Les droits et libertés fondamentaux en France. Genèse d'une qualification », *loc. cit.*, spéc. p. 26.

76. Voy. M. M. MOHAMED SALAH, *L'irruption des droits de l'homme dans l'ordre économique international : Mythe ou réalité ?*, *op. cit.* note 44, spéc. pp. 8 et s.

77. V. CHAMPEIL-DESPLATS, « Les droits et libertés fondamentaux en France : genèse d'une qualification », *loc. cit.*, spéc. p. 11.

78. M. LEVINET, *Théorie générale des droits et libertés*, *op. cit.* note 49, spéc. p. 115.

25. On remarque dès lors que la hiérarchie substantielle est cachée par la hiérarchie formelle. En d'autres termes, la hiérarchie de la fondamentalité, bien qu'elle existe réellement, ne se matérialise cependant que par le canal de la normativité[79]. Ce n'est donc pas la consécration d'un droit dans un texte fondamental qui emporte sa fondamentalité, mais c'est plutôt la fondamentalité d'un droit qui lui permet d'être consacré par un texte fondamental. Ce constat permet d'écarter la question épineuse de la hiérarchie des droits de l'homme, qui serait une source éventuelle de leur fragilisation.

26. Il est judicieux de se garder de considérer que les droits de l'homme sont des droits fondamentaux parce qu'ils sont consacrés par des normes juridiques fondamentales. Au contraire, les droits fondamentaux ou droits de l'homme sont consacrés par un instrument juridique parce qu'ils sont empreints d'un caractère fondamental, tant la fondamentalité déborde le seul cadre juridique[80]. Sans qu'il soit aisé de soutenir un tel propos, lequel peut donner l'impression d'un renvoi à une « fiction », certains éléments permettent néanmoins de le conforter.

27. Si des auteurs traitent la question des droits de l'homme en s'appuyant sur l'ordre de leurs découvertes ou apparitions[81], cela va dans le sens d'un renforcement de l'idée selon laquelle la fondamentalité est antérieure au caractère « fondamental » que l'on attribuerait à un droit parce qu'il est consacré par un texte fondamental. Cependant, cette idée soulève au moins deux interrogations. La première est relative au cantonnement de la responsabilité en matière des droits de l'homme à l'État qui sous-tend l'idée de l'étendue des droits susceptibles d'être mobilisés à l'encontre de celui-ci. Tandis que la seconde est relative à l'éventualité d'un déplacement de cette responsabilité vers les personnes privées que sont pour le sujet qui nous occupe, les investisseurs étranges[82]. Ces questionnements revêtent des séries de réponses.

---

[79]. E. PICARD, « L'émergence des droits fondamentaux en France », *loc. cit.*, spéc. pp. 8 et 9 ; Mustapha AFREOUKH, *La hiérarchie des droits et libertés dans la jurisprudence de la Cour européenne des droits de l'homme*, Bruxelles, éd. Bruylant, 2011, 624 p.

[80]. En dépit des difficultés liées au caractère hétérogène de la notion lorsqu'il s'agit de la définir. En ce sens, voy. Le colloque organisé par la revue « Droits » en 1989 autour de la définition de ce concept, rassemblant 47 éminents juristes. L'initiative a finalement abouti à la juxtaposition de 47 définitions différentes les unes des autres (Définir le droit/1, *Droits*, 1989, 183 p ; ainsi que Définir le droit/2, *Droits*, 1990, 187 p.). Cependant, une définition du concept Droit, plus ou moins consensuelle, est de nature à apporter un soutien à cette affirmation : « *Ensemble de règles de conduite constituant un ordre normatif idéal. Ainsi, le droit naturel ou le droit comme idéal de justice, qui relèvent l'un et l'autre de la morale ou de l'éthique* ». Voy. J. SALMON (dir.), *Dictionnaire de droit international public*, Bruxelles, éd. Bruylant/AUF, 2001, p. 368.

[81]. Voy. À titre d'exemple, K. VASAK, « Les différentes catégories des droits de l'homme », in A. LAPEYRE et *al.* (dir.), *Les dimensions universelles des droits de l'homme*, Bruxelles, Bruylant, vol. 1, 1990, pp. 297-303, spéc. 297 et s ; et du même auteur, « Les différentes typologies des droits de l'homme », in E. BRIBOSIA, L. HENNEBEL (dir.), *Classer les droits de l'homme*, Bruxelles, éd. Bruylant, 2004, pp. 11-23, spéc. pp. 17 et s.

[82]. Sur ce sujet, voy. S. VAN DROOGHENBROECK, « L'horizontalisation des droits de l'homme », in H. DUMONT, F. OST, S. VAN DROOGHENBROECK (dir.), *La responsabilité, face cachée des droits de l'homme*, Bruxelles, éd. Bruylant, 2005, pp. 360 et s.

28. Construit autour d'une dynamique assez précise, le droit international des droits de l'homme repose sur trois, voire quatre groupes de principes de nature différente. Le principe matriciel de dignité ; les principes « fondateurs » que sont la liberté, l'égalité et la solidarité ; les principes structurels que sont la paix, l'État de droit, la démocratie et la justice ; ainsi que les principes de cohérence que sont l'universalité, l'interdépendance et l'indivisibilité[83]. Combinés, ces principes débouchent sur une approche extensive des droits de l'homme. C'est dans ce cadre que s'inscrit le débat autour de la signification qu'il convient d'attribuer aux droits de l'homme. Pris séparément, chacun de ces principes est assorti, au moins, d'une nuance. Le premier se voit relativisé par les spécificités régionales que l'on rencontre ici et là dans le cadre des systèmes régionaux des droits de l'homme ; le deuxième se heurte facilement aux procédés interprétatifs utilisés par les juges ; la troisième rencontre des difficultés liées à l'analyse ; et le quatrième joue, en revanche, un rôle considérable dans la consolidation du droit contemporain des droits de l'homme.

29. Face à la « catégorisation » des droits de l'homme[84], certains des principes prônés par le droit international des droits de l'homme peuvent constituer une sorte de liaison entre ceux qui sont consacrés par un instrument juridique et ceux qui ne le sont pas ; ou encore entre ceux qui sont effectifs et ceux qui peinent à l'être. Les principes en question sont : l'universalité, l'indivisibilité, et l'interdépendance. Véhiculant l'idée que les droits de l'homme sont reconnus à tous les êtres humains sans distinction, le principe d'universalité transcende les spécificités régionales. En poursuivant l'idée que les générations[85] des droits de l'homme sont d'une considération égale, le principe d'indivisibilité remplace toute perspective de hiérarchisation par l'idée que les droits de l'homme sont d'une considération égale[86]. Transgressant la spécificité des droits de l'homme en faisant appel à leur solidarité, le principe d'interdépendance contribue à solidifier les droits ayant acquis une place considérable dans l'ordre juridique international et ceux qui n'ont pas encore acquis la même place qu'ils soient proclamés, non proclamés, ou en passe de l'être[87]. Combinés, ces trois principes permettent

83. Voy. L. HENNEBEL, H. TIGROUDJA, *Traité de droit international des droits de l'homme*, *op. cit.*, spéc. p. 68.

84. Certains auteurs classifient les droits de l'homme en catégories. À titre d'exemple, Karel Vasak à qui on attribue la paternité des catégories générationnelles des droits de l'homme : voy. K. VASAK, « Les différentes typologies des droits de l'homme », *loc. cit.* Note 71, spéc. pp. 18 et 19.

85. Pour saisir les contours de cette approche, voy. K. VASAK, « Le droit international des droits de l'homme », *RCADI.*, 1974, t. 140, spéc. p. 343.

86. *« Reconnaissant que, conformément à la Déclaration universelle des droits de l'homme, l'idéal de l'être humain libre, jouissant des libertés civiles et politiques et liberté de la crainte de la misère, ne peut être réalisé que si des conditions permettant à chacun de jouir de ses droits civils et politiques aussi bien que ses droits économiques, sociaux et culturels sont créées »* (Préambule du Pacte international relatif aux droits civils et politiques précité, note 41).

87. Une synthèse de ces trois principes est faite par M. M. MOHAMED SALAH, « L'enseignement des droits de l'homme : entre présupposés dogmatiques et adaptation aux mutations du système juridique », in J. J. SUEUR, S. FARHI (dir.), *Pratique(s) et enseignement du droit. L'épreuve du*

d'avoir une vision large des droits de l'homme. Telle est d'ailleurs l'approche que préconisent les Nations Unies[88]. Mieux, c'est d'ailleurs au nom de ces principes que les droits dits de solidarité[89] comme le droit au développement et le droit à la paix font irruption dans le milieu économique[90].

30. Il n'est pas déraisonnable de considérer que les droits de l'homme font peser sur l'État une double obligation. D'une part, l'obligation de s'abstenir de violer les droits de l'homme[91] ; et d'autre part, l'obligation d'empêcher les violations des droits de l'homme[92]. Cependant, cette double obligation peut, lorsqu'elle est allégée à l'égard de l'État, déboucher sur une « horizontalisation »[93] des droits de l'homme en ce sens qu'elle tendrait à étendre les obligations en matière des droits de l'homme aux personnes privées[94]. C'est tout l'enjeu de la protection par les droits de l'homme d'une personne privée contre une autre personne privée. Rappelons que cette personne privée peut être une personne

réel. Actes du colloque organisé les 22 et 23 avril 2015 à la faculté de droit de l'Université de Toulon, Paris, éd. LGDJ, 2016, pp. 169-186, spéc. pp. 170 et s.

[88]. Lors de la Conférence mondiale sur les droits de l'homme, tenue à Vienne les 14 et 25 juin 1993, les représentants de 171 États ont adopté par consensus « une feuille de route », laquelle énonce que « Tous *les droits de l'homme sont universels, indissociables, interdépendants et intimement liés* ». Voy. La Déclaration et le Programme d'action de Vienne de 1993, Doc. ONU, A/CONF. 157/23, point n° 5.

[89]. Les droits de solidarité avaient fait l'objet d'un avant-projet qui n'a pu aboutir. Par conséquent, ils « (...) *ont été repris dans de très nombreux textes et, quelquefois (notamment, pour le droit de l'homme à un environnement sain) dans de très nombreuses Conventions internationales et dans les droits nationaux* » : M. M. MOHAMAED SALAH, *L'irruption des droits de l'homme dans l'ordre économique international : mythe ou réalité ?*, *op. cit.*, spéc. p. 5.

[90]. *Idem.*

[91]. Appelée par ailleurs obligation négative. Ici, l'État veille à ce que ses agissements ne puissent nuire à l'individu ou à la population dont il a la charge. Autrement dit, l'État favorise les droits de l'homme en s'abstenant de les compromettre. voy. Comm. ADHP, *The Social and Economic Rights Action Center and the Center for Economic and Social Rights c. Nigeria*, 30e session ordinaire, 27e rapport d'activités, aff. n° 155/96 des 13 et 27 octobre 2001, pp. 39-42.

[92]. Appelée par ailleurs obligation positive. Dans cette hypothèse, l'État met tout en œuvre pour que l'individu puisse bénéficier de ses droits. Il s'agit en d'autres termes d'une action de la part de l'État pour que soient réalisés les droits de l'homme. Cette position fut adoptée dans un différend mettant en cause l'État nigérian : voy. Comm. ADHP, affaire précitée.

[93]. Voy. S. VAN DROOGHENBROECK, « L'horizontalisation des droits de l'homme », *loc. cit.*, pp. 356 et s.

[94]. Les initiatives allant dans ce sens sont multiples. On peut en citer en autres, Les principes directeurs de l'OCDE à l'intention des entreprises multinationales, de 2011 (disponible en suivant le lien :
http://www.oecd.org/fr/investissement/mne/principesdirecteursdelocdealintentiondesentreprisesmultinationales.htm). Il en va de même pour les Principes directeurs relatifs aux entreprises et aux droits de l'homme : mise en œuvre du cadre de référence « protéger, respecter et réparer » des Nations Unies, doc. A/ HRC/17/31
(http://www.ohchr.org/Documents/Issues/Business/A.HRC.17.31_fr.pdf). C'est également le cas de la Déclaration des principes tripartite sur les entreprises multinationales et la politique sociale de l'Organisation Internationale du Travail
(http://www.ilo.org/wcmsp5/groups/public/---ed_emp/---emp_ent/documents/publication/wcms_124923.pdf).

physique ou une personne morale, comme elle peut également être un national ou un étranger. Ces différentes catégories de sujets se retrouvent en droit des investissements. Ainsi, un investissement étranger peut résulter de l'activité d'une entreprise opérant à l'étranger souvent appelée multinationale[95], ou d'un individu appelé l'investisseur. Ces personnes privées sont-elles réellement impliquées dans la protection des droits de l'homme ? Si oui le sont-elles sur la base du volontariat ? Ou s'agit-il plutôt d'une conséquence de la dynamique des droits de l'homme ?

31. Sous l'angle de l'horizontalité des droits de l'homme, la vision dominante en matière de protection des droits de l'homme est restée longtemps celle consistant à dire que la violation des droits de l'homme ne peut résulter que du comportement de l'État, et que par voie de conséquence, seules une action ou une omission[96] de la part de celui-ci pourraient engendrer l'engagement de sa responsabilité du fait de son manquement à ses obligations relatives aux droits de l'homme[97]. Quoique cette position se justifie, elle ne correspond plus entièrement à la réalité. Cela est particulièrement vrai lorsqu'on sait que les investisseurs, du fait de la multiplication de leurs activités, sont susceptibles de causer des dommages aux particuliers[98], provoquant ainsi un engagement de leur responsabilité au même titre que les États[99].

32. L'horizontalité tend à faire abstraction de la verticalité des droits de l'homme, ou du moins, vise à la combiner avec l'horizontalité de ces derniers,

---

[95]. L'appellation « entreprise multinationale » est d'origine économique. Les travaux des juristes consacrés à la question ont quasi unanimement convergé vers ce constat. À ce propos, voy. B. VERDIER, « L'économique : les entreprises multinationales et la théorie des relations économiques internationales », in B. GOLDMAN et Ph. FRANCESCAKIS (dir.), *L'entreprise multinationale face au droit*, Pairs, éd. Litec, 1977, pp. 3-43, spéc. pp. 5 et s ; et Plus près de nous, un colloque consacré entièrement à la question, sous la houlette de la Société française pour le droit international : SFDI, *L'entreprise multinationale et le droit international. Colloque de Paris 8 Vincennes — Saint-Denis, organisé les 19, 20 et 21 mai 2016*, Paris, éd. Pedone, 2017, 521 p. Lors de ce colloque, les difficultés liées à l'extériorité originelle de l'entreprise au champ juridique, ainsi que l'absence d'une définition univoque pouvant lui être assignée, ont été soulevées notamment dans les propos conclusifs. En ce sens, L. BOISSON DE CHAZOURNES, « Conclusions générales », pp. 511-518, spéc. p.512.

[96]. Cela peut être argumenté par la distinction entre les droites créances et les droits-abstention ; et conforté par le projet d'articles sur la responsabilité internationale de l'État pour fait internationalement illicite qui dispose que : *« Il y a fait internationalement illicite de l'État lorsqu'un comportement consistant en une action ou une omission : a) Est attribuable à l'État en vertu du droit international ; et b) constitue une violation d'une obligation internationale de l'État ».*
À ce propos, voy. Rapport de la commission du droit international sur les travaux de sa cinquante — troisième session, 2001, doc. Off. Suppl. n° 10 (A/56/10), rés. 56/83 de l'assemblée générale en date du 12 décembre 2001.

[97]. La teneur des traités d'investissement en est une illustration. En effet, la plupart des traités anciens relatifs à l'investissement sont prolixes en matière de protection de l'investisseur et le sont moins quant à la protection de L'État d'accueil perçu comme garant des droits de l'homme.

[98] Voy. M. M. SALAH, *L'irruption des droits de l'homme dans l'ordre économique international : mythe ou réalité ?, op. cit.*, spéc. p. 15.

[99]. En ce sens, voy. SADC, *Mike Campbell et al. c. Zimbabwe*, aff. n° 2/2007, arrêt du 28 novembre 2008, pp. 52-54.

afin d'étendre le champ des obligations en matière des droits de l'homme. C'est dans cette logique que l'on peut désormais faire appel aux droits de l'homme dans les rapports entre personnes privées. Certains éléments vont dans le sens de cette hypothèse. Contrairement à la conception classique qui consiste à attribuer les droits de l'homme au droit public suivant la logique de la *suma divisio* du Droit, les droits de l'homme se retrouvent aujourd'hui quasiment dans toutes les disciplines[100]. Mieux, on est tenté de dire que c'est la transversalité des droits de l'homme qui fait qu'il ne soit pas déplacé d'envisager leur rencontre avec d'autres disciplines[101]. Qui plus est, en suivant les formalistes[102], on pourrait soutenir que les droits considérés comme fondamentaux dans un corps de règles ne le sont pas forcément dans un autre. Néanmoins, cette façon de relativiser les droits de l'homme est quelque part problématique, car, comme le souligne Etienne Picard, « *le fondamental ne devrait pas pouvoir supporter le relatif* »[103].

33. À une situation nouvelle, des mécanismes nouveaux. Dès lors que la protection des droits de l'homme incombe aux personnes privées, en l'occurrence les investisseurs étrangers, il devient pertinent, en vue de son adaptation, de recourir à certaines thématiques nouvelles. La nouveauté qui fait aujourd'hui le plus irruption dans les rapports entre le droit des investissements et les droits de l'homme est la Responsabilité sociale des entreprises (RSE),[104] englobant les codes d'éthique et/ou de bonne conduite, les lettres d'engagement ou encore d'adhésion aux instruments internationaux[105].

---

[100]. Voy. M. M. MOHAMED SALAH, « L'enseignement des droits de l'homme : entre présupposés dogmatiques et adaptation aux mutations du système juridique », in J. J. SUEUR, S. FARHI (dir.), *Pratique(s) et enseignement du droit. L'épreuve du réel. Actes du colloque organisé les 22 et 23 avril 2015 à la faculté de droit de l'Université de Toulon*, Paris, éd. LGDJ, 2016, pp. 169-186, spéc. pp. 170 et s.

[101]. Voy. E. PICARD, « L'émergence des droits fondamentaux en France », *loc. cit.*, spéc. p. 8 ; Dans le même sens, voy. P. WACHSMANN, *Libertés publiques*, Paris, éd. Dalloz, coll. Cours, 7ème éd. p. 10. Ainsi, « *À l'inverse des autres disciplines juridiques, les libertés publiques ne revendiquent aucune "autonomie". Elles ont une vocation, en quelque sorte, transversale : celle d'envisager l'ensemble de la réglementation juridique sous l'angle des libertés. Cette démarche suppose que toutes les matières puissent fournir des matériaux pertinents, qu'elles ressortissent au droit public ou au droit privé.* »

[102]. Le formalisme s'entend ici comme la « *Méthode juridique caractérisée par une importance accrue accordée aux formes et aux formalités, par préférence au contenu et à l'esprit de la règle* ». Voy. J. SALMON (dir.), *Dictionnaire de droit international public*, *op. cit.* note 70, p. 516. Parmi les auteurs les plus représentatifs de ce courant en France, voy. L'ouvrage de l'école d'Aix-en-Provence, initié par Louis Favoreu, en particulier l'article d'O. PFERSMANN, « Esquisse d'une théorie des droits fondamentaux en tant qu'objets juridiques », *loc. cit.*, pp. 63-114.

[103] Voy. E. PICARD, « L'émergence des droits fondamentaux en France », *op. cit.*, spéc. pp. 8 et s.

[104]. « *Tant le vecteur privilégié de l'irruption des droits de l'homme dans le champ d'activité des opérateurs économiques transnationaux demeure celui de la soft Law, à travers les divers instruments de la responsabilité sociale des entreprises* ». M. M. MOHAMED SALAH, *L'irruption des droits de l'homme dans l'ordre économique international : mythe ou réalité ?*, *op. cit.*, spéc. p. 301.

[105]. Voy. E. MAZUYER, « Les relations entre Soft Law et droits fondamentaux : une approche pragmatique par la RSE », in M. A. AILINCAI (dir.), *Soft Law et droits fondamentaux. Actes du*

34. Une remarque doit cependant être formulée. En cas de violation d'un droit de l'homme incontesté, le débat sur son effectivité perd de sa pertinence. Dit autrement, la place consacrée à un instrument contenant un droit incontesté n'affecte pas, *a priori*, ce droit. Ainsi, dans son avis consultatif[106] visant les États-Unis, à la demande du Mexique au sujet de la condition juridique et des droits des travailleurs migrants irréguliers, la Cour interaméricaine des droits de l'homme a estimé, en substance, que dès lors que le principe de non-discrimination présente une nature coutumière, il y a lieu de lui reconnaitre un caractère impératif. Ce raisonnement a permis à cette Cour de conclure qu'il s'agit d'un principe devant concerner les États-Unis, alors même que ces derniers n'étaient pas liés par le texte consacrant le principe de non-discrimination, en l'occurrence la Convention américaine des droits de l'homme, laquelle a servi de base d'interprétation[107].

35. Il faut rappeler que parmi les critiques proférées à l'idée de droits de l'homme, certaines s'appuyaient sur la prééminence de la société par rapport à l'homme[108]. Interprétée de façon positive, cette vision peut aller dans un sens favorable aux droits de l'homme, en ce qu'elle permet de consacrer les droits de l'homme dès lors que ces derniers sont essentiels pour l'épanouissement de la société, dont l'homme est la miniature. Il y a donc là une prise en compte des droits de l'homme à travers la société. S'ajoute à cela l'indétermination du titulaire des droits de l'homme, vacillant souvent de l'homme vers l'humanité et vice versa[109]. Certes, la base du raisonnement diffère ici de celle des droits de l'homme modernes en ce sens qu'elle se focalise sur la société, et à travers elle, tend à protéger l'individu, mais la finalité reste la même à savoir la protection de l'individu.

36. Ce dernier écueil permet de traiter des droits de l'homme sous deux angles : celui traditionnel de la verticalité et celui moderne de l'horizontalité. Néanmoins, une observation d'ordre sémantique s'impose à cet égard. Sans qu'une appellation soit privilégiée par rapport à une autre, contentons-nous de

---

colloque de Grenoble des 4 et 5 février 2016, Paris, éd. Pedone, coll. Publications de l'Institut International des Droits de l'Homme, 2017, pp. 265-283, spéc. p. 268. L'auteure relève que : « (...) *La RSE se manifeste-t-elle par des pratiques volontaires des entreprises, à destination de ses parties prenantes, sur des thèmes liés à l'éthique, à l'environnement, aux droits de l'homme dont les droits sociaux. La RSE est matérialisée effectivement par divers supports très hétérogènes élaborés par les entreprises : chartes éthiques, codes de conduite, lettres d'engagement, adhésion à des instruments internationaux tel que le Pacte Mondial des Nations Unies.* »

106. Voy. Cour interam. dr. h., *Condition juridique et droits des travailleurs migrants irréguliers*, avis consultatif du 17 septembre 2003, Série A, n° 18.

107. La disposition visée était l'article 64 de la convention interaméricaine des droits de l'homme. Consultable en suivant le lien; et pour des commentaires y relatifs, voy. L. HENNEBEL, H. TIGROUDJA, *Traité de droit international des droits de l'homme*, *op. cit.*, spéc. p. 133.

108. Voy. E. BURKE, *Réflexions sur la révolution de France*, Paris, éd. Egron Imprimeur, 1823, spéc. pp. 101 et s; J. DE MAISTRE, *Considérations sur la France*, Paris, éd. Bibliothèques ecclésiastiques, 1877, 412 p.

109. Telle est d'ailleurs la manière dont l'ONU conçoit les droits de l'homme. En effet, certains textes élaborés sous son égide, font état des de l'individu et d'autres textes font état de la société humaine ou du moins de l'humanité.

souligner que l'ensemble des vocables renvoyant aux droits de l'homme seront employés dans cette étude. Notons par ailleurs que les termes adoptés dans le cadre de ce travail, et cela ressort de la formulation du sujet de la thèse, sont « les droits de l'homme ». Cela se justifie par la considération que cette appellation est consensuelle, tant elle est d'usage à la fois dans les pays de tradition anglo-saxonne comme dans les pays de tradition romano-germanique. Au-delà de ce fait, elle semble dominer dans le domaine du droit international[110].

37. Si le droit des investissements se réfère de façon ponctuelle aux droits de l'homme, en grande partie par le biais des règles conventionnelles, cela n'implique pas pour autant que les droits de l'homme ont acquis leur place au sein du droit des investissements. En effet, pour ne citer que deux exemples récents, le 20 février 2017 a été signé à Bruxelles le Compréhensive Economic and Trade Agreement (CETA) entre l'Union européenne et le Canada[111]. Quelques jours plus tard a été adoptée par l'Assemblée nationale française une loi sur la transparence imposant aux entreprises multinationales une certaine diligence dans le cadre de leurs activités. Ainsi, les débats ayant dominé les différentes réunions précédant les signatures et adoption de ces deux textes tournaient essentiellement autour, d'une part, de l'idée de prise en compte des droits de l'homme à travers le pouvoir de réglementer de l'État et, d'autre part, sous l'angle de la responsabilité sociale de l'investisseur[112].

38. L'actualité de la rencontre des droits de l'homme et le droit des investissements se trouve ailleurs que dans les textes. Devons-nous dans cette optique rappeler que c'est en 2007 que Philippe Kahn regretta que « *Le droit international de l'investissement qui a donné lieu à tant de débats a rarement été confronté directement au problème des droits de l'homme* »[113]. Le même regret fut exprimé quelques années plus tôt par Philippe Fouchard lors d'un colloque portant sur l'accord multilatéral d'investissement (AMI), déplorant le silence du projet d'AMI sur les questions sociales et environnementales, qu'il considéra

---

110. Il suffit, pour s'en rendre compte, de se référer aux ouvrages traitant des droits de l'homme sur le plan international. Deux ouvrages, l'un de langue française, et l'autre de langue anglaise, permettent de faire ce constat : L. HENNEBEL et H. TIGROUDJA, *Traité de droit international des droits de l'homme*, *op. cit.*, 1705 p ; O. DE SCHUTTER, *International Human Rights Law*, Cambridge, éd. CUP, 2010, 967 p.

111. L'accord a fait l'objet de vives contestations dont notamment « *une plainte record (...) déposée en Allemagne par plus de 125 000 personnes (...)* ». Voy. F. HORCHANI et *al.*, « Chronique : Droit et pratique des investissements internationaux. Chronicle: International Investments Law and Practice », *RDAI/IBLJ*, n° 6, 2016, pp. 653-663, spéc. p. 659.

112. Ce sont là, les pistes les plus sérieuses ayant été creusées dans le sens d'une diminution du déséquilibre constaté dans les rapports entre les principaux acteurs du droit des investissements que sont l'État et l'investisseur. Voy. en dernière lecture, A. DE NANTEUIL, *Droit international de l'investissement*, *op. cit.* note 1, spéc. pp. 429-457.

113. Ph. KAHN, « Investissements internationaux et droits de l'homme », in F. HORCHANI (dir.), *Ou va le droit de l'investissement ? Désordre normatif et recherche d'équilibre. Actes du colloque organisé à Tunis les 3 et 4 mars 2006*, Paris, éd. Pedone, 2007, pp. 95-109, pp. spéc. pp. 95-96.

comme l'une des causes principales de l'échec du projet d'accord multilatéral relatif à l'investissement[114].

Étant donné que la notion d'investissement, élément central du droit de l'investissement, n'a fait l'objet d'aucune définition généralisée[115], mais que comme il a été évoqué plus haut, des développements lui ont été consacrés dans les traités relatifs à l'investissement[116], le passage par les règles conventionnelles s'impose. Cela permet de partir d'une base scientifique fiable et apte à fournir des outils d'analyse permettant d'envisager l'étude de cet objet[117].

39. L'idéal serait — il que les investisseurs étrangers endossent la fonction de garantie des droits de l'homme au même titre que l'État ? Ou qu'au contraire, le *statu quo* soit maintenu, à savoir l'attribution de la fonction de protection des droits de l'homme à l'État et se contenter de laisser le soin aux investisseurs étrangers de s'engager dans la voie de cette protection sur une base volontaire ?

40. S'agissant du premier point, les dynamiques de l'ordre économique international en général, et celle du droit des investissements en particulier, répondent à une logique libérale, laquelle n'admet que difficilement l'existence d'une contrainte en dehors du seul cadre des régulations économiques. L'existence d'un tel obstacle, et c'est le second point, pousse à chercher la solution du côté du respect par les investisseurs étrangers des droits de l'homme, sans qu'il leur soit demandé de protéger les droits de l'homme. Autrement dit, si la piste privilégiée est celle du respect des droits de l'homme existants, sans qu'il y ait besoin d'inclure dans les instruments relatifs à la protection de l'investisseur des obligations relatives à la protection des droits de l'homme, le problème viendrait davantage du droit international des droits de l'homme, et moins du droit des investissements.

41. Pour s'acheminer vers la conciliation de ces hypothèses, le recours à de nouvelles formes de normativité[118] s'appuyant sur le volontarisme pur et dur, ne semble pas déplacé. Cette considération justifie que la réflexion se déplace du

---

114. Voy. « Colloque de la SFDI/AMI. Table -ronde » in SFDI, *Un accord multilatéral sur l'investissement : d'un forum de négociation à l'autre ? Journée d'études organisée par l'Institut des Hautes Études internationales de l'Université Panthéon-Assas (Paris II), le 7 décembre 1998*, Paris, éd. Pedone, 1999, pp. 121-130, spéc. p. 127.

115. La convention de Washington de 1965 créant le CIRDI n'a pas défini la notion d'investissement. En effet, l'article 25 relatif à la compétence du centre est silencieux sur la question. Le silence de la convention est considéré par la quasi-totalité de la doctrine comme voulu. En ce sens, voy. E. GAILLARD, « Reconnaitre ou définir ? Réflexions sur l'évolution de la notion d'investissement dans la jurisprudence du CIRDI », *loc. cit.* note 6, spéc. p. 17.

116. Sans omettre la doctrine ainsi que la jurisprudence notamment du CIRDI.

117. L'objet entendu comme la résultante « d'une *délimitation précise réalisée à partir d'un thème général* », O. CORTEN, *Méthodologie du droit international public*, *op. cit.* note 59, spéc. p. 87.

118. Voy. E. BERNHEIM, « Le "pluralisme normatif" : un nouveau paradigme pour appréhender les mutations sociales et juridiques ? », *Revue interdisciplinaire d'études juridiques*, vol. 67, n° 2, 2011, pp. 1-40, spéc. pp.13 et 14 ; F. OST, M. V. DE KERCHOVE, De *la pyramide au réseau ? : pour une théorie dialectique du droit*, Bruxelles, éd. Publications de la faculté de Saint Louis, 2002, spéc. p. 14 ; J. CARBONNIER, *Flexible droit : pour une sociologie du droit sans rigueur*, Paris, éd. LGDJ, 10ème éd., 2001, spéc. p. 24.

droit « dur » vers le droit mou, du *hard Law* vers le *soft Law*, en l'occurrence, la RSE ou CSR (*Corporate Social Responsability)*. Il importe cependant de s'attarder sur le sens qu'il faut donner à ce concept. En premier lieu, il convient de relever que l'origine, anglo-saxonne, de la terminologie est de nature à attiser des confusions. À ce sujet, on peut dire avec Emmanuelle Mazuyer que « [s] *on passage en français a ainsi pu être source de confusion conceptuelle notamment par la traduction un peu facile de responsability en responsabilité, terme qui induit une série de reflexes interprétatifs et d'attentes légitimes pour un juriste qui contredisent le caractère initial de soft Law de la RSE empreinte de volontarisme purement moral. En effet, la responsabilité, dans la notion de RSE est entendue dans un sens moral et non juridique, sens juridique qui serait en anglais exprimé par le terme liability* ».[119]

42. La pratique récente du contentieux de l'investissement révèle que des mesures de dépossession de l'investisseur pourraient être justifiées par les éventualités d'une crainte de violation des droits de l'homme. Ainsi, le tribunal de l'affaire *Philip Morris Brands et autres c. Uruguay*[120] a décidé qu'il n'y avait pas d'expropriation en invoquant l'application par l'Uruguay de mesures protégeant la santé publique et, par voie de conséquence non-expropriatrices de ce seul fait[121]. À ce niveau, les manifestations des droits de l'homme dans le droit des investissements semblent consister en un allègement des obligations des États vis-à-vis des investisseurs, qui, il est vrai, génèrent quelque peu un doute quant à la liberté normative de ces États. C'est dire que les droits de l'homme peuvent, à certains égards, constituer un facteur d'équilibre des relations entre États et investisseurs[122].

43. Une lecture des traités relatifs à l'investissement permet de donner un angle de vue à *minima* cursif de la manière dont les droits de l'homme sont intégrés au sein des règles substantielles de protection des investissements[123]. Ces dernières

---

[119]. E. MAZUYER, « Les relations entre Soft Law et droits fondamentaux : une approche pragmatique par la RSE, *loc. cit.*, note 106, p. 267.

[120]. CIRDI, *Philip Morris Brands Sarl, Philip Morris Products S.A. and Abal Hermanos S.A. c. Oriental Republic of Uruguay,* aff. n° ARB/10/7, sentence du 8 juillet 2016.

[121]. Voy. CIRDI, *Philip Morris Brands Sarl, Philip Morris Products S.A. and Abal Hermanos S.A. c. Oriental Republic of Uruguay,* aff. n° ARB/10/7, sentence du 8 juillet 2016, note B. REMY, « Chronique des sentences arbitrales du CIRDI », *JDI*, n° 1, 2017, spéc. p. 252.

[122]. Pour une étude relativement danse sur la question du rôle des droits de l'homme dans l'harmonisation du droit international, voy. R. BEN ACHOUR, S. LAGHMANI (dir.), *Les droits de l'homme. Une nouvelle cohérence pour le droit international ? Colloque de Tunis des 17,18 et 19 avril 2008*, Paris, éd. Pedone, coll. Rencontres internationales de la faculté des sciences juridiques, politiques et sociales de Tunis, 2008, 330 p.

[123]. En raison de la diversité de traités relatifs à l'investissement, ainsi que leur nombre élevé, il est redoutable de prétendre en dresser une synthèse complète. Néanmoins, certaines tendances peuvent être décelées à partir de l'observation de ces derniers. En effet, seul un examen minutieux des traités d'investissement combiné avec une étude approfondie de la coutume pourrait conduire avec succès ce type d'entreprise (prise en compte des sources formelles au sens strict). Cependant, il n'est pas exclu de recourir, dans ce cadre, aux nécessités et solidarités sociales lorsque celles-ci s'avèrent pertinentes pour compléter l'analyse (faire recours aux sources matérielles si besoin est).

nous montrent qu'il existe différentes manières de tenir compte des droits de l'homme, que l'on peut résumer en deux hypothèses. En effet, soit les droits de l'homme font directement irruption dans le droit des investissements, soit ils y font indirectement irruption. Les droits de l'homme s'introduisent directement dans le droit des investissements en s'appuyant sur des concepts propres au droit international des droits de l'homme comme le droit de l'OIT, ou celui de L'ONU ; et s'y introduisent indirectement en s'appuyant sur des mécanismes nouveaux inclus dans la thématique de la RSE. En tout état de cause, on remarque qu'une palette large de pistes s'offre aux droits de l'homme pour qu'ils soient « justiciables » au sein du droit des investissements[124]. Mais, les mécanismes du droit international des droits de l'homme sont-ils aptes à infléchir le droit des investissements ? Ou inversement, la configuration du droit des investissements se prête-t-elle à une intégration des aspirations sociales ?

44. Pour apporter des éléments de réponse à ces questionnements, il est utile de s'inscrire dans la logique de la thèse substantielle des droits de l'homme tant celle-ci prend en compte les principes de cohérence à savoir l'indivisibilité, l'interdépendance et l'universalité. Quant à la vision formaliste, sans qu'elle soit totalement écartée, celle-ci sera reléguée au second plan dans les cas où elle présentera le risque de nous détacher du principe matriciel de dignité en privilégiant l'instrument contenant les droits de l'homme au détriment du contenu de la norme. Mais, elle sera mobilisée toutes les fois qu'elle se révélera pertinente pour décrire l'État du droit existant. Dès lors seront considérés comme des droits de l'homme, tous les droits aptes à contribuer à l'épanouissement de l'être humain et ayant comme fondement, en dernier ressort, la dignité humaine. Une telle démarche aura le mérite de faire abstraction du « *droit de l'hommisme*[125] », en menant vers une approche axée sur les droits de l'homme (ou « véritables » droits de l'homme), ne considérant comme tels que les droits de l'homme présentant les caractéristiques nécessaires. Mais faudrait-il que les droits visés soient en lien avec les opérations d'investissement[126]. Cette vision nous permet d'avoir un champ d'exploration large, mais aussi, elle nous permet de tenir compte des valeurs que certains juges rattachent souvent aux droits de l'homme lorsqu'il s'agit de les interpréter extensivement ou de les consacrer.

---

124. S'inscrit dans cette logique, l'accord entre le gouvernement du Royaume du Maroc et le gouvernement de la Guinée-Bissau sur l'encouragement et la protection réciproques des investissements, signé le 28 mai 2015. L'accord est disponible à l'adresse : http://investmentpolicyhub.unctad.org/IIA/mappedContent#iiaInnerMenu.

125. L'expression est d'Alain Pellet qui qualifie le militantisme prononcé des spécialistes des droits de l'homme de « *droits de l'hommisme* », voy. A. PELLET, « Notes sur la "fragmentation" du droit international : Droit des investissements internationaux et droits de l'homme », in D. Alland et *al.* (Eds.), *Unité et diversité du droit international. Écrits en l'honneur du Professeur Pierre-Marie Dupuy — Unity and Diversity in International Law. Essays in Honour of Professor Pierre-Marie Dupuy*, Leiden, Martinus Nijhoff Publishers, 2014, pp. 757-784, spéc. p. 762.

126. Il est clair qu'il serait irréaliste de chercher des points de contact entre le droit des investissements et les droits de l'homme à tous les niveaux. Tel pourrait être le cas lorsqu'il s'agit de mobiliser, à titre d'exemple, le droit au vote qui est un droit plus ou moins incontestable au sein des droits de l'homme.

45. Avant d'aborder l'objet de l'étude, il convient, dans une perspective de clarification de notre démarche, de faire un détour par le droit de l'environnement, droit au sein duquel l'approche substantielle préconisée jusqu'ici parait déboucher, selon toute vraisemblance sur le droit à un environnement sain.[127] En effet, sur le plan purement doctrinal, une controverse célèbre oppose défenseurs et détracteurs de l'approche anthropocentrique du droit de l'environnement. Pour les seconds, « *le droit de l'environnement n'a pas été conçu pour la protection de l'homme, mais bien pour régir les relations qu'il entretient avec ce qui lui est étranger* »[128] ; et pour les premiers, « *il n'y a d'environnement qu'en fonction d'un environné, et l'environné c'est l'homme* ».[129] Ainsi, « *le droit de l'environnement, parce qu'il est un droit, n'existe que par l'homme et pour l'homme* ».[130] Si l'approche anthropocentriste présente le risque d'étendre à l'infini le champ du droit de l'environnement et faire de l'homme le seul animal devant bénéficier de la protection de son environnement, l'approche non anthropocentriste supporte quant à elle le danger d'un militantisme exagéré. L'enjeu du droit de l'environnement se trouve ailleurs que dans la polémique autour des aspects qu'il englobe. À dire le vrai, le débat doit être orienté vers les considérations d'ordre social plus que sur les considérations d'ordre purement environnemental.

46. Les deux thèses comportent une part d'exactitude, mais aussi une part d'idéologie. Dépouiller le droit de l'environnement de toute finalité sociale serait de nature à lui soustraire l'un de ses aspects essentiels. L'on sait au moins que l'environnement ne se défend pas lui-même, ce qui revient à dire que le droit de l'environnement est défendu par l'homme. De même, penser le droit de l'environnement en le réduisant à la seule finalité sociale serait une manière erronée de délimiter le champ d'une discipline dont le point de départ est la protection de l'environnement et non celle de l'homme. Que l'homme fasse partie de l'environnement n'est pas douteux ; pour autant, l'environnement ne se réduit pas à l'homme.[131]

---

[127]. On aura relevé que la plupart des études consacrées aux rapports entre les droits de l'homme et le droit de l'investissement s'inscrivent résolument dans une optique de combinaison intégrant les questions relatives à l'environnement. En ce sens, voy. entre autres, A. DE NATEUIL, *Doit international de l'investissement*, Paris, éd. Pedone, 2020, 3ème éd., chapitre 14 ; O. DANIC, « Droit international des investissements, droits de l'homme, droit de l'environnement », in Ch. LEBEN (dir.), *Droit international des investissements et de l'arbitrage transnational*, Paris, éd. Pedone, 2015, pp. 531-579 ; E. DECAUX et M. KUCERA, « La jurisprudence de la cour européenne des droits de l'homme en matière de protection des investissements », in Ch. LEBEN (dir.), *Droit international des investissements et de l'arbitrage transnational,* Paris, éd. Pedone, 2015, pp. 501-529.

[128]. Ch. CANS, « Plaidoyer pour un droit de l'environnement moins anthropocentriste. Réflexions insolentes sur la place croissante des préoccupations sanitaires dans le droit de l'environnement », *Droit de l'environnement*, juillet/aout 2000, n° 80, p. 11.

[129]. J. RIVERO, « Préface », in F. Caballero, *Essai sur la notion juridique de nuisance*, Paris, éd., LGDJ, coll. Bibliothèque de droit public, 1981, p. viii.

[130]. *Idem.*

[131]. On peut ici s'étaler sur le droit à un environnement sain que la jurisprudence de la Cour européenne des droits de l'homme (Cour EDH) a su développer dès la seconde moitié du siècle

47. Hormis les critiques que les défenseurs de l'une des deux thèses exposées pourraient avoir à l'encontre de l'autre, le droit de l'investissement semble conforter la position des tenants de l'approche anthropocentrique. Cela est particulièrement vrai lorsqu'on sait que les affaires précitées ont été l'occasion de faire le parallèle entre la protection de l'investissement et celle de la santé publique. Or, il est soutenu sans ambiguïté par les partisans du moindre anthropocentrisme que « *[s] i le droit de l'environnement intègre la santé, il n'est plus droit de l'environnement, mais de l'homme*[132] ». L'on peut retenir ici que le droit de l'environnement est un droit qui se veut en partie droit de l'homme tant il s'agit d'un droit qui a tendance à intégrer des aspects du droit de l'environnement d'une part et des considérations sociales d'autre part. Le fait que le droit de l'environnement intègre des problématiques liées à la santé n'enlève rien à sa qualité de droit de l'environnement. D'ailleurs, c'est en poursuivant des objectifs de santé publique que le droit de l'environnement pourrait renforcer sa « tribune » auprès des gouvernants. Le droit de l'environnement gagnerait donc à intégrer des problématiques touchant au bien-être de l'homme dont la santé publique fait partie.

48. Si le droit de l'environnement est, en quelques-uns de ses aspects, plus orienté vers la protection de l'environnement, il l'est moins en d'autres, lesquels jouent en faveur de la protection de la personne humaine. Protecteur de l'environnement dans son objet et protecteur de l'homme dans sa finalité, le droit de l'environnement se veut en dernier ressort au service des droits de l'homme. Il faut cependant s'empresser de nuancer le propos en ce sens que si le droit de l'environnement protège l'homme *in fine*, il ne saurait se limiter à cette seule finalité : la justification qu'on peut apporter ici est que l'Homme et l'Environnement sont deux éléments indissociables. C'est dire qu'admettre l'existence d'un droit de l'environnement occultant les aspects relatifs à la protection de la personne est réducteur comme l'est d'ailleurs la négation d'un droit de la protection de la personne qui ignore la protection de l'environnement.[133]

49. Il est tentant de dire à ce stade que les mécanismes classiques de protection des droits de l'homme sont ceux applicables à l'État, tandis que les mécanismes nouveaux sont ceux susceptibles d'être appliqués aux relations entre particuliers,

---

dernier à la suite de sa consécration par la Convention européenne des droits de l'homme (Conv. EDH) et art. 22 de la Charte africaine des droits de l'homme. De manière terre à terre, on pourrait se demander si le droit de l'environnement se veut dissociable de l'homme, ce qui peut sembler curieux si l'on sait que le droit de l'environnement est porté par l'homme.

132. Ch. CANS, « Plaidoyer pour un droit de l'environnement moins anthropocentriste », *loc. cit.* note 129, p. 11.

133. Pour s'en convaincre, il suffirait de remonter à la Conférence sur l'environnement humain, première conférence universelle du genre consacrée à l'environnement, réunie à Stockholm en 1992. Cette Conférence est le point de départ de la protection internationale de l'environnement. Voy. L. BOISSON DE CHAZOURNES et al., *Protection internationale de l'environnement*, Paris, éd. Pedone, 2005, pp. 1 et s.

à savoir, la population locale et l'investisseur personne morale ou physique[134]. Il en ressortirait une quête de place au sein du droit des investissements générée par la dynamique des droits de l'homme. L'objet de cette étude sera de vérifier cette considération ainsi que toutes les conséquences pouvant en découler. Cette tentation trouve sa justification dans un facteur qui n'est autre que celui de la puissance économique. Alors que l'État était considéré, du fait de sa puissance, comme le centre de la protection des droits de l'homme tant par les défenseurs de l'ordre économique international que par ceux des droits sociaux et économiques de l'investissement, il n'est plus si aisé de tenir un tel propos. Car, certains opérateurs économiques sont aujourd'hui d'une puissance égale, voire plus importante que celle de plusieurs États économiquement faibles[135], et sont en mesure de mener des activités économiques considérables, allant jusqu'à concurrencer celles des États. Mais serait-il à cet égard possible de procéder à l'investigation envisagée sans tomber dans le piège de la classification des droits de l'homme ?

50. Sans prétendre à une mise à l'écart de toute hypothèse de classification des droits de l'homme, devons-nous rappeler que si elle est à opérer, elle le sera sans préjudice d'une prise en compte des principes de cohérence[136]. Qu'il s'agisse donc des droits civils et politiques, des droits sociaux et économiques, ou encore des droits de solidarité, tous seront d'égale considération dès lors qu'ils présentent un intérêt avéré pour la dignité de l'homme. De même, tous les vocables renvoyant aux droits de l'homme seront d'usage, de sorte que soient prises en considération, les spécificités régionales, mais aussi les divergences conceptuelles[137].

51. Pour tenter de rendre compte de la manière dont les droits de l'homme interagissent avec le droit des investissements, deux champs d'analyse seront distingués. D'une part, les sources du droit des investissements (Partie 1), et d'autre part, le contenu du droit des investissements (Partie 2). L'analyse de ce dernier champ permettra de se focaliser sur le degré de présence des droits de l'homme dans les notions autour desquelles s'articule le droit des investissements (Titre 1) avant d'envisager les moyens susceptibles de garantir la bonne mise en œuvre des droits de l'homme dans le droit des investissements (Titre 2). Mais, préalablement à l'analyse du contenu du droit des investissements, seront menées

[134]. Voy. J. Rivero « La protection des droits de l'homme entre les personnes privées », in *Réné Cassin Amicorum Discipulorum que Liber*, Paris, éd. Pedone, tome 3, 1971, spéc. pp. 311 et s.

[135]. Voy. M. M. MOHAMED SALAH, *L'irruption des droits de l'homme dans l'ordre économique international : mythe ou réalité ?*, *op. cit.*, spéc. p. 15.

[136]. Il s'agit des principes d'indivisibilité, de cohérence et d'interdépendance, sans lesquels il ne serait aisé de parler ni d'ouverture des droits de l'homme, ni de leur évolution.

[137]. Voy. L. HENNEBEL H. TIGROUDJA, *Traité de droit international des droits de l'homme*, *op. cit.*, spéc. p. 65. Les auteurs relèvent qu'il est important, lorsqu'on s'intéresse au droit international des droits de l'homme, d'adopter une approche qui « *se veut pragmatique, et éclairée par la pratique du droit* ».

des vérifications sur l'admission des droits de l'homme tant dans les sources internes, c'est-à-dire nationales (Titre 1) qu'internationales (Titre 2) du droit des investissements.

PREMIÈRE PARTIE :

L'ADMISSION DU DROIT INTERNATIONAL DES DROITS DE L'HOMME AU SEIN DES SOURCES DU DROIT DES INVESTISSEMENTS

52. « *L'objet du droit des investissements est seulement de régir les relations qui se nouent entre un investisseur et les autorités publiques de l'État sur le territoire duquel il développe son activité économique. Pour l'essentiel, les règles du droit des investissements sont exprimées dans des législations étatiques spécifiques (lois sur les investissements, Codes d'investissement) et dans des traités internationaux, bilatéraux ou multilatéraux*[1] ». Ce propos de Sébastien Manciaux résume parfaitement ce qu'il convient d'aborder lorsqu'il est question d'étudier la ou les législation(s) relative(s) au droit des investissements. Cela dit, soutenir que le droit international des droits de l'homme est admis au sein des sources du droit des investissements, oblige à entreprendre une analyse des sources internes et internationales de ce droit. Il est clair qu'à cet égard, une distinction doit être faite entre instruments internes et instruments internationaux régissant l'investissement. C'est cette logique qui guidera les développements qui suivent : les droits de l'homme dans les sources internes (Titre I) et internationales (Titre II) du droit des investissements.

[1]. Voy. S. MANCIAUX, « Le point de vue des entreprises : la régulation d'origine privée des opérations d'investissement », in S. ROBERT-CUENDET (dir.), *Droit des investissements internationaux. Perspectives croisées*, Bruxelles, éd. Bruylant, 2017, pp. 171-189, spéc. 172.

TITRE I :

L'intrusion des droits de l'homme dans les sources internes du droit des investissements

53. ***Distinguer sources internes et sources internationales.*** Aborder la question des sources internes alors que l'objet d'étude est le droit international appelle une clarification conceptuelle. En effet, lorsqu'on parle des sources (au pluriel)[1], on fait allusion, du point de vue du droit international, à deux choses. Les sources matérielles, qui renvoient aux phénomènes empirique et idéologique à l'origine de la création ou la modification des normes[2], d'une part ; et les sources formelles, renvoyant aux procédés de création ou de modification des normes[3], d'autre part. Il s'agit donc d'un phénomène empirique pour les premières et d'un procédé pour les secondes. Abordées sous ce dernier angle, les sources du droit international englobent : la coutume, les principes généraux du droit, les actes unilatéraux des organisations internationales, les actes unilatéraux des États, la jurisprudence et la doctrine[4]. Qu'en est-il du droit interne ? Si l'ordre interne connait à peu près les mêmes catégories de sources que le droit international, il n'en demeure pas moins que certaines sources de ce droit comme les actes des organisations internationales sont exclues de toute étude dont l'objet serait centré sur le droit interne[5]. Toutes ces normes sont communément connues du droit interne et international général, à l'exception des actes unilatéraux des

[1]. Indépendamment de son emploi au singulier qui vise le fondement même du caractère obligatoire de la norme. Voy. J. SALMON (dir.), *Dictionnaire de droit international public*, *op. cit.*, p. 1041.

[2]. *Idem.*

[3]. *Idem.*

[4]. La référence en la matière reste le très célèbre article 38 du statut de la Cour internationale de justice (CIJ), intégré à la Charte des Nations Unies, signée le 26 juin 1945 lors de la Conférence des Nations Unies pour l'Organisation internationale, entrée en vigueur le 24 octobre 1945. Non exhaustif dans l'énoncé des sources, l'article 38 est complété par la doctrine dans différents manuels généraux traitant de la question. À titre d'exemple, A. PELLET, M. FORTEAU, P. DAILLER, *Droit international public*, Paris, éd. LGDJ, 2009, 8ème éd., pp. ;

[5]. Cela se justifie par le fait que les organisations internationales sont des sujets de droit international dont les actions ne prospèrent que sur la scène internationale.

organisations internationales[6]. Dans un souci de clarté, seront successivement envisagées les règles et jurisprudences internes relatives à l'investissement. Qu'en sera-t-il des autres règles tributaires du droit international ? La logique du propos voudrait qu'elles soient mobilisées lorsqu'il sera question de l'analyse du droit international (*infra*). Lorsqu'on envisage les sources internes du droit des investissements, ou d'une branche du droit international, on est contraint, si l'on veut être rigoureux, à ne prendre en compte que la jurisprudence comme étant la production concrète des juridictions nationales ; et les règles, souvent écrites, consacrées par des instruments internes[7]. Ce choix (ou tri) amène à se focaliser sur la mise en œuvre concrète d'une branche du droit dans un ordre juridique donné.

54. *Justification*. Le choix de cette approche est dicté par deux considérations. D'une part, parce que tout « *opérateur économique désireux de s'implanter sur le territoire d'un autre État ne manquera pas, dans un premier temps, de vérifier l'état de la législation nationale afin d'examiner les chances de succès de son opération, de s'assurer que le risque politique (i.e. le risque d'un changement brusque du cadre juridique) n'y est pas trop élevé ou qu'il y dispose, à tout le moins, d'outils efficaces pour faire valoir ses droits* »[8]. Et d'autre part, parce que « [l] *e principe suivant lequel un étranger se trouvant sur le territoire d'un État est avant tout soumis au droit de cet État (...)* »[9]. Qui plus est, et pour ne s'en tenir qu'à un seul exemple, l'article 10 du TBI entre l'Espagne et la République démocratique du Congo (signé en 2008) dispose en son point 5 : « [l] *es sentences d'arbitrage sont définitives et obligatoires pour les parties au différend. Chaque Partie contractante s'engage à exécuter les sentences conformément à sa législation nationale* ». Certes relative à l'exécution des sentences dans l'ordre interne, cette disposition n'en demeure pas moins un semblant de témoignage d'un ancrage (au moins sous l'angle de la mise en œuvre des décisions arbitrales) du droit des investissements dans l'ordre interne, bien que le contentieux généré par ce même droit reste en grande partie international[10]. Si au même titre que le

---

[6]. Qui sont spécifiques au droit international général, tant les organisations internationales en sont un sujet, ce qui est différent de ce que l'on rencontre dans l'ordre juridique interne. Cependant, il y a lieu de préciser que les actes unilatéraux existent dans les ordres internes mais se matérialisent, souvent, par les contrats unilatéraux (qui émanent de la puissance publique). Ces derniers sont différents des actes unilatéraux des États, ne serait-ce que qui pour produire des effets juridiques à l'égard d'autres États, ils n'exigent pas une quelconque acceptation. Voy. P. JUILLARD, « L'évolution des sources du droit des investissements », *RCADI*, 1995-2, vol. 250, pp. 59 et s.

[7]. Sans volonté aucune de mener une réflexion purement volontariste, qui pourrait avoir pour conséquence sur l'omission de certains aspects importants du sujet. Toutefois, il s'avère nécessaire dans l'optique d'une meilleure lisibilité, de se référer aux jurisprudences et instruments internes, lesquels sont de loin suffisants et au moins irréversibles pour vérifier le degré de présence des droits de l'homme dans le droit des investissements.

[8]. A. DE NANTEUIL, *Droit international de l'investissement*, Paris, éd. Pedone, 2020, 3ème éd., p. 59.

[9]. *Idem.*

[10]. Voy. CPJI, *Chemin de fer de Panevezys-Saldutiskis (Estonie c. Lutianie)*, arrêt du 28 février 1939, *Recueil.*, Série A/B, n° 76, p. 18.

droit international, le droit interne connait une diversité de sources, il reste que chacun de ces deux ordres (interne et international) connait des sources à géométrie variable[11]. Et si la quasi-totalité des sources énumérées existe dans l'ordre juridique interne, il n'en demeure pas moins que seules certaines s'avèrent pertinentes pour la mise en œuvre du droit des investissements étrangers dans l'ordre interne. Au bout du compte, seules certaines sources du droit international peuvent, en comparaison avec l'ordre interne, être considérées. On relève à cet égard la jurisprudence en tant que mise en œuvre concrète du droit local (chapitre 2) et les normes consacrées par un ordre interne donné en tant que règles formellement connues et reconnues en son sein (chapitre 1).

[11]. En droit international général par exemple, le rôle joué par les règles coutumières n'est pas celui que ces mêmes règles remplissent sur le plan interne. On s'ait à cet égard que le droit international est substantiellement régi par la coutume et les traités. Et que le droit interne est régi par la législation nationale et la jurisprudence. Là où le droit international reconnait une certaine normativité à la soft Law, le droit interne semble l'expulser hors de son champ.

CHAPITRE 1 :

La place des droits de l'homme dans les instruments nationaux relatifs à l'investissement

55. ***Contours du droit local.*** Par droit local, il faut ici entendre, l'ensemble des règles de droit interne et dont la mise en œuvre est associée aux opérations d'investissement. En des termes plus simples, il s'agit des règles nationales applicables à l'investissement étranger. Sous la rubrique « droit local », on peut inclure les Codes d'investissement, les mécanismes internes de responsabilité de la puissance publique, la jurisprudence interne relative à l'investissement, ainsi que tous les domaines du droit interne susceptibles de protéger ou d'encadrer l'investissement étranger[1]. Ce dernier point nécessite cependant une clarification qui a trait au caractère relatif de la pertinence des règles découlant des différents domaines du droit interne, en ceci qu'elles sont, d'une part, conditionnées par leur conformité à un traité applicable à l'investissement considéré[2] et, d'autre part, en ce qu'ils sont quelquefois sans lien avec un tel investissement. En tout état de cause, la généralité de la législation nationale laisse penser que ses aspects applicables à l'investissement ne sauraient faire abstraction des droits de l'homme. Ces derniers font irruption directement ou indirectement dans les premières. Le procédé direct de consécration semble renvoyer à l'intégration des droits de l'homme dans les règles dont la vocation principale ou accessoire est l'encadrement interne des investissements étrangers, alors que le procédé indirect

[1]. C'est ainsi que l'opération d'investissement trouve son plein essor sur le plan juridique. Voy. A. DE NANTEUIL, *Droit international de l'investissement*, *op. cit.* note 127, pp. 57 et s ; Le Conseil constitutionnel français a rappelé dans une décision « qu'il appartient aux divers organes de l'État de veiller à l'application [des] conventions internationales dans le cadre de leurs compétences respectives (CC, — Condition d'entrée et de séjour des étrangers en France — Décision n° 86-216 DC du 3 septembre 1986, § 6.)

[2]. On retrouve les traces de cette approche dans la Charte des droits et devoirs économiques des États, adoptée par l'AGNU, le 12 décembre 1974, rés. 3281 (XXIX) : « *Chaque État a la possibilité de réglementer les investissements étrangers dans les limites de sa juridiction territoriale, et d'exercer sur eux son autorité en conformité avec ses lois et règlements et conformément à ses principes et objectifs nationaux* » (art. 2 Charte des droits et devoirs économiques des États). Certes, il s'agit d'un instrument peu consensuel, mais renseignant tout de même sur le champ du droit interne.

parait dériver d'un aménagement des droits de l'homme dans les mécanismes d'engagement de la responsabilité interne de l'État. De là, il s'avère nécessaire de signaler que, relevant davantage du contentieux interne que des outils internes d'encadrement des investissements, la jurisprudence ne sera pas abordée dans ce chapitre ; toutefois, le chapitre suivant lui sera consacré.

56. ***Un droit local de l'investissement étranger ?*** La dialectique entre le droit international des droits de l'homme et le droit des investissements passe par divers procédés. Pour s'en rendre compte, il suffit de se rapporter aux différentes étapes par lesquelles transite l'opération d'investissement. Celle-ci va de la conclusion du traité appelé à régir l'investissement étranger à l'établissement de l'opérateur économique sur le territoire de l'État hôte. Si les règles de protection et/ou de promotion des investissements sont souvent contenues dans le traité et relèvent par voie de conséquence du droit international[3], il n'en demeure pas moins que leur mise en œuvre se fait sur les territoires des États. Il en résulte que lesdites règles sont tributaires du droit local en ce sens qu'elles résultent des lacunes du droit international qui se matérialisent par un renvoi de celui-ci au droit interne.

57. ***Plan***. L'investisseur songeant à mener une opération d'investissement à l'étranger fait d'emblée face à l'arsenal juridique de l'État où il compte s'installer : la législation nationale. Cette dernière se nourrit d'instruments et de mécanismes : les outils nationaux. Par outils nationaux relatifs à l'investissement, on entend, les règles internes régissant les rapports entre l'investisseur et l'État hôte. Parmi ces outils on peut citer les Codes d'investissement, la Constitution, le droit du travail, le droit de la concurrence et le droit de la consommation[4], auxquels on peut ajouter les mécanismes d'engagement de la responsabilité de l'État sur le plan interne. L'énumération dicte le plan, car, semble-t-il, les droits de l'homme sont directement pris en compte par les instruments internes régissant l'investissement (section 1) ; et indirectement pris en compte par les mécanismes d'engagement de la responsabilité de la puissance publique (section 2).

Section 1 :
La prise en compte directe des droits de l'homme

58. ***Lieu de rencontre entre droits de l'homme et droit de l'investissement.*** Même si le droit des droits de l'homme connait une consécration sur le plan international, sa mise en œuvre incombe prioritairement à ses destinataires principaux que sont les États, lesquels se chargent, au même titre, de la mise en

---

[3]. Aux termes de la Convention de Vienne sur le droit des traités, ouverte à la signature le 23 mai 1969 et entrée en vigueur le 27 janvier 1980, A/CONF.39/11/Add.2 : *« L'expression "traité" s'entend d'un accord international conclu par écrit entre États et régit par le droit international, qu'il soit consigné dans un instrument unique ou dans deux ou plusieurs instruments connexes, et quelle que soit sa dénomination particulière »* (Convention de Vienne, art. 2.)

[4]. Ce sont là les domaines les plus à même d'intéresser l'investisseur étranger.

œuvre du droit des investissements. C'est donc sur le terrain de l'effectivité[5] que le droit des droits de l'homme et celui des investissements se côtoient au sein des États. Deux procédés d'intégration des droits de l'homme dans le droit interne relatif à l'investissement résultent de cette rencontre : intégrer les droits de l'homme dans des instruments internes comme les Codes d'investissement, sinon intégrer les droits de l'homme dans divers instruments internes et faire en sorte qu'ils soient opposables aux investisseurs. La première de ces deux méthodes a le mérite de la commodité voire de la clarté, tandis que la seconde peut s'avérer problématique et source d'ambigüité pour les investisseurs.

§ 1 : L'intégration des droits de l'homme dans les Codes d'investissement

59. *Historique d'une particularité*. La logique des Codes est un emprunt à la tradition juridique française[6]. Des conquêtes napoléoniennes au processus de décolonisation, la culture de Code s'est peu à peu exportée[7]. Une lecture de l'histoire relativement récente de l'influence du droit français enseigne que la culture de Code s'est exportée dans les anciennes colonies et laissé d'importantes

[5]. Sur cette notion, V. CHAMPEIL-DESPLATS, « L'effectivité au regard des notions voisines », in V. CHAMPEIL DESPLATS et D. LOCHAK (dir.), *A la recherche de l'effectivité des droits de l'homme*, Paris, éd., Presses universitaires de Paris Nanterre, 2008, p. 28. L'auteure relève « *qu'est effective la norme qui est observée et appliquée par ses destinataires* ». Et qu'en conséquence, « *[l]* » *effectivité sera (...) mesurée à partir des écarts éventuels entre le droit et sa réalisation, entre les comportements prescrits par le droit et les comportements réels des acteurs* ».

[6]. En effet, le point de départ du système des Codes est le Code civil français promulgué le 21 mars 1804, appelé par ailleurs Code Napoléon, lequel constitue l'élément matériel de cette inspiration. Ainsi, il s'agit, selon un auteur, « [d] » *un phénomène que l'historien et le juriste français peuvent assumer sans orgueil, ni condamnation. Sans orgueil, parce que la France a en partie fait circuler son modèle juridique à la pointe des baïonnettes, parce qu'elle a parfois agit avec arrogance ou cynisme et qu'elle a quelquefois exporté des médiocrités comme le code de commerce de 1807 ou des mécanismes qui (par exemple, le droit de propriété individuelle en Afrique subsaharienne) ont bouleversé pour toujours des équilibres traditionnels. Sans condamnation, parce que la France a aussi, parfois, cherché à exporter du bon droit et pour de louables raisons — par exemple, les principes de la responsabilité et de l'imputabilité pénales en Asie, ou certains codes prévoyant des châtiments avec une moindre prise en compte de la culpabilité réelle de l'accusé. Sans condamnation, parce que sur le plan chronologique, le grand déploiement des modèles juridiques français se produit alors que la France n'est plus en mesure de l'imposer, c'est-à-dire après la chute de Napoléon Ier, et que ce sont donc des pays libres qui vont identifier le modèle français comme un modèle.* » (Sylvain SOLEIL, *Le modèle juridique français dans le monde. Une ambition, une expansion [XVI*e *— XIX*e *siècle]*, Paris, éd. IRJS, coll. Les voies du droit, 2014, p. 12.

[7]. Sur ce point, on se contentera de dire que l'influence du droit français va au-delà des seules anciennes colonies françaises. En effet, on relève que le Code civil fut appliqué dans des pays d'Europe (Allemagne, Pologne, Pays-Bas, Belgique, Luxembourg, Italie et Suisse), du proche orient (Turquie avec les réformes de Selim III et l'Égypte, Irak, Koweït etc.) et dans d'autres pays (Chine et Éthiopie par exemple). Voy. Conseil d'État, *L'influence internationale du droit français*, Paris, éd. La documentation française, coll. Les études du Conseil d'État, 2001, pp. 51 et s.

traces[8] au lendemain du déclenchement du processus de décolonisation[9], en particulier dans les États africains[10] (fin des années 1950 et début des années 1960). Quoique relevant d'une logique différente[11], l'adoption par la quasi-totalité des pays d'Afrique francophone de Constitutions similaires à celle de la Vème République[12] française en est une parfaite illustration. Une question semble cependant incontournable à ce stade : les Codes d'investissements sont-ils le fruit de cette influence ? La réponse à cette question semble positive, d'autant plus que les Codes d'investissement ne se rencontrent, à certaines exceptions près[13], que dans l'Afrique francophone. Il est cependant paradoxal de remarquer que la France, alors qu'elle a inspiré les pays dotés de Codes d'investissement, n'en possède pas, elle-même. L'explication que l'on peut donner à cet état de fait est que l'arsenal juridique français régissant l'investissement est apte à donner des garanties à l'investisseur sans qu'il ne soit nécessaire de procéder à une mise sur pied d'un Code destiné à l'investissement à l'instar des domaines comme le commerce, l'urbanisme, les impôts, l'environnement, la santé publique, etc. Un autre élément vient s'ajouter à la justification de l'adoption par certains pays de Codes d'investissement sans qu'il n'en soit de même pour d'autres. Sur ce dernier point, il convient de dire que cela tient largement à une certaine orientation économique libérale qui se veut évocatrice du flux des investissements que l'on sait s'effectuer, à ses origines, des pays du Nord vers les pays du Sud[14]. Il résulte de ce qui précède que le principe même de Code est, sur le plan formel, un emprunt à la légistique française ; et que les Codes d'investissement sont, sur un plan purement matériel, pensés par certains États comme une garantie d'attractivité économique permettant de contourner l'obstacle de l'insécurité juridique, souvent décrié par les opérateurs économiques songeant à investir dans

[8]. On peut aller au-delà de cette date, mais l'objet de l'étude n'étant pas l'histoire du droit, nous nous limiterons à renvoyer aux travaux de Sylvain Soleil (en particulier, *Le modèle juridique français dans le monde., précité*, note)

[9]. Déclaration sur l'octroi de l'indépendance aux pays et peuples coloniaux, adoptée par l'AGNU, le 14 décembre 1960, rés. 1514 (XV).

[10]. C'est tellement vrai qu'en matière du droit du travail, par exemple, la loi n° 52-1322 du 15 décembre 1952 portant Code du travail des territoires d'Outre-mer (CTTOM) a su inspirer les États africains nouvellement indépendants. En ce sens, voy. Ph. AUVERGNON, « Mythe d'un autre droit et nécessité d'adaptations des droits du travail en Afrique subsaharienne », in *A droit ouvert. Mélanges en l'honneur d'Antoine Lyon-Caen*, Paris, ed. Dalloz, 2018, pp. 61-71.

[11]. Si cette logique n'est pas illustrative de l'alignement de certains pays à la tradition française de codes, elle permet tout de même de solidifier l'argumentation selon laquelle les droits africains post coloniaux sont inspirés du droit français.

[12]. La constitution française du 4 octobre 1958, loi constitutionnelle du 3 juin 1958, *JORF* du 4 juin 1958.

[13]. Le Rwanda par exemple, dont le Code des investissements est institué par la loi n° 26/2005 du 17 décembre 2005.

[14]. Voy. Les différents rapports de la CNUDCI et en particulier, Rapport sur l'investissement dans le monde, 2017, UNCTAD/WIR/2017.

les pays du sud[15]. Une analyse approfondie des Codes d'investissement semble révéler une tendance vers la garantie des droits fondamentaux en lien avec les activités des investisseurs. Avant de procéder à la vérification de cette hypothèse, il sera nécessaire de préciser ce qu'il convient d'entendre par Codes d'investissement.

60. ***Clarification conceptuelle.*** Par Code d'investissement, la doctrine entend souvent, « *un corpus normatif établi par un État, relatif à l'admission, à l'agrément, à la constitution, au traitement, au régime juridique, à la liquidation et à la protection des investissements d'origine étrangère, généralement dans un but incitatif* »[16]. Cette définition de la notion de Code parait extensive même si l'usage que l'on fait habituellement du concept dépasse les aspects qu'elle couvre. Compte tenu de l'importance de plus en plus grandissante du phénomène, il peut être aujourd'hui envisagé une distinction entre les Codes d'investissement qui se limitent à l'encadrement de l'investissement, d'une part ; et les règles relevant du corpus normatif interne, couvrant un champ plus large que le seul cadre de l'investissement, d'autre part. Cette distinction tient principalement au fait que les Codes d'investissement sont spécifiques aux opérations d'investissement alors que les autres instruments internes ne sont pas exclusifs de l'investissement. Cependant, étant soit d'application générale soit relevant d'autres matières du droit interne, les instruments autres que les Codes d'investissement peuvent, à travers leur objet, trouver à s'appliquer à l'investissement[17]. Si les définitions exposées divergent sur certains points, elles convergent en revanche, toutes, vers l'attribution d'un double voire un triple caractère aux Codes d'investissement.

61. ***Les Codes d'investissement relèvent du corpus normatif interne.*** Le Code panafricain des investissements[18] peut constituer un démenti à l'assertion suggérée par le titre du présent passage. Mais le démenti est immédiatement atténué lorsqu'on sait que ce Code n'en est qu'au stade de projet, et que même s'il venait à entrer en vigueur, il relèverait du droit international tant il lie des sujets de droit international. La dénomination est donc sans préjudice du champ d'application du Code d'investissements. Cela amène à évoquer une autre condition qu'il est impératif de cumuler avec celle qui vient d'être exposée.

62. ***Les Codes d'investissement sont destinés à encadrer l'investissement.*** À la réalité, il s'agit de la combinaison des critères matériel et formel. Matériellement, le contenu des Codes est destiné aux investisseurs. Et

---

[15]. Un auteur résume cette situation en ces termes : « [p] *our ne parler que des droits des anciennes colonies françaises, si l'architecture des codes nationaux reste proche, le plus souvent, de celle du CTTOM de 1952, la source légale substantiellement évolué depuis les indépendances, appelant très souvent l'intervention de décrets d'application, le "dépoussiérage" ou l'abrogation de normes légales ou réglementaires.* » Ph. AUVERGNON, « Mythe d'un autre droit et nécessité d'adaptations des droits du travail en Afrique subsaharienne », *loc. cit.* note 140, p. 68.

[16]. J. SALMON (dir.), *Dictionnaire de droit international public*, *op. cit.*, p. 189.

[17]. Voy. A. DE NANTEUIL, *Droit international de l'investissement*, *op. cit.* pp. 61 et s.

[18]. Commission de l'UA, Projet — Code panafricain d'investissements, adopté en décembre 2016, doc. EA15660 — 15.

formellement, les Codes relèvent de l'ordre interne. La matérialité résulte du fait que les Codes régissent l'investissement à travers leur contenu. La formalité (formellement) découle du fait que les Codes d'investissement sont attribuables à l'ordre interne[19] et prennent souvent la forme d'une loi. Rappelons toutefois qu'une même loi peut régir différents domaines (en rapport avec le domaine « investissement »), d'où l'intérêt du troisième critère.

63. ***Les Codes d'investissement sont spécifiques à l'investissement.*** Aux deux critères évoqués *supra*, il convient d'ajouter un troisième qui, au fond, relève de la matérialité : *la spécificité*. En effet, seul ce dernier critère permet de dresser une ligne claire entre les instruments nationaux spécifiques à l'encadrement de l'investissement et les législations nationales d'application générale touchant l'investissement. Pour les besoins de cette étude, ne seront considérés comme Codes d'investissement que les seuls instruments internes présentant les trois qualités exposées ci-dessus. Par Code d'investissement, il faudrait donc entendre : l'instrument interne destiné spécifiquement à l'encadrement des opérations d'investissement. Par exemple, et cela est valable pour les autres instruments internes, la Constitution ne pourrait être considérée comme un Code d'investissement, en ce sens que, quand bien même elle consacre un certain nombre de principes pouvant régir l'investissement, elle ne saurait être réduite à cette seule dimension.

64. ***Quel enjeu pour les droits de l'homme ?*** Dès lors se pose une série de questions en lien chacune avec les différents traits caractéristiques des Codes d'investissement. Lesdits Codes sont-ils ouverts aux droits de l'homme ? Si oui, de quelle manière ? Et quelles conséquences pourrait-on en tirer ? L'encadrement établi par les Codes d'investissement s'appuie-t-il sur les droits de l'homme ? Si oui, comment se manifeste — t-il ? Les réponses à ces interrogations dicteront la démarche.

65. ***Typologie des droits de l'homme portés par les Codes d'investissement.*** À résumer les dispositions contenues dans les Codes d'investissement des quelques États énumérés, on ne manque pas de remarquer que les droits de l'homme y sont insérés de plusieurs manières. Cela va des objectifs poursuivis par les Codes au respect de l'ordre public, en passant par les études d'impact social et/ou environnemental. Deux séries de normes permettent de cerner cette réalité : les mesures d'incitation et les mesures d'encouragement. Les premières sont majoritaires et les secondes sont d'une rareté telle, qu'elles relèvent de l'originalité.

66. ***Lien entre investisseurs, Codes des investissements et droits de l'homme.*** Du point de vue de l'attitude attendue de l'investisseur, on dira volontiers que les Codes d'investissement étant « la voix de l'État », véhiculent en toute logique le

[19]. Et qui suivent le ou les processus internes d'élaboration des lois. En France, par exemple, la procédure législative est constituée de quatre étapes que sont : l'initiative ; la discussion ; l'adoption ; et la publication. Voy. Art. 39 de la Constitution française du 4 octobre 1958 (précitée, note 142), modifié par l'art. 15 de la loi constitutionnelle n° 2008-724 du 23 juillet 2008, version en vigueur depuis le 25 juillet 2008, *JORF* n° 0171 du 24 juillet 2008.

comportement que ces derniers espèrent de l'investisseur à travers trois séries de mesures. D'abord, les mesures d'*incitation*[20] qui nécessitent une action de la part de l'investisseur ; ensuite, les mesures d'*observation* qui exigent l'abstention de l'investisseur ; et enfin, les mesures d'*encouragement*[21] encouragement qui récompensent l'attitude de l'investisseur. Toutes ces mesures constituent des voies d'entrée des droits de l'homme dans le droit national de l'investissement qui s'opère grâce aux Codes d'investissement. Plus concrètement, les Codes étudiés permettent de recenser diverses manières de prendre en compte les droits de l'homme à travers des dispositions variées à objectifs différents.

67. ***Méthodes d'intégration des droits de l'homme***. Si l'on veut systématiser davantage, on dira qu'il existe, s'agissant des Codes d'investissement, à l'exception des méthodes classiques de protection des investisseurs[22], deux principaux procédés d'intégration des droits de l'homme dans le droit des investissements. Les techniques nécessitant une action : il s'agirait de l'obligation de ***réaliser***. Ainsi, l'investisseur qui n'agirait pas dans ce sens n'aurait pas de garanties à ce que son opération soit considérée comme un investissement[23] avec toutes les conséquences que cela implique[24]. Les techniques nécessitant une abstention : il s'agirait de l'obligation ***de respecter.*** Ainsi, l'investisseur qui ne se conformerait pas au cadre juridique déterminé par l'État, risque de se voir attribuer un comportement fautif susceptible de compromettre la protection que le Code est censé lui procurer.

A. Les techniques tendant à promouvoir les droits de l'homme

68. ***Deux techniques***. Ce sont les procédés visant la mise en avant des droits de l'homme, objectifs de certains Codes d'investissements, et la réalisation d'études d'impact social et/ou environnemental, préalablement à toute opération d'investissement.

---

[20]. Il s'agit d'une invitation à faire non suivie d'une contrepartie sous forme de récompense. Le terme est donc à comprendre dans le sens d'une exhortation.

[21]. Ce terme couvre une dimension « aide » en contrepartie de l'acte accompli. Le vocable est donc à comprendre ici dans le sens d'une action visant à « [i] *nciter, aider ou favoriser par une protection spéciale, par des récompenses, des subventions* » (A. REY et J. REY-DEBOVE [dir.], *Le Petit Robert de la langue française*, éd. Le Robert, 2022, p. 864.).

[22]. En effet, les Codes d'investissement garantissent la protection de la propriété, la non-discrimination, etc. En guise d'illustration, le Code ivoirien des investissements, ordonnance n° 2012 – 487 du 07 juin 2012 portant code des investissements (art. 6, égalité de traitement des investisseurs nationaux et étrangers) ; le Code togolais des investissements, loi n° 2012-001 du 20 janvier 2012, portant Code des investissements en République togolaise (art. 3, la non-discrimination en matière législative ou réglementaire régissant l'investissement et art. 7, protection des biens et de la propriété des investisseurs) ; le Code tunisien des investissements, loi n° 2016-71 du 30 septembre 2016, portant loi de l'investissement en Tunisie (art. 7 et 8, la non-discrimination des investisseurs).

[23]. Le terme investissement protégé serait plus approprié car il semble emporter les garanties contenues dans le Code en question.

[24]. Nous reviendrons sur ce point dans la seconde partie de ce travail consacrée à l'étude des concepts du droit des investissements.

1. La réalisation des objectifs du Code

69. ***Des Codes d'investissement « s'expriment »***. On retrouve cette logique dans le Code béninois des investissements[25] qui ne semble reconnaitre comme investissements, que les opérations menées dans « *des secteurs d'activité présentant une utilité pour le développement économique et social sans incidence particulière néfaste sur l'environnement et la santé des populations*[26] ». Dans le même sens va le Code ivoirien des investissements[27] qui renvoie carrément à la norme ISO 26000[28] tout en consacrant la responsabilité sociétale dont la concrétisation serait au sens de ce Code, *la réalisation des projets sociaux*[29]. Il en va de même du Code guinéen[30] des investissements qui renvoie, comme le Code guinéen, à la norme ISO 26000 en son aspect relatif au travail[31]. Ceci est intéressant en ce sens qu'au moyen de cette consécration, les Codes ivoirien et guinéen des investissements contractualisent une norme de *soft Law* (en l'occurrence la norme ISO 26000). Le Niger rattache aux objectifs de son Code d'investissement[32] « *le développement des activités socio-économiques* »[33]. Il s'agit là d'une démarche affichée s'inscrivant dans le cadre de la thèse des auteurs favorables à l'inclusion (doctrine de l'association) du social dans l'économique[34] (en opposition avec la doctrine de la dissociation).

70. ***De l'originalité***. Est très original le Code malgache des investissements[35], lequel va jusqu'à faire de l'investissent un outil de lutte contre le SIDA, dans une logique de protection de la personne. On y lit que « [d]*ans le respect des principes posés par la (...) sur la lutte contre le VIH/SIDA et la protection des droits des personnes vivant avec le VIH/SIDA, toutes entreprises devront mettre en place un programme de sensibilisation/éducation de leurs employés, ainsi que faciliter*

25. Loi n° 90-002 du 09 Mai 1990 portant code des investissements modifiée par la loi 90-033 du 24 décembre 1990.

26. Art. 15 du code béninois, précité.

27. Ordonnance n° 2012 – 487 du 07 juin 2012 portant code des investissements.

28. Il s'agit d'une norme de l'Organisation internationale de normalisation relative à la responsabilité sociale des entreprises qui a été mise sur pied en 2010. Cadre de référence, cette norme préconise sept axes pour toute organisation publique ou privée souhaitant l'intégrer : la gouvernance de la structure ; les droits de l'homme ; les conditions et relations de travail ; la responsabilité environnementale ; la loyauté des pratiques ; les questions relatives au consommateur et à la protection du consommateur ; les communautés et le développement local.

29. Art. 25 du code ivoirien des investissements précité.

30. Le Code des investissements de la Guinée, loi U 2015/008/AN du 25 mai 2015, portant code des investissements de la République de Guinée.

31. Art. 22 du code guinéen des investissements précité.

32. Le Code des investissements du Niger, loi n° 2014-09 du 16 avril 2014 portant Code des investissements en République du Niger

33. Art. 1 du code nigérien des investissements précité.

34. A ce sujet, voy. M. M. MOHAMED SALAH, *L'irruption des droits de l'homme dans l'ordre économique international : mythe ou réalité ?* Paris, éd. LGDJ, 2012, pp. 29 et s.

35. Le Code malgache des investissements, loi n° 2007-036 du 14 janvier 2008 relative aux investissements à Madagascar.

l'accès de ces derniers au dépistage volontaire de la maladie».[36] Le Code togolais[37], quant à lui, évoque parmi ses objectifs, « *la protection et la facilitation de l'investissement durable et responsable* » en ces termes : « *La présente loi portant Code des investissements (ci-après désigné "le Code") a pour objet de promouvoir, faciliter et protéger l'investissement durable et responsable au Togo dans le but de : - favoriser la création d'emplois pérennes et qualifiés ; - favoriser la création d'activités à forte valeur ajoutée - encourager l'utilisation et la valorisation des ressources naturelles et des matières premières locales ; - développer l'économie de l'immatériel en encourageant le transfert de compétence et l'utilisation de nouvelles technologies* (...) »[38]. Est-ce, cependant, une manière de dire que l'investissement protégé ne serait que l'investissement durable et/ou responsable ? Cette interprétation est envisageable lorsqu'on sait que c'est l'argument défendu par les partisans de l'idée de l'engagement de la responsabilité des investisseurs pour violation des droits de l'homme au même titre que les États[39].

2. La réalisation d'études d'impact

71. ***Expression des Codes d'investissement***. Tantôt envisagées comme des procédures, tantôt envisagées comme les résultats d'une procédure, les études d'impact peuvent être définies sommairement comme des procédés d'évaluation des incidences d'un projet sur l'environnement[40] et la Société[41]. Parmi les obligations que font peser les Codes d'investissement sur les investisseurs, figure l'obligation de réaliser des études d'impact. L'illustration se trouve dans le Code rwandais des investissements[42] qui exige la réalisation par les investisseurs d'une étude d'impact social et environnemental préalablement à toute opération d'investissement[43]. Le même état d'esprit anime le Code malien des investissements[44] qui conditionne l'obtention d'un agrément pour mener une opération d'investissement à la réalisation d'une étude d'impact environnemental et social[45]. Cela voudrait dire qu'aucun investissement ne serait envisageable au Mali ou au Rwanda sans qu'il ne soit mesuré son impact sur l'environnement ou sur la société. Est-ce une garantie suffisante ? La question se pose. On peut certes

---

36. Art. 7 du code malgache des investissements précité.

37. Loi N° 2012-001 du 20 janvier 2012, portant Code des investissements en République togolaise.

38. Art. 1 du code togolais des investissements précité.

39. A ce sujet, voy. F. MARRELLA, « Protection internationale des droits de l'homme et activités des sociétés transnationales », *RCADI*, 2016, t. 385, pp. 188 et s.

40. Pour une définition assez proche, voy. J. SALMON (dir.), *Dictionnaire de droit international public, op. cit.*, pp. 469-470.

41. L'ajout de ce terme est consécutif à la place que lui accordent les Codes d'investissent dans la réalisation des études d'impact.

42. Le Code rwandais des investissements, loi n° 26/2005 du 17 décembre 2005 relative à la promotion et facilitation des investissements et des exportations.

43. Art. 1, point 9 du code rwandais des investissements précité.

44. Le Code malien des investissements, loi n° 2012/016/du 27 février 2012 portant code des investissements.

45. Art. 27 du code malien des investissements précité.

se demander si la réalisation d'une étude d'impact environnemental et social est une garantie suffisante pour préserver les droits des populations, mais on ne peut s'empêcher de dire qu'une telle attention constitue une avancée vers une implication avérée des investisseurs dans la réalisation des droits de l'homme.

B. Les techniques tendant à garantir le respect des droits de l'homme

72. *Deux techniques*. Les techniques visées sont celles qui en toutes hypothèses sont admises par tous les droits nationaux. C'est le respect par les étrangers de la législation nationale et leur conformité à l'ordre public.

1. Le respect de la législation nationale comme respect des droits de l'homme

73. *Panorama*. Le Code comorien des investissements[46] illustre cette tendance en énumérant au titre des obligations de l'entreprise « *le respect de l'ordre public, des consommateurs et de l'environnement* »[47]. Le Code ivoirien des investissements fait allusion au respect de la législation nationale à travers les exceptions à la liberté de transfert d'actifs en cas d'infractions pénales ou dégradation de l'environnement, etc.[48] et conditionne l'obtention_« *des avantages liés au régime de déclaration au respect des normes environnementales* »[49]. Il en est de même du Code togolais des investissements qui_consacre le respect de l'environnement[50] et du droit des travailleurs[51]. Le Code mauritanien des investissements[52] est assez explicite en ce qu'il évoque au titre des obligations de l'investisseur, la conformité de ce dernier à la législation sociale et environnementale[53]. Le Code nigérien des investissements fait du respect du droit du travail le pivot du respect de la législation nationale[54]. Poursuivant une logique de libéralisation des échanges, le Code tunisien des investissements[55] est peu disert sur la question et s'intéresse plutôt au respect des règles de la concurrence comme respect de la législation nationale[56].

---

46. Loi n° 07-0010/AU du 31 aout 2007 portant code des investissements.
47. *Ibid.*, art. 15.
48. *Ibid.*, art. 17.
49. *Ibid.*, art. 38.
50. La Loi togolaise n° 2012-001 du 20 janvier 2012, portant Code des investissements en République togolaise,
art. 50, point J.
51. *Ibid.*, art. 50, point K.
52. Loi n° 2012/052 du 31 Juillet 2012 portant Code des Investissements, modifiée par la loi n° 2016/012 du 13 avril 2016.
53. *Ibid.*, art. 28. On aura relevé qu'une loi du 21 mars 2016 a modifié ce code sans toutefois impacter l'article cité.
54. La Loi nigérienne n° 2014-09 du 16 avril 2014 portant code des investissements en République du Niger, art. 15, point 9.
55. Loi n° 2016-71 du 30 septembre 2016, portant loi de l'investissement en Tunisie
56. *Ibid.*, art. 10.

2. Le respect de l'ordre public comme préservation des droits de l'homme

74. *Panorama*. Nombreuses sont les dispositions des Codes d'investissement qui font du respect de l'ordre public un impératif à la réalisation de l'investissement. Certaines sont vagues et d'autres sont plus ou moins éclairantes. Au titre des premières, on relève la logique du Code burkinabé des investissements[57] : « *Les investissements productifs sont librement effectués au Burkina Faso sous réserve des dispositions spécifiques visant à respecter la politique économique et sociale de l'État, notamment la protection de la santé et de la salubrité publique, la protection sociale et la sauvegarde de l'environnement* »[58]. Et au titre des secondes, le Code nigérien des investissements[59] : « *conformité au respect de l'ordre public, la protection des consommateurs et l'environnement* »[60]. Le Code sénégalais des investissements[61] exige des investisseurs « *le respect de l'ordre public, [la] protection de l'environnement et des consommateurs* »[62] et conditionne la délivrance de l'agrément notamment à « *la formation du personnel* »[63]. Le Code tchadien des investissements[64] s'illustre en faisant état du respect de la santé, de la protection sociale, de l'environnement, et de la sécurité et salubrité publiques[65]. Le Code comorien est original en la matière, car on peut y lire que « *les investissements sont libres sous réserve de dispositions spécifiques à :* [l] *a « santé ; salubrité ; protection sociale ; ordre public économique ».*[66] Et que les obligations de l'entreprise « [sont] : [le] *respect de l'ordre public, des consommateurs et de l'environnement.*[67] ».

75. *Implication.* Qu'il s'agisse de la santé, de la salubrité, de la protection sociale, de la protection des consommateurs, on s'aperçoit à la lecture des dispositions des Codes relatives au respect de l'ordre public que les domaines que les États lui rattachent sont un terrain fertile aux droits de l'homme. Au fond, il s'agit de domaines pouvant constituer des points de contact entre droits de

---

[57]. Loi n° 62/95/ADP du 14 décembre 1995 portant Code des investissements, modifiée par la loi n° 15-1997 du 17 avril 1997, la loi de finances pour 2009 et la loi n° 07-2010 du 29 janvier 2010.

[58]. *Ibid.*, art 8.

[59]. Loi n° 2014-09 du 16 avril 2014 portant Code des investissements en République du Niger.

[60]. *Ibid.*, art. 15, point 6.

[61]. Loi n° 2004-06 du 6 février 2004 portant Code des investissements, modifiée par la loi n° 2012-32 du 31 décembre 2012.

[62]. *Ibid.*, art. 14.

[63]. *Ibid.*, art. 24.

[64]. Dont la dénomination « Charte des investissements » peut interpeler, sans toutefois avoir une incidence sur sa valeur juridique. En effet, en dehors de son appellation, la Charte tchadienne des investissements présente tous les traits caractéristiques des Codes d'investissement à savoir : un instrument interne spécifique à l'encadrement des opérations d'investissement. Voy. : Loi n° 006/PR/2008 du 3 janvier 2008 instituant la Charte des investissements de la République du Tchad. Le code des investissements de ce pays est dénommé « Charte des investissements de la République du Tchad ».

[65]. *Ibid.*, art. 11.

[66]. Art. 11 du code comorien des investissements précité.

[67]. Art. 15 du code comorien des investissements précité.

l'homme et activités des investisseurs. C'est dire qu'il ne saurait être admis un investissement ne respectant pas certaines normes internes relatives aux droits de l'homme et que, une fois admis, l'investisseur doit suivre la même logique en s'abstenant de mener des activités susceptibles de porter atteinte aux droits fondamentaux de la personne dont l'État est le garant. Le nombre croissant des Codes d'investissement sensibles aux droits de l'homme pourrait être interprété comme le signe d'une future intégration affirmée des considérations éthiques dans la sphère économique. Seulement, certains Codes d'investissement récents[68] obligent à avoir du recul en observant une vision plus ou moins pessimiste de l'avenir des droits de l'homme portés par les Codes d'investissement.

C. L'émergence d'un procédé horizontal d'intégration des droits de l'homme

76. ***Un procédé supplémentaire.*** Le procédé est dit horizontal en ce qu'il exige des efforts aussi bien de la part de l'État que de l'investisseur. Ce procédé vient, en opposition aux procédés verticaux, s'ajouter aux deux techniques exposées plus haut.

77. ***Réalisation « in solidum » (solidaire) des droits de l'homme.*** Aux deux techniques *sus* envisagées, pourrait s'ajouter une troisième qui ressemble fort à un consensus, car elle relève d'une espèce de compromis entre État hôte et investisseur : la technique d'encouragement de certains types d'investissements dont on peut dire qu'elle est consensuelle en ceci qu'elle consiste en une réalisation partagée (entre l'État et l'investisseur) des droits de l'homme. Technique rarissime, elle consiste concrètement à accorder une prime aux investisseurs dont les projets ciblent des domaines en lien avec le développement durable. Le Code tunisien des investissements[69] est à cet égard éclairant, car il prévoit une prime au titre « *de la performance économique* »[70], à travers « *la formation des employés qui conduit à la certification des compétences* »[71], au titre « *des investissements immatériels* »[72], ou encore une « *prime de développement durable au titre des investissements réalisés dans la lutte contre la pollution et la protection de l'environnement* »[73]. Le montant de la prime et/ou sa nature sont déterminés annuellement dans un rapport édicté par le ministère tunisien des Finances[74]. On retrouve une technique différente, mais similaire en certains

---

[68]. C'est le cas du code algérien des investissements, lequel n'envisage à aucun moment des obligations en matière des droits de l'homme à la charge de l'investisseur si ce n'est la très classique et vague « conformité au droit » local dont l'interprétation, compte dument tenu du code lui-même dans son ensemble ne semble pas de nature à permettre. A cet égard, voy. Loi n° 2016-09 du 3 août 2016 relative à la promotion de l'investissement.

[69]. Loi n° 2016-71 du 30 septembre 2016, portant loi de l'investissement.

[70]. *Ibid.*, art. 19-1, point 1.

[71]. *Ibid.*, art. 19-1, point 6.

[72]. *Ibid.*, art. 19-1, point 4.

[73]. *Ibid.*, Art 19-4.

[74]. Voy. art. 18 de la loi n° 2017-8 du 14 février.

points[75] dans le Code burkinabé des investissements qui dispose : *« [l] es entreprises bénéficiaires d'un régime privilégié sont tenues (...) de protéger l'environnement par la mise en œuvre des procédés et appareils techniques estimés suffisants par les services compétents »*[76]. La même observation vaut pour le Code camerounais des investissements[77] qui, au titre des incitations, exonère de certaines taxes les investisseurs opérant dans des secteurs prioritaires comme le « [d] *éveloppement de l'habitat et du logement social* »[78], « [l] *e développement de l'offre de l'énergie et de l'eau* »[79], la « [l] *utte contre la pollution et la protection de l'environnement* »[80], ou encore la « [p] *romotion de l'emploi et formation professionnelle* ».[81]

78. *Enseignement : vers une intégration affirmée du social dans l'économique*. Se pose alors la question de savoir si l'obligation de respecter les normes sociales et environnementales est la conséquence directe de l'influence du droit international des droits de l'homme sur le droit des investissements. La réponse à cette question est sans aucun doute positive en ce sens que la consécration des normes sociales et environnementales dénote la volonté affichée de certains États d'associer l'*économique* et le *social*. C'est dans cette logique qu'il faut lire le Code nigérien des investissements dont [l'] « *objet est de favoriser le développement des activités socio-économiques en stimulant l'investissement en République du Niger* ». [82]. Il s'agit moins d'un hasard que d'un alignement sur la logique des Nations Unies qui font des États, non seulement les destinataires des droits de l'homme, mais aussi et surtout leur laissent la totale liberté de les mettre en œuvre[83]. Le message des États véhiculé par les Codes d'investissement peut être lu comme une manière d'associer les investisseurs à la réalisation des

---

[75]. Il faut dire que le procédé du Code tunisien des investissements est différent car la prime prévue pour les investisseurs est une sorte de récompense, alors que le procédé des codes burkinabé et camerounais sont plutôt une manière d'exonérer les investisseurs de certaines charges. Pour le premier procédé, on est dans la situation tendant à récompenser l'investisseur et dans l'autre, la poursuite de l'objectif de facilitation de l'opération d'investissement. Le point commun entre les deux procédés reste tout de même, l'encouragement des investissements opérés dans domaines prioritaires aux yeux des États concernés.

[76]. Art. 20, point 5 du code burkinabé des investissements précité.

[77]. Loi n° 2013/004 du 18 avril 2013 fixant les incitations à l'investissement privé en République du Cameroun.

[78]. *Ibid.*, art. 14, point 3.

[79]. *Ibid.*, art. 14, point 5.

[80]. *Ibid.*, art. 14, point 7.

[81]. *Ibid.*, art. 14, point 10.

[82]. Art. 1 de la loi n° 2014-9 du 16 avril 2014 portant Code des investissements en République du Niger.

[83]. Ce que l'on désigne souvent par le vocable obligation de moyens en opposition à l'obligation de résultat. Il est fréquent de se rapporter à l'exemple des obligations qui pèsent sur le médecin pour faire la distinction entre les deux types d'obligation. En effet, si par exemple le médecin est obligé de soigner son patient, il n'est en aucun cas tenu de le guérir. Les soins apportés au patient sont synonymes d'obligation de moyens alors que la guérison de ce dernier, relève des résultats. Le même procédé vaut pour la réalisation des droits de l'homme : les États sont tenus de tout mettre en œuvre pour garantir les droits de l'homme mais ne sont pas tenus en toutes hypothèses de les réaliser.

droits de l'homme tant celle-ci est périlleuse dans certaines circonstances[84]. Il peut également être lu comme l'exercice plein et entier de la liberté normative orientée vers la protection des droits de l'homme. « [P] *ivot de la protection et de la réalisation des droits de l'homme »*[85], l'État se présente ainsi comme un protecteur des droits de l'homme, tant il se charge de leur bonne mise en œuvre[86]. C'est dire qu'en raison de leur caractère objectif, les droits de l'homme plus que tous autres droits se justifient en ceci qu'ils ne sont point « *subordonnés au respect de la réciprocité des obligations souscrites par les États les uns à l'égard des autres, notamment par voie conventionnelle* »[87]. On pourrait aller plus loin en indiquant que, rattrapé par ses propres lacunes (en termes d'insuffisance d'obligations en matière des droits de l'homme à destination des investisseurs étrangers), le droit international des droits de l'homme passe par le droit interne, terrain potentiel de sa violation, pour s'infiltrer dans des domaines d'activités aussi larges que variés. Et tente de faire en sorte que les obligations en matière des droits de l'homme soient présentes là où les droits fondamentaux de la personne sont en jeu.

79. *La possible extension*. Compte tenu des dispositions relatives aux droits de l'homme contenues dans les Codes d'investissement, il s'avère impossible de conclure à l'existence de règles qui imposent aux investisseurs étrangers des résultats précis en matière des droits sociaux, de protection de l'environnement ou encore des populations autochtones[88]. Les mesures recensées sont moins des obligations que des incitations. De là, il est intéressant de dire que les droits de l'homme sont traités différemment des droits économiques. Les premiers parce que ce sont des droits qui s'imposant aux États, et les seconds parce que ce sont des droits qui profitent aux investisseurs. Cependant, la concrétisation des seconds passe, on l'a vu, par le canal des premiers. Formulé autrement, les Codes d'investissement garantissent une protection aux investisseurs, laquelle n'est rendue possible que par la référence au droit international des droits de l'homme. Cette dernière n'est toutefois pas figée et peut dans certains cas être explicite[89] et dans d'autres cas, implicite[90].

---

[84]. En particulier lorsqu'il s'agit de protéger les droits de l'homme contre les activités d'une multinationale d'une force égale ou supérieure à celle de L'État sur le territoire duquel elle mène ses activités.

[85]. Voy. M. M. MOHAMED SALAH, *L'irruption des droits de l'homme...*, *op. cit.* p. 15.

[86]. Portée par les défenseurs des droits de l'homme, cette vision se heurte à une vision purement libérale, laquelle envisage les droits de l'homme sans tenir compte des aspirations sociales et environnementales.

[87]. P. M. DUPUY et Y. KERBRAT, *Dorit international public,* Paris, éd. Dalloz, coll. Précis, 2020, 15ème éd., p. 246.

[88]. Même si les dispositions des codes relatives au respect de certaines règles internes moyennant protection, embrassent l'idée de « contractualisation » des droits de l'homme.

[89]. Au moyen d'une citation expresse d'un droit de l'homme ou une référence à des instruments de protection des droits de l'homme (Cas du code ivoirien des investissements, précité).

[90]. Au moyen d'un renvoi aux obligations des États de protéger les droits des nationaux et étrangers ou des obligations des investisseurs de respecter, par exemple, la législation nationale (cas de la quasi-

§ 2 : L'intégration des droits de l'homme dans les instruments non spécifiques

80. ***Clarification conceptuelle.*** Par instrument interne non spécifique à l'investissement, il faut entendre négativement les instruments autres que les Codes d'investissement. Matériellement, il s'agit de toute une série d'instruments que l'on peut regrouper en deux catégories. Les textes constitutionnels[91] et les textes régissant des domaines autres que l'investissement. La Constitution parce que c'est le texte fondamental consacrant les règles susceptibles de garantir à la fois, la protection de l'investisseur et celle des populations. Et les autres instruments consacrant les règles relatives au travail, à la concurrence ou à la consommation, [92]etc. parce qu'ils contiennent des dispositions qui touchent de près ou de loin l'investissement étranger. Ces instruments fournissent, au mieux, des garanties égales aux droits de l'investisseur ainsi que ceux de la population ; et au pire, se contentent de garantir, mais inégalement, les droits de l'investisseur et des populations. Aborder la question de la présence des droits de l'homme dans les règles internes d'application générale revient à mettre l'accent sur les instruments internes non spécifiques au droit des investissements, mais pouvant, à certains égards, régir les opérations d'investissement.

81. ***Champ de l'analyse.*** Par modalités indirectes, il faut entendre les manières dont les règles internes non spécifiques à l'investissement se saisissent des droits de l'homme et, à travers leur objet, entendent encadrer l'investissement étranger. Cela étant, ces règles intègrent le corpus normatif national régissant l'investissement. À la différence des instruments internes spécifiques à l'investissement, les instruments qui n'y sont pas spécifiques se caractérisent soit, et de manière évidente, par une certaine généralité, soit par une certaine connexité ; deux caractéristiques qui se révèlent être la source de l'entrée en contact des instruments internes non spécifiques à l'investissement avec les activités de l'investisseur. Cette présentation des choses touche, dans une certaine mesure, au débat qui oppose les défenseurs de la thèse de la dissociation de *l'économique* et du *social* aux tenants de la thèse de l'intégration du *social* dans *l'économique*[93]. Il est cependant clair que la trajectoire qu'est en train de suivre le droit des investissements semble aller dans le sens de la thèse de l'intégration du *social* dans *l'économique*.

---

totalité des codes d'investissements étudiés, et à titre d'exemple, le code sénégalais des investissements précité).

[91]. Car il s'agit de l'instrument fondamental au sein de l'ordre interne.

[92]. On pourrait aller plus loin dans l'énumération en invoquant des domaines comme la santé publique ou les impôts, mais les champs pris en compte ici étant connotés économiquement (à l'exception du droit du travail) ne semblent pas à même de rendre compte de la réalité sociale saisie par l'économie.

[93]. Pour les premiers, une analyse économique sérieuse doit en toutes circonstances se détacher des phénomènes sociaux (citation). Pour les seconds, une analyse économique qui ne prendrait pas en compte les phénomènes sociaux serait biaisée (citation).

A. Le domaine constitutionnel comme source principale

82. Symbole de la norme suprême au sein d'un État, la Constitution consacre généralement les règles d'organisation des pouvoirs publics, les règles relatives au fonctionnement de l'État et celles relatives aux droits fondamentaux.[94], il n'est pas douteux que les Constitutions de la quasi-totalité des pays du monde sont sensibles aux droits de l'homme. On peut citer au titre des droits de l'homme consacrés par nombre de Constitutions, le droit à un procès équitable, le droit des peuples, la non-discrimination, l'égalité entre les individus, etc.

83. *Plan*. Cela étant, on peut d'emblée dire que les États ne connaissant pas tous les mêmes réalités, sont dotés de Constitutions fort différentes, ce qui amène à s'intéresser aux spécificités qui s'en dégagent sous l'angle droits de l'homme/droit de l'investissement. Sans prétention aucune à l'exhaustivité, l'analyse des Constitutions de certains pays permet de mettre en lumière la manière dont les droits de l'homme en lien avec l'investissement sont considérés. La synthèse des dispositions relatives aux droits de l'homme consacrées par les Constitutions des États[95] fait ressortir deux catégories de règles. Certaines renvoient aux droits procéduraux et d'autres font état de droits substantiels. Les premières seraient de nature à davantage profiter à l'investisseur étranger ; et les secondes paraissent favorables aux populations[96].

84. *Illustrations : des dispositions disparates*. Ainsi, la Constitution française[97] énonce dès son article 1 que « [l] *a France est une République*

---

[94]. En effet, la constitution désigne l'« [e] *ensemble des règles suprêmes fondant l'autorité étatique, organisant ses institutions, lui donnant ses pouvoirs, et souvent aussi lui imposant des limitations, en particulier en garantissant des libertés aux sujets ou citoyens* ». G. CORNU (dir.), *Vocabulaire juridique. Association Henri Capitant*, Paris, éd. Puf, coll. Quadrige, 2019, 13ème éd., p. 247.

[95]. Sans prétendre à l'exhaustivité, nous nous référerons aux Constitutions d'une dizaine d'États afin d'identifier les références aux droits de l'homme présentant un intérêt pour le droit des investissements.

[96]. On note tout de même que la Constitution allemande (Loi fondamentale de la République fédérale d'Allemagne du 8 mai 1949) ne semble pas épouser cette démarche car dès son art. 1er intitulé « [d] *ignité de l'être humain, caractère obligatoire des droits fondamentaux pour la puissance publique* », énonce : « [l] *a dignité de l'être humain est intangible. Tous les pouvoirs publics ont l'obligation de la respecter et de la protéger. En conséquence, le peuple allemand reconnait à l'être humain des droits inviolables et inaliénables comme fondement de toute communauté humaine, de la paix et de la justice dans le monde. Les fondamentaux énoncés ci-après lient les pouvoirs législatif, exécutif et judiciaire à titre de droit directement applicable.* (...) ». C'est dire qu'aucune différence n'est à opérer ni entre les droits fondamentaux des nationaux et ceux des étrangers (investisseurs) ni entre droits substantiels et droits procéduraux. Le simple fait d'appartenir à la communauté des humains emporte le bénéfice d'une protection de ses droits fondamentaux. La même observation vaut pour la Constitution Turque du 7 novembre 1992, laquelle dispose en son art. 5 que « [l] *es objectifs et devoirs fondamentaux de l'État sont de sauvegarder l'indépendance et l'intégrité de la nation turque, l'indivisibilité du territoire, la République et la démocratie ; d'assurer le bien-être, la paix et le bonheur des individus et de la société ; de supprimer les obstacles de nature politique, économique et sociale qui entravent les droits et libertés fondamentaux de l'individu, d'une manière incompatible avec les principes de justice, d'État de droit et d'État social ; de s'efforcer de mettre en œuvre les conditions nécessaires à l'épanouissement de l'existence matérielle et spirituelle de l'homme.* ».

[97]. Constitution française du 4 octobre 1958, précitée.

indivisible, laïque, démocratique et sociale. Elle assure l'égalité devant la loi de tous les citoyens sans distinction d'origine, de race ou de religion. [...] ». Cette disposition, dont l'objet principal est la déclinaison de la forme républicaine, véhicule en même temps un message de reconnaissance du principe d'égalité entre les individus dont la non-discrimination est une composante. Cette dernière est d'un intérêt particulier pour l'investisseur[98]. On retrouve dans la même Constitution, des dispositions de type procédural à l'art. 71-1[99], lequel précise que « [l] *e défenseur des droits veille au respect des droits et libertés par les administrations de l'État, les collectivités territoriales, les établissements publics, ainsi que par tout organisme investi d'une mission de service public, ou à l'égard duquel la loi organique lui attribue des compétences* ». L'on peut penser que les garanties visées débordent le seul cadre des droits reconnus aux nationaux et s'étendent à tous les individus présents sur le territoire français, sans distinction entre nationaux et étrangers, lorsque les intérêts de ces derniers le justifient. Dans la lignée de la consécration des droits procéduraux, la Constitution brésilienne[100] reconnait que « [t] *out citoyen peut légitimement intenter une action populaire aux fins d'annulation d'un acte lésant le patrimoine public, celui d'une entité à laquelle l'État participe, la morale administrative, l'environnement ou le patrimoine historique ou culturel ; l'auteur de l'action est, sauf mauvaise foi avérée, dispensé des frais judiciaires et dépens du procès*[101] ». On ne peut manquer de soulever le caractère révolutionnaire de cette disposition, laquelle semble aller dans le sens d'une plus grande facilitation (dispense des frais de procès) des actions en justice[102] contre toute entreprise de dégradation de l'environnement qui, comme on le sait, peut compromettre le droit de l'homme à un environnement sain[103].

85. ***Universalité de la prise en compte ?*** Des exemples français et brésilien, on peut faire une incursion dans le droit nord-coréen pour vérifier l'importance (ou non) de la consécration des droits de l'homme par la Constitution de cet État. L'exemple Nord-Coréen extrême du reste, vise à montrer l'universalité des prises en compte des droits fondamentaux des investisseurs/populations par les

---

98. D'autant plus que la pratique montre qu'elle est à l'origine d'une série d'affaires ayant opposé les États aux investisseurs

99. Art. 76-1 de la Constitution française précitée.

100. Constitution de la République Fédérale du Brésil du 5 octobre 1988.

101. *Ibid.*, art. 5-LXXIII.

102. Le terme « *action populaire* » employé dans la Constitution brésilienne peut faire penser aux recours collectifs ou encore au « recours d'intérêt général » en ce sens qu'il s'agit d'une « [a] *ction en justice appartenant à tous les sujets de droit pour défendre les intérêts publics* ». J. SALMON (dir.), *Dictionnaire de droit international public, op. cit.*, p. 37.

103. Il n'est pas surprenant de rencontrer ce type de dispositions dans la Constitution brésilienne, tant cet État a une certaine hostilité à l'égard de la dynamique actuelle du droit des investissements jugée trop protectrice des investisseurs et peu protectrice de la souveraineté des États. Pour preuve, le Brésil n'est à ce jour, partie à aucun traité de promotion et de protection des investissements pas plus qu'il ne l'est pour la Convention pour le règlement des différends relatifs aux investissements entre États et ressortissants d'autres États, signée à Washington le 18 mars 1968 et entrée en vigueur le 14 octobre 1966.

Constitutions des États (comme instrument interne non spécifique à l'investissement). En effet, et contrairement à ce que l'on pourrait croire, « [l] *a République populaire démocratique de Corée protège les droits nationaux démocratiques des ressortissants coréens à l'étranger, ainsi que leurs droits légitimes et intérêts officiellement reconnus par le droit international*[104] ». Ce n'est pas tant la protection des ressortissants nord-coréens établis à l'étranger qui suscite l'intérêt, mais plutôt la référence au droit international qui, comme on le sait, renferme le droit international des droits de l'homme[105]. Le fait que la Constitution nord-coréenne se réfère au droit international est donc synonyme d'une reconnaissance du droit international des droits de l'homme. Comment se manifeste alors cette reconnaissance pour les étrangers (dont les investisseurs) présents sur le territoire Nord-Coréen ? La réponse à cette question semble se trouver dans l'art. 16 de la Constitution qui dispose que « *[l] a République populaire démocratique de Corée garantit les droits et les intérêts légitimes des étrangers sur son territoire* ». Certes laconique, cet article est tout de même source d'une interrogation majeure : qu'entend-on par droits et intérêts légitimes des étrangers ? Si l'on se réfère au droit nord-coréen, on risque, faute de sources suffisantes, de faire l'impasse sur la question. Néanmoins, si l'on se réfère aux interprétations jurisprudentielles, on pourrait dire que la notion « d'intérêts légitimes » renvoie notamment à la garantie des droits de l'homme que peut raisonnablement espérer un étranger[106]. La même logique du moins sous l'angle de la reconnaissance d'une protection aux entreprises[107], ressort de la Constitution chinoise[108], laquelle énonce en son art. 8 alinéa 3 que « [l] *» État garantit les droits et intérêts légitimes des entreprises économiques collectives à la ville et à la campagne ; il encourage, guide et aide le développement de l'économie collective*[109] ». La Constitution colombienne[110] est à certains égards très originale en ce qu'elle va au-delà des exigences du droit international des droits de

---

[104]. Art. 15 de la Constitution de la République populaire démocratique de Corée du Nord du 5 septembre 1998.

[105]. Le même procédé se retrouve dans la Constitution de la Fédération de Russie du 12 décembre 1993, laquelle dispose en son art. 17 que « [d] *ans la Fédération de Russie sont reconnus et garantis les droits et libertés de l'homme et du citoyen conformément aux principes et normes universellement reconnus du droit international et en conformité avec la présente constitution.* ». On ne peut s'empêcher de dire ici que la juxtaposition des termes « homme » et « citoyen » serait respectivement synonyme d'étranger et national.

[106]. Les attentes légitimes ont été définies comme un « [c] *oncept d'origine étrangère (reliance) et véhiculé par le droit européen qui déplace l'analyse de l'engagement de la personne du débiteur vers celle du créancier, afin de cerner ce que celle-ci pouvait raisonnablement attendre.* » Et dans un autre sens (par renvoi à l'art. 1166 du Code civil) comme « *[l] » expression qui appelle à considérer non seulement ce que le créancier peut espérer recevoir mais également ce que le débiteur peut penser devoir.* ». G. CORNU (dir.), *Vocabulaire juridique, op. cit.* note 224, p. 99.

[107]. Même si la disposition référencée ne cite pas explicitement les étrangers, le fait qu'elle se réfère au vocable « entreprise » sans autre précision peut s'interpréter extensivement comme une volonté du Constituant chinois d'inclure les investisseurs et les étrangers dans la terminologie adoptée.

[108]. Constitution de la République populaire de Chine du 4 décembre 1982.

[109]. On retrouve ici l'idée d'économie dite sociale dont l'un des précurseurs est Edgard Milhaud.

[110]. La Constitution colombienne du 4 juillet 1991.

l'homme. En effet, si cette Constitution-là reconnait les droits consacrés par de nombreux pays, elle se démarque cependant en subordonnant, explicitement, la reconnaissance des droits fondamentaux à la réalisation d'objectifs solidaires. C'est dans cette logique qu'on peut lire son art. 95 qui dispose que « (...) [l] » *exercice des droits et libertés reconnus dans la présente Constitution implique des responsabilités. Tout le monde est lié par la Constitution et les lois. Les droits de la personne et du citoyen : 1. Respecter les droits des autres et ne pas abuser des leurs ; 2. Agir selon le principe de la solidarité sociale, répondre à l'action humanitaire dans les situations qui mettent en danger la vie ou la santé des personnes ;* (...) *4. Défendre et étendre les droits de l'homme en tant que fondement de la coexistence pacifique ; 5. Participer à la vie politique, civique et communautaire du pays ; 6. Encourager la réalisation et le maintien de la paix ; 8. Protéger les ressources culturelles et naturelles du pays et veiller à la préservation d'un environnement sain ;* (...).

86. *Des prises en compte contrastées*. La Constitution étasunienne[111], particulièrement à travers cinq amendements, s'est montrée sensible aux droits de l'homme[112]. Au début était le 4ème amendement (15 décembre 1791) relatif à « *l'interdiction des perquisitions et saisies sans motif réel et sérieux* », laquelle peut être, aujourd'hui, étendue à la protection de l'investisseur contre toute procédure pénale dirigée à son encontre. S'en est suivi le 5ème amendement (15 décembre 1791) sur les « *règles de mise en examen, expropriation, droit processuel et non bis in idem* », qu'il est plausible d'interpréter comme permettant, entre autres choses, une protection de la propriété de l'investisseur. Prolongement du 4ème amendement, les 6ème et 7ème amendements (15 décembre 1791), relatifs respectivement : au « *droit au procès équitable et droits associés* » et au « *droit à un procès par un jury indépendant* » couvrent l'obligation de garantie à l'investisseur d'un procès « juste ». Enfin, le 9ème amendement (15 décembre 1791) est consacré à « *la protection des droits non énumérés dans la constitution* ». Très général, cet amendement constitue une sorte d'ouverture à d'éventuels droits nouveaux pouvant naitre de la pratique. Si la Constitution étasunienne fait état de plusieurs dispositions garantissant les droits de l'investisseur, il n'en est point de même de la Constitution de l'Arabie Saoudite qui consacre les droits fondamentaux de la personne sans distinction apparente entre les droits à la disposition de l'investisseur étranger et les droits dont les bénéficiaires sont les nationaux[113]. Car, « [l] *a Cour du roi et celle du prince héritier sont ouvertes à tous les citoyens et à quiconque a une plainte ou un argument contre une injustice. Tout individu a le droit de s'adresser aux autorités publiques pour toute question le concernant* ».[114]

111. Constitution de Philadelphie du 17 septembre 1787. Cette constitution a connu 27 amendements, le premier datant de 1791 et le dernier de 1992.

112. Seules les dispositions présentant un intérêt pour la protection des droits fondamentaux de l'investisseur sont mises en avant. Ce qui n'est qu'un prolongement du libéralisme américain.

113. Qu'ils peuvent faire valoir contre les activités des investisseurs.

114. Art. 43 de la loi fondamentale saoudienne du 1er mars 1992.

Cette disposition a en effet tendance à combiner la protection des droits procéduraux (droit d'être entendu par une Cour) et des droits substantiels (égalité de tous dans l'exercice du droit d'être entendu). On pourrait donc imaginer qu'un investisseur s'estimant lésé par l'État saoudien puisse, tout comme un citoyen s'estimant lésé par les activités d'un investisseur, mobiliser cette disposition.

87. ***De quelques particularités.*** Mais la reconnaissance des droits fondamentaux de l'investisseur ou ceux des populations ne s'arrête pas là. En effet, elle se manifeste dans certains pays à travers la consécration des droits et libertés économiques. Tel est, somme toute, l'idée que porte l'art. 34-1 de la Constitution russe qui dispose que « [c] *hacun à le droit à la libre utilisation de ses capacités et de ses biens pour l'activité d'entreprise et les autres activités économiques non interdites par la loi* ». La même lecture s'applique à la Constitution sénégalaise[115] qui, aux termes de l'art. 8 dispose que « [l] *a République du Sénégal garantit à tous les citoyens les libertés individuelles fondamentales, les droits économiques et sociaux ainsi que les droits collectifs.* (...) ». Qu'il nous soit permis ici de soulever la mise en avant des droits collectifs, reflet de la spécificité régionale portée par la Charte africaine des Droits de l'homme et des peuples[116]. Et l'article d'énumérer parmi les droits et libertés collectifs : « la liberté syndicale », « la liberté d'entreprendre », « le droit de propriété », « le droit au travail », « le droit à la santé », « le droit à un environnement sain », etc.[117].

B. Le domaine non constitutionnel comme source accessoire

88. ***Des voies non constitutionnelles d'intégration des droits de l'homme.*** De multiples domaines du droit interne relatifs à l'investissement font une place particulière aux droits de l'homme. Étant donné que le droit interne connait des domaines diversifiés, les droits de l'homme sont susceptibles d'y être recensés à plusieurs niveaux. Rares sont à cet égard les domaines du droit interne liés au droit des investissements, qui ne combinent protection des investisseurs et garantie des droits de l'homme. Ou bien le domaine visé n'entretient pas de lien avec le droit des investissements et dans ce cas, il serait peu opportun pour les droits de l'homme ; ou bien le domaine touche à l'investissement et dans ce cas, le passage par les droits de l'homme sera l'une des voies privilégiées pour assurer la protection de l'investisseur. Trois domaines du droit interne permettent de vérifier cette considération. D'abord, le domaine du travail, ensuite le domaine de la

---

[115]. Constitution de la République du Sénégal du 22 janvier 2001.

[116]. Il est constant de rappeler que la Charte africaine des droits de l'homme et des peuples, adoptée le 27 juin 1981, entrée en vigueur le 21 octobre 1986, OUA, doc. CAB/LEG/67/3/Rév.) est un instrument précurseur dans la conception collective des droits de l'Homme. On y relève par exemple, la consécration des droits des peuples à disposer de leurs richesses (art. 22) de même que les devoirs de l'individu envers la société (art. 27 et 28).

[117]. La mise en avant des droits collectifs se retrouve dans d'autres textes africains fondamentaux comme la Constitution sénégalaise précitée, en son art. 8. À la vérité, il s'agit d'une conséquence des particularités régionales en matière des droits de l'homme.

concurrence, et enfin, le domaine de la consommation. L'un après l'autre, seront donc envisagés (en leurs aspects relatifs aux droits fondamentaux applicables à l'investissement), le droit du travail, le droit de la concurrence et le droit de la consommation.

89. ***Le canal de la législation relative au travail.*** Premièrement, dans le domaine du travail, il a été relevé que « [l]'*application du droit du travail suppose que la prestation de travail soit exécutée dans un rapport de subordination (juridique) entre le donneur d'ouvrage (l'employeur) et l'exécutant (l'employé)* ». Appliquée au droit de l'investissement, cette conception fait de l'entreprise multinationale (l'investisseur) « le donneur d'ouvrage » et du national ou étranger, l'employé « exécutant ». Étant entendu que les droits de l'homme ont pour unique sinon principal destinataire l'État, celui-ci doit, conformément aux obligations en matière des droits de l'homme, aménager un environnement propice à l'encadrement des rapports entre employés et employeurs. Les règles du droit du travail sont donc, par excellence, un point d'intersection entre le droit des investissements et les droits de l'homme. La justification qu'on peut apporter à ce niveau est que l'entreprise qui s'installe dans un État est amenée, pour les besoins de son bon fonctionnement, à engager du personnel pour la poursuite de son activité. Pendant que l'entreprise est à la recherche de la rentabilité économique, l'individu, lui, est à la poursuite des moyens d'existence : la divergence d'intérêts transparait. De ces intérêts divergents nait un conflit d'intérêts. Et ce conflit d'intérêts génère la mise en avant des droits. Les droits de l'un ne sont guère ceux de l'autre[118]. Les droits économiques sont alors sur le point d'entrer en conflit avec les droits sociaux. Pour éviter un tel conflit, la piste de la conciliation parait la plus opportune[119]. Cette présentation des choses réveille une question fondamentale : comment le droit du travail concilie les droits économiques des investisseurs et les droits sociaux ?

90. ***La législation nationale du travail : réceptacle des droits international des droits de l'homme et de l'investissement.*** À y regarder de près, on ne manque pas de remarquer que les États sont tentés d'orienter leurs politiques vers la consécration, notamment du droit à un travail décent, de l'interdiction du travail des enfants[120] ou encore le droit à la liberté collective. Ces droits se retrouvent par ailleurs parmi les consécrations opérées par les textes régionaux[121] ou

---

[118]. Des droits répondant à la logique économique pour l'entreprise et des droits suivant la logique sociale pour l'individu.

[119]. Voy. OIT : Rapport sur L'évaluation des disposition relatives au travail des accords sur le commerce et l'investissement du 13 juillet 2016, pp. 2 et s.

[120]. En ce sens, voy. M. A. MOREAU, « Les droits de l'homme au travail en 2008 : au-delà de la logique des droits de l'homme et des droits sociaux fondamentaux », in L. BOY, J. B. RACINE, F. SIIRIAINEN (dir.), *Droit économique et droits de l'homme*, Bruxelles, éd. Larcier, 2009, pp. 517 et s.

[121]. A l'instar de l'art. 15 de la Charte africaine des droits de l'homme et des peuples, précitée, note 246 : « *Toute personne a le droit de travailler dans les conditions équitables et satisfaisantes et de percevoir un salaire égal pour un travail égal* ».

universels[122] de protection des droits de l'homme[123]. Si la plupart des États admettent les droits fondamentaux au travail, ils ne suivent cependant pas tous les mêmes procédés pour parvenir à leur réalisation. Un auteur rappelle à juste titre que « [n] *ous ne sommes plus à l'époque coloniale, et si mondialisation il y a, les investissements internationaux ne sauraient ouvertement prospérer dans un contexte de travail forcé, de travail des enfants, de négation de la liberté de s'associer en syndicat, ou encore de discriminations contraires aux droits fondamentaux* ». Et l'auteur d'ajouter que « [l] *es clauses relatives aux droits fondamentaux au travail visent à le rappeler aux États comme aux investisseurs* ».[124] La pratique des États en la matière semble montrer une influence du droit international du travail sur le droit interne. Des textes internationaux relatifs aux droits de l'homme,[125] on s'inspire pour élaborer des modèles de traités d'investissement ; et à partir des modèles de traités

---

[122]. En effet, l'art. 6.1 du Pacte international relatif aux droits économiques, sociaux et culturels, adopté par l'AGNU le 16 décembre 1966 et entré en vigueur le 23 mars 1976, rés. 2200 A (XXI) énonce que : « *Les États parties au présent Pacte reconnaissent le droit au travail, qui comprend le droit qu'a toute personne d'obtenir la possibilité de gagner sa vie par un travail librement choisi et accepté, et prendront des mesures appropriées pour sauvegarder ce droit* ». Et le point 2 du même article : « *Les mesures que chacun des États parties au présent Pacte prendra en vue d'assurer le plein exercice de ce droit doivent inclure l'orientation et la formation techniques et professionnelles, l'élaboration de programmes, de politiques et de techniques propres à assurer un développement économique, social et culturel constant et un plein-emploi productif dans des conditions qui sauvegardent aux individus la jouissance des libertés politiques et économiques fondamentales.* »

[123]. On relèvera ici que certains États sont confrontés à l'informalité des relations de travail qui, il faut le souligner, pose un véritable obstacle pour une meilleure prise en compte des droits de l'homme dans le droit du travail. C'est le cas des pays d'Afrique subsaharienne comme le Sénégal (80 %), le Mali (95 %) etc. Pour plus de détails, voy. Ph. AUVERGNON, « Mythe d'un autre droit et nécessité d'adaptations des droits du travail en Afrique subsaharienne », *loc. cit.*, pp. 65 et s. L'auteur relève plus loin qu'[a] *ucune illusion ne doit être entretenue : l'informatisation des relations de travail emporte également la violation des droits fondamentaux de la personne au travail (...)* » (p. 67).

[124]. R. ENCIAS DE MUNAGORRI, « La protection des investissements internationaux et le dumping social : quels arbitrages ? », in *Droit sans frontières. Mélanges en l'honneur d'Éric Loquin*, Paris, éd. Litec, 2018, p. 443.

[125]. Tel est, de manière spectaculaire, le cas du droit international du travail qui, à travers la Déclaration de l'Organisation Internationale du Travail relative aux principes et droits fondamentaux au travail, adoptée par la Conférence internationale du travail lors de sa 8ème réunion, le 18 juin 1998 à Genève. Cette Déclaration pose Quatre principes qu'elle entend protéger : « *La Conférence internationale du Travail (...) 2. Déclare que l'ensemble des membres, même lorsqu'ils n'ont pas ratifié les conventions en question, ont l'obligation, du seul fait de leur appartenance à l'Organisation, de respecter, de promouvoir et réaliser, de bonne foi et conformément à la Constitution, les principes concernant les droits fondamentaux qui sont l'objet desdites conventions, à savoir : a) la liberté d'association et la reconnaissance effective du droit de négociation collective ; b) l'élimination de toute forme de travail forcé ou obligatoire ; c) l'abolition effective du travail des enfants ; d) l'élimination de la discrimination en matière d'emploi et de profession.* ». Ces principes ont fait l'objet d'une reconnaissance de la part des États-Unis via leur modèle de TBI de 2012 (disponible en suivant le lien https://www.state.gov/investment-affairs/bilateral-investment-treaties-and-related-agreements/). Il ne serait pas étonnant de voir sa consécration se concrétiser à travers les traités d'investissement à venir, auxquels les États-Unis seraient partie. Au sujet de l'influence des principes fondamentaux de l'OIT sur les modèles de traités, voy. R. ENCIAS DE MUNAGORRI, « La protection des investissements internationaux et le dumping social... », *loc. cit.*, pp. 441-442.

d'investissement, on intègre les droits de l'homme dans des traités d'investissement[126]. Une fois cette opération achevée, c'est le retour dans l'ordre interne, lieu de mise en œuvre du droit des investissements ; non pas ce droit des investissements ne garantissant que la protection des investisseurs, mais un droit des investissements combinant protection des investisseurs et garantie des droits fondamentaux au travail. Il en ressort que ce sont les modèles de traités d'investissement qui constituent le pivot de la conciliation des droits de l'investissement et ceux fondamentaux des travailleurs[127]. Le modèle norvégien de TBI de 2007 en atteste en son art. 11 intitulé « *Not Lowering Standard* », en ces termes : « *1. The Parties recognize that it is inappropriate to encourage investment by relaxing domestic health, safety or environmental measures or core labour standards. Accordingly, a Party should not waive or otherwise derogate from, or offer to waive or otherwise derogate from, such measures as an encouragement for the establishment, acquisition, expansion or retention of an investment of an investor.*[128] ». Si les traités d'investissement relèvent d'un accord entre deux États donc du droit international, les modèles de traités relèvent du droit interne, car produit de la seule administration d'un État[129]. Partant, l'intégration du droit du travail dans le droit des investissements résulte de la place que les droits nationaux accordent au premier. On peut cependant déplorer que d'autres modèles de traités d'investissement n'intègrent pas la garantie des droits fondamentaux des travailleurs à l'instar des modèles français (de 2006), allemand (de 2008), italien (de 2003), canadien (de 2004), indien (de 2003), etc.[130].

91. ***Le canal de la législation relative à la concurrence***. Deuxièmement, le droit de la concurrence étant élaboré par les pouvoirs publics ou par les autorités de concurrence, il trouve à s'appliquer à deux types de situations. L'une cible les pratiques des personnes privées et l'autre est relative aux pratiques de la puissance publique. Il ressort de cette dichotomie que le droit de la concurrence[131] veille, en quelque sorte, sur l'intérêt général dont la concrétisation est, en la matière, la

---

[126]. A l'image d'un mouvement de va et vient. Partir du droit international et transiter par le droit interne, atteindre le droit international et revenir au droit interne.

[127]. Ainsi, le modèle de traité de

[128]. C'est le type de disposition que l'on peut appeler « les règles antidumping social », c'est-à-dire interdisant l'abaissement des garanties des droits des travailleurs au profit d'une plus grande attractivité. Le modèle cité comme tous ceux qui suivront sont disponibles sous format pdf en suivant le lien : https://investmentpolicy.unctad.org/international-investment-agreements/model-agreements

[129]. Les modèles de traités d'investissements sont des supports de négociation permettant aux États de faire valoir leurs visions internes de ce que représentent les investisseurs étrangers. Cela se manifeste à travers les droits et obligations de l'investisseur consacrés par les modèles en question ainsi que certaines règles relatives au règlement des différends nés des opérations d'investissement.

[130]. Aux textes cités s'ajoutent ceux élaborés dans le cadre de l'Union européenne (ci-après UE), auxquels seront consacrés des développements dans le chapitre relatif aux Organisations internationales.

[131]. Ce droit est alors soumis à ce qu'Antoine Pirovano appelle l'« *ordre concurrentiel* » qui serait une contrainte générée par la concurrence. Voy. À ce propos, L. Boy, « L'ordre concurrentiel. Essai de définition d'un concept », in *L'ordre concurrentiel. Mélanges en l'honneur d'Antoine Pirovano*, Paris, éd. Frison-Roche, 2003, p. 28.

protection des consommateurs[132]. N'est-ce pas là une préoccupation du droit international des droits de l'homme ? Pour répondre à cette question, il convient de décliner ce que l'on pourrait entendre par consommateur. À cet égard, on indiquera que par consommateur on entend « [t] *out acquéreur non professionnel de biens de consommation destinés à son usage personnel*[133] », et donc, le bénéficiaire de la relation économique entre États et investisseurs. À partir de cette donnée, il serait possible de vérifier l'influence du droit international des droits de l'homme sur le droit interne de la concurrence.

92. ***Une influence relative des droits de l'homme sur la législation interne relative à la concurrence***. Ainsi, soumettre l'investisseur étranger au droit de la concurrence revient à l'inciter implicitement à veiller au respect des droits de la personne ; car « [e] *n tant que droit organisant la répression des comportements anticoncurrentiels, celui-ci doit être soumis aux limitations imposées par le respect des droits de l'homme* [134]». La soumission de l'investisseur étranger au droit de la concurrence, que l'on sait *in fine* protecteur des consommateurs est, en elle-même, une source d'influence du droit international des droits de l'homme sur le droit des investissements. L'influence résulte, comme pour les autres domaines du droit interne, de l'obligation que le droit international des droits de l'homme assigne aux États. On doit cependant relativiser le propos, car si influence-t-il y a, celle-ci découle moins des règles du droit de la concurrence d'origine privée que des règles du même droit d'origine publique. Formulé autrement, les droits de l'homme s'infiltrent dans le droit de la concurrence en passant par le canal des obligations internationales en matière des droits de l'homme et s'appliquent par la même occasion à tous les destinataires, destinataires parmi lesquels figure en bonne place l'investisseur étranger. C'est au nom de cette logique que l'article 6 de la Convention européenne des droits de l'homme a pu être « porteur » du droit à un procès équitable dans le domaine de la concurrence[135]. On peut pousser le raisonnement en faisant le lien entre droit de la concurrence et l'octroi par les États de certains avantages, vus quelquefois comme une discrimination à l'égard des investisseurs qui n'en bénéficient pas[136].

---

132. Dans une étude s'inscrivant dans le cadre des rapports entre droits de la concurrence et de la consommation, un auteur a pu relever que certaines infractions considérées comme de la concurrence déloyale (régie donc par le droit de la concurrence) visent à la fois la protection des concurrents et celle des consommateurs. Voy. J. CALAIS-AULOY, « Concurrence déloyale et protection des consommateurs », in *Études sur le droit de la concurrence et quelques thèmes fondamentaux. Mélanges en l'honneur d'Yves Serra*, Paris, éd. Dalloz, 2006, p. 60.

133. G. CORNU (dir.), *Vocabulaire juridique*, *op. cit.* p. 244.

134. J. B. RACINE, « L'ordre concurrentiel et les droits de l'homme », in *L'ordre concurrentiel, Mélanges en l'honneur d'Antoine Pirovano*, Paris, éd. Frison-Roche, 2003, p. 421.

135. *Idem.*

136. A ce sujet, une enquête visant l'Irlande, au sujet d'un soupçon d'avantages accordés au groupe Apple fut ouverte en juin 2014 par la Commission européenne. A travers un communiqué de presse en date du 30 août 2016, la Commission européenne conclua que les avantages accordés à Apple étaient illégaux car permettaient à cette entreprise de payer nettement moins d'impôts par rapport aux autres entreprises, soit 13 milliards d'euros. (Communiqué disponible sur le lien :

Les constats sont certes valables pour d'autres domaines des droits nationaux, mais l'intérêt porté précisément au droit de la concurrence se justifie par le fait que celui-ci, étant d'apparence éloigné des droits de l'homme, justifie plus que tout autre domaine la capacité des droits de l'homme à se propager dans le droit des investissements[137], particulièrement sur le plan interne.

93. ***Le canal de la législation relative à la consommation***. Troisièmement, dans le domaine du droit de la consommation, qui s'entend comme « *l'ensemble des lois spéciales destinées à assurer la protection du consommateur soit avant qu'il ne s'engage* (...), *soit dans les conditions de son engagement* (...), *soit dans l'exécution du contrat et plus généralement à l'ensemble des mesures et institutions destinées à sauvegarder sa santé, sa sécurité et ses intérêts économiques*[138] ». On voit bien à travers cette définition que l'objectif final du droit de la consommation semble être la protection du consommateur, protection qui, en vue de sa réalisation, passe par les droits sociaux et économiques de l'homme[139]. Pour confirmer ou infirmer cet état de fait, il s'avère utile de passer par les différents acteurs du droit de la consommation : l'État, l'entreprise et l'individu. Au premier acteur, le rôle de créateur des règles ; au deuxième, le rôle de destinataire ; et au troisième, le rôle de bénéficiaire. La logique du propos voudrait qu'on se focalise sur le premier acteur (État) pour cerner la présence des droits de l'homme dans le droit de la concurrence.

94. ***Légiférer pour s'affranchir, ne pas légiférer et prendre des risques***. Au-delà des divergences que peuvent receler les droits nationaux de la concurrence,

---

europa.eu/rapid/press-release_IP-16-2923_fr.htm). ; Dans le même sens, voy. S. ROBERT-CUENDET, « Spécificité et privilèges dans le droit international de la protection des investisseurs étrangers », in S. ROBERT-CUENDET (dir.), *Droit des investissements internationaux. Perspectives croisées*, Bruxelles, éd. Bruylant, 2017, p. 262.

137. Dans le sens de la capacité des droits de l'homme à entrer en contact avec différents domaines du droit et en particulier le droit de la concurrence, voy. J. B. RACINE, « L'ordre concurrentiel et les droits de l'homme », in *L'ordre concurrentiel. Mélanges en l'honneur d'Antoine Pirovano*, Paris, éd. Frison-Roche, 2003, pp. 423-438.

138. Voy. G. CORNU, *Vocabulaire juridique*, *op. cit.*, p. 245.

139. Que l'on rencontre dans le Pacte international relatif aux droits économiques, sociaux et culturels, adopté par l'AGNU le 16 décembre 1966 et entré en vigueur le 23 mars 1976, rés. 2200 A (XXI). L'on peut ici prendre l'exemple emblématique de l'art. 11, lequel énonce que « *1. Les États parties au présent Pacte reconnaissent le droit de toute personne à un niveau de vie suffisant pour elle-même et sa famille, y compris une nourriture, un vêtement et un logement suffisants, ainsi qu'à une amélioration constante de ses conditions d'existence. Les États parties prendront des mesures appropriées pour assurer la réalisation de ce droit et ils reconnaissent à cet effet l'importance essentielle d'une coopération internationale librement consentie. 2. Les États parties au présent Pacte, reconnaissant le droit fondamental qu'a toute personne d'être à l'abri de la faim, adopteront, individuellement et au moyen de la coopération internationale, les mesures nécessaires, y compris des programmes concrets : a) Pour améliorer les méthodes de production, de conservation et de distribution des denrées alimentaires par la pleine utilisation des connaissances techniques et scientifiques, par la diffusion de principes d'éducation nutritionnelle et par le développement ou la réforme des régimes agraires, de manière à assurer au mieux la mise en valeur et l'utilisation des ressources naturelles ; b) Pour assurer une répartition équitable des ressources alimentaires mondiales par rapport aux besoins, compte tenu des problèmes qui se posent tant aux pays importateurs qu'aux pays exportateurs de denrées alimentaires.* ».

il n'est pas déplacé de noter que, quel que soit le droit national étudié, le point commun entre les droits nationaux reste qu'ils convergent tous vers la protection du consommateur. C'est parce que l'État doit protéger les individus dont il a la charge qu'il procède à la mise en place de règles pour contrecarrer d'éventuelles violations des droits des individus. Si l'on considère que les règles édictées par l'État protègent les individus contre les agissements des opérateurs économiques, de deux choses l'une. Soit l'État, légifère dans le domaine de la consommation, et dans ce cas il remplit l'obligation de mise en conformité de sa législation au droit international des droits de l'homme[140], et à travers elle se met en harmonie avec ce dernier. Soit, l'État s'abstient de légiférer dans le domaine de la consommation, auquel cas, il s'expose à la violation de son obligation de protéger et à travers elle, méconnait le droit international des droits de l'homme. Dans les deux cas de figure, le droit de la consommation se montre indissociable de la protection des droits de la personne. Cela rend compte du fait que le droit de la consommation poursuit l'objectif de protection des individus, indépendamment de l'attitude active ou passive de l'État en ce domaine.

Section 2 :
La prise en compte indirecte des droits de l'homme

95. ***Champ d'application***. Plusieurs mécanismes, pour la plupart d'application large[141], ont pour vocation dans les ordres internes, à mettre en lumière les rapports que la puissance publique entretient avec les particuliers dans ses limites territoriales. Ces mécanismes peuvent autant dépendre de la volonté de la puissance publique[142] que de circonstances ne dépendant pas de la volonté des

---

[140]. Ainsi, l'art. 2 du Pacte précité va dans le même sens et dispose que : « *1. Les États parties au présent Pacte s'engagent à respecter et à garantir à tous les individus se trouvant sur leur territoire et relevant de leur compétence les droits reconnus dans le présent Pacte, sans distinction aucune, notamment de race, de couleur, de sexe, de langue, de religion, d'opinion politique ou de toute autre opinion, d'origine nationale ou sociale, de fortune, de naissance ou de toute autre situation. 2. Les États parties au présent Pacte s'engagent à prendre, en accord avec leurs procédures constitutionnelles et avec les dispositions du présent Pacte, les arrangements devant permettre l'adoption de telles mesures d'ordre législatif ou autre, propres à donner effet aux droits reconnus dans le présent Pacte qui ne seraient pas déjà en vigueur* ».

[141]. Étant donné que c'est la puissance publique qui symbolise l'État, elle est en toute logique habilitée à édicter des règles. Certes spécifiques à tel ou tel domaine, lesdites règles peuvent, lorsqu'elles sont très générales, couvrir des champs à première vue éloignés du domaine pour lequel elles ont été élaborées. Tel est le cas des domaines étudiés dans la présente section.

[142]. Allusion faite aux différents organes, qui au sein de l'ordre interne agissent au nom de l'État. Voy. CDI : Projet d'articles sur la responsabilité internationale de l'État pour fait internationalement illicite, adopté le 12 décembre 2001, rés. 56/83, A/56/49 (Vol. I)/Corr.3, art. 4 : « *1. Le comportement de tout organe de l'État est considéré comme un fait de l'État d'après le droit international, que cet organe exerce des fonctions législative, exécutive, judiciaire ou autres, quelle que soit la position qu'il occupe dans l'organisation de l'État, et quelle que soit sa nature en tant qu'organe du gouvernement central ou d'une collectivité territoriale de l'État. 2. Un organe comprend toute personne ou entité qui a ce statut d'après le droit interne de l'État.* ». Le soulignement est de nous.

États. Dans la première hypothèse, on parle de réparation en vue d'une compensation des pertes ; et dans la seconde hypothèse, est engagée la responsabilité de l'État. Pour le sujet qui nous occupe, il est fréquent de voir les États conclure des contrats avec les investisseurs[143]. Il découle de ce lien contractuel qu'en cas de non-exécution, ou de modification dudit contrat par l'État hôte, l'investisseur cherchera à obtenir la compensation des pertes causées par ce comportement. Dans ces circonstances, l'investisseur se trouve, selon les cas, dans des hypothèses certes différentes, mais tendant toutes vers le même objectif : la compensation des pertes. Pour parvenir à cette fin, il y a lieu d'emprunter la voie de l'engagement de la responsabilité qui a comme conséquence, en dernier ressort, la réparation du dommage subi, ou alors, de s'intéresser directement à la réparation sans passer par la responsabilité de l'administration. L'une et/ou l'autre des deux techniques existent dans la quasi-totalité des pays du monde. Tour à tour ou simultanément, nous reviendrons sur un échantillon qui se veut représentatif de ces tendances.

96. ***Justification de la démarche***. Avant d'aller plus loin, il importe de souligner le bien-fondé de la démarche proposée. Pour ce faire, les réponses à une double interrogation s'imposent : en quoi un contrat conclu entre un investisseur étranger et un État est une source du droit ? Et en quoi ce contrat est une source nationale ? S'agissant de la première interrogation, les contrats sont une source du droit en ceci qu'ils sont censés encadrer les rapports entre L'État d'accueil et l'investisseur ; et contiennent des énoncés précis sur les droits et obligations de l'un (État hôte) comme l'autre (investisseur), relatives à la conduite de l'opération d'investissement envisagée. Ces contrats sont, et c'est la réponse à la seconde interrogation, une source nationale, car : non seulement l'État contribue à leur élaboration, mais aussi et surtout, l'opération d'investissement à l'encadrement de laquelle lesdits contrats sont destinés se déroule sur le territoire de cet État[144].

97. ***Dualité des régimes de responsabilité***. Deux exemples tirés des pratiques nationales permettent d'illustrer les divergences des régimes nationaux de responsabilité. En France, toute la dimension « responsabilité de la puissance

---

[143]. Sans préjudice du lien conventionnel qui peut exister entre l'État hôte et l'État d'origine de l'investisseur. À ce propos, les distinctions entre réclamations contractuelles (*Contract claims*) et réclamations conventionnelles (*Treaty cleams*) ont fait couler beaucoup d'encre. Les premières s'appuient sur les stipulations du contrat liant l'État à l'investisseur ; et les secondes sont basées sur les dispositions du traité liant les États d'origine et d'accueil de l'investisseur. Pour une synthèse de la question, voy. I. FADLALLAH, « La distinction treaty claims-contract claims et la compétence de l'arbitre CIRDI : faisons-nous fausse route ? », *in* Ch. LEBEN (dir.), *Le contentieux arbitral transnational relatif à l'investissement. Nouveaux développements*, Louvain-La-Neuve, LGDJ/Anthémis, 2006, pp. 211 et s.

[144]. Il convient toutefois de rappeler que les litiges nés des contrats conclus entre un État et un investisseur étranger peuvent être soumis à l'arbitrage international. Cela a été rendu possible par la présence dans ces contrats de ce qui a été appelé « offre d'arbitrage ». Cet état de fait a poussé certains membres de la doctrine à parler de l'internationalisation des contrats conclus entre États et investisseurs. Ces aspects « internationaux » ne relèveront pas de la question qui nous occupe dans la présente section. Sur l'ensemble, voy. M. M. MOHAMAED SALAH, *Les contradictions du droit mondialisé*, Paris, éd., Puf, coll. Droit, éthique, société, 2002, pp. 38-60, spéc. pp. 43 et s.

publique » est consignée dans le champ du droit administratif pendant qu'elle relève dans d'autres pays comme la Grande-Bretagne du régime de droit commun[145]. Cela étant, deux tendances majeures, en matière de responsabilité de la puissance publique, caractérisent les droits nationaux. En effet, certains pays soumettent ladite responsabilité au régime commun, alors que d'autres la soumettent à un régime spécial. Il sera fait état des régimes de responsabilité de quelques pays de sorte à faire apparaitre les disparités qui les sous- tendent. La première tendance trouve fortune dans le régime de droit commun de responsabilité[146] pendant que la seconde est couverte par la responsabilité administrative.

98. *Nécessaire tour d'horizon*. Les règles internes applicables à l'investissement présentent une grande variété qu'il convient d'exposer sans toutefois prétendre à l'exhaustivité, ce qui oblige à faire des choix pour le moins arbitraires et assortis d'une grande part de subjectivité. Il s'agira dans les développements qui suivent de mettre l'accent sur le régime de la responsabilité administrative dans divers pays pour mesurer la ou les manière(s) dont les droits de l'homme les influencent. Pour ce faire, il sera question des régimes de responsabilité administrative à la fois de pays du nord et de pays du sud, de sorte à avoir une lecture non pas générale, mais pour le moins illustrative d'une certaine tendance. C'est dire que les développements qui suivent auront pour simple objectif d'apporter quelques éléments susceptibles de vérifier la présence des droits de l'homme dans les droits (administratifs) internes relatifs à l'investissement.

99. *Plan*. L'analyse des régimes de responsabilité administrative des pays en question révèle une tendance des droits nationaux à intégrer les considérations tirées du droit international des droits de l'homme, perceptible sur les terrains de la procédure et du fond. Cette tendance est vérifiable à travers l'intégration des droits de l'homme dans les régimes de responsabilité contractuelle (paragraphe 1) comme extracontractuelle (paragraphe 2). Il importe toutefois d'apporter d'emblée une clarification : la mobilisation de la jurisprudence administrative, notamment française dans cette section, est sans préjudice du chapitre suivant consacré entièrement à la jurisprudence. Elle s'explique davantage par la nature même du droit administratif que l'on sait jurisprudentiel dans un grand nombre de pays, y compris ceux appartenant à la tradition romano-germanique[147].

---

145. Voy. A. DE NANTEUIL, *Droit international de l'investissement*, *op. cit*, p. 82 et s.

146. Il s'agit de systèmes qui ne font pas de distinction entre le régime de responsabilité de la puissance publique et celui de la responsabilité des personnes privées. Dans ces systèmes, il est souvent fait abstraction de la distinction entre la responsabilité administrative et la responsabilité civile. Ainsi, en droit français, la responsabilité de la puissance publique se vérifie sur le plan du droit administratif et la responsabilité des personnes privées se jauge à la lumière du droit civil.

147. Le cas du droit administratif français où une grande partie de la doctrine spécialisée attribue l'acte de naissance de ce droit à l'arrêt *Blanco* du tribunal des conflits (TC, arrêt du 8 février 1873, *Blanco*, n° 00012, *Recueil Lebon*.), en est l'exemple parfait : « *Considérant que la responsabilité, qui peut incomber à l'État pour les dommages causés aux particuliers par le fait des personnes qu'il emploie*

§ 1 : La piste de la responsabilité contractuelle

100. ***Relevé des hypothèses de responsabilité.*** Les mécanismes d'engagement de la responsabilité contractuelle présentent des diversités tenant principalement aux régimes juridiques qui leur sont aménagés par les États[148]. Une analyse d'ensemble permet, selon le pays, de recenser quatre cas de figure[149] dans lesquels la responsabilité de l'administration peut être envisagée. En premier lieu, la modification ou la rupture du contrat pour motif d'intérêt général. En deuxième lieu, l'exercice par l'administration, en dehors de tout contrat, de prérogatives affectant les droits contractuels de la partie privée : *la théorie du fait du prince*. En troisième lieu, une évolution imprévue des conditions d'exécution du contrat engendrant des pertes pour le cocontractant de l'administration : *la théorie de l'imprévision*. Et en quatrième lieu, les agissements affectant les espérances de la partie privée : *la théorie des attentes légitimes*. Dignes d'intérêt pour les investisseurs étrangers, les mécanismes internes d'engament de la responsabilité de la puissance publique sont révélateurs de la protection que les droits nationaux accordent aux investisseurs, d'une part ; et la préservation des droits de la population, d'autre part. Le point d'intersection entre l'une et l'autre de ces deux préoccupations demeure cependant la garantie des droits fondamentaux.

101. ***L'essentiel.*** En tout état de cause, il y a en matière de responsabilité pour faute, à distinguer deux procédés de réparation aux objectifs différents pour ne pas dire graduels. D'une part, l'action visant à retirer l'acte de l'administration ; et d'autre part, l'action visant à « compenser » le préjudice subi par la partie privée.

A. Les mécanismes de retrait de l'acte administratif

1. Présentation du cas de figure

102. ***Énoncé.*** Il est fréquent de voir le cocontractant de l'administration soulever un manquement de celle-ci au contrat, manquement résultant d'un acte

dans le service public, ne peut être régie par les principes qui sont établis dans le Code civil, pour les rapports de particulier à particulier ; Que cette responsabilité n'est ni générale, ni absolue ; qu'elle a ses règles spéciales qui varient suivant les besoins du service et la nécessité de concilier les droits de l'État avec les droits privés (...). »

148. Le contrat visé ici est celui qui relève du droit interne (assimilable au contrat administratif), contrairement aux contrats dits d'État qui sont plutôt orientés vers l'international (ni contrat administratif ni traité). La différence principale entre les deux types de contrats est que le premier est soumis au droit interne, et le second soumis au droit international. Sur ce sujet, voy. Notamment, P. WEIL, « Problèmes relatifs aux contrats passés entre un État et un particulier », *RCADI*, 1969, vol. 128, pp. 94-240 ; Ch. LEBEN, « La théorie du contrat d'État et l'évolution du droit international des investissements », *RCADI*, 2003, vol. 302, pp. 201-386.

149. Pour une étude comparative de ces différents mécanismes appliqués au droit des investissements, voy. A. DE NANTEUIL, « La responsabilité publique de droit interne comme mécanisme de protection des investissements étrangers », in S. ROBERT-CUENDET (dir.), *Droit des investissements internationaux. Perspectives croisées*, Bruxelles, éd. Bruylant, coll. Droit international économique, 2016, pp. 230 et s.

remettant en cause les stipulations contractuelles. Ce procédé, appelé en administratif français « recours pour excès de pouvoir »[150], tend à faire retirer l'acte litigieux, de sorte que la partie privée puisse être rétablie dans ses droits ou être mise à l'abri d'éventuelles conséquences de cet acte. Par ce retrait, il faut entendre la mise à l'écart de la décision de l'administration à l'origine du litige qui l'oppose à la partie privée. Partie privée qui peut être un investisseur, et partie privée qui peut invoquer les droits fondamentaux. Mais de quels droits fondamentaux pourrait-il s'agir ? Si la réponse à cette question n'est pas aisée, il n'en demeure pas moins que certains éléments sont de nature à y apporter des clarifications. La pratique révélerait à cet égard des spécificités nationales tenant tant aux régimes de responsabilités qu'aux catégories de droits consacrés.

2. Échantillon : Points de vue de certains États

103. ***Une nullité relative.*** L'Allemagne est un pays où le contrat public irrégulier ouvre la voie à deux hypothèses : nullité du contrat ou poursuite des engagements. Cependant, « *sous peine de négliger la sécurité juridique, chaque violation de la loi ne peut entrainer la nullité d'un contrat public* »[151]. Ce ne sont donc pas toutes les violations de la procédure administrative allemande qui provoquent la nullité du contrat. Au regard de cette souplesse législative, on peut certes craindre des incidences négatives voire dangereuses, sur la prise en compte des droits de l'homme ou des droits fondamentaux de l'investisseur, mais la crainte se dissipe dès qu'il est fait référence au Code civil (*Burgerliches Gesetzbuch*)[152] et à la loi sur la procédure administrative (*Verwaltungsverfahrensgesetz*)[153]. En effet, ces deux instruments posent des éléments précieux pour l'identification objective des cas de nullité.

104. ***Extension du champ procédural*** : En dépit de la soumission de son régime de responsabilité administrative au droit commun, le Canada[154] accorde des privilèges à certaines catégories de cocontractants de l'administration (dont

---

[150]. L'appellation va au-delà du droit administratif français et connait des consécrations dans la quasi-totalité des pays sous influence juridique française, tels que notamment, les pays d'Afrique francophone. En effet, au Sénégal par exemple, les vocables « recours pour excès de pouvoir » constituent avec ceux de « recours de plein contentieux » l'épine dorsale de l'engagement de la responsabilité de l'administration.

[151]. Voy. U. STELKENS et H. SCHRODER, Monographies nationales/National reports. Allemagne », in R. NOGUELLOU et U. STELKENS (dir.), *Droit comparé des contrats publics,* Bruxelles, éd. Bruylant, 2010, pp. 326 et s.

[152]. Connu sous le sigle BGB et entré en vigueur le 1er janvier 1890. Le § 134 de ce code, intitulé « *interdiction légale* » s'écrit comme suit : « *Une transaction légale qui enfreint une interdiction légale est nulle et non avenue à moins que la loi en dispose autrement* ».

[153]. Connu sous le sigle VwVfG. Le § 59 de cette loi énumère une liste de droits susceptibles de nullité.

[154]. Pour une présentation du droit canadien des contrats publics dans une perspective comparée, voy. D. LEMIEUX, « Monographies nationales/National Reports. Canada », in R. NOGUELLOU et U. STELKENS (dir.), *Droit comparé des contrats publics,* Bruxelles, éd. Bruylant, 2010, pp. 461 et s.

les investisseurs bien entendu)[155] en leur offrant la possibilité, en cas de violation de leurs droits contractuels, de saisir le tribunal canadien du commerce extérieur, notamment sur le fondement du chapitre 10 de l'ALENA[156]. C'est la garantie d'un droit procédural qui, en dernier ressort, rejoint le droit à un procès équitable qu'il n'est pas difficile de démontrer la consécration à travers les instruments des droits de l'homme[157].

105. ***Recherche d'équilibre***. Le droit colombien des contrats publics, quant à lui, s'intéresse à la notion d'équilibre contractuel, laquelle permet à tous les cocontractants de l'administration d'être assujettis à une relation contractuelle équilibrée, car l'équilibre visé est celui du contrat lui-même et non celui de la relation contractuelle[158]. On peut voir en cela, un alignement à l'idée de consécration, sur le plan national, du principe d'égalité que consacrent les principaux textes de droit international des droits de l'homme et à leur suite les droits nationaux.

B. Les mécanismes de réparation du préjudice subi

106. ***Présentation***. Les mécanismes de réparation revêtent un paradoxe. Dans une perspective élargie, les mécanismes administratifs nationaux de réparation sont une manière de compenser les pertes subies par l'État, l'investisseur, ou encore la population. Toutefois, dans une perspective rétrécie, ces mécanismes sont le lieu par excellence de la seule recherche du manque à gagner qui résulte de l'attitude[159] de l'administration. C'est ce que l'on désigne souvent par les vocables responsabilité de la partie publique au contrat qui n'est autre que la

---

155. Sur la question des privilèges accordés par les États aux investisseurs étrangers, voy. S. ROBERT-CUENDET, « Spécificité et privilèges dans le droit international de la protection des investisseurs étrangers », *in* S. ROBERT-CUENDET (dir.), *Droit des investissements internationaux. Perspectives croisées*, Bruxelles, éd. Bruylant, 2017, pp. 247.

156. L'article 1003 (intitulé *Traitement national et non-discrimination*) de l'Accord de libre Échange Nord-Américain, point 2 : « *En ce qui concerne les mesures visées par le présent chapitre, aucune des parties ne pourra a) traiter un fournisseur local moins favorablement qu'un autre fournisseur local, au motif que le premier aurait des liens avec une entreprise étrangère ou appartiendrait à des intérêts étrangers, ou b) exercer de discrimination à l'égard d'un fournisseur local, au motif que les produits ou services qu'il propose sont des produits ou des services d'une autre Partie.* »

157. Voy. Notamment, les instruments universels tels que la Déclaration universelle des droits de l'homme, adoptée par l'AGNU le 10 déc. 1948, rés. 217 A (III), art. 8 ; le PIDCP du 16 décembre 1966, précité, art. 9 ; le PIDESC du 16 déc. 1966, précité, art. 3, points b et c ; la Convention européenne des droits de l'homme, signée par les États membres du Conseil de l'Europe le 4 novembre 1950 et entrée en vigueur le 3 septembre 1953, STCE n° 5, art. 6.

158. J. L. BENAVIDES, « Monographies nationales/National Reports. Colombie » in R. NOGUELLOU et U. STELKENS (dir.), *Droit comparé des contrats publics,* Bruxelles, éd. Bruylant, 2010, pp. 531 et s.

159. Le terme attitude est privilégié à d'autres termes (manquement, faute, etc.) car plus neutre en ce sens que la compensation des pertes n'est pas forcément le résultant d'un manquement ou d'une faute de l'administration, chacun de ces deux concepts n'épuisant pas l'autre. Or le terme attitude les transcende l'un (manquement) et l'autre (faute). C'est ainsi que le terme attitude renvoie à un « *comportement* [ou une] *conduite* » (A. REY et J. REY-DEBOVE [dir.], *Le Petit Robert de la langue française*, *op. cit.*, note 151, p. 173).

résultante du « recours de plein contentieux » selon la configuration du contentieux administratif français. Toutefois, une remarque semble incontournable à ce stade. S'il est acquis que les mécanismes de réparation fondés sur les contrats administratifs sanctionnent le comportement de la Partie publique au contrat, il est tout aussi avéré qu'il est des cas où l'État est substitué par des investisseurs auxquels il peut être légitimement demandé réparation.

1. La réparation incombant à l'État

107. *Énoncé du principe*. Les contrats administratifs établissent les droits et obligations des Parties publique et privée. Néanmoins, compte tenu de la diversité des charges de l'administration[160], en première ligne desquelles figure la poursuite de l'intérêt général, il arrive que la partie publique apporte des modifications au contrat[161]. La modification ou la rupture unilatérale du contrat administratif [162] a pour conséquence l'engagement de la responsabilité de l'État devant ses propres juridictions. Son principe est simple : étant donné que l'État dispose de la faculté de modifier le contrat, la partie privée est en droit de demander réparation en guise de compensation. Le principe ainsi posé est-il applicable dans divers droits nationaux ? Si oui quel serait son fondement ? Si la réponse à la première question nécessite l'analyse de quelques autres droits nationaux, la réponse à la seconde appelle une investigation au sein des droits de l'homme. Il faut cependant répondre à la première pour aborder sereinement la seconde. Au fond, la réponse à la première question couvre en grande partie la seconde.

108. *Convergences de fait*[163]. Concernant la première question, il n'est pas téméraire de répondre par l'affirmative. En effet, des exemples fort nombreux vont dans le sens d'une compensation des pertes causées par l'attitude de la partie publique. Tel est le cas en Belgique où, en dépit de l'inexistence d'un régime particulier d'engagement de la responsabilité de la puissance publique, il existe des dispositions précises qui reconnaissent le droit à une indemnisation[164]. Il

---

160. C'est au nom de cette considération que la distinction entre partie publique et partie privée fut admise en matière de contrats administratifs. En effet, ces prérogatives peuvent être qualifiées de « pouvoirs contractuels unilatéraux ».

161. Voy. A. DE NANTEUIL, « La responsabilité publique de droit interne comme mécanisme de protection des investissements étrangers », *loc. cit.*, note 279, pp. 230 et s.

162. Par ces termes, il faut entendre modification ou rupture unilatérales du contrat à l'initiative de la partie publique.

163. L'expression est empruntée à Michel Fromont, « L'évolution du droit des contrats de l'administration. Différences théoriques et convergences de fait », in R. NOGUELLOU et U. STELKENS (dir.), *Droit comparé des contrats publics. Comparative Law of Public Contracts*, Bruxelles, ed. Bruylant, 2010, pp. 263-278, selon qui l'étude globale (dans le sens universel) « *du droit des contrats de l'administration* [révèle] *des différences théoriques* [indéniables, mais] *des convergences de fait* » (p. 263). Pour ce faire, l'auteur a du faire un tour d'horizon à travers les droits administratifs de plusieurs États avant de conclure à l'existence d'« *une très grande convergence des régimes juridiques applicables aux contrats de l'administration* » (p.277).

164. Voy. Ph. FLAMME, « Monographies nationales. Belgique », in R. NOGELLOU, U. STELKENS, H. SCRODER (dir.), *Droit comparé des contrats publics. Comparative Law on Public Contracts*, Bruxelles, éd. Bruylant, 2010, pp.

s'avère cependant difficile de faire paisiblement le lien entre ces garanties et la protection des droits de l'homme. Toutefois, il est possible de dire de ces garanties qu'elles rejoignent les droits de l'homme par le truchement du principe d'égalité, principe en parfaite symbiose avec l'objectif d'équilibre contractuel ; et dans une moindre mesure, qu'étant une préservation de la propriété de l'investisseur, lesdites garanties passent par le canal du droit de propriété pour rallier les droits de l'homme.

109. ***Fondement de l'irruption***. Relativement à la seconde question, il est tout à fait légitime de s'intéresser plus précisément aux éléments qui sont à l'origine de l'introduction des droits de l'homme dans le droit des contrats administratifs. Cela amène à s'intéresser plus généralement à la question des rapports entre le droit international des droits de l'homme et les droits nationaux relatifs à l'investissement.

110. ***Typologie des obligations***. En réalité, *les divergences théoriques* des droits nationaux en matière de compensation ne sont que le résultat de la liberté accordée par le droit international des droits de l'homme aux États pour sa réalisation ; alors même que *la convergence de fait* des droits nationaux est la matérialisation de la mise en œuvre concrète des droits de l'homme. La typologie des obligations en droit international des droits de l'homme suit une logique, à bien des égards, semblable à celle que l'on rencontre dans les droits nationaux. En effet, le droit international des droits de l'homme impose aux États deux types d'obligations que sont d'une part, les obligations de moyens et, d'autre part, les obligations de résultat. Si les premières sont des obligations tendant à mettre en avant les efforts consentis par les États dans la mise en œuvre des droits de l'homme, les secondes sont plutôt de l'ordre des résultats de leur réalisation. À elle seule, cette typologie des obligations renseigne sur les exigences du droit international des droits de l'homme à l'égard des droits nationaux et à travers eux les États. Ainsi, les articles 55 et 56 du chapitre IX de la charte des Nations Unies sont un exemple éloquent de la consistance de ces obligations. Le premier énonce qu'« [e] *n vue de créer les conditions de stabilité et de bien être nécessaires pour assurer entre les nations des relations pacifiques et amicales fondées sur le respect du principe de l'Égalité des droits des peuples et de leur droit à disposer d'eux-mêmes, les Nations Unies favoriseront : a. le relèvement des niveaux de vie, le plein emploi et des conditions de progrès et de développement dans l'ordre économique et social ; b. la solution des problèmes internationaux dans les domaines économique, social, de la santé publique et autres problèmes connexes, et la coopération internationale dans les domaines de la culture intellectuelle et de l'éducation ; c. le respect universel et effectif des droits de l'homme et des libertés fondamentales pour tous, sans distinction de race, de sexe, de langue ou de religion.*[165] ». Et le second : « *Les membres s'engagent, en vue d'atteindre les*

---

[165]. La Charte des Nations Unies, signée le 26 juin 1945 lors de la Conférence des Nations Unies pour l'Organisation internationale, entrée en vigueur le 24 octobre 1945, art. 55.

buts énoncés à l'Article 55, à agir, tant conjointement que séparément, en coopération avec l'Organisation[166] ».

111. ***La réparation : une obligation de résultat.*** La combinaison de ces deux articles[167] renseigne à double titre sur les obligations de l'État. Non seulement elle apporte une clarification à la distinction entre obligations de moyens et obligations de résultat en matière des droits de l'homme[168], mais aussi et surtout elle renseigne sur les droits devant être mis en avant par les États. Il convient de noter, et c'est le premier renseignement, que les obligations de compensation des pertes occasionnées par l'attitude de l'administration dans le cadre contractuel, s'apparentent à des obligations de résultat. C'est-à-dire qu'en matière d'indemnisation ce n'est pas le fait de savoir si l'État a tout mis en œuvre pour compenser les pertes supportées par le particulier, mais plutôt de savoir si l'État a effectivement indemnisé la Partie privée. Aussi, et cela rejoint les droits à mettre en avant par les États, la compensation en elle-même n'est que le pendant du respect du principe d'égalité que prône l'art. 55 de la Charte[169]. C'est dire en définitive que les réparations incombant à l'État relèvent en partie de la nécessité de se conformer aux objectifs du droit international des droits de l'homme.

2. La réparation incombant à l'investisseur

112. ***Enseignements tirés des contrats administratifs.*** Est très illustratif en la matière le modèle mauritanien de « Contrat d'exploitation/Production » : « *Le Contractant dédommagera et indemnisera toute personne, y compris l'État, pour tout dommage ou perte que le Contractant, ses employés ou ses sous-traitants et leurs employés pourraient causer à la personne, à la propriété ou aux droits d'autres personnes, du fait ou à l'occasion des Operations Pétrolières. Au cas où la responsabilité de l'État est recherchée du fait ou à l'occasion des Operations Pétrolières, le ministre devra en aviser le Contractant qui fera toute défense à cet égard et indemnisera l'État pour toute somme dont celui-ci serait redevable ou toute dépense y afférente qu'il aurait supporté ou consécutive à une réclamation* »[170]. Du point de vue des droits de l'homme, cette disposition est

---

166. La Charte des Nations Unies, précitée, art. 56.

167. Qui ont par ailleurs le mérite, et cela ressort de l'intitulé du chapitre dans lequel ils s'insèrent (Coopération économique et sociale internationale — Chapitre IX —), de jumeler les réalisations des droits économiques et droits sociaux.

168. En coopérant séparément avec les Nations Unies (du fait de l'élaboration d'un cadre juridique propice aux droits de l'homme, reprenant les principes du droit international des droits de l'homme), ou conjointement (par le biais de la conclusion de traités allant dans le sens de la prise en compte des droits de l'homme).

169. En ce sens que rompre unilatéralement un contrat ou le modifier, sans tenir compte des conséquences économiques que cela pourrait avoir pour la Partie privée, serait clairement une violation du principe d'égalité parce que d'autres entreprises cocontractantes de l'administration n'auraient pas subi le même sort ou rester sans indemnisation. Dans une telle hypothèse, l'attitude en elle-même serait inégalitaire et irait à l'encontre du principe d'égalité.

170. Modèle de Contrat d'exploitation et de production de la République Islamique de Mauritanie de 2011, art. 24-1. Le modèle est disponible en format pdf en suivant le lien : file:///C:/Users/abdel/Downloads/4102-tullow-mauritania-limited-block-c18-psa-2012.pdf

porteuse d'enseignements qu'il est possible de résumer en trois points. D'abord, la disposition pose le principe d'indemnisation ou de réparation par l'investisseur de tout préjudice résultant de son activité. Ensuite, l'État pourrait se substituer à l'investisseur pour indemniser les victimes et ce, au nom de l'obligation de protéger[171]. Et enfin, lorsque l'État répare le préjudice causé à la personne par l'activité de l'investisseur, il se retourne vers ce dernier pour être lui-même indemnisé. Pourquoi alors ce détour si ce n'est une manière de garantir la solvabilité des investisseurs auprès des victimes. D'ailleurs, pourrait-on y voir une manière de rendre effectifs les droits de l'homme. Nous pouvions en douter si « la disposition modèle » précitée n'apparaissait pas dans les contrats pétroliers signés par cet État[172], d'une part ; et si les dispositions d'autres instruments nationaux du même type ne faisaient pas de place aux droits de l'homme dans des proportions quasi identiques à celles du modèle mauritanien, d'autre part. Tel est le cas par exemple, même si c'est le fruit de la combinaison de plusieurs dispositions, du contrat de partage de production entre la République du Sénégal, l'entreprise *Petrotim Limited* et la *Société des pétroles du Sénégal*[173]. Hormis le fait qu'il consacre l'obligation bien connue en droit des investissements, de conformité au droit de l'État d'accueil dont on a relevé *supra* les connivences qu'elle peut avoir avec les droits de l'homme, ce contrat semble bien orienté vers la protection de l'environnement[174]. En ce sens qu'« [e] *n particulier, le contractant prend toutes*

---

171. Voy. Haut-commissariat aux droits de l'homme des Nations-Unies, Principes directeurs relatifs aux entreprises et aux droits de l'homme. Mise en œuvre du cadre de référence « protéger, respecter et réparer » des Nations Unies, 16 juin 2011, rés. 17/4, principe fondateur n° 1 : « *Les États ont l'obligation de protéger lorsque des tiers, y compris des entreprises, portent atteinte aux droits de l'homme sur leur territoire et/ou sous leur juridiction. Cela exige l'adoption de mesures appropriées pour empêcher ces atteintes, et lorsqu'elles se produisent, enquêter à leur sujet, en punir les auteurs, et les réparer par le biais de politiques, de lois, de règles et de procédures judiciaires.* ».

172. La même « disposition modèle » a trouvé consécration (à quelques modifications près) à l'article 25. 1du contrat de partage de production conclu en 1999 entre la République Islamique de Mauritanie, *Dana Petroleum* (*EP*) *Limited, Hardman Petroleum (Mauritania) PTY LTD* et *Elixir Corporation PTY LTD* l'article 25. 1 : « *Le Contracteur dédommagera et indemnisera toute personne, y compris le Gouvernement, pour tout dommage ou perte que le Contracteur, ses employés ou ses sous-traitants et leurs employés pourraient causer à la personne, à la propriété ou aux droits d'autres personnes, du fait ou à l'occasion des Operations pétrolières. En particulier, si la responsabilité du Gouvernement est recherchée du fait ou à l'occasion des Operations Pétrolières, le Contacteur fera toute défense à cet égard et indemnisera l'État pour toute somme dont le Gouvernement serait redevable ou toute défense qu'il aurait supportée, afférentes ou consécutives à une réclamation* ». Disponible sous format pdf en suivant le lien : file:///C:/Users/abdel/Downloads/1007-dana-petroleum-e-p-limited-hardman-petroleum-mauritania-pty-ltd-elixir....pdf

173. Contrat de partage de production entre la République du Sénégal, *Petrotim Limited* et *Société des pétroles du Sénégal* conclu en 2012, Décret n° 2013-1155 du 23 août 2013, *J.O.* n° 6760 du 30 novembre 2013.

174. Mais cela touche aussi aux droits de l'homme car comme il a été dit plus haut, la protection de l'environnement aboutit en certaines circonstances à la garantie du droit à un environnement sain, lequel a émergé au moins à partir de la déclaration de Stockholm de 1972 lors de la Conférence des Nations-Unies sur l'environnement, Déclaration de Stockholm, 16 juin 1972, A/CONF.48/14/Rev.

les mesures nécessaires pour : (...) b) éviter que tout hydrocarbure, boue ou tout autre produit utilisé dans les opérations pétrolières peut être gaspillé et polluer les eaux souterraines ; (...) d) assurer la protection de l'environnement, prévenir les accidents et en limiter les conséquences, et en particulier prévenir, réduire et maitriser la pollution de l'environnement (...).[175] Si à travers cette disposition, l'État sénégalais semble mettre à la charge des contractants des obligations de respect des droits de l'homme, il va plus loin en cherchant à la concrétiser, en laissant à la charge du seul contractant, l'obligation d'indemnisation en cas de dommage dû aux opérations pétrolières. Ainsi, « *le contractant indemnisera et indemnisera l'État et toute personne en cas de dommages occasionnés par les opérations pétrolières ou de dommages causés aux employés ou aux représentants du contractant pendant ou à l'occasion de ces opérations. L'État ne sera en aucun cas responsable de tout dommage, accident ou différend lié aux opérations pétrolières* »[176]. Des contrats signés par d'autres pays contiennent des dispositions du même type. C'est le cas par exemple du Brésil[177], de la République démocratique du Congo[178], du Kenya,[179] etc.[180]

113. *Du contractuel à l'extracontractuel*. Si le caractère fautif de l'action de la puissance publique résultant de la violation du contrat est recherché dans l'hypothèse de l'engagement de la responsabilité sur le fondement du contrat, il

---

l, Principe 1 : « *L'homme a un droit fondamental à la liberté, à l'égalité et à des conditions de vie satisfaisantes, dans un environnement dont la qualité lui permette de vivre dans la dignité et le bien-être. Il a le devoir solennel de protéger et d'améliorer l'environnement pour les générations présentes et futures.* »

[175]. Par ailleurs, le contrat précité s'attarde davantage sur la protection de l'environnement au point 4 de l'art. 4 : « *Lors de la mise en œuvre de l'opération pétrolière, le contractant veillera en particulier à prendre toutes les mesures nécessaires à la protection de l'environnement, conformément aux dispositions des accords internationaux relatifs à la pollution de l'eau de mer par les hydrocarbures et à leurs dispositions d'application.* »

[176]. Contrat sénégalais tripartite précité, art. 4.5.

[177]. L'art. 13, points 1 et 2 du modèle brésilien (2008) de contrat de concession (*Concession Agreement for the Exploration, Developpement and Production of Oil and Natural Gas*) ayant pour titre « *Exclusive Rights and Responsabiity of the Concessionnaire* » va dans le sens de la disposition précitée du modèle mauritanien de contrat type.

[178]. Où l'on retrouve une certaine originalité liée à l'obligation financière consistant en un versement d'une somme de 250 000 dollars en phase d'exploitation et de 300 000 dollars en phase de production. Ces sommes sont allouées aux populations locales résidant dans les environs de la zone explorée et sont destinées notamment à la santé ou à l'éducation (art. 5.3 du contrat de partage de production entre la RDC, *South Africa Oil [PTY] Ltd* et la Congolaise des Hydrocarbures, en date du 1er novembre 2007, disponible sous format pdf en suivant le lien :
https://www.resourcecontracts.org/contract/ocds-591adf-2006588351/view#/pdf.).

[179]. L'art. 9 du contrat de partage de production entre la République du Kenya et *Lion Petroleum,* signé le 19 novembre 2007, met à la charge du contractant l'obligation de réparation du dommage causé par ses activités.

[180]. Pour plus d'exemples, la base de données « *Resource contract* » (https://resourcecontracts.org/) précitée, du « *Natural Resource Governance Institute* » en partenariat avec certaines structures comme l'Université de Columbia, offre une quantité importante de contrats de concession ou de partage de production de plusieurs pays dont l'étude peut révéler davantage de dispositions du type envisagé ici.

en est autrement de la responsabilité en dehors du contrat pour laquelle il n'est pas impératif de rechercher le caractère fautif de l'action de l'État ou de ses démembrements. Et si l'existence d'un contrat, ensuite sa violation par la puissance publique, sont deux conditions nécessaires pour l'engagement de la responsabilité contractuelle de l'administration, il en va autrement s'agissant de la responsabilité en dehors de tout lien contractuel.

§ 2 : L'hypothèse de la responsabilité extracontractuelle

114. ***La responsabilité extracontractuelle, d'une pratique nationale à une autre.*** Il ressort de ce qui précède que la responsabilité de la puissance publique peut être engagée sur la base des traités auxquels l'État est Partie ou encore sur la base des lois par lui produites sur le plan interne. Le même mécanisme a su inspirer au-delà des frontières françaises et connait, à quelques exceptions près, des applications dans d'autres pays. Ainsi, aux États-Unis, c'est la question des attentes légitimes qui a fait l'objet d'une intégration dans le système de compensation des pertes supportées par la partie privée.[181]Cet élément et ceux qui le précèdent signalent l'existence de mécanismes divers de responsabilité extracontractuelle (A) dont les mises en œuvre se font sur la base d'un noyau commun (B)

A. L'existence d'une diversité de mécanismes

115. En principe, l'affirmation de la diversité de mécanismes de responsabilité extracontractuelle revêt son lot de risques. En revanche, seule la mise en avant de certaines pratiques nationales en la matière permet de procéder à la synthèse desdits mécanismes.

1. Mécanismes teintés de risques

116. ***Protéger les droits de l'homme et encourir des risques.*** L'une des questions majeures qui sous-tend les rapports entre l'investisseur et l'État hôte est celle de la liberté normative de ce dernier[182]. Cela soulève la question de la possibilité pour les États de modifier leur législation, dans le but d'assurer la protection des droits de l'homme ; et sous un autre registre, si ces mêmes États ont la possibilité de méconnaitre les droits des particuliers lorsque les enjeux collectifs sont en cause[183]. Enclins à faire usage de l'attribut de la

[181]. Sur cette question, voy. Chapitre 2 du titre 2 de la partie 2 de la présente étude.

[182]. Voy. Ch. LEBEN, « La liberté normative de l'État et la question de l'expropriation indirecte », in Ch. LEBEN (dir.), *Le contentieux arbitral transnational relatif à l'investissement. Nouveaux développements*, Louvain-La-Neuve, LGDJ/Anthémis, 2006, pp. 172 et s.

[183]. Ce qui soulève la question de l'articulation des intérêts individuels/privés et les intérêts collectifs/publics, d'où la problématique « des mesures d'intérêt général adoptées par les États » présumées de bonne foi et qui exonèrent l'État d'une responsabilité pour son action normative lorsque celle-ci génère des impacts négatifs sur l'investissement. *Ibid.*, p. 177.

souveraineté[184]consistant pour eux à modifier leurs législations au besoin, les États encourent le risque de se heurter à des mécanismes internes de responsabilité mettant à leur charge des compensations dues aux pertes causées à la partie privée par leurs agissements. Pour ce faire, en France, est mobilisé un principe dit *d'égalité devant les charges publiques*[185] que la doctrine spécialisée semble ranger sous la rubrique de la responsabilité sans faute[186]. Aussi, il est fait recours, en certaines hypothèses, aux agissements des agents de l'État en dehors ou dans le cadre de leur service que l'on qualifie de « *responsabilité administrative extra-contractuelle fondée sur la faute*[187] ». Il peut en être autrement dans d'autres pays où la responsabilité de la puissance publique répond à d'autres mécanismes : c'est le cas des États-Unis où prospère le procédé des attentes légitimes (« *legitimate exceptations* ») de la partie privée. Ces deux mécanismes dénotent des disparités que l'on peut déceler des pratiques nationales. Dans le premier cas, on se place du côté de l'administration pour jauger les conséquences de l'acte. Dans le second cas, on se place du côté du particulier pour quantifier le manque à gagner que lui inflige l'acte de l'administration. En tout état de cause, l'un et l'autre des deux mécanismes constituent des garanties de certains droits des investisseurs.

117. ***Du principe d'égalité à la rupture d'égalité devant les charges publiques***. L'État étant garant des droits de l'homme, il doit, en principe veiller à ce que les particuliers ne soient pas traités de manière discriminatoire. Or, garantir la non-discrimination c'est assurer un traitement égalitaire. Traitement égalitaire incluant égalité devant les charges publiques, toute rupture de celle-ci devrait s'accompagner d'une réparation. Ainsi, l'État qui violerait cette règle serait dans l'obligation de réparer le dommage ayant résulté de la rupture d'égalité devant les charges publiques. Invention des juges administratifs français qui trouve son point de départ dans la Jurisprudence « *La Fleurette* », la rupture d'égalité devant les charges publiques pose le principe selon lequel lorsqu'un particulier est exclusivement touché par une mesure d'intérêt général, il ne saurait lui incomber de supporter les charges qui en découlent[188]. Fondée sur un principe connu en droit international et reconnu par les droits nationaux[189], la jurisprudence « *La*

[184]. En ce qu'il exprime la volonté de l'État.

[185]. Ce principe voit le jour dans le droit français à la suite de sa consécration par le Conseil d'État en 1938 et connait un double versant. Le premier est celui de la rupture d'égalité devant les charges publiques du fait des lois (C.E., ass., *Société anonyme des produits laitiers « La Fleurette »*, arrêt du 14 janvier 1938, n° 51704, *Recueil Lebon*) ; et le second versant est celui de la rupture d'égalité devant les charges publiques du fait des traités (C.E., ass., *Gardedieu*, arrêt du 8 février 2007, n° 279522, *Recueil Lebon*) de la jurisprudence *La fleurette* et le second est celui de la jurisprudence *Gardedieu.*

[186]. J-F LACHAUME et *al. Droit administratif. Les grandes décisions de la jurisprudence*, Paris, éd. puf, coll. Thémis, 18ème éd., p. 842.

[187]. On aura relevé que « *l'administration agissant nécessairement par l'intermédiaire d'agents, la difficulté est de bien isoler la faute du service de l'agent* ». *Ibid.*, p. 843.

[188]. Voy. C.E., ass., *Société anonyme des produits laitiers « La Fleurette »* (n° 51704), arrêt précité, note 315.

[189]. Allusion faite au principe d'égalité.

Fleurette » a, en toute logique, un succès au-delà des frontières françaises[190]. Qu'il s'agisse des États Unis, de l'Autriche[191] ou de l'Allemagne[192], pour ne citer que ces pays, il existe des mécanismes proches de celui qui est proposé par « *La Fleurette* »[193]. Sans qu'il soit nécessaire d'entrer dans les détails des mécanismes nationaux de réparation pour rupture d'égalité devant les charges publiques, il importe, toutefois, d'en relever certains avant de décliner ce qu'ils ont de commun : la préservation du principe d'égalité.

2. Autopsie d'une diversité

118. ***De quelques mécanismes d'engagement de la responsabilité***. Au Royaume-Uni[194], le tort de l'administration ouvre la voie à une réparation dès lors qu'il s'agit d'une négligence, d'une mauvaise administration ou d'une violation de la loi. En Belgique, l'absence de règles spécifiques d'engagement de la responsabilité de l'administration ouvre la voie à l'application d'un semblant de responsabilité délictuelle pour déterminer le comportement illicite de l'administration. En Russie, peut être engagée, en vue d'une réparation, la responsabilité de l'administration, dès lors que le comportement de celle-ci aura été illicite et ayant lésé les droits des particuliers. En République démocratique du Congo, c'est une présomption de faute dans certains secteurs comme celui des travaux publics qui permet de cerner la compensation des pertes supportées par la partie privée. Au Mexique, l'illégalité du comportement de la partie publique engendrant un dommage suffit. Cette illégalité-là qui n'est même pas exigée de façon tranchée en Espagne, ou tout comportement de la partie publique causant un préjudice à la partie privée ouvre à *priori* la voie à une réparation. C'est l'inverse du mécanisme espagnol que l'on rencontre en Afrique du Sud, pays dans lequel il peut être réclamé une réparation sur la base d'une simple violation de la loi sans qu'il ne soit besoin pour la partie privée de prouver l'existence d'un dommage. En Suède, c'est la possibilité de remise en cause des actes de l'administration en vue de leur annulation qui fait loi[195]

---

190. Dans ce sens, voy. A. DE NANTEUIL, « La responsabilité publique de droit interne comme mécanisme de protection des investissements étrangers », *loc. cit.*, pp. 241 et s.

191. Où le principe semble réduit à la responsabilité de la puissance publique du fait des actes de l'administration.

192. Où la responsabilité est recherchée à travers la charge spéciale que fait peser la puissance publique sur la partie privée. Il est recherché une charge spéciale pesant sur la partie privée. Une analyse comparée de ces différents mécanismes est fournie par Arnaud De Nanteuil, La responsabilité publique de droit interne comme mécanisme de protection des investissements étrangers, *loc. cit.*, pp. 242 et s.) qui relève des mécanismes certes différents dans l'appellation (comme *Autopferung* pour le droit allemand) mais reposant sur le même principe.

193. *Idem.*

194. Dont le droit s'appuie sur la notion de tort qu'il catégorise ensuite en trois types : *tort of negligence* (basé sur la négligence de l'administration), le *tort of breach of statutory duty* (basé sur la violation de la loi) et le *tort of bad administration* (basé sur la mauvaise administration). *Ibid.*, p. 236.

195 *Idem.*

119. ***Le principe d'égalité au cœur de la responsabilité extracontractuelle.*** En France, l'engagement de la responsabilité de l'administration sur la base de la rupture d'égalité devant les charges publiques pose deux conditions complémentaires : la négation par la loi votée de la réparation de tout préjudice qu'elle aura causée, d'une part ; et les suffisance et spécificité du préjudice, d'autre part. Or, l'égalité à laquelle est faite allusion, relève du droit international des droits de l'homme[196]. Parallèlement à ce mécanisme d'engagement de la responsabilité, il existe celui qui découle de l'exigence du respect des Conventions internationales dont celles relatives aux droits de l'homme. Concernant le préjudice, celui-ci doit être d'une importance (ou de discrimination) telle qu'il serait, à lui seul, susceptible d'objectiver la rupture d'égalité.

120. ***Priorité aux droits de l'homme.*** Le point commun entre les mécanismes d'engagement de la responsabilité de la puissance publique en dehors de tout lien contractuel, s'avère être l'absence de toute hypothèse d'indemnisation contenue dans le texte litigieux (traité ou loi nationale). Or, relevant du champ des activités normatives de l'État, les lois nationales et traités[197] sont, dès lors qu'ils s'inscrivent dans le cadre de la poursuite de l'intérêt général ou de la préservation de l'ordre public, l'occasion de couper court aux interprétations du juge administratif à l'occasion d'un contentieux opposant l'administration aux particuliers. Dit autrement, les règles tendant à protéger les droits de l'homme (santé publique, préservation de l'environnement, protection des ressources, etc.) sont privilégiées au détriment des intérêts particuliers, lesquels sont compensés par une opération d'indemnisation. On retombe encore une fois dans la confrontation entre considérations éthiques et préoccupations économiques. Les premières étant intégrées dans l'ordre public ou l'intérêt général ; et les secondes absorbées par la logique marchande.

121. ***L'incontournable référence aux droits de l'homme.*** Que l'on se situe donc sur le terrain de la responsabilité de l'administration pour rupture d'égalité devant les charges publiques ou sur celui de la responsabilité du fait de

---

196. Les principaux textes de droit international des droits de l'homme consacrent sans conteste le principe d'égalité. A titre d'exemple, l'art. 2 de la DUDH précitée, « *Tous les êtres humains naissent libres et égaux en dignité et en droits. Ils sont doués de raison et de conscience et doivent agir les uns envers les autres dans un esprit de fraternité* ». Et l'article 7 de la même Déclaration d'ajouter : « *Tous sont égaux devant la loi et ont droit sans distinction à une égale protection de la loi. Tous ont droit à une protection égale contre toute discrimination qui violerait la présente Déclaration et contre toute provocation à une telle discrimination.* ». Il en est de même de l'art. 14 du PIDCP, précité : « *1. Tous sont égaux devant les tribunaux et les cours de justice. Toute personne a droit à ce que sa cause soit entendue équitablement et publiquement par un tribunal compétent, indépendant et impartial, établi par la loi, qui décidera soit du bien fondé de toute accusation en matière pénale dirigée contre elle, soit des contestations sur ses droits et obligations de caractère civil.* ». Dans le même sens, les articles de

197. Par le biais des représentants de l'État qui sont, classiquement, le président de la République, le premier ministre, ou encore le ministre des Affaires étrangères. On sait que ces autorités appelées par ailleurs les plénipotentiaires sont, au regard du droit international, les représentants légitimes de l'État.

l'application des conventions internationales, on fait référence aux droits de l'homme. Pour le montrer, un détour par les principales conventions internationales des droits de l'homme s'impose. Présentés de cette manière, les mécanismes d'engagement de la responsabilité en dehors de tout lien contractuel puiseraient leurs origines de la mise en œuvre des droits de l'homme sur le plan interne. Il en est ainsi des droits de l'homme consacrés par les Constitutions nationales. On sait que le principe d'égalité des citoyens, pour ne s'en tenir qu'a sa consécration internationale (au sens universel), est présent dans la DUDH[198], dans les pactes « jumeaux » de 1966[199] ainsi que dans d'autres textes régionaux de droit international des droits de l'homme[200]. Cette présence sur le plan international trouve écho dans les lois nationales selon des procédés divers et variés. Pour la problématique qui nous occupe, les mécanismes adoptés par les systèmes nationaux sont protecteurs des intérêts des particuliers contre les agissements de la puissance publique. Il est intéressant de relever que l'État jadis considéré comme une entité ne pouvant mal faire se trouve rattrapé par ses propres agissements. Sous cet angle, il ne fait aucun doute que les droits de l'investisseur tant procéduraux que substantiels sont protégés par le droit national. Sur le plan procédural, c'est le droit à un procès équitable qui est mis en avant. On note à cet égard que c'est sur la base de ce droit que le Conseil d'État français s'est saisi de la Convention européenne des droits de l'homme, notamment son article 6 pour

---

198. L'art. 7 de la DUDH précitée, note 287, énonce : « *Tous sont égaux devant la loi et ont droit sans distinction à une égale protection de la loi. Tous ont droit à une protection égale contre toute discrimination qui violerait la présente Déclaration et contre toute provocation à une telle discrimination* ».

199. L'art. 26 du Pacte international relatif aux droits civils et politiques précité, note 41, énonce : « *Toutes personnes sont égales devant la loi et ont droit sans discrimination à une égale protection de la loi. À cet égard, la loi doit interdire toute discrimination et garantir à toutes les personnes une protection égale et efficace contre toute discrimination, notamment de race, de couleur, de sexe, de langue, de langue, d'opinion politique et de toute autre opinion, d'origine nationale ou sociale, de fortune, de naissance ou de toute autre situation.* ». Le préambule du Pacte international relatif aux droits économiques, sociaux et culturels précité, note 42, énonce : « *Les États parties au présent Pacte, [c] onsidérant que, conformément aux principes énoncés dans la Charte des Nations Unies, la reconnaissance de la dignité inhérente à tous les membres de la famille humaine et de leurs droits égaux et inaliénables constitue le fondement de la liberté, de la justice et de la paix dans le monde* ». Et implicitement, l'article 2 § 2 du même pacte : « *Les États parties au présent Pacte s'engagent à garantir que les droits qui y sont énoncés seront exercés sans discrimination aucune fondée sur la race, la couleur, le sexe, la langue, la religion, l'opinion politique ou toute autre opinion, l'origine nationale ou sociale, la fortune, la naissance ou toute autre situation* »

200. Pour ne citer que deux exemples, tel est le cas de la Convention européenne des droits de l'homme, précitée, note 287, art. 14 : « *La jouissance des droits et libertés (...) doit être assurée, sans distinction aucune, fondée notamment sur le sexe, la race, la couleur, la langue, la religion, les opinions politiques ou toutes autres opinions, l'origine nationale ou sociale, l'appartenance à une minorité nationale, la fortune, la naissance ou toute autre situation* ». Et il en est de même de la Charte africaine de droits de l'homme et des peuples précitée, note 246, art. 2 : « *Toute personne a droit à la jouissance des droits et libertés reconnus et garantis dans la présente Charte sans distinction aucune, notamment de race, d'ethnie, de couleur, de sexe, de langue, de religion, d'opinion politique ou de toute autre opinion, d'origine nationale ou sociale, de fortune, de naissance ou de toute autre situation* ».

consacrer l'obligation pour l'État de garantir le respect des traités par ses autorités publiques[201]. Et sur le plan substantiel, c'est le principe de non-discrimination qui a servi de relais pour la condamnation de l'administration pour cause de rupture d'égalité devant les charges publiques[202].

B. La persistance d'un noyau commun de mise en œuvre

122. ***Conditions d'engagement de la responsabilité et leurs implications.*** Pour que soit engagée la responsabilité de la puissance publique sur la base de la méconnaissance d'un traité, le Conseil d'État français nous enseigne que trois conditions sont nécessaires : l'intégration du traité en cause dans l'ordre interne, l'existence d'un lien entre le préjudice subi et les dispositions du traité, et la mise à l'écart par le traité de toute possibilité d'indemnisation[203]. Relativement à la première condition, les traités des droits de l'homme à l'instar des Pactes internationaux sur les droits civils et politiques et sociaux et économiques, parmi les signataires figure la France, se dénombrent à plus de 170 États[204]. Il s'en suit que l'intégration des dits traités dans l'ordre interne ne pose pas *a priori* de difficultés parce qu'elle n'est ni plus ni moins qu'une transposition sur le plan interne des engagements souscrits par les États sur le plan international. En ce qui concerne la deuxième condition, toute rupture d'égalité devant les charges publiques étant une violation du principe d'égalité des citoyens dont l'une des ramifications peut être la discrimination ou la méconnaissance du droit à un procès équitable, constitue un lien suffisant entre les dispositions des traités des droits de l'homme et le préjudice que peut subir l'opérateur économique. Quant à

[201]. Voy. CE, ass., *Gardedieu* (n° 279522) précité, note 315.

[202]. CE, ass., *Société anonyme des produits laitiers « LA Fleurette »*, précité, note 315 : « *Considérant que l'interdiction ainsi édictée en faveur de l'industrie laitière a mis la société requérante dans l'obligation de cesser la fabrication du produit qu'elle exploitait antérieurement sous le nom de "Gradine", lequel entrait dans la définition donnée par l'article de loi précitée dont il n'est pas allégué qu'il présentât un danger pour la santé publique ; que rien, ni dans le texte même de la loi ou dans ses travaux préparatoires, ni dans l'ensemble des circonstances de l'affaire, ne permet de penser que le législateur a entendu faire supporter à l'intéressée une charge qui ne lui incombe pas normalement ; que cette charge, créée dans un intérêt général, doit être supportée par la collectivité ; qu'il suit de là que la Société "La Fleurette" est fondée à demander que l'État soit condamné à lui payer une indemnité de réparation du préjudice par elle subi (...).* »

[203]. CE, ass., *Compagnie générale d'énergie radioélectrique*, arrêt du 30 mars 1966, n° 50 515, *Recueil Lebon* : « *Considérant que la responsabilité de l'État est susceptible d'être engagée, sur le fondement de l'égalité des citoyens devant les charges publiques, pour assurer la réparation de préjudices nés de conventions conclues par la France avec d'autres États et incorporées régulièrement dans l'ordre juridique interne, à la condition d'une part que ni la convention elle-même ni la loi qui en a éventuellement autorisé la ratification ne puissent être interprétées comme ayant entendu exclure toute indemnisation et d'autre part que le préjudice dont il est demandé réparation soit d'une gravité suffisante* »

[204]. Au 7 février 2022, le nombre des signataires du PIDESC était de 171 États (donnée vérifiable sur :
https://treaties.un.org/pages/ViewDetails.aspx?src=IND&mtdsg_no=IV-3&chapter=4&clang=_fr) et celui du nombre d'États signataires du PIDCP était de 173 (donnée vérifiable sur : https://treaties.un.org/pages/ViewDetails.aspx?src=IND&mtdsg_no=IV-3&chapter=4&clang=_fr).

la troisième condition, celle-ci est souvent absente des traités des droits de l'homme. Dans les rares cas où elle est présente dans les traités des droits de l'homme, elle semble se heurter aux exigences de l'intérêt général[205]. Ainsi par exemple, si telle ou telle loi ne prévoit pas d'indemnisation, car elle a pour objet la lutte contre une hausse des prix, il serait fort probable d'y voir une mesure d'intérêt général[206].

123. ***Mise en avant des droits fondamentaux de l'investisseur.*** Au surplus, on remarque à ce stade que paradoxalement les mécanismes d'engagement de la responsabilité publique s'orientent davantage vers la protection des droits fondamentaux de l'investisseur (droit de propriété et droit à la non-discrimination) que vers ceux de la population. Cela ne veut pas pour autant dire qu'une telle configuration est synonyme d'une mise à l'écart des considérations éthiques, mais que les droits de l'homme tranchent simplement en la matière à la faveur de l'investisseur. En guise d'explication, la protection des droits de l'homme assurée par l'État a pour contrepartie l'indemnisation des investisseurs. Appliquée à la lettre, la théorie des attentes légitimes est à ce propos une illustration parfaite[207]. Ne faisant pas partie des obligations que le droit international impose formellement aux investisseurs étrangers, la protection des droits de l'homme constitue une préoccupation voire une obligation des États. On aura relevé également que la responsabilité administrative constitue dans son exposé, davantage une protection des droits fondamentaux de l'investisseur qu'elle ne l'est pour les populations dont l'État hôte à la charge. Cela s'explique par la considération selon laquelle les mécanismes d'engagement de la responsabilité de la puissance publique sont instaurés dans le but de protéger les personnes privées contre les agissements de l'État, conformément aux exigences du contrôle judiciaire exercé sur les activités de l'administration[208].

124. ***La suffisance de la protection de l'investisseur ?*** L'engagement de la responsabilité de l'administration pour faute ou pour tort est fonction des conditions posées par les droits nationaux. En effet et comme il a été dit, aux États-Unis, le parallèle est souvent fait entre la responsabilité de la puissance publique et la responsabilité des personnes privées. La question de la responsabilité

---

[205]. Sur la question du rattachement des motivations de « l'État -législateur » à l'intérêt général, voy. J.-F. LACHAUME et *al. Doit administratif, op. cit.*, note 316, pp. 910 et s.

[206]. Par exemple, dans le cas de la lutte contre le tabagisme, un gouvernement peut hausser les prix sans prévoir d'indemnisation pour les fumeurs « nicotino-dépendant » encore moins à des « tabagistes » qui seraient affectés économiquement par cette hausse. Et objecter qu'il s'agit d'une mesure visant à préserver la santé du consommateur (et la santé publique) et l'environnement.

[207]. Selon cette théorie, violation du contrat comme mise en péril des intérêts de l'investisseur engendrent une indemnisation au profil de la partie privée.

[208]. Cela correspond plus loin à la séparation des pouvoirs qui veut que dans un État démocratique soient distingués au moins trois pouvoirs : Le pouvoir exécutif auquel correspond le gouvernement et le président de la République ; le pouvoir législatif correspondant aux deux chambres du parlement et le pouvoir judiciaire qui se matérialise par les ordres judiciaire et administratif. C'est ce dernier ordre qui est en charge des actes de l'administration. Ainsi par exemple la Constitution française du 4 octobre 1958, précitée, consacre des prérogatives à chacun des pouvoirs précités.

publique est envisagée à la lumière de la responsabilité des personnes privées. En d'autres termes, « *under circumstances where the United States, if a private person, would be liable to the claimant in accordance with the law of the place where the act or omission occurred* »[209]. Considéré de la sorte, l'engagement de la responsabilité de l'État devant ses propres juridictions ne présente pas d'importantes spécificités, si ce n'est du point de vue des principes : personnes publiques en procès contre personnes privées ou vice versa. On en déduit que plus la responsabilité de l'administration est difficile à engager, plus les garanties de l'investisseur sont faibles sur le plan national. Il importe cependant de préciser ici que dès lors que le régime applicable à la responsabilité de la puissance publique est un régime de droit commun, partie publique et partie privée entament le contentieux sur des bases égales, car assujetties au même régime juridique. A travers ces développements, on se rend compte que le droit administratif tend à intégrer les droits de l'homme que cela soit sous l'angle de la procédure ou celui du fond.

[209]. *Federal Tort Claims Act* du 2 août 1946, Public Laws, Chs, 744-753, § 1346. b.

CHAPITRE 2 :

La prise en considération du droit international des droits de l'homme dans les jurisprudences nationales relatives à l'investissement

125. Position juridique issue des décisions de justice, la jurisprudence peut être qualifiée d'interne comme d'internationale. Interne lorsqu'elle émane des juridictions d'un État donné et internationale lorsqu'elle agrège l'« [e] *nsemble des solutions apportées par les juridictions internationales dans l'application du droit* »[1]. Il va sans dire que là où elle peut manquer d'harmonie sur le plan international à cause de la diversité des matières,[2] elle présente une certaine uniformité sur le plan interne grâce à l'existence d'un cadre unique plus ou moins hiérarchisé[3]. Sans entrer dans les débats qui accompagnent la notion de jurisprudence (au singulier) /jurisprudences (au pluriel) dans son acception nationale ou internationale, il convient de préciser que l'acception qu'elle reçoit dans ce chapitre se cantonne aux orientations judiciaires prises par les États sur le fondement des droits de l'homme et dont les destinataires sont les protagonistes d'une opération d'investissement. Étant donné qu'il sera question du droit comparé, on peut certes s'attendre à une excursion dans pas moins de sept systèmes juridiques,[4] mais le propos ne sera axé que sur deux principaux systèmes

[1]. Voy. J. SALMON (dir.), *Dictionnaire de droit international public*, *op. cit.*, p. 629.

[2]. Il convient de signaler que cette question attise les controverses au point que certains auteurs l'évoquent sous l'angle de l'unité (P. M. DUPUY, « L'unité de l'ordre juridique international », *RCADI*, 2003, vol. 297, pp.) et d'autres sous forme de système (J. COMBACAU, « Le droit international : bric-à-brac ou système ? », *Archives de philosophie du droit*, 1986, tome 31, pp. 85-105.

[3]. Cela est renforcé par l'idée selon laquelle les règles internes sont en principe édictées par un pouvoir législatif, mises en œuvre par un pouvoir exécutif et interprétées par un pouvoir (ou autorité selon certains) judiciaire. À ceci s'ajoute l'idée que certaines règles bénéficient d'un traitement hiérarchiquement supérieur à d'autres parmi les normes édictées au sein d'un État.

[4]. Comme cela a été d'ailleurs le cas d'un auteur (René David) reconnu dans ce domaine qui au moment d'élaborer l'esquisse d'un ouvrage spécialisé en la matière, « *a retenu sept familles de droits : la famille romano-germanique, la famille de common law, la famille des droits socialistes* (...), *le droit musulman, le droit de l'Inde, les droits de l'Extrême-Orient et les droits de l'Afrique et*

dominants dans le domaine de l'investissement que sont celui de la *common law* et celui de la famille romano-germanique.[5] Une telle configuration poursuivra l'objectif d'une mise en relief des manières dont sont considérés les droits de l'homme dans les deux systèmes cités (Section 1). En outre, il sera opportun de faire état de la nature des conséquences qu'a la prise en compte des droits de l'homme sur la protection des acteurs et bénéficiaires d'une opération d'investissement (Section 2).

Section 1 :
Une prise en compte différenciée

126. *Des systèmes différents.* La prise en compte des droits de l'homme par les jurisprudences nationales présente un certain nombre de difficultés qui ne sont rien d'autre que le résultat de la diversité des ordres juridiques internes. À cet égard, il est certes vrai que certains États sont dotés de systèmes judiciaires plus actifs que d'autres, mais cela n'altère en rien la divergence de prise en compte que l'on peut identifier à travers les différents systèmes de droit. Deux principaux systèmes offrent les éléments d'identification de procédés de prise en compte des droits de l'homme : le système de la *common law* et le système continental.[6] Alors que le premier se caractérise par la place primordiale qu'il accorde à la jurisprudence, le second est quant à lui caractérisé par le rôle notable qu'il assigne à la loi. Ces traits caractéristiques sont symptomatiques des approches en termes de considération des droits de l'homme dont on peut dire à ce stade qu'elles varient en fonction de l'un ou l'autre des deux systèmes.[7] Ces derniers semblent faire usage des éléments caractéristiques qui sont les leurs afin d'appréhender la place des droits de l'homme dans les rapports entre l'État et l'investisseur. Sans qu'il soit nécessaire de procéder à une investigation dans chaque État appartenant

---

de Madagascar» (voy. C. JAUFFRET-SPINOSI, « La pensée de René David », in Association Henri Capitant, *Hommage à René David*, Paris, éd. Dalloz, 2012, p. 17.

5. A cet égard, il a été observé que « [l] a diversité des familles est infinie, si l'on considère la teneur et le contenu de leurs règles ; elle est moindre, en revanche si l'on envisage les éléments, plus fondamentaux et plus stable, à ; l'aide desquels on peut découvrir les règles, les interpréter, et en préciser la valeur. Les règles peuvent être infiniment variées ; les techniques servant à les énoncer, la manière de les classer, les modes de raisonnement employés pour les interpréter se ramènent au contraire à certains types, qui sont en nombre limité. » (voy. R. DAVID et *al.*, *Les grands systèmes de droit contemporains*, Paris, éd. Dalloz, 2016, 12e éd., pp. 15 et 16.) ; Dans le même sens va un autre auteur pour qui il n'est tout simplement « *pas concevable de présenter l'ensemble des systèmes juridiques du monde contemporain* » (Voy. G. CUNIBERTI, *Grands systèmes de droit contemporain. Introduction au droit comparé*, Paris, éd. LGDJ, 2019, 4e éd., p. 22.

6. Ces deux systèmes sont considérés ici non pas parce qu'ils sont les seuls à prendre en compte les droits de l'homme, mais simplement parce leur influence sur le droit des investissements semble réelle. Tel est d'ailleurs l'objet des développements qui suivront.

7. S'il est indéniable que ces deux systèmes divergent sur le plan de la technique, il n'en demeure pas moins qu'ils relèvent tous du droit occidental, laquelle se démarquait jusqu'à une période relativement récente de la famille des droits socialistes. C'est en effet le bouleversement économique qui anticipé la rencontre entre les deux familles de droit visées.

à l'une ou l'autre des deux catégories, il sera simplement question de la confrontation des traits caractéristiques de chaque système à la ou les manières de considérer les droits de l'homme. Avant d'aborder les modalités provenant des systèmes de droit continental (Paragraphe 2), seront abordées celles relevant de la *common law* (Paragraphe 1).

§ 1 : Des modalités de prise en compte issues de la common law

127. La *common law* correspond à la conception anglaise du droit dont l'artisan est le juge et dont les règles sont relativement précises pour s'appliquer aux cas qu'elles sont censées régir.[8] Dans les systèmes de la *common law* la prise en compte des droits de l'homme postulée dans l'intitulé du présent paragraphe est quelque peu traductrice des approches divergentes en termes de réflexion autour de l'intégration des droits de l'homme au sein des règles de protection des investissements. En réalité, tout dépend de la classification retenue des familles de droits. Si l'on concentre le propos sur l'autorité émettrice de la norme, on ne pourrait s'empêcher de traiter de concert la *common law* et le droit continental tant ces deux « familles de droit » ont ceci de commun qu'ils délèguent la formation de la règle de droit à des organes prévus pour cet effet, tels que le pouvoir législatif ou le pouvoir/autorité judiciaire.[9] Nul doute qu'une telle démarche aura la lourde conséquence de confondre deux logiques différentes dans le domaine qui nous occupe. Or, investiguer les techniques de prise en compte des droits de l'homme émanant de la *common law* invite à spécifier cette famille de droit par rapport à d'autres « familles proches ». Autrement, l'opération d'identification perdrait tout son sens ; d'autant plus que le droit des investissements semble largement dominé par les techniques relevant de la catégorie *common law*.[10] Pour cerner les procédés revendiqués par le présent paragraphe, il sera question de traits caractéristiques comme la règle du précèdent (A) et de la place centrale du juge (B).

---

8. R. DAVID et *al.*, *Les grands systèmes de droit contemporains*, *op. cit.*, note 346, pp. 17-18. Il faut par ailleurs préciser que les litiges exposés au juge étaient principalement d'ordre public en ce qu'ils avaient trait à la préservation de la Couronne. *Ibid*, pp. 18-19.

9. Il s'agit là du critère retenu par Ugo Mattei pour la classification des systèmes de droit contemporains. Selon cet auteur, les familles de droit ne sauraient être distinguées autrement qu'à travers le procédé retenu pour la production des normes en leur sein. Et partant, seules trois familles de droit sont susceptibles d'être qualifiées comme telles : la famille de droit professionnel (existence d'organe habilités à édicter les normes), la famille de droit traditionnel (production de la norme sur la base des coutumes) et la famille de droit politique (confusion entre le politique et le normatif/organes habilités et organes non habilités). Pour une présentation de cette classification, voy. G. CUNIBERTI, *Grands systèmes de droit contemporain.*, *op. cit.*, note 346, p. 25.

10. AUDIT (M.), « La jurisprudence arbitrale comme source du droit », in Ch. LEBEN (dir.), *Droit international des investissements et de l'arbitrage transnational*, Paris, éd. Pedone, 2015, pp. 122 et s.

A. La règle du précèdent

128. Par règle de précèdent (*stare decisis* en latin) on peut entendre le fait pour une juridiction, saisie d'une affaire, dans un système de droit de la *common law*, de se référer à une autre décision rendue dans une affaire antérieure dont les faits sont identiques. Il va sans dire que les décisions dont il est question répondent à un rapport hiérarchique entre la juridiction à l'origine de la décision et celle qui en dicte l'application pour une autre affaire à elle soumise, ce qui pose la question de la normativité de la jurisprudence, laquelle semble parfois remise en cause par la relativité dans le domaine du contentieux de l'investissement.

1. Normativité de la jurisprudence

129. ***Une normativité discutable en droit international général.*** La réponse à la question de savoir s'il existe une normativité de la jurisprudence interroge le fondement de la jurisprudence dans le système de la *common law*. À ce sujet deux visions s'opposent particulièrement en droit international. D'une part, celle qui consiste à faire de la jurisprudence une règle de droit et, d'autre part, celle qui consiste à réduire la jurisprudence à la seule dimension constative de la règle de droit. Il est vrai que les positions de la Cour internationale de justice sur ce point révèlent un manque de constance tant à quelques occasions l'argumentation de celle-ci est allée dans le sens d'une revendication de la fonction normative[11] et, en d'autres occasions, a été rejetée[12] une telle revendication. Ce dernier positionnement jette le trouble sur l'attribution d'un caractère normatif à la jurisprudence de la CIJ.[13] En vérité, la nuance apportée au caractère normatif de la jurisprudence de la cour mondiale réside dans le principe de la portée relative des arrêts consacré à l'article 59 de son statut aux termes duquel, « [l] *a décision de la Cour n'est obligatoire que pour les parties en litige et dans le cas qui a été décidé* ».[14]

130. ***D'une normativité certaine à une normativité relative.*** Il en va autrement des droits internes, particulièrement ceux qui relèvent de la *common law* où les décisions sont à la fois applicables aux espèces identiques et sont par conséquent normatives. En revanche, l'arbitrage d'investissement semble adopter une position proche de celle de la CIJ selon laquelle, d'une part, « [i] *t is true that arbitral awards do not constitute binding precedent* »[15] ; et d'autre part, « *cautious*

---

11. Dans l'*affaire du Plateau continental de la mer Egée* (arrêt du 19 décembre 1978 — *Grèce c. Turquie* —, *Recueil*, p. 3, § 39.), la Cour a tenu pour évidence le fait que ses positionnements « *pourrai* [ent] *influencer des États autres* » que les parties à un litige.

12. Dans un avis consultatif (CIJ, *Licéité de la menace ou de l'emploi d'armes nucléaires*, avis consultatif du 8 juillet 1996, *Recueil*, p. 237, § 18), la CIJ a explicitement indiqué qu'elle « (...) *ne saurait certes légiférer* [mais] [qu'i] *l lui appartient seulement de s'acquitter de sa fonction judiciaire normale en s'assurant de l'existence ou de la non-existence de principes et de règles juridiques* ».

13. P. DAILLER et *al.*, *Droit international public*, *op. cit.*, p. 438.

14. Statut de la CIJ précité, note 123, art. 59.

15. CIRDI, *ADC Affiliate Limited et al. c. Hongrie*, aff. n° ARB/03/16, Sentence du 2 octobre 2006, § 293.

reliance on certain principles developed in a number of those cases, as persuasive authority, may advance the body of law, which in turn may serve predictability in the interest of both investors and host States».[16] Normative donc dans les systèmes de la *common law*, la jurisprudence ne semble pas bénéficier de la même place dans les domaine du droit international général, en général, et dans le droit de international de l'investissement, en particulier. Cela est la conséquence de l'inexistence quasi systématique de règles préconçues par un législateur et destinées à apporter des solutions à un potentiel litige, et ce, contrairement à la normativité telle qu'on la connait dans les systèmes de droit continental comme celui de la France où toutes les normes sont cantonnées dans des instruments dédiées ou éparpillées dans le droit national.

2. Relativité de la jurisprudence

131. *Raisons liées aux revirements de jurisprudence*. La question de la relativité de la jurisprudence appelle à interroger une autre facette de la normativité que l'on peut envisager à travers la dimension quelque peu négative de la règle du précèdent. Les décisions rendues dans le cadre des systèmes de la *common law* sont, et cela mérite d'être rappelé ici, assujetties au lien hiérarchique existant entre différentes juridictions d'un ordre juridique. Sur ce fondement, il s'avère tentant d'estimer que les décisions rendues par les juridictions nationales relevant de la *common law* sont homogènes, mais tel ne semble pas être le cas. Trois aléas peuvent ainsi susciter quelques difficultés. D'abord l'existence d'un précédent fondé sur la méconnaissance de certains éléments factuels ; ensuite, l'existence de précédents divergents ; enfin, l'établissement de la similitude entre les faits de l'espèce à ceux des précédents pertinents.[17] Au regard de ces trois éléments, dans la *common law* à l'instar du droit anglais la liberté de choix est entièrement laissée au juge. Cette logique tend au fond à rapprocher la jurisprudence de la *common law* de celle de du droit continental et rappelle quelques divergences au sein des décisions rendues par les tribunaux compétents en matière d'investissement sur lesquelles on reviendra plus loin. Toutefois, les droits fondamentaux bénéficient dans ce système d'un traitement diffèrent se matérialisant à la fois par leur consécration législative comme un aspect de la loi constitutionnelle [18] et leur mise en œuvre indépendamment de la règle du précèdent.[19] Traitement de faveur témoignant de la spécificité de cette catégorie de droits susceptible d'asseoir les décisions inspirées de la *common law* et qui visent à prendre en compte les droits de l'homme dans le cadre de l'interprétation des règles de protection des investissements.

132. *Raisons liées aux conditions du «précédent»*. C'est en particulier la détermination du précédent qui pose quelques difficultés. Là encore, quelques

---

16. *Idem.*
17. En ce sens, voy. G. CUNIBERTI, *Grands systèmes de droit contemporain.*, *op. cit.*, pp. 99-100.
18. *Ibid.*, pp. 101 et 102.
19. Il en a été ainsi du traitement réservé à la Convention européenne des droits de l'homme, laquelle a été intégrée dans le droit anglais au moyen du *Human Rights Act* du 9 novembre 1998. *Idem.*

obstacles posent un problème. Il importe d'opérer un choix parmi les éléments devant faire office de précédent (*ratio decidendi*)[20] puis faire face à l'impossibilité de prévoir d'éventuelles évolutions de la jurisprudence.[21] Sur le premier point, l'énonciation d'une règle par un juge ne suffit pas pour que celle-ci soit constitutive de précédent. Pour être considérée comme tel, encore faudrait-il qu'une telle règle soit applicable au cas d'espèce. Seule donc l'application concrète de la règle prononcée par le juge sert d'indice pour la formation d'un précédent. La référence au précèdent limite en réalité la marge de manœuvre du juge en ce qu'elle contribue à rétrécir la portée de sa décision. La conséquence qui en résulte est, et c'est le second point, la limitation du rôle préventif[22] de la règle, lequel dépend de la généralité de ladite règle et est rebelle aux excès de restrictions. Il va de soi qu'à force de réduire la portée d'une décision, celle-ci sera difficilement apte à couvrir un plus grand nombre d'affaires futures.

B. Le rôle central du juge

133. La place centrale du juge est en réalité la conséquence de la règle du précèdent. Car, le simple fait qu'une valeur normative soit reconnue aux décisions de justice en est le témoignage. Contrairement au droit continental où la jurisprudence ne bénéficie que d'une faible reconnaissance en tant que norme juridique discutable, la *common law* lui accorde une place de choix.

1. Un juge au service de la volonté des parties

134. ***Le contrat comme « intermédiaire ».*** La place centrale du juge soulève la problématique des pouvoirs de ce dernier. Sans qu'il soit besoin de rappeler la place bien différente en termes de prérogatives que lui accorde le système continental, il suffit de souligner qu'en matière contractuelle, le choix du juge est guidé par la volonté des parties. En illustration de cette logique, les contrats sont généralement d'une extrême précision. En ce sens, tout se passe comme si les stipulations contractuelles se doivent de combler l'absence de règles écrites. Une telle attitude est compréhensible compte tenu d'une configuration juridique non empreinte de la présence d'un législateur. Du côté de l'arbitrage d'investissement, la méthode de la *common law* semble partiellement suivie. L'on peut en effet considérer les traités et contrats d'investissement comme l'équivalent des contrats réalisés au sein de l'ordre juridique relevant de la *common law* à ceci près que les règles caractérisant le droit des investissements sont pour le moins imprécises. À ce grief s'ajoute celui de l'absence de la systématicité des décisions rendues, voire

---

20. *Wallis's Cayton Bay Holiday Camp c. Shell-Mex et BP*, [1974] EWCA Civ J0710-1.

21. Voy. G. CUNIBERTI, *Grands systèmes de droit contemporain., op. cit*, pp. 94 puis 98.

22. Ce rôle vise en effet à éviter d'éventuelles violations de la règle de droit. En matière de droits fondamentaux, cela peut consister en une restriction de l'usage d'un droit. En ce sens voy. B. PELLEGRINI, « Droit et prévention », *Vie sociale et traitements*, 2007/2, n° 94, p. 82.

leur manque de cohérence en raison non pas seulement de la diversité des traités applicables, mais aussi et surtout des arbitres qui les appliquent.[23]

135. ***La volonté des parties***. La volonté des parties connait cependant un essor bien différent dans le domaine de l'investissement. Quand bien même une place est faite à la volonté des parties, celle-ci fait parfois l'objet d'une interprétation aléatoire, laquelle dépend souvent de la sensibilité du juge[24] saisi. La Convention de Washington sur le règlement des différends relatifs à l'investissement semble donner un plein sens à la volonté des parties et va jusqu'à lui faire produire des effets sur les décisions rendues dans le cadre du CIRDI. C'est ainsi que « [l] *a sentence est obligatoire à l'égard des parties et ne peut être l'objet d'aucun appel ou autre recours, à l'exception de ceux prévus à la présente Convention. Chaque partie doit donner effet à la sentence conformément à ses termes, sauf si l'exécution en est suspendue en vertu des dispositions de la*[dite] *Convention* ».[25]L'invite est donc claire en ce sens qu'il n'est guère exigé des tribunaux formés sous l'égide du CIRDI de tenir compte les uns des décisions des autres.[26] Au surplus, et dans l'esprit de la Convention de Washington précitée, un tribunal CIRDI, comme un autre,[27] a eu l'occasion de donner suite à une telle orientation tout en se montrant moins rigide sur la question de la compétente, sans

---

23. Ainsi, la base de données du CIRDI consacrée aux arbitres proposés intervenant dans le cadre du règlement des différends d'investissement fait état au 15 avril 2022 de pas moins de 130 États représentés, et ce, parfois par plusieurs arbitres à la fois. Pour la consultation de ces données, suivre le lien :
https://icsid.worldbank.org/fr/a-propos/liste-arbitres-conciliateurs/base-de-donn%C3%A9es-concernant-les-listes-du-CIRDI.

24. L'emploi du terme juge à la place d'arbitre est volontaire et trouve justification dans le fait que l'arbitre est, à travers son office, un juge. Car « *l'arbitre tient* (...) *sa mission d'une double investiture, des parties au litige et d'un législateur qui fixe le cadre de son intervention* ». S. MANCIAUX, « L'arbitre est un juge », in F. HORCHANI et *al.* (dir.), *Le juge et l'arbitrage. Actes du colloque organisé à Tunis les 25 et 26 avril 2013 à l'occasion du vingtième anniversaire du Code tunisien de l'arbitrage*, Paris, éd. Pedone, 2014, p. 34 ; Dans le même sens, E. LOQUIN, « Le juge et l'arbitre », in F. HORCHANI et *al.* (dir.), *Le juge et l'arbitrage. Actes du colloque organisé à Tunis les 25 et 26 avril 2013 à l'occasion du vingtième anniversaire du Code tunisien de l'arbitrage*, Paris, éd. Pedone, 2014, p. 19. L'auteur fait ainsi remarquer que [p] *arce que l'arbitrage est une justice et que l'arbitre est un juge, il y aura une situation de concurrence entre le juge public* [étatique] *et le juge privé* [l'arbitre] ».

25. Convention de Washington sur le règlement des différends relatifs à l'investissement, précitée, note 233, art. 53-1.

26. Voy. M. AUDIT, « La jurisprudence arbitrale comme source du droit », in Ch. LEBEN (dir.), *Droit international des investissements et de l'arbitrage transnational*, Paris, éd. Pedone, 2015, pp. 128 et s. L'auteur relève par ailleurs qu'une telle « *conception souveraine de la mission arbitrale n'est pas sans incidence en pratique [car] elle a conduit des tribunaux arbitraux à adopter des solutions diamétralement opposées pour l'application d'une même règle à des situations de fait identiques* » (voy. M. AUDIT, précité, p. 130.

27. Voy. Par exemple, CIRDI, *Saipem c. Bangladesh*, aff. n° ARB/05/7, décision sur la compétence du 21 mars 2006, § 67.

toutefois abandonner la souveraineté qu'il prétendait détenir.[28] L'objectif recherché derrière ce positionnement est semble-t-il, curieusement, la garantie de la sécurité juridique au moyen de la préservation de la volonté des principaux protagonistes du droit des investissements que sont les États et les investisseurs.[29]

2. Juge au service de l'argumentation juridique

136. *Canal du procès*. Le rôle du juge étant encadré par la volonté des parties,[30] celui-là se trouve dans une situation de « contrôle » de la volonté de ceux-ci. Ce faisant, le procès apparait comme le lieu de la confrontation des arguments des parties au litige que le juge reçoit puis apprécie à travers son office. Faire suivre d'effet un droit, plutôt qu'un autre, relève parfois de la compétence de l'instance saisie et donc du juge, ne serait-ce que parce que le procès « *cherche, plus que la vérité, la justice* ».[31] Et qui dit justice dit bonne interprétation des instruments juridiques applicables en fonction des circonstances de l'affaire à trancher.[32] Dans le droit de la *common law*, le support législatif laisse place à la solidité des arguments juridiques défendus au cours d'un procès. Dans ce cas, le juge apparait comme le modérateur des intentions des parties, à défaut de l'être vis-à-vis de l'intention du législateur. C'est donc l'interprétation de la volonté qui parait l'emporter dans un procès relevant de la *common law*.[33] Cette pratique-là est celle qui se manifeste dans l'arbitrage d'investissement à travers l'approche subjective à laquelle certains tribunaux sont sensibles. Ainsi par exemple, l'interprétation de la notion d'investissement est digne d'intérêt en ce qu'elle

---

[28]. Voy. CIRDI, *AES Corporation c. Argentine*, aff. n° ARB/02/17, decision sur la competence du 26 avril 2005, § 30 : « *Each tribunal remains sovereign and may retain, as it is confirmed by ICSID practice, a different solution for resolving the same problem; but decisions on jurisdiction dealing with the same or very similar issues may at least indicate some lines of reasoning of real interest; this Tribunal may consider them in order to compare its own position with those already adopted by its predecessors and, if it shares the views already expressed by one or more of these tribunals on a specific point of law, it is free to adopt the same solution.* ». Le soulignement est de nous.

[29]. CIRDI, *Saipem c. Bangladesh*, precitée, note 366, § 67 : « *The Tribunal considers that it is not bound by previous decisions. At the same time, it is of the opinion that it must pay due consideration to earlier decisions of international tribunals. It believes that, subject to compelling contrary grounds, it has a duty to adopt solutions established in a series of consistent cases. It also believes that, subject to the specifics of a given treaty and of the circumstances of the actual case, it has a duty to seek to contribute to the harmonious development of investment law and thereby to meet the legitimate expectations of the community of States and investors towards certainty of the rule of law* ». Le soulignement est de nous.

[30]. On aura rappelé que sur le plan théorique, les litiges sont jugés en fonction des règles applicables, règles desquelles il n'est possible pour un juge de s'émanciper que lorsque les parties au litige l'ont chargé de juger *exæquo et bono* ou si l'on veut en amiable compositeur dans le domaine de l'arbitrage.

[31]. Voy. S. GOLTZBERG, *L'argumentation juridique*, Paris, éd. Dalloz, coll. Connaissance du droit, 2019, 4ème éd., p. 99.

[32]. En ce sens, R. CHARNOCK, « Raisonnement linguistique chez les juges anglais : le cas de l'interprétation des testaments », *Lidil*, 2008, n° 38, p. 109.

[33]. *Idem*.

oppose les défenseurs de l'approche objective à ceux de l'approche subjective.[34] Lorsque de concept est interprété subjectivement, il laisse place à une argumentation juridique autour de l'intention des parties, alors que l'interprétation objective du même concept donne lieu à une confrontation des intentions des parties au regard du contexte de la réalisation de l'opération.

137. *Le canal des opinions dissidentes*. Les opinions dissidentes constituent un emprunt à la règle de droit dont il est souvent fait état dans les sentences rendues par des tribunaux arbitraux. Elles permettent à certains égards de mieux comprendre la portée de l'argumentation des parties en dehors même de la décision adoptée par la majorité des juges ou arbitres.[35] Parmi d'autres décisions rendues sous l'égide du CIRDI[36], dans une affaire *ABCI Investments c. Tunisie*,[37] la majorité du Tribunal était parvenue à une décision de compétence contrairement au professeur Brigitte Stern pour qui les circonstances de l'espèce ne permettaient pas la compétence du Tribunal tant (notamment) le consentement de l'investisseur à l'arbitrage ne pouvait résulter d'une « *simple demande d'agrément présentée en termes généraux* »[38]. Aussi, on peut lire à l'article 57 du statut de la Cour internationale de justice que « *Si l'arrêt n'exprime pas en tout ou en partie l'opinion unanime des juges, tout juge aura le droit d'y joindre l'exposé de son opinion individuelle* ».[39] L'on retrouve là, l'une des caractéristiques de la *common law* dont peuvent en témoigner les arrêts de la Cour suprême des États-Unis, lesquels sont souvent accompagnés des opinions des juges y compris concordantes. Connaitre les opinions des juges non favorables à la décision de la majorité sert à apporter des éclairages sur la pertinence des arguments soulevés par les parties au litige.

---

34. Pour une analyse détaillée de cette question, voy. S. MANCIAUX, Investissements étrangers et arbitrage entre États et ressortissants d'autres États : trente années d'activité du CIRDI, Paris, éd. Litec, 2005, pp.

35. En ce sens qu'il s'agit de l'expression d'une position ou avis « *personnel*[s] *que les membres d'une Cour ou d'un tribunal peuvent joindre à la décision de la juridiction* ». J. SALMON (dir.), *Dictionnaire de droit international public, op. cit*, p. 781. On aura relevé qu'une opinion d'un juge ou arbitre peut également être qualifiée de concordante lorsqu'elle va dans le sens de la décision rendue. L'opinion peut également être collective lorsqu'elle émane de plusieurs juges ou arbitres. Toutes ces variantes peuvent être couvertes par l'expression « opinion séparée ».

36. CIRDI, *Tokios Tokelés c. Ukraine*, aff. n° ARB/02/18, décision sur la compétence du 29 avril 2004, Opinion dissidente de Prosper Weil en sa qualité de président du Tribunal ; CIRDI, *Hussein Nuaman Soufraki c. les Émirats arabes unis*, aff. n° ARB/02/7, sentence du 7 juillet 2004, Opinion séparée et dissidente de Omar Nabulsi, ; CIRDI, *Biwater Gauff c. Tanzanie*, aff. n° ARB/05/22, sentence du 24 juillet 2008, Opinion concordante et dissidente de Gary Born.

37. CIRDI, *ABCI Investments N.V. c. République tunisienne*, aff. n° ARB/04/12, décision sur la compétence du 18 février 2011, § 118. Dans cette affaire, le tribunal devrait dire si le fait pour un État de donner une suite favorable à une demande d'agrément formulée par un investisseur est synonyme (pour l'investisseur) d'un consentement à l'arbitrage. La réponse du tribunal était positive et emportait donc la compétence de celui-ci.

38. CIRDI, *ABCI Investments N.V. c. République tunisienne*, aff. n° ARB/04/12, décision sur la compétence du 18 février 2011, Opinion dissidente de Brigitte Stern, p. 2.

39. Statut de la CIJ précité, art. 57.

§ 2 : Des modalités de prise en compte héritées du droit continental

138. L'étude de ce système aux divers qualificatifs mérite une clarification. On aura relevé que les formules « droit romano-germanique » et « droit continental » sont synonymes. En revanche, l'usage de la seconde appellation est parfois privilégié afin de mettre l'accent sur des catégories de droit n'appartenant pas historiquement à la culture juridique romano-germanique, mais ayant été influencées par ladite culture. Autrement dit, la formule droit romano-germanique est axée sur les pays originellement rattachés à la culture romano-germanique, donc forcément restrictive ; alors que la formule « droit continental » renvoie aux droits de tous les pays ayant adhéré à la culture juridique romano-germanique, donc indiscutablement extensive[40]. Aucune attention particulière ne sera accordée à l'une ou l'autre des deux appellations si ce n'est dans le but de qualifier justement la catégorie désignée. Au-delà de cette précision, le droit continental se caractérise par l'établissement de règles de conduite relativement étendues, dont le but est le règlement des litiges entre les citoyens. Il en ressort deux dimensions que sont d'une part la codification et d'autre part, la civilité. Régi par les codes et de nature civile (visant le statut des personnes et leurs biens), le droit continental peut apporter des éléments d'explication à la prise en compte des droits de l'homme, opérée par les juges nationaux. Il faut dire que les décisions rendues par de tels juges (B) paraissent dépendre de la marge de manœuvre laissée par les codes (A).

A. Des règles contre le juge ?

139. L'omniprésence de règles codifiées dans les systèmes de droit continental est constitutive d'une certaine prévisibilité susceptible d'impacter le rôle du juge. Deux éléments permettent de le penser : l'existence des codes qui a pour conséquence non pas la marginalisation du juge, mais la limitation de son rôle.

1. L'adoption des codes

140. L'une des spécificités du droit continental étant la technique des codes, il ne peut qu'en résulter un condensé de règles générales, règles dont la teneur laisse supposer une logique de compromis. La place du droit à la propriété dans bon nombre de pays appartenant au système continental en est l'illustration.[41] Ainsi et pour commencer par l'exemple de la France[42], le code civil énonce que « [l] *a propriété est le droit de jouir et disposer des choses de la manière la plus absolue,*

---

40. En ce sens, voy. R. DAVID et *al.*, *Les grands systèmes de droit contemporains*, *op. cit.* pp. 17-18.

41. Notamment l'Allemagne, l'Italie, l'Espagne, la Suisse et la Russie. Pour une analyse comparative de ces pays sous le prisme du droit de propriété, voy. J. L. BERGEL, « Aperçu comparatiste du droit de propriété », in *Liber amicorum. Mélanges en l'honneur de Camille Jauffret-Spinosi*, Paris, éd. Dalloz, 2013, pp. 104-105.

42. Le Code civil français, entré en vigueur le 21 mars 1804, connu communément sous l'appellation « Code Napoléon » est considéré d'ailleurs comme le point de départ du raisonnement juridique civiliste.

pourvu qu'on n'en fasse pas un usage prohibé par les lois ou par les règlement »[43]. Cette disposition semble comporter en elle-même une contradiction majeure tant elle vise à garantir à la fois une jouissance absolue de la propriété et une limitation de l'exercice de ce droit. Loin d'être isolé, l'énoncé de l'Art. 544 du code civil français a inspiré son homologue belge en des termes d'une troublante similitude.[44]

141. *Traduction.* Le fait est que l'adoption des codes signifie l'établissement de règles et pourrait conduire à une réduction de la marge de manouvre accordée au juge. Il est en effet difficile de voir un juge relevant du système de droit continental s'émanciper de la loi sous prétexte de sa généralité afin de faire obstacle à son application au cas d'espèce à lui soumis. Tout est fait pour que la règle de droit couvre toutes les situations. Certes dans certaines hypothèses, une règle de droit pourrait être écartée au profil d'une autre, mais cela n'équivaut pas à une inapplication du droit dans son ensemble. Néanmoins, et cela mérite d'été souligné, cette question soulève le problème de la différence existant entre l'application de la loi (règle de droit) et celle du droit. La non-application du droit renvoie aux situations peu ou pas saisissables par le droit tandis que la non-application « *de la règle de droit n'est parfois que* [le résultat de] *son interprétation* »[45], c'est-à-dire « *la valorisation d'une autre norme que celle que l'on pensait jusqu'alors portée par la règle* »[46]. Bien entendu, l'opération consistant pour un juge à écarter une règle au profil d'une autre, et *vice versa,* est au mieux le procédé de principe engagé par le juge dans les systèmes de droit relevant du droit continental. Pour faire le lien avec le sujet qui nous occupe à savoir le rapport entre la règle de droit et le juge chargé de sa mise en application, il convient de préciser que la première semble agir pour limiter le rôle du second. La tendance est surtout visible lorsque le juge est confronté à une règle comportant des énoncés difficilement conciliables, voire contradictoires. Que pourrait faire le juge dans de tels cas de figure ? privilégier l'exercice du droit de propriété ou en réduire la portée ? Si réduction il doit y avoir, jusqu'où peut-elle aller ? La réponse à ces questions amène à voir le rôle du juge dans l'interprétation des règles dont le but premier demeure la mise sur pied de solutions préconçues. À cet égard et aussi réduit soit-il, le rôle du juge ne peut se cantonner dans la seule « dictée » de la loi, mais nécessite la mise en avant de certaines règles et la mise à l'écart de certaines autres.

---

43. Code civil précité, art. 544, créé par la loi 1804-01-27, promulgué le 6 février 1804.

44. En effet, l'ancien code civil belge, adopté le 21 mars 1804 et abrogé le 1er novembre 2020 comportait une disposition analogue à l'art. 544 du Code civil français : « *la propriété est le droit de jouir et disposer des choses de la manière la plus absolue, pourvu qu'on n'en fasse pas un usage prohibé par les lois ou par les règlements* ».

45. S. RENARD et E. PECHILLON, « Avant-propos », in S. RENARD et E. PECHILLON (dir.), *L'inapplication de la règle de droit. Exploration des contours d'un phénomène mal connu*, Paris, éd. Mare & Martin, 2020, p. 21.

46. *Idem.*

2. La restriction des champs

142. ***Hiérarchisation : loi puis juge.*** Il est évident que plus les règles sont manifestes, plus la marge de manœuvre des juges est réduite. Or, le système continental est *a priori* celui des pays où « *les juristes cherchent avant tout à découvrir les règles et solutions du droit en partant de textes législatifs ou règlementaires, émanant du parlement ou des autorités gouvernementales ou administratives* ».[47] À partir de cet état de fait, il devient intuitivement problématique de mettre en lumière un quelconque rôle prédominant des juges sans tenir compte des fonctions assignées à la loi. Il en résulte un rapport de subordination entre le juge et la loi,[48] d'autant plus que « *les tribunaux et les juristes ne se sentent véritablement à l'aise aujourd'hui, dans les pays de la famille romano-germanique, que lorsqu'ils peuvent invoquer, à l'appui de la solution juridique qu'ils préconisent, et pour justifier cette solution, un ou plusieurs textes de loi* ».[49] La loi apparait ici comme le fondement du raisonnement du juge, fondement sans lequel, la solution préconisée pourrait souffrir d'un défaut de base légale comme cela est souvent indiqué lorsque la haute juridiction civile française à l'instar de son homologue administrative désapprouve la décision d'une juridiction d'un niveau inférieur (Cour d'appel ou Cour administrative d'appel).

143. ***Contrainte pesant sur le juge.*** En revanche, et c'est le revers de la médaille, la hiérarchie postulée *supra* se dissipe dès lors que le silence de la loi est constaté par le juge. Paradoxalement, il arrive que cette même loi oblige le juge à trancher dans de telles circonstances. On en veut pour preuve l'article 4 du Code civil français aux termes duquel « [l] *e juge qui refusera de juger, sous prétexte du silence, de l'obscurité ou de l'insuffisance de la loi, pourra être poursuivi comme coupable de déni de justice* »[50]. Dans un tel cas de figure, il pourrait être intéressant de relever que le juge à qui est demandé de « dire la loi » se retrouve dans une situation où il est dans l'obligation de faire preuve d'inventivité lorsque ladite loi ne prévoit pas de solution pour le cas qui lui est soumis. À vrai dire, il n'en est rien. La prescription de l'article précité doit être lue comme une invite lancée au juge aux fins d'un élargissement des fondements de sa décision. La coutume, la doctrine et même la jurisprudence pourraient lui être utiles dans une telle opération. On sait à cet égard que la jurisprudence

---

[47]. R. DAVID et *al.*, *Les grands systèmes de droit contemporains*, *op. cit.*, p. 89.

[48]. Une parfaite illustration est livrée par l'art. 1er du Code civil suisse, adopté le 10 décembre 1907 et entré en vigueur le 1er janvier 1912, aux termes duquel : « *1) La loi régit toutes les matières auxquelles se rapportent la lettre ou l'esprit de l'une de ses dispositions. 2) À défaut d'une disposition légale applicable, le juge prononce selon le droit coutumier et, à défaut d'une coutume, selon les règles qu'il établirait s'il avait à faire acte de législateur. 3) Il s'inspire des solutions consacrées par la doctrine et la jurisprudence* ». Il en ressort donc qu'en principe la loi est prévue pour s'appliquer à tous domaines mais qu'exceptionnellement, le juge peut être habilité à produire de règles en cas d'absence de règles applicables.

[49]. R. DAVID et *al.*, *Les grands systèmes de droit contemporains*, *op. cit.* p. 91.

[50]. Crée par la loi 1803-03-05 promulguée le 15 mars 1803, en vigueur depuis le 15 mars 1803.

administrative française est le fruit de l'attitude d'un juge administratif maitre des concepts et règles relatifs notamment à la responsabilité de l'administration.[51]

B. La difficile marginalisation du juge

144. Il est désormais classique de présenter le droit continental comme un système de droit au sein duquel le juge n'occupe qu'une place marginale. Cette affirmation pouvait certes tenir dans un monde étranger à la mondialisation, mais pas dans un monde mondialisé dominé à la fois par la circulation des concepts et le dialogue des juges.

1. La résistance au moyen du choix de l'approche

145. *Répartition des rôles*. Dans le système de droit continental, le rôle du juge étant principalement l'application de la loi, celle-ci y apparait comme un élément incontournable dans la manière de rendre justice. Cette considération mérite en réalité d'être interrogée sous un angle purement technique. Dans cette perspective qui de la loi ou du juge est source de droit ? La réponse à cette question tient en une double observation. Ni la loi ni le juge n'ont l'exclusivité de la source du droit ; mais loi et juge ont chacun un rôle dans la constitution de la source. Le premier volet de la double observation a trait à l'impossible application d'une loi sans le juge, celui-ci étant par ailleurs et selon la célèbre formule de Montesquieu « *(...) la bouche qui prononce la parole de la loi* ».[52] La réponse est en partie contenue, et c'est le second volet de la double observation, dans la justification de la première à savoir que le rôle du juge étant le prononcé de la loi, celui-ci pourrait opérer un choix parmi les lois qui lui semblent correspondre au cas d'espèce. À partir de là, deux pistes s'ouvrent au juge : retenir une loi ou l'écarter. Dans les deux cas, la loi apparait comme un simple support à la disposition du juge, support duquel ce dernier peut s'émanciper. Ce faisant, dans un système de droit continental, le juge et avec lui ses décisions, deviennent la référence au détriment de la règle de droit.

146. *Sens et contresens*. Dans le cadre d'une législation appartenant au système de droit continental, l'évaluation de l'attitude du juge est plus ou moins aisée compte tenu de l'existence (en amont) d'un cadre légal dont les contours sont supposés relever de la loi. A ce titre, l'on pourrait penser que les règles dont il est fait état sont d'une précision telle qu'elles ne laissent aucune alternative au juge. Là encore, l'évidence n'est guère de mise en ceci que le silence de la loi doublé d'une obligation de trancher le litige, offrent au juge une piste d'émancipation dont les effets peuvent être entachés d'une certaine lourdeur pour

---

[51]. Pour n'en citer que deux, les très célèbres arrêts TC, *Blanco, precité,* note 277 ; TC, *Société commerciale de l'Ouest africain,* arrêt du 22 janvier 1921, n° 00706, *Recueil Lebon.* Le premier considéré comme le point de départ de la responsabilité administrative découlant de l'exercice du service public administratif ; et le second, considéré comme le point de départ du service public industriel et commercial.

[52]. Ch. S. L. DE MONTESQUIEU, *L'esprit des loix*, livre XI, chapitre VI (*De la constitution d'Angleterre*), Genève, éd. Chez Barillot et fils, 1748, pp. 264 et s.

les parties au litige. Concernant l'émancipation du juge, celle-ci pourrait résulter d'une connivence entre la compétence du juge saisi et la qualité des parties au litige.[53] Il faut dire que le rôle du juge dépend largement de son champ de compétence. Ainsi, là où un tribunal de commerce est plus à même d'être réceptif aux « arguments économiques », il peut en être autrement, voire contrairement d'un tribunal judiciaire, lequel irait au-delà de la seule logique économique/commerciale. Sur cette question, une récente affaire opposant un conglomérat d'associations à la Société Total[54] pour des manquements allégués à la loi dite du devoir de vigilance[55], à raison des activités de la multinationale en Ouganda est particulièrement éclairante. Ainsi et rien que sur la question de la compétence, deux thèses s'opposaient dans cette affaire. D'un côté, l'argumentation des associations et alliés pour qui les obligations résultant du devoir de vigilance sont dissociables des opérations commerciales et méritent donc d'être soumises à un juge judiciaire ; à l'opposé, l'argumentation de la société consistant à soumettre le litige à la juridiction commerciale au motif que le devoir de vigilance relève de la gestion commerciale de l'entreprise et mérite donc d'être soustrait à la compétence du juge judiciaire. Alors que le tribunal judiciaire de Nanterre saisi en référé[56] s'est montré réceptif à l'argument de la société Total en se déclarant incompétent matériellement au profil du tribunal de commerce de Nanterre[57], la Cour de cassation[58] est, quant à elle, allée dans le sens de l'argumentation des associations[59] en désapprouvant la décision de la Cour

---

[53]. En ce sens, voy. S. GOLTZBERG, *Chaïm Perelman : l'argumentation juridique*, Paris, éd. Michelin, coll. Le bien commun, 2013, 124 p.

[54]. C.Cass., Comm., arrêt du 15 décembre 2021, n ° F 21-11.957 et Z 21-11.882, *Bulletin*.

[55]. Loi n° 2017-399 du 27 mars 2017 relative au devoir de vigilance des sociétés mères et des entreprises donneuses d'ordre, *JORF* n° 0074 du 28 mars 2017. Aux termes de l'art. 2 de cette loi, intégré dans l'art. L225-102-5 du Code de commerce, « [l]*'action en responsabilité est introduite devant la juridiction compétente par toute personne justifiant d'un intérêt à agir à cette fin.* ». C'est donc de cette disposition qu'est venue l'ambiguïté, tant on le voit, aucune précision relativement à la juridiction compétente n'y a été apportée.

[56]. TJ Nanterre, Ordonnance de référé rendue le 30 janvier 2020, n° R. G. 19/02833.

[57]. Le tribunal (TJ Nanterre, Ordonnance de référé précitée, p. 8) a pu considérer que : « *Au regard des obligations incombant aux sociétés commerciales au titre du devoir de vigilance, l'élaboration et la mise en œuvre du plan de vigilance participent donc directement du fonctionnement de ces sociétés. Le fait que le plan de vigilance ait vocation à être élaboré avec les parties prenantes de la société civile, que les informations soient rendues publiques ou que toute personne disposant d'un intérêt à agir puisse introduire une instance ne remettent pas en cause le domaine dans lequel s'inscrivent ces obligations qui relèvent de la gestion d'une société commerciale.* ». Et à travers cette argumentation, il est parvenu à la conclusion qu'« *au vu de l'ensemble de* [s] (...) *éléments il convient de recevoir la société TOTAL SA en son exception et de se déclarer incompétent au profit du tribunal de commerce de Nanterre statuant en référé.* ».

[58]. C. Cass., comm., arrêt du 15 décembre 2021, précité, note 392.

[59]. Ainsi, au visa de l'art. L. 211-3 du code de l'organisation judiciaire et les art. L. 721-3 et L. 225-102-4 du code de commerce, la chambre commerciale (C. Cass., Comm., arrêt du 15 décembre 2021 précité, §§ 7 et 8) a jugé que : « 7. *Pour retenir la compétence exclusive du tribunal de commerce, l'arrêt retient que le plan de vigilance, dont l'établissement et la mise en œuvre sont en lien direct avec la gestion de la société, constitue un acte commercial et non un acte mixte qui, seul, ouvrirait*

d'appel de Versailles[60], laquelle portait confirmation de la décision rendue en première instance par le tribunal judiciaire de Nanterre.[61] L'enseignement que l'on peut en tirer dans l'immédiat est que le choix du juge saisi est décisif pour la détermination de l'angle d'approche que l'on sait susceptible de pencher vers la logique économique comme il peut s'orienter vers la logique sociale.

2. La résistance au moyen du dialogue

147. *Convergences*. La dimension évoquée dans le passage qui précède traduit un manque de latitude au sein du système continental en raison de la place annexe accordée au juge. Seulement, l'impossibilité d'anticiper toutes les situations juridiques incite ledit juge à adapter la loi aux litiges. C'est d'ailleurs dans cette optique qu'est souvent employée l'expression « solution du juge », afin de faire allusion à la place qu'occupe le juge dans la construction d'une décision de justice. Pour ce faire, il arrive que le juge s'appuie sur le droit issu du système de la *common law*. Ainsi, la Cour de cassation française n'a pas hésité à faire usage des techniques du *forum non conveniens*[62] et celle de l'*estoppel*[63] que l'on sait caractéristiques de la *common law*.[64] Saisie par les ayants droit des passagers victimes d'un accident aérien à l'occasion d'un vol en provenance des États-Unis et à destination de la France, la Cour d'appel de Fort-de-France[65] a refusé de se dessaisir du litige porté simultanément devant les juridictions étasuniennes et françaises, la Chambre civile de la Cour de cassation[66] a censuré la position de la Cour d'appel et permis aux ayants droits la poursuite de l'action devant les juridictions étasuniennes. Plus concrètement, la Cour de cassation a, à travers l'arrêt précité, fait montre d'une certaine déférence vis-à-vis des tribunaux étasuniens en s'affranchissant du cadre juridique qui est le sien, lequel n'admet

---

un droit d'option aux associations demanderesses. 8. En statuant ainsi, alors que les demandeurs, non commerçants, pouvaient choisir d'agir devant la juridiction civile, la cour d'appel a violé les textes susvisés. ». Le soulignement est de nous.

60. CA de Versailles, arrêt du 10 décembre 2020, n° RG 20/01692 et RG/20/01693, *Bulletin*.

61. Selon la Cour d'appel (CA Versailles, arrêt du 10 décembre 2020, précité, p. 17.), « *est caractérisée l'existence d'un lien direct entre le plan de vigilance, son établissement et sa mise en œuvre, et la gestion de la société commerciale dans son fonctionnement, critère nécessaire et suffisant pour que la compétence du juge consulaire puisse être retenue.* ».

62. Voy. C. cass, Soc., arrêt du 20 mars 1974, n° 74-60.003, *Bulletin* ; C cass., 2ème Civ., arrêt du 7 décembre 2000, n° 99-14.902, *Bulletin* ; C cass., 3ème Civ., arrêt du 29 avril 2002, n° 00-20.973, *Bulletin.* Sur ces références, voy. Cour de cassation/N. BLANC (dir.), *Le juge et la mondialisation dans la jurisprudence de la Cour de cassation. Étude annuelle 2017*, Paris, éd. La documentation Française, 2017, pp. 32 et s.

63. Il semble que la Cour de cassation (arrêt du 6 juillet 2005, n° 01-15.912, *Bulletin*) s'est référé à ce principe pour la première fois en 2005, lorsqu'elle a « *approuvé une cour d'appel d'avoir retenu que la partie qui avait elle-même formé la demande d'arbitrage devant le Tribunal des différends irano-américains, et avait participé sans aucune réserve pendant plus de neuf ans à la procédure arbitrale, était irrecevable, en vertu de la règle de l'estoppel, à soutenir, par un moyen contraire, que cette juridiction aurait statué sans convention d'arbitrage ou sur convention nulle.* ». *Ibid.*, p. 35.

64. *Idem.*

65. CA Fort-de-France, arrêt du 25 juin 2010, n° 09/0272.

66. C. Cass. 1ère Civ., arrêt du 1er et du 7 décembre 2011, n° 10.30.919, *Bulletin.*

pas abandon de compétence au seul motif qu'une juridiction d'un État tiers est plus à même de trancher un litige.[67] S'il est vrai que l'attitude de la Haute juridiction française pourrait s'interpréter comme un aveu de faiblesse à l'égard des juridictions fédérales étasuniennes, une autre lecture pourrait consister à en faire un symbole de dialogue entre deux systèmes de droit l'un relevant de la *common law* et l'autre s'inscrivant dans la sphère du droit continental. Quoi qu'il en soit, la Cour de cassation s'est, à travers sa position, montrée ouverte à une prise en compte de la dynamique de la *common law*. Loin d'être isolée, cette attitude est confortée par la reconnaissance du principe de l'*estoppel* qui est la logique selon laquelle il n'est pas permis de « *se contredire au détriment d'autrui* »,[68] lue dans le jargon du droit continental comme « *une déclinaison du principe de bonne foi dans l'exécution des obligations contractuelles, du principe de loyauté des débats ou encore des théories de l'abus de droit* ».[69] Dans ce domaine, la Cour de cassation a, semble-t-il, dès 2005[70], admis qu'une partie à un litige n'est pas en droit de contester la compétence de la juridiction dont elle est à l'origine de la saisine, et en particulier après avoir pris part à un procès pendant près d'une décennie.[71] *Estoppel* et *forum non conveniens* apparaissent ici comme des emprunts à la *common law* dont les objectifs sont à la fois l'émancipation du juge continental et l'administration d'une bonne justice ; le tout dans le but de garantir un procès équitable.

148. *Sources divergentes, cause commune*. La combinaison des techniques héritées de la *common law* et celles héritées du droit continental constituent en définitive un canal d'acheminement des règles nationales en général et les droits relevant des droits de l'homme en particulier. Avec toutes les conséquences qu'ils emportent, droit à la propriété et droit à un procès équitable servent de source d'inspiration pour l'arbitrage d'investissement, si bien que les arbitres qui y font

---

67. Il faut dire que pour constater l'incompétence des juridictions françaises, la chambre sociale s'est fondée, d'une part sur la Convention de Montréal (relative à l'unification de certaines règles relatives au transport aérien international, signée le 28 mai 1999 et entrée en vigueur le 4 novembre 2003), et d'autre part sur l'altération du consentement des ayants droits des victimes dans leur choix du tribunal. Si ce dernier élément est tenable, le premier le parait moins, d'autant plus que l'art. 33 de ladite Convention énonce que « *1. L'action en responsabilité devra être portée, au choix du demandeur, dans le territoire d'un des États parties, soit devant le tribunal du domicile du transporteur, du siège principal de son exploitation ou du lieu où il possède un établissement par le soin duquel le contrat a été conclu, soit devant le tribunal du lieu de destination* » ; l'article ne fait donc pas de différence entre les juridictions du pays de destination et celles du pays de départ. Pour le souligner autrement, rien n'obligeait la Cour de cassation à se désister au profil des juridictions fédérales étasuniennes. Cette attitude ne trouve autre justification que dans la volonté d'introduire une technique relevant de la *common law* susceptible d'assurer aux victimes le bénéfice d'un procès approprié.

68. Cour de cassation/N. BLANC (dir.), *Le juge et la mondialisation, op. cit.*, p. 34.

69. *Idem.*

70. *Ibid.*, pp. 34-35.

71. C cass. 1 ère Civ., arrêt du 6 juillet 2005, n° 01-15.912, *Bulletin.* Au-delà de cet arrêt, la reconnaissance de l'estoppel fut confirmée par des jurisprudences postérieures telles que : C. Cass. Ass. Plén., arrêt du 27 février 2009, n° 07-19. 841 ; C. Cass. comm., 20 septembre 2011, n° 10-22. 888, *Bulletin.*

face s'érigent parfois en révélateurs de principes communs à tous les ordres juridiques internes[72], poussant ainsi certains auteurs à évoquer l'idée de jurisprudence arbitrale.[73]Pour cette raison, à l'idée que « *la pensée juridique actuelle est si imprégnée de droit comparé que s'interroger sur la place tenue par la comparaison des droits dans la jurisprudence d'une cour internationale relève presque de l'insolence* »[74], il conviendrait d'ajouter « ... et en particulier dans le domaine de l'arbitrage d'investissement. ».

Section 2 :
Une prise en compte alambiquée

149. ***Usage aléatoire en apparence.*** La présentation que l'on fait généralement du droit des investissements contient une dose de parti pris tournant autour d'un semblant de manichéisme, lequel envisage les droits de l'homme comme un outil peu utile aux activités de l'investisseur en même temps qu'il est disproportionnellement mobilisé par les populations sous couvert de leurs États. Une telle présentation des choses mérite d'être vérifiée tant la jurisprudence semble y apporter une lecture quelque peu nuancée. L'on peut, sans être dans une dynamique de confrontation systématique des droits de l'investisseur et ceux des populations et/ou États, mettre en lumière certaines contradictions de principe entre l'usage fait des droits de l'homme selon qu'ils soient mobilisés au service de l'État ou au service de l'investisseur. Dans une optique de cohérence, il ne peut être admis un usage opportuniste de ces droits. De deux choses l'une, soit les droits de l'homme sont à même d'être brandi par tous, et dans ce cas, ils pourraient harmoniser les rapports entre l'État et l'investisseur ; soit les droits de l'homme ne sont d'aucune pertinence pour les rapports États/investisseurs et dans ce cas, ils ne sauraient être invoqués opportunément par l'un ou par l'autre. Or, non seulement la présence des droits de l'homme s'est avérée décisive, mais aussi, il ressort de l'état actuel des rapports entre ces différents protagonistes, une absence de constance dans cet usage, laquelle s'illustre à travers une confusion de maniements tantôt favorables à l'investisseur (Paragraphe 1), tantôt favorables à l'État/population (Paragraphe 2).

---

72. Voy. J. B. RACINE, « Arbitrage et uniformisation internationale du droit », in *Liber amicorum. Mélanges en l'honneur de Camille Jauffret-Spinosi*, Paris, éd. Dalloz, 2013, p. 910.

73. C'est ainsi que pour son ouvrage rassemblant les chroniques assurées dans le « Journal du droit international (JDI) » entre 1986 et 2008 qu'Emmanuel Gaillard a choisi la formule « *Jurisprudence du CIRDI* » pour faire allusion aux décisions rendues sous l'égide du Centre international pour le règlement des différends relatifs à l'investissement. Voy. E. GAILLARD, *La jurisprudence du CIRDI*, Paris, éd. Pedone, vol. I, 2004, 1105 p. puis vol. II, 2009, 750 p. ; dans le même sens, E. LOQUIN, « A la recherche de la jurisprudence arbitrale », in *La Cour de cassation, l'Université et le Droit. André Ponsard un professeur de droit à la Cour de cassation. Études en l'honneur de A. Ponsard*, Paris, éd. Litec, 2003, pp. 213-232.

74. M. BANDRAC, « Recherche sur la place du droit comparé dans la motivation des arrêts rendus par la Cour européenne des droits de l'Homme en application des garanties du procès équitable », in *Liber amicorum. Mélanges en l'honneur de Camille Jauffret-Spinosi*, Paris, éd. Dalloz, 2013, p. 31.

§ 1 : Des droits de l'homme favorables à l'investisseur étranger ?

150. Opposant souvent les intérêts publics de l'État et privés de l'investisseur, la protection des investisseurs trouve renfort dans les droits de l'homme. Cette affirmation réveille l'idée de l'intensité de de la protection jouant favorablement au service de l'investisseur sur la base des droits fondamentaux tels que la non-discrimination ou le droit à la propriété. Voilà deux droits épuisant à eux seuls toutes les protections auxquelles l'investisseur peut prétendre. Le premier tend à préserver l'investisseur de tous les traitements de défaveur, et le second à préserver ses biens de tous les agissements inappropriés. La mobilisation des droits décrits est-elle synonyme d'une protection véritablement favorable à l'investisseur ? Pour répondre à cette question, il importe d'investiguer l'état des règles régissant l'investissement (A) avant de s'attarder sur leurs interprétations (B).

A. L'abondance législative

151. Le caractère hybride du lien entre l'État personne publique et l'investisseur personne privée emporte comme première conséquence l'application de règles diverses et variées. Sous un angle vertical, peuvent être appliquées à l'investissement les règles relevant du droit international ou interne publics ; et sous l'angle horizontal peuvent être appliquées audit investisseur les règles relevant du droit international ou interne privés. Sous une autre dimension, peuvent être appliquées à l'investissement le droit de l'État d'accueil ou celui de l'État d'origine. Cette diversité législative témoigne du poids que peuvent avoir les corps de règles à même de régir l'investissement sur les garanties des droits de l'investisseur. En revanche, la principale question reste celle de savoir si de telles règles penchent pour la protection des investisseurs et si la réponse est positive, ce qui semble *a priori* le cas, il restera à identifier les moyens permettant au juge d'y parvenir.

1. Combinaison des droits nationaux

152. ***Contrats (d'État ?).*** Dans le prolongement des débats portant sur la protection des personnes privées contre les personnes publiques, suscités par la Seconde Guerre Mondiale et avant eux les débats relatifs à la garantie d'une protection minimale aux étrangers, la question de la protection de l'investisseur suscite aujourd'hui quelques interrogations dont le noyau semble se nourrir d'un sentiment de protection excessive intégrée dans les instruments relatifs aux investissements.[75] L'avènement de ce que la doctrine appela les contrats d'État était symbolique d'une vision orientée vers la soustraction des contrats entre une personne publique et une personne privée du joug de la justice étatique. La conséquence première de cette démarche se situe dans l'ouverture d'une brèche facilitant le passage d'une loi en principe applicable à une loi d'application

[75]. Sur cette question, voy. Le titre 1 de la partie 2.

exceptionnelle ; la première en ce sens qu'elle est la loi de l'État d'accueil et la seconde en ceci qu'elle est celle de l'État d'origine ou encore celle d'un État tiers. À la brèche de la mise à l'écart de la loi en principe applicable, vient s'ajouter la perspective d'une agrégation de lois nationales dont l'application est aussi difficile qu'incertaine et dont les conséquences rendent difficile la mise en œuvre de l'obligation de conformité à la législation de l'État hôte. Cette dynamique était dès le départ problématique en ce sens qu'elle troublait les repères d'analyse d'un droit dont la méconnaissance est jaugée à l'aune d'une législation différente. On sait que la violation d'une législation nationale ne saurait s'établir efficacement qu'au moyen d'une lecture confrontant le comportement incriminé et les lois l'interdisant. Sous cet angle, il est banal de rappeler que là où certains comportements sont permis dans certains États, ils peuvent être interdits dans d'autres. C'est sans doute d'ailleurs la raison pour laquelle les lois nationales ne sont par principe[76] applicables que dans les limites territoriales de l'État qui les édicte.

153. *Laxisme*. En réalité, la reprise des différents postulats exposés plus haut, révèle l'existence d'une brèche dont peuvent se prévaloir les États pour mettre en lumière des droits susceptibles de contrer la surprotection des investisseurs et de leurs investissements. Encore faudrait-il que cela soit voulu, même si, à y regarder de près, il est un droit dont se servent déjà les États pour assurer la protection des investisseurs et leurs investissements : le droit des droits de l'homme. Tel est en effet le cas du droit à la jouissance de sa propriété ou la protection[77] contre les discriminations.[78] Au fond, la question est davantage de savoir si les droits de l'homme sont capables de jouer au sein du droit des investissements un rôle proche de celui qu'ils assurent au service de la protection des investisseurs. Si la réponse est, en théorie, *a priori* positive, il n'en demeure pas moins qu'en pratique, elle semble négative.[79] La raison semble résider dans le traitement « conventionnel » réservé aux droits de l'homme. L'on peut observer à ce titre que concernant la propriété de l'investisseur, sans qu'il soit besoin de se rapporter aux différents instruments de protection des investissements aux fins d'un exposé succinct des dispositions y relatives, il suffit de souligner, et cela relève désormais de l'évidence, que toute protection de l'investissement trouve sa justification dans la protection de la propriété de l'investisseur personne physique ou personne

[76]. Sous réserves de l'extraterritorialité (application d'une loi au-delà des frontières) et, dans une moindre mesure, de la compétence universelle (compétence des juridictions au-delà des limites territoriales). Pour une analyse plus poussée de ces mécanismes, on renverra au dernier chapitre de la présente étude.

[77]. On peut à cet égard penser à la logique de l'art. 17 de la *Déclaration universelle des droits de l'homme*, AGNU, rés., du 10 décembre 1948, A/RES/217 A (III) : « *1. Toute personne, aussi bien seule qu'en collectivité, a droit à la propriété. 2. Nul ne peut être arbitrairement privé de sa propriété.* ».

[78]. *Ibid.*, art. 12 : « *Nul ne sera l'objet d'immixtions arbitraires dans sa vie privée, sa famille, son domicile ou sa correspondance, ni d'atteintes à son honneur et à sa réputation. Toute personne a droit à la protection de la loi contre de telles immixtions ou de telles atteintes.* ».

[79]. Pour une analyse approfondie de cette question, voy. Titre 1 de la seconde partie de cette thèse.

morale.[80] La remarque vaut pour le droit à la non-discrimination[81] en ce sens que celle-ci est pour la protection de l'investisseur ce qu'est le droit à la jouissance de sa propriété est pour la protection de l'investissement. Partant, toute protection de la personne de l'investisseur contre les agissements de l'État peut tomber sous le coup de la discrimination, à défaut, elle tomberait sous le coup de la protection de la propriété. À pousser le raisonnement, force est de constater que l'interdépendance des droits constitutifs des droits de l'homme trouve un terrain propice au sein du droit des investissements, mais davantage sous la dimension protectrice des investisseurs et leurs investissements.[82] Les principes d'*interdépendance*, d'*indivisibilité* et d'*universalité* semblent paradoxalement trouver leur plein sens dans un domaine que l'on pouvait penser, coupé du secteur des droits de l'homme. Cette dimension est d'un double apport. D'une part, elle dément les thèses hostiles à l'intégration des droits de l'homme dans le milieu des affaires ; et d'autre part, elle marque la pertinence des droits de l'homme pour le secteur de l'économie. Le bémol réside toutefois dans l'usage quelque peu opportuniste desdits droits de l'homme dans un sens unique (protection de l'investisseur) là ou un usage à double sens (protection de l'opérateur économique et protection contre l'opérateur économique) est possible.

2. Formation d'un droit hybride : « le droit national internationalisé »

154. ***Le national au-delà du national.*** Le passage du droit national au droit supranational, voire international trouve sa justification dans la pertinence des règles nationales pour le règlement des différends opposant les investisseurs aux États. À ce sujet et relativement au droit applicable par tout tribunal compétent en matière d'investissement constitué sous son égide, la convention de Washington sur le règlement des différends relatifs à l'investissement énonce en son article 42 que « [l] *e Tribunal statue sur le différend conformément aux règles de droit adoptées par les parties. Faute d'accord entre les parties, le Tribunal applique le droit de l'État contractant partie au différend—y compris les règles relatives aux conflits de lois* — (...) ».[83] Qu'il nous soit permis d'observer qu'en réalité, l'ordre des choses est presque inversé en ceci que le rapport entre un État et un investisseur est avant tout régi par le droit interne ; le contrat entre ces deux protagonistes n'étant qu'un accord entre une personne privée et une personne publique à l'instar des autres contrats souscrits par l'administration, dont le lieu d'exécution est le territoire de l'État hôte, soumis donc aux lois de cet État. Au surplus, le droit national n'est-ce pas simplement la transposition du droit international ? Nul doute que la réponse est positive pour l'ensemble du droit international et l'est davantage pour les droits composant les droits de l'homme,

---

80. D'autant plus qu'il s'agit d'un droit largement consacré dans les ordres juridiques nationaux.

81. Cardinal, ce droit structure le corpus normatif assigné aux droits de l'homme.

82. Voy. Pour une analyse de cette question sous l'angle des concepts usités en droit des, voy. Chapitre 1 du titre 1 de la seconde partie.

83. Convention de Washington sur le règlement des différends relatifs à l'investissement, précitée, art. 42 (1).

lesquels ne se concrétisent que dans les ordres juridiques internes. Droit à la jouissance de sa propriété, droit à la non-discrimination, droit à un traitement juste et équitable ou encore le droit à la protection de sa personne ont ceci de commun qu'ils protègent l'investisseur étranger comme toute personne contre les agissements de l'État.

155. ***Du national vaille que vaille.*** Pris isolément, chacun des droits de l'homme précédemment évoqués ne trouve sens qu'à travers son application à l'activité de l'investisseur menée sur le territoire de l'État. C'est d'ailleurs de ce lien que naissent les obligations de l'État et droits de l'investisseur. La confirmation du propos réside dans deux données aussi importes l'une que l'autre. Les traités d'investissement sont le reflet des engagements d'États vis-à-vis d'autres États au bénéfice de leurs ressortissants respectivement établis sur leurs territoires ; et les investissements ne sont considérés puis protégés comme tels que parce qu'ils s'inscrivent dans un cadre légal dont les contours sont tracés par le droit national. A ce titre, un auteur fait remarquer que la détermination de « *la nationalité d'un investisseur suppose* (...), *nécessairement, de faire application des règles de droit interne quand bien même les parties n'auraient pas explicitement prévu une telle possibilité* ».[84] Il va sans dire qu'il est en toute hypothèse fait appel au droit national aux fins des règlements des différends d'un différend entre un État et un investisseur accueilli sur son territoire. Que les normes applicables soient désignées ou non par les parties au litige que sont l'État et l'investisseur, suivant la lettre de l'article 42 précité, le droit national conserve toute sa pertinence. Par ailleurs, la mise en œuvre de la législation semble générer quelques difficultés d'interprétation.

B. La querelle interprétative

156. Dans le cadre de cette querelle sont en particulier en cause les attitudes des juges à l'égard des corps de règles régissant la garantie des investissements. Là où certaines jurisprudences nationales sont réticentes à l'idée d'interpréter les conventions internationales,[85] d'autres y sont aujourd'hui résolument ouvertes.[86]

---

84. A. DE NANTEUIL, *Droit international de l'investissement*, Paris, éd. Pedone, 3ème éd., 2020, p. 90.

85. De manière paradoxale, le juge étasunien s'est montré dans une affaire relativement récente, réservé lorsqu'il était question de l'interprétation

86. Sans aller très loin, le cas du Conseil d'État français en donne une parfaite illustration. Alors qu'entre 1823 (voy. CE, arrêt du 3 septembre 1823, n° 53002, *Recueil Lebon*) et 1986 (CE, arrêt du 3 octobre 1986, n° 62718 62 719 et 62 893 63305, *Recueil Lebon*), le Conseil d'État était hostile à l'interprétation des conventions internationales, il s'est, à partir de 1990 (CE, Ass., arrêt du 29 juin 1990, n° 78515, *Recueil Lebon*), montré favorable à l'interprétation desdites conventions. Il faut dire que ce changement de cap n'est pas étranger à l'influence de la Convention européenne des droits de l'homme dont on a pu dire de la Cour qui en est la gardienne qu'elle est à l'origine de la consécration du pouvoir pour une juridiction administrative d'interpréter les conventions internationales, « *au motif que le recours par le Conseil d'État au ministère des affaires étrangères était contraire à l'exigence du droit à un tribunal indépendant* (...) *au sens de l'article 6-1* » (Cour de cassation/N.

Il faut relever au passage que le débat autour de la question de l'interprétation n'est pas nouveau,[87] mais nécessite d'être constamment revisité, en raison de l'extension progressive des rôles des juges et la diversification des problématiques à eux soumises. Quoi qu'il en soi, le rôle du juge semble guidé par des considérations liées au circonstances des affaires à trancher.

1. Interprétation orientée

157. ***Aperçu d'une logique étasunienne.*** Aussi importante soit elle, les multiples règles de protection des investissements restent assujetties à l'interprétation entreprise par le juge. C'est dire qu'en dépit de la générosité normative en matière de protection des investissements, le rôle des juges reste déterminant dans la garantie des protections reconnues à l'investisseur. Toutefois, garantir une protection ne signifie pas « assurer une surprotection ». Seulement, les positions parfois généreuses des juges, laissent quelquefois qu'il s'agit d'une justice au service de la seule protection de l'investisseur. Les germes de cette attitude semblent se trouver dans la combinaison de la logique libérale attestée par la «*proximité matérielle évidente entre la Constitution de 1789 et les principes internationaux de protection des investisseurs étrangers*».[88] Ainsi, le principe de la protection des attentes légitimes aujourd'hui présent tant formellement que matériellement dans le droit des investissements s'est quelque peu inspiré de l'attitude du juge étasunien pour qui la préservation des attentes légitimes est un pivot de la protection des opérateurs économiques.[89]A travers l'admission d'un tel moyen de protection, une latitude de plus en plus grande est reconnue au juge. Ainsi par exemple, c'est à l'occasion de l'historique affaire *Penn Central Transportation Co. c. New York City*[90], que la Cour suprême des États Unis s'est montrée perméable à l'idée d'une vérification des comportements de l'État à la lumière des attentes légitimes d'un l'opérateur économique. En l'espèce, il était question d'un encadrement drastique opéré par la ville de New-York ayant

---

BLANC [dir.], *Le juge et la mondialisation dans la jurisprudence de la Cour de cassation, op. cit.*, p. 67). Sans doute que l'argument de l'altération de la qualité d'un procès par le recours aux services administratifs de l'État est percutant, compte tenu de l'exigence démocratique de séparation des pouvoirs à laquelle la France mais aussi la Cour EDH sont attachés.

87. Sur le plan purement théorique, deux lectures se sont opposées. La première dite du sens clair, selon laquelle, l'interprétation n'a de sens que lorsque le texte à interpréter renferme un manque de clarté ; et la seconde niant complètement l'existence de textes clairs, donc favorable à l'interprétation en toutes circonstance. L'on peut dire que cette dernière conception entend mettre le juge au centre de l'interprétation de la norme alors que celle qui la précède vise à subordonner le juge à la règle.

88. A. DE NANTEUIL, *Droit international de l'investissement*, *op. cit.*, p. 92. Au soutien de l'affirmation citée, l'auteur indique en parallèle qu'[o] *n peut songer en particulier aux V*^ème^ *et XIV*^ème^ *Amendements de la Constitution* [des Etats-Unis] *dont la combinaison consacre à la fois le droit au respect de la propriété et le droit au due process of law que l'on retrouve, quoique sous une terminologie un peu différente, une expression dans les TBI*». Or, qui dit TBI dit protection des investisseurs et de leurs investissements, ce qui, encore une fois, atteste une certaine orientation du droit des investissements vers la protection des opérateurs économiques.

89. *Idem.*

90. *Penn Central Transportation Co. c. New York City,* 438 U.S. (1978), p. 104.

conduit au rejet d'un projet de construction d'un immeuble, proposé par Pen Central Transportation en vue de l'amélioration du rendement d'une gare ferroviaire dont cette entreprise était la gestionnaire. Devant la cour suprême, la question était de savoir si l'impossibilité pour l'entreprise de procéder à la construction souhaitée était synonyme d'une frustration des attentes auxquelles celle-ci pouvait légitimement prétendre. La réponse fut négative, non pas en raison de la négation du principe d'attentes légitimes, mais plutôt pour des raisons liées à l'inadéquation entre l'activité espérée et l'exploitation permise de la gare en question. La Cour suprême a retenu à cet effet que l'action de la ville de New-York s'inscrivait dans la droite ligne de la réglementation applicable à la station ferroviaire depuis plusieurs décennies.[91] L'enjeu de la décision de la Cour suprême réside davantage dans la reconnaissance de l'existence des attentes légitimes de l'investisseur que dans la négation de leur existence dans le cas d'espèce.

158. ***Aperçu d'une logique française***. Ainsi que cela vient d'être montré, l'appartenance d'un juge à telle ou telle famille de droit influe sur la manière dont les litiges sont envisagés puis traités par la juridiction saisie. Le juge français n'échappe pas à la logique décrite. En effet, et la différence de son homologue étasunien, le juge français est guidé par la législation. Pour autant, cela ne consiste pas en une négation pure et simple de toute démarche intellectuelle visant à trancher un litige dont ce juge serait saisi. Sans revenir sur le constat faisant de la jurisprudence administrative une œuvre non compatible avec la logique de base du droit international, une décision sert toutefois cette considération en tant qu'elle est citée jusque dans les instances arbitrales de règlement des différends relatifs à l'investissement : l'affaire *Compagnie générale d'éclairage de Bordeaux*[92]. À l'occasion de cette affaire le juge français a jugé que « *la variation du prix des matières premières à raison des circonstances économiques constitue un aléa du marché qui peut, suivant le cas être favorable ou défavorable au concessionnaire et demeure à ses risques et périls* »,[93] mais et c'est la nouveauté, « *que, par suite d*[» un] *concours des circonstances* (...), *l'économie du contrat*

---

[91]. Autrement, dit, aux yeux de la *Supreme Court*, « [t]*he restrictions imposed are substantially related to the promotion of the general welfare and not only permit reasonable beneficial use of the landmark site but also afford appellants opportunities further to enhance not only the Terminal site proper but also other properties.* ». Voy. *Penn Central Transportation*, p. 138.

[92]. CE, *Compagnie générale d'éclairage de Bordeaux*, arrêt du 16 mars 1916, n° 59928, *Recueil Lebon*.

[93]. *Idem*.

[peut] se trouve [r] absolument bouleversée ».[94] Ainsi donc est posé le principe de l'imprévision,[95] lequel rappelle d'ailleurs le concept d'attentes légitimes.[96]

2. Application circonstanciée

159. ***Contexte d'une compétence non consentie.*** L'arbitrage d'investissement, voie privilégiée de règlement des différends relatifs à l'investissement opposant les États aux investisseurs privés, n'est pourtant pas le fruit de la volonté certaine des États.[97] À cet égard, il parait légitime d'interroger les raisons ayant guidé le rayonnement ou du moins l'avènement de l'arbitrage d'investissement. Pour ce faire, deux sentences témoignent d'un apport considérable pour les droits dont il est fait état en ceci qu'elles sont susceptibles d'être qualifiées de reflet de l'attitude du juge tant dans les systèmes de droits relevant tant de la *common law* que du droit continental. La première de ces sentences est celle connue sous l'appellation *AAPL c. Sri Lanka*[98] et la seconde

---

[94]. *Idem.*

[95]. Aujourd'hui ce principe consiste en une [t] *héorie (...) destinée à concilier la force obligatoire des contrats administratifs et les exigences de continuité du service public, suivant laquelle le cocontractant de l'administration, sans être délié de ses obligations, a droit à une indemnité compensatrices des charges extracontractuelles résultant pour lui d'évènements imprévisibles et anormaux indépendants de sa volonté qui ont eu pour conséquence un bouleversement de l'économie du contrat* » (G. CORNU [dir.], *Vocabulaire juridique*, *op. cit.*, p. 523.).

[96]. Il faut dire que les attentes légitimes de l'investisseur peuvent interférer avec l'imprévision lorsqu'il est question de jauger la pertinence d'évènements susceptibles de bouleverser le contrat. C'est d'ailleurs dans cette perspective que la théorie de l'imprévision a été écartée par le Tribunal de l'affaire *CMS c. Argentine* (CIRDI, aff. n° ARB/01/8, sentence du 12 mai 2005) à l'occasion de laquelle il a été reproché à l'Argentine le bouleversement des engagements de l'entreprise CMS à la suite des mesures prises par le gouvernement argentin à cause de la crise monétaire intervenue dans ce pays au cours de la décennie 1990. Alors que la défense de l'Argentine (la théorie de l'imprévision est intégrée dans le droit positif argentin) tournait notamment autour de l'intervention d'éléments extérieurs à sa volonté, la crise en l'occurrence, le Tribunal indiqua : « *A number of provisions of the Argentine Civil Code are inspired by the concept of unjust enrichment and it has often been applied by Argentine courts. However, given the difficulty in establishing who has gained and who has lost without legitimate cause, the application of the concept has been surrounded by uncertainty* » (§ 219). Et le Tribunal d'ajouter : « (...) *in the instant dispute the conditions for the operation of the "théorie de l'imprévision" are not met* (...) (§ 244) ».

[97]. Sans revenir sur le débat relatif au déséquilibre des rapports entre l'État et l'investisseur que certains dénoncent en se référant aux formules « *arbitrage transnational unilatéral* » (voy. W. BEN HAMIDA, *L'arbitrage transnational unilatéral : réflexions sur une procédure réservée à l'initiative d'une personne privée contre une personne publique*, Thèse dactylographiée, Paris 2, 2003.) ou arbitrage « *without privity* » (voy. J. PAULSSON, « Arbitration without privity », *Icsid Review*, 1995, vol. 10, n° 1, pp. 232-257.), l'on peut tout de même relever que sans adhérer à ce point de vue, certains auteurs à l'instar de Bernard Audit reconnaissent que « *ce qui fait difficulté, c'est la portée de la référence à un arbitrage CIRDI ou autre que l'on peut trouver dans une loi ou dans un traité bilatéral d'investissement* » (voy. B. AUDIT, « Table ronde. Le système actuel est-il déséquilibré en faveur de l'investisseur privé étranger et au détriment de l'État d'accueil ? », in Ch. LEBEN [dir.], *Le contentieux arbitral transnational relatif à l'investissement*, Louvain-La-Neuve, éd. LGDJ/Anthémis, 2006, p. 185.

[98]. CIRDI, *Asian Agricultural Product Ltd c. Sri Lanka*, aff. n° ARB/87/3, sentence du 27 juin 1990.

est celle dite de *SPP c. Égypte*.[99] Dans ces deux affaires, les interprétations dont il était question n'allaient guère de soi tant elles consistèrent en une extension de la législation nationale pour la sentence *SPP* et une extension des dispositions d'un traité pour la sentence *AAPL*. En dépit de leur divergence relativement aux instruments ayant été la source de leurs interprétations, les deux sentences convergent en revanche sur l'objectif visé par l'instrument, à savoir la volonté de l'État ou plus précisément le consentement de celui-ci à l'arbitrage d'investissement, lequel est le point de départ de la mise en œuvre des garanties contentieuses assurées à l'investisseur conte l'État.

160. ***L'objectif d'une protection élargie ?*** Outre la question du consentement à travers lequel l'arbitrage d'investissement est une piste pertinente de protection des investisseurs et de leurs investissements, il convient de rappeler tout de même que la protection, voire la surprotection de l'investisseur n'est pas forcément une négation des droits de l'homme. Ces derniers peuvent, lorsqu''il s'agit notamment de la protection de l'investisseur contre la non-discrimination ou protéger son droit d'accès à la justice sur la base du traitement juste et équitable, constituer un solide fondement des droits reconnus à l'investisseur. Mais pour que de telles protections soient mises en œuvre, encore faudrait-il que le comportement de l'État s'inscrive dans une logique d'arbitraire. Or, et quand bien même l'investisseur peut être protégé sur la base des droits de l'homme, un excès de protection pourrait avoir l'effet inverse consistant en une méconnaissance des droits de la population de l'État. C'est d'ailleurs dans cette optique qu'il a été observé l'existence de « *quelques excès dans la façon d'apprécier la responsabilité de l'État, notamment lorsqu'il s'agit de prendre en compte certains paramètres pour l'exonérer ou fixer le montant des indemnités allouées, par exemple lorsque les mesures incriminées sont des mesures prises dans l'intérêt public* ».[100] Au titre de ces dernières mesures peuvent figurer celles relatives à la préservation de la santé publique.[101] La question parait donc surtout être celle « du bon dosage » entre les droits de l'investisseur et la légitimité de l'action de

---

[99]. CIRDI, *Soutern Pacific Properties Limited c. Egypte*, aff. n° ARB/84/3, sentence du 20 mai 1992.

[100]. Ph. KAHN, « Table ronde. Le système actuel est-il déséquilibré en faveur de l'investisseur privé étranger et au détriment de l'État d'accueil », in Ch. LEBEN (dir.), *Le contentieux arbitral transnational relatif à l'investissement*, Louvain-La-Neuve, éd. LGDJ/Anthémis, 2006, p. 194. L'auteur s'est en effet fondé sur la sentence *SPP c. Égypte* à l'occasion de laquelle, l'État égyptien a justifié ses interventions à l'encontre de l'investisseur par sa volonté de préserver le patrimoine mondial conformément à la convention de l'Unesco (adoptée à Paris le 16 novembre 1972 à la suite de la 17ème session de la Conférence générale de l'Organisation des Nations Unies pour l'éducation, la science et la culture, réunie à Paris du 17 octobre au 21 novembre 1972).

[101]. Voy. CIRDI, *Philip Morris Brands SARL et Philip Morris Products S.A c. Uruguay*, aff. n° ARB/10/7, sentence du 8 juillet 2016. Dans cette affaire les arbitres avaient conclu à l'absence de déni de justice alors que les juridictions uruguayennes avaient légitimé les mesures visant la vente de Tabac pour des raisons de santé publique. Ainsi, « *the Tribunal holds that the procedural improprieties were not sufficient in this case to rise to the standard of a denial of justice and decides that there was no denial of justice* (...) ». Voy sentence *Philip Morris* précitée, p. 167 § 580. Il faut dire qu'il s'agit là de l'une des nouveautés du contentieux investisseurs/États que l'on peut attribuer à des tentatives de « rééquilibrage des rapports entre les deux protagonistes cités.

l'État.[102] Sur ce point précis, des interprétations récentes, sur lesquelles nous reviendrons dans la seconde partie de ce travail, livrent des éléments de prise en compte des droits de l'État en tant que puissance publique en charge de la mise en œuvre des droits de l'homme.

§2 : Des droits de l'homme favorables aux populations des États hôtes ?

161. L'État hôte et avec lui sa population, apparaissent en droit des investissements comme un facteur de limitation de la protection garantie à l'investisseur. Cela trouve explication dans l'idée même d'une collaboration entre un exportateur et un receveur de capitaux, tous deux à la recherche de leurs intérêts. Le premier désireux de développer son activité afin d'en tirer un bénéfice ; et le second soucieux de développer son économie notamment à travers l'exploitation des richesses naturelles ou la réalisation d'infrastructures. Ainsi, en vue de la réalisation des attentes des uns et des autres et hormis les règles protectrices des investisseurs évoquées *supra*, un cadre juridique de protection de l'État contre l'investisseur nait. Seulement, les droits dits de l'État dans son rapport à l'investisseur se matérialisent en grande partie à travers les droits fondamentaux des individus dont cet État a la charge. Tout se passe en effet comme s'il convenait de placer le curseur de la protection garantie par le droit du côté des individus dont les États ont la charge, et que le curseur se doit d'être orienté vers les droits de l'investisseur lorsque celui-ci est confronté à la mise en œuvre par l'État de ses prérogatives souveraines. L'on se retrouve ainsi dans une sorte de jeu de « hiérarchie de protections » dans lequel l'État est apparemment le principal perdant. À cet égard, il est légitime de se demander si le fait que l'État soit le principal perdant n'est pas dû à l'absence de protection des droits fondamentaux de ses nationaux. Sur ce point, le retrait (ou la souplesse) de la protection assurée par la loi (A) semble compensé par l'auto-émancipation du juge (B).

A. Le retrait de la loi

162. ***Le vide législatif au détriment de l'investisseur***. On sait que dans l'ordre interne, seul le cadre légal et règlementaire permet de jauger les comportements de la puissance publique laquelle est la détentrice légitime du pouvoir au sein de l'État. Rempart contre les agissements arbitraires des organes de l'État, la loi est, en particulier dans les systèmes de droit continental, source des protections pour l'investisseur étranger. Cependant, les es règles de protection et de promotion des

---

[102]. En ce sens, voy. P. JUILLARD, « Table ronde. Le système actuel est-il déséquilibré en faveur de l'investisseur privé étranger et au détriment de l'État d'accueil », in Ch. LEBEN (dir.), *Le contentieux arbitral transnational relatif à l'investissement*, Louvain-La-Neuve, éd. LGDJ/Anthémis, 2006, p. 193.

investissements sont tellement diverses et généreuses[103] qu'elles semblent combler l'éventualité d'un vide législatif en même temps que s'ériger en une barrière contre les actions de l'État, et ce, d'autant plus que les règles dont il est question sont des règles dont la mise en œuvre a tout d'un droit non étatique. Entre l'existence de règles « non nationales » spécifiques destinées à la protection de l'investisseur et l'existence de règles étatiques générales *a priori* destinées à toutes personnes physiques ou morales établies sur le territoire d'un État, nait un déséquilibre en termes de protection.[104]

163. ***La source : de la non-discrimination à la discrimination.*** Face à l'existence d'une législation au service de la protection des investisseurs, le contraste de l'absence de règles protégeant les populations contre les agissements de l'investisseur est susceptible de révéler une discrimination à l'égard des nationaux. Dans une telle configuration la question est surtout celle de savoir si la surprotection heurte le droit à la non-discrimination. À s'en remettre à la jurisprudence de la Cour EDH, la réponse parait positive. Ainsi, « *la discrimination consiste à traiter de manière différente sans justification objective et raisonnable des personnes placées dans des situations comparables* »,[105] ce qui oblige à traiter indistinctement les nationaux et les investisseurs étrangers. Car les uns et les autres sont bénéficiaires des droits fondamentaux indépendamment de leurs nationalités. On objecterait que compte tenu de leurs statuts d'exportateurs de capitaux, les investisseurs se trouvent dans une situation différente de celle des nationaux et méritent donc une protection accrue.[106] Seulement, les conséquences de l'exportation des capitaux ne sauraient se traduire dans des protections générales telles que le droit à un traitement juste et équitable pivot de toutes les autres protections accordées à l'investisseur. Mais, si l'objectif vise réellement à garantir des droits économiques à l'investisseur, il serait plus opportun de se démarquer des standards de protection tout aussi valables pour l'ensemble des bénéficiaires des droits de l'homme. Autrement dit, le dédoublement des

---

103. Les concepts tels que le traitement juste et équitable, la pleine et entière protection et sécurité, la protection contre la discrimination, la protection des attentes légitimes, etc. en sont le témoignage. Sur ces différents concepts, voy. Partie 2 de la présente étude.

104. C'est d'ailleurs pour contourner ce risque que la Convention concernant les droits et devoirs des États (adoptée par la septième Conférence internationale américaine et signée à Montevideo, le 26 décembre 1933) énonce en son art. 9 que les « *La juridiction des États dans les limites du territoire national s'applique à tous les habitants. Les nationaux et les étrangers ne pourront pas prétendre à des droits différents ni plus étendus que ceux des nationaux.* ».

105. Cour EDH, *Sejdic et Finci c. Bosnie-Herzégovine*, arrêt du 22 décembre 2009, § 42 ; Cette position est constante et a été déclinée dans d'autres affaires telles que notamment : Cour EDH, *Andrejeva c. Lettonie*, arrêt du 18 février 2009, § 81 ; Cour EDH, *D. H. et al. c. République tchèque*, arrêt du 13 novembre 2007, § 175 ; *Willis c. Royaume-Uni*, arrêt du 11 juin 2002, § 48 ; Cour EDH, *Okpisz c. Allemagne*, arrêt du 25 octobre 2005, § 33.

106. Il s'agit en effet de l'argument qui est à l'origine de la protection des investisseurs que l'on retrouve dans la consécration du standard minimum de protection des étrangers dont l'une des manifestations concrètes est la célèbre formule de Hull sur la base de laquelle, en matière d'expropriation, les investisseurs doivent bénéficier d'une prompte et adéquate indemnisation. Voy. A. DE NANTEUIL, *Droit international de l'investissement*, *op. cit.*, pp. 11 et s.

protections conduit à un traitement différencié, lequel « (...) *est dépourvu de justification objective et raisonnable lorsqu'il ne poursuit pas un but légitime ou qu'il n'existe pas un rapport raisonnable de proportionnalité entre les moyens employés et le but visé* ».[107] Au fond, l'existence d'un cadre juridique interdisant la discrimination suffit à garantir la protection des investisseurs étrangers. Sous une optique différente, l'argument de la protection de l'investisseur contre les éventuels agissements abusifs de l'État n'apporte pas une justification suffisante à l'abondance des règles destinées à la protection de l'investisseur.[108] L'on ne peut désigner les États comme complices des violations des droits de l'homme au bénéfice des investisseurs lorsque ces violations ont lieu, puis désigner parallèlement les États comme une menace pour les investisseurs que seule une « surprotection » est à même de contrer.

B. Les tentatives d'auto-émancipation du juge

164. ***Le possible contournement du juge interne***. La difficulté principale est le risque d'empiètement du juge sur les prérogatives du législateur. On sait à cet égard qu'en France, l'interdiction des arrêts dits de règlement[109] avait pour principale motivation la lutter contre ce risque d'abus.[110]La même logique est bien entendu celle des autres États relevant du droit continental à l'instar de l'Allemagne.[111] Saisi par un ressortissant algérien prétendant détenir un investissement en France et à qui un visa de séjour avait été refusé par les autorités consulaires françaises en Algérie, le conseil d'État[112] s'est prononcé en défaveur de l'application du traité d'investissement que le requérant invoquait au soutien de son droit à être admis sur le territoire français pour la poursuite de de son opération d'investissement. En effet, l'article 3 du TBI liant la France et l'Algérie disposait que « *les ressortissants algériens s'établissant en France pour exercer une activité professionnelle autre que salariée reçoivent, après le contrôle médical d'usage et sur justification, selon le cas, qu'ils sont inscrits au registre*

[107]. Cour EDH, *Çam c. Turquie*, arrêt du 23 février 2016, § 54.

[108]. Parmi les principaux supports de protection des investissements, les Traités d'investissements liant les États d'origine et d'accueil de l'investissement, les contrats liant l'investisseur et l'État et la législation nationale de l'État d'accueil. Pour une analyse approfondie du contenu des règles de protection précitées, voy. Partie 2 de cette étude.

[109]. En effet, l'art. 5 du Code civil (crée par la Loi n° 1803-03-05 et en vigueur depuis le 15 mars 1803) dispose qu'« [i] l est défendu aux juges de prononcer par voie de disposition générale et réglementaire sur les causes qui leur sont soumises ». On peut y voir une confrontation entre le juge et le législateur comme on peut y voir une volonté de préserver la séparation des pouvoirs : le législatif appartient aux législateur et le judiciaire appartient aux juges.

[110]. Voy. M. DEGUERGUE, « Jurisprudence », in D. ALLAND et S. RIALS (dir.), *Dictionnaire de la culture juridique*, Paris, éd. Puf, 2014, pp. 883-888, spéc. 886.

[111]. La confirmation est livrée par l'art. 20 de la loi fondamentale allemande aux termes duquel : « *Assumant sa responsabilité pour les générations futures, l'État protège également les fondements naturels de la vie et les animaux par l'exercice du pouvoir législatif, dans le cadre de l'ordre constitutionnel, et par l'exercice des pouvoirs exécutif et judiciaire, dans le respect de la loi et du droit* ». Le soulignement est de nous.

[112]. CE, 21 décembre 2007, n° 280264, inédit.

du commerce ou au registre des métiers ou à un ordre professionnel, un certificat de résidence ».[113] Selon le Conseil d'État, non seulement la disposition invoquée ne dispense pas « *les ressortissants algériens de l'obligation d'obtenir un visa de long séjour préalablement à l'entrée en France en vue de l'exercice d'une activité professionnelle* »[114] ; mais aussi et surtout que le TBI invoqué « *ne crée d'obligations qu'entre les deux États signataires* ».[115]Ce faisant, le juge français s'est émancipé du traité d'investissement en contournant les dispositions invoquées[116] pour écarter ensuite tout lien entre l'art. 8 de la Convention EDH et la qualité de commerçant.

165. *Le juge comme rempart*. Les raisons évoquées précédemment justifient le recours au juge dans des circonstances que l'on peut inscrire dans une dynamique de quête d'une protection sans aller au-delà de la loi. Toutefois, s'en remettre au juge implique une certaine volonté de remédier à l'absence de la loi ou du moins donner le sens d'une loi imprécise, voire vague. Dans le cadre du droit de la *common law*, les deux circonstances relèvent de l'ordinaire en ce sens que le juge n'est ni systématiquement subordonné à la loi ni sollicité pour l'examen de règles peu explicites. En revanche, dans le droit continental, une certaine latitude laissée au juge en raison du présupposé selon lequel la Loi à tendance à épuiser les domaines qu'elle couvre, d'une part, et, en raison de la généralité de ladite Loi, donc son imprécision, d'autre part.[117] Transposées au contentieux de l'investissement étranger, les deux raisons évoquées produisent des effets bien différents. La première tend à assujettir le juge à la volonté des parties ; la seconde pousse le juge à faire preuve d'inventivité en comblant l'absence de règles précises au moyen de l'interprétation. Étant donné que le droit des investissements s'inscrit originellement dans une dynamique de protection des investissements,[118] toute interprétation du juge (en l'occurrence l'arbitre) orientée vers la prise en compte des droits autres que ceux de l'investisseur peut paraitre comme une prise d'initiative de la part de ce juge/arbitre dépassant le cadre des seules règles de protection des investissements. C'est d'ailleurs dans ce registre que certains auteurs préconisent l'adaptation des traités d'investissements

---

113. Art. 3 du TBI entre la France et l'Algérie, signé le 13 février 1993.

114. CE, arrêt n° 280264, précité.

115. *Idem.*

116. Il faut dire qu'il ne s'agit pas d'un cas isolé. Un raisonnement analogue été adopté dans une autre affaire ou était en jeu le bénéfice d'avantages fiscaux. Voy. CE, arrêt du 8 octobre 2010, pourvoi n° 323046 : « *Considérant (...) que ces stipulations, qui ne concernent que les rapports entre les États contractants et ne produisent ainsi pas d'effets directs à l'égard des particuliers, ne peuvent dès lors être utilement invoquées à l'appui de conclusions tendant à l'annulation d'une décision individuelle* ».

117. Voy. R. DAVID et al., *Les grands systèmes de droit contemporains*, Paris, éd. Dalloz, 12ème éd., pp. 120-121.

118. Voy. M. AUDIT et *al.*, *Droit du commerce international et des investissements étrangers*, Paris, éd. LGDJ, coll. Domat, 3ème éd., pp. 262 et s.

aux droits de l'homme.[119]Tel qu'il se présente, le droit des investissements restera fragile aussi longtemps que les règles qui le composent seront imprécises et tant que les instances chargées de les interpréter ne seront pas dotées d'une pleine autorité[120] comme cela est le cas des juridictions nationales et internationales.

[119]. Voy. F. LATTY, « L'État demandeur (reconventionnel) dans les procédures arbitrales : le gymkhana de la réaffirmation de l'État », *in* T. EL GHADBAN et *al.* (dir.), *La protection des investissements étrangers, vers une réaffirmation de l'État ?*, Paris, éd. Pedone, 2018, pp. 174 et s. ; F. HORCHANI, « Les droits de l'homme et le droit des investissements internationaux », *loc., cit.*, p. 166.

[120]. L'allusion est faite ici à la légitimité de l'arbitrage d'investissement en tant que principal moyen de règlement des différends liés à l'investissement opposant les États aux investisseurs.

Conclusion du titre 1

166. Les références aux droits de l'homme dans les droits nationaux applicables à l'investissement sont présentes dans plusieurs foyers de ce droit et se présentent soit sous forme de législation soit sous forme de jurisprudence. Dans le volet législatif, certaines sources régissent directement les opérations d'investissement et d'autres les régissent indirectement. En revanche, sous le volet jurisprudence, les techniques de prise en considération des droits de l'homme varient en fonction de la tradition juridique de laquelle relève le juge saisi, ce qui va jusqu'à impacter les décisions prises dans les instances arbitrales. Toutes ces catégories de sources sont connues de tous les États à l'exception des Codes d'investissement, lesquels relèvent en particulier des États du sud et c'est d'ailleurs l'une des raisons qui expliquent leur penchant pour la protection du droit à un environnement sain ainsi que la contribution au développement social sanitaire de la population.[1] Mais, les mécanismes internes d'engagement de la responsabilité de l'État sont davantage orientés vers la protection des droits de l'investisseur. Là était tout l'intérêt d'analyser à la fois les Codes d'investissement et les mécanismes d'engagement de la responsabilité. Cela étant, une analyse basée uniquement sur les Codes d'investissement aurait donné l'image d'un droit interne protecteur des investisseurs au détriment des populations locales ; de même, une analyse basée exclusivement sur les mécanismes d'engagement de la responsabilité de l'État aurait donné l'impression inverse, c'est-à-dire une protection des populations locales au détriment des investisseurs étrangers. L'analyse des deux aspects du droit interne a révélé l'existence de foyers de protection des droits fondamentaux de l'investisseur et ceux de la population. C'est dire que le droit international des droits de l'homme, on l'a vu, est présent dans l'un comme l'autre des terrains cités du droit interne.

167. En dehors des Codes d'investissement, lesquels sont résolument ouverts aux droits de l'homme, la Constitution et d'autres domaines du droit interne qui régissent l'investissement, tels que le droit de la concurrence ou celui de la consommation intègrent à leur tour les droits fondamentaux de la population pendant que d'autres secteurs du droit interne tels que le droit administratif ou du

---

[1]. Les Codes comorien (Loi n° 07-0010/AU du 31 aout 2007) et ivoirien (Ordonnance n° 2012 – 487 du 07 juin 2012 abrogée par l'Ordonnance n° 2018-646 du 1er août 2018) des investissements évoqués *supra* sont à cet égard particulièrement illustratifs.

moins les mécanismes d'engagement de la responsabilité, sont protecteurs des droits fondamentaux de l'investisseur liées à l'usage de la propriété ou à sa liberté d'entreprendre.

TITRE II :

Des droits de l'homme parmi les sources internationales du droit des investissements

168. Quiconque s'intéresse au droit des investissements se rend compte que le développement de ses règles prouve son dynamisme, dynamisme qui interroge l'ouverture de ce droit à des domaines qui lui sont *a priori* éloignés. Cette remarque concerne particulièrement le rôle des sources du droit des investissements à l'égard des droits de l'homme. La question n'est pas simplement de savoir si les sources du droit des investissements s'ouvrent aux droits de l'homme, mais plutôt de savoir qu'elle est l'étendue de la réception des droits de l'homme dans le droit des investissements. Autrement dit, l'heure est à l'évolution du degré de présence des droits de l'homme au sein du droit des investissements. Or, la voie magistrale d'irruption d'un domaine du droit dans un autre est le passage par ses sources. Deux séries de sources, les unes anciennes et les autres, moins anciennes, permettent de procéder à une telle vérification. D'une part, les sources dites « classiques » c'est-à-dire celles à partir desquelles a germé le droit international de l'investissement (Chapitre 1). Et d'autre part, les sources dites « modernes », c'est-à-dire, celles qui, sans constituer le fondement du droit des investissements, contribuent à son façonnement (Chapitre 2).

CHAPITRE 1 :

Le rôle des sources internationales « classiques » du droit des investissements

169. ***Clarification***. Sans qu'il soit nécessaire de revenir sur les différentes définitions des sources du droit (*supra*), il importe toutefois de relever ici, fut-ce de manière ramassée, que le droit international connait au moins trois types de sources : les sources matérielles[1] et les sources formelles[2] auxquelles s'ajoute la source comme fondement de la force obligatoire d'un droit[3]. Si cette dernière source est moins le reflet d'un quelconque instrument juridique, la première comme la deuxième sont, respectivement, phénomènes et procédés[4] du droit international des droits de l'homme.

170. ***Plan***. Le présent chapitre se propose d'étudier les différentes sources internationales ayant été à l'origine du droit des investissements et constitutives, en grande partie, du développement progressif de ce droit. Cela amène à s'intéresser dans les développements qui suivent aux traités d'investissement (section 1) avant d'aborder la coutume (section 2)[5].

---

[1]. Il s'agit de l'expression même de la règle de droit et renvoie peut au fondement matériel de celle-ci. Par exemple, la bonne foi ou l'équité. Voy. J. SALMON (dir.), *Dictionnaire de droit international public*, Bruxelles, éd. Bruylant, 2001, p. 1041-142.

[2]. Il s'agit du support juridique dans lequel est logée la règle de droit. Par exemple la jurisprudence ou la loi. Voy. *Idem.*

[3]. Pour un exposé synthétique des trois sens du mot sources, *Ibid.*, pp. 1041-1043.

[4]. *Idem*

[5]. Il convient cependant de signaler immédiatement que les sources du droit des investissements ne se limitent pas aux seules qui feront l'objet des développements dans le présent chapitre. On songe aux principes généraux du droit et les actes des organisations internationales. Les premiers seront, en raison de la confusion (tantôt ils sont appelés principes généraux du droit des investissements et tantôt standards de protection) qui les entoure en droit des investissements, étudiés dans la seconde partie de la thèse ; et les seconds, quant à eux, seront évoqués dans le chapitre suivant.

Section 1 :
Le manque d'harmonie des traités d'investissement

171. Une analyse globale des traités bilatéraux d'investissement (ci-après TBI) révèle deux données fondamentales. D'un côté, les traités bilatéraux d'investissement sont nombreux ; et de l'autre côté, ces mêmes traités sont divers et variés. Ces deux données attisent le soupçon d'un droit des investissements qui serait victime du développement de ses propres sources. À supposer que tel soit le cas, les sources du droit des investissements prendraient — elles considérablement en compte les droits de l'homme ? Voilà une première interrogation à laquelle il sera tenté d'être apporté une réponse. Mais ce droit dont les sources semblent constituer un obstacle, prend-il en compte les droits de l'homme ? Voilà la seconde question à laquelle il convient d'apporter des réponses. Aussi, nul doute que le droit des investissements tente, en certains de ses aspects, d'intégrer en fonction des éléments dont il dispose, des considérations sociales. Certes révélateur de la richesse de la matière, le développement des TBI emporte-il une expansion des droits de l'homme au sein du droit des investissements ?

172. ***Postulats***. On peut d'ores et déjà imaginer les traités bilatéraux ou multilatéraux d'investissement en tant que source fondamentale de la présence des droits de l'homme au sein du droit des investissements.[6] Dans le prolongement de ce postulat, on pourrait soutenir que les TBI consacrant les droits de l'homme le font de manière disparate. Qui plus est, la prise en compte des droits de l'homme dans la nouvelle génération des TBI semble être multiforme, ce qui est de nature à provoquer certains obstacles. Toutefois, on pourrait voir dans les TMI, une sorte de palliatif là où les TBI semblent rencontrer des difficultés liées à la prise en compte généralisée des droits de l'homme. Toutes ces hypothèses inventent à interroger le bilatéralisme (Paragraphe 1) avant d'en faire de même pour le multilatéralisme (Paragraphe 2).

§ 1 : Les aléas du bilatéralisme

173. À la vérité, les aléas auxquels l'allusion est faite sont le résultat des limites du droit international général avec des conséquences sur le droit des investissements internationaux qui en est une composante[7]. D'une manière générale, ce sont la diversité et la lenteur qui sont de part et d'autre les éléments

---

[6]. Le rapport de la CNUCED sur l'investissement dans le monde de 2021 (CNUCED : Rapport sur l'investissement dans le monde 2021 — *Investir dans une reprise durable* —, 21 juin 2021, doc. CNUCED/WIR/2021, p. XII), fait état de l'existence de 3360 traités d'investissement conclus dans le monde.

[7]. En ce sens, A. PELLET, « Notes sur la "fragmentation" du droit international : Droit des investissements internationaux et droits de l'homme », in D. Alland et *al.* (Eds.), *Unité et diversité du droit international. Écrits en l'honneur du Professeur Pierre-Marie Dupuy — Unity and Diversity in International Law. Essays in Honour of Professor Pierre-Marie Dupuy*, Leiden, Martinus Nijhoff Publishers, 2014, p. 762.

compromettant la prise en compte avérée des droits de l'homme au sein du droit des investissements. La lenteur et donc la parcellisation parce que le procédé bilatéral n'emporte, comme son nom l'indique, que l'adhésion d'un minimum d'États (deux États) d'où une certaine lenteur dans la consécration généralisée des droits de l'homme par le droit des investissements. Et la diversité car les procédés de prise en compte des droits de l'homme par le droit des investissements se présentent au moins de quatre manières. On pourrait même aller jusqu'à soutenir qu'en matière de TBI, la lenteur qui semble caractériser la généralisation de la prise en compte des droits de l'homme au sein du droit des investissements, serait due à la combinaison de deux facteurs que sont la diversité des procédés de prise en compte et la petitesse du nombre d'États parties à un même traité de ce type.

A. La diversité[8]

174. La diversité se manifeste à travers les différents procédés d'intégration des droits de la personne. À cet effet, les TBI relèvent de quatre canaux de prise en compte des droits de l'homme qu'il convient d'exposer tour à tour.

1. Prise en compte à travers la responsabilité sociale des entreprises (RSE[9]).

175. ***Sens.*** Pour partir sur de bonnes bases, il est impératif de s'intéresser aux contours de la Responsabilité sociale des entreprises. En effet, par responsabilité sociale de l'entreprise, on peut entendre l'intégration des considérations sociales et environnementales dans la sphère d'activité des entreprises, et ce sur une base volontaire.[10]

176. ***Illustration***. Une telle prise en compte est illustrée, à titre d'exemple, par l'article 12 du TBI liant l'Argentine et le Qatar (2016) : « *Investors operating in the territory of the host Contracting Party should make efforts to voluntarily incorporate internationally recognized standards of corporate social responsibility into their business policies and practices* ». Dans le meme sens va le § 8 du préambule du TBI Iran/Slovaquie de 2016 qui dispose : « *- DETERMINED to prevent and combat corruption, including bribery, in international cooperation and investment and to promote corporate social accountability (...)* ». Ou encore le Préambule du TBI Suisse/Georgie de 2015 :

---

[8]. Au risque de surcharger les développements qui suivent, on s'appuiera pour chacune des voies évoquées sur deux références. L'une tirée d'un préambule de TBI et l'autre d'un dispositif, l'objectif étant de faire apparaitre les références les plus représentatives des pistes envisagées. Néanmoins, on aura indiqué à titre liminaire que deux tableaux comportant, plus en détail, d'autres références de même nature que celles décrites ici, figurent aux § 195 et 196 de cette étude.

[9]. Ainsi, la RSE renvoie à l'investissement socialement responsable, lequel renvoie à son tour, dans le jargon des économistes à une « *démarche d'investissement qui consiste à prendre les décisions d'investissement et de gestion de portefeuilles d'actifs en associant aux critères financiers traditionnels, des critères extra-financiers, sociaux, éthiques ou environnementaux* ». A. SILEM (dir.), *Lexique d'économie*, Paris, éd. Dalloz, 2018, 15ème éd., p. 505.

[10]. Inspirée de la définition donnée dans l'ouvrage précité (*Idem*).

« *Determined to encourage investors to respect internationally recognized corporate social responsibility standards and principles (...)* (préambule — § 8) ».

2. Prise en compte à travers le développement durable[11]

177. *Consécrations.* On trouve des allusions au développement durable au niveau du Préambule du traité d'investissement entre le Canada et la Côte d'ivoire de 2015 : *« Reconnaissant que la promotion et la protection des investissements effectués par les investisseurs d'une Partie sur le territoire de l'autre Partie sont propres à stimuler une activité économique mutuellement avantageuse et à favoriser le développement de la coopération économique entre les deux pays et la promotion du développement durable ».* Et dans de manière quasi identique, l'art. 22 du TBI Japon/Urugway de 2015 *: « 1. Subject to the requirement that such measures are not applied by a Contracting Party in a manner which would constitute a means of arbitrary or unjustifiable discrimination against the other Contracting Party, or a disguised restriction on investments of investors of the other Contracting Party in the Area of the former Contracting Party, nothing in this Agreement shall be construed so as to prevent the former Contracting Party from adopting or enforcing measures: (a) necessary to protect human, animal or plant life or health; (b) necessary to protect public morals or to maintain public order, provided that the public order exception may only be invoked where a genuine and sufficiently serious threat is posed to one of the fundamental interests of society (...) »*

178. *Conséquences.* S'il est sans doute aisé, et cela apparait à travers les dispositions exposées *supra*, de relever certaines références explicites, contenues dans les traités récents de protection des investissements consacrant le développement durable, il reste cependant à voir s'il est plausible ou du moins possible de déduire de la consécration du développement durable, une réelle prise en compte du droit international des droits de l'homme par le droit des investissements. Une telle entreprise nécessite indubitablement une double investigation. D'abord consubstantielle au concept de développement durable et ensuite, relative aux droits de l'homme pour mesurer la place que ces derniers font au développement durable. Ainsi, le passage par le droit des droits de l'homme en vue d'une investigation relative à la place qu'il accorde au développement durable s'avère incontournable. Au demeurant, il convient de décliner ce que l'on doit entendre par développement durable au vu des conceptions multiples qui l'escortent. Pour apporter des éléments de réponse à ces considérations, il serait opportun de mettre en avant lesdites conceptions avant de s'intéresser aux conséquences qu'il est possible d'en tirer sur un plan purement conceptuel.

179. *Incidence sur le droit de l'investissement*. Le droit de l'environnement gagnerait à intégrer parmi ses finalités, la protection de la personne en ce sens qu'il s'agit d'une protection susceptible d'emporter l'adhésion des États. Ce faisant, il serait à même de mettre en avant ses incidences sur le bien-être de l'être

---

[11]. Comme pour la RSE, voir les tableaux aux § 195 et 196 de cette étude.

humain. N'est-ce pas la logique empruntée jusqu'ici par le monde économique ? Pour vérifier le bien-fondé de cette interrogation, l'étude de certains TBI récents s'impose. Une remarque mérite cependant d'être relevée à ce stade. Les références faites au droit de l'environnement dans les TBI se présentent sous une double forme : par moments, elles sont mentionnées dans les préambules et, en d'autres moments, elles sont intégrées dans le dispositif. Le choix de l'emplacement de ces références n'est pas anodin en ce sens qu'il permet au moins de mettre l'accent sur la valeur que les États entendent leur attribuer[12]. Ainsi, le préambule se caractérise souvent par la généralité alors que le dispositif se veut plus précis. La conséquence première de cette dichotomie réside dans le degré d'importance que les instances de règlement des différends accordent aux dispositifs par rapport aux préambules.[13]

3. Prise en compte à travers la référence à l'environnement[14].

180. *Références*. Le droit des investissements prend il en compte les droits de l'homme en passant par le droit de l'environnement ? La réponse à cette question nécessite au moins un recensement des références au droit de l'environnement contenues dans la principale source conventionnelle de ce droit. En effet, le droit à l'environnement[15] trouve une expression dans le TBI entre le Japon et l'Uruguay de 2015[16] en son article 22 intitulé *General and Security Exceptions* : *« 1. Subject to the requirement that such measures are not applied by a Contracting Party in a manner which would constitute a means of arbitrary or unjustifiable discrimination against the other Contracting Party, or a disguised restriction on investments of investors of the other Contracting Party in the Area of the former Contracting Party, nothing in this Agreement shall be construed so as to prevent the former Contracting Party from adopting or enforcing measures: (a) necessary to protect human, animal or plant life or health; (b) necessary to protect public morals or to maintain public order, provided that the public order exception may only be invoked where a genuine and sufficiently serious threat is posed to one of the fundamental interests of society (...) »*. Une disposition semblable est consacrée par l'article 2 § 3 d'un TBI de 2015[17] liant le Maroc à la Guinée, intitulé *Promotion et protection des investissements : « Aucune disposition dans le*

12. A ce sujet, voy. M. M. MOHAMED SALAH, « Le droit international économique est — il ouvert aux enjeux environnementaux ? » in *Pour un droit économique de l'environnement. Mélanges en l'honneur de Gilles J. Martin*, Paris, éd. Frison-Roche, 2013, pp. 363-396.

13. Et c'est ce que confirme le règlement des différends relatifs à l'investissement. *Ibid.*, p. 365 et s.

14. Comme pour la RSE et le développement durable, voir les §§ 195 et 196.

15. Si la référence fait directement mention du droit à l'environnement, il devient inutile de chercher à établir le lien entre l'environnement et l'homme. En revanche, s'il n'est fait mention que du droit de l'environnement, il devient utile d'établir le lien entre l'environnement et l'homme. Cela s'explique par le fait que le droit à un environnement « sain » est considéré tant par la doctrine que par la jurisprudence comme un droit de l'homme ; tel n'est cependant pas le cas du droit de l'environnement, droit au sujet duquel la doctrine est divisée. Voy. Introduction de cette étude.

16. Signé le 26 janvier 2015.

17. Signé le 28 mai 2015.

présent Accord ne sera interprétée de manière à empêcher une Partie Contractante de prendre des mesures qu'elle juge nécessaires pour des raisons de la sécurité ou pour le maintien de l'ordre public ou de la protection de la sante publique ou de l'environnement, à condition que ces mesures ne soient pas appliquées d'une manière discriminatoire, abusive, ou injustifiée. ». C'est également le cas du TBI Argentine/Qatar de 2016 : *« None of the provisions of this Agreement shall affect the inherent right of the Contracting Parties to regulate within their territories through measures necessary to achieve legitimate policy objectives, such as the protection of public health, safety, the environment, public morals, social and consumer protection.* (art. 10 intitulé *Right to regulate*). De manière moins éloquente, le § 13 du preamble du TBI Australie/Nigeria de 2013 : *« ACKNOWLEDGING that investment agreements and multilateral agreements on the protection of environment, human rights or labour rights are meant to foster global sustainable development and that any possible inconsistencies there should be resolved without relaxation of standards of protection »*.

181. ***Protéger l'environnement c'est protéger l'homme ?*** Au vu de ces références, on est tenté de se demander si le droit de l'environnement se manifeste dans la source substantielle bilatérale du droit des investissements pour atteindre l'objectif de protection des droits de l'homme. Cela reviendrait à dire que la prise en compte du droit de l'environnement est une traduction de la volonté des États de mettre en avant les droits de l'homme. On ne saurait tenir pour vraie cette affirmation sans effectuer un détour par le droit de l'environnement afin de tracer le lien pouvant exister entre les instruments de protection des investissements, la protection de l'environnement et celle des droits de l'homme.

182. ***Interroger la valeur juridique***. Les références évoquées sont-elles juridiquement contraignantes ? Voilà un versant de notre interrogation de base qui fait appel à la question de la justiciabilité du droit de l'environnement au sein du droit des investissements. Autrement dit, il s'agit de voir si le canal du droit de l'environnement constitue une piste sérieuse de prise en compte des droits de l'homme par le droit des investissements.

183. ***La prévalence de l'approche « associative »***. L'approche retenue par les TBI récents semble s'inscrire en faux contre la thèse de la dissociation, et ce d'autant plus qu'elle met l'accent sur l'importance de l'adjonction des éléments relatifs à la protection de l'environnement et ceux relatifs à la protection des droits de la population[18]. Du côté du droit de l'environnement, c'est la même approche qui est mise en avant. La Charte africaine des droits de l'homme et des peuples[19],

---

[18]. De plus en plus de TBI récents mettent l'accent sur ce fait dans leurs préambules. On peut en citer : le TBI entre l'Australie et le Nigeria, signé le 8 avril 2013 ; le TBI entre le Canada et la Côte d'Ivoire, signé le 30 novembre 2014 ; le TBI entre le Qatar et l'Argentine, signé le 6 novembre 2016, etc.

[19]. Art 24 de la Charte africaine des droits de l'homme et des peuples (adoptée le 27 juin 1981, entrée en vigueur le 21 octobre 1986, OUA, doc. CAB/LEG/67/3/Rév.) : « *Tous les peuples ont droit à un*

et comme elle le protocole additionnel à la Convention américaine des droits de l'homme (domaine des droits économiques, sociaux et culturels)[20] en sont deux illustrations éloquentes.[21] C'est dans ce sens qu'on peut lire la mise en avant des droits de l'homme dans une perspective d'ouverture qui se veut favorable à la prise en compte affirmée des droits sociaux et économiques. Cela permet de dissiper le flou autour de la mise en balance des droits de l'homme. Le seul fait que les TBI adoptent une approche identique à celle qui est suivie par le droit de l'environnement témoigne de la dynamique d'ouverture du droit de l'investissement au droit de l'environnement dont le prolongement est la protection de l'environné : l'Homme.

184. ***Justiciabilité des références aux droits de l'homme***. Une autre question évoquée plus haut mérite d'être abordée ici : la justiciabilité. Interroger la notion de justiciabilité à la lumière des dispositions des TBI relatives au droit de l'environnement revient à se demander si les références aux droits de l'homme sont, sur le plan du droit, potentiellement contraignantes. Pour se départir de cette logique, il semble tout à la fois logique et impératif de s'orienter vers une lecture plus intégrée du droit de l'environnement, c'est-à-dire, une lecture faisant du droit de l'environnement, un droit se voulant certes protecteur de l'environnement, mais aussi de l'homme, celui-ci n'en étant qu'une composante. La justiciabilité du droit de l'environnement en droit des investissements est tributaire de la démarche préconisée par les acteurs du droit des investisseurs. Or, comme il a été décrit, le droit économique de l'investissement tend, non seulement à intégrer les considérations relatives aux droits de l'homme dans ses instruments conventionnels, mais aussi et surtout leur confère une place dans les Dispositifs des traités. Ces considérations sont cependant loin d'être spécifiques au seul droit de l'environnement.

4. Prise en compte à travers le droit du travail[22]

185. ***Une multitude de références.*** Le § 5 du préambule du TBI Turquie/Bangladesh de 2012 énonce que : "*Being convinced that these objectives can be achieved without relaxing health, safety and environmental measures of general application as well as internationally recognized labor rights* (...)". Il en est de meme de l'art. 5 du TBI Australie/Kazakhstan de 2010 : *(1) "The Parties do not encourage an investment by weakening the requirements of its national legislation in the field of labour. (2) For the purposes of this Article, national legislation in the field of labour is directly related to the following internationally*

---

environnement satisfaisant et global, propice à leur développement.». Il en résulte clairement le rattachement du droit des peuples à celui du bénéfice d'un environnement sain.

20. Art.11 du protocole additionnel à la Convention américaine des droits de l'homme (adopté par l'OEA le 17 novembre 1988 et entré en vigueur le 16 novembre 1999, n° 69.), intitulé « *Droit à un environnement salubre* » : « *1. Toute personne a le droit de vivre dans un environnement salubre et de bénéficier des équipements collectifs essentiels.* »

21. En ce sens que tous deux semblent opérer un lien entre les deux droits cités.

22. Comme pour la RSE, le développement durable et le droit de l'environnement, voir §§ 195 et 196.

recognised labour rights: (a) the right of association; (b) the right to organise and to bargain collectively (...) (art. 5 intitulé *Labour Laws*) ». Il n'est plus rare de rencontrer des indications relatives au droit du travail dans les Traités relatifs aux investissements. De telles indications sont, il est vrai, récentes au vu des TBI que l'on pensait confinés dans une logique exclusivement économique. Déjà, le Pacte mondial[23] a réservé quatre principes[24] à la question du travail dont le respect par les entreprises multinationales est fortement recommandé. S'il n'est pas sûr d'avancer que les TBI intègrent sans retenue les droits de l'homme se rapportant au travail, il reste aisé de soutenir que la dynamique de cette prise en compte est incontestablement amorcée.

186. *Enseignement*. Serait-il possible d'affirmer, au regard de ce qui a été exposé sur et autour de la question des canaux bilatéraux d'intégration des droits de l'homme dans le droit des investissements, que le droit des investissements prend suffisamment en compte les droits de l'homme ? La réponse à cette question ne saurait être satisfaisante si l'on se cantonne dans le champ du droit substantiel des investissements. Il est impératif, pour ce faire de se référer à la place que les instances juridictionnelles lui accordent[25]. Abstraction faite de cet aspect de la question dans cette partie de l'étude, l'on peut s'orienter vers d'autres instruments importants pour envisager la place future des droits de l'homme dans les sources conventionnelles du droit des investissements que sont les modèles de TBI proposées par certains États du Nord comme du Sud. À ces instruments on peut ajouter les références aux droits de l'homme, de plus en plus marquées, non plus seulement dans les préambules, mais aussi dans les dispositifs des TBI. Combinés, ces deux facteurs apportent des éclairages relativement à la direction suivie par les traités d'investissements.

187. *Modèles de TBI dans le mouvement*. Les modèles de TBI proposés par certains États confortent le regard optimiste d'une prise en compte généralisée (ou du moins majoritaire) future des droits de l'homme dans le droit des investissements. Tel est le cas par exemple du récent modèle néerlandais de TBI du 23 mars 2019 qui consacre, dans une section spécifiquement dédiée, le développement durable[26]. Des considérations de même nature sont consacrées à

---

23. Élaboré dans le cadre de l'ONU le 26 juillet 2000. Ce pacte cerne les entreprises à dix principes, regroupés en trois axes que sont le travail, l'environnement et la lutte contre la corruption, et exige d'elles leur prise en compte.

24. Les principes en question sont insérés dans la partie relative aux « *Normes internationales du travail* » et se rapportent tous à la problématique plus large du respect des droits de l'homme par les entreprises multinationales. Les quatre principes invitent les entreprises : *« (...) à respecter la liberté d'association et à reconnaître le droit de négociation collective* (principe 3) ; *À contribuer à l'élimination de toutes les formes de travail forcé ou obligatoire* (principe 4) ; *À contribuer à l'abolition effective du travail des enfants* (principe 5) ; *À contribuer à l'élimination de toute discrimination en matière d'emploi et de profession* (principe 6). Nous reviendrons plus en profondeur sur cette question dans le chapitre suivant.

25. Voy. Titre II de la partie 2

26. En effet, il s'agit d'une consécration non des moindres étant entendu qu'une section spécifique, intitulée est dédiée dans ledit modèle à la question.

l'article 31 du modèle norvégien de TBI de 2015[27]. D'autres modèles de TBI vont dans le même sens[28]. Ces modèles servent somme toute à déceler le positionnement des États par rapport à l'économie conjuguée aux droits de l'homme[29].

188. ***Des Préambules aux dispositifs : quelles implications ?*** Si les références aux droits de l'homme ne se rencontraient que dans les préambules des TBI[30], elles sont de plus en plus intégrées dans les dispositifs. Cette nouvelle donne témoigne de l'intérêt grandissant porté à l'intégration des droits de l'homme dans le droit substantiel relatif à l'investissement, que ce soit par la voie de la protection de l'environnement, du développement durable, du travail, ou encore de la responsabilité sociale des entreprises. Sans doute, s'agit-il ici de l'une des pistes les plus sures de prise en compte des considérations extra-économiques[31] ; prise en compte qui augure un avenir meilleur pour la prospérité de la protection de l'homme, non plus seulement investisseur, mais aussi non investisseur. Le passage des références dans les préambules aux références dans les dispositifs revient à substituer la valeur interprétative souvent assignée aux préambules par la valeur contraignante des dispositifs. Sous un autre registre, ce « glissement » normatif est synonyme de l'intérêt grandissant que portent de plus en plus les États aux considérations économico-environnementales, économico-salariales, économico-sociétales et de développement durable qui s'accompagne d'une clarification des références aux domaines cités. Cette fois, c'est la force obligatoire qui est mise en avant. En un mot, c'est la justiciabilité des droits liés à l'environnement dans le droit de l'investissement qui en sort renforcée. C'est d'ailleurs, à s'en tenir au Rapport des administrateurs de la Banque Mondiale, la

---

[27]. Dont la teneur suit : « *The Parties agree to encourage investors to conduct their investment activities in compliance with the OECD Guidelines for Multinational Enterprises, the UN Guiding Principles on Business and Human Rights and to participate in the United Nations Global Compact* »

[28]. Le modèle indien de TBI de 2015 ; le modèle marocain de TBI de 2019 ; le modèle tchèque de TBI de 2016, etc.

[29]. A ce sujet, G. BASTID BURDEAU note qu'« *il est clair qu'un certain nombre d'États ont manifesté une position de principe sur le contenu des garanties offertes aux investisseurs de l'autre État, en adoptant des modèles spécifiques d'accords qui ont été régulièrement adaptés aux évolutions tant des demandes sociales que des positions de la jurisprudence arbitrale et parfois en vue de limiter les risques pour l'État* ». Voy. G. BASTID BURDEAU, « L'arbitrage d'investissement au hasard des accords de libre-échange », in *Droit sans frontières. Mélanges en l'honneur d'Éric Loquin*, Paris, éd., LexisNexis, 2018, p. 47.

[30]. Cela s'explique en partie par le fait que lesdits préambules sont plus généraux que les dispositifs, lesquels sont souvent centrés sur des clauses plus ou moins spécifiques.

[31]. Ne serait-ce que parce qu'elle met à l'écart toute discussion potentielle au sujet de la juridicité des dispositions qu'elle intègre ou entend intégrer dans les TBI. On peut cependant relativiser en indiquant que les formulations choisies pourraient faire naitre un débat sur le degré de normativité des règles consacrées par le droit substantiel en général et les TBI en particulier. En ce sens, P. WEIL, « Vers une normativité relative en droit international ? » *RGDIP*, 1982, pp. 5-47.

finalité que les États parties à la Convention de Washington de 1965 créant le CIRDI espéraient de l'investissement étranger[32].

189. ***Prospection.*** Pour l'heure, il serait prématuré de célébrer l'avènement de l'intégration des droits de l'homme dans les TBI. Certes, les voies de prise en compte des droits de l'homme par le droit des investissements se renforcent et se multiplient, mais le mouvement n'étant qu'à ses débuts, seul l'avenir nous dira si les droits de l'homme auront toute leur place au sein des TBI. C'est-à-dire, une généralisation de la prise en compte des droits de l'homme par l'ensemble des instruments bilatéraux relatifs à l'investissement, laquelle parait une piste sérieuse vers une plus grande justiciabilité[33]. La multiplication des références aux droits de l'homme ne saurait avoir l'effet escompté que lorsqu'elle s'accompagne d'une clarification des engagements souscrits par les États signataires pour le compte de leurs nationaux et des investisseurs étrangers.

B. La fragmentation

190. ***De deux choses l'une : commodité ou efficacité ?*** La tendance vers la prise en compte des droits de l'homme au sein du droit des investissements est sans préjudice de la « lenteur » qu'est susceptible de générer le procédé bilatéral lui-même. On sait qu'un traité bilatéral d'investissement a vocation, comme l'indique le qualificatif « bilatéral », à régir les rapports entre deux États. De manière plus concrète, le régime juridique des TBI ne laisse aucune place, comme le ferait un traité multilatéral, aux réserves et, pas assez de place aux amendements[34]. Si cet état de fait peut s'interpréter comme une manière de mettre en avant les droits de l'homme en ce sens qu'il constituerait un verrou contre l'obstacle des rapides compromis que l'on connait au multilatéralisme, il n'en demeure pas moins que l'état actuel du droit substantiel des investissements reste éloigné de la mise sur pied d'un traité « universel » d'investissement, consacrant les droits de l'homme sans aménagement.[35] Autant les TBI peuvent se révéler

---

32. Ainsi, le Rapport des administrateurs de la Banque mondiale (Banque Mondiale : Rapport des Administrateurs sur la Convention pour le règlement des différends relatifs aux investissements entre États et ressortissants d'autres États, daté du 6 août 1965 et adopté par le Conseil des gouverneurs de la BIRD, rés. n° 214 du 10 septembre 1964), énonce en son point 13 : « *Bien que l'objectif général de la Convention soit d'encourager l'investissement privé international, les dispositions de la Convention sont conçues en vue de maintenir l'équilibre entre les intérêts des investisseurs et ceux des États hôtes.* ».

33. La consécration des droits de l'homme dans l'ensemble des traités de protection et de promotion des investissements n'a plein effet que lorsqu'elle est suivie d'effet devant les instances juridictionnelles.

34. Voy. G. COHEN JONATHAN, « Réserves aux traités internationaux relatifs aux droits de l'homme », in J. ANDRIANTSIMBAZOVINA et *al.* (dir.), *Dictionnaire des droits de l'homme*, Paris, éd. Puf, 2012, p. 849. On peut cependant s'interroger sur le rôle des lettres d'interprétation qui accompagnent parfois certains TBI.

35. Dissocier les droits de l'homme de la sphère économique semble problématique. Il faut dire qu'il s'agit d'une approche purement positiviste, laquelle tend à considérer un tel ou tel autre droit en fonction de son domaine et se démarque donc de toute idée d'ouverture d'un domaine du droit à un

efficaces du fait des règles porteuses des droits de l'homme qu'ils consacrent, autant ces mêmes traités peuvent être fragilisés par la diversité des procédés qu'ils adoptent ainsi que le faible nombre d'États signataires d'un même TBI. La fragmentation dont sont porteurs les TBI est prise dans le contexte plus large de l'ordre public international[36]. Entendu sous cet angle, le procédé bilatéral contribue au fractionnement du droit des investissements, lequel joue un rôle déterminant dans l'altération du processus d'intégration des droits de l'homme dans le droit des investissements.

§ 2 : Les potentialités inexploitées du multilatéralisme

191. ***Justification.*** Les accords multilatéraux d'investissement peuvent certes être envisagés sous un angle différent de celui qui est suggéré par le titre de ce paragraphe, c'est-à-dire, celui des pistes empruntées par les droits de l'homme pour s'intégrer dans les instruments bilatéraux relatifs à l'investissement. Seulement, une telle approche risquerait de mener, sur un plan purement méthodologique, vers une lecture monotone des sources substantielles du droit des investissements, tant l'analyse réservée aux TBI dans ce chapitre (*supra*) suit cette même dynamique. Compte tenu de cet aspect, seront privilégiées les aptitudes des TMI à intégrer les droits de l'homme. En un mot, les force et faiblesse de la pratique conventionnelle multilatérale relative aux investissements étrangers en matière des droits de l'homme ; ce qui amène à envisager, dans une optique voisine, les éléments dont disposent les traités multilatéraux d'investissement pour renforcer la prise en compte des droits de l'homme par le droit des investissements.

192. ***Le nombre à l'honneur***. D'un point de vue numérique, le traité multilatéral est censé regrouper les volontés de plusieurs États, d'où « *la manifestation de solidarisme international* »[37]. Cette présentation des choses procède de la volonté de voir mis en avant le nombre d'États parties à un traité. Comme on le sait, le nombre des États parties à un traité aide à cerner quantitativement sa représentativité : plus le nombre d'États adhérents est important, plus les règles qu'il porte sont représentatives[38] de la volonté des États et s'orientent vers la généralisation. Toutefois, il y a lieu de signaler que cet

autre. Cette manière de raisonner est en réalité la négation de toute approche holistique du droit et présente ainsi l'inconvénient de l'opposition des branches du droit les unes aux autres. En effet, si le droit est une science, il gagnerait à combiner les domaines qui le composent plutôt que d'être dans une logique de spécialisation extrême.

36. Ou certaines règles sont

37. J. BASDEVANT, « La conclusion et la rédaction des traités et des instruments diplomatiques autres que les traités », *RCADI*, t. 15, 1926, p. 557.

38. Sans entrer dans la querelle doctrinale opposant les positivistes et les jus naturalistes sur la question de la détermination de la volonté de l'État, il nous suffit de dire que les premiers en ont une approche restreinte, contrairement aux seconds qui en ont une approche large. En ce sens, O. CORTEN, *Méthodologie du droit international*, Bruxelles, éd. ULB, 2010, pp. 22 et s.

élément, aussi important soit-il, n'est pas exclusif lorsqu'il s'agit de déterminer les contours de la volonté de l'État[39].

193. ***Deux éléments déterminants.*** Les traités multilatéraux d'investissement présentent le mérite d'être les précurseurs (ou devanciers) de l'intégration des considérations extra-économiques dans le droit substantiel de l'investissement. Cela s'explique au moins par deux éléments principaux que sont les procédés empruntés en la matière et le nombre des parties contractantes.

A. Les techniques

194. ***Divergence mineure.*** Les accords (traités) multilatéraux d'investissement (ci-après AMI ou TMI) intègrent les droits de l'homme d'une manière *quasi* identique à celle des TBI, à savoir la consécration des droits de l'homme dans les préambules et son prolongement dans les dispositifs[40]. Toutefois, et cela mérite d'être immédiatement souligné, les références aux droits de l'homme dans le préambule d'un accord de partenariat ont tendance à être plus générales que celles que l'on retrouve dans les TBI, car ceux-ci sont spécifiques à l'investissement, chose à laquelle échappent ceux-là dans la plupart des cas. En dehors de cette considération, aucune distinction ne parait se dégager de la comparaison des techniques multilatérales et bilatérales en la matière. La différence se trouve ailleurs que dans ce cadre. Si l'on s'intéresse à la manière dont les droits de l'homme sont intégrés dans les TMI, on se rend vite compte que les voies suivies sont les mêmes que celles empruntées par les TBI[41]. Les pistes du développement durable, de la RSE, du droit du travail, et du droit de ou à l'environnement, sont présentes[42] dans l'un comme l'autre des deux types d'accord. Restituant quelque peu les modalités de prise en compte des droits de l'homme, les tableaux suivants illustrent les similitudes existantes entre les dispositions d'ordre social contenues dans les TMI et TBI auxquels prennent part des États aux réalités juridiques fort différentes. On s'aperçoit à la lecture desdits tableaux que le choix de tel ou tel type d'accord d'investissement n'est d'aucune incidence sur les modalités de prise en compte des droits de l'homme.

---

[39]. Même s'il s'agit du degré d'exigence posé par le positivisme volontariste, lequel n'est pas toujours suivi par le courant objectiviste qui se montre, à ce sujet, moins regardant et cherche parfois à déterminer la volonté des États à travers leurs positions, fussent-elles exprimées en dehors de tout cadre conventionnel. *Ibid.*, pp. 45 et s.

[40]. En suivant les mêmes canaux : développement durable, RSE, droit du travail et droit de l'environnement.

[41]. Les deux types de procédés conventionnels accordent une place à l'environnement (ou au droit à l'environnement/de l'environnement), le développement durable, la RSE et le droit du travail.

[42]. La confrontation des TBI et TMI récents aboutit à ce résultat (voy. Tableaux 1 et 2 ci-après).

195. **<u>Tableau 1</u> :** Prise en compte des droits de l'homme par les traités d'investissement (Nord/Sud et Nord/Nord)

	Modalités de prise en compte des droits de l'homme			
Type de traité et États Parties	RSE	Développement durable	Droit à l'environnement	Droit du travail
Australie et Nigeria (signé le 08/04/2013)	*EXPRESSING their belief that responsible corporate behaviour can contribute to mutual confidence between enterprises and host countries* (préambule § 10)	*ACKNOWLEDGING that investment agreements and multilateral agreements on the protection of environment, human rights or labour rights are meant to foster global sustainable development and that any possible inconsistencies there should be resolved without relaxation of standards of protection* (préamble - § 13)	– *(...)* [*N*] *on-discriminatory measures of a Contracting Party that are designed and applied to protect legitimate public welfare objectives, such as health, safety and the environment, do not constitute indirect expropriation* (alinéa 4 de l'art. 7 intitulé *Expropriation and Compensation*)	- *Investment and Labour* (intitulé de l'art. 5)
CETA (Comprehensive Economic and Trade Agreement) liant le Canada et l'Union Européenne (Belgique, Bulgarie, Tchèque [République], Danemark, Allemagne, Estonie, Irlande, Suisse, Espagne, France, Croatie, Italie, Chypre, Lettonie, Lituanie, Luxembourg, Hongrie, Malte, Hollande, Australie,	*ENCOURAGING enterprises operating within their territory or subject to their jurisdiction to respect internationally recognised guidelines and principles of corporate social responsibility, including the OECD Guidelines for Multinational Enterprises, and to pursue best practices of responsible business conduct (...)* (préambule — § 10)	*REAFFIRMING their commitment to promote sustainable development and the development of international trade in such a way as to contribute to sustainable development in its economic, social and environmental dimensions (...)* (préambule — § 9)	*-1.A Party shall not adopt or maintain with respect to market access through establishment by an investor of the other Party, on the basis of its entire territory or on the basis of the territory of a national, provincial, territorial, regional or local level of government, a measure that: (d) a measure seeking to ensure the*	

Pologne, Portugal, Roumanie, Slovénie, Slovaquie, Finlande, Suède, Royaume-Uni) (2016)			*conservation and protection of natural resources and the environment, including a limitation on the availability, number and scope of concessions granted, and the imposition of a moratorium or ban (...)* (art. 8.4 — § 1 [d] intitulé *Market Acces*)	

196. <u>Tableau 2</u> : Prise en compte des droits de l'homme par les traités d'investissement (Nord/Sud et Nord/Sud)

	Modalités de prise en compte des droits de l'homme			
Type d'Accord	RSE	Développement durable	Droit à l'environnement	Droit du travail
Canada et Côte d'Ivoire (signé le 30/11/2014 puis entré en vigueur le 14/12/2015)	*Mesures relatives à la santé, à la sécurité et à l'environnement et normes relatives à la responsabilité sociale des entreprises* (intitulé de l'art. 15)	*Reconnaissant que la promotion et la protection des investissements effectués par les investisseurs d'une Partie sur le territoire de l'autre Partie sont propres à stimuler une activité économique mutuellement avantageuse et à favoriser le développement de la coopération économique entre les deux pays et la promotion du développement*	*Mesures relatives à la santé, à la sécurité et à l'environnement et normes relatives à la responsabilité sociale des entreprises* (intitulé de l'art. 15)	*4.1. Le paragraphe 3 n'empêche pas une Partie de subordonner l'octroi ou le maintien de l'octroi d'un avantage lié à un investissement effectué sur son territoire par un investisseur d'une Partie ou d'un État tiers au respect, sur son territoire, de l'une des obligations suivantes : (...) 3. former ou d'employer des travailleurs, incluant ses*

		durable (Préambule — § unique)		*ressortissants (...)* (art. 9 — *prescription de résultats)*
EPA (Economic Partner Agreement) entre les Pays membres de l'Union Européenne et pays de la SADC — Southern Africa Developpment — (Botswana, Lesotho, Mozambique, Namibie, Afrique du Sud, Swaziland) (signé le 10/06/2016)	*3.In respect of paragraphs 1 and 2, the Parties may cooperate, inter alia, in the following areas: (...)(c) corporate social responsibility and accountability (...)* (art. 11 § 3 [c] intitulé *Working Together on Trade and Sustainable Development*)	*1.The Parties reconfirm their commitment to enhance the contribution of trade and investment to the goal of sustainable development in its economic, social and environmental dimensions.* *2.A Party may request, through the Trade and Development Committee, consultations with the other Party regarding any matter arising under this Chapter.* *3 Dialogue and cooperation on this Chapter by the Parties, through the Trade and Development Committee, may involve other relevant authorities and stakeholders* (art. 10 intitulé *Trade and Investment Favouring sustainable development*)	*1.The Parties recognise the value of international environmental governance and agreements as a response of the international community to global or regional environmental problems as well as decent work for all as a key element of sustainable development for all countries and as a priority objective of international cooperation.* *2.Taking into account the Cotonou Agreement, and in particular its Articles 49 and 50, the Parties, in the context of this Article, reaffirm their rights and their commitment to implement their obligations in respect of the Multilateral Environmental Agreements ('MEAs') and the International Labour Organisation ('ILO') conventions that they have*	*-1.The Parties recognise the value of international environmental governance and agreements as a response of the international community to global or regional environmental problems as well as decent work for all as a key element of sustainable development for all countries and as a priority objective of international cooperation.* *2.Taking into account the Cotonou Agreement, and in particular its Articles 49 and 50, the Parties, in the context of this Article, reaffirm their rights and their commitment to implement their obligations in respect of the Multilateral Environmental Agreements ('MEAs') and the International Labour Organisation*

			ratified respectively. (art. 8 intitulé *Multilateral Environment and Labour Standards and Agreement*)	*('ILO') conventions that they have ratified respectively.* (art. 8 intitulé *Multilateral Environment and Labour*

B. L'effectif

197. ***Point de départ de la consécration des droits de l'homme par les TMI.*** Les TMI sont comme leur nom l'indique, des accords entre plusieurs États. Non seulement certains traités multilatéraux d'investissement aménagent les droits de l'homme, mais c'est également le cas de certains accords de partenariats économiques[43]. Il est vrai que, et cela mérite d'être relevé, les droits de l'homme ont connu des consécrations dans les TMI[44] avant de connaitre le même sort dans les TBI. Cet état de fait, glorieux du reste, n'est pas allé jusqu'à aboutir à un traité universel de protection et de promotion des investissements[45]. Par ailleurs, et dans un souci de clarté, les aspects de la question méritent d'être envisagés sous une triple dimension.

1. État des lieux

198. ***Problématique des réserves aux traités.*** Si l'on admet que le procédé multilatéral peut se révéler efficace, des obstacles juridiques sont de nature à le remettre en question. Au premier rang de ces obstacles, le système des réserves aux traités institué par la Convention de Vienne sur le droit des traités de 1969[46]. On le sait, un État peut être partie à un traité tout en émettant des réserves relativement à certaines de ses dispositions ; il suffit pour ce faire que la réserve soit en adéquation avec l'art 19 de la Convention de Vienne sur le droit des traités[47], lequel se lit comme suit : « [*u*] *n État, au moment de signer, de ratifier, d'accepter, d'approuver un traité ou d'y adhérer, peut formuler une réserve, à*

[43]. Il ne s'agit pas à proprement parler de traités multilatéraux exclusivement d'investissement mais plutôt des accords économiques contenant un volet consacré à l'investissement. Souvent très médiatisés, ils intègrent dans la plupart du temps les considérations sociales.

[44]. L'ALENA (remplacé par l'ACEUM au 1er juillet 2020), est souvent donné comme point de départ de ce genre de consécrations. C'est à cet égard que le chapitre dudit accord relatif à l'investissement énonçait, en son article 1114 § 2 que « [l] *es Parties reconnaissent qu'il n'est pas approprié d'encourager l'investissement en adoucissant les mesures nationales qui se rapportent à la santé, à la sécurité ou à l'environnement.* ».

[45]. Sur la question de l'absence d'un traité universel de protection et de promotion des investissements, voy. SFDI/AMI. Table-ronde» in SFDI, *Un accord multilatéral sur l'investissement : d'un forum de négociation à l'autre ? Journée d'études organisée par l'Institut des Hautes Études Internationales de l'Université Panthéon-Assas (Paris II), le 7 décembre 1998*, Paris, éd. Pedone, 1999, pp. 121-130.

[46]. Conclue le 23 mai 1969, entrée en vigueur le 27 janvier 1980, *RTNU*, vol. 1155, p. 333.

[47]. *Idem.*

moins : a) Que la réserve ne soit interdite par le traité ; b) Que le traité ne dispose que seules des réserves déterminées, parmi lesquelles ne figure pas la réserve en question, peuvent être faites ; ou c) Que, dans les cas autres que ceux visés aux alinéas a et b, la réserve ne soit incompatible avec l'objet et le but du traité. ».

199. *Débat doctrinal.* Avant d'aborder plus en profondeur les conditions de validité des réserves mises en avant par l'article 19, il importe de poser les termes du débat entre défenseurs et opposants des réserves aux traités. À s'y intéresser de près on peut être tenté d'imaginer une certaine opposition entre les militants d'une conception rigide des traités et partisans de la conception flexible des traités. Autrement dit, l'admission de réserves serait pour les uns un mal car elle risquerait de vider le traité de ses but et objet alors que les autres trouvent dans l'admission des réserves une vertu tendant vers une adhésion du plus grand nombre aux traités, ce qui serait utile pour leur universalisation[48]. Cependant, la configuration change dès lors qu'il est question des droits de l'homme. Ces derniers ne sont à priori susceptibles de réserves ne serait-ce que parce que « *ce qui caractérise principalement les obligations relatives aux droits de l'homme, c'est qu'elles constituent des obligations objectives et intégrales (dont sont titulaires tous les individus placés sous la juridiction de l'État, sans discrimination)* »[49].

2. Exposé des conditions

200. *Triptyque.* Trois conditions sont posées dans le cadre de l'article 19 précité. La première est l'absence d'interdiction des réserves ressortant du traité ; la deuxième est que la réserve envisagée relève de l'un des domaines énumérés par le traité, si ce dernier en dispose ; et enfin, la réserve doit être compatible avec l'objet et le but du traité.

201. *L'impossible mise à l'écart de certains droits de l'homme.* Concernant le premier point, il est tout à fait plausible que les droits de l'homme soient considérés comme un socle commun[50], et de là, il serait fort embarrassant que certaines dispositions faisant mention des droits de l'homme fassent l'objet de réserves. Toutefois, il n'est pas certain que tous les droits de l'homme bénéficient du même statut auprès des États, la raison en est, non seulement la diversité des approches des droits de l'homme,[51] mais aussi et surtout, le degré d'implication

---

48. Les deux points de vue sont résumés par un auteur qui indique que « *pour les uns, les réserves sont un mal absolu car elles portent atteinte à l'intégrité du traité ; pour les autres, au contraire, elles facilitent une adhésion plus large et sont, de ce fait, un facteur d'universalité* ». Voy. A. PELLET in O. CORTEN et P. KLEIN (dir.), *Les conventions de Vienne sur le droit des traités. Commentaire article par article*, Bruxelles, éd. Bruylant, 2006, pp. 641-796, spéc. p. 674.

49. G. COHEN-JONATHAN, « Réserves aux traités internationaux », *loc. cit.*, pp. 850.

50. Et de manière plus concrète, considérés comme normes de jus cogens

51. Allusion faite, pour le moins, aux spécificités régionales : privilégier les droits civils et politiques ou privilégier les droits sociaux et économiques ? le danger de ce questionnement est sans doute un risque de hiérarchisation des droits de l'homme car il amène les tenants de l'une comme de l'autre des deux catégories de droits à vouloir coute que coute mettre en avant les droits qui leur semblent, à tort ou à raison, des droits « plus humains » que les autres.

des acteurs économiques dans la réalisation des droits de l'homme[52]. On aura mentionné au passage que la prospérité des droits de l'homme en droit des investissements reste liée à la logique empruntée par le milieu économique. Ou le monde économique emprunte la voie de la dissociation et dans ce cas, les droits de l'homme y feront face à plusieurs obstacles[53] ; ou le monde économique opte pour l'intégration des droits sociaux et dans ce cas, les droits de l'homme trouveront toute leur place et toute leur pertinence dans le milieu des affaires. Seule une approche associative parait de nature à faire en sorte que les droits de l'homme soient pris en compte par le droit des investissements.

202. ***Protection inhérente à certains droits de l'homme.*** Relativement au deuxième point, celui-ci peut constituer une piste sérieuse de prise en compte des droits de l'homme si les États venaient à intégrer les droits de l'homme parmi les domaines non susceptibles de réserves. En d'autres termes, les TMI, dans le prolongement de cette approche, ne peuvent constituer une base solide d'intégration des droits de l'homme que si et seulement si, à travers le procédé conventionnel, les États leur accordent le même degré d'importance que celui accordé aux droits économiques. En réalité, le déséquilibre tant souligné, voire décrié par la doctrine[54] au sujet des rapports États/Investisseurs n'est que la conséquence directe des prises de position étatiques, constitutives en dernier ressort d'obstacles à la prospérité des droits de l'homme dans le domaine économique en général, et de l'investissement en particulier.

203. ***La nécessaire démarche associative.*** Enfin, pour ce qui est du non moins important troisième point, là encore, la solution est l'association des champs économique et social. Cela dit, si les États ont la volonté de se référer aux droits de l'homme dans les traités d'investissement, il leur sera impératif de commencer par souscrire à l'association des deux sphères. C'est ainsi qu'il serait utile d'écarter une éventuelle argumentation allant dans le sens d'une légitimité des réserves aux droits de l'homme venant des États parties aux TMI. On pourrait même dire que l'avenir de ces traités dépend en grande partie, pour ne pas dire exclusivement, de cette considération.[55] Les potentialités des TMI pour la prise

---

[52]. On ne peut s'empêcher de faire ici référence à l'importance du rôle des acteurs dans la réalisation du droit d'une manière générale et de celle des droits de l'homme de manière particulière ; et renvoyer par la même occasion aux travaux de Martti KOSKENNIEMI, en particulier : « Les droits de l'homme, la politique et l'amour », in *La politique du droit international,* Paris, éd. Pedone, 2007, pp. 208 et s.

[53]. Parmi lesquels on peut valablement citer une éventuelle priorité accordée aux droits économiques voire la mise à l'écart des droits de l'homme au moment de trancher un litige relatif à l'investissement. Ces aspects auront pour conséquence la réduction du champ du droit des investissements ainsi que celle de la garantie des droits de l'État et avec lui, sa population.

[54]. La doctrine spécialisée se divise en deux courants. D'un côté les partisans du déséquilibre et de l'autre côté les partisans du non-déséquilibre (pour ne pas dire l'équilibre). Sur ce débat, voy. Introduction de cette étude.

[55]. Quand bien même les traités d'investissements ne sont pas destinés à la protection des droits de l'homme, il reste difficile d'imaginer la protection de l'investisseur sans lien avec les droits de l'homme. N'est-ce pas le cas de la non-discrimination ou du traitement juste et équitable pour ne

en compte des droits de l'homme, fussent-elles conséquentes, restent conditionnées par une levée d'obstacles que seule l'approche « associative » est en mesure de résoudre.[56]

3. Bilan et perspectives

204. *Bilan mitigé*. Relativement rares (mais significatifs), les instruments multilatéraux[57] qui font état des droits de l'homme sont d'une importance capitale pour l'intégration des droits de l'homme dans la sphère économique. Des dispositions significatives à cet égard se rencontrent, par exemple, dans l'Accord entre les membres de l'Organisation de la Conférence Islamique (OCI)[58], lequel exige que « [l] » *investisseur s'engage à respecter les lois et règlements en vigueur dans le pays Hôte et* [doive] *s'abstenir de tout ce qui est de nature à perturber l'ordre public et les mœurs et à porter atteinte à l'intérêt public. Il devra s'abstenir aussi d'entreprendre des activités contraignantes ou de réaliser des gains par des moyens illicites.* »[59]. S'il est vrai que l'accord ne fait pas explicitement mention des droits de l'homme, il n'en demeure pas moins que la référence à l'illicite couvre largement les droits de l'homme[60] et tend à mettre en garde les investisseurs contre toute manœuvre susceptible de porter atteinte aux droits des populations dont l'État a la charge.[61] Un autre article de l'Accord va dans le sens de la prise en compte des droits de l'homme, mais s'intéresse cette

---

citer que ces deux exemples. Il va sans dire que la prise en compte des droits de l'homme dans les traités d'investissement peut servir à dissiper les risques que pourraient causer les investissements aux populations des États hôtes.

56. Et ce, au moins parce que la poursuite d'objectifs en matière des droits de l'homme peut servir comme un élément de légitimation des flux des capitaux. En ce sens, A. SUPIOT, « Du nouveau au self-service normatif : la responsabilité sociale des entreprises », in *Analyse juridique et valeurs en droit social. Études offertes à Jean Pélissier*, Paris, éd. Dalloz, 2004, pp. 541-558.

57. Parmi les récents traités multilatéraux (ou accords contenant un chapitre réservé à l'investissement) de de type, on peut citer : le CETA, signé le 30 octobre 2016 ; l'ACEUM, signé le 30 novembre 2018 ; le PACER, signé le 14 juin 2017, etc.

58. Accord sur la promotion, la protection et la garantie des investissements entre les États membres de l'Organisation pour la Coopération Islamique, signé le 5 juin 1981 sous l'égide de l'OCI.

59. Art. 9 de l'Accord sur la promotion, la protection et la garantie des investissements entre les États membres de l'Organisation de la conférence islamique (OCI)

60. On peut prendre pour exemple l'activité d'une multinationale qui serait encline à rechercher le coup le plus bas de la main d'œuvre en faisant recours au travail des enfants. Dans ce cas, on serait dans une hypothèse de violation des droits de l'homme qui aura pour conséquence directe l'illicéité de l'opération d'investissement. Sur la question de l'illicéité de certaines opérations économiques, voy. Ph. KAHN « Les réactions des milieux économiques », in Ph. KAHN et C. KESSEDJIAN, *L'illicite dans le commerce international*, Paris, ed. LexisNexis, coll. Travaux du CREDIMI, 1996, pp. 484 et s.

61. D'autant plus que depuis l'arrêt dit du « lancer de nain » en France (CE, arrêt du 27 octobre 1995, n° 136727, *Recueil Lebon*), « *il appartient à l'autorité investie du pouvoir de police municipale de prendre toute mesure pour prévenir une atteinte à l'ordre public* ; [...] *le respect de la dignité de la personne humaine est une des composantes de l'ordre public* ; [...] *l'autorité investie du pouvoir de police municipale peut, même en l'absence de circonstances locales particulières, interdire une attraction qui porte atteinte au respect de la dignité de la personne humaine* ». La dignité humaine en devient donc une des composantes de l'ordre public.

fois-ci au droit pour l'investisseur à un procès équitable en disposant que « [l] *a partie contractante s'engage à autoriser l'investisseur à recourir à sa justice nationale pour se plaindre d'une mesure prise contre lui par les autorités de ce pays, pour récuser la non-conformité de cette mesure avec les dispositions et les lois intérieures en vigueur ou pour se plaindre contre la non adoption par cette autorité d'une mesure quelconque qu'elle aurait dû prendre en sa faveur que cette plainte concerne ou non l'application des dispositions du présent accord à la relation entre l'investisseur et l'État hôte* »[62]. D'un point de vue du nombre, les dispositions citées lient plus de cinquante États, soit un quart des pays du monde entier. Et d'un point de vue qualitatif, elles lesdites dispositions sont dénotent de la mise en avant des droits de l'homme.

205. *Constat.* L'état actuel du droit des investissements ne permet d'aucune manière de conclure à une intégration notoire des droits de l'homme dans les instruments conventionnels relatifs à l'investissement. Il reste toutefois permis de soutenir que les droits de l'homme, compte tenu de la place qui leur est accordée ici et là parmi les traités d'investissement, sont susceptibles de connaitre un avenir meilleur si certains obstacles venaient à être levés[63].

206. *Une inspiration du procédé conventionnel de l'OMC ?* C'est ici plus qu'ailleurs qu'il y a lieu de recourir à un procédé bien connu dans les rouages de l'Organisation mondiale du Commerce (OMC) : le compromis global ou *package deal*[64]. Ce procédé semble être appréhendé en droit international de manières proches sans être tout à fait identiques. Qu'en est-il réellement ?

207. *À objectif identique, procédé identique ?* Le « *Dictionnaire de droit international public* » définit le *Package deal* comme « [m] *éthode et résultat d'une négociation diplomatique ou les parties sont convenues de résoudre simultanément divers aspects connexes d'un problème ou d'un régime juridique* »[65]. Et en des termes assez proches, le même dictionnaire définit le compromis global comme une « [m] *éthode convenue entre les parties à une négociation visant à trouver un équilibre dans les concessions mutuelles portant sur l'ensemble du document négocié ou sur un ensemble de documents jugés connexes.* »[66]. Il ressort des définitions exposées que package deal et compromis global se rejoignent en ce sens qu'ils semblent poursuivre le même objectif : parvenir à une solution commune et globale lors de la conclusion d'un traité. Curieusement, la technique de compromis global a su prospérer en droit de

[62]. Art. 16 de l'Accord de l'OCI précité.

[63]. Dont principalement : le bannissement des réserves aux droits de l'homme dans les traités économiques ; le renforcement des dispositions relatives aux droits de l'homme ; l'inscription des références aux droits de l'homme davantage dans les dispositifs que dans les préambules.

[64]. En dépit du fait que les deux notions soient équivalentes, les définitions retenues d'elles semblent opérer des distinctions (mineures soient-elles) entre elles. Ainsi, le *Dictionnaire de droit international public* dirigé par Jean Salmon va jusqu'à mettre en garde contre l'emploi du terme *Package deal* en langue française.

[65]. J. SALMON (dir.), *Dictionnaire de droit international public*, Bruxelles, éd. Bruylant, 2001, p. 797.

[66]. *Ibid.*, p. 221.

l'OMC sans qu'il n'en soit de même en droit des investissements. Pourtant, la dynamique qui sous-tend le droit du commerce international est, à quelques exceptions près, identique à celle du droit des investissements[67]. Si le droit des investissements entend promouvoir le développement des pays « les moins avancés », il doit préconiser la voie du multilatéralisme tout en s'orientant vers les droits fondamentaux des populations des États hôtes, orientation qui ne peut être mise à l'œuvre sans la combinaison des droits sociaux (pour ne pas dire extra-économiques) et des droits économiques. Dans le prolongement de cette idée, le droit des investissements adoptera la technique de compromis global. Cela donnerait en définitive, un traité multilatéral d'investissement, voire universel d'investissement, orienté droits de l'homme et non susceptible de réserves.

Section 2 :
L'ambivalence de la coutume

208. ***Les contours de la coutume***. Règle non écrite de droit international, issue d'un processus normatif[68], la coutume constitue la «*preuve d'une pratique générale, acceptée comme étant le droit*»[69]. De cette considération découlent deux éléments caractéristiques de la coutume que la doctrine spécialisée[70] et la jurisprudence[71] qualifient d'éléments matériels et psychologiques que sont, respectivement, la pratique (répétée) et l'intention d'être lié par cette pratique ou *l'opinio juris cive necessitatis*. Plus concrètement et au risque de se répéter, l'existence d'une coutume repose sur deux éléments : l'élément matériel et l'élément psychologique. Le premier élément renferme l'existence d'une pratique[72] ; et le second élément renvoie au fait pour deux ou plusieurs intéressés

[67]. A commencer par l'adoption de l'Accord relatif aux mesures concernant les investissements et liées au commerce (TRIMS) au même moment que la Charte de l'OMC, à l'issue du cycle d'Uruguay : voy. P. M. DUPUY et Y. KERBRAT, *Droit international public*, Paris, éd. Dalloz, 2020, 15ème éd., p. 823.

[68]. J. SALMON (dir.), *op. cit.*, pp. 283 et s.

[69]. Art 38 § 1-b du Statut de la CIJ, précité : « *La Cour dont la mission est de régler conformément au droit international les différends qui lui sont soumis, applique : b) la coutume internationale comme preuve d'une pratique générale, accepté comme étant le droit* ».

[70]. O. CORTEN, *Méthodologie du droit international public*, Bruxelles, éd. ULB, 2009, pp. 47 et s.

[71]. Sur le plan du droit international général, il CIJ, *Délimitation de la frontière maritime dans la région du golfe du Maine (Canada c. États-Unis)*, arrêt du 12 octobre 1984, Rec. 1984, p. 299, § 111 (la coutume est déduite de la pratique) ; CIJ, *Licéité de la menace ou de l'emploi de l'arme nucléaire*, avis du 8 juillet 1996, Rec. 1996, pp. 254-255, § 70 (la pratique doit s'accompagner de la manifestation d'un volonté d'etre lié par telle ou telle règle) ; l'existence d'une règle coutumière est sans préjudice du nombre d'acteurs : CIJ, *Droit d'asile (Colombie c. Pérou)*, arrêt du 20 novembre 1950, Rec. 1950, pp. 276-277 (la coutume peut etre régionale) ; CIJ, *Droit de passage en territoire indien (Portugal c. Inde)*, arrêt du 12 avril 1960, p. 39 (la coutume peut etre bilatérale).

[72]. Toutefois cette pratique se caractérise selon la Cour internationale de Justice par la généralité (CIJ), ce qui au demeurant n'est pas synonyme d'universalité. Selon la Cour : « *le fait qu'il ne soit écoulé qu'un bref laps de temps ne constitue pas nécessairement en soi un empêchement à la*

de considérer ladite pratique obligatoire[73]. Cela étant dit, il devient impératif de dégager les aspects du droit des investissements imprégnés de la coutume. Dès lors, se pose la question de savoir si le droit de l'investissement dans sa dimension coutumière, subit l'influence grandissante du droit international des droits de l'homme.

209. ***Les variations de la coutume.*** La trajectoire du droit des investissements n'est pas toujours allée dans un sens unique, c'est-à-dire, celui de la protection de l'investisseur. S'il est vrai que le droit de l'investissement s'est bâti autour de la protection de l'investisseur contre d'éventuels mauvais traitements, infligés par l'État, les mouvements ayant porté, puis transformé ce droit ne se limitent pas à la seule protection des droits de l'investisseur. La dynamique du droit des investissements laisse apparaître un chevauchement des règles coutumières et conventionnelles au point qu'il devient possible de s'interroger sur la différence entre les deux catégories de sources. Cela se voit à travers l'introduction quasi — systématique[74] de certaines règles dans presque tous les traités d'investissement. On peut à cet égard citer les cas d'interdiction de l'expropriation sans compensation, le traitement juste et équitable ou encore la pleine et entière protection et sécurité.[75]

210. ***Une extension à sens unique.*** Un très bref rappel historique du droit des investissements aide à faire le lien entre les règles coutumières du droit des investissements et les règles exclusivement conventionnelles. Indépendamment de ce qu'elle est, la coutume est souvent abordée de deux manières, dont chacune se rapporte au caractère répétitif ou non de certaines des règles du droit des investissements. D'une part, on déduit de la répétition de certaines règles du droit des investissements formant un « noyau dur », leur caractère coutumier[76] ; ce qui

---

formation d'une règle nouvelle de droit international coutumier à partir d'une règle purement conventionnelle à l'origine, il demeure indispensable que dans ce laps de temps, aussi bref soit-il, ait été la pratique des États, y compris ceux qui sont particulièrement intéressés, ait été fréquente et pratiquement uniforme dans le sens de la imposition invoquée et se soit manifestée de manière à établir une reconnaissance générale du fait qu'une règle de droit ou une obligation juridique est en jeu». Voy. CIJ, *affaire du Plateau continental de la Mer du Nord (République fédérale d'Allemagne/Danemark et Republique fédérale d'Allemagne/Pays-Bas)*, arrêt du 20 février 1969, *Recueil* 1969, p. 43 § 74.

[73]. Cela fait appel à la formule *opinio juris sive necessitatis.*

[74]. Le Code panafricain des investissements (Commission de l'UA, Projet — Code panafricain d'investissements, adopté en décembre 2016, doc. EA15660 — 15.), non entré en vigueur, est un contre-exemple de cet état de fait en ce sens que c'est le seul instrument du type qui, à notre connaissance, ne reprend pas la norme de traitement juste et équitable (TJE). Toutefois, ceci n'est pas, si l'on veut être objectif, de nature à remettre en question l'État actuel des sources coutumières du droit des investissements. Au surplus, il est tentant de prédire que dans les années à venir, les sources coutumières du droit des investissements puissent connaitre un tournant, compte tenu des contestations dont font l'objet les règles de protection des investissements, en particulier celles qui sont de nature coutumière.

[75]. Le modèle de TBI étasunien de 2012 peut être pris comme exemple.

[76]. Ce qui comporte le danger de s'adonner à un tri subjectif et pour le moins arbitraire parmi les règles contenues dans les traités d'investissements. Comment effectuer le tri et sur quelles bases ? Voilà des questions qui peuvent résulter d'un tel type d'approche.

oblige à s'interroger sur le bien-fondé d'un groupe de règles au détriment d'autres[77]. Et d'autre part, on considère, au contraire, que la répétition conventionnelle atteste de la fragilité du caractère coutumier assigné aux règles répétitives du droit des investissements. Or, sait-on que les règles du droit des investissements conventionnellement répétitives, outre l'exigence de conformité à la législation de l'État hôte[78], sont : l'interdiction de l'expropriation sans indemnisation ; le traitement juste et équitable ; la pleine et entière protection et sécurité. En un mot, des règles ou « standards » de protection des investisseurs qui découlent de la protection des étrangers[79].

211. ***La nature de l'incidence de la coutume sur les droits de l'homme.*** En droit, on distingue généralement les règles substantielles et les règles procédurales. Le droit coutumier de l'investissement n'y fait pas exception. L'impact du droit international des droits de l'homme sur les sources coutumières du droit des investissements semble se faire de manière indifférenciée[80]. Il n'existe pas en effet, en ce domaine une ou des règle(s) coutumières qui ne soient que procédurale(s) et une ou des règle(s) du même type exclusivement substantielle(s). Or, parce qu'elles sont générales, les règles coutumières de l'investissement génèrent une proximité avec les droits de l'homme[81]. Comme le relève un auteur, « [u] *ne (...) source de droits coutumiers en faveur des acteurs économiques, est, bien évidemment, le droit international des droits de l'homme.* Et l'auteur de poursuivre en soutenant que « [s] *i l'on prend comme référence la Déclaration universelle des droits de l'homme, adoptée le 10 décembre 1948 par l'Assemblée générale des Nations unies, on constate que de nombreux droits sont susceptibles de bénéficier aux entreprises comme aux travailleurs : égale protection de la loi (art. 7), droit à un recours effectif devant les juridictions nationales (art. 8), droit à ne pas être arbitrairement détenu (art. 9), droit à un tribunal indépendant et impartial (art. 10), droit de propriété (art. 17), liberté*

---

77. Ou bien on considère toutes les règles répétitives comme des règles coutumières, ou bien on les considère toutes comme des règles dépourvues de tout caractère coutumier.

78. Il s'agit d'une règle très large dont les contours doivent être précisés. Cette règle semble, pour le moins, être la seule à asseoir les droits de l'État vis-à-vis de l'investisseur. Partant, elle génère des obligations en matière des droits de l'homme pour les investisseurs étrangers.

79. A cet égard, se pose la question liminaire de savoir s'il n'y aurait pas en droit des investissements, une certaine spécificité en matière de coutume, en ce sens que les règles dites coutumières y sont nées non pas à partir d'un procédé déductif mais plutôt inductif. En ce sens, voy. D. CARREAU, P. JUILLARD et *al*, *Droit international économique*, Paris, éd. Dalloz, 2017, 6ème éd., p. 546.

80. En ce sens que derrière le même vocable peuvent se cacher tant des droits procéduraux que substantiels. Il en est ainsi, et seulement à titre d'exemple, du traitement juste et équitable, qui peut couvrir à la fois le droit à un procès équitable (droit procédural) et le droit de propriété (droit substantiel).

81. On aura précisé au passage que la généralité n'est pas exclusive de la coutume en matière d'investissement ; tout au plus elle constitue une caractéristique intrinsèque de celle-ci. On tentera de montrer dans les développements qui suivent que c'est à travers la généralité de la coutume que le droit coutumier de l'investissement s'est élargi en donnant naissance à de nouvelles règles. Cependant, rien ne garantit que ces règles soient elles-mêmes coutumières. À lire la doctrine, le standard minimum de protection semble coutumier.

d'opinion et d'expression (art. 18), droit au travail et à former des syndicats (art. 23), droit au repos (art. 24), droit à un niveau de vie suffisant (art. 25), etc ».[82]. Ce sont donc à la fois des règles procédurales et substantielles que l'on retrouve dans les sources coutumières du droit des investissements.[83]

212. ***L'évaluation de la prise en compte des droits de l'homme.*** Prises dans leur ensemble, les règles coutumières du droit des investissements semblent révélatrices d'un certain parti pris pour les investisseurs étrangers au détriment des droits des populations des États hôtes. Il serait nécessaire de mettre en balance les droits de l'investisseur et ceux des États, ou si l'on veut, la confrontation des droits fondamentaux de l'investisseur et ceux des populations dont l'État d'accueil d'investissement a la charge. Cette manière de voir amène inéluctablement à s'intéresser aux questions pratiques de mise en avant des règles coutumières d'investissement, de sorte à distinguer celles qui nourrissent la protection des investisseurs et celles qui vont dans le sens de la protection des populations. Une analyse du droit des investissements, d'un point de vue historique, révèle sans grande difficulté la prégnance des règles de protection de l'investisseur au détriment des règles de protection des populations. Le déséquilibre tant dénoncé que relayé par la doctrine, en la matière, pourrait trouver justification dans l'influence inégale des droits de l'homme sur les sources coutumières du droit des investissements. Mais pour mesurer le degré d'influence du droit international des droits de l'homme sur le droit des investissements, il s'avère nécessaire de s'intéresser aux droits de l'investisseur (Paragraphe 2) après avoir envisagé ceux des travailleurs ou de la population (Paragraphe 2).

§ 1 : Une intégration timide des droits de la population

213. ***Une faible prise en compte à travers le droit coutumier.*** Cerner la prise en compte des droits de la population impose de s'intéresser aux droits conférés aux États, représentants légitimes de ces populations (les premiers étant créanciers et les seconds, débiteurs). Autrement dit, aucune entreprise d'identification des droits de l'homme dans le droit coutumier des investissements ne saurait être fructueuse, sans s'appuyer sur les règles coutumières destinées à encadrer les activités de l'investisseur. Cela ne signifie pas pour autant qu'aucune règle coutumière ne prend en compte les droits des individus dont l'État hôte a la charge et c'est la raison pour laquelle il importe d'exposer la manière dont la coutume exprime les obligations pesant sur l'investisseur. Il est donc nécessaire d'attirer l'attention sur le fait que la seule règle répondant aux critères d'identification d'une coutume[84], susceptible de contenir des droits de la population de tel ou tel

---

[82]. H. ASCENSIO, *Droit international économique*, Paris, éd. Puf, 2020, 2ème éd., p. 31.

[83]. La DUDH (AGNU, rés., du 10 décembre 1948, A/RES/217 A (III)) se présente ainsi comme un instrument au sein duquel sont consacrés les droits civils et politiques au même titre que les droits sociaux et économiques.

[84]. Que sont de manière ramassée et tel que cela ressort de la jurisprudence précitée, la répétition et la pratique.

État hôte, est l'obligation pour l'investisseur de se conformer à la législation de l'État d'accueil (A). Cette règle semble donner naissance à une interdiction, coutumière dans une certaine mesure : la corruption (B).

A. L'incertitude : le canal coutumier de conformité à la législation de l'État hôte

214. ***Degré d'influence de la coutume.*** Les États ont, il est vrai, des pratiques parfois divergentes. En réalité, ces divergences d'approche masquent la question de *l'opinio juris,* nécessaire en plus du caractère répétitif d'une pratique, pour la reconnaissance d'une règle coutumière. Rien qu'à la lumière des pratiques des États, on entrevoit une discorde entre les règles portées par les États du nord et celles portées par les États du sud. Le nouvel ordre international (NOI) des années 1970 est révélateur, à bien des égards, de la volonté des États du sud de s'inscrire en faux contre ce qu'on pourrait nommer « l'ancien ordre international ». Et ce, d'autant plus que la règle de conformité à la législation de l'État d'accueil, obligation dont est tenu l'investisseur, remplit toutes les conditions nécessaires pour la constitution d'une règle coutumière.[85] Paradoxalement, l'influence du droit international des droits de l'homme est allée dans un sens unique : l'élargissement de la protection de l'investisseur, comme s'il n'était pas nécessaire d'accorder certains droits aux États et par extension aux populations dont ils ont la charge. L'explication de cet état de fait tient en un double constat.

215. ***L'obstacle du passage par l'État.*** Premièrement, il s'agit du voile du passage par l'État pour assurer ou du moins prendre en compte les droits fondamentaux de la population. A ce titre, la protection des droits fondamentaux de la population se diffuse dans les prérogatives souveraines des États. À s'y intéresser de près, on constate une certaine remise en question de la liberté normative de l'État qui, à bien des égards, touche aux droits de l'homme[86]. Laissée à la seule charge de l'État, la protection des individus souffre de l'insuffisance de règles « directement » protectrices opposables à l'investisseur. Le passage par l'État pour assurer la protection de la population apparait ainsi comme une source de fragilité des droits fondamentaux des individus lorsqu'ils sont confrontés aux droits des investisseurs. Ces derniers bénéficient de plusieurs

---

[85]. L'obligation de conformité à la législation de l'État d'accueil est présente dans un traité de référence de manière très explicite. Le Traité d'amitié, de commerce et de navigation (appelé communément Traité de Jay du nom du magistrat étasunien John Jay représentant le gouvernement des États-Unis pour les rédaction et signature du Traité) du 19 novembre 1794 conclu entre les États-Unis et la Grande Bretagne pour régler notamment certaines difficultés nées de la protection des ressortissants des deux États à l'issue de la guerre d'Independence des Etats-Unis.

[86]. Ceci est particulièrement vrai lorsque l'État prend des mesures de restriction ou d'interdiction de certaines activités qu'il considère comme dangereuses pour l'environnement (droit à un environnement sain), la santé publique. En ce sens, voy. Ch. LEBEN, « La liberté normative de l'État et la question de l'expropriation indirecte », in Ch. LEBEN (dir.), *Le contentieux arbitral transnational relatif à l'investissement. Nouveaux développements*, Louvain-La-Neuve, LGDJ/Anthémis, 2006, pp. 173 et s.

mécanismes de protection pris en charge par le les règles coutumières de protection des investissements.

216. ***L'Anéantissement des prérogatives souveraines.*** Deuxièmement, il est question de la volonté toujours présente de protéger l'investisseur contre les agissements de l'État. La balance n'a que trop penché du côté de la protection de l'investisseur au point d'occasionner une mise en quarantaine de l'État, laquelle se concrétise par son incapacité de mettre pleinement en œuvre ses prérogatives souveraines lorsqu'il agit non plus comme potentiel « méconnaisseur » des droits de l'homme, mais plutôt comme protecteur des droits de l'homme[87]. On comprend aisément qu'un droit dont l'objectif est la garantie des droits fondamentaux soit plus enclin à protéger l'investisseur avant de s'intéresser aux droits des États vis-à-vis des investisseurs. On peut prendre pour exemple la relation qu'entretient le droit international des droits de l'homme avec les États d'une part et celle qu'il entretient avec les individus d'autre part. Aux États, ce droit impose principalement des obligations, et aux individus, il accorde généralement des droits[88]. En effet, « [o] *n aurait pu penser (...) que la promotion des investisseurs transnationaux en tant que sujets surprotégés de l'ordre international allait avoir pour contrepartie leur soumission, dans la mesure compatible avec leur nature et avec leur rôle au droit international des droits de l'homme* ».[89] Seulement, tel ne semble guère le cas. En réalité, l'attitude différenciée du droit international des droits de l'homme vis-à-vis des investisseurs et des États conforte le déséquilibre des rapports entre les deux protagonistes précités.

217. ***Évaluation.*** Compte tenu de la trajectoire du droit des investissements, du point de vue de la coutume, il parait peu probable que ce droit puisse dans un avenir proche se détacher d'une vision partisane des droits de l'homme, orientée principalement vers la mise en œuvre des droits fondamentaux de l'investisseur.[90] Un début de justification se trouve déjà dans l'histoire même du droit des investissements qui, il est vrai, est né d'une volonté de protection des investisseurs contre les États hôtes. Cela étant, la référence à la coutume ne parait pas être porteuse d'espoir pour les droits fondamentaux d'entités autres que les investisseurs. La conséquence est que le droit des investissements se révèle, sur ce point, indissociable du déséquilibre des rapports entre les différents acteurs qu'il est censé régir.

---

[87]. Ce qui renvoie à la question de la remise en question de la liberté normative de l'État. Voy. *Idem.*

[88]. La lecture des traités d'investissement, y compris de nouvelle génération, conforte cette idée.

[89]. M. M. MOHAMED SALAH, *L'irruption des droits de l'homme dans l'ordre économique international : mythe ou réalité ?* Paris, éd. LGDJ, p. 182.

[90]. Non pas parce que la coutume ne prend pas en compte les droits de l'État mais parce que les droits des investisseurs sont plus ancrés dans la reprise des standards coutumiers de protection des investissements dans les principaux instruments de protection des investissements.

B. L'équivoque : le canal de l'interdiction de la corruption

218. Si le lien entre les droits de l'homme et la sphère économique semblent, dans une certaine mesure, trouver justification dans la lutte contre la corruption, il n'en demeure pas moins que la prise en compte systématique de cette donnée se heurte à certaines difficultés.

1. Lien entre corruption, droits de l'homme et relations économiques

219. ***L'intersection.*** Il n'est pas rare de constater des manœuvres de corruption dans les relations économiques internationales. Définie sommairement comme conduite illicite d'une des parties à la négociation visant la modification du comportement de l'autre partie dans l'objectif d'obtenir des avantages[91], la corruption entretient un lien aussi bien avec les droits de l'homme qu'avec le droit des investissements. La raison en est qu'il qu'elle renvoie au «*fait intentionnel, pour toute personne, d'offrir, de promettre ou d'octroyer un avantage indu pécuniaire ou autre, directement ou par des intermédiaires, à un agent public étranger, à son profit ou au profit d'un tiers, pour que cet agent agisse ou s'abstienne d'agir dans l'exécution de fonctions officielles, en vue d'obtenir ou conserver un marché ou un autre avantage indu dans le commerce international*».[92] Mieux, les manœuvres corruptives dans la sphère économique sont le point d'intersection entre les droits de l'homme et le droit des investissements en ceci qu'elles tendent à favoriser l'établissement d'un investisseur ou son traitement au détriment d'autres investisseurs ou au détriment de la population de l'État hôte. Ce faisant, la corruption constitue une mise à mal du principe de non-discrimination[93] ou d'égalité si l'on veut, entre les investisseurs, dans le but d'accorder des avantages économiques[94]. Le revers de la médaille est que toute lutte contre la corruption trouve *à priori* une justification dans le droit international des droits de l'homme. C'est en tous cas ce qui ressort des textes internationaux ainsi que des travaux des juristes qui se sont intéressés à la question dès les débuts de la prise de conscience du phénomène sur la scène mondiale. Aussi, le préambule de la Déclaration des droits de l'homme et du citoyen (DDHC) de 1789 énonce dès son préambule « *que l'ignorance, l'oubli ou*

---

91. Pour une définition proche, voy. J. SALMON (dir.), *Dictionnaire, op. cit.*, p. 275.

92. Art. 1er de la Convention de l'OCDE sur la lutte contre la corruption d'agents publics étrangers dans les transactions commerciales internationales du 17 décembre 1997.

93 . En privant un opérateur économique plus méritant que celui à qui est attribué le marché de l'exploitation d'un domaine par exemple.

94. Lesquels se font au détriment du respect du principe d'égalité, dont la conséquence est la discrimination de certains opérateurs économiques. Dans ce sens, voy. M. BORGHI, « Droits de l'homme : fondement universel pour une loi anti-corruption ; le cas de la Suisse », in M. BORGHI et P. MEYER-BISCH (dir.), *La corruption. L'envers des droits de l'homme. Actes du IXème Colloque interdisciplinaire sur les droits de l'homme à l'Université de Fribourg*, 3-5 février 1994, Fribourg, éd. Universitaires de Fribourg, pp. 3-33, spéc. 31, qui relève que « [l] *e système de la corruption dénature le rapport éthique de réciprocité, constitue une atteinte directe au noyau intangible des droits de l'homme en raison de son caractère endémique engendré par la réception perverse et la violation du principe d'égalité, et mine le principe de confiance "constitutif" de l'État de droit*».

le mépris des droits de l'homme sont les seules causes des malheurs publics et de la corruption des gouvernements ».

220. ***Conformité à la législation, rempart contre la corruption***. Les droits de l'homme s'intègrent dans le droit des investissements en passant par un pendant du standard minimum de protection des étrangers, aussi vieux que celui-ci qu'est le principe de conformité à la législation de l'État d'accueil[95]. Néanmoins, il faut reconnaitre avec force que le lien entre droits de l'homme et conformité à la législation de l'État hôte s'avère moins évident que la relation entre cette dernière et le standard minimum de protection des étrangers. Cette approche est préconisée par un nombre important de traités d'investissements parmi lesquels on peut citer, le TBI liant les Émirats arabes unis et le Brésil[96] qui énonce au point b de son article 14, relatif à la conformité à la législation de l'État d'accueil : « *Investors and their investments shall not, either prior to or after the establishment of an investment, offer, promise, or give any undue pecuniary advantage, gratification or gift whatsoever, whether directly or indirectly, to a public servant or official of a Party as an inducement or reward for doing or forbearing to do any official act or obtain or maintain other improper advantage nor shall be complicit in inciting, aiding, abetting, or conspiring to commit such acts* ».

221. ***Non-discrimination et lutte contre la corruption***. La corruption peut également entraîner des conséquences sur la responsabilité de l'État en ceci qu'elle résulte des comportements illicites des agents publics susceptibles d'être attribués à l'État. Dans ce cas, il serait question d'un traitement injuste et inéquitable d'un investisseur au profit d'autres investisseurs. Là encore c'est le fondement des droits de l'homme qui revient, à savoir la rupture d'égalité entre les individus qui a pour conséquence la discrimination.[97] Partant, l'hypothèse qui s'impose est que toute manœuvre de corruption est potentiellement une violation des droits de l'homme. On est tenté de soutenir que la lutte contre la corruption, couverte par les exigences de conformité à l'ordre interne en ses aspects notamment relatifs à la non-discrimination et la garantie de l'égalité ou encore la garantie d'un traitement juste et équitable, est symptomatique de l'irruption des droits de l'homme dans le droit des investissements[98].

---

[95]. Le terme standard est volontairement employé pour la règle de conformité à la législation de l'État d'accueil en ce sens que c'est un qualificatif qui met l'accent sur le caractère vague, différemment de la règle qui souligne la précision et du principe qui souligne la généralité. Le standard est proche de la règle car normatif tout comme elle, mais différent d'elle de par son faible degré de précision ; de même, le standard, diffère du principe en ce que celui-ci ne précise ni le contexte ni la situation à laquelle il s'applique. À ce sujet, voy. S. GOLTZBERG, *L'argumentation juridique*, Paris, éd. Dalloz, coll. Connaissance du droit, 2019, pp. 85 et s.

[96]. Signé le 15 mars 2019.

[97]. Voy. E. GAILLARD, « La corruption saisie par les arbitres du commerce international », *Rev. arb.*, 2017, n° 3, p. 806.

[98]. Par exemple, la Convention de l'OCDE sur la lutte contre la corruption d'agents publics étrangers dans les transactions commerciales internationales, signée le 17 décembre 1977, entrée en vigueur le 15 février 1999 (C [97] 123/FINAL), énonce dès le premier § de son préambule que : « (...) *la corruption est un phénomène répandu dans les transactions commerciales internationales, y compris*

2. La difficile mise en œuvre

222. ***Curieuse « réticence jurisprudentielle »***. Toutefois, les quelques affaires qui ont trait à la question de la corruption ont fait preuve de timidité à certains égards. Elles ont manqué d'audace pour incriminer les investisseurs dont les investissements étaient entachés de manœuvres corruptives. On ne peut que regretter cet état des choses dans la mesure où les éléments nécessaires étaient à la disposition des instances juridictionnelles saisies, en première ligne desquelles figure la consécration aux niveaux régional et universel d'instruments de lutte contre la corruption, légitimés par la préservation de la garantie des droits sociaux et/ou économiques.

223. ***Fondement de l'interconnexion***. Affirmer que l'exigence de conformité à la législation de l'État hôte revêt une dimension de lutte contre la corruption, suppose une influence des droits de l'homme sur ce même standard. Trois facteurs explicatifs justifient l'affirmation. Premièrement, l'arsenal juridique existant sur le plan international rattache l'interdiction de la corruption à la nécessité de mettre en avant les droits de l'homme, tendant à interdire les pratiques corruptives. Sont mobilisés à cet effet, le développement social ou durable[99] ; la préservation des ressources naturelles[100] ; ou encore le partage des richesses.[101] Deuxièmement, la sphère économique est le terrain privilégié de la lutte contre la corruption tant du point de vue du corrupteur que du corrompu. Le premier versant « un pot de vin » dans le but d'obtenir des avantages économiques, le second recevant « le pot de vin » en contrepartie de son changement de comportement. Dans le domaine qui nous occupe, la corruption n'est basée que sur les considérations économiques que l'on sait déterminantes dans les opérations d'investissement[102]. Troisièmement, la lutte contre la corruption contribue au renforcement de l'ordre public international en ce qu'elle est incontestablement admise par les arbitres, auxquels il revient, « *comme aux juges, (...) de tirer le bon grain de l'ivraie, sans*

---

dans le domaine des échanges et de l'investissement, qui suscite de graves préoccupations morales et politiques, affecte la bonne gestion des affaires publiques et le développement économique et fausse les conditions internationales de concurrence (...).

[99]. Dès le premier paragraphe de son préambule, la Convention des Nations Unies contre la corruption (rés. 58/4 du 31 octobre 2003) fait état de cette préoccupation en soulignant que *« [l]es États Parties à la (...) Convention, Préoccupés (sic) par la gravité des problèmes que pose la corruption et de la menace qu'elle constitue pour la stabilité et la sécurité des sociétés, en sapant les institutions et les valeurs démocratiques, les valeurs éthiques et la justice et en compromettant le développement durable et l'état de droit (...) »*. Et le point 1 de l'article 62 de la Convention, (intitulé « *Autres mesures : application de la Convention par le développement économique et l'assistance technique »*) de mettre l'accent sur le fait que *: « 1. Les États Parties prennent des mesures propres à assurer l'application optimale de la présente Convention dans la mesure du possible, par la coopération internationale, compte tenu des effets négatifs de la corruption sur la société en général et sur le développement durable en particulier.* »

[100]. *Idem.*

[101]. *Idem.*

[102] . La Convention de l'OCDE sur la lutte contre la corruption d'agents publics étrangers dans les transactions commerciales internationales, signée le 17 décembre 1977, entrée en vigueur le 15 février 1999, C (97) 123/FINAL, préambule.

que l'on puisse trouver dans la fréquence des contentieux une cause d'agacement source de formules générales, et moins encore un moyen d'exiger un standard de preuve rehaussé qui ne correspond pas, ou plus, au consensus dégagé en la matière (sic) »[103].

224. ***Conformité à la législation synonyme de lutte contre la corruption ?*** Étant posé aux fins du présent paragraphe et pour les raisons exposées ci-dessus, que le rapprochement des droits de l'homme et du droit des investissements découle de la lutte contre la corruption, rien ne semble s'opposer à ce que l'origine de cette lutte contre corruption relève du principe coutumier de conformité à la législation, lequel est opposable à l'investisseur. En conséquence, la considération de la lutte contre la corruption en droit économique en général et des investissements en particulier, se manifeste comme un facteur d'influence des droits fondamentaux précités sur la protection de l'investisseur, et ce, au moyen du principe de conformité à la législation de l'État d'accueil.

§ 2 : L'intégration affirmée des droits fondamentaux de l'investisseur

225. ***L'omniprésence du standard minimum de protection des étrangers.*** La considération des droits fondamentaux de l'investisseur provient, pour l'essentiel, des règles de protection des investissements. Plus précisément, c'est le standard minimum de protection des étrangers qui serait à l'origine de l'irruption du droit international des droits de l'homme dans le droit des investissements. Le canal privilégié à cet effet est, semble-t-il, le standard minimum de protection des étrangers[104] tant il constitue la norme la plus ancienne et la moins contestée à ce jour[105]. Par ailleurs, ce standard s'est considérablement développé en donnant naissance à d'autres règles du droit des investissements[106]. Toutefois, un tel développement semble s'opérer dans un sens unique. Sous cet angle, l'on peut dire que les droits de l'homme ont accompagné le droit des investissements dans son processus de développement en faveur de la protection de l'investisseur. Cependant, il serait risqué de considérer que le droit des investissements s'est voulu dès l'origine, et reste encore, protecteur de l'investisseur au détriment de l'État d'accueil. En d'autres termes, si l'on peut, de manière générale, soutenir que le droit des investissements est un droit qui s'est voulu ouvertement protecteur des investisseurs[107], il est difficile de soutenir que ce droit l'est toujours. Certes, les droits de l'homme semblent s'intégrer dans les sources coutumières de

---

[103]. E. GAILLARD, « La corruption saisie par les arbitres du commerce international », *loc. cit.*, pp. 806-807.

[104]. On ne manquera de renvoyer ici à l'affaire tranchée par la commission de réclamations États-Unis — Mexique : *LFH Neer and Pauline Neer*, 15 octobre 1926, RSA, vol. IV, pp. 61-62.

[105]. Indépendamment de l'appellation qu'on lui assigne, ce standard constitue « l'épine dorsale » de la protection des investisseurs et de leurs investissements.

[106]. Règles qui, pour l'essentiel, protègent l'investisseur : traitement juste et équitable ; interdiction de l'expropriation indirecte ; sécurité pleine et entière ; etc.

[107]. Voy. Ch. LEBEN, « Droit international des investissements : un survol historique », in *Droit international des investissements et de l'arbitrage transnational*, Paris, éd. Pedone, 2015, pp. 3 et s.

protection des investisseurs par le biais du standard minimum de protection des étrangers (A), mais connaissent une certaine expansion dans le sens de la protection de l'investisseur (B).

A. Du standard « restreint » de protection des étrangers...

226. ***Au point de départ du standard de protection.*** Dans le but d'assurer des garanties à leurs ressortissants, certains États ont eu recours durant le XIXème et première moitié du XXe siècle à des traités [108]dont l'objectif était d'assurer une protection à leurs ressortissants ainsi qu'à leurs biens. S'est alors posée la question de savoir de quel type de traitement pouvaient bénéficier ces étrangers. À ce sujet deux thèses se sont opposées : la thèse des États d'Amérique latine pour lesquels la protection des étrangers correspond au traitement réservé aux nationaux ; et celle des pays occidentaux qui considéraient que la protection des étrangers devait aller au-delà du seul traitement réservé aux nationaux[109]. Avec les vagues de nationalisations de l'après-guerre, les risques d'expropriation ont apporté des justifications supplémentaires à la thèse défendue par les pays occidentaux. De la volonté de protection des étrangers est né le standard de protection des étrangers, lequel constitue de nos jours un cadre de référence pour les rédacteurs des instruments de protection des investissements ainsi que pour les instances juridictionnelles compétentes en matière d'investissement. On pressent à travers l'évolution historique du standard de protection des étrangers, une certaine imbrication des droits de l'homme dans le droit des investissements.

227. ***Mise au point du caractère coutumier.*** Comme cela a été indiqué précédemment, la répétition des règles supposées coutumières d'un traité d'investissement à l'autre est interprétée par certains auteurs comme un indice de l'absence de caractère coutumier[110] ; d'autres auteurs déduisent de cette répétition, la confirmation de la règle coutumière[111]. La justification du caractère coutumier de certaines règles se trouve ailleurs que dans ces approches, excessives du reste : le « standard » minimum de protection a connu une extension et des interprétations telles[112], qu'il est devenu presque visible dans toutes les sources

---

[108]. A commencer par le traité conclu entre les États-Unis et Royaume Uni, le 19 novembre 1794 ([appelé communément Traité Jay, nom du magistrat étasunien ayant été désigné par le gouvernent d'alors pour le représenter et mener des discussions]. De même que le traité de paix du 10 février 1947 ; le traité Italie/Péru du 25 novembre 1889 ; le traité France/Venezuela du 27 février 1903.

[109]. . Ch. LEBEN, « Droit international des investissements : un survol historique », in *Droit international des investissements et de l'arbitrage transnational*, Paris, éd. Pedone, 2015, p. 23.

[110]. Voy. C. CREPET DAIGREMONT, « Les sources du droit international des investissements », in Ch. LEBEN (dir.), *Droit international des investissements et de l'arbitrage transnational*, Paris, éd. Pedone, 2015, p. 111.

[111]. Pour rappel, une coutume nait de la combinaison de deux éléments que sont la pratique et l'intention que cette pratique exprime du droit.

[112]. C'est en effet au fil des interprétations jurisprudentielles que le standard minimum de protection, des étrangers, devenant incontournable, s'est érigé en norme coutumière. À ce sujet, il a d'abord été vu comme rempart contre l'arbitraire et la discrimination (Commission des réclamations États-

conventionnelles de protection des investissements (ou plutôt des investisseurs). Typiquement, ce standard n'a que bénéficié du développement du droit international des droits de l'homme. En effet, on retrouve des exemples de cette rencontre aussi bien dans le cadre de la protection de l'étranger (personne) que de sa propriété (biens). Sur le plan de la protection des biens, le droit de propriété comme droit de l'homme trouve une traduction dans l'interdiction de l'expropriation sans indemnisation avec toutes les conséquences que cela implique. Sur le plan de la protection due à la personne, le standard minimum de protection se décline sous la forme d'une garantie de « traitement juste et équitable » (TJE), de la « pleine et entière protection et sécurité » (PEPS), ou encore de la « non-discrimination »[113]. Le fait que certaines dispositions conventionnelles relatives à la protection des investissements soient répétitives n'est, donc en rien, à elle seule, symptomatique de la nature coutumière des principales dispositions des traités d'investissement. À cet égard, il n'est pas déplacé de souligner que la répétition des dites règles peut également s'interpréter comme une manière de faciliter leur invocation par l'investisseur étranger[114].

228. ***Synthèse.*** Il est possible de soutenir que les principales règles de protection des investisseurs ne sont que le prolongement du standard minimum de protection des étrangers et de leurs biens. Le déséquilibre tant décrié par une partie de la doctrine spécialisée du droit des investissements[115] trouve justification dans la force d'attraction à sens unique du droit international des droits de l'homme exercée sur le standard coutumier de protection des étrangers. À schématiser quelque peu, on dira que le droit international des droits de l'homme influence de manière significative le standard coutumier de protection des investisseurs en leur qualité d'étrangers, sans qu'il n'en soit de même pour les États ou les populations dont ils ont la charge.

Unis/Mexique, *LFH Neer and Pauline Neer*, Sentence du 15 octobre 1926, RSA, vol. IV, pp. 61-62) ; ensuite, comme garantie de certains droits (CIJ, *affaire Barcelona Traction Power and Light*, arrêt du 5 février 1970, Recueil 1970, § 33) ; et enfin comme renvoi à toutes règles coutumières du droit international susceptibles de protéger l'opérateur économique étranger (notamment, CIRDI, *Tulip c. Turquie*, décision d'annulation du 30 décembre 2015,§§ 86 et s ; et CIRDI, *Tecmed c. Mexique*, sentence du 29 mai 2003, § 122.). En ce sens, voy. H. ASCENSIO, *Droit international économique*, *op. cit.*, Paris, pp. 30 et s.

113. Voy. P. MAYER, « Les arbitrages CIRDI en matière d'eau », in SFDI, L'eau en droit international, Paris, éd. Pedone, 2011, p. 167. L'auteur souligne à ce sujet que les condamnations de l'État dans le cadre du CIRDI sont souvent prononcées « *soit seulement pour traitement injuste et inéquitable de l'investisseur, soit comme le fondement additionnel, pour le traitement discriminatoire, le défaut de protection et sécurité, l'expropriation sans indemnité* ».

114. En effet, il est plus facile et plus sûr pour un investisseur étranger de convoquer des règles conventionnelles issues directement d'un traité applicable que de chercher à puiser dans la coutume, des règles dont la pertinence pour l'affaire à trancher resteraient à déterminer par l'instance juridictionnelle saisie. Il ne s'agit nullement ici de hiérarchiser les sources du droit international économique, ni s'aligner à la lecture purement formaliste, mais simplement de souligner l'aspect pratique de la mise en avant du procédé purement conventionnel.

115. Pour une vision détaillée du débat sur et autour de cette question, voir l'introduction de dette étude.

B.... aux standards élargis de protection des investisseurs ?

229. ***Une multitude de droits dérivés***. Dopé par le droit international des droits de l'homme, le standard coutumier de protection des étrangers semble donner naissance à des droits tant procéduraux que substantiels. Concernant les droits procéduraux, on peut prendre pour exemple, la garantie à l'investisseur d'un procès équitable, garantie qui se matérialise par le fait pour les juridictions d'un État d'assurer à l'investisseur un traitement convenable sans quoi, l'investisseur peut se tourner vers une juridiction internationale ou une instance arbitrale internationale, lorsqu'il s'estime lésé par l'État hôte ; ce qui n'est que le prolongement du TJE couvert lui-même par le standard de protection des étrangers. Cette lecture est confirmée par les dispositions de certains traités récents telles que les points 1 et 2 de l'art. 14.6 de l'Accord Canada-États-Unis-Mexique (ACEUM)[116], signé le 30 novembre 2018, intitulé « Norme minimale de traitement » énonce : *« 1. Chacune des Parties accorde aux investissements visés un traitement conforme au droit international coutumier, y compris un traitement juste et équitable ainsi qu'une protection et sécurité intégrales. 2. Il est entendu que le paragraphe 1 prescrit la norme minimale de traitement des étrangers en droit international coutumier comme norme de traitement à accorder aux investissements visés. Les concepts de "traitement juste et équitable" et de "protection et sécurité intégrales" n'exigent pas de traitement supplémentaire ou supérieur à celui exigé par cette norme ni ne créent de droits substantifs additionnels. Les obligations contenues au paragraphe 1 d'accorder : a) un "traitement juste et équitable" comprend l'obligation de protection contre les dénis de justice dans les instances décisionnelles pénales, civiles ou administratives, conformément au principe de l'application régulière de la loi consacré dans les principaux systèmes juridiques du monde ; b) une "protection et sécurité intégrales" exige que chacune des Parties accorde le niveau de protection policière requis en vertu du droit international coutumier. »*[117] La même disposition est reprise presque à l'identique par le TBI liant le Japon à

---

[116]. Signé le 30 novembre 2018 et entré en vigueur le 1er juillet 2020. Ce traité remplace son devancier l'ALENA, en vigueur depuis le 1er janvier 1994. Selon l'ACEUM, « [l] *a norme minimale de traitement des étrangers en droit international coutumier désigne l'ensemble des principes du droit international coutumier qui protègent les investissements des étrangers* » (Voy. Annexe 14-A de l'accord, intitulé droit international coutumier).

[117]. Qui précise dans une note de bas de page que l'article s'interprète à la lumière de l'annexe 14-A relative au droit international coutumier, en ces termes : « [*l*] *es Parties confirment leur compréhension commune selon laquelle le "droit international coutumier", au sens général et tel qu'il est mentionné expressément à l'article 14.6 (Norme minimale de traitement), résulte d'une pratique générale et constante des États, à laquelle ceux-ci prêtent un caractère juridiquement contraignant. La norme minimale de traitement des étrangers en droit international coutumier désigne l'ensemble des principes du droit international coutumier qui protègent les investissements des étrangers.* ».

l'Argentine, signé le 1èr décembre 2018[118]. Différent dans la formulation, mais semblable dans l'approche est l'art. 2 du TBI Cambodge/Turquie du 21 novembre 2018.[119] D'autres États encore adoptent la même approche[120].

230. *Un double enseignement*. Il apparait, compte tenu des dispositions susmentionnées que le standard minimum de protection des étrangers peut être porteur de règles fondamentales à la fois procédurales et substantielles de protection des investisseurs. Deux enseignements peuvent être tirés à cet égard. D'une part, les chemins pris par le standard minimum de protection des étrangers sont ceux de son extension aux règles de protection de l'investisseur. D'autre part, l'extension décrite débouche sur une certaine clarification au contenu de la règle du standard minimum. Or, qu'il s'agisse de son extension ou de sa clarification, la norme de protection parait ancrée dans le champ des droits de l'homme.

231. *Synthèse*. La considération des droits de l'homme par les sources coutumières du droit des investissements présente une double facette. D'une part, les sources coutumières du droit des investissements prennent en compte les droits fondamentaux de l'investisseur ; et d'autre part, elles prennent en compte les droits de la population[121]. Le premier cas de figure est rendu possible grâce au standard minimal de protection ; et le second rendu possible grâce à la norme d'exigence à la conformité de la législation de l'État d'accueil. Il convient

---

[118]. Voy. art. 4 de ce TBI intitulé « *Minimum Standard of Treatment* » : « *l. Each Contracting Party shall accord to investments of investors of the other Contracting Party in the Area of the former Contracting Party treatment in accordance with customary international law, including fair and equitable treatment and full protection and security. For greater certainty, a change of the regulation of a Contracting Party does not constitute by itself a breach of the preceding sentence.*
2. For greater certainty, paragraph 1 prescribes the customary international law minimum standard of treatment of aliens as the standard of treatment to be afforded to investments of investors of the other Contracting Party. The concepts of "fair and equitable treatment" and "full protection and security" do not require treatment in addition to or beyond that which is required by that standard, and do not create additional substantive rights. For the purpose of paragraph 1:
(a) "fair and equitable treatment" includes the obligation not to deny justice in criminal, civil or administrative adjudicatory proceedings in accordance with the principle of due process embodied in the principal legal systems of the world; and
(b) "full protection and security" requires each Contracting Party to provide the level of police protection required under customary international law. »

[119]. « *1. Subject to its laws and regulations, each Contracting Party shall in its territory promote as far as possible investments by investors of the other Contracting Party. 2. Investments of investors of each Contracting Party shall at all times be accorded treatment in accordance with international law minimum standard of treatment, including fair and equitable treatment and full protection and security in the territory of the other Contracting Party. Neither Contracting Party shall in any way impair the management, maintenance, use, enjoyment, extension, or disposal of such investments by unreasonable or discriminatory measures* »

[120]. Voy. Entre autres, Art. 5 du TBI Jordanie/Arabie-Saoudite, signé le 27 mars 2017 ; art. 7 du TBI Nigeria/Maroc, signé le 03 décembre 2016 ; art. 4 du TBI Israël/Japon, en vigueur depuis le 05 octobre 2017 ; l'art. 4 du TBI France/Colombie, signé le 10 juillet 2014 (rappelons que la position de la France est flottante en la matière, en ce sens qu'aucune disposition évoquant le standard minimum de protection n'est présente dans un autre TBI liant cet État à l'Irak, signé le 31 octobre 2010, en vigueur depuis le 24 juillet 2016.

[121]. Cet aspect n'est rendu possible que grâce au caractère évolutif des règles coutumières.

toutefois de relever que les prises en compte varient selon qu'il s'agisse des droits protecteurs de l'investisseur ou des droits protecteurs de la population dont l'État hôte à la charge. Dans l'un comme l'autre des deux cas, les droits de l'homme jouent un rôle prépondérant.

CHAPITRE 2 :

Le faible apport des sources « modernes » à la prise en compte des droits de l'homme

232. ***Contours***. Dans le cadre du présent chapitre, les sources modernes s'entendent comme l'ensemble des règles relatives à l'investissement produites par les sujets dérivés du droit international[1]. Deux catégories de « sources modernes » sont relevées dans le cadre de cette étude. D'une part, les règles fournies par les Organisations internationales en raison de leurs édictions à partir des années 1970 ; et d'autre part, les règles produites par les entreprises elles-mêmes (autres acteurs internationaux) en ce sens qu'elles relèvent de pratiques relativement récentes. Mais, avant d'aller plus loin, il importe d'apporter des clarifications sur les tenants et aboutissants des termes employés-ci avant. Commençons par l'expression Organisation internationale. Celle-ci connait deux acceptions, l'une restrictive, l'autre extensive. Le dictionnaire de droit international public dirigé par Jean Salmon, définit l'OI dans un sens premier comme la manifestation des « [r] *apports coordonnés entre les États, quelles que soient [leurs modalités] (...)* »[2]. Cette définition présente des faiblesses ne serait-ce que parce qu'elle tend à réduire les OI à la seule volonté des sujets originaires du droit international[3], ce qui revient à nier les évolutions enregistrées dans le

[1]. Qu'il convient de distinguer des sujets « classiques » ou naturels du droit international que sont les États et les sujets dérivés de celui-ci que sont les OI ainsi que toutes les entités proches ou assimilables. On retient, pour les besoins de ce chapitre, une acception large du concept qui consiste à intégrer dans les sujets nouveaux de ce droit, les entreprises, en ceci qu'elles jouent un rôle prépondérant dans la mise en avant des droits de l'homme dans leur sphère d'intervention. Au demeurant, il importera peu que les acteurs visés soient « sujets » de droit international ou non. De manière plus synthétique, c'est plus le rôle de l'entité et moins son statut qui sera pris en compte dans le présent travail ; c'est-à-dire, la nature publique ou privée de l'action.

[2]. J. SALMON (dir.), *Dictionnaire de droit international public*, Bruxelles, ed. Bruylant/AUF, 2001, p. 792.

[3]. Il est vrai, et ceci n'est pas discutable que le droit international a germé autour de l'État, lequel est, par la même occasion, considéré comme sujet originaire de ce droit. En ce sens, voy. J. COMBACAU, « L'État en droit international », in J. COMBACAU et S. SUR, *Droit international public*, Paris, LGDJ, coll. Précis Domat, 12ᵉ éd., 2016, pp. 230-231, spéc. 231. L'auteur relève que « *l'État est un sujet "originaire" (ou "initial"), il ne tire son existence d'aucun autre et il a par lui-*

domaine particulier du droit international et plus général des relations internationales. Le droit international n'est plus ce droit ou les seuls acteurs sont les États. D'autres acteurs, voire sujets comme les OI, les entreprises, et même les individus y occupent de plus en plus une place importante[4]. De même, et pour le dire autrement, la définition ci-dessus, réduit les OI aux Organisations intergouvernementales (ci-après OIG), ce qui est de nature à ignorer l'internationalisation que connaissent certaines Organisations non gouvernementales (ci-après ONG)[5] d'origine nationale. La prise en compte de ces facteurs, objectifs du reste, oblige à se focaliser sur l'OI en tant qu'une [c] *ollectivité composée d'éléments interétatiques ou d'éléments privés internationaux qui poursuit des buts communs, a [yant] une volonté propre et (...) représentée par des organes communs* ».[6] C'est dire que tant les acteurs étatiques que non étatiques sont capables de constituer une OI. Cela amène à opérer une distinction entre « *les organisations internationales intergouvernementales et les organisations internationales non-gouvernementales* »[7]. Il va sans dire que d'un point de vue extensif, l'OI couvre à la fois les Organisations internationales gouvernementales (OIG) et les Organisations internationales non gouvernementales (OING). Mais, d'un point de vue restrictif, l'OI ne couvre que les Organisations internationales gouvernementales.

233. *Conséquences*. L'attribution aux OI d'un statut de sujets de droit international emporte des conséquences, au rang desquelles figure la production normative, laquelle touche des domaines aussi divers que variés, en lien pour certains d'entre eux avec les droits de l'homme. Parmi les règles produites par les OI, certaines s'adressent aux États, et d'autres sont destinées aux personnes privées dont les entreprises multinationales font partie. Dans un souci de lisibilité, seront abordées distinctement les contributions des OIG et celles des ONG

---

même un certain nombre d'attributs qui lui sont communs avec tous ses pairs et qui permettent de parler légitimement d'un statut d'État, même si des actes particuliers peuvent donner à tels individus de la catégorie des caractères qui viennent colorer leur condition internationale et permettent de distinguer parmi les États des sous-catégories remarquables par des éléments complémentaires de statut ». À ces sujets on ajoute souvent les sujets dérivés que sont les OI (CIJ, *Réparations des dommages subis au service des Nations Unies*, avis consultatif du 11 avril 1949, *Rec.* 1949, p. 179).

4. Les développements récents du droit international ont nourri la tentation de compter parmi ses sujets, les individus (voy. R. CASSIN, « L'homme, sujet de droit international et la protection des droits de l'homme dans la société universelle », in *La technique et les principes du droit public. Études en l'honneur de Georges Scelle*, Paris, LGDJ, 1950, t. 1, pp. 67-91) et les entreprises multinationales (voy. M. CHEMILLIER-GENDREAU, « L'entreprise est-elle soumise aux règles du droit international ? », in M. Chemillier-Gendreau, *Un autre droit pour un autre monde. Comment sortir des impasses du droit international contemporain ?* Paris, éd. Pedone, coll. Doctrines, 2019, pp. 195-208.).

5. Art. 71 de la Charte des Nations Unies (adoptée le 26 juin 1945, entrée en vigueur le 24 octobre 1945), lequel dispose que « *le Conseil économique et social peut prendre toutes dispositions utiles pour consulter les organisations non-gouvernementales qui s'occupent de questions relevant de sa compétence. Ces dispositions peuvent s'appliquer à des organisations internationales et, s'il y a lieu, à des organisations nationales après consultation du Membre intéressé de l'Organisation* ».

6. Le soulignement est de nous.

7. J. SALMON (dir.), *Dictionnaire de droit international public*, op. cit., p. 793.

(Section 1). Sous un autre registre, et indépendamment des règles édictées par les États ou par les OI, s'ajoutent aux règles à destination des entreprises multinationales, les règles émanant des entreprises elles-mêmes, contenues dans des instruments appelés communément codes de conduite. Ces codes sont pour certains d'entre eux une émanation exclusive des entreprises multinationales, d'autres sont issues d'une concertation entre l'entreprise et ses différents partenaires (Section 2).

Section 1 :
La contribution des organisations internationales

234. Relevant de la gageure, la délimitation du champ d'intervention des OI appelle une mise au point. En raison de leur diversité, les OI présentent forcément des réalités juridiques fort différentes[8].

235. ***Prépondérance du statut (du créateur) de l'organisation dans la distinction entre OIG et ONG***. Il s'avère que le seul critère déterminant de distinction entre OIG et ONG est le statut de leurs créateurs, d'où la pertinence d'une distinction entre organisations d'origine privée et organisations d'origine publique. La mise en avant de ce critère permet de contourner les confusions pouvant accompagner l'évolution du statut d'une Organisation vers une Organisation non gouvernementale ou d'une Organisation non gouvernementale vers une organisation internationale non gouvernementale (ci-après OING), et d'éviter les confusions pouvant naitre du basculement d'un statut d'organisation gouvernementale vers celui d'organisation intergouvernementale[9]. Sujets dérivés du droit international, les OI sont, à la suite des États, les entités par excellence d'édiction des normes à destination des acteurs principaux de la scène internationale. Guidées par le principe de spécialité, ces OI édictent des normes susceptibles, selon le degré d'efficacité, d'influencer les acteurs économiques[10]. Là où les OIG se font les « porte-parole » des États auprès des entreprises multinationales en matière des droits de l'homme, les OING s'érigent en messagers de la société civile en la matière. Les premières connues communément sous l'appellation « Organisations intergouvernementales » sont, comme les secondes, connues sous l'appellation « Organisations non

[8]. E. DAVID, *Droit des organisations internationales*, Bruxelles, éd. Bruylant, 2016, p. 21.

[9]. Ce serait redondant de parler d'une organisation « internationale » intergouvernementale tant l'intergouvernemental inclut nécessairement l'international. Toutefois, le qualificatif « international » peut et doit être utilisé pour les Organisations non gouvernementales qui s'internationalisent, donnant ainsi l'appellation Organisation « internationale » non gouvernementale. L'explication qu'on peut en donner c'est que les organisations non gouvernementales peuvent être nationales (internes) ou internationales (externes).

[10]. En témoigne, pour exemple, La Cour qui a toujours reconnu le caractère hautement normatif des décisions du Conseil de Sécurité : CIJ, *affaire relative à des questions d'interprétation et d'application de la convention de Montréal de 1971 résultant de l'incident aérien de Lockerbie (Lybie c. Royaume-Uni)*, arrêt sur les exceptions préliminaires du 27 février 1998, *Recueil* 1998, p. 9.

gouvernementales », les acteurs d'un apport considérable dans l'intégration des droits de l'homme dans le doit des investissements. Il semblerait que l'action des organisations internationales soit guidée par deux dynamiques, l'une caractéristique des OIG : l'enthousiasme (Paragraphe 1), et l'autre relative aux ONG : le militantisme (paragraphe 2).

§ 1 : L'enthousiasme affiché des OIG

236. ***Définition retenue.*** Par OIG on peut entendre toute « [a] *ssociation d'États établie par voie conventionnelle, qui poursuivit des objectifs communs au moyen d'organes permanents qui lui sont propres et possède une personnalité juridique distincte de celle des États membres* »[11]. Il ressort de cette définition que les OIG, quoique associant des États, opèrent indépendamment d'eux. Nombreuses sont les OIG porteuses d'initiatives d'un intérêt certain pour les droits de l'homme ; lesquelles initiatives varient toutefois d'une organisation à une autre en fonction de paramètres divers. Certaines d'entre elles sont efficaces et d'autres le sont moins. Au-delà de la variété des acteurs, les contributions des OIG peuvent être distinguées selon qu'elles s'inscrivent dans une logique de généralité (A) ou de spécificité (B)

A. Les contributions à visée générale : le cadre onusien

237. Le cadre onusien s'illustre au travers d'instruments se voulant à la hauteur de la tâche conférée à l'organisation à savoir la promotion de la paix et de la sécurité dans le monde. À partir de cette considération, il devient primordial que les actions se multiplient afin d'atteindre l'objectif décrit sous la rubrique duquel s'insère la protection des droits de l'homme y compris contre les actions des multinationales.

1. La diversification

238. ***Le Pacte mondial : entre énoncé de Principes et synthèse.*** Le Pacte mondial des Nations Unies plaidé lors du sommet de Davos de 1999 par l'ancien secrétaire général de l'ONU[12], trace une feuille de route claire à destination des entreprises multinationales en vue d'une protection avérée des droits de l'homme. Sont mobilisés, dans le cadre de la mise en avant des valeurs fondamentales, le domaine général des droits de l'homme[13] (les droits de l'homme considérés

---

11. J. SALMON (dir.), *Dictionnaire de droit international public*, *op. cit.*, p. 793.
12. Le Pacte est disponible à l'adresse : www.unglobalcompact.org
13. Deux Principes lui sont consacrés : « [*l*] *es entreprises sont invitées à promouvoir et à respecter la protection du droit international relatif aux droits de l'homme dans leur sphère d'influence* (Principe 1) ; *et à veiller à ce que leurs propres compagnies ne se rendent pas complices de violations des droits de l'homme* (Principe 2) ».

globalement) et les domaines spécifiques du travail[14], de l'environnement[15], ou encore de lutte contre la corruption[16]. Bref, le Pacte mondial de l'ONU s'appuie sur dix principes dont la mise en avant est jugée nécessaire dans la « sphère d'activité » des entreprises[17]. L'ossature du Pacte nourrit la tentation de le qualifier de synthèse des principes en lien avec les droits de l'homme, au travail, à l'environnement et même à la corruption. Toutefois, ce Pacte souffre d'un défaut de mécanismes de mise en œuvre que tentent de combler les institutions spécialisées de l'Organisation. En effet, grâce au rôle de certaines de ses institutions spécialisées, l'activité de l'ONU en matière des droits de l'homme/entreprises va au-delà de la seule synthèse de principes prévus par la Déclaration universelle des droits de l'homme[18], les déclarations de l'OIT[19] et la Déclaration de Rio sur l'environnement et le développement[20].

239. ***Contributions contrastées des institutions spécialisées de l'ONU.*** Particulièrement présentes sur la scène internationale, les institutions spécialisées de l'ONU couvrent des domaines d'intervention variés. La Conférence des Nations Unies pour le commerce et le développement[21] et le Haut-commissariat

---

[14]. Quatre Principes lui sont consacrés : « [*l*] *es entreprises sont invitées à respecter la liberté d'association et à reconnaître le droit de négociation collective* (Principe 3) ; *l'élimination de toutes les formes de travail forcé ou obligatoire* (Principe 4) ; l'abolition *effective du travail des enfants* (Principe 5) ; *et l'élimination de la discrimination en matière d'emploi et de profession* (Principe 6) ».

[15]. Trois Principes lui sont consacrés : [*l*] *es entreprises sont invitées à appliquer l'approche de précaution face aux problèmes touchant l'environnement* (Principe 7) ; *à entreprendre des initiatives tendant à promouvoir une plus grande responsabilité en matière d'environnement* (Principe 8) ; *et à favoriser la mise au point et la diffusion de technologies respectueuses de l'environnement* (Principe 9)

[16]. Un Principe lui est consacré : « [*l*] *es entreprises sont invitées à agir contre la corruption sous toutes ses formes, y compris l'extorsion de fonds et les pots-de-vin* (Principe 10) ».

[17]. Les dix Principes constituent, chacun, une voie potentielle d'intégration des droits de l'homme dans le champ d'activité des entreprises, ne serait-ce que parce qu'ils sont porteurs de valeurs différentes les unes des autres du point de vue de leur énoncé mais ces principes convergent vers une cause commune. Le tout grâce aux principes d'indivisibilité et d'interdépendance qui servent de support à la jonction décrite.

[18]. La *Déclaration universelle des droits de l'homme*, AGNU, rés., du 10 décembre 1948, A/RES/217 A (III).

[19]. La Déclaration de l'OIT relative aux buts et objectifs de l'Organisation internationale du Travail, adoptée par la Conférence générale de l'OIT lors de sa 26ème session du 10 mai 1944 ; la Déclaration de principes tripartite sur les entreprises multinationales et la politique sociale de l'OIT, adoptée par le Conseil d'administration du BIT à sa 204ème session (Genève, novembre 1977) et amendée à ses 279ème (novembre 2000), 295ème (mars 2006) et 329ème (mars 2017) sessions, 5ème éd., 2017 ; la Déclaration de l'OIT relative aux principes et droits fondamentaux au travail, adoptée par la Conférence internationale du travail lors de sa 86ème session de Genève, le 18 juin 1998.

[20]. La Déclaration de Rio sur l'environnement et le développement, adoptée lors de la Conférence des Nations Unies sur l'environnement et le développement du 3 au 14 juin 1992, 12 août 1992, A/CONF.151/26 (Vol. I).

[21]. Créée le 30 décembre 1964 par l'Assemblée générale des Nations Unies, la CNUCED (193 États membres) dont le siège se situe à Genève fut à ses débuts centrée sur la promotion du commerce Nord/Sud avant de servir, par la suite, de base de négociation aux pays du Sud dans leurs rapports économiques avec les pays du Nord en se focalisant, notamment, sur le concept de Nouvel ordre

des Nations Unies aux Droits de l'Homme[22] mènent un travail considérable relativement à l'intégration des considérations sociales dans la sphère économique. Si le Pacte mondial pose, de manière générique, les bases de l'encadrement des activités des multinationales par les droits de l'homme, la CNUCED et le HCDH opèrent dans des domaines ciblés. Les rôles joués par ces organismes se matérialisent, concernant la CNUCED, par la publication de Rapports[23] qui rendent compte de la situation des droits de l'homme dans la sphère d'activité des entreprises. L'on peut dire de ces publications qu'elles constituent un outil d'information non négligeable notamment sur les rapports entre les activités des entreprises et les droits de l'homme.[24] Tel est d'ailleurs le cas du célèbre Rapport de la CNUCED sur l'investissement dans le monde[25]. L'activité du HCDH est quant à elle axée principalement sur la mise en place d'un cadre de référence basé sur le triptyque protection-respect-réparation[26] des droits de l'homme. Le travail le plus significatif du HCDH demeure les « *Principes directeurs relatifs aux entreprises et aux droits de l'homme : mise en œuvre du cadre de référence « protéger, respecter, réparer* »[27]. Ces Principes appellent toutefois une observation qu'il convient d'examiner au titre des faiblesses.

économique international (NOEI). Voy. G. HAMILTON, *Les entreprises multinationales : effets et limites des codes de conduite internationaux*, Paris, éd. Puf, coll. Les dossiers de l'IRM, 1984, spéc. pp. 44 et s.

22. Crée le 20 décembre 1993 par l'Assemblée générale des Nations unies

23. Pour exemple le très attendu rapport annuel de la CNUCED sur l'investissement dans le monde produit annuellement.

24. Pour rappel, la CNUCED avait comme rôle au moment de sa création, la promotion du commerce entre pays du sud et pays du Nord. C'est précisément dans ce cadre qu'un groupe de travail fut créé dans le début des années 1970 pour mettre sur pied un code de conduite apte à rassurer les pays du Sud face aux dangers susceptibles d'être provoqués par les activités des multinationales issues des pays du Nord. Voy. G. HAMILTON, *Les entreprises multinationales : effets et limites des codes de conduite internationaux*, Paris, éd. Puf, coll. Les dossiers de l'IRM, 1984, pp. 44 et s.

25. Ce rapport se veut un « état des lieux » sur les investissements dans le monde (quantification des traités d'investissement, analyse des flux d'investissements, etc.), apporte une lecture prospective (l'avenir des traités, la dynamique attendue ou espérée, etc.). L'actuel secrétaire général de l'Organisation des Nations Unies a pu dire du *Rapport sur l'investissement dans le monde* de 2019 qu'il « *éclaire l'action des décideurs en rendant compte des tendances mondiales et régionales dans le monde en rendant de l'investissement étranger direct, ainsi que de l'évolution des politiques nationales et internationales d'investissement* » (Voy. *Rapport sur l'investissement dans le monde*, Antonio Guterres, préface, p. iii.). Et dans le même sens va le propos du Secrétaire général de la CNUCED qui dit du Rapport précité qu'il « *dresse un tableau de la situation actuelle des ZES* [(zones économiques spéciales)], *offre une vue d'ensemble des lois et réglementations en vigueur, et met en lumière la contribution de ces zones au développement durable.* Et qu'*[i] l renferme en outre des recommandations articulées autour de trois piliers : les enseignements tirés de l'expérience, une approche prospective et une idée novatrice, à savoir les "zones modèles pour les ODD* [(objectifs de développement durable)]". (voy. Rapport précité, Mukhisa Kituyi, Avant- propos, p. v.

26. Voy. Haut-Commissariat aux Droits de l'Homme des Nations Unies, *Principes directeurs relatifs aux entreprises et aux droits de l'homme : mise en œuvre du cadre de référence « protéger, respecter, réparer » des Nations Unies* (A/HRC/17/31), rés. 17/4 du 16 juin 2011.

27. Connus sous les appellations « Principes de l'ONU » et « *Principes Ruggie* » (nom du rapporteur spécial qui a été chargé de la mission d'établir des Principes relatifs aux droits de l'homme et activités des entreprises).

2. Faiblesses d'un bilan

240. ***Des Principes source d'arbitraire ?*** Quoique source d'obligations en matière des droits de l'homme, les « Principes de l'ONU » ne s'émancipent guère du schéma classique de l'Organisation : ne faire peser des obligations en matière des droits de l'homme que sur les États, lesquels États sont invités à leur tour à faire respecter les droits de l'homme par les personnes privées. Il apparait d'après ce schéma que la mise en œuvre des droits de l'homme incombe exclusivement aux États. Cette approche présente des difficultés tant elle élague un pan entier de la problématique de réalisation des droits de l'homme. On aurait mieux fait de repartir les obligations entre les principaux responsables potentiels des violations des droits de l'homme, à savoir les États et les entreprises multinationales.[28] En réalité, obliger les États à exiger des entreprises le respect des droits de l'homme sur leurs territoires, revient à les traiter de manières dangereusement différenciées. La raison pourrait résider dans le fait que dès lors qu'il est question des droits fondamentaux, ces derniers méritent d'être directement opposables à tous et donc aux multinationales, sans qu'il soit besoin de passer par l'obligation de faire respecter incombant à l'État. Alors que certains États seraient en mesure de remplir cette obligation, d'autres peineraient à le faire. Pour le dire autrement, les États du Nord seraient, grâce à la robustesse de leurs systèmes judiciaires, en mesure de remplir cette obligation ; les États du sud, quant à eux, rencontreraient des difficultés liées à la faiblesse de leurs systèmes judiciaires ou encore à la force des multinationales accueillies.

241. ***Portée normative limitée.*** Cependant, la question demeure de savoir si les sources diverses et variées précitées sont toutes véritablement suivies d'effet. Dit autrement, l'arsenal normatif prescrit par l'ONU aux multinationales constitue-t-il une source d'engagements précis qui, lorsqu'ils sont méconnus par leurs destinataires, occasionnent des sanctions ? La réponse aurait sans doute été positive si l'ONU disposait d'une véritable juridiction spécialisée dans les questions relatives aux droits de l'homme[29]. C'est dire que l'absence d'un organe

---

[28]. Il faut dire que certains auteurs se placent du côté de l'État.

[29]. Nonobstant le fait qu'à l'heure actuelle, le système de comité, organes quasi-juridictionnels connaissent un succès avéré auprès des juridictions nationales et régionales de protection des droits de l'homme. En ce sens, un auteur relève que « *les comités ont progressivement établi leur légitimité et apparaissent aujourd'hui, à tout le moins, comme des quasi-juridictions dont l'autorité interprétative est respectée* », voy. O. DE FROUVILLE, « Conclusions générales », in E. DECAUX et O. DE FROUVILLE (dir.), La dynamique du système des traités de l'ONU en matière de droits de l'homme, Paris, éd. Pedone, 2015, p. 207. À cela s'ajoute le fait que les juridictions régionales compétentes en matière des droits de l'homme renvoient de plus en plus aux décisions des comités des droits de l'homme (observations finales et constatations). Ainsi dans l'arrêt *Perinçek c. Suisse* du 17 décembre 2013, la CEDH s'est rapportée à comité des droits de l'homme pour asseoir son interprétation de l'art. 10 de la Convention EDH, et ce, par référence à l'art. 19 du PIDCP (§ 124 : « *la Cour rappelle que le Comité des droits de l'homme de l'ONU, dans le cadre de son Observation générale no 34, rendue en 2011 et consacrée à la liberté d'opinion et d'expression au sens de l'article 19 du Pacte international relatif aux droits civils et politiques, a exprimé sa conviction selon laquelle "les lois qui criminalisent l'expression d'opinions concernant des faits historiques sont*

juridictionnel universel compétent en matière des droits de l'homme rend quelque peu difficile la garantie des règles élaborées dans le cadre de cette Organisation. L'impasse sur l'absence d'une véritable juridiction oriente vers un autre questionnement tendant cette fois à rechercher des mécanismes efficaces capables de garantir une mise en œuvre des règles produites par les OIG. Pour l'essentiel, lesdits mécanismes accompagnent les instruments émanant des OIG[30]. En tout état de cause, et cela sera davantage montré dans les développements qui suivent, l'efficacité des instruments de protection des droits de l'homme destinés à l'encadrement des activités des multinationales est fonction de la robustesse des mécanismes de garantie que ces instruments offrent.

B. Les contributions à visées spécifiques : l'OCDE, l'OIT et la Banque mondiale

242. Le cadre normatif de l'OCDE parait contenir les outils nécessaires pour la prise en compte des droits de l'homme par les opérateurs économiques relevant du champ de l'organisation.

1. La pertinence du cadre de l'OCDE

a) L'originalité des principes de l'OCDE

243. ***Les principes de l'OCDE***. Parmi les instruments émis par l'Organisation pour la coopération et le développement économique (ci-après OCDE)[31], sont d'un important intérêt pour l'encadrement des activités des multinationales, les

---

incompatibles avec les obligations que le Pacte impose aux États parties [...]." [Paragraphe 49 de l'Observation générale ; paragraphe 27 ci-dessus]. Le Comité s'est également montré convaincu que le "Pacte ne permet pas les interdictions générales de l'expression d'une opinion erronée ou d'une interprétation incorrecte d'événements du passé" [ibid.] ». Le même constat vaut pour la Cour interam. des droits de l'homme [Avis consultatif du 19 août 2014 à propos des droits de l'enfant, *Rights and Guarantees of children in the context of migration and/or in need of International Protection*, Serie A, n° 21.] et la Commission africaine des droits de l'homme qui, à son tour renvoie aux décisions du Comité des droits de l'homme [Comm. afr. des droits de l'homme et des peuples, décision des 23 novembre et 7 décembre 2004, *Garrett Anver Prince c. Afrique du Sud*, pétition n° 255/02, § 42.]. Pour une analyse approfondie de toutes ces références, voy. H. TIGROUDJA, « Le renvoi aux décisions des comités conventionnels des Nations Unies dans la pratique des organes régionaux de protection des droits de l'Homme », in E. DECAUX et O. DE FROUVILLE [dir], *La dynamique du système des traités de l'ONU en matière des droits de l'homme*, Paris, éd. Pedone, 2015, p. 148, pour qui « *l'utilisation plus systématique et plus ordonnée des travaux des comités conventionnels réside dans le fait que par définition, les organes régionaux ont un champ de compétence géographiquement délimité et à tout le moins, beaucoup moins étendu que celui des comités.* ».

30. Au titre de ces mécanismes on peut citer les

31. Rassemblant des pays majoritairement à économie de marché, cette organisation est pionnière en matière d'élaboration des codes de conduite à destination des multinationales. Mais et comme le relève un auteur, « [i] *l ne faut toutefois pas voir dans cette initiative une tentative destinée à contrôler les multinationales. Étant eux-mêmes à l'origine de la majeure partie de l'investissement direct mondial, les pays de l'OCDE étaient de ce fait particulièrement concernés par les exigences des pays en développement* » (G. HAMILTON, *Les entreprises multinationales : effets et limites des codes de conduite internationaux*, Paris, éd. Puf, coll. Les dossiers de l'IRM, 1984, p. 25.).

Principes directeurs à l'intention des entreprises multinationales (ci-après Principes de l'OCDE)[32]. Ces Principes se présentent sous forme de recommandations[33] que les gouvernements des pays membres adressent aux multinationales opérant sur leurs territoires[34]. On retrouve notamment parmi les principes visés : la contribution au progrès menant vers le développement durable[35] ; le respect des droits de l'homme reconnus internationalement[36] ; l'interdiction de la corruption[37] ; ou encore la consultation des populations locales préalablement aux prises de décisions relatives aux domaines d'activités les concernant[38]. Quels peuvent être les apports de ces règles sur l'influence du droit international des droits de l'homme sur le droit des investissements ? Les principes évoqués relèvent certes tous du droit mou, mais leurs effets sont disparates. Certains d'entre eux sont largement applicables et d'autres seraient d'une application moindre. Là encore, tout semble dépendre de la solidité des mécanismes qui accompagnent les instruments consacrant les droits de l'homme, produits par les OIG et affectés à l'investissement.

244. ***Un mécanisme de contrôle relativement efficace.*** À cela s'ajoute un mécanisme de mise en œuvre, original du reste : les Points de contacts nationaux (PCN). C'est à la lumière des PCN qu'il convient de mesurer l'impact de Principes directeurs sur les activités des investisseurs. À ce sujet, il est important de relever des situations dans lesquelles les PCN des pays membres ont été particulièrement actifs. Les exemples sont multiples. Le 20 août 2018, le PCN néerlandais remarqua un manquement au principe de diligence raisonnable.[39] En

---

32. OCDE, *Les Principes directeurs de l'OCDE à l'intention des entreprises multinationales*, éd. 2011. C'est en 1977 que ces principes ont été mis sur pied par l'Organisation.

33. Sans qu'il soit nécessaire de revenir sur la valeur juridique des recommandations, il nous suffit de dire avec un spécialiste du droit international qu'elles sont « *privées de valeur obligatoire par la volonté des États fondateurs et dès lors suivies d'effet dans la seule mesure ou chaque État destinataire consent à les respecter* ». Voy. J. CHARPENTIER, « Quelques réflexions sur la personnalité juridique des organisations internationales : réalité ou fiction ? », in *Le droit des organisations internationales. Recueil d'études à la mémoire de Jacques Schwob*, Bruxelles, Bruylant, 1997, p. 8.

34. Voy. OCDE, *Les Principes directeurs de l'OCDE à l'intention des entreprises multinationales (Avant- propos)*, éd. 2011, p. 3.

35. Principe 1 : « *Contribuer aux progrès économiques, environnementaux et sociaux en vue de parvenir à un développement durable* ».

36. Principe 2 : « *Respecter les droits de l'homme internationalement reconnus vis-à-vis des personnes affectées par leurs activités* »

37. Principe 5 : « *S'abstenir de rechercher ou d'accepter des exceptions non prévues dans le dispositif législatif ou réglementaire concernant les droits de l'homme, l'environnement, la santé, la sécurité, le travail, la fiscalité, les incitations financières ou d'autres domaines.* »

38. Principe 14 : « *S'engager auprès des parties prenantes concernées en leur donnant de réelles possibilités de faire valoir leurs points de vue lorsqu'il s'agit de planifier et de prendre des décisions relatives à des projets ou d'autres activités susceptibles d'avoir un impact significatif sur les populations locales* »

39. Ce principe se définit sommairement (en comparaison avec le concept de « Diligence due » ou obligation de diligence et/ou de vigilance) comme l'exigence d'un comportement visant à prévenir la survenance d'un manquement à des obligations notamment en matière des droits de l'homme. En ce sens, voy. Note 1151 de la présente étude.

l'espèce, une entreprise spécialisée dans les déménagements avait procédé au déplacement d'une tombe sans consulter préalablement les populations locales. Saisi par des ONG sur la base de la méconnaissance d'un droit à la culture, le PCN néerlandais conclut que les faits reprochés à l'entreprise sont constitutifs d'une violation du droit à la culture qu'il conviendrait d'interpréter au regard des principes de l'OCDE comme un droit de l'homme[40]. Cette vision est d'un apport double. Concernant le premier apport, considérer le droit à la culture comme un droit de l'homme[41] revient à adopter une approche substantielle des droits de l'homme, laquelle s'insère dans le cadre d'une vision large du droit international des droits de l'homme[42]. Aussi, interpréter extensivement les Principes directeurs de l'OCDE dénote la volonté d'élargir la portée desdits Principes dans le but de les rendre pertinents là où les entreprises croient en être exemptés. En outre, et c'est le second apport, le fait qu'un PCN soit à l'initiative d'une interprétation rappelle le rôle interprétatif des instances juridictionnelles. Les mêmes observations valent pour le PCN norvégien qui, saisi par un syndicat norvégien au sujet d'un licenciement collectif effectué par l'entreprise norvégienne DNO ASA au Yémen sans préavis de consultation des représentants du personnel, conclut que l'entreprise en question n'avait pas rempli les attentes exprimées dans les Principes de l'OCDE[43]. Le constat a conduit le PCN norvégien à « *recommand* [er] *à DNO d'exercer à l'avenir une diligence raisonnable fondée sur les risques et d'améliorer la transparence de ses directives et procédures en matière de conduite responsable des entreprises* ».[44] Sans être clairement dans une logique juridictionnelle imposant à l'entreprise une quelconque décision, le PCN norvégien comme ses homologues des autres États de l'OCDE, privilégie une approche « douce », laquelle procède de recommandations à l'attention de l'entreprise à l'origine des manquements. Dans un sens proche, deux autres syndicats qui, reprochant à une entreprise de droit américain (*Drummond Ltd.*) opérant en Colombie des manquements aux droits syndicaux et de la santé des travailleurs, ont saisi le PCN colombien, lequel a rappelé à l'entreprise qu'il serait souhaitable d'améliorer, dans l'avenir, les modalités de prise en charge des droits des personnes handicapées et/ou malades au sein de l'entreprise[45].

b) La Corrélation entre efficacité et consistance des mécanismes

245. *Évaluation.* La combinaison de ces différents éléments rend compte du degré de justiciabilité des droits de l'homme portés par l'OCDE, oscillant entre la

[40]. Voy. OCDE, Rapport annuel 2018 sur les Principes directeurs de l'OCDE à l'intention des entreprises multinationales, 2019, p. 29. On aura compris qu'il s'est agi de la mise en œuvre du principe 14 (précité), relatif à la consultation des populations locales sur toutes questions pouvant avoir des incidences sur le vécu des populations locales.

[41]. Il faut dire souligner que « cette circonstance spécifique est la première dans laquelle les droits culturels ont été reconnus comme des droits de l'homme ». Voy. *Idem.*

[42]. Voy. Introduction de cette thèse.

[43]. *Idem.*

[44]. OCDE, Rapport annuel précité, p. 29.

[45]. *Ibid.*, p. 28.

faiblesse de leurs expressions et l'extension de leurs interprétations. En tous cas, en l'absence d'une instance juridictionnelle, seuls les mécanismes de suivi et de contrôle permettent de déterminer le sort des références aux droits de l'homme résultant des instruments mis sur pied par les OIG. Et ce, d'autant plus que « *les droits de l'homme interrogent tout particulièrement le choix des mécanismes institutionnels propres à assurer leur effectivité* »[46]. Ceci a comme conséquence qu'il ne soit « *pas certain que le recours juridictionnel soit dans tous les cas le mécanisme le plus adapté pour assurer l'effectivité des droits de l'homme* »[47]. Toutefois, on relève dans les deux cas cités, une absence de véritables sanctions, ce qui amène à dire que les PCN, loin de faire exception des mécanismes de suivi et de contrôle, ne font que constater les violations des Principes directeurs de l'OCDE et se bornent, au mieux, à faire des recommandations allant dans le sens d'une espérance de respect futur des Principes. Il en résulte que les PCN apparaissent comme une partie intégrante des sources du droit de l'OCDE à destination des multinationales dont les activités sont susceptibles de violer les droits de l'homme. Ceci rejoint dans une certaine mesure la problématique de la quête d'adéquation entre les aspirations de l'OCDE en matière d'intégration des droits de l'homme dans le développement économique et les moyens dont elle dispose pour parvenir à ses objectifs. Certes, la volonté d'imposer les droits de l'homme aux entreprises est un projet ambitieux dépassant les capacités normatives d'une organisation internationale, mais les moyens mis en œuvre par l'OCDE sont, pour le moins, partiellement efficaces[48].

246. ***Du concret sur la base de la coopération***. Dire que l'OCDE manque d'initiatives dans la mise en œuvre des principes qu'elle édicte est erroné, comme l'est le fait de dire que les Principes directeurs de l'OCDE sont convenablement efficaces.[49] Le curseur se situe, à la lecture des Principes proposés par l'OCDE, à un niveau intermédiaire : un instrument encadrant les activités des entreprises issues des pays membres de l'OCDE sans avoir recours à un véritable système de sanctions. Au fond, le système de l'OCDE repose davantage sur la concertation entre les entreprises, leurs pays respectifs et l'organisation[50] que sur la crainte supposée d'un mécanisme de suivi et de contrôle. Le danger de ce modèle réside

46. V. CHAMPEIL-DESPLATS, « Effectivité et droits de l'homme : approche théorique », in V. CHAMPEIL-DESPLATS et D. LOCHAK (dir.), *A la recherche de l'effectivité des droits de l'homme*, Paris, éd. Presses universitaires de Paris 10, 2008, p. 24.

47. V. CHAMPEIL-DESPLATS, « Effectivité et droits de l'homme : approche théorique », in V. CHAMPEIL-DESPLATS et D. LOCHAK (dir.), *A la recherche de l'effectivité des droits de l'homme*, Paris, éd. Presses universitaires de Paris 10, 2008, p. 24.

48. Les différents Rapports annuels sur la mise en œuvre des Principes directeurs de l'OCDE à destination des multinationales en donnent une illustration. Ces Rapports sont disponibles sur le site électronique de l'OCDE : www.oecd.org

49. Voy. SFDI/L. DUBIN et *al* (dir.), *L'entreprise multinationale et le droit international. Colloque de Paris 8 Vincennes — Saint-Denis, organisé les 19, 20 et 21 mai 2016*, Paris, éd. Pedone, 2017, 521 p.

50. Cette proximité est fondée principalement sur l'appartenance au même modèle économique à savoir le libéralisme.

dans le risque de son effondrement dès lors que le lien de concertation sera rompu. Une prospection que l'on pourrait par ailleurs qualifier de pessimiste ferait dire à cet égard que le système n'est que d'une efficacité momentanée tant le nombre encore restreint des États membres de l'Organisation s'y prête. Amenée à se développer en nombre d'États parties, l'OCDE serait contrainte de renforcer les mécanismes de suivi et de contrôle de ses principes à destination des multinationales. La seule alternative possible serait alors le recours à un mécanisme de sanction.

2. L'insuffisance du cadre de l'OIT

247. ***La Déclaration tripartite de l'Organisation internationale du Travail (OIT)***[51]. Le procédé de la Déclaration tripartite de l'OIT s'inscrit dans une logique de coopération entre les principaux acteurs du droit des investissements. C'est en cela que réside son originalité, surtout pour la problématique qui nous occupe. Tout se passe dans le cadre de l'OIT comme s'il s'agissait d'une coopération entre trois figures juridiques distinctes[52] dont les bénéficiaires sont les individus établis sur le territoire de l'État d'accueil.[53] La Déclaration tripartite se veut un outil « [*d*] » *orient* [ation] [*d*] *es gouvernements*, [*d*] *es organisations d'employeurs et de travailleurs ainsi que* [*d*] es *entreprises multinationales elles-mêmes*[54] » vers une prise en compte affirmée des règles du droit international du travail. Elle *« a pour objet d'encourager les entreprises multinationales à contribuer positivement au progrès économique et social et à la concrétisation du travail décent pour tous, ainsi qu'à atténuer et à résoudre les difficultés que leurs diverses opérations peuvent soulever. »*[55] Même si elle n'est pas exclusivement dédiée aux opérations d'investissements, la Déclaration de l'OIT est d'une pertinence non négligeable dans le domaine. Mais s'ils sont porteurs de progrès significatifs, les objectifs de la Déclaration semblent en deçà des exigences de la

---

51. Déclaration de principes tripartite sur les entreprises multinationales et la politique sociale de l'OIT, adoptée par le Conseil d'administration du BIT à sa 204ème session (Genève, novembre 1977) et amendée à ses 279ème (novembre 2000), 295ème (mars 2006) et 329ème (mars 2017) sessions, 5ème éd., 2017.

52. Que sont l'État, l'employeur et les syndicats. À cet effet, l'art. 3.1 de la Constitution de l'OIT va dans ce sens : « *La Conférence générale des Représentants des Membres tiendra des sessions chaque fois que besoin sera et au moins une fois par an. Elle sera composée de quatre représentants de chacun des Membres, dont deux seront les délégués du gouvernement et dont les deux autres représenteront respectivement, d'une part, les employeurs, d'autre part, les travailleurs ressortissants à chacun des Membres* ».

53. Si l'instrument le plus significatif dans le cadre de l'OIT est la Déclaration tripartite sur les entreprises multinationales et la politique sociale (ci-après la Déclaration de l'OIT/la Déclaration tripartite), deux autres déclarations de l'OIT touchent aux droits de l'homme : la Déclaration de l'OIT relative aux principes et droits fondamentaux au travail (adoptée en 1998) ; et la Déclaration de l'OIT sur la justice sociale pour une mondialisation équitable. La non-spécificité de ces déclarations à la problématique multinationales/droits de l'homme fait qu'elles soient reléguées au second plan, et ce, au détriment de la Déclaration tripartite.

54. Préambule de la Déclaration tripartite de l'OIT précitée.

55. *Ibid.*, § 2.

justiciabilité des droits de l'homme en droit des investissements. Et même si des progrès significatifs sont relevés, les objectifs de la Déclaration ne sont pas tous atteints, et ce, en raison notamment des disparités entre les États et entre les acteurs économiques.

248. ***Les dangers de l'adhésion volontaire.*** Premièrement, à l'instar des mécanismes de suivi et de contrôle instaurés dans le cadre de la mise en œuvre des Principes directeurs de l'OCDE, la Déclaration tripartite demeure un instrument auquel les entreprises sont libres d'adhérer[56]. On peut regretter qu'il n'en soit pas autrement, c'est-à-dire obliger les entreprises affiliées aux pays membres de l'OIT à être liées par les Principes du simple fait que les États d'accueil, ou d'origine de leur investissement sont membres de l'Organisation. Autrement dit, l'idée d'adhésion volontaire peut contribuer à présenter les Principes de l'OIT comme des règles facultatives auxquelles il n'est pas primordial de prendre part. Or, sans qu'il ne soit nécessaire de revenir sur l'utilité (pour « le bien-être de l'Homme ») des droits visés par la déclaration, il suffit de rappeler que ce sont les mêmes droits que l'on retrouve dans les principaux instruments obligatoires de protection des droits de l'homme, en particulier les pactes de 1966[57].

249. ***L'insuffisance des Rapports régionaux.*** Deuxièmement, le Bureau international du Travail (ci-après BIT) opère un suivi[58] qui se concrétise par l'établissement de Rapports basés «*pour l'essentiel sur les éléments d'information communiqués en réponse à un questionnaire par les gouvernements et les organisations d'employeurs et de travailleurs de [s] (...) États Membres. (...) L'établissement des rapports régionaux suit un cycle quadriennal, et un rapport est présenté au Conseil d'administration à la fin de*

---

[56]. Il faut dire que l'adhésion aux Principes directeurs de l'OCDE est relativement volontaire. Il suffit que l'État d'origine de l'entreprise soit membre de l'Organisation pour que celle-ci soit, à son tour, automatiquement liée :

[57]. Les droits civils et politiques dans le Pacte international sur les droits civils et politiques (adopté et ouvert à la signature, à la ratification et à l'adhésion par l'AGNU le 16 décembre 1966, entré en vigueur le 23 mars 1976, rés. 2200 A (XXI), *RTNU*, vol. 999, p. 171) et les droits sociaux et économiques dans le Pacte international sur les droits sociaux, économiques et culturels (adopté et ouvert à la signature, à la ratification et à l'adhésion par l'AGNU le 16 décembre 1966, entré en vigueur le 3 janvier 1976, rés. 2200 A (XXI), *RTNU*, vol. 993, p. 3.).

[58]. Indépendamment de cela, le BIT propose notamment une assistance aux États, multinationales et organisations des travailleurs pour toutes questions liées à l'interprétation ou l'application de la déclaration. Et « [d] *e plus amples informations et orientations concernant l'application des principes de la Déclaration dans le cadre des activités des entreprises ou des principes énoncés dans les normes internationales du travail qui la sous-tendent peuvent être obtenues auprès du Service d'assistance du BIT aux entreprises sur les normes internationales du travail. Ce service gratuit et confidentiel du Bureau international du Travail répond aux questions qui lui sont adressées individuellement ; il dispose également d'un site Web thématique sur lequel les entreprises, les syndicats et toute autre partie intéressée peuvent trouver des informations, des outils pratiques, des ressources de formation et des séries de questions-réponses qui les aideront à mettre en application les principes de la Déclaration sur les entreprises multinationales.* » (Voy. OIT, Déclaration de principes tripartite sur les entreprises multinationales et la politique sociale, annexe II, p. 25.).

chaque cycle. [59]» Ceci est toutefois mince pour exercer un véritable suivi de la Déclaration en ce sens que, quand bien même ils épingleraient telle ou telle entreprise, des Rapports qui n'interviennent que toutes les quatre années ne permettent pas le suivi et le contrôle de la Déclaration sur les multinationales. Que se passerait-il si une multinationale ayant adhéré aux droits de l'homme prévus par la déclaration sur les multinationales se retrouve dans une situation de les violer ? Il n'est pas certain qu'une telle entreprise soit dissuadée par la seule éventualité de l'existence future d'un rapport dénonçant son comportement[60]. Cette considération réduit la portée du mécanisme et pousse à l'envisager comme un simple outil d'information plus que comme un véritable outil opérationnel de suivi et/ou de contrôle.

250. ***Faiblesse des mécanismes nationaux de contrôle et de suivi.*** Troisièmement, inspirée des PCN que l'on retrouve dans le cadre de l'OCDE, la Déclaration tripartite dispose de Points focaux nationaux (ci-après PFN) dont le rôle est la facilitation du dialogue entre les différentes parties concernées, d'une part, et de créer une collaboration avec les PFN d'autres pays, d'autre part. Sans être négligeables, les missions assignées à ces structures posent certaines difficultés pour la mise en œuvre des droits de l'homme. Là encore, le dialogue est insuffisant même s'il est tentant de relever qu'il est, à *minima,* la base d'une bonne compréhension des Principes. Seulement, lorsqu'il s'agit de violation des droits de l'homme par les investisseurs, il n'est plus question de dialogue, mais plutôt de sanction. Si dialogue-t-il doit y avoir, c'est bien préalablement et non postérieurement à la violation d'un droit de l'homme. En réalité, le dialogue relève non pas de la mise en œuvre des droits de l'homme, mais d'une certaine pédagogie au service des droits de l'homme. Sans préjudice de leur utilité, les PFN ne sont que de peu d'importance pour la justiciabilité des droits de l'homme. Il convient donc de dire que le rôle des Principes de l'OIT à destination des multinationales est la prévention des violations des droits de l'homme, mais qu'il ne peut, pour les raisons évoquées, relever de la sanction. Partant, aussi importante soit-elle, l'activité de l'OIT en la matière est sujette à caution dès lors que le stade de divulgation des droits de l'homme est dépassé.

3. L'inadaptation du groupe de la Banque Mondiale

251. ***Les interventions alambiquées du groupe de la Banque mondiale.*** Acteur important du financement de certaines opérations d'investissement, le groupe de la Banque mondiale comprend : la Banque internationale pour la reconstruction et le développement (ci-après BIRD) ; l'Association internationale

---

59. Déclaration tripartite de l'OIT, précitée, annexe II, p. 23.

60. Étant entendu qu'en l'absence d'une crainte de la capacité du système à sanctionner les comportements de la multinationale pour violation des droits de l'homme, le risque encouru peut être anticipé (s'il ne s'agit que de Rapports dénonçant des activités peu respectueuses des droits de l'homme) dans la gestion globale du risque puis considéré en amont dans les coûts de l'opération d'investissement.

de développement (ci-après AID)[61] ; la Société financière internationale (ci-après SFI) ; l'Agence multilatérale de garantie des investissements (ci-après AMGI) ; le Centre international pour le règlement des différends relatifs à l'investissement (ci-après CIRDI). Acteur de financement, la Banque mondiale conditionne l'allocation des fonds (destinés à l'investissement) à la conformité à certains standards. Parmi ces standards, figurent les règles de protection des droits de l'homme. Deux filiales de la Banque mondiale sont particulièrement actives dans le domaine : la Société financière internationale (ci-après SFI) et l'Agence multilatérale de garantie des investissements (ci-après AMGI). Une grille d'analyse servant de référence à l'examen des manquements aux droits de l'homme a été instituée par un Panel d'inspection constitué de trois personnes. Ce panel reçoit des plaintes dès lors qu'il s'agit d'un projet financé par la Banque Mondiale dont l'exécution entraine des impacts environnementaux ou sociaux avec des conséquences négatives pour le plaignant[62]. Loin cependant de mener de véritables politiques de mise en œuvre des droits de l'homme, les institutions financières internationales semblent se décharger de toute responsabilité autre qu'économique.[63] Sans donner l'impression d'être coutumière d'ingérences dans les dépenses[64], la BIRD se donne le pouvoir de *« prendr[e] des dispositions en vue d'obtenir que le produit d'un prêt soit consacré exclusivement aux objets pour lesquels il a été accordé, compte dument tenu des considérations d'économie et de rendement et sans laisser intervenir des influences ou considérations politiques ou extra-économiques »*[65]. À elle seule, cette dernière disposition nourrit les accusations envers la Banque tant elle livre un décodage de ses intentions, lesquelles sont orientées exclusivement vers les considérations économiques[66]. L'application de la disposition visée va à l'encontre des droits de l'homme en ce sens qu'elle conditionne l'usage des fonds obtenus de la Banque à des fins

---

61. Ces deux premières institutions constituent ce qu'il est convenu d'appeler la Banque mondiale. La première fut créée le 27 décembre 1945 et la seconde a été créée le 24 septembre 1960.

62. Sur l'exposé de ces conditions, voy. F. MARRELLA, « Protection internationale des droits de l'homme et activités des sociétés transnationales », *RCADI*, 2016, t. 385, pp. 409 et s, spéc. pp. 410-411.

63. Allusion faite à la BIRD dont les statuts ont été adoptés le 22 juillet 1944, puis entrés en vigueur le 27 décembre 1945.

64. Voy. Section 5 (a) de l'art. III des statuts de la BIRD : « *La Banque n'imposera pas de conditions tendant à ce que le produit d'un prêt soit dépensé sur les territoires d'un État membre particulier ou certains États membres.* »

65. Voy. Section 5 (b) de l'art. III des statuts de la BIRD.

66. Comme le souligne M. M. MOHAMED SALAH (*L'irruption des droits de l'homme dans l'ordre économique international : mythe ou réalité ?*, Paris, éd. LGDJ, coll. Droit & Économie, 2012, p. 25.), « *Les institutions financières internationales traitent des questions économiques, y compris dans les pays en développement, comme s'il existait une rationalité économique en soi, que l'on pourrait appréhender sans référence à des valeurs externes. Cette démarche ne s'explique pas seulement par leurs Chartes constitutives, lesquelles sont (...) fondées sur la dichotomie tranchée entre le champ de l'économie et celui des considérations extra-économiques ; elle prend égalent appui sur certains dogmes de la théorie économique qui vont ainsi servir de justification scientifique à l'expulsion des droits de l'homme hors du champ officiel de traitement des problèmes du développement* ».

purement économiques, ce qui est de nature à évincer la réalisation des droits de l'homme[67]. On pourrait même se demander si l'attitude de la Banque Mondiale n'est pas de nature à réduire la marge de manœuvre des États en matière de protection des droits de l'homme et si elle n'est pas à l'origine du centrage des efforts desdits États sur les seules préoccupations économiques.

252. ***La concrétisation des démarches : brève synthèse.*** L'impact des actions des OIG sur les droits de l'homme est variable. En effet, là où le Pacte mondial de l'ONU cible les moyens de mise en œuvre des droits de l'homme dans l'économie, la CNUCED s'intéresse à l'évaluation d'une telle démarche. Alors que l'OIT cherche à travers sa Déclaration tripartite à mettre l'accent sur la nécessité d'une coopération entre les parties prenantes [68]autour de la réalisation des droits de l'homme, l'OCDE se penche sur le contrôle des activités des multinationales. Pendant que l'Union européenne (ci-après UE) est focalisée sur les démarches à suivre pour parvenir à la jonction des droits de l'homme et des droits de l'investissement[69], le FMI et la BIRD se lancent dans l'exigence de plans d'austérité davantage soucieux des considérations économiques que sociales.

§ 2 : L'activisme acharné des ONG

253. ***Tendance.*** Agissant de manière directe ou indirecte, les ONG[70] deviennent de plus en plus incontournables dans la production de règles relatives à l'investissement respectueuses des droits de l'homme[71]. Cette tendance va de l'initiative des règles à la mise sur pied de modèles de traités d'investissement sensibles aux droits de l'homme. À l'aune de ces considérations, l'objectif des ONG parait *a priori* l'infléchissement des procédés conventionnels de conclusion

---

[67]. En effet, on voit mal comment un État soumis à des restrictions budgétaires résultant de la pression des institutions financières internationales pourrait subvenir convenablement aux besoins, en droit sociaux, des populations dont il a la charge, besoins nécessitant parfois des politiques sociales, lesquelles politiques ne pouvant qu'être compromises par les interventions du groupe de la Banque mondiale dont les objectifs tournent, comme on vient de le relever, autour des considérations prétendument économiques.

[68]. La terminologie en elle-même manque d'ambition en ce sens qu'elle dénote une certaine légèreté dans la répartition des tâches entre les différents protagonistes que sont l'État, l'entreprise et les représentants des salariés.

[69]. Parmi les initiatives prises par l'Union européenne, le plan d'action pour la période 2015/2020, qui, en son point 18, indique que l'UE entend « [*d*] *évelopper les capacités et les connaissances pour ce qui est de la mise en œuvre des orientations ayant trait aux entreprises et aux droits de l'homme, en particulier en ce qui concerne les Principes directeurs des Nations Unies relatifs aux entreprises et aux droits de l'homme et les autres outils/initiatives contribuant à la mise en œuvre desdits principes (...)* ».

[70]. Voy. E. DECAUX, « La contribution des organisations non gouvernementales à l'élaboration des règles du droit international des droits de l'homme, in J. F. FLAUSS et G. COHEN JONATHAN (dir.), *Les organisations non gouvernementales et le droit international des droits de l'homme*, Bruxelles, éd., Bruylant, 2005, pp. 31 et s.

[71]. Sur la question du rôle des ONG dans la production des normes de protection des droits de l'homme, voy. R. RANJEVA, « Les organisations non gouvernementales et la mise en œuvre du droit international », *RCADI*, 1997, vol. 270, pp. 9-105, spéc., pp. 67 et s.

des traités d'investissement vers les considérations sociales. Tout semble tourner autour d'un cadre d'action volontaire (A), lequel nécessite apparait comme un préalable à la démarche visant l'intégration des droits de l'homme dans le droit des investissements (B).

A. Le préalable de la volonté

254. ***Oppositions entre ONG et multinationales : droits de l'homme contre économie ?*** Les ONG sont souvent présentées comme la voix de la société civile et les multinationales comme représentation de la « société économique ». On pressent à l'aune de cette schématisation, les prémisses d'une rencontre entre deux types d'acteurs non étatiques « prêchant chacun pour sa paroisse ». En tous cas, tout laisse penser que là où les ONG se mobilisent pour faire triompher les droits de l'homme[72], les entreprises multinationales sont à la quête d'un meilleur apport[73]. Avant d'en dire davantage sur cette présentation *a priori* manichéenne, il convient de signaler que l'objectif des propos qui suivent ne consistera d'aucune manière à présenter les ONG comme « des chiens de garde » contre les activités des entreprises, mais simplement de faire le point sur celles de leurs initiatives utiles à l'ouverture du droit des investissements aux droits de l'homme.

255. ***Les voies de la production normative.*** Deux types d'action que l'on peut qualifier de normatives, permettent aux ONG de jouer un rôle prépondérant dans l'élaboration d'un droit des investissements ouvert aux droits de l'homme. D'une part, les ONG peuvent être amenées à participer, directement ou indirectement, à la négociation de certains traités d'investissements et, d'autre part, elles mettent sur pied des modèles de traités d'investissement à même de servir de base de négociation aux États désireux de conclure des traités économiques sensibles aux problématiques sociales. Ainsi, et comme exemple de ce dernier mode d'intervention des ONG, on peut se référer à l'Institut International du Développement Durable (ci-après IIDD), lequel dispose d'un traité d'investissement orienté vers les problématiques de développement durable. A l'instar de l'IIDD, d'autres ONG empruntent la logique d'intégration des droits de l'homme dans le droit des investissements, ce qui, globalement, s'inscrit dans le mouvement général d'intégration des droits de l'homme dans le droit des investissements et *in fine* l'association des sphères économique et sociale.

256. ***Des références explicites.*** Le modèle de traité fourni par l'IIDD contient des dispositions fort-intéressantes consacrées pour l'essentiel dans la partie 3

---

[72]. En France, on peut, à titre d'exemple, citer le cas de la Commission nationale consultative (ci-après CNDH), qui, dans son avis du 24 mai 2008, adopté par l'Assemblée plénière sur la responsabilité des entreprises en matière des droits de l'homme, a, en substance, mis l'accent sur la nécessité pour les entreprises de se conformer aux règles internationales de protection des droits de l'homme.

[73]. Même si cela peut faire l'objet de contestations, la plupart des ONG justifient leurs actions par la volonté d'en finir avec les « drames » causés par les activités des multinationales. En ce sens, voy. W. BOURDON, *Face aux crimes du marché. Quelles armes juridiques pour les citoyens ?* Paris, éd. La Découverte, 2010, 336 p.

dudit modèle, intitulée « *Obligations et devoirs des investisseurs et des investissements* »[74]. Le titre est évocateur, en ce qu'il attire l'attention, de prime à bord, sur la distinction opérée entre les obligations et les devoirs, d'une part ; et la distinction entre les investisseurs et les investissements, d'autre part. L'interprétation qu'on pourrait donner de ces distinctions est que les obligations des opérateurs économiques sont pour l'IIDD déterminées par et en fonction de la nature des acteurs économiques. Les devoirs pèsent plus sur la nature de l'opération économique, moins sur la nature de leurs auteurs. Au-delà de cet aspect, sont consacrés dans la partie dédiée aux obligations de l'opérateur économique, l'obligation de réalisation d'une étude d'impacts sociaux et environnementaux[75], dont les résultats doivent être publiés avant d'être observés. C'est donc autour du triptyque, « réaliser [76]— publier[77] — observer[78] » que se jouent les études d'impact[79]. À cela s'ajoutent des obligations d'un autre type, bien connues des instruments conventionnels d'investissement : les obligations de respect des engagements. Au titre de ces obligations, le point B de l'art. 14 est tout à la fois original et révolutionnaire en ce sens qu'il exige une coordination entre l'État d'origine, l'État hôte et les investisseurs autour de la réalisation des droits de l'homme dont les investisseurs sont destinataires et invite les États « *lors de leur première rencontre,* [à] *adopter une liste de droits de l'homme et d'instruments visant à protéger les droits de l'homme à l'échelle internationale pour aider les investisseurs à s [»* y*] conformer* (...) ».

B. L'objectif de concrétisation

257. ***Démarche inclusive.*** À ce stade, l'influence des droits de l'homme sur le droit des investissements sonne comme une extension aux personnes privées d'obligations en matière de droits de l'homme. Obligations dont les instigateurs sont les États d'origine et d'accueil de l'investissement. Le point D de l'art. 14[80] va dans le même sens en rétrécissant la marge de manœuvre des investisseurs étrangers auxquels il impose le respect de toutes obligations en matière des droits de l'homme souscrites par les États. L'on peut dire de ce procédé qu'il présente

---

74. Voy. Institut international du Développement Durable (IIDD), *Modèle d'accord international pour le développement durable*, 2006, pp. 27-38.

75. L'art. 12 se présente comme une incitation concertée entre États et opérateurs économiques visant à ce que soient convenues des normes minimales de réalisation des études d'impact (Point A).

76. Art. 12. B du Modèle de l'IIDD précité.

77. *Ibid.*, art. 12. C.

78. *Ibid.*, art. 12. D.

79. La réalisation des études d'impact, laquelle invite *in fine* à la prudence (selon la lettre de l'art. 12 précité) « *est largement reconnue comme plus efficace, moins onéreuse et plus avantageuse pour l'investissement, la collectivité locale, l'État d'accueil et l'environnement.* ». Voy. Commentaire de l'art. 12 du Modèle de l', p. 30.

80. Art. 14, point D du Modèle de l'IIDD précité : « [l] *es investisseurs et investissements ne devront pas gérer ou exploiter les investissements d'une façon qui tourne les obligations internationales en matière d'environnement, de travail et de droits de l'homme auxquels sont parties l'État d'accueil et/ou l'État d'origine.* »

l'avantage, en particulier lorsqu'il s'agit d'États idéologiquement différents[81], de combiner les instruments tant d'investissements que de droits de l'homme souscrits par des États économiquement (et dans une certaine mesure socialement) différents[82]. Il ne s'agit là que des conséquences devant être tirées d'une certaine mobilité caractéristique de l'entreprise multinationale. La disposition va au-delà de l'obligation « classique » de conformité à la législation de l'État hôte et s'étend à l'obligation de conformité de l'investisseur étranger à la législation de son État d'origine au même titre que celle de l'État hôte. Sans toutefois être générale, l'obligation ne semble s'appliquer que dans le domaine des droits de l'homme. Au-delà de ces aspects, la problématique de la RSE est, quant à elle, envisagée dans le cadre du Modèle de l'IIDD en des termes différents (en intensité) de ceux que l'on rencontre dans la nouvelle génération de traités d'investissements. Ainsi, « *les investisseurs et leurs investissements devraient s'efforcer de réaliser les contributions maximales possibles au développement durable de l'État d'accueil et de la collectivité locale au moyen de pratiques responsables du point de vue social à un niveau très élevé* »[83]. Le même article renvoie aux normes élaborées par les OIG comme la Déclaration tripartite de l'OIT, les Principes directeurs de l'OCDE, etc.[84], qu'il convient d'observer avec rigueur[85].

258. *Le recentrage des obligations en matière des droits de l'homme.* Marquant la différence entre les systèmes judiciaires des États du Nord souvent encensés et ceux du Sud beaucoup critiqués, l'art. 17 du Modèle de l'IIDD fait état de la responsabilité de l'investisseur devant les juridictions de son propre État d'origine pour des faits présentant un certain degré de gravité pour la vie humaine. Cela traduit la volonté de combler le vide d'un manque de justiciabilé de certains droits de l'homme. En réalité, on retrouve par-là, un ralliement à la conception « généralisante » des composantes des droits de l'homme constitutives de normes de *jus cogens* dont la réalisation incombe à tous, et au premier plan aux États d'accueil et d'origine de l'investisseur[86].

259. *Des clauses d'exonération.* Mais le Modèle de l'IIDD va plus loin. Il intègre la possibilité pour les instances juridictionnelles saisies d'un différend opposant l'investisseur à l'État de prendre le temps nécessaire pour examiner les

---

[81]. Le cas par exemple du schéma classique d'un investisseur originaire d'un pays du Nord qui réalise son investissement dans un pays du Sud ou inversement. Cela peut également être le cas d'un investisseur originaire d'un pays du Nord réalisant son investissement dans un autre pays de même type, ou encore, le cas de l'investissement Sud/Sud.

[82]. Sans donc laisser de place à ce qu'il est convenu d'appeler les spécificités régionales en matière des droits de l'homme. Ainsi par exemple, certains pays (généralement occidentaux) privilégient la mise en œuvre des droits civils et politiques (Pacte international sur les droits civils et politiques de 1966) alors que d'autres (souvent du tiers-monde) ont un penchant pour la mise en œuvre des droits sociaux et économiques (Pacte international sur les droits sociaux et économiques de 1966).

[83]. Art. 16, point A du Modèle de l'IIDD précité.

[84]. *Ibid.*, art. 16, point B.

[85]. *Ibid.*, art. 16, point C.

[86]. En ce sens, commentaire de l'art. 17, du Modèle de l'IIDD précité, p. 35.

objections de cet État. Surtout lorsque ce dernier convoque les violations des droits de l'homme résultant des activités de l'investisseur, ou de son manquement à l'obligation de réaliser des études d'impact préalablement à son établissement sur le territoire hôte. Le mécanisme a pour finalité l'atténuation, voire la mise à l'écart des revendications de l'investisseur auteur et/ou complice de certains manquements susceptibles de compromettre la réalisation des droits de l'homme[87]. Ainsi, l'investissement protégé ne serait que l'investissement respectueux des droits de l'homme. Cette présentation des choses tranche le débat autour de la thématique de « l'investissement protégé »[88] et se positionne du côté des partisans d'une protection moindre (voire absence de protection) pour les investissements non conformes aux règles de protection des droits de l'homme et du développement durable.

Section 2 :
Le rôle de l'autorégulation

260. Le droit des investissements connait depuis quelques décennies des initiatives privées d'encadrement des activités des investisseurs. La plupart de ces initiatives proviennent des entreprises elles-mêmes et touchent de plein fouet leurs différentes sphères d'intervention. S'il est certain que les initiatives du type vont croissant, cela ne témoigne point d'une réalisation proportionnée du droit international des droits de l'homme. Le décalage entre l'existence d'instruments porteurs des droits de l'homme et la réalité de leur mise en application interroge. Afin d'enquêter sur la source de ce décalage, il serait opportun de mobiliser deux types d'instruments bien convoités par les multinationales[89] : les codes de conduite des entreprises (Paragraphe 1) et les accords transnationaux d'entreprise (Paragraphe 2).

§1 : Des codes de conduite d'entreprise porteurs des droits de l'homme

261. *Délimitation*. Avant d'aller plus en avant dans les développements, il convient d'indiquer dès à présent que les codes qui seront pris en compte dans les paragraphes qui suivent sont ceux édictés par les entreprises privées, et plus précisément les entreprises qui sont à l'origine des investissements étrangers. Comme on le sait, l'existence d'une entreprise ne signifie pas automatiquement existence d'un investissement et encore moins d'un investissement étranger, mais

---

87. *Ibid.*, art. 18. B, C et D.

88. En effet, selon les uns, l'investissement protégé ne peut et doit être que cet investissement respectueux de la législation de l'État hôte, notamment en ses aspects relatifs aux droits de l'homme ; et pour les autres tout investissement mérite protection sans qu'il ne soit besoin de vérifier sa conformité à telle ou telle législation.

89. Ceci rejoint la problématique des pouvoirs privés économiques développée par Gerard FARJAT (« Les pouvoirs privés économiques », in *Souveraineté étatique et marchés internationaux à la fin du 20ème siècle. Mélanges en l'honneur de Philippe Kahn*, Paris, éd. Litec, 2000, pp. 613-661).

la qualité d'entreprise multinationale emporte souvent la capacité à investir en dehors du territoire d'origine. Seuls les codes des entreprises génératrices d'investissements étrangers seront considérés. Prendre en compte les codes émanant d'autres entités reviendrait à aller au-delà du cadre de ce travail et inviterait à y intégrer des aspects périphériques. Compte tenu de ces considérations, et l'heure étant à la multiplication des codes de conduite[90], il s'avère nécessaire de dresser un état des lieux de la question, dans la perspective de classifier les codes en fonction des manières dont ils acheminent les droits de l'homme dans l'environnent des entreprises. Au risque de se répéter, seuls les codes mis en place par les investisseurs seront étudiés ici.

262. *Plan*. La faiblesse des codes de conduite provient de l'imprévisibilité de leurs conséquences juridiques. En effet, la question (qui se dédouble par ailleurs) se pose toujours de savoir si les codes de conduite élaborés par les entreprises sont, d'une part, source d'engagements vis-à-vis d'elles-mêmes ; et d'autre part, si les codes de conduite sont source d'engagement vis à vis des tiers. De ce schéma interrogatif se dégage une ligne de conduite.

263. *Des volontés divergentes*. La volonté en matière contractuelle se distingue de la volonté dans le cadre des codes de conduite en ceci que la volonté contractuelle est unique alors que la volonté dans le cadre des codes de conduite est double. La première n'a pour objectif que la mise sur pied du contrat et prend fin dès la conclusion dudit contrat, tandis que la seconde est non seulement nécessaire pour la conclusion du code, mais aussi et surtout, l'escorte jusqu'à sa mise en œuvre. Formulé autrement, la conclusion d'un code de conduite n'est d'aucune garantie pour son application. Ce n'est donc pas que postérieurement à la conclusion du code que son auteur se retrouve, comme c'est le cas du contrat, dans l'obligation de le respecter. La volonté de l'auteur ou signataire d'un code va au-delà de la seule adoption et se prolonge jusqu'à la mise en œuvre. Tout ceci pour dire qu'il ne suffit pas qu'une entreprise mette en place un code de bonne conduite ; encore faudra-il que ce code soit respecté. Faisant face au dilemme de la réputation et des conséquences parfois lourdes de l'engagement contractuel, vient dans le monde économique cette donnée réputationnelle importante[91], qui

[90]. Le phénomène a été observé très tôt par la doctrine. En ce sens, voy. G. HAMILTON, *Les entreprises multinationales : effets et limites des codes de conduite internationaux*, Paris, éd. Puf, coll. Les dossiers de l'IRM, 1984, 96 p ; G. FARJAT, « Réflexions sur les codes de conduite privés », in *Le droit des relations économiques internationales. Études offertes à Berthold Goldman*, Paris, éd. Litec, 1982, pp. 43-66. Pour une étude relativement récente sur la question, voy. M. LAROUER, *Les codes de conduite, source du droit*, Paris, éd. Dalloz, coll. Nouvelle bibliothèque des thèses, 2018, 598 p.

[91]. En présentant le code de conduite de l'entreprise *Shell*, son chef de direction Ben van Berden souligne : « *Que vous soyez un directeur, un employé ou un travailleur contractuel, je vous invite à lire et à utiliser notre Code pour que vous puissiez vous assurer de nous aider à maintenir une culture éthique et à protéger l'avenir de Shell.* » Et le chef de direction de poursuivre : « *Nous exerçons tous un contrôle absolu sur notre engagement personnel à l'égard de l'éthique et de la conformité. Un degré de conformité inférieur à 100 % sape notre rendement et risque d'entraîner des coûts élevés susceptibles de compromettre nos résultats nets et notre réputation durement acquise. En respectant*

colore, pour ne pas dire oriente la volonté des multinationales vers la nécessité de se conformer aux exigences des codes de conduite qu'elles édictent. Au fond, et pour les raisons exposées dans les lignes précédentes, les codes de conduite se rapprochent davantage d'une série de promesses que d'un engagement clair et précis qui emporte toutes les conséquences juridiques. Le propre de la promesse étant la liberté dans son exécution, les codes de conduite n'échappent guère à cette logique.

264. *Étendue des codes de conduite*. Du point de vue des destinataires des codes, on relève parmi les codes de conduite émis par les entreprises, d'une part, les codes destinés à l'entreprise elle-même ou du moins ses filiales : « les codes d'organisation » ; et d'autre part, les codes destinés aux partenaires de l'entreprise : « les codes de subordination »[92]. L'une et l'autre des deux catégories de codes présentent des insuffisances. Commençons par les codes de subordination. Ceux-ci sont motivés par « *un souci d'éviter l'émergence de normes contraignantes étatiques ou internationales* »[93], et ne sont donc pas forcément efficaces[94]. Sans être en reste, les codes de subordination encourent le risque d'être qualifiés d'autoritaires, voire d'impérialistes. Ces deux insuffisances poussent à tourner le regard vers la nature de ces instruments. Sur ce plan, il semble que les codes visés tendent à moraliser, d'un côté, les relations au sein de l'entreprise et, de l'autre côté, les relations entre l'entreprise et ses partenaires. Or, sur le terrain purement juridique, la morale semble se matérialiser par des considérations relatives aux droits de l'homme[95]. De cette présentation se dégage une synthèse. Les codes de conduite comme source du droit sont *a priori* porteurs des droits de l'homme. Les pratiques de certaines multinationales bien connues du grand public en donnent un témoignage éloquent[96]. Ainsi, l'entreprise *Fruit of*

---

le présent Code, vous contribuez à la crédibilité, à la compétitivité et à la rentabilité de Shell. ». Disponible sous format pdf en suivant le lien file:///C:/Users/abdel/Downloads/shell-coc-brochure-can-french.pdf.

[92]. On aura souligné qu'un même code de conduite peut être à la fois d'organisation et de subordination. Tout est fonction des règles qu'il porte et/ou comporte.

[93]. A. SOBCZAK, « Le cadre juridique de la responsabilité sociale des entreprises en Europe et aux États-Unis », *Dr. Soc.* 2002, p. 807 ; Et dans le même sens, G. FARJAT, « Réflexions sur les codes de conduite privés », *loc. cit.*, p. 51. L'auteur relève que « *les professionnels (...) agiraient (...) par crainte du gendarme, pour éviter l'intervention de l'État. Cette motivation est souvent exacte* ».

[94]. Étant entendu que « l'efficacité » vise une certaine évaluation des effets de la norme par rapport aux objectifs fixés. En ce sens, voy. « L'effectivité au regard des notions voisines », in V. CHAMPEIL-DESPLATS et D. LOCHAK (dir.), *A la recherche de l'effectivité des droits de l'homme*, Paris, éd. Presses universitaires de Paris Nanterre, 2006, pp. 27-30, spéc. pp. 27-28 ; Pour une application de la notion en droit des droits de l'homme, orienté droit à la santé, voy. T. GRUNDLER, « Effectivité, efficacité, efficience. L'exemple du droit à la santé », in V. CHAMPEIL-DESPLATS et D. LOCHAK (dir.), *A la recherche de l'effectivité des droits de l'homme*, Paris, éd. Presses universitaires de Paris Nanterre, 2006, pp. 31-40.

[95]. C'est à juste titre l'analyse jus naturaliste du droit en général et du droit des droits de l'homme en particulier qui met plus en avant cet aspect.

[96]. Il serait toutefois matériellement impossible et même irréaliste de songer à présenter dans les détails tous les codes de conduite existants à travers le monde qui à eux seuls feraient l'objet d'une thèse en bonne et due forme.

the Loom a mis sur pied un code de conduite ambitieux, constitué de vingt principes[97] parmi lesquels figurent entre autres : l'interdiction du travail forcé (principe 4) ; la non — discrimination (principe 6) ; la liberté d'association (principe 9) ; la durabilité environnementale (principe 10) ; l'exigence de publication (principe 16).

265. ***Divergences entre codes de conduite et accords d'entreprise***. Les codes de conduite diffèrent des accords transnationaux d'entreprise, au moins en trois points. D'abord, en fonction des signataires : si les codes de conduite ne sont que parfois collectifs, les accords d'entreprise sont, en toutes hypothèses, collectifs. Ensuite, en fonction des destinataires : les codes de conduite sont généralement destinés à encadrer les activités de l'entreprise dans ses rapports avec les tiers alors que les accords d'entreprises sont centrés sur les acteurs de l'activité de l'entreprise. Enfin, en fonction de l'objet : à la différence des accords d'entreprise qui prennent appui sur le domaine spécifique du travail, les codes de conduite couvrent des domaines diversifiés (environnement, travail, société, développement durable, etc.). Loin d'être irréversibles, les deux derniers éléments de distinction varient au gré des codes. En effet, certains codes de conduite ont des incidences tant internes qu'externes.

266. ***Diversité de codes : nécessité de définir***. Nombreuses sont les entreprises multinationales dotées d'un code de conduite. Ces codes peuvent être définis comme les instruments édictés par les entreprises en vue de réguler les rapports qu'elles entretiennent avec leurs environnements. Toutefois et c'est le point essentiel, le fait est que ces codes sont divers et variés, mais ont tous en commun, un double caractère incitatif et réglementaire.

A. Essai de classification

267. ***L'illusion d'une double variante***. La doctrine semble recenser deux types de codes de conduite[98]. Soit l'entreprise s'engage vis-à-vis d'elle-même et dans ce cas on parlera de codes de conduite à effet interne[99] que nous appellerons par commodité « codes de conduite intériorisés » ; soit l'entreprise s'engage vis-à-vis des tiers et dans ce cas il s'agirait de codes de conduites externes[100] que nous nommerons « codes de conduite externalisés ». Aux codes intériorisés correspondent les droits des travailleurs et par extension les relations de travail. Et aux codes extériorisés correspondent les interactions entre les activités de l'entreprise et le droit des peuples à disposer de leurs ressources, le droit au développement, la garantie des ressources naturelles, l'environnement ; bref les droits des populations locales. À y regarder de près, les codes de conduite à effet interne paraissent d'une proximité troublante avec les accords d'entreprise en raison de leur caractère externalisé.

---

97. Le code est consultable en suivant le lien : fotlinc.com/pages/cod
98. G. FARJAT, « Réflexions sur les codes de conduite privés », *loc. cit.*, 51 et s.
99. *Ibid.*, pp. 53-54.
100. *Ibid.*, pp. 51-52.

268. ***Un risque d'instrumentalisation***. À ce stade, une observation s'impose. Les codes de conduite peuvent être orientés dangereusement vers ce qu'un auteur appelle « *le self-service normatif*[101]» et seraient dès lors tributaires de machinations susceptibles de compromettre l'objectif affiché. Paradoxalement, cela répondrait à la logique de la thèse de l'association de l'économique et du social en ceci que le social s'adosserait à l'économique, mais compromettrait le principe de bonne foi dans la mise en œuvre du social puisque ce dernier serait instrumentalisé au profil de l'économique. Cette manière d'associer l'économique et le social n'est pas durable car elle conduit au dépérissement du social. On peut prendre pour exemple, la multinationale qui met sur pied un code de conduite comportant plusieurs engagements relatifs aux droits de l'homme dont notamment l'interdiction de la discrimination, code de conduite qu'elle divulgue au sein de toutes ses filiales. La même multinationale utilise en connaissance de cause, aux fins de l'exploitation de certaines terres, des produits toxiques, lesquels engendrent des pollutions. On se retrouve ici dans le cas d'une multinationale mettant en avant des droits de l'homme dans la seule optique de masquer des comportements peu éthiques (non sans opportunisme) car faisant usage de produits nocifs à la santé en même temps qu'elle affiche « la volonté » de promouvoir les droits de l'homme. Sur le plan purement juridique, la multinationale serait dans une situation de violation du principe de bonne foi, quand bien même elle serait d'apparence respectueuse des droits de l'homme. Tant mieux dira-t-on si la recherche d'un meilleur profit pousse les entreprises à se mettre au service des droits de l'homme. Les codes de conduite sont ainsi porteurs d'un double effet[102]. En premier lieu, l'effet interne et, en second lieu, l'effet externe.

1. Incidences des codes de conduite sur les droits de l'homme au sein des multinationales

269. ***Controverse doctrinale***. Les auteurs qui se sont intéressés à la question des codes de conduite peuvent être classés en deux catégories. D'une part, les partisans d'une expulsion de ces codes hors du champ du droit; et d'autre part, les tenants de la thèse de l'intégration des codes de conduite dans le terrain du droit. La première de ces positions, que l'on peut qualifier de radicale, s'inscrit dans la logique du courant purement formaliste. La seconde position se veut, quant à elle

---

[101]. L'expression est empruntée à Alain Supiot. En ce sens, voy. « Du nouveau au self-service normatif : la responsabilité sociale des entreprises », in *Analyse juridique et valeurs en droit social. Études offertes à Jean Pélissier*, Paris, éd. Dalloz, 2004, pp. 541-558. L'auteur s'inspire d'une étude de Pierre Legendre dans laquelle ce dernier emploie le concept pour faire allusion à la prétention des pouvoirs privés (économiques) de s'ériger en États (P. Legendre, *Leçons VIII. Le crime du caporal Lortie. Traité sur le Père*, Paris, éd. Fayard, 1989, 223 p, spéc. p. 66.).

[102]. Précisons que le fait de dire qu'un code est porteur d'un double effet interne et externe diffère du fait de soutenir qu'il existe d'un côté les codes à effet interne et de l'autre côté les codes à effet externe. Le propos envisagé s'inscrit dans la logique de la première explication : les codes de conduite peuvent avoir des effets internes ou externes. Marion LAROUER, *Les codes de conduite, source du droit*, *op. cit.*, p. 7.

modérée tant ses partisans, sans attribuer un caractère *hard* aux codes de conduite, admettent tout de même que ces codes relèvent des catégories de *soft law*[103]. Les deux conceptions[104] se rejoignent dans la mesure où elles ont tendance à priver les codes de conduite de tout caractère *hard.* Il est vrai que la détermination du caractère *hard* ou *soft* des codes de conduite est utile pour décoder la valeur juridique qu'entendent leur attribuer les instances à l'origine de leur création. Par ailleurs, il est excessif de lier, en toutes hypothèses, l'influence juridique des codes de conduite et leur valeur normative. À la vérité, le caractère *hard* ou *soft* des codes de conduite n'est que marginalement essentiel pour mesurer l'apport des codes de conduite au processus d'infiltration des droits de l'homme dans le droit des investissements. Plutôt que de creuser la piste de la valeur normative[105], privilégier le rôle concret des codes de conduite parait plus opportun.

270. ***Récapitulatif des droits à destination des salariés***. Par effets internes des codes de conduite, on entend pour les besoins du présent paragraphe, les règles élaborées par les entreprises et dont l'objectif est de réguler les rapports de l'entreprise vis-à-vis des salariés. Plus précisément, il est question de règles de conduite que l'entreprise entend faire respecter en son sein. Il convient toutefois de signaler immédiatement que le choix des codes de conduite plutôt que des contrats en bonne et due forme soulève un certain nombre d'interrogations ; interrogations en première ligne desquelles figure la volonté déguisée de respect en demi-teinte des droits de l'homme. C'est au nom de cette considération que les initiatives prises par les entreprises ne bénéficient que d'un crédit limité. Parmi les droits fondamentaux référencés dans les codes de conduite destinés aux salariés figurent, le respect de la liberté syndicale, le respect des droits de l'homme au travail, les droits en lien avec la sécurité des travailleurs, et même la proscription de l'usage de certains produits nuisibles à l'environnement. Sous l'angle organisationnel, les droits de l'homme consacrés par les codes de conduite s'inscrivent quasi exclusivement dans la perspective de garantie des droits fondamentaux des travailleurs[106]. Les codes de conduite jouent un rôle, certes d'une grande importance, mais pouvant être mis à mal par le paradoxe de la disproportion entre la consécration d'un droit et la volonté de le concrétiser. Il conviendrait à ce niveau-là, d'opter pour une synchronisation des droits fondamentaux consacrés par les codes de conduite et les moyens de leur mise en œuvre. Une telle synchronisation ne saurait aboutir sans passer par un changement de nature des codes, ou un renforcement des dispositions des codes, ou encore par l'instauration de mécanismes efficaces de contrôle.

---

103. Ce positionnement est qualifié quelquefois d'intermédiaire car il s'inscrit dans une logique de « *ni-ni* » (ni *hard Law*, ni non droit). En ce sens, voy. *Ibid.*, p. 21.

104. Pour un exposé détaillé des différentes conceptions, *Ibid.*, pp. 18-25.

105. A ce sujet, voy. P. WEIL, WEIL (P.), « Vers une normativité relative en droit international ? » *RGDIP*, 1982, pp. 5-47.

106. Il n'est en aucun cas question de remettre en cause le rôle principal des contrats de travail conclus entre l'entreprise et ses salariés, lesquels sont censés énumérer les droits et obligations de l'une (entreprise) et des autres (salariés).

2. Incidences des codes de conduite sur les droits de l'homme en dehors des multinationales

271. ***Un double impact.*** L'effet externe des codes de conduite en dehors des multinationales renvoie à l'impact que peuvent avoir ces codes sur le comportement des partenaires de l'entreprise, d'une part, et les droits fondamentaux des tiers sans lien avec l'activité de l'entreprise, d'autre part. Le premier aspect, renvoie, en des termes plus techniques à la chaine d'approvisionnement de l'entreprise. Les fournisseurs de la multinationale sont dans une large mesure la cible de ce type de codes[107]. Loin d'être la source principale des droits et devoirs des partenaires/fournisseurs de l'entreprise en matière des droits de l'homme, les codes de conduite sont supplantés dans cette tâche par les contrats qui lient en général l'entreprise à ses partenaires. Le second aspect tient quant à lui à la problématique des impacts de l'investissement sur les populations de l'État hôte. À ce sujet, il ne serait déplacé de souligner le caractère parfois hautement trompeur des codes de conduite. En effet, certains codes servent de rempart contre les contestations citoyennes[108]. Ce procédé suit deux logiques différentes, voire opposées. Soit l'entreprise s'engage en faveur de la réalisation des droits de l'homme et fait suivre son engagement d'effet ; soit l'entreprise se réfère aux droits de l'homme sans plus. Ce dernier cas de figure ne semble porteur d'aucunes perspectives avérées d'intégration des droits de l'homme dans le droit des investissements. En tout état de cause, les engagements des multinationales à travers les codes de conduite ne s'émancipent du stade de projet qu'à la seule condition d'être réellement mis en œuvre. C'est d'ailleurs toute la difficulté du choix de ce type d'instruments. Au surplus, et afin de contourner l'obstacle de la faiblesse normative des codes de conduite, il serait propice d'opter pour des instruments à même de générer des obligations à la charge des entreprises, susceptibles d'être portées sans conteste[109] devant les instances juridictionnelles compétentes en matière d'investissement.

B. Bilan : entre abstraction et concrétisation

272. ***Oui aux codes de conduite, mais non à leur mise en œuvre.*** Dresser le bilan des initiatives se rapportant aux codes de conduite revient à s'intéresser aux mécanismes de contrôle et/ou de suivi de ces codes dans l'intérêt de mesurer leur

---

[107]. On peut ainsi lire dès le principe 1 du code de conduite de l'entreprise *Fruit of the Loom* (précité) intitulé « *Relation de travail* » : « *Les fournisseurs adopteront et respecteront des règles et des conditions d'emploi qui respectent les travailleurs et, au minimum, protégeront leurs doits en vertu des lois et réglementations nationales et internationales sur le travail et la sécurité sociale* ».

[108]. La lecture d'un paragraphe du code de conduite de Total relatif aux destinataires du code, on peut lire : « *Le Code de conduite est le document de référence commun destiné à l'ensemble de nos managers et collaborateurs à travers le monde ainsi qu'à toutes nos parties prenantes : clients, fournisseurs, partenaires industriels et commerciaux, pays hôtes, communautés locales et actionnaires » (Code de conduite de Total, p. 6).* Disponible sous format pdf en suivant le lien : https://totalenergies.com/sites/g/files/nytnzq121/files/atoms/files/total_code_de_conduite_vf_0.pdf.

[109]. Étant entendu que la nature soft des codes de conduite est un frein à leur justiciabilité.

impact sur la prise en compte des droits de l'homme en droit de investissements. A cet égard, il est intéressant de souligner que les entreprises dotées de codes font recours à deux sortes de structures de contrôle et de suivi. Toutes deux se matérialisent par l'institution des « comités d'éthique »[110]. Les unes sont intégrés dans l'entreprise (internes)[111] et les autres en sont détachées (externes)[112]. Concernant les structures internes, celles-ci sont d'une portée relative et véhiculent une certaine réticence vis-à-vis des effets attendus des codes de conduite[113]. Tout laisse croire que les codes de conduite ne sont pas élaborés pour être appliqués, mais élaborés pour être présentés[114]. Ceci inverse la tendance et substitue l'image d'instruments de protection contre l'entreprise par une image

---

110. Hormis les entreprises qui se sont bornées aux seuls points d'information pour la mise en œuvre de leur code de conduite. C'est par exemple le cas de Shell : « *Chaque société Shell, entrepreneur et coentreprise sous le contrôle opérationnel de Shell est tenu de prendre systématiquement en compte dans son approche, la santé, la sécurité, la sûreté et l'environnement (SSSE) et le rendement social pour garantir le respect de la législation et améliorer constamment ses résultats tout en faisant la promotion d'une culture où le personnel et les entrepreneurs de Shell partagent cet engagement. Chaque société de Shell doit se fixer des objectifs d'amélioration en matière de SSSE et de rendement social, évaluer ses résultats et en rendre compte.* » (Shell, *Code de conduite*, p. 10, § 4.). On peut *in fine* ranger ce type d'entreprise dans la catégorie de celles qui prévoient un mécanisme interne de mise en œuvre de leurs codes de conduite parce que ces entreprises gardent un « *contrôle opérationnel* » sur lesdits codes.

111. C'est un procédé que l'on retrouve chez le Groupe Total ou en dépit de l'existence d'un « comité d'Éthique », celui-ci reste rattaché à la direction générale de Total, ce qui est de mauvais augures pour son indépendance. « *Le Comité d'éthique du Groupe est chargé de veiller à la mise en œuvre du Code de conduite* ». (Total, code de conduite, p. 20.). Ainsi, « *[l] e Comité d'éthique se compose d'un président, nommé par le directeur général, et de membres issus des principales branches d'activité du Groupe. Ces derniers sont nommés par le Comité exécutif sur proposition du président du Comité d'éthique. Tous les membres du Comité d'éthique sont des collaborateurs du Groupe, possédant collectivement une bonne connaissance de ses activités et ayant démontré l'indépendance et la liberté d'esprit nécessaires à l'exercice de leur mission. Le président du Comité d'éthique du Groupe est rattaché directement au directeur général.* » (Total, *Code de conduite*, p. 20.)

112. Le guide d'éthique de Veolia institue un véritable comité d'éthique indépendant de la direction de Veolia car constitué de membres indépendants des instances dirigeantes du Groupe. L'allusion à ce mécanisme est faite en ces termes : « *Afin de mettre en œuvre ses valeurs et ses règles de conduite, le Groupe a mis en place une organisation dédiée et des procédures internes. Celles-ci répondent aux différentes rubriques traitées dans le guide et font l'objet de mesures d'information et de sensibilisation interne, ainsi que de règles de suivi juridique et financier, et de contrôle.* » (Veolia, *Guide d'éthique*, p. 16.). Et par la suite : « *Ce Comité est composé de cinq membres désignés par le Comex de Veolia Environnement qui peuvent être des salariés, des anciens salariés ou des personnes externes qui offrent les garanties d'indépendance et de compétence requises. Indépendants dans l'accomplissement de leur mission, les membres du Comité ne peuvent recevoir d'instructions de la Direction générale ni être révoqués de leur mandat dont la durée est de quatre ans renouvelables.* » (Veolia, *Guide d'éthique*, p. 16.). Disponible en suivant le lien :
https://www.veolia.com/sites/g/files/dvc4206/files/document/2021/11/veolia-guide-ethique-french-092021.pdf.

113. Une importante étude de l'OCDE souligne q'« [u] *ne conduite répréhensible de l'entreprise peut résulter d'un manquement délibéré et calculé et celui-ci peut prendre plusieurs formes et être motivée (sic) par plusieurs objectifs* ». (OCDE, *Responsabilité des entreprises. Initiatives privées et objectifs publics*, 2001, p. 79.).

114. Dans le sens d'une sauvegarde des intérêts de l'entreprise agissant dans un cadre déterminé.

d'instruments de protection de l'entreprise[115]. Relativement aux structures externes, celles-ci se traduisent par l'institution d'organismes indépendants chargés de la mise en œuvre des codes de conduite. Sans présumer avec certitude leur efficacité, ces structures, dissociées de l'entreprise, présentent *a priori* plus de garanties pour une mise en œuvre non partisane des droits fondamentaux énumérés dans les codes de conduite des entreprises. De manière générale, on peut dire avec Sébastien Manciaux qu'[a] *pparaissant ponctuellement à côté des sources du droit des investissements internationaux, les régulations d'origine privée appliquées aux opérations d'investissement présentent par ailleurs l'intérêt d'ériger des règles qui sont le plus souvent — mais pas toujours — porteuses d'obligations pour les investisseurs étrangers, indiquant la manière dont ils doivent conduire leurs opérations en professionnels et permettant la mise en jeu de leur responsabilité s'ils s'écartent de ces bonnes pratiques à l'élaboration desquelles ils ont eux-mêmes contribué.* »[116]

§ 2 : Les accords d'entreprise, une intégration des droits de l'homme ?

273. L'accord transnational d'entreprise[117] peut être défini comme une convention au sein d'une entreprise, conclue entre l'entreprise elle-même et ses différents partenaires dans le but de déterminer ou améliorer les conditions de travail. Il ressort de cet élément de définition que l'aspect déterminant des accords d'entreprise est leur objet. De plus en plus fréquents, ces accords ont émergé dans les années 1980[118]. Depuis, leur nombre ne cesse de progresser[119]. Ces accords prennent-ils concrètement en compte les droits de l'homme ? Si oui, le font-ils suffisamment ? Voilà un questionnement qui a suscité et continue de susciter des

---

115. Le préambule du code de conduite de Veolia l'illustre « *Le Guide éthique, à travers la présentation des valeurs que Veolia entend promouvoir en son sein, est un marqueur et un repère pour un comportement éthique. Instrument d'orientation des comportements, et outil de cohésion au sein de l'entreprise, il vise aussi à instaurer des relations de confiance avec les parties prenantes. Les valeurs comme les règles de conduite et les actions qui en découlent font partie de l'exigence globale de conformité qui vise à la prévention des risques juridiques et réputationnels et constitue pour Veolia, comme pour toute entreprise, un enjeu stratégique majeur.* » (Veolia, *Code d'Éthique*, Préambule, p. 3.)

116. S. MANCIAUX, « Le point de vue des entreprises : la régulation d'origine privée des opérations d'investissement », in S. ROBERT-CUENDET (dir.), *Droit des investissements internationaux. Perspectives croisées*, Bruxelles, éd. Bruylant, 2017, p. 188.

117. Le terme est employé par Mathilde Frapard : *Les accords d'entreprise transnationaux. Les fermes peuvent elles s'autoréguler en matière sociale ?* Paris, éd. Presses des Mines/La fabrique de l'industrie, 2018, 160 p. Ces accords sont également appelés accords-cadres internationaux. Entre autres auteurs utilisant cette dénomination, voy. A. SOBCZAK « Les enjeux juridiques des accords-cadres internationaux », in B. SAINCY et M. DECOLONGES (dir.), *Les nouveaux enjeux de la négociation sociale internationale*, Paris, éd. La découverte, coll. Entreprise & Société, 2006, pp. 95 et s. ; R. C. DROUIN, « Les accords-cadres internationaux : enjeux et portée d'une négociation collective transnationale », *Les cahiers de droit*, vol. 47, n° 4, 2006, pp. 703 et s.

118. M. FRAPARD, *Les accords d'entreprise transnationaux. Les fermes peuvent elles s'autoréguler en matière sociale ?* Paris, éd. Presses des Mines/La fabrique de l'industrie, 2018, p. 13.

119. *Idem.*

interrogations sur la manière dont il convient de mettre en exergue les droits de l'homme. Une lecture furtive des différents positionnements des multinationales par rapport aux droits de l'homme, stimule l'impression d'un décalage entre les efforts déployés par les entreprises pour la réalisation des droits de l'homme et les besoins en matière de réalisation de ces mêmes droits de l'homme ; ces derniers étant synonymes d'un manque à gagner, voire de pertes aux yeux des entreprises multinationales. Il importe de transcender cet *a priori* en procédant à son sondage tant sous les angles historico-technique (A) avant de procéder à son évaluation (B).

A. Naissance d'une double technique

274. ***Clarification conceptuelle***. Les accords transnationaux d'entreprise réunissent autour d'une même table de négociation : les représentants des salariés, ceux des employeurs et parfois même les représentants d'organisations internationales. Tel n'est pas le cas des codes de conduite qui, très souvent, sont le fruit d'un engagement unilatéral surtout lorsqu'il s'agit des codes de conduite d'entreprise[120]. Contrairement aux accords d'entreprise qui prennent appui sur le droit du travail, les codes de conduite s'en émancipent au profil d'une panoplie de règles internationales. Au fond, les accords d'entreprise orientent les relations de travail vers les droits de l'homme, alors que les codes de conduite intègrent des considérations éthiques dans les relations de travail. On peut voir dans les codes transnationaux d'entreprise, une espèce d'internationalisation des droits sociaux nationaux, laquelle s'inspire des règles internationales relatives au travail.[121]

1. Point de départ : d'une catégorie de droits à une autre

275. ***D'une prise en compte des revendications salariales à la promotion des droits sociaux***. Aidés par des politiques étatiques protectionnistes au cours des années 1970, les accords d'entreprise furent, d'un point de vue historique, le symbole du poids des organisations syndicales au sein des entreprises[122]. Ce fait marquant est à l'origine de l'orientation de ces accords vers les revendications salariales[123]. De fil en aiguille, les accords d'entreprise se sont ouverts à d'autres

---

[120]. On aura souligné que les codes de conduite peuvent également émaner d'une OIG ou OING ; d'une profession ; ou simplement des trois à la fois (entreprise, profession et OI).

[121]. D'autant plus que l'OIT est souvent conviée à la participation aux accords transnationaux d'entreprise en sa qualité d'instance universelle possédant une expertise reconnue dans le domaine du droit du travail.

[122]. Il semblerait que le premier accord du genre est une convention, signée entre le groupe BSN et l'UITA en 1989. Voy. N. SEGUIN, « Le contenu des accords-cadres internationaux », in M. DESCOLONGES et B. SAINCY (dir.), *Les nouveaux enjeux de la négociation sociale internationale*, Paris, éd. La découverte, 2006, p. 53.

[123]. On aura noté que ces accords sont dans une logique constante d'ouverture et intègrent au fur et à mesure des considérations autres que sociales : éthique, environnement et droits de l'homme, etc. Voy. N. SEGUIN, « Le contenu des accords-cadres internationaux », in M. DESCOLONGES et B. SAINCY (dir.), *Les nouveaux enjeux de la négociation sociale internationale*, Paris, éd. La découverte, coll. Entreprise & Société, 2006, p. 59.

considérations[124]. À l'heure actuelle, on dénombre une diversité d'accords d'entreprise dans des domaines bien variés[125]. Si les accords d'entreprise sont divers et variés, il n'en demeure pas moins qu'ils partagent un objectif commun en ce sens que tous « *traite [nt] prioritairement des droits sociaux* »[126]. Ce qui semble « *légitime [r] la participation des représentants des salariés à leur négociation et à leur signature* ».[127]

276. ***Une double technique de prise en compte des droits de l'homme***. Deux manières permettent aux accords d'entreprise de se saisir des droits de l'homme. L'une, indirecte, vise à effectuer un renvoi au droit international des droits de l'homme ; et l'autre, directe, consiste à faire explicitement mention d'un droit fondamental issu de l'ordre juridique dont sont originaires les signataires de l'accord. L'existence de ces deux procédés rappelle à quelques différences près[128] les mécanismes adoptés par les instruments du droit international des droits de l'homme pour faire irruption dans les traités d'investissement.

277. ***Nature des dispositions faisant référence aux droits de l'homme***. En dépit de leur divergence d'objet, les droits fondamentaux auxquels sont faites références dans les accords d'entreprise, on l'a souligné, sont disparates. Toutefois, ces droits tentent sans exception de contribuer au mouvement général d'influence des droits de l'homme sur le droit des investissements. Ainsi, les accords signés par les entreprises multinationales sont à l'image de ce que les signataires entendent leur assigner comme objectifs, à savoir la consécration des règles de protection des salariés. Au titre de ces objectifs figurent en bonne place les droits fondamentaux au travail et de manière périphérique les objectifs de développement durable[129].

2. Évaluation : un multipartisme favorable aux droits de l'homme

278. ***Engagement pour les droits fondamentaux ou leur contournement ?*** Qu'il s'agisse de la mention directe des références aux droits se rapportant aux droits de l'homme, ou la référence indirecte au droit international des droits de l'homme, une seule finalité parait objectivement se dégager : la tendance vers la prise en compte du droit international des droits de l'homme dans les relations collectives de travail. Cette tendance s'accompagne — t — elle d'une réelle volonté de rendre effectifs les engagements souscrits dans ce sens ? La réponse à cette question tient à trois observations relatives chacune à l'une des Parties traditionnelles aux accords d'entreprise. Les deux premières luttant pour les droits

---

124. Notamment environnementales et sociales.

125. Parmi ces domaines on peut citer *inter alia*, toutes les activités liées à l'environnement ou l'engagement de la main d'œuvre, etc. M. FRAPARD, *Les accords d'entreprise transnationaux »*, *op. cit.*, pp. 14 et s.

126. N. SEGUIN, « Le contenu des accords-cadres internationaux », *loc. cit.*, p. 59.

127. *Idem.*

128. Principalement liées à la valeur juridique de l'instrument.

129. En témoignent les codes adoptés par les multinationales cités ci-dessus (Veolia, Total, Shell, etc.).

de l'homme ; et la dernière, poursuivant prioritairement des objectifs économiques.

279. ***La représentation salariale*.** En premier lieu, les représentants des salariés sont généralement des syndicats pour qui les revendications sociales constituent la base de leur existence. Seule en effet l'amélioration des conditions de travail des salariés importe. Ce n'est pas un hasard que les principales règles que l'on retrouve dans les accords d'entreprise transnationaux évoquent les problématiques de santé au travail, de la rémunération, ou encore de l'interdiction de la discrimination dans l'emploi, etc. Il ne serait pas exagéré de soutenir sur la base de cette considération que les initiatives syndicales sont des tentatives visant à forcer la main aux instances représentatives de l'entreprise. Dit autrement, les représentants des salariés fondent leurs revendications sur le respect des droits fondamentaux au travail. La concrétisation des principales revendications salariales se présente de la sorte comme une concrétisation des droits fondamentaux[130].

280. ***Représentation des États à travers les OIG*.** En deuxième lieu, l'origine de la représentation en matière de protection des droits de l'homme s'inscrit dans le processus de dénonciation des multinationales opérant dans les pays du Sud et dans certains pays du Nord, dans l'optique d'exercer un contrôle avéré sur les activités des multinationales, considérées excessives. Rejoints aux mêmes revendications par certains pays du Nord, les États du sud se sont vu conforter dans leurs positions. C'est donc la convergence des luttes des pays du Sud et certains pays du Nord qui déboucha sur une formalisation commune des attentes des uns et des autres dans les enseignes des OI. Rien de particulièrement étonnant si certaines OI comme l'ONU, l'OIT, ou encore l'OCDE mènent aujourd'hui des actions dans le sens de la mise sur pied d'un ou des instruments poursuivant l'objectif général de réalisation des droits de l'homme. Les principales OI se présentent ainsi par la voie de leurs représentants comme des instances de protection ou de promotion des droits de l'homme[131]. Jusque-là l'accent n'a été

---

130. A ce sujet, les textes internationaux (pactes de 1966 par exemple) et la doctrine spécialisée (...) évoquent d'ailleurs les droits fondamentaux au travail en faisant allusion à la liberté d'association au travail ; la non-discrimination au travail ; etc.

131. Conformément à leurs statuts. Tel est le cas de la Charte des Nations Unies en son art. 1er (point 3) : « [l] *es buts des Nations Unies sont les suivants : (...) réaliser la coopération internationale en résolvant les les problèmes internationaux d'ordre économique, social, intellectuel ou humanitaire, en développant et en encourageant le respect des droits de l'homme et des libertés fondamentales pour tous sans distinction de race, de sexe, de langue ou de religion (...)* ». Et dans la même optique, la Déclaration concernant les buts et objectifs de l'Organisation internationale du Travail du 10 mai 1944 en son point II : « [c] *onvaincue que l'expérience a pleinement démontré le bien-fondé de la déclaration contenue dans la Constitution de l'Organisation internationale du Travail, et d'après laquelle, une paix durable ne peut etre établie que sur la base de justice sociale, la Conférence affirme que : a) tous les êtres humains quels que soit leur race, leur croyance ou leur sexe, ont l droit de poursuivre leur progrès matériel et leur développements spirituel dans la liberté et la dignité, dans la sécurité économique et avec des chances égales ; b) la réalisation de des conditions permettant d'aboutir à ce résultat doit constituer le but central de toute politique nationale*

mis que sur le rôle des représentants des États dans l'élaboration des accords d'entreprise.

281. ***L'entreprise.*** En troisième lieu, sous la pression des États du Sud épaulés par certains États du Nord[132], les entreprises multinationales songèrent à donner suite aux revendications des États en se réfugiant derrière les mécanismes d'élaboration des accords d'entreprise[133], lesquels se présentèrent comme une solution intermédiaire entre, d'un côté, les conventions internationales et, de l'autre, les contrats internes de droit du travail. Deux éléments permettent cependant de légitimer ce choix sur le plan du droit. En ce qui concerne la non-adoption des conventions internationales, l'argument de base est l'impossibilité matérielle pour les entreprises d'être à leur origine ne serait-ce que parce que guère considérées comme des sujets de droit international, lesquels sujets seraient aptes à signer des conventions internationales. Relativement au rejet de l'instrument contractuel, celui-ci est limité par son champ d'intervention interne qu'outrepasse la vocation transnationale des accords transnationaux d'entreprise. Qu'il nous soit permis de souligner que le caractère volontaire des accords transnationaux d'entreprise prête à caution, compte tenu des circonstances dans lesquelles ces derniers ont vu le jour.

282. ***Au surplus...*** Un autre type (supplémentaire ?) de représentation mérite un mot. Il a trait à l'aménagement des personnes étrangères à la relation de travail. Tel est souvent le cas des défenseurs des causes en lien avec l'environnement ou les droits de l'homme. L'accord d'entreprise apparait à la lumière de cette lecture comme une agrégation de revendications salariales, entrepreneuriales, étatiques et même sociétales. On ne saurait, à l'aune de la diversité des signataires des accords d'entreprise, s'abstenir de faire mention de la conséquence naturelle du multipartisme conventionnel, symbole d'un progrès vers une prise en compte des droits de l'homme meilleure.

---

et internationale ; c) tous les programmes d'action et mesures prises sur le plan national et international, notamment dans le domaine économique et financier, doivent etre appréciés de ce point de vue et acceptés seulement dans la mesure où ils apparaissent de nature à favoriser, et non à entraver, l'accomplissement de cet objectif fondamental ; d) il incombe à l'Organisation Internationale du Travail d'examiner et de considérer à la lumière de cet objectif fondamental, dans le domaine international, tous les programmes d'action et mesures d'ordre économique et financier ; d) en s'acquittant des taches qui lui sont confiées, l'Organisation internationale du Travail, après avoir tenu compte de tous les facteurs économiques et financiers pertinents, a qualité pour inclure dans ses décisions et recommandations toutes diésions qu'elle juge appropriées ».

[132]. Le Canada, les Pays-Bas et les pays scandinaves. Voy. G. HAMILTON, *Les entreprises multinationales : effets et limites des codes de conduite internationaux*, Genève, éd. Puf, 1984, p. 22. L'auteur relève à juste titre que « [l] *e Canada réalisa d'ailleurs en 1973 sa propre "étude sur les investissements étrangers", reflétant son inquiétude sur l'importance de la présence étrangère dans son industrie* ». Et l'auteur d'ajouter plus loin : « [l] *e Canada, les Pays-Bas et les pays scandinaves, menaient (...) une politique industrielle à forte connotation interventionniste, et estimaient que leur liberté de poursuivre une telle politique risquait fort d'être hypothéquée par le développement de sociétés, dont les décisions stratégiques étaient prises en dehors de leurs frontières* ».

[133]. G. HAMILTON, *Les entreprises multinationales : effets et limites des codes de conduite internationaux*, Genève, éd. Puf, 1984, pp. 13-23, spéc. p. 23.

B. Des obstacles à surmonter

283. ***Identification des obstacles***. La consécration des règles relatives aux droits de l'homme dans les accords d'entreprise transnationaux suffit-elle pour que soit effective leur mise en œuvre ? La réponse à cette question est sans aucun doute négative et amène par la même occasion à s'intéresser aux effets juridiques d'une telle consécration. L'absence d'un statut prédéfini reconnu aux acteurs (signataires)[134] des accords d'entreprise[135] est de nature à alimenter le soupçon d'instruments tributaires d'une mise en scène décorative, dont le seul but serait de masquer les insuffisances d'une timide mobilisation des entreprises en matière des droits de l'homme. La détermination des statuts des Parties signataires joue à cet égard un rôle de premier plan. On note à ce sujet que cet aspect ne dépend point entièrement de la volonté des entreprises, mais se rattache davantage au rôle des États auxquels il revient le soin de déterminer les statuts des acteurs privés[136]. Une fois l'obstacle levé, du moins du côté des entreprises signataires, il restera à déterminer le rôle concret de ces dernières. Il importe de préciser à ce stade que le rôle d'un accord d'entreprise est en tout état de cause fonction des mécanismes de suivi et/ou de contrôle qui l'accompagnent[137]. Ce n'est d'ailleurs qu'à travers cet élément qu'il devient possible de mesurer le degré d'investissement des entreprises en faveur des droits de l'homme. Car l'existence d'un mécanisme solide de mise en œuvre des accords d'entreprise dépend de la volonté des entreprises en tant que signataires privilégiés, voire principaux de l'accord. Le curseur se déplace ainsi pour désigner les entreprises non plus comme des acteurs de second (mais de premier) plan dans la réalisation des droits de l'homme[138]. La

---

134. Les représentants de l'entreprise et les représentants de salariés. Tous deux posent, chacun, un certain nombre de difficultés tant leur légitimité en tant que représentant de l'ensemble des dirigeants des filiales, concernant les premiers ; et en tant que représentant de l'ensemble des salariés de toutes les filiales, relativement aux seconds.

135. Sur cette question, voy. A. SOBCZAK, « Les enjeux juridiques des accords-cadres internationaux », *loc. cit.*, pp. 93 et s., spéc. p. 95. L'auteur remarque que « *la qualification juridique d'une norme dépend en premier lieu du pouvoir reconnu à ses auteurs, surtout si cette norme a pour objectif de définir des règles de conduite qui s'appliqueront à d'autres* ». Et l'auteur d'ajouter : « *Or, en l'absence d'un cadre juridique précis dans le domaine de la négociation collective transnationale, aucun acteur ne s'est vu conférer, de manière explicite, un tel pouvoir.* »

136. C'est d'ailleurs l'une des limites de la régulation, souvent source de fragilité normative. À cet égard, l'intervention des États serait plus que bienvenue pour renforcer le statut des entreprises en ce domaine afin de les rendre responsables des lors qu'elles violent leurs (propres) « auto-engagements ».

137. Il s'agit là d'une manière de rendre effectifs les accords d'entreprise transnationaux, laquelle manière s'émancipe de la valeur de l'instrument signé par les acteurs non étatiques. Cela renvoie à ce que l'école de Dijon range dans la *lex mercatoria.* À ce sujet, voy. B. GOLDMAN, « La *lex mercatoria* dans les contrats et l'arbitrage internationaux : réalité et perspectives (1979) », in *Un siècle d'études du droit international. Choix d'articles parus au Clunet (1874-2000)*, éd. Litec, 2006, pp. 403-428, spéc. pp. 404 et s.

138. Ceci se révèle particulièrement vrai lorsqu'on s'intéresse à la capacité des acteurs privés à produire le droit comme l'ont fait par le passé les représentants de l'école de Dijon (Entre autres voy. B. GOLDMAN, « Frontières du droit et *lex mercatoria* », *Archives de la philosophie du droit*, 1964 ;

question pourrait et surtout devrait être envisagée comme la conséquence directe de la reconnaissance aux acteurs privés d'une capacité de production des normes. Où les entreprises assument ce rôle et s'abstiennent de faire dans la demi-mesure ; où les entreprises renoncent à ce rôle et restituent aux États la plénitude de la production normative.

284. *Une base peu pérenne*. La situation décrite dans les lignes qui précédent trouve justification dans la considération selon laquelle les droits de l'homme auxquels sont faites références sont la reproduction à l'identique des droits consacrés par le droit international des droits de l'homme. On objectera que certaines régions du monde connaissent des spécificités en la matière. Une telle objection ne saura prospérer, étant entendu que les pays qui connaissent ce genre d'accords appartiennent majoritairement à la culture occidentale[139]. À vision identique des droits de l'homme, des références identiques. De même, le droit international des droits de l'homme est international[140] parce qu'il est accepté par un grand nombre d'États. Aussi, les droits de l'homme référencés dans les accords d'entreprise sont des droits dont l'acceptation universelle est désormais acquise ; ceci se révèle d'une particulière véracité lorsqu'on sait que la plupart des droits fondamentaux référencés sont prioritairement d'ordre social[141]. Qu'il soit question de la liberté d'association[142], de la non-discrimination en matière d'emploi[143], de l'interdiction du travail des enfants[144], ou encore le droit à la

---

Ph. KAHN, « Droit international économique, droit du développement, lex mercatoria : concept unique ou pluralisme des ordres juridiques ? », in *Le droit des relations économiques internationales. Études offertes à Berthold Goldman*, Paris, éd. Litec, 1982, pp. 97-107 ; F. OSMAN, *Les principes généraux de la lex mercatoria. Contribution à l'étude d'un ordre anational*, Paris, éd. LGDJ, 1992, 515 p ; etc.).

139. Nés en Europe, les accords d'entreprise transnationaux s'y sont développés et sont allés au-delà des frontières en influençant les entreprises étasuniennes. Une base de base de données dédiée à ces accords et prise en charge par la commission européenne est consultable en suivant le lien : https://ec.europa.eu/social/main.jsp?catId=978&langId=fr

140. Non pas au sens de la soumission au régime du droit international (auquel sont également soumis les droits régionaux), mais au sens de son universalité.

141. En ce sens, voy. N. SEGUIN, « Le contenu des accords-cadres internationaux », *op. cit.*, pp. 53-69, spéc. pp. 56 et s.

142. La Convention (n° 87) sur la liberté syndicale et la protection du droit syndical, adoptée le 9 juillet 1948, entrée en vigueur le 4 juillet 1950, ILO n° 87.

143. La Convention (n° 100 et recommandation n° 90) sur l'égalité de rémunération, adoptée le 29 juin 1951, entrée en vigueur le 23 mai 1953, ILO n° 100 ; La Convention (n° 111 et recommandation n° 111) concernant la discrimination en matière d'emploi et de profession, adoptée le 25 juin 1958, entrée en vigueur le 15 juin 1960, ILO n° 111.

144. La Convention (n° 138 et recommandation n° 146) sur l'âge minimum d'admission à l'emploi, adoptée le 26 juin 1973, entrée en vigueur le 19 juin 1976, ILO n° 138 ; La Convention (n° 182 et recommandation n° 190) sur les pires formes de travail des enfants, signée le 17 juin 1999, entrée en vigueur le 19 novembre 2000, ILO n° 182.

négociation collective[145], tous sont des droits reconnus universellement[146]. Tout laisse croire que les accords d'entreprise transnationaux « *naissent de l'action des partenaires sociaux qui, en l'absence d'un cadre juridique, sont amenés à inventer, voire à bricoler, les fondements d'une négociation sociale internationale d'un genre nouveau, sans connaitre ses implications juridiques précises* ».[147] Les entreprises multinationales se retrouvent dans une sorte de précipitation normative engendrant un manque de rigueur normative et s'adossant sans ambages au mouvement du *soft law*, synonyme d'une grande souplesse normative.

285. *Contournement du paradoxe de l'entreprise juge et partie*. La relation symbiotique entre droits de l'homme et initiatives des entreprises que traduisent les accords transnationaux d'entreprise souffre cependant d'un manque d'impartialité du fait de la constitution de la multinationale à la fois en juge et partie. Partie car elle est à l'origine de l'accord et juge parce qu'elle est chargée de la mise en œuvre de l'accord. Or, la poursuite des objectifs économiques (en l'occurrence la recherche d'un meilleur apport) peut se faire au détriment de la protection des droits de l'homme, celle-ci nécessitant parfois des moyens humains et financiers couteux pouvant prendre le contrepied de toute aspiration à un meilleur gain. Néanmoins, une solution de secours parait à cet égard envisageable. En effet, si les accords d'entreprise venaient à prévoir des sanctions en cas de non-respect des obligations qu'ils comportent, et dont le coût serait égal ou supérieur à celui de la participation de l'entreprise à leur mise en œuvre, on pourrait, dans ce cas, espérer une prise en compte affirmée de tous les droits fondamentaux consacrés dans lesdits accords. Tout est question de gains : si le respect des droits de l'homme génère un coût aux yeux du milieu économique, autant rendre les

---

[145]. La Convention (n° 98) sur le droit d'organisation et de négociation collective, signée le 1er juillet 1949, entrée en vigueur le 18 juillet 1951, ILO n° 98 ; La Convention (n° 154 et recommandation n° 163) sur la négociation collective, adoptée le 3 juin 1981, entrée en vigueur le 11 août 1983, ILO n° 154.

[146]. A elle seule, la Déclaration de principes tripartite sur les entreprises multinationales et la politique sociale (1998) décline en son point 9 relatif à la politique générale, l'ensemble des droits sociaux fondamentaux d'une manière éloquente. « *Toutes les parties devraient contribuer à la mise en œuvre de la Déclaration de l'OIT relative aux principes et droits fondamentaux au travail et son suivi, adoptée en 1998. L'ensemble des Membres, même lorsqu'ils n'ont pas ratifié les conventions fondamentales en question, ont l'obligation, du seul fait de leur appartenance à l'Organisation, de respecter, promouvoir et réaliser, de bonne foi et conformément à la Constitution, les principes relatifs aux droits fondamentaux qui sont l'objet desdites conventions, à savoir : a) la liberté d'association et la reconnaissance effective du droit de négociation collective ; b) l'élimination de toute forme de travail forcé ou obligatoire ; c) l'abolition effective du travail des enfants ; d) l'élimination de la discrimination en matière d'emploi et de profession. Les gouvernements des États qui n'ont pas encore ratifié les conventions relatives aux principes et droits fondamentaux au travail, consacrés dans la Déclaration de 1998 sont instamment priés de le faire. Les entreprises multinationales, à travers leurs activités, peuvent contribuer de manière significative à la réalisation de ses objectifs.* ».

[147]. A. SOBCZAK, « Les enjeux juridiques des accords-cadres internationaux », *loc. cit.*, pp. 94-95.

sanctions de non-respect des accords d'entreprises encore plus couteuses. Tel semble un moyen de résoudre l'équation tentaculaire du non-respect des accords d'entreprise.

Conclusion du titre 2

286. La contribution des sources internationales du droit des investissements à l'intégration des droits de l'homme dans le droit des investissements, procède de plusieurs champs. En premier lieu, les instruments conventionnels de protection des investissements, ensuite la coutume, puis la production normative des organisations internationales et enfin les instruments fournis par les entreprises elles-mêmes en tant qu'acteurs du droit international. Les traités et la coutume ont ceci de commun qu'ils sont nés avec le droit des investissements et donc classiques ; alors que les instruments émanant des Organisations internationales et des entreprises elles-mêmes, sont plus récents et donc modernes.

287. Concernant les sources internationales dites classiques, la quête des références aux droits de l'homme en leur sein y a révélé deux sous catégories. D'une part, les traités d'ancienne génération dans lesquels les références aux droits de l'homme sont implicitement exposées dans les clauses de protection des investissements ; et d'autre part, les traités de nouvelle génération où sont exposées des références tant dans le préambules que dans les dispositifs, orientées vers la protection des droits fondamentaux au travail, la préservation d'un environnement sain ou encore l'exigence d'une responsabilité sociale des entreprises vis-à-vis de l'État hôte. À son tour, la contribution qui se dégage de la coutume est davantage axée sur la protection de l'investisseur que sur celle de la population en raison de la place qu'y occupe le standard de protection des étrangers.

288. Quant aux sources dites modernes, les Organisations internationales intergouvernementales et non gouvernementales y font figure de producteurs de normes de protection des droits de l'homme dont les États comme les investisseurs sont destinataires. Aux premiers l'obligation de faire respecter les droits de l'homme et aux seconds l'obligation de respecter les droits de l'homme. Cette dernière obligation est, et c'est la nouveauté, dopée par un devoir de diligence dont sont redevables les entreprises. C'est d'ailleurs sous l'impulsion du devoir de vigilance, l'une des contributions de l'autorégulation, que des initiatives sont prises par les entreprises afin de tenir compte dudit devoir. Il faut dire que les références en question relèvent toutes de la *soft Law*, ce qui n'est certes pas synonyme d'une non-application desdites règles, mais un facteur de ralentissement[1] d'une prise en considération franche et généralisée des droits de l'homme par les entreprises.

289. L'évaluation des deux séries de contribution a permis de constater une divergence fondamentale entre les instruments de protection des investissements et les instruments de protection des droits de l'homme en ceci que les premières sont, d'un point de vue formel, dotées d'une force contraignante alors que les secondes reposent sur le volontariat des entreprises. À ce sujet, les instruments de protection des investissements ne sont guère pour l'instant la piste magistrale de prise en considération des droits de l'homme, en raison des formulations parfois vagues auxquelles s'ajoutent les aléas du procédé bilatéral de conclusion des traités d'investissement. Cet aléa est quelque peu nuancé par les interventions des acteurs tels que les OIG et les OING mais là encore les références aux droits de l'homme souffrent d'un manque de caractère contraignant.

290. Il appartiendra donc aux États d'accentuer la portée des règles qu'ils édictent afin d'assurer leur opposabilité aux investisseurs. Pour ce faire, l'une des voies possibles est le conditionnement du bénéfice de la protection des règles internes et internationales relatives à la protection de l'investissement à l'intégration des obligations de diligence dans la sphère d'influence de l'entreprise concernée.

---

[1]. A ce propos, voy. P. WEIL, « Vers une normativité relative en droit international ? », *RGDIP*, t. 1982, p. 7. L'auteur fait déjà remarquer que : « *Il n'est que trop certain, nul ne l'ignore, que, du fait de la structure rudimentaire de la société qu'il est appelé à régir, le droit international n'a jamais n'a jamais cessé d'être malade de ses normes — à tel point que certains den ont été réduits à mettre en doute sa normativité même, c'est-à-dire sa juridicité, et que tous s'accordent à tout le moins pour souligner son caractère "primitif" et "imparfait"* » ; également et dans le même sens, J. CARBONNIER, *Flexible droit. Pour une sociologie du droit sans rigueur*, Paris, éd. LGDJ, 2001, 10ème éd., pp. 26 et s.

SECONDE PARTIE :

L'INFLÉCHISSEMENT DU CONTENU DU DROIT DES INVESTISSEMENTS SOUS L'INFLUENCE DU DROIT INTERNATIONAL DES DROITS DE L'HOMME

291. Au-delà de l'intrusion des droits de l'homme dans les sources du droit des investissements, d'autres types de manifestations de ceux-là dans celui-ci peuvent être recensés au niveau du contenu. En effet, le mouvement postulé semble produire des effets sur la dynamique du droit des investissements. Deux types de facteurs contribuent à l'irruption des droits de l'homme dans le contenu du droit des investissements et semblent l'infléchir. D'une part, les concepts mêmes du droit des investissements ; et d'autre part, des mécanismes qui relèvent majoritairement des droits de l'homme. Les premiers sont de plus en plus ouverts aux droits de l'homme et les seconds consisteraient en des tentatives de concrétisation de ces droits de l'homme. L'objet de cette partie est de mesurer la réalité des droits de l'homme dans les concepts « nouveaux » comme « classiques » du droit des investissements (Titre I) avant d'interroger les mécanismes susceptibles d'asseoir, voire conforter, une telle réalité (Titre II).

TITRE I :

Des concepts du droit des investissements perméables au droit international des droits de l'homme

292. ***De la terminologie « concepts classiques » et « concepts modernes ».*** Le terme concept trouve son origine dans la philosophie et désigne la « *représentation mentale générale et abstraite d'un objet* »[1] ; et en linguistique, il représente le sens, le « *signifié* [ou encore le] *référent* ».[2] La combinaison de ces deux dimensions philosophique et linguistique aboutit à l'idée d'une représentation vague visant à donner un sens à une représentation de l'esprit. Le droit des investissements connait des spécificités liées en grande partie aux termes d'usage dans son champ. L'on parle souvent à ce sujet de principes de protection des investissements [3]ou encore de standards de protection des investissements.[4] La première de ces deux qualifications renvoie à « *ce qui vient en premier, à l'origine* »[5] de quelque chose ; cela voudrait dire pour le juriste une « [r] *ègle ou norme générale, de caractère non juridique d'où peuvent être déduites des normes juridiques* ».[6] Quant à la seconde qualification, elle renvoie à un « *niveau, modèle* [ou] *étalon* »[7], ce qui désigne, du point de vue du juriste, « *une norme souple fondée sur un critère intentionnellement indéterminé* ».[8] L'une et l'autre des deux appellations semblent connotées : la première parce qu'elle s'appuie sur

---

[1]. A. REY et J. REY-DEBOVE (dir.), *Le Petit Robert de la langue française*, éd. Le Robert, 2022, p. 496.

[2]. *Idem.*

[3]. R. DOLZER et Ch. SCHREUER, *Principles of International Investment Law*, Oxford, éd. OUP, 2022, 3ème éd., 560 p.

[4]. Y. Nouvel, « Les standards de traitement : le traitement juste et équitable, la sécurité pleine et entière », *in* Ch. LEBEN (dir), *Droit international des investissements et de l'arbitrage transnational*, Paris, éd. Pedone, 2015, pp. 287-345 ; J. CAZALA, « Les standards indirects de traitement : traitement de la nation la plus favorisée et traitement national », *in* Ch. LEBEN (dir), *Droit international des investissements et de l'arbitrage transnational*, Paris, éd. Pedone, 2015, pp. 265-286.

[5]. G. CORNU (dir.), *Vocabulaire juridique. Association Henri Capitant*, Paris, éd. Puf, coll. Quadrige, 2019, 13ème éd., p. 799.

[6]. *Idem.*

[7]. *Ibid.*, p. 979.

[8]. *Idem.*

l'origine, le fondement de l'objet étudié ; et la seconde parce qu'elle postule une indétermination de la notion. Pour cette raison, l'appellation « concepts du droit des investissements » est privilégiée pour la construction des développements qui suivront, dans la mesure où elle invite à s'émanciper de l'une comme l'autre des deux orientations précédentes et postule donc une certaine neutralité axiologique. Ainsi, certains concepts reviennent très régulièrement dans la matière, et ce, tant par voie conventionnelle[9] que jurisprudentielle[10]. La mise en œuvre de ces concepts se matérialise par la place que les organes de règlement des différends leur accordent. Parmi ces concepts on peut citer quatre principaux : le traitement juste et équitable, la pleine et entière protection et sécurité[11], le traitement national et le traitement de la nation la plus favorisée. Ces concepts-là se présentent comme le noyau dur autour duquel s'est construit le droit des investissements étrangers. Pour cette raison, on peut les qualifier de « concepts classiques ». Si lesdits concepts apparaissent tant dans les instruments de protection des investissements que dans la jurisprudence arbitrale, deux d'entre eux se distinguent remarquablement. Il s'agit des concepts de TJE et de PEPS. Aux concepts dits classiques et jusqu'ici abordés, viennent se greffer d'autres, plus récents : l'investissement protégé, l'investissement durable. Symboles de la « modernisation » du droit des investissements, ces derniers concepts sont la conséquence de deux facteurs. D'une part, l'émergence des enjeux environnementaux dans les pays du Nord puis ceux du Sud.[12] D'autre part, l'aspiration des pays du Sud aux objectifs de rééquilibrage des rapports États/investisseurs, voire la réorientation du droit des investissements vers une meilleure prise en considération des droits des États hôtes, laquelle fait échos à la Souveraineté sur les ressources naturelles. Nous les appellerons donc « concepts modernes » tant en raison de caractère plus récent qu'en raison des nouvelles revendications dont ils sont porteurs.

293. *Enjeu/Plan.* Au terme de cette opération d'identification, de nombreuses questions surgissent. Les concepts du droit des investissements subissent-ils l'influence des droits de l'homme ? Dans l'affirmative, quels éléments seraient aptes à soutenir une telle affirmation ? Et si des éléments justifient l'affirmation, sont-ils indifféremment opérants pour les deux catégories de concepts ? Sur le plan juridique, les concepts du droit des investissements semblent, à première vue,

---

9. En témoigne la nouvelle génération (à partir de 2005) des traités bi ou multilatéraux d'investissement.

10. Voy. Affaires citées *infra*.

11. Il s'agit de ce que certains auteurs appellent les standards de traitement des investisseurs. Entre autres, voy. Y. NOUVEL, « Classification cursive des règles de fond issues de traités bilatéraux d'investissement », *RGDIP*, 2015, n° 1, p. 8.

12. Il faut dire que la réticence des États du Sud trouvait sa justification dans la considération selon laquelle les enjeux environnementaux constituent des obstacles pour leur développement économique. Sur cette question, voy. MOHAMED SALAH (M. M.), « Le droit international économique est — il ouvert aux enjeux environnementaux ? » in *Pour un droit économique de l'environnement. Mélanges en l'honneur de Gilles J. Martin*, Paris, éd. Frison-Roche, 2013, pp. 363-396.

détachés des valeurs non marchandes. Cette dernière considération invite à vérifier l'État de la question au regard de la pratique des États et des interprétations qui en sont faites par les instances de règlement des différends relatifs à l'investissement. En tout cas, les tentatives de réponse à cette triple interrogation invitent à scruter de près le contenu des concepts exposés. Pour la clarté de l'exposé, il serait opportun de commencer par les notions classiques (Chapitre 1) avant d'envisager les notions « modernes » (Chapitre 2).

CHAPITRE 1 :

Les notions « classiques » : un contenu réceptif aux « droits fondamentaux de l'investisseur »[1]

294. ***Justification de la distinction TJE et PEPS***. Les concepts « classiques » de TJE et de PEPS doivent leur récurrence, outre le « *haut degré de généralité* »[2] qui les caractérise, pour le premier d'entre eux, à la grande souplesse dont il est porteur, et conséquence, pour le second, de la variété des situations dans lesquelles il s'applique. Difficile pour un investisseur de prétendre à une quelconque protection sans se référer à l'une ou l'autre des protections contenues dans les concepts évoqués[3]. C'est d'ailleurs à ce propos qu'une auteure relève au sujet de la PEPS « *qu'aucun TBI ne saurait être envisagé sans une disposition assurant à l'investisseur la sécurité matérielle de son investissement contre des atteintes provenant de l'État d'accueil, de ses forces ou de ses représentants* »[4]. D'abord

---

[1]. On aura signalé que le choix de la formule « droits fondamentaux de l'investisseur » ne vise pas à faire la distinction entre des catégories des droits fondamentaux en fonction des bénéficiaires selon leurs statuts sociaux ou professionnels, mais vise simplement à mettre l'accent sur le fait que les droits de l'homme semblent jouer en faveur de l'investisseur en sa qualité de titulaires de droits fondamentaux.

[2]. L'expression est d'Yves Nouvel, « Classification cursive des règles de fond issues des traités bilatéraux d'investissements », *RGDIP*, 2015, n° 1 (Dossier : Les techniques conventionnelles du droit international des investissements), p. 11.

[3]. Cet état de fait pousse une majorité de la doctrine à décrire les concepts de traitement juste et équitable et de pleine et entière protection et sécurité de « standards de protection des investissements ». En ce sens, voy. Y. NOUVEL, « Les standards de traitement : le traitement juste et équitable, la sécurité pleine et entière », in Ch. LEBEN (dir.), *Droit international des investissements et de l'arbitrage transnational*, Paris, éd. Pedone, 2015, pp. 287-345.

[4]. Voy. G. BASTID BURDEAU, « La clause de protection et de sécurité pleine et entière », *RGDIP*, 2015, n° 1 (Dossier : les techniques conventionnelles du droit international des investissements), p. 89. Il convient de relever au passage que certains traités récents de protection des investissements sont enclins à s'émanciper de l'intégration systématique des clauses évoquées. Tel est le cas par exemple de certains instruments récents comme le code panafricain des investissements (Commission de l'UA, Projet — Code panafricain d'investissements, adopté en décembre 2016, doc. EA15660 — 15.). Il en est de même pour l'accord sur la promotion, la protection et la garantie des investissements entre les États membres de l'Organisation pour la Coopération (nouvelle terminologie) Islamique (conclu le 5 juin 1981 sous l'égide de l'Organisation de la Conférence Islamique), lequel fait entière abstraction de la mention d'une clause de TJE.

contestés par la plupart des États, les concepts de TJE et de PEPS ont peu à peu acquis une place considérable dans le développement du droit des investissements, place qui semble trouver ses fondements dans les droits de l'homme. Cet état de fait motive les développements qui leur seront réservés dans les passages suivants. Il a été récemment affirmé[5] que les clauses/standards de TJE et de la PEPS ne doivent pas être traités séparément. Cette considération ne parait pas d'une grande objectivité tant l'analyse des traités d'investissement révèle une tendance vers la distinction entre les protections issues de la PEPS et les garanties issues du TJE. Supposer que les clauses « PEPS » et « TJE » s'envisagent de concert revient *in fine* à leur attribuer la même finalité et donc le même contenu. Or, il y aurait quelques difficultés à concevoir de la part des États, des doublons de protection ici et là sans une réelle motivation[6]. L'existence de formules renvoyant à la fois au TJE et à la PEPS ne peut logiquement que témoigner de l'existence de clauses distinctes tant du point de vue du contenu que de la finalité des deux concepts. Cela étant et compte tenu de leurs conséquences sur les droits de l'homme, seront envisagées séparément les normes de TJE (Section 1) et de PEPS (Section 2).

Section 1 :
La norme de traitement juste et équitable (TJE) comme garantie des droits « fondamentaux » de l'investisseur

295. ***Contours d'un contenu controversé***. Par TJE on entend généralement une « [s] *tipulation devenue [quasi] systématique dans les accords* (...) *de protection des investissements, visant à assurer à tout investisseur sur le territoire de l'autre partie un traitement conforme au droit et à l'équité* ».[7] À la fois quasi systématiques et imprécises, les stipulations relatives au TJE ouvrent donc la voie à moult interprétations. Ainsi, déterminer le contenu de ce concept phare, revient à mettre l'accent sur les controverses que ce concept a suscitées, tant celui-ci a fait l'objet d'interprétations variées. En d'autres termes, toute la problématique du contenu des « standards » de protection, en particulier le TJE, se situe au niveau de l'ampleur de la protection qu'offre ce « standard » de protection. À cet égard, deux visions se sont opposées. D'une part, la vision, défendue par les États latino-américains, pour lesquels le standard de TJE reconnait une protection aux étrangers, au mieux, équivalente à celle que les États sont tenus d'accorder à leurs

[5]. Ainsi, tel était par exemple l'argument avancé par le demandeur dans l'affaire : CIRDI, *Urbaser et al. c. Argentine*, aff. n° ARB/07/26, sentence du 8 décembre 2016, § 560.

[6]. Rares sont en effet les traités d'investissements, y compris ceux de dernière génération, qui ne consacrent cumulativement la PEPS et le TJE. À notre connaissance, seul le projet de Code panafricain des investissements prend le contre-pied de cet état de fait. À la lecture de ce Code, il apparait qu'aucune disposition n'est consacrée au TJE. Voy. Commission de l'UA, *Projet — Code panafricain d'investissements*, adopté en décembre 2016, doc. EA15660 — 15.

[7]. J. SALMON (dir.), *Dictionnaire de droit international public*, Bruxelles, éd. Bruylant/AUF, 2001, p. 1096.

propres ressortissants.[8] Et, d'autre part, la vision des États occidentaux, lesquels considéraient que la protection accordée aux étrangers se doit d'être plus large que la seule protection accordée aux nationaux.[9] Qu'il nous soit permis de souligner dès à présent que les positions des uns comme des autres étaient teintées d'opportunisme. La position des premiers était motivée par leur statut d'États récepteurs de capitaux et celle des seconds par leur qualité de pourvoyeurs de capitaux[10]. L'évolution du droit des investissements a, il est vrai, vu triompher la position des pays occidentaux, tant celle-ci a été suivie par les juridictions internationales, les tribunaux arbitraux et même les États y compris latino-américains. Compte tenu de ces considérations, il s'avère quelque peu légitime de partir du postulat selon lequel le TJE s'est construit puis développé autour de la protection de l'investisseur.

296. ***Vision intermédiaire ?*** Avant d'examiner plus en profondeur le contenu du TJE, il convient de souligner l'existence d'une approche *a priori* intermédiaire sans véritablement l'être. En effet, aux deux visions du TJE vient s'intercaler une approche dont deux affaires relativement récentes ont révélé l'existence. À la question de savoir si la formule « *en conformité avec les principes du droit international* »[11] tend à limiter la protection pouvant résulter du TJE, les arbitres des affaires *Crystallex*[12] puis *Rusoro*[13] c./c. *Venezuela*, ont répondu par la négative et jugé, en substance, que ladite formule n'était pas suffisamment claire pour induire une quelconque restriction du champ de protection couvert par le TJE[14]. Ce qui ouvre donc la voie à une possible interprétation extensive du TJE. De ce fait, cette vision mérite, à vrai dire, d'être rangée dans le cadre de l'approche « maximaliste » tant elle permet d'interpréter le contenu du TJE sans en réduire le champ au seul standard minimum du droit international coutumier. Dans le prolongement du même ordre d'idées, l'étude du contenu du TJE révèle deux hypothèses dont chacune trouve écho dans les traités d'investissement[15]. La

---

[8]. Voy. Ch. LEBEN, « Droit international des investissements : un survol historique », in Ch. LEBEN (dir.), *Droit international des investissements et de l'arbitrage transnational*, Paris, éd. Pedone, p. 23.

[9]. *Idem.*

[10]. Il allait donc de soi que compte tenu de leurs positions, chacun des deux groupes d'États défende ses propres intérêts. Les intérêts des pays occidentaux se trouvaient dans la protection maximale de leurs ressortissants, quitte à ce que cette protection dépasse celle accordée aux nationaux ; celle des États latino-américains se situait, quant à elle, au niveau de l'égalité des protections des étrangers et des nationaux.

[11]. Dont l'équivalent en anglais est : « *in accordance with principles of international law* »

[12]. CIRDI, *Crystallex International Corporation c. Venezuela*, aff. n° ARB(AF)/11/2, sentence du 4 avril 2016.

[13]. CIRDI, *Rusoro Mining Limited c. Venezuela*, aff. n° ARB(AF)/12/5, sentence du 22 aout 2016.

[14]. Pour l'affaire *Crystallex*, voy, §§ 530 et s ; et pour l'affaire *Rusoro*, voy. §§ 514 et s.

[15]. On retrouve une illustration de la première thèse dans l'Accord entre le Canada, les États-Unis d'Amérique et les États-Unis Mexicains (ACEUM). En effet, la disposition de l'Accord visé, relative au traitement juste et équitable s'intitule « ; et dans la même optique, s'énonce comme suit : « *1. Chacune des Parties accorde aux investissements visés un traitement conforme au droit international coutumier, y compris un traitement juste et équitable ainsi qu'une protection et sécurité intégrales.*

première de ces hypothèses est celle dite « d'incorporation » et tend à lier le TJE à la norme minimale de protection des étrangers ; la seconde que l'on pourrait qualifier de « thèse d'autonomie » aspire à détacher le TJE du standard de protection des étrangers[16]. Dans cette construction, seule la première thèse semble présenter un intérêt pour les droits de l'homme en tant qu'elle intègre les droits fondamentaux relevant du droit international des droits de l'homme. Force est de souligner cependant que derrière la thèse « d'autonomie » se cache la volonté de rendre le TJE exclusif de la protection des droits économiques des investisseurs. Libérale, cette vision ne parait pas prendre en compte la double dimension classique et évolutive du TJE. Ainsi, elle tend à présenter le TJE non pas comme un outil de protection des droits fondamentaux de l'investisseur, mais plutôt comme une stricte protection des droits purement économiques de celui-ci.

297. ***Deux protections aux antipodes***. Le standard de TJE semble assurer aux investisseurs étrangers une protection à double facette oscillant entre le « strict minimum » et le « large maximum ». En effet, si le TJE garantit une protection minimale aux investisseurs sur le fondement du standard minimum de protection des étrangers, le même TJE assure, dans certaines circonstances, une protection maximale aux investisseurs ; et ce, sur le fondement de la non-discrimination, ou encore de la protection des attentes légitimes. Ce concept couvre la justice, l'égalité, le traitement national, et même le traitement de la nation la plus favorisée.[17] Cette dernière ne peut aisément être intégrée dans la protection des droits de l'homme issue du TJE en ce sens qu'il s'agit d'une protection substantiellement économique, dont le lien avec les droits fondamentaux n'est pas suffisamment avéré. Au fond, la protection découlant de « la nation la plus favorisée » porte, ni plus ni moins, sur un comparatif des faveurs (économiques) concédées par l'État hôte aux différents investisseurs étrangers avec lesquels cet

---

2. Il est entendu que le paragraphe 1 prescrit la norme minimale de traitement des étrangers en droit international coutumier comme norme de traitement à accorder aux investissements visés. Les concepts de 'traitement juste et équitable' et de 'protection et sécurité intégrales' n'exigent pas de traitement supplémentaire ou supérieur à celui exigé par cette norme ni ne créent de droits substantifs additionnels. Les obligations contenues au paragraphe 1 d'accorder : a) un 'traitement juste et équitable' comprend l'obligation de protection contre les dénis de justice dans les instances décisionnelles pénales, civiles ou administratives, conformément au principe de l'application régulière de la loi consacré dans les principaux systèmes juridiques du monde ; b) une 'protection et sécurité intégrales' exige que chacune des Parties accorde le niveau de protection policière requis en vertu du droit international coutumier. 3. La constatation d'un manquement à une autre disposition du présent accord ou d'un accord international distinct n'établit pas un manquement au présent article. 4. Il est entendu que le simple fait qu'une Partie agisse ou omette d'agir d'une manière qui pourrait être incompatible avec les attentes d'un investisseur ne constitue pas un manquement au présent article, même si cela a pour effet d'entraîner une perte à l'investissement visé ou de causer un dommage à celui-ci. ».

[16]. Pour un exposé sommaire des deux thèses, voy. C. SANTULLI, « Le traitement juste et équitable : stipulation particulière ou principe général de bonne conduite ? *RGDIP*, *Les techniques conventionnelles du droit international des investissements (dossier)*, n° 1, t. 119, 2015, pp. 69 et s, spéc. p. 69.

[17]. CCI (CNUDCI), *Sergei Paushak et al. c. Mongolie*, sentence du 28 avril 2011, § 253. Dans le même sens, CIRDI, *Total c. Argentine*, aff. n° ARB/04/01, décision du 27 novembre 2010, § 113.

État traite[18]. Concernant les attentes légitimes de l'investisseur, celles-ci sont le résultat des déclarations spécifiques devant servir de support à l'examen des comportements de l'État[19]. Dans ce cas de figure, « les attentes légitimes » de l'investisseur permettraient de révéler l'existence d'un traitement injuste et inéquitable de l'investisseur[20]. Relativement au traitement national, celui-ci parait certes en phase avec la non-discrimination du fait de sa finalité qui n'est autre que le traitement égalitaire des investisseurs étrangers par rapport aux nationaux., mais s'éloigne des droits de l'homme par son objet, lequel se résume aux avantages économiques devant bénéficier aux investisseurs. La même observation valant pour la clause de la nation la plus favorisée et compte tenu de toutes ces considérations qui, du reste, mettent en relief le lien entre « attentes légitimes » et droits fondamentaux, seront exclues d'office les investigations au sein des concepts de traitement national et de la nation la plus favorisée.

298. *Plan*. Fidèle donc à sa vocation originelle, le TJE semble aujourd'hui constituer dans ses diverses versions, d'une part une garantie de la protection des droits fondamentaux de l'investisseur (Paragraphe 1), mais d'autre part, un éloignement des droits fondamentaux (Paragraphe 2).

§ 1 : L'exigence d'une protection minimale de l'investisseur basée sur les droits de l'homme

299. *Objet des protections*. Sans préjudice de la protection que leur accordent les traités spécifiques à l'investissement, les investisseurs étrangers peuvent en tout état de cause bénéficier d'autres protections conventionnelles. À se fier aux formulations retenues dans les traités d'investissement, on ne manque pas de constater une nette différence entre les objets des protections accordées : certains États ciblent la protection des investisseurs pendant que d'autres préfèrent cibler celle des investissements[21]. Toutefois, l'étude du TJE ne pourrait se faire uniquement par référence aux dispositions conventionnelles y relatives. Cela étant, les interprétations dont le TJE fait l'objet seront utiles à la mise en relief de son contenu réel.

---

[18]. Voy. J. CAZALA, « Les standards indirects de traitement : traitement de la nation la plus favorisée et traitement national », in Ch. LEBEN (dir.), *Droit international des investissements et de l'arbitrage transnational* », Paris, ed. Pedone, 2015, pp. 267 et s.

[19]. CIRDI, *Georg Gavrilovic d.O. O. c. République de Croatie*, aff. n° ARB/12/39, Sentence du 25 juillet 2018, (note B. Rémy, *clunet*, n° 1, 2019, pp. 264-265.).

[20]. CIRDI, *Rumeli Telekom et Telsim Mobil c. Kazakhstan*, aff. n° ARB/05/16, sentence du 29 juillet 2008, §§ 609 et s.

[21]. Voy. En ce sens, Z. DOUGLAS, *Cinq problématiques d'actualité en droit des investissements*, Paris, éd. Pedone, coll. Cours et travaux de l'IHEI de Paris, 2015, pp. 19-22, spéc. P. 19. L'auteur relève que « *La grande majorité des traités bilatéraux d'investissement ("TBI") protègent l'investissement plutôt que l'investisseur. En général, ce n'est pas en tant qu'investisseur qu'une personne, soit juridique ou physique, jouit de certains droits découlant d'un traité d'investissement* ». À l'appui de sa démonstration, Z. DOUGLAS se réfère aux modèles du Royaume-Uni (qu'il qualifie d'« *orthodoxe* » en ceci qu'il protège l'investissement) et celui des États — Unis qu'il qualifie de « *problématique* » (en ceci qu'il va au-delà de la protection d'un investissement constitué).

300. ***Noyau dur des protections***. On aura remarqué à titre liminaire que le TJE s'astreint dans certaines situations à garantir une protection à l'investisseur et va au-delà en assurant une protection aux investissements. On pourrait certes supposer que dans ce cas précis, et extrême du reste, le TJE reste toujours dans le sillage des droits de l'homme en ceci qu'il est garant de la protection du droit de propriété de l'investisseur. La disposition du TBI France/Kenya relative au TJE en donne une illustration : « *Chacune des Parties contractantes s'engage à assurer un traitement juste et équitable aux investissements effectués par les investisseurs de l'autre Partie contractante et à s'abstenir d'entraver, sur son territoire, par des mesures déraisonnables ou arbitraires, le développement, l'exploitation, la gestion, la maintenance, l'utilisation, la jouissance, la vente ou autre liquidation des investissements effectués par les investisseurs de l'autre Partie contractante* »[22]. La lecture de cette disposition ne renseigne que de manière lapidaire sur le contenu du TJE, tant les détails qu'elle contient semblent aller au-delà de la protection pouvant découler de ce standard. Cette lacune conventionnelle est corrigée par une disposition contenue dans un TBI liant le Royaume du Maroc et la République de Guinée-Bissau : « *Les investissements effectués par les investisseurs de l'une des Parties Contractantes sur le territoire de l'autre Partie Contractante bénéficient de la part de cette dernière d'un traitement juste et équitable en conformité avec le droit international et les dispositions du présent Accord (...)* »[23].

301. ***Prise en compte au gré des interprétations***. Autrement dit, la disposition s'interprète à la lumière de la justice et de l'équité internationales. Or, il n'est pas simple d'intégrer ces deux derniers concepts dans un raisonnement purement juridique. Cela indique qu'il est impératif de se référer aux règles du droit international afin de garantir une protection juste et équitable aux investisseurs étrangers. Le renvoi opéré par la disposition précédemment citée est-il suffisant pour restituer le contenu du TJE ? La réponse à cette question parait négative d'autant plus que les règles du droit international sont d'une variété telle qu'il est impératif de spécifier de manière précise le corps de règles auxquelles la référence entend renvoyer. Ce dernier aspect ne peut être rendu possible que grâce aux instances juridictionnelles[24]. On sait par ailleurs que les instances juridictionnelles compétentes en matière d'investissement sont principalement les tribunaux arbitraux, et que ces derniers ont, par conséquent, des appréhensions fort

---

[22]. Art. 3 du TBI entre la France et le Kenya, signé le 4 décembre 2007.

[23]. Art. 2, point 2 de l'Accord entre le gouvernement du royaume du Maroc et le gouvernement de la République de Guinée-Bissau sur l'encouragement et la protection réciproques des investissements, signé le 28 mai 2015.

[24]. Dans le même esprit, yoy. Ch. LEBEN, « Droit international des investissements : un survol historique », in Ch. LEBEN (dir.), *Droit international des investissements et de l'arbitrage transnational*, Paris, éd. Pedone, 2015, p. 43. L'auteur relève dans le même esprit que « *l'ordre juridique qui comporte [d] es notions floues laisse (implicitement) le soin aux organes d'application du droit, et d'abord aux tribunaux, d'élaborer ces notions et de les préciser au gré des affaires portées devant eux* ».

différentes des litiges qui leur sont soumis[25]. Ces divergences tant de règles applicables que de décisions arbitrales impactent forcément les contours de la notion de TJE que certains tribunaux arbitraux envisagent restrictivement et que d'autres interprètent extensivement.

302. ***Une protection variable.*** Au cœur de la protection des investisseurs se trouve la question de leur traitement. Ainsi que cela a été exposé *supra*, deux thèses se confrontent à cet égard. La première tend à déduire la protection de l'investisseur du standard minimal coutumier de protection des étrangers ; et la seconde vise à déduire ladite protection du TJE lui-même, lequel est, pour certains, d'origine coutumière et, pour d'autres, d'origine conventionnelle[26]. On comprend à travers ces différents positionnements que l'une comme l'autre des deux approches emporte des conséquences différentes. Si l'on se place du côté de la thèse de l'origine conventionnelle du TJE, on observe les manifestations des significations de celui-ci dans les différents traités d'investissements, utiles au décodage de son contenu. En revanche, si on se place du côté de la thèse de l'origine coutumière du TJE, on serait contraint de s'orienter vers les règles coutumières du droit international desquelles se nourrit ce standard.

303. ***Synthèse des contenus du TJE.*** À la synthèse et dans un souci de clarté, la version minimaliste semble revenir aux partisans du courant de l'assimilation du TJE au standard minimum de protection des étrangers ; et la version maximaliste semble appartenir aux partisans de la vision évolutive du TJE. À la première version correspondrait un TJE à contenu restreint et, à la seconde version, correspondrait un TJE à contenu large[27]. Telle sera la logique privilégiée pour les passages qui suivent. Mais, et paradoxalement, les applications restrictives du TJE paraissent plus ouvertes aux droits de l'homme que les applications extensives de celui-ci. Pour illustrer ce propos, on analysera plus en profondeur certaines affaires ayant été l'occasion pour les tribunaux arbitraux de se prononcer sur le contenu de la protection offerte aux investisseurs à travers le TJE.

---

25. Certains auteurs justifient cette situation par les différences des règles applicables aux différends relatifs à l'investissement, celles-ci étant, selon eux, différentes d'un traité d'investissement à l'autre. Si l'argument séduit dans certaines situations, il n'en demeure pas moins qu'il est révélateur de bien de fragilités dans d'autres situations. L'illustration la plus éloquente des divergences d'approches dans les différends relatifs à l'investissement reste les cas des affaires CMS et (...), qui, toutes deux tranchées sur la base d'un même traité d'investissement ont abouti à des solutions différentes voire contradictoires.

26. Voy. D. CARREAU, P. JUILLARD et *al.*, *Droit international économique*, Paris, éd. Dalloz, 2017, 6ème éd., p. 608.

27. D'une manière générale, et comme le relève un auteur, « *[i] l semble judicieux d'admettre que le traitement juste et équitable constitue un standard d'application générale couvrant l'ensemble des conduites de l'État à l'égard de l'investisseur (...)*. Voy. Y. Nouvel, « Les standards de traitement : le traitement juste et équitable, la sécurité pleine et entière », *loc. cit.*, p. 312.

A. L'ancrage de la version minimaliste du TJE dans les droits fondamentaux

304. ***Imprécision sémantique.*** On pourrait partir de la définition usuelle du TJE : « *stipulation devenue systématique dans les accords bilatéraux de protection des investissements, visant à assurer à tout investisseur sur le territoire de l'autre partie un traitement conforme au droit et à l'équité* »[28]. Cette définition n'apporte pas suffisamment d'éléments permettant de cerner le contenu de la protection minimale qu'un investisseur pourrait espérer d'une norme de TJE. Car, défini de la sorte, le TJE apparait comme une garantie à l'investisseur de traitements contraires à la justice et à l'équité. Que peut-on alors entendre par traitement non conforme au droit et à l'équité ? Cette interrogation couvre deux champs distincts, voire divergents : le droit, d'une part, et l'équité, d'autre part. Si la détermination de la conformité d'un traitement au droit ne pose pas de grosses difficultés[29], il n'en demeure pas moins qu'il en est autrement du jugement d'un comportement à la lumière de l'équité. Cela invite à faire un détour par la notion d'équité, laquelle peut être définie comme l'élément décisif pour la détermination d'une solution justement adaptée à un différend. Encore convient-il de rappeler au préalable que la justesse et l'équité du TJE sont envisagées non pas dans l'hypothèse où le juge/arbitre tranche *ex æquo et bono*[30] mais plutôt dans l'hypothèse où le juge/arbitre tire le fondement de sa décision de l'application même d'une règle de droit[31]. Ainsi que l'a indiqué la Cour internationale de justice, « [q] *uel que soit le raisonnement juridique du juge, ses décisions doivent par définition être justes, donc en ce sens équitables* ». Et la Cour de poursuivre, « [n] *éanmoins, lorsqu'on parle du juge qui rend la justice ou qui dit le droit, il s'agit de justification objective de ses décisions non pas au-delà des textes, mais selon les textes et dans ce domaine c'est précisément une règle de droit qui appelle l'application de principes équitables* »[32]. De cela se dégage l'idée d'*équité infra legem* (issue de la loi), seule admissible en droit international et que l'on oppose souvent aux équités *praeter legem* (au-delà de la loi) et *contra legem* (contraire à la loi) ; la première découlant de l'application de la règle de droit et les deuxième et troisième visant respectivement à supplanter la règle de droit et à

---

28. Voy. J. SALMON (dir.), *Dictionnaire de droit international public*, *op. cit.*, p. 1096.

29. Cela est particulièrement vrai lorsque le juge use de la méthode exégétique d'interprétation.

30. L'hypothèse figure parmi celles exposées dans l'article 38 § 2 du statut de la CIJ précité, lequel invite le juge à s'appuyer sur le droit positif (Conventions, coutume internationale, principes généraux de droit, doctrine, etc.). On peut y lire que « *La (...) disposition ne porte pas atteinte à la faculté pour la Cour, si les parties sont d'accord, de statuer ex aequo et bono.* ». Basée sur l'équité (le bon et le juste), l'expression signale une certaine émancipation du juste à travers des « *clauses spéciales* » (Voy. J. SALMON [dir.], *Dictionnaire de droit international public*, *op. cit.*, pp. 470 et 471.).

31. Voy. M. CHEMILLIER-GENDREAU, « La signification des principes équitables dans le droit international contemporain », *RBDI*, 1982, pp. 509-535, spéc. p. 513.

32. CIJ, *Plateau continental de la mer du Nord (Allemagne c. Danemark et Pays-Bas)*, arrêt du 20 février 1969, Rec., p. 49, § 88.

en limiter les effets.[33] Ainsi, et d'une manière générale, le recours à l'équité apparait comme un palliatif au « vide juridique »[34], lui-même susceptible d'occasionner, du point de vue du juge, un déni de justice[35].

305. *Une pratique ancienne*. Déjà en 1926, les commissaires de l'affaire *Neer c. Mexique*[36] considérèrent que le déni de justice opère non seulement à l'égard des instances juridictionnelles, mais aussi à l'égard des pouvoirs exécutif et législatif[37]. Cela renseigne certes sur les autorités redevables d'un traitement juste et équitable à l'égard de l'investisseur, mais informe moins sur la consistance même d'un tel traitement. À ce propos, Paul Reuter relève synthétiquement que « *les applications les plus nombreuses et les plus intéressantes de l'équité en droit international public marquent une tendance à s'ordonner autour de trois principes : un principe d'équivalence, un principe de proportionnalité et un principe de finalité* »[38]. En conséquence, les liens entre l'acception minimaliste du TJE et les droits fondamentaux semblent se situer ailleurs que dans les différentes conceptions doctrinales. Compte tenu de cela, il devient impératif de se tourner vers les dispositions des traités d'investissement, lesquelles ne renseignent par ailleurs que de manière partielle, voire erronée sur le contenu minimal du TJE en raison de sa variabilité d'un traité à l'autre[39]. Malgré cette difficulté, il reste que de rares traités d'investissement traitent de la question de manière plus ou moins intéressante. Parmi les rares traités du genre, on retrouve en particulier le TBI Maroc/Nigeria[40].

306. *Contenus indissociables des droits de l'homme ?* En effet, certains traités d'investissement à l'instar du TBI Maroc/Nigeria précité opèrent un renvoi aux

---

33. Les deux dernières formes d'équité sont généralement inopérantes en raison de la limitation du pouvoir du juge dans le champ juridique. En revanche, il serait possible d'écarter ce verrou au moyen d'une reconnaissance au juge d'un pouvoir *ex aequo et bono* (faculté de juger tant en droit qu'en équité) lui permettant d'aller au-delà. À ce propos, voy. O. CORTEN, *Méthodologie du droit international public*, Bruxelles, éd. Bruylant, 2009, pp. 192 et s.

34. En ce sens, voy. J.-M. SOREL, « Équité », *Répertoire de droit international (Dalloz)*, 2017, § 1.

35. *Idem.*

36. Voy. Commission des réclamations États-Unis/Mexique, *Neer et Pauline Neer c. Mexique*, sentence du 15 octobre 1926, *RSA*, vol. IV.

37. Voy, Ch. LEBEN, « Droit international des investissements : un survol historique », in Ch. LEBEN (dir.), *Droit international des investissements et de l'arbitrage transnational*, Paris, éd. Pedone, 2015, p. 43. L'auteur cite un passage célèbre et important de la sentence *Neer c. Mexique* : « *the treatment of an alien, in order to constitute an international delinquency, should amount to an outrage, to bad faith, to wilful neglect of duty, or to an insufficiency of governmental action so far short of international standards that every reasonable and impartial man would readily recognize its insufficiency* » (Commission des reclamations États-Unis/Mexique, *Neer et Pauline Neer c. Mexique*, sentence du 15 octobre 1926, RSA, vol. IV, pp. 61-62.).

38. P. REUTER, « Quelques réflexions sur l'équité en droit international », *RBDI*, n° 1, 1980, p. 165.

39. Ne serait-ce que parce que le TJE « *se présente, dans les accords bilatéraux, sous des formes variables. Il peut se limiter, sans autre précision, à la simple mention du* "traitement juste et équitable"*. Il peut inclure l'un des qualificatifs tout en excluant l'autre :* "traitement juste"*, ou* "traitement équitable"*. Il peut s'accompagner d'une référence au droit international (...)* » (D. CARREAU, P. JUILLARD et *al.*, *Droit international économique*, *op. cit.*, p. 608.).

40. TBI entre le Maroc et le Nigeria, signé le 3 décembre 2016.

droits nationaux en leurs aspects relatifs aux « procédures régulières », utile au décodage de la place que le droit international des droits de l'homme pourrait occuper au sein du droit des investissements. À la lecture de la disposition du TBI précité, consacrée au contenu du TJE, il ressort que celui-ci « *includes the obligation not to deny justice in criminal, civil or administrative adjudicatory proceedings in accordance with the principle of due process embodied in the principal legal systems of a Party* »[41]. On sait que les législations nationales auxquelles il est renvoyé sont souvent le foyer de l'application des droits fondamentaux[42]. On sait également que les droits de l'homme sont, en raison de leur transversalité, éparpillés dans toutes les branches du droit interne. Tel est particulièrement le cas des « procédures régulières »[43] qui trouvent écho notamment dans le droit au procès équitable.[44] Composante du droit international, le droit international des droits de l'homme se montre à même de servir comme grille de lecture pour les instances juridictionnelles devant lesquelles serait porté un litige né du non-respect par l'État hôte d'une disposition d'un traité le liant à un autre. Quand bien même ce type de dispositions ne reflète pas avec certitude la volonté des États parties aux traités d'investissement de voir les instances arbitrales faire application du droit international des droits de l'homme, il n'en demeure pas moins que rien ne semble s'opposer à ce que de telles instances fassent application du droit international des droits de l'homme[45] notamment en ses aspects relatifs aux protections de la propriété ou de la personne.

307. ***Une interprétation a priori ouverte aux droits de l'homme***. A la lumière des différentes interprétations du TJE et leurs conséquences sur le plan des droits de l'homme, il apparait clairement que dès lors qu'est préconisée une interprétation minimale du contenu du TJE, les droits de l'homme viennent consolider la protection accordée à l'investisseur. Qu'il s'agisse du déni de justice,

---

41. Art. 7. 2 (a) du TBI Maroc/Nigeria, signé le 3 décembre 2016.

42. Ainsi et comme l'indique l'art. 2 (1) du PIDCP, « [l] *es États parties au présent Pacte s'engagent à respecter et à garantir à tous les individus se trouvant sur leur territoire et relevant de leur compétence les droits reconnus dans le présent Pacte.* » Une disposition à objectif similaire figure à l'art. 2 (1) du PIDESC : « *Chacun des États parties au présent Pacte s'engage à agir, tant par son effort propre que par l'assistance et la coopération internationales, notamment sur les plans économique et technique, au maximum de ses ressources disponibles, en vue d'assurer progressivement le plein exercice des droits reconnus dans le présent Pacte par tous les moyens appropriés, y compris en particulier l'adoption de mesures législatives.* ».

43. CIRDI, *Metalclad Corporation c. Mexique*, aff. n° ARB/(AF)/97/1, sentence du 30 août 2000, § 99 : Il convient d'éviter « (...) *a lack of orderly process and timely disposition in relation to an investor of a Party acting in the expectation that it would be treated fairly and justly* (...) » ; dans le même sens, CIRDI, *Augustin Maffezini c. Espagne*, aff. n° ARB/97/7, sentence du 13 novembre 2000, § 83.

44. Voy. CPA (CNUDCI), *Chevron Corporation et Texaco Petroleum Company c. République d'Équateur*, aff. n° 34877, sentence partielle du 30 mars 2010, § 244 : « *While the standard is objective and does not require an overt showing of bad faith, it nevertheless requires the demonstration of "a particularly serious shortcoming" and egregious conduct that "shocks, or at least surprises, a sense of judicial propriety* ».

45. Ne serait-ce que parce que le droit international des droits de l'homme relève naturellement du droit international auquel l'allusion est faite.

de la non — discrimination, ou encore du respect de l'État de droit en ses aspects garantissant un juste et équitable traitement, le TJE parait s'imprégner des droits de l'homme pour assurer la protection de l'investisseur. À cet égard on ne peut qu'adhérer au constat selon lequel « [l] *a survivance ou la réanimation du standard de traitement minimum s'inscrit dans une perspective à la fois plus large et complexe [;] en exigeant de chaque État qu'il traite convenablement toute personne étrangère ou nationale relevant de sa compétence, le droit international des droits de l'homme tend en effet à priver d'intérêt la fixation d'un niveau minimum de traitement pour une catégorie particulière d'individus* ».[46]

B. Le dépassement des droits fondamentaux par la version maximaliste du TJE

308. ***Fondement***. La vision maximaliste (ou évolutive) est la conséquence des interprétations larges du TJE opérées par les tribunaux arbitraux. Il apparait en effet à la lecture des sentences dans lesquelles il était question de la caractérisation des comportements des États à la lumière du TJE ou à l'examen des sentences dans lesquelles les agissements des États étaient suspectés d'être injustes et/ou inéquitables qu'en l'absence de la mention « en conformité avec le droit international coutumier », la vision large serait privilégiée au détriment de la vision restrictive. Le coup d'envoi de cette logique semble avoir été donné par les arbitres de l'affaire *Mondev c. États-Unis*.[47] Cette affaire est née d'une saisie engagée par une banque étasunienne à l'encontre d'un centre commercial géré par l'entreprise canadienne Mondev spécialisée dans le secteur de l'immobilier. Après avoir porté l'affaire devant les juridictions des États-Unis, lesquelles n'ont accueilli que partiellement ses réclamations, l'entreprise Mondev a fini par saisir un tribunal arbitral sur le fondement de l'article 1116 de l'ALENA relatif à la saisine par voie de mécanisme supplémentaire du CIRDI. Ainsi, les réclamations de Mondev tournaient essentiellement autour des allégations de violation par les États-Unis de leur obligation de garantir un traitement juste et équitable conformément à l'article 1105 de l'ALENA. Sans vouloir s'ériger en une juridiction d'appel des décisions judiciaires étasuniennes, le tribunal de l'affaire citée a tenu un raisonnement consistant à poser comme principe que le standard minimum coutumier de protection était évolutif, et partant, susceptible d'évoluer en fonction de la pratique conventionnelle des États, laquelle semble aux yeux du tribunal, révélatrice de l'existence d'un TJE intégré dans ledit standard.[48] Tout se

---

46. G. CAHIN, « Droit international coutumier et traités d'investissement — Aspects méthodologiques », in *Droit international et culture juridique. Mélanges offerts à Charles Leben*, Paris, éd. Pedone, 2015, p. 21.

47. CIRDI, *Mondev International Ltd c. États-Unis*, aff. n° ARB/(AF)/99/2, sentence du 11 octobre 2002.

48. *Ibid.*, § 125 : « *But in its view, there can be no doubt that, by interpreting Article 1105(1) to prescribe the customary international law minimum standard of treatment of aliens as the minimum standard of treatment to be afforded to investments of investors of another Party under NAFTA, the*

passe comme si le choix de l'une ou l'autre des deux conceptions minimaliste ou maximaliste dépend de la formule retenue dans l'instrument sur le fondement duquel l'instance juridictionnelle tranche le différend à elle soumis[49]. On pressent à l'aune de ce type d'imprécision conventionnelle que, dès lors qu'un traité prévoit que les parties conviennent d'accorder une protection sans plus, la voie de l'interprétation se fait plus large. Tel a été récemment le cas dans l'affaire *Philip Morris c. Uruguay*[50]. À l'occasion de cette affaire, l'approche large a été retenue pour cause d'absence d'indication au sujet du droit international coutumier[51].

309. D'autres affaires sont allées dans le même sens. En réalité, le raisonnement du tribunal de l'affaire *Mondev* s'est très tôt invité dans une autre affaire présentant des faits similaires : *ADF c. États-Unis*[52]. À la question de savoir si le standard minimum doit s'interpréter de manière extensive ou restrictive à la lumière de l'art. 1105 de l'ALENA, le tribunal de l'affaire citée s'est référé à l'affaire Mondev en indiquant : « *We understand Mondev to be saying—and we would respectfully agree with it—that any general requirement to accord "fair and equitable treatment" and "full protection and security" must be disciplined by being based upon State practice and judicial or arbitral caselaw or other sources of customary or general international law* ».[53] Dans le même registre, une autre affaire des plus illustratives de l'approche ci-dessus décrite est l'affaire *CMS c. Argentine*.[54] Dans cette affaire, un tribunal CIRDI a eu l'occasion de se prononcer sur les possibles violations du TBI entre les États-Unis et l'Argentine. Devant dire si la suspension des tarifs de transport de gaz par l'État

---

term "customary international law" refers to customary international law as it stood no earlier than the time at which NAFTA came into force. It is not limited to the international law of the 19th century or even of the first half of the 20th century, although decisions from that period remain relevant. In holding that Article 1105(1) refers to customary international law, the FTC interpretations incorporate current international law, whose content is shaped by the conclusion of more than two thousand bilateral investment treaties and many treaties of friendship and commerce. Those treaties largely and concordantly provide for "fair and equitable" treatment of, and for "full protection and security" for, the foreign investor and his investments. Correspondingly the investments of investors under NAFTA are entitled, under the customary international law which NAFTA Parties interpret Article 1105(1) to comprehend, to fair and equitable treatment and to full protection and security. »

49. Cet état de fait n'est cependant pas curieux et peut s'expliquer au moins par deux facteurs. D'une part, d'un point de vue de logique juridique, l'instance arbitrale saisie d'un différend se doit de privilégier l'application de l'instrument le plus pertinent ; d'autre part, d'un point de vue de culture juridique, les arbitres, souvent habitués du procédé rédactionnel anglo-saxon (attentif aux détails), rencontrent des difficultés en pareilles circonstances.

50. CIRDI, *Philip Morris Brands Sarl, Philip Morris Products S.A et Abal Hermanos S.A c. Uruguay*, aff. n° ARB/10/7, sentence du 8 juillet 2016. (Note B. REMY, *clunet* 2017, p. 258).

51. CIRDI, *Philip Morris Brands,* précitée. Dans cette affaire, les arbitres ont jugé que dès lors que la disposition conventionnelle relative au TJE n'exige pas dans sa formulation (expressément) une certaine adéquation avec les principes du droit international, il devient nécessaire de l'interpréter en dehors du cadre strict des exigences du standard minimum de protection (en ce sens, voy. B. REMY, note, *clunet* 2017, p. 258).

52. CIRDI, *ADF Group c. États-Unis*, aff. n° ARB/(AF)/00/1, sentence du 9 janvier 2003.

53. *Ibid.*, § 184.

54. CIRDI, *CMS c. Argentine*, aff. n° ARB/01/8, sentence du 12 mai 2005.

argentin est constitutive de traitement injuste et inéquitable à l'égard de *CMS*, le tribunal se prononce en ces termes : « *La principale question que le tribunal doit trancher est celle de savoir si les mesures adoptées en 2000-2002 ont méconnu le standard de protection résultant de l'engagement de l'Argentine de réserver à l'investissement un traitement juste et équitable. Le traité, comme la plupart des traités de protection des investissements, ne définit pas le standard de traitement juste et équitable et, dans cette mesure, les préoccupations de l'Argentine sur son caractère vague ne sont pas entièrement sans fondement. Le préambule du Traité est cependant clair sur le fait que le principal objectif de la protection envisagée est qu'un traitement juste et équitable est souhaitable dans le but d'assurer un cadre fiable aux investissements et une maximisation de l'utilisation des ressources économiques. Il ne fait aucun doute, dans ces conditions, qu'un environnement juridique et économique stable est un élément essentiel du traitement juste et équitable. Les mesures litigieuses ont en fait entièrement transformé et altéré l'environnement juridique et économique dans lequel l'investissement a été décidé et réalisé. La discussion (...) sur le régime tarifaire, sa relation avec le dollar et les mécanismes d'ajustement montre sans équivoque que ces éléments ne sont plus présents dans le régime applicable aux opérations commerciales de la demanderesse. Il est également établi que les garanties données à cet égard dans un certain cadre juridique et ses diverses composantes étaient essentielles dans la décision d'investir.* »[55].

310. *Une extension discutable*. Le positionnement des arbitres dans cette affaire revêt un paradoxe tant la position de l'État national de la demanderesse penche vers l'approche restrictive[56]. Or un traité d'investissement est censé davantage véhiculer le message des États parties concernant la protection de leurs nationaux investisseurs à l'étranger que de suivre les intentions des investisseurs ressortissants des États parties au traité. Qui plus est, la disposition du traité invoquée par la demanderesse s'inscrit dans la droite ligne d'autres affaires et tend à assimiler le TJE au standard minimum de protection des étrangers[57].

---

[55]. CIRDI, *CMS c. Argentine*, aff. n° ARB/01/8, sentence du 12 mai 2005, §§ 273-275 (Traduction E. GAILLARD, in *La jurisprudence du CIRDI*, Paris, éd. Pedone, 2004.

[56]. En l'occurrence les États-Unis dont l'approche du TJE consiste tout simplement en une réduction de celui-ci au standard minimum de protection des étrangers. Aff. *Mondev c. États-Unis*, précitée, §§ 95 et s.

[57]. CIRDI, *Loewen c. États-Unis*, aff. n° ARB/98/3, sentence du 26 juin 2003, § 125. Confronté à l'interprétation de l'article 1105 de l'ALENA relatif au standard minimum de traitement, le tribunal de l'affaire *Loewen* se réfère à l'interprétation donnée par la commission du libre-échange (31 juillet 2001) instituée par l'article 2001 du même accord : « *1. L'article 1105 (1) prévoit le standard minimum de traitement des étrangers en droit international coutumier comme étant le standard minimum de traitement à accorder aux investissements effectués par les investisseurs d'une autre Partie. 2. Les concepts de "traitement juste et équitable et de 'protection et sécurité intégrales' n'exigent pas un traitement supplémentaire ou au-delà de ce qui est exigé par le standard minimum de traitement des étrangers en droit international coutumier. 3. La constatation qu'une autre disposition de l'ALENA ou un accord international distinct ont été violés ne suffit pas à, établir une violation de l'article 1105 (1)* ». (Traduction E. GAILLARD, in *La Jurisprudence du CIRDI*, Paris, éd. Pedone, 2004, pp. 777-778.).

L'inadéquation entre les règles contenues dans les traités d'investissement et les significations qui en sont livrées par les instances arbitrales ne contribue guère à la prise en compte des droits de l'homme en ceci que les interprétations excessivement extensives le sont au profil de la protection de l'investissement. Il est inexact de considérer en ce sens que les interprétations du TJE sont l'apanage des seules règles applicables à tel ou tel différend. Il suffit pour le montrer de se rapporter au travail d'interprétation des arbitres de l'affaire *CMS*, « *fond [ées] sur une disposition (la clause de traitement juste et équitable) que les parties ont à l'évidence voulu rédiger par une formulation dont la souplesse entendait cibler les excès étatiques, et non l'utilisation raisonnable des prérogatives de la puissance publique* »[58] dont l'un des rôles est la mise en œuvre des droits de l'homme tels que la garantie d'un accès à l'eau potable.

311. La mise en application de la version maximaliste du TJE s'éloigne donc, à ce stade, des droits fondamentaux en ceci qu'elle tend à surprotéger l'investisseur quitte à ce que cette protection se fasse au détriment des droits fondamentaux consacrés internationalement et admis dans la quasi-totalité des États d'accueil des investissements[59].

312. *Semblant de confusion*. Dans une autre affaire, des arbitres ont jugé que « *le refus de délivrer un permis par la Commune motivé par des considérations liées à l'impact sur l'environnement, pour un projet de centre de traitement de déchets toxiques, était irrégulier, comme l'était le refus de la Commune de délivrer le permis pour toute raison autre que celles relatives à la construction ou aux défauts physiques du site* »[60]. Il ressort de cela qu'aucune distinction ne mérite d'être faite entre les mesures étatiques justifiées par la protection de l'environnement et celles visant à protéger les droits de la population. Plus récemment, dans l'affaire *Teinver c. Argentine*, les arbitres ont tenu à distinguer le TJE du standard minimum de protection issu du droit international coutumier afin d'y intégrer la protection des attentes légitimes de l'investisseur, lesquelles devant être protégées par l'État argentin conformément au TJE[61]. Interprété de la sorte, le TJE a certes été lu dans son acception large, mais cela n'a point permis au tribunal, compte tenu des circonstances de l'espèce, de conclure à la violation du standard ; et ce, notamment en raison des spécificités du domaine lié aux secteurs de distribution d'eau ou d'électricité[62]. Tout se passe en effet comme si les mesures étatiques tendant à assurer une bonne distribution d'électricité ou

---

58. C. SANTULLI, « Le traitement juste et équitable : stipulation particulière ou principe général de bonne conduite ? », *RGDIP*, t. 119, n° 1, p. 76.

59. En effet, au 31 janvier 2022, le PIDCP compte 173 États parties (donnée vérifiable sur : https://treaties.un.org/pages/ViewDetails.aspx?src=IND&mtdsg_no=IV-4&chapter=4&clang=_fr) et le PIDESC en compte 171 (donnée vérifiable sur : https://treaties.un.org/pages/ViewDetails.aspx?src=IND&mtdsg_no=IV-3&chapter=4&clang=_fr).

60. CIRDI, *Metalclad c. Mexique*, aff. n° ARB/(AF)/97/1, sentence du 30 aout 2000, § 86 (Traduction E. GAILLARD, in *La jurisprudence du CIRDI*, Paris, éd. Pedone, 2004, p. 674).

61. Voy. CIRDI, *Teinver S.A., Transportes de Cercanias S.A. et Autobuses Urbanos del Sur S.A. c. Argentine*, aff. n° ARB/09/1, sentence du 21 juillet 2017 (note B. REMY, *Clunet*, 2018, p. 272.).

62. B. REMY, *Clunet*, 2018, p. 273.

d'eau (spécialement) s'opposent à toute initiative de protection des attentes légitimes de l'investisseur et donc de son juste et équitable traitement. Il n'est pourtant pas certain que les traités d'investissement, en particulier ceux conclus par l'Argentine, ne tiennent compte que des droits fondamentaux des individus, dont cet État à la charge. La série des affaires portées devant les instances de règlement des différends contre l'État argentin à la suite de litiges liés aux services d'approvisionnement en eau potable est à cet égard parfaitement illustrative.[63] À ce sujet, pas moins de quatre affaires ont abouti à la condamnation dudit État sur le fondement d'un traitement injuste et inéquitable de l'investisseur.[64]Cet état de choses n'implique en revanche pas que les droits de l'homme ont été écartés du contentieux de l'investissement à l'occasion des affaires précitées. Seulement, les droits de l'homme ont davantage joué en faveur de l'investisseur et au détriment de l'État, donc de la population dont il a la charge. Il convient de voir ce qu'il en est.

C. Synthèse : étendue et limites

313. ***À la recherche des conséquences***. Compte tenu de ce qui précède, quelles seraient alors les incidences de l'une comme l'autre des deux approches (maximaliste et minimaliste) sur la prise en considération des droits de l'homme ? Autrement dit, laquelle des approches restrictive ou extensive s'appuie sur les

---

[63]. Pour rappel, la gestion des services d'eau faisait l'objet d'une privatisation (depuis une loi de 1989) au profit de plusieurs entreprises étrangères. Au cours de la seconde moitié de la décennie 1990-2000 et à cause de la dévaluation de sa monnaie suivie d'une hausse du mètre cube d'eau, le gouvernement argentin décide un blocage desdits prix afin de garantir l'approvisionnement des populations en eau potable. Une telle décision fut contestée par les entreprises en question, lesquelles ont porté l'affaire devant l'arbitrage transnational.

[64]. CIRDI, *Azurix c. Argentine*, aff. n° ARB/01/12, sentence du 14 juillet 2006 ; CIRDI, *Suez et al. c. Argentine*, aff. n° ARB/03/17, sentence du 30 juillet 2010 ; CIRDI, *Compania de Aguas et Vivendi c. République Argentine*, aff. n° ARB/97/3, sentence du 20 aout 2007 ; CIRDI, *Suez, Sociedad General de Aguas de Barcelona et al. c. Argentine*, aff. n° ARB/03/19, sentence du 30 juillet 2010 ; CIRDI, *CMS c. Argentine*, aff. n° ARB/01/8, sentence du 12 mai 2005. Dans ces affaires, il a été question pour l'investisseur de l'invocation du TJE comme un obstacle aux mesures d'urgence entreprises par l'Argentine pour la sauvegarde des prix d'eau potable alors que de telles mesures étaient justifiées par l'objectif de garantir le droit à l'eau, lui-même condition du droit à la vie. C'est d'ailleurs la raison pour laquelle l'argumentation de l'Argentine tournait autour de l'État de nécessité et la force majeure. L'objectif visé était en réalité le bénéfice d'une exonération de la violation du TJE si le tribunal venait à adopter une telle position. On retrouve des traces de cette position dans l'affaire *CMS c. Argentine*, précitée, § 304 : « *The Government of Argentina has contended in the alternative that in the event the Tribunal should come to the conclusion that there was a breach of the Treaty the Respondent should be exempted from liability in light of the existence of a state of necessity or state of emergency. Force majeure, emergency and other terms have also been used by the Respondent in this context* ». « Les affaires argentines » feront l'objet d'une analyse plus poussée dans le chapitre 2 du présent titre. Dans ce sens, il a été soutenu que « *le droit à l'eau* [est une] *illustration de l'interdépendance des droits de l'homme* » (F. COULEE, « Le droit à l'eau dans le contexte international. Brèves remarques à propos d'un droit économique émergent », in *Droit international et culture juridique. Mélanges offerts à Charles Leben*, Paris, éd. Pedone, 2015, p. 62.

droits de l'homme pour assurer, voire renforcer le traitement reconnu aux investisseurs et leurs investissements ?

314. ***Apport potentiel.*** La synthèse des versions « maximaliste » et « minimaliste » du TJE mène indubitablement vers un double constat : les droits de l'homme pénètrent le concept de TJE dans sa version minimaliste plus que dans sa version maximaliste et pourraient donc servir de base pour la détermination des incidences des droits de l'homme sur le/les contenu(s) du TJE. Dans un souci de simplification, il conviendrait de faire la distinction entre deux types de mesures qui consisteraient chacune à protéger une catégorie juridique d'investisseurs : les mesures visant l'investisseur-personne physique et les mesures ciblant l'investisseur-personne morale. Si l'investisseur est une personne morale, il reviendrait aux arbitres d'opter pour une vision extensive du TJE, car l'objectif poursuivi dans ce cas de figure est la protection de l'investissement contre les traitements injustes et inéquitables. Inversement, si l'investisseur visé par la mesure est une personne physique, les tribunaux arbitraux devraient opter pour la vision restrictive du TJE. Car l'objectif poursuivi dans ce dernier cas est, d'une part, la protection de la personne de l'investisseur contre d'éventuels traitements injustes et inéquitables et, d'autre part, l'assimilation de la protection dont pourrait bénéficier l'investisseur à l'effectivité des droits fondamentaux inspirés des règles du droit international des droits de l'homme en vigueur au sein de l'État hôte. Ces dernières règles sont naturellement ce que le champ des droits de l'homme appelle le droit international des droits de l'homme[65]. Et les autres règles de protection seraient ce que le droit des investissements appelle les règles de protection des investissements. Une approche holistique du droit des investissements débouche sur une confusion de genre entre ces deux catégories de protection, lesquelles poursuivent, chacune, un objectif distinct de celui poursuivi par l'autre : protection des droits fondamentaux pour l'une et protection des droits économiques pour l'autre.

315. ***Incidence différenciée sur la réception des droits de l'homme.*** L'approche restrictive du TJE parait se limiter à la seule vérification d'attitudes arbitraires à l'encontre de l'investisseur et dont l'auteur serait l'État. Sous cet angle, ladite approche se présente comme une conciliation des droits fondamentaux de l'investisseur et ceux des populations dont l'État a la charge en ceci qu'elle permet de modérer la protection de l'investisseur par rapport aux droits reconnus aux populations. L'approche extensive va, quant à elle, au-delà de la seule vérification de l'arbitraire et parait faire découler du TJE tous types de traitement de faveur y compris contre la privation de propriété. Déployée à

---

[65]. Par référence aux principaux instruments internationaux relatifs aux droits de l'homme tels que la DUDH (AGNU, rés., du 10 décembre 1948, A/RES/217 A (III)), et les Pactes sur les droits civils et politiques (adopté et ouvert à la signature, à la ratification et à l'adhésion par l'AGNU le 16 décembre 1966, entré en vigueur le 23 mars 1976, rés. 2200 A (XXI), *RTNU*, vol. 999, p. 171) et sociaux et économiques (Le Pacte international sur les droits sociaux, économiques et culturels, adopté et ouvert à la signature, à la ratification et à l'adhésion par l'AGNU le 16 décembre 1966, entré en vigueur le 3 janvier 1976, rés. 2200 A (XXI), *RTNU*, vol. 993, p. 3).

l'excès, cette approche pourrait constituer une source de conflit entre les droits économiques des investisseurs et les droits sociaux des individus.[66] Il va sans dire que les interprétations maximales du TJE semblent moins ouvertes aux droits de l'homme, car elles visent à garantir des traitements sans forcément s'arrimer aux droits de l'homme.[67] En tout état de cause, qu'il s'agisse d'une règle coutumière de protection des investissements ou d'une règle non coutumière de protection, les droits de l'homme viennent consolider la protection due aux investisseurs en vertu du TJE. Formulé autrement, le principe d'universalité des droits de l'homme fait que les droits fondamentaux dont peuvent bénéficier les investisseurs sont garantis par le droit international des droits de l'homme, et ce, non pas parce que ces droits sont couverts par les règles de protection des investissements, mais surtout parce qu'ils le sont en vertu du droit international des droits de l'homme. Ainsi, l'interprétation de l'article 1105 de l'ALENA[68] a conduit le tribunal de l'affaire *Mondev* c. *États-Unis* à rejeter la conception de la limitation du contenu du TJE au seul droit international antérieur à la Seconde Guerre mondiale, au profit d'une approche évolutive tenant compte des développements du droit international général,[69] lequel n'est pas détaché du droit international des droits de l'homme. Sans donc dire précisément ce qu'il convenait d'entendre par traitement conforme au standard minimum de protection des étrangers, le tribunal a, à travers l'adoption d'une conception évolutive du TJE, marqué le pas vers l'intégration des droits de l'homme dans le contenu du TJE. Il convient cependant de souligner que les dispositions relatives au TJE ne constituent pas, en toutes

---

[66]. Dont le § 1 s'écrit comme suit : 1. Chacune des Parties accordera aux investissements effectués par les investisseurs d'une autre Partie un traitement conforme au droit international, notamment un traitement juste et équitable ainsi qu'une protection et une sécurité intégrales.

[67]. L'exemple de l'admission d'une obligation de transparence (« *obligation d'afficher des motifs — sincères — d'une décision ainsi que d'informer ses destinataires des voies de recours possibles contre celle-ci ou de respecter les obligations de consultation préalables à cette décision* », voy. A. DE NANTEUIL, *Droit international de l'investissement*, Paris, éd. Pedone, 2020, 3ème éd., p. 385) comme composante du TJE est une illustration magistrale du détachement de ce TJE, dans sa version maximaliste, des seules règles relatives aux droits fondamentaux. Pour les sentences les plus récentes à l'occasion desquelles l'obligation décrite a été incluse dans le TJE, voy. Entre autres affaires, CIRDI, *Mercer International INC c. Canada*, aff. n° ARB(AF) 12/3, sentence du 6 mars 2018, §§ 7,76 et s. ; CIRDI, *RREEF Infrastructure (G.P.) Limited et RREEF Pan-European Infrastructure* c. *Espagne*, aff. n° ARB/13/30, décision du 30 novembre 2018, § 260. Dans cette dernière affaire, il a été explicitement mentionné : « *The Tribunal is convinced that it is of no avail to cite the long litany of the case-law in which investment tribunals have tried to define the FET standard. Suffice it to say that there can be no doubt that (i) transparency, (ii) constant protection and security, (iii) non-impairment including (iv) non-discrimination and (v) proportionality and reasonableness, are elements of the FET (...)* ». Le soulignement est de nous.

[68]. On y lit au § 1 que « *Chacune des Parties accordera aux investissements effectués par les investisseurs d'une autre Partie un traitement conforme au droit international, notamment un traitement juste et équitable ainsi qu'une protection et une sécurité intégrales.* ».

[69]. CIRDI, *Mondev International LTD c. États-Unis*, aff. n° ARB (AF)/99/2, sentence du 11 octobre 2002, § 123 : « *the terms "fair and equitable treatment" and "full protection and security" had their origin in bilateral treaties in the post-war period. In these circumstances the content of the minimum standard today cannot be limited to the content of customary international law as recognised in arbitral decisions in the 1920s* ».

circonstances, le reflet des protections contenues dans le TJE. Au fond, tout est, semble-t-il, question d'interprétation. Partant, les contours du TJE ne sauraient être convenablement tracés sans la combinaison des dispositions conventionnelles et leurs applications jurisprudentielles. Cela présente de véritables difficultés dans un domaine de protection des investissements où les interprétations se font au gré des tribunaux.

§2 : L'extension possible de la protection due à l'investisseur

316. L'extension de la protection des investisseurs à travers le concept classique de TJE passe par deux voies distinctes. L'une ancienne est, on le sait, non seulement une « pièce maitresse » du droit international des droits de l'homme, mais omniprésente aussi parmi les règles de protection des investissements : la non-discrimination. L'autre, plus moderne, a connu des applications ces deux dernières décennies tant en droit des droits de l'homme qu'en droit des investissements : la protection des attentes légitimes. Si les concepts d'attentes légitimes et de non-discrimination ont en commun la protection de l'investisseur, il n'en demeure pas moins qu'ils s'y emploient différemment. Le premier semble protéger les droits élémentaires de l'investisseur (A) et le second se veut protecteur des intérêts économiques de l'investisseur (B).

A. La non-discrimination, une extension à trajectoire « fondamentaliste »

317. ***La modulation du TJE à travers la non-discrimination***. L'une des manifestations de l'extension du concept de TJE trouve écho dans un concept bien connu du droit international des droits de l'homme : la non-discrimination. Cette dernière peut être définie comme l'« *interdiction de traiter juridiquement de manière différente des personnes, des situations ou des biens qui se trouvent dans des conditions analogues* »[70]. On pourrait dès lors inclure la non-discrimination dans le concept de traitement juste et équitable, tant elle n'est que la conséquence des traitements injustes et inéquitables[71]. Au fond, il s'agit précisément d'un élément de la version maximaliste du TJE. C'est en tous cas ce que laissent penser ses différentes applications[72]. Le concept de non-discrimination est spécifique en ce qu'il étend le TJE vers une double protection : en amont et en aval. C'est-à-dire, non seulement après la constitution de l'investissement,[73] mais aussi au

---

[70]. J. SALMON (dir.), *Dictionnaire de droit international public*, *op. cit.*, p. 744.

[71]. Tel était d'ailleurs le cas dans la décision précitée du tribunal de l'affaire *RREEF Infrastructure* c. *Espagne* du 30 novembre 2018 (aff. n° ARB/13/30) : « *Suffice it to say that there can be no doubt that (i) transparency, (ii) constant protection and security, (iii) non-impairment including (iv) non-discrimination and (v) proportionality and reasonableness, are éléments of the FET* » (§ 260). Le soulignement est de nous.

[72]. Voy. *infra*.

[73] *Idem*.

moment de la constitution (établissement) de l'investissement. S'il est aisé de soutenir que le droit international des droits de l'homme protège l'investisseur parce qu'il est porteur d'un investissement, il ne saurait être soutenu avec la même facilité que ledit droit protège les potentiels investisseurs pour la même raison. De même, si la surprotection de l'investisseur est due à l'investissement dont il est porteur, il ne saurait être soutenu avec la même aisance que la protection que procure la non-discrimination répond au même schéma. Car, la protection d'un investisseur potentiel découle, non pas de l'opération d'investissement, laquelle n'aura pas eu lieu, mais bien de la protection des droits fondamentaux de la personne[74] et, en particulier, la protection de la liberté d'entreprendre[75].

318. ***Liaison à travers la non-discrimination***. Dans la droite ligne des propos qui précèdent s'inscrit l'article 26 du pacte international sur les droits civils et politiques (PIDCP), lequel dispose que « *[t] outes les personnes sont égales devant la loi et ont droit sans discrimination à une égale protection de la loi. À cet égard, la loi doit interdire toute discrimination et garantir à toutes les personnes une protection égale et efficace contre toute discrimination, notamment de race, de couleur, de sexe, de langue, de religion, d'opinion politique et de toute autre opinion, d'origine nationale ou sociale, de fortune, de naissance ou de toute autre situation.* »[76]. Cette disposition peut être lue comme une ligne directrice susceptible de consolider la grille d'analyse des comportements des États vis-à-vis des investisseurs tant « *quelque utilité qu'elle ait pu avoir à un moment historique du développement du droit des investissements, il semble assez peu aisé de maintenir sur la durée une théorie juridique en vertu de laquelle les arbitres condamneraient des États pour un traitement qu'ils jugeraient à la fois conforme au droit international coutumier et, pourtant, injuste et inéquitable* »[77]. C'est dire qu'en dépit de certaines interprétations excessives du TJE, la solidité d'un principe général d'interprétation ne saurait découler que de la seule conciliation des différentes règles générales du droit international, lesquelles sont censées prendre en compte le droit international des droits de l'homme[78]. Appliquée au concept de TJE, la

---

74. Notons qu'à ce stade le contentieux relatif à l'investissement ignore le « contentieux de pré investissement ». Cela s'explique par le fait que le premier contentieux pose pour son engagement, la condition préalable de l'existence d'un investissement, conformément à l'article 25 de la Convention de Washington de 1965 sur le règlement des différends relatifs à l'investissement.

75. Voy. Z. DOUGLAS, Cinq problématiques d'actualité en droit des investissements, Paris, éd. Pedone, coll. Cours et travaux de l'IHEI de Paris,

76. Adopté et ouvert à la signature, à la ratification et à l'adhésion par l'AGNU le 16 décembre 1966, entré en vigueur le 23 mars 1976, rés. 2200 A (XXI), *RTNU*, vol. 999, p. 171.

77. C. SANTULLI, « Le traitement juste et équitable : stipulation particulière ou principe général de bonne conduite ? *loc. cit.* p. 79.

78. Il n'est d'ailleurs pas déplacé de considérer, comme l'ont indiqué certains auteurs, que le droit international des droits de l'homme tendrait à harmoniser le droit international général. Voy. R. BEN ACHOUR et S. LAGHMANI (dir.), *Les droits de l'homme : une nouvelle cohérence pour le droit international ? Actes du colloque de Tunis des 17, 18 et 19 avril 2008*, Paris, éd. Pedone, 2008, 330 ; et dans le même sens, AGNU, Projet de déclaration sur le droit à la solidarité internationale, doc. A/

ligne de l'art. 26 du PIDCP apporte une dimension fondamentaliste à ce « standard » du droit des investissements. Il y a là un renforcement du TJE par le concept de non-discrimination au point d'ériger ledit TJE en un concept du droit international des droits de l'homme. Mais l'extension fondamentaliste s'accompagne d'une autre extension que l'on peut qualifier volontiers d'économiste. Plus concrètement, il s'agit d'un concept peu mobilisé dans les traités d'investissement, mais très invoqué par et devant les instances arbitrales comme support d'extension de la protection des investisseurs résultant du TJE : les attentes légitimes de l'investisseur.

B. Les attentes légitimes, une extension à trajectoire « économiste » ?

319. ***Contours de la notion***. D'origine jurisprudentielle[79], la notion d'« attentes légitimes »[80] semble avoir germé en droit des investissements dès 1990[81] avant « *d'y gagner* [progressivement] *de l'importance* ».[82] Cette notion « *correspond à ce à quoi l'investisseur raisonnable serait en droit d'attendre de la part de l'État, dont la responsabilité pourrait être mise en jeu en cas de méconnaissance manifeste* ».[83] S'interroger sur la trajectoire « économiste » des attentes légitimes invite donc à confronter lesdites attentes aux droits autres que

---

HRC/35/35 (25 avril et 19 juillet de l'année 2017. Dans ce texte, l'idée d'harmonisation du droit international par les droits de l'homme passe par le concept de solidarité internationale, elle-même considérée comme un pivot des droits de l'homme. C'est dans ce sens qu'il conviendrait de lire l'art. 9 de la Déclaration : « *1. Les États adoptent une approche fondée sur les droits de l'homme pour ce qui touche à la coopération internationale et à tous les partenariats visant à s'attaquer aux défis mondiaux tels que ceux qui ont trait à : a) La paix et la sécurité, la gouvernance mondiale, la protection de l'environnement et la justice climatique, les secours et l'assistance humanitaires, les échanges, la dette extérieure, l'aide publique au développement, la protection sociale, l'éducation, la santé et la sécurité alimentaire et nutritionnelle ; [...]* ».

[79]. Déjà en 1905, le gouvernement haïtien fut condamné pour avoir manqué à ses obligations contractuelles vis-à-vis d'un ressortissant français à qui Haïti avait retiré des concessions lui ayant été consenties par une série de contrats. Pour ce faire, la commission d'arbitrage saisie a du s'appuyer entre autres sur la notion d'« attentes légitimes ». On lit dans le raisonnement de ladite Commission « [q] *ue d'après les circonstances, la nature de l'acte, plusieurs de ses clauses, le sieur Aboilard avait toute raison de croire que les concessions à lui faites n'étaient pas de simples projets, mais étaient bien définitives ; qu'au surplus, ainsi qu'il a été expliqué plus haut, ces concessions ne constituaient pas pour lui un avantage purement gratuit ; qu'elles avaient leur contre – partie ;* [q] *u'il y a eu, tout au moins, faute grave de la part du gouvernement haïtien d'alors, à faire un contrat dans de semblables conditions, à créer des attentes légitimes qui, ayant été trompées par le fait du gouvernement lui-même, ont entraîné un préjudice dont réparation est due (...)* ». Voy. Commission arbitrale (*ad hoc*), *affaire Louis Aboilard c. Haïti (France, Haïti)*, sentence du 26 juillet 1905, *RSA*, vol. XI pp. 71-82, pp. 79-80.

[80]. D'autres formules comme « *legitimate expectations* » ou « *basic expectations* » sont parfois employées pour désigner les « attentes légitimes ». En ce sens, voy. J. CAZALA, « La protection des attentes légitimes de l'investisseur dans l'arbitrage international », *RIDE*, 2009, n° 1 t. XXIII, pp. 7-8.

[81]. Tribunal *ad hoc*, *Aminoil c. Koweit*, sentence du 24 mars 1982.

[82]. A. DE NANTEUIL, *Droit international de l'investissement*, Paris, éd. Pedone, 2020, 3ème éd., p. 387.

[83]. *Idem*.

ceux des investisseurs, en l'occurrence ceux de l'État[84]. Il va sans dire que pour qu'elles soient légitimes, les attentes de l'investisseur se doivent d'être objectivement raisonnables, c'est-à-dire, tenir compte du cadre général d'exécution de l'opération d'investissement.[85]

320. ***Le décalage entre les attentes légitimes et les droits fondamentaux.*** Même si au niveau de la Cour EDH, la protection des attentes légitimes a pu revêtir une dimension protectrice du droit à la propriété[86], il n'en est pas de même pour le droit des investissements. En effet, l'extension de la protection contenue dans le TJE est susceptible de se détacher du droit international des droits de l'homme lorsqu'elle résulte d'une interprétation fondée sur la protection des attentes légitimes de l'investisseur[87]. S'il est vrai que théoriquement, les attentes de l'investisseur peuvent consister en un traitement adéquat de celui-ci, dans lequel il est notamment possible d'intégrer le bénéfice d'un procès équitable ou le droit de ne pas être discriminé[88], il reste que les interprétations réalisées par les tribunaux visent d'autres objectifs. Ainsi, deux séries d'attentes semblent se dégager des décisions arbitrales. Les attentes dites élémentaires et les attentes dites spécifiques.[89] La première catégorie d'attentes relève de ce que tout investisseur est en droit d'espérer de son opération d'investissement vis-à-vis de l'État. Elle nécessite de la part de l'État d'accueil, la transparence et la cohérence dans son rapport avec l'investisseur afin que ce dernier puisse to « *know beforehand any and all rules and regulations that will govern its investments, as well as the goals of the relevant policies and administrative practices or*

---

[84]. Cette lecture était celle de la majorité des arbitres de l'affaire *Aminoil c. Koweit* précitée (§148), à l'occasion de laquelle, au sujet du calcul de l'indemnisation due à l'investisseur, le tribunal indiqua : « *Les deux Parties au litige ont invoqué la notion d'"attentes légitimes" pour décider de l'indemnisation. Cette formule est heureuse et rappelle à juste titre que, pour tout contrat de longue durée, surtout lorsqu'il s'agit d'un investissement important, il doit nécessairement y avoir des calculs économiques, et la mise en balance des droits et des obligations, d'aléas et de risques qui constituant l'équilibre contractuel. Cet équilibre ne peut être négligé, ni lorsqu'il s'agit de procéder aux adaptations nécessaires en cours de contrat, ni lorsqu'il s'agit d'accorder des indemnités. C'est dans cet équilibre fondamental que réside l'essence même du contrat.* » (Traduction non — officielle).

[85]. CIRDI, *El Paso Energy International Company c. Argentine*, aff. n° ARB/03/15, décision sur la compétence du 27 avril 2006, § 356.

[86]. La Cour EDH jugea dès le début des années 1990 que l'obtention d'un permis de construire sur un site acheté pour exploitation suffit à dire que « *the applicants had at least a legitimate expectation of being able to carry out their proposed development and this has to be regarded, for the purposes of Article 1 of Protocol No. 1 (...)* ». Voy. Cour EDH, *Pine Valley Developments Ltd et autres c. Irlande,* arrêt du 29 novembre 1991, § 51.

[87]. *Idem.*

[88]. En réalité, il s'agit de garanties minimales de protection garanties par le standard minimum de protection des étrangers, lequel est assimilable à la vision restreinte du TJE (CIRDI, *Robert Azinian et al. c. Mexique*, aff. n° ARB [AF]/97/2, sentence du 1er novembre 1999, § 102). Il serait donc techniquement redondant que les attentes légitimes poursuivent les mêmes objectifs.

[89]. Les qualificatifs « *élémentaires* » et « *spécifiques* » sont empruntés à Y. NOUVEL, « Les standards de traitement : le traitement juste et équitable, la sécurité pleine et entière », in Ch. LEBEN (dir.), *Droit international des investissements et de l'arbitrage transnational*, Paris, éd. Pedone, 2015, p. 335.

directives, to be able to plan its investment and comply with such regulations. ».[90] Quant à la seconde catégorie d'attentes, celle-ci renvoie quelque peu aux promesses faites à l'investisseur, lesquelles sont objectivement considérées à la lumière des « *terms of the* (...) *Contract* (...) , *and the economic and other circumstances generally prevailing* (...) ».[91] Il ressort des interprétations du TJE à l'aune des attentes légitimes que l'une comme l'autre des deux approches se détachent des droits de l'homme. L'on peut par ailleurs relever que cette dernière considération remet en cause la légitimité des attentes de l'investisseur. Factuellement, tout laisse penser que le qualificatif « légitime » est substitué par le qualificatif « économique », ce qui semble dénoter une orientation du contenu de telles attentes vers une trajectoire marquée économiquement. Dans ce cas précis, il aurait été utile de préférer l'appellation « attentes économiques légitimes » à celle d'attentes légitimes.

321. *Une extension encadrée.* Il est en revanche utile de rappeler que, quelles que soient les attentes de l'investisseur, celles-ci ne sauraient opérer sans limites.[92] Cette négation a trouvé écho dans la célèbre sentence *Saluka c. République tchèque* à l'occasion de laquelle un tribunal a considéré que : « *[t]he scope of the Treaty's protection of foreign investment against unfair and inequitable treatment cannot exclusively be determined by foreign investors subjective motivations and considerations. Their expectations, in order for them to be protected, must rise to the level of legitimacy and reasonableness in light of the circumstances* »[93]. Il se dégage de cette formulation que même s'il est admis que l'investisseur peut avoir des attentes légitimes, il n'en demeure pas moins que de telles attentes peuvent être limitées par les circonstances dans lesquelles est réalisé l'investissement. Parmi ces circonstances on pourrait ranger celles qui sont susceptibles de mettre en danger les droits fondamentaux des populations tels que l'accès à l'eau. Ainsi dans l'affaire *Urbaser c. Argentine*[94], les arbitres estimèrent que « *[t]he Province had to guarantee the continuation of the basic water supply to millions of Argentines. The protection of this universal basic human right constitutes the framework within the Claimants had to frame their expectations and should still do so.* »[95]. Confrontés aux principes d'indivisibilité, d'interdépendance et d'universalité des droits de l'homme, les cheminements des arbitres dans les affaires *Saluka* et *Urbaser* précitées révèlent, à rebours de la préservation des droits de l'investisseur, des tentatives d'encadrement des attentes légitimes de

---

90. CIRDI, *Tecmed c. Mexique*, aff. n° ARB (AF)/00/2, sentence du 29 mai 2003, § 154.

91. CIRDI, *Biwater Gauff c. Tanzanie*, aff. n° ARB/05/22, sentence du 24 juillet 2008, § 566.

92. Il est admis que dans la pratique arbitrale les attentes légitimes sont soit issues d'un engagement spécifique de l'État à l'égard de l'investisseur ou alors, elles résultent du comportement des deux protagonistes. Voy. Entre autres, A. DE NANTEUIL, *Droit international de l'investissement*, Paris, éd. Pedone, 2020, 3ème éd., p. 388 ; Y. NOUVEL, « Les standards de traitement : le traitement juste et équitable, la sécurité pleine et entière », in Ch. LEBEN (dir.), *Droit international des investissements et de l'arbitrage transnational*, Paris, éd. Pedone, 2015, pp. 335 et s.

93. CPA (CNUDCI), *Saluka c. République tchèque*, sentence du 17 mars 2006, § 304.

94. CIRDI, *Urbaser et al. c. Argentine*, aff. n° ARB/07/26, sentence du 8 décembre 2016.

95. *Ibid.*, § 603.

l'investisseur par les droits fondamentaux. On peut y voir une volonté de ne pas ignorer les droits de l'homme en raison du principe d'*universalité* ; une volonté de ne pas surprotéger les investisseurs au détriment des populations locales, en raison du principe d'*interdépendance* (la protection d'un droit fondamental ne peut légitimer le sacrifice d'un autre droit fondamental) ; et une volonté de traiter égalitairement les investisseurs et les populations, en raison du principe d'*indivisibilité* (la jouissance d'un droit fondamental vaut pour tous les autres droits fondamentaux). Pour l'heure, cette logique n'est qu'embryonnaire et mérite un certain affermissement pour être considérée comme une réelle tendance vers l'encadrement des attentes légitimes de l'investisseur par les droits fondamentaux.

322. ***L'adéquation entre certains droits de l'homme et la protection des investisseurs***. Il y a plus d'un demi-siècle, le premier rapporteur de la CDI des Nations Unies Garcia Amador [96]considéra en substance que le TJE s'épuisait dans le droit international des droits de l'homme. L'auteur justifia sa position par la considération selon laquelle l'investisseur étranger est, tout comme les nationaux, bénéficiaire des droits de l'homme. Le premier rapporteur de la CDI s'exprima en ces termes : « *aussi bien la norme internationale de justice que le principe de l'égalité, considérés jusqu'ici comme antagoniques et inconciliables, peuvent parfaitement être formulés de façon nouvelle et s'intégrer dans une notion juridique nouvelle qui reprendrait les éléments essentiels de l'un et l'autre et viserait les mêmes buts. Cette notion nouvelle procéderait de la reconnaissance internationale des droits de l'homme et des libertés fondamentales, consacrée par la Charte des Nations Unies et par d'autres traités généraux, régionaux et bilatéraux* »[97]. Faisant allusion aux droits consacrés principalement par la DUDH et par les Pactes de 1966 que sont le PIDCP et le PIDESC, les propos de Garcia Amador est-il toujours d'actualité ? S'il est vrai que le droit international des droits de l'homme couvre certains aspects « élémentaires » du TJE[98], il n'en demeure pas moins que l'évolution du contenu de ce standard tranche peu à peu avec le droit international des droits de l'homme. L'évaluation du propos du premier rapporteur de la CDI aura nécessité la distinction entre les deux séries de significations que connait le TJE dans sa version contemporaine : l'approche restrictive et l'approche extensive avec leurs cortèges de conséquences.

323. ***Droits de l'homme au cœur du seul versant restrictif du TJE***. Au regard des développements ci-dessus, la concrétisation du concept de TJE n'apparait comme une manifestation de l'influence du droit international des droits de l'homme sur le droit des investissements que dans son versant restrictif. Dans cette optique, le TJE apparait comme une application implicite de certains aspects du droit international des droits de l'homme tels que le droit à l'égalité de traitement dont le pendant est la non-discrimination, ou le droit au bénéfice d'un

---

[96]. CDI : Rapport du rapporteur spécial M. F.V. García Amador sur la *Responsabilité internationale (Responsabilité des États)*, *ACDI*, vol. 2, doc. A/CN.4/96 du 20 janvier 1956, p. 204.
[97]. *Ibid.* p. 203, §§ 156-157.
[98]. *Idem.*

procès.[99] Pour s'en convaincre, il suffit de se rapporter aux Pactes de 1966, lesquels consacrent des droits équivalents, voire synonymes, à ceux que couvre le TJE en tant que standard de protection minimale des étrangers[100]. En effet, si le TJE est destiné à garantir un traitement juste à l'investisseur basé sur les droits fondamentaux, le PIDCP comme le PIDESC consacrent des droits de même nature[101] et proposeraient donc un arsenal juridique suffisant pour la protection des investisseurs à raison du TJE. Sur ce point, l'observation de Garcia Amador est d'une grande pertinence, en particulier lorsque ce dernier ajouta, non sans prophétie que « *(...) la reconnaissance internationale des droits de l'homme et des libertés fondamentales, consacrée par la Charte des Nations Unies et par d'autres traités généraux, régionaux et bilatéraux (...) vise à protéger les intérêts légitimes de la personne humaine sans considération de nationalité* ». Et que non seulement, « [à] *cet égard, ni la qualité de national, ni celle d'étranger ne joue aucun rôle* », mais qu'aussi, « [c]*'est la personne humaine, en tant que telle, qui est directement protégée par le droit international* »[102]. Il faut dire qu'autant l'actualité du propos du premier rapporteur de la CDI est totale en ce qui concerne la version restrictive du TJE, autant elle ne correspond plus à la réalité objective du TJE, lequel est de plus en plus interprété de manière extensive, en adéquation avec les aspirations économiques des investisseurs.

324. *L'universalité des droits de l'homme au rendez-vous ?* En principe, le droit international des droits de l'homme garantit les droits fondamentaux de la personne sans distinction entre nationaux et étrangers, et encore moins entre investisseurs et non-investisseurs. Plus exactement, le droit international des droits de l'homme exerce une influence sur le TJE que l'on peut qualifier de partielle, et ce sur la base du principe d'universalité, lequel se concrétise par le traitement indifférencié des nationaux et étrangers. En revanche, le TJE s'émancipe de l'influence du droit international des droits de l'homme dès lors

---

99. Il s'agit de droits consacrés par tous les instruments des droits de l'homme de portée générale et largement appliqués dans les ordres internes. En ce sens, voy. L. HENNEBEL et H. TIGROUDJA, *Traité de droit international des droits de l'homme*, Paris, éd. Pédonne, 2020, 2ème éd., pp. 743 et s.

100. *Idem.*

101. L'article 26 du Pacte international sur des droits civils et politiques (Adopté et ouvert à la signature, à la ratification et à l'adhésion par l'Assemblée générale dans sa résolution 2200 A [XXI] du 16 décembre 1966) s'écrit comme suit : « *Toutes les personnes sont égales devant la loi et ont droit sans discrimination à une égale protection de la loi. À cet égard, la loi doit interdire toute discrimination et garantir à toutes les personnes une protection égale et efficace contre toute discrimination, notamment de race, de couleur, de sexe, de langue, de religion, d'opinion politique et de toute autre opinion, d'origine nationale ou sociale, de fortune, de naissance ou de toute autre situation.* ». Et le point 2 de l'article 2 du Pacte international relatif aux droits économiques, sociaux et culturels (Adopté et ouvert à la signature, à la ratification et à l'adhésion par l'Assemblée générale dans sa résolution 2200 A [XXI] du 16 décembre 1966) va dans le même sens : « *Les États parties au présent Pacte s'engagent à garantir que les droits qui y sont énoncés seront exercés sans discrimination aucune fondée sur la race, la couleur, le sexe, la langue, la religion, l'opinion politique ou toute autre opinion, l'origine nationale ou sociale, la fortune, la naissance ou toute autre situation.* ».

102. CDI : Rapport du rapporteur spécial M. F.V. García Amador sur la *Responsabilité internationale (Responsabilité des États)*, précité, p. 203.

qu'il est extensivement interprété, opposant ainsi des obstacles économiques à l'adéquation entre le contenu du TJE et les droits relevant du droit international des droits de l'homme. En tous cas telles sont les leçons qui semblent se dégager de la confrontation du concept de TJE aux principaux textes internationaux de protection des droits de l'homme.

Section 2 :
La norme de pleine et entière protection et sécurité (PEPS) comme contribution à la préservation des droits « fondamentaux » de l'investisseur

325. ***Une protection duale***. Par pleine et entière protection et sécurité, on entend la protection contre les inactions de l'État visant à garantir la sécurité physique de l'investisseur et de son investissement.[103] Il en résulte que la PEPS est à la fois une protection de l'investisseur ainsi qu'une protection de l'investissement. Les liens entre les notions d'investissement et d'investisseur dépendent du degré d'implication du prétendu investisseur sur un prétendu investissement. Ainsi, « *la doctrine et les tribunaux arbitraux considèrent généralement que l'investisseur est celui qui réalise, détient ou contrôle un investissement* »[104]. Autrement dit, la qualité d'investisseur est déterminée en fonction de l'existence d'un investissement : à la conception large de la notion d'investissement semble correspondre l'inclusion de la notion d'investisseur, laquelle serait compromise dans le cas contraire ou en l'absence de dispositions spécifiques[105]. De là apparait le rapport incontournable entre les protections des biens et de la personne de l'investisseur, protection généralement garantie par une

---

103. Cette définition s'inspire de celle retenue par Arnaud De Nanteuil pour qui la PEPS repose sur *« deux caractéristiques principales : d'abord, elle protège exclusivement la sécurité physique de l'investisseur ou de l'investissement ; ensuite, elle le protège en principe spécifiquement contre l'inaction ou la passivité de l'État »* (*Droit international de l'investissement*, *op. cit.*, 2020, 3ème éd., p. 424.

104. V. B. REMY, « Centre international pour le règlement des différends relatifs à l'investissement (CIRDI), Chronique, *JDI*, 2020, n° 1, p. 301.

105. V. B. REMY, « Centre international pour le règlement des différends relatifs à l'investissement (CIRDI) — Chronique, *JDI*, 2020, n° 1, pp. 303-304. L'auteur s'insurge contre cette manière de procéder et estime, (en commentant l'affaire *Anglo American PLC c. République bolivarienne du Venezuela*, aff. n° ARB [AF]/14/1, sentence du 18 janvier 2019) qu'il serait plus pertinent de fonder l'interprétation sur les circonstances dans lesquelles se sont déroulées les conclusions des accords objets à interprétation. Et ce, d'autant plus qu'« *il n'existe* a priori *aucune raison pour qu'une disposition dont l'objet est de définir les actifs susceptibles d'être qualifiés d'investissement donne des indications sur la nature du lien qui doit exister entre l'un de ces actifs et un individu.*" (p.301). En résumé, il conviendrait de privilégier le "test de proportionnalité ». Ce raisonnement s'inscrit dans la logique d'une démarche suivie notamment par le tribunal de l'affaire : CIRDI, *Occidental Petroleum Corporation Exploration et Production Company c. Equateur*, aff. n° ARB/06/11, sentence du 5 octobre 2012, § 404.

norme dite de pleine et entière protection et sécurité (PEPS)[106]. Cette norme est l'une de ces règles de protection que l'on retrouve quasi systématiquement dans les traités de protection des investissements ; cela lui vaut d'ailleurs auprès d'une bonne partie de la doctrine, le qualificatif « standard »[107]. En dehors des choix terminologiques, la PEPS demeure une donnée fondamentale dans la protection des investisseurs étrangers. Reste toutefois à savoir quel est le contenu exact de cette protection. On relève à cet égard, et comme pour le TJE, que la clause de PEPS est tributaire des qualificatifs la désignant, retenus dans tel ou tel instrument de protection des investissements. L'analyse d'une poignée d'instruments relatifs à l'investissement laisse apparaitre deux catégories de protections : l'assimilation de ladite clause au standard minimum de protection des étrangers, d'une part, et l'extension de la clause au-delà de ce standard, d'autre part.[108] À ce stade, l'on pourrait postuler qu'au premier versant correspond une conception restreinte de la PEPS[109] alors qu'au second versant de celle-ci correspond la conception large.[110] L'une comme l'autre des deux versions exposées présentent des conséquences pour la prise en compte des droits de l'homme par le droit des investissements. Il résulte de cette présentation des choses que la PEPS est, non seulement une protection de la personne de l'investisseur (Paragraphe 1), mais aussi une préservation de sa propriété (Paragraphe 2).

§1 : Une obligation de protéger la personne de l'investisseur

326. ***Contenu amplifié de la PEPS***. Tel que cela a été indiqué précédemment, la détermination du contenu de la PEPS passe impérativement par la prise en compte de deux approches, lesquelles sont chacune la conséquence d'une conception du principe même de protection des étrangers. L'une de ces deux

---

106. La terminologie est variable. En effet, d'autres appellations renvoient à cette norme et véhiculent parfois des messages différents de ce que l'investisseur peut espérer comme protection de la part des États. Ainsi, la présence des qualificatifs « entière », « intégrale » (ou l'absence de ces qualificatifs) sert parfois à délimiter le champ des protections du type consacrées dans les traités d'investissement. Par exemple, dans l'affaire *Spydron Roussalis c. Roumanie* (aff. n° ARB/06/1, sentence du 7 décembre 2011, § 321), les arbitres CIRDI ont tenté d'étendre le standard de protection sur la base de « l'adjectif "*full*" » (pleine) en estimant que « *There is also authority indicating that the principle of full protection n and security reaches beyond safeguard from physical violence and requires legal protection for the investor* ». Voy. G. BASTID BURDEAU, « La clause de protection et de sécurité pleine et entière », in *RGDIP*, 2015, n° 1, t. 119, pp. 87-101, spéc. pp. 92 puis 98.

107. En ce sens, voy. G. BASTID BURDEAU, « La clause de protection et de sécurité pleine et entière », in *RGDIP*, 2015, n°1, t. 119, pp. 87-101, spéc. p. 89.

108. Avant d'aller plus loin, on peut relever l'absence de référence expresse à la PEPS dans certains instruments récents de protection des investissements. Tel est par exemple le cas du modèle russe de TBI de 2016. Ce modèle se réfère longuement à l'encadrement de l'expropriation au titre de la « *Protection of Investments of Investor* » en lieu et place habituels des standards de protection des investissements dans les autres traités. Voy. Le point IV, § 21 et suivants du modèle russe de TBI de 2016.

109. CIRDI, *Azurix c. Argentine*, aff. n° ARB/01/12, sentence du 14 juillet 2006, §§ 407 et s.

110. CIRDI, *Spydron Roussalis c. Roumanie* (aff. n° ARB/06/1, sentence du 7 décembre 2011, §§ 147 et s.

approches fait de la PEPS une composante du TJE et l'assimile à la protection minimale attendue de l'État envers tout étranger[111] ; et l'autre approche tend à attribuer à la PEPS un rôle de clarification du standard de protection des étrangers en raison des précisions conventionnelles qu'elle est susceptible de connaitre en fonction des États parties à un traité d'investissement.[112] À cet égard et indépendamment de la tentation d'une assimilation de la PEPS au TJE, il s'avère que les deux standards sont les deux facettes d'une même médaille en ce sens qu'ils visent la double protection de l'investisseur et de son investissement.[113] Il serait en effet banal de se contenter d'une simple mise en avant des différentes protections assurées aux investisseurs étrangers sur le fondement de la PEPS en ceci que celle-ci participe de l'arsenal normatif de protection des premiers. Il va sans dire que les règles substantielles de protection des investissements semblent se présenter sous une triple allure allant d'un semblant de négation de ladite protection aux mentions les plus explicites de celle-ci en passant par une sorte de prise en considération implicite.

A. Une multitude de références et une ambiguïté de contenu

327. ***Protéger l'investisseur sans protéger l'investissement.*** Les références dont la vocation est la protection des investisseurs sont de plus en plus présentes dans les supports de promotion et de protection des investissements. Le modèle norvégien de TBI de 2007 en atteste : « *Each Party shall accord to investors of the other Party, and their investments treatment in accordance with customary international law, including fair and equitable treatment and full protection and security* »[114]. Cette référence parait, sans toutefois apporter des clarifications sur ce que serait le contenu de la PEPS, directement intégrer les droits de l'homme en ce sens qu'elle distingue la protection attendue des États à l'égard des investissements de celle attendue des États à l'égard des investisseurs. Cette dernière est ouverte aux droits de l'homme et se montre protectrice des droits de l'investisseur en tant que personne, indépendamment de la protection de son investissement physique. Le modèle colombien de TBI de 2007 va dans le même sens : « *3. Each Party shall accord fair and equitable treatment in accordance with customary international law, and full protection and security in its territory*

[111]. G. BURDEAU, « La clause de protection et de sécurité pleine et entière », *RGDIP*, 2015, n° 1, t. 119, p. 88.

[112]. *Idem.* L'auteure relève à cet égard que « *la clause de pleine et entière sécurité soulève la question de son caractère purement conventionnel ou au contraire de son rattachement à la coutume internationale. Déjà à l'occasion de l'affaire AAPL, les arbitres s'étaient penchés sur les obligations résultant du droit international général en matière de protection physique des étrangers et s'étaient référés à de nombreux précédents. Dès lors, si l'insertion de la clause de pleine et entière sécurité apparait comme un élément essentiel de la protection de tout investisseur bénéficiant d'un TBI, la portée d'une telle clause témoigne de l'ancrage du droit des investissements dans le droit international public coutumier* ».

[113]. En ce sens, voy. D. CARREAU, « Investissement », *Répertoire de droit international* (Dalloz), janvier 2020, §315.

[114]. Art. 5 du modèle norvégien de TBI de 2007, intitulé « *General Treatment and Protection* ».

to investments of investors of the other Contracting Party. 4. For greater certainty, a. The concepts of "fair and equitable treatment" and "full protection and security" do not require additional treatment to that required under the minimum standard of treatment of aliens in accordance with the standard of customary international law. (...) d. The "Full protection and security" standard does not imply, in any case, a better treatment to that accorded to nationals of the Contracting party where the investment has been made. »[115]. Il ressort de la lecture de cette disposition que quand bien même le TJE et la PEPS sont souvent consacrés de concert dans une même disposition conventionnelle, il reste que la protection que semble garantir la PEPS est plus précise que la garantie offerte par le TJE.[116]

328. *Protéger l'investisseur sans exigence conventionnelle particulière*. La disposition précitée pose une exigence non pas du point de vue de l'investisseur, mais plutôt du point de vue de l'étendue de la protection dont peuvent bénéficier les investissements sur le fondement de la PEPS. Il en découle que cette dernière n'a en aucun cas vocation à exiger de l'État un traitement de faveur à destination de l'investisseur au détriment des nationaux, encore moins lui accorder un traitement dépassant le standard minimum de protection des étrangers. Certes incomplète, la disposition du modèle de TBI colombien citée relative aux traitement et protection a le mérite de proposer une esquisse de la détermination du contenu de la PEPS. Le modèle ghanéen de TBI va dans le même sens puisqu'il dispose au titre de la « *Protection of investment* » que « *It is understood that the concepts of "fair and equitable treatment" and "full protection and security" means treatment that meets the standard required by customary international law and does not require treatment in addition to, or beyond such a standard.* »[117]. Il convient cependant de relever qu'un canal de protection original semble faire surface. Tel sera l'objet du passage suivant.

329. *L'exigence d'une certaine diligence : Protéger à travers la diligence*. Le modèle indien de TBI renseigne à la fois sur le contenu de la PEPS que sur ses destinataires en ces termes : « *[e]ach Party shall accord in its territory to investments of the other Party and to investors with respect to their investments full protection and security. For greater certainty, "full protection and security" only refers to a Party's obligations relating to physical security of investors and to investments made by the investors of the other Party and not to any other obligation whatsoever* »[118]. Une autre manière de protéger les investisseurs et leurs investissements consiste à convenir que « *[f]or greater certainty, "full protection and security" refers to the Contracting Party's obligations of due*

---

[115]. Points 3 et 4 a/d de l'art. 3 du modèle colombien de TBI de 2007, intitulé « *Promotion, Admission and Protection of Investments* ».

[116]. Il faut toutefois souligner qu'il d'autres manières rarissimes de renvoyer à la PEPS. À ce sujet, voy. G. BURDEAU, « La clause de protection et de sécurité pleine et entière », *loc. cit.*, pp. 89 et s.

[117]. Article 3. 2 du modèle ghanéen de TBI de 2008.

[118]. Article 3.2 du modèle indien de TBI de 2015.

diligence relating to physical security of investors and investments »[119]. De cela émane l'idée selon laquelle la PEPS devrait s'interpréter à l'aune des efforts consentis par l'État d'accueil pour garantir la sécurité des investissements.

330. ***Concordance : protéger l'investissement pour protéger l'investisseur***. Dans la logique de la double protection investisseurs/investissements offerte par la PEPS, on retrouve le modèle marocain de TBI de 2019, lequel apporte des précisions à ce qu'il conviendrait de ranger sous la rubrique PEPS. Ainsi, « *6,1 Les investissements effectués par les investisseurs de l'une des Parties sur le territoire de l'autre Partie conformément à ses lois et règlements, bénéficient de la part de cette dernière, conformément aux dispositions du présent article (...) d'une protection et sécurité intégrales qui ne devraient pas être inférieures à celles qu'elle accorde à ses propres investisseurs et à leurs investissements ou aux investisseurs d'un État tiers et à leurs investissements. Il est entendu que : (...) (b) La protection et la sécurité intégrales énoncées dans le paragraphe 1 fait (sic) référence uniquement aux obligations de la Partie en ce qui concerne la sécurité physique des investisseurs et de leurs investissements effectués sur son territoire et sans référence à aucune autre obligation que ce soit. 6.2 Pour plus de certitude, le changement de la législation d'une Partie ne constitue pas en soi une violation du paragraphe 6.1.* »[120]. Non seulement le champ de cette référence à la PEPS, se veut une assurance de la protection à la fois des investisseurs et des investissements[121] ; mais aussi et surtout une telle référence fait allusion à la protection accordée aux nationaux de l'État hôte, d'une part, et aux autres investisseurs, d'autre part. En revanche, la protection ne va pas au-delà de la protection physique de l'investisseur ou de son investissement. L'on pourrait imaginer que les instances arbitrales amenées à interpréter ces dispositions limiteraient le champ de cet article aux seules protections visées. Mais, au fond, rien ne garantit un tel positionnement, tant la détermination du contenu même de l'obligation de l'État en matière de sécurité prête à confusion et, peut-être constitutive d'une ouverture vers les règles coutumières du droit international dont le standard coutumier de protection des étrangers.

331. ***Vers une remise en cause de la PEPS*** **?** C'est sans doute pour les raisons évoquées que le Brésil, pays réfractaire au système de protection des investissements depuis quelques années a, dans le TBI le liant aux Émirats arabes unis, exclu une quelconque invocation du standard coutumier de protection des étrangers de son champ. On peut en effet lire aux termes de la disposition dudit traité consacrée au « *Traitment* » que « *For greater certainty, the standards of "fair and equitable treatment" and "full protection and security" are not covered by this Agreement and shall not be used as interpretative standards in investment dispute settlement procedures.* ».[122] À l'aune de cette disposition, on pourrait s'attendre à ce que les interprétations qui en seront faites par les instances

[119]. Article 2, § 4 du TBI liant le Cap vert et la Hongrie, signé le 28 mars 2019.

[120]. Article 6. 1 du modèle marocain de TBI de 2019.

[121]. *Idem.*

[122]. Art. 4.3 du TBI Brésil/Émirats arabes unis, signé le 15 mars 2018.

arbitrales soient constitutives d'un démenti de l'imprévisibilité que l'on connait aux « standards »[123]. Par ailleurs, la volonté des États brésilien et émirati d'exclure le standard de PEPS du champ de leur accord ne peut s'interpréter comme une volonté d'en exclure toutes les règles de protection qui résultent du droit international des droits de l'homme. Au contraire, il suffit de se référer aux autres paragraphes du même article[124] pour se rendre compte que ceux-ci proposent de remplacer les garanties de protection assignées à la PEPS par celles des protections consacrées par le droit international des droits de l'homme.[125] Parmi les droits cités, figure l'interdiction du déni de justice, de la non-discrimination basée sur la race, le sexe, l'origine, etc.[126].

B. Possible garantie de la PEPS par le droit international des droits de l'homme

332. *Contenu circonstancié de la PEPS*. La PEPS signifie donc l'obligation pour l'État de protéger autant que faire se peut l'investisseur et son investissement. Il va sans dire qu'entrent dans le cadre de ladite protection toutes les mesures susceptibles d'être mobilisées par l'État pour assurer la protection de l'investisseur. En revanche, ne sont pas couverts par ladite protection des faits extérieurs à la volonté de l'État, exception faite des évènements nuisibles à la protection de l'investisseur auxquels l'État apporte son concours de manière passive ou active. Dans ce cas précis, l'idée même de protection de l'investisseur fait immédiatement penser aux droits fondamentaux de la personne.

---

[123]. Une auteure note à ce sujet que le contenu du « standard » de PEPS « *ne peut (...) être précisé qu'à posteriori par le juge ou l'arbitre, non seulement en ce qui concerne son existence et son étendue, mais surtout au regard d'une situation précise, préjudiciable pour l'investisseur, dont l'appréciation au regard de l'étalon représenté par le standard se fera nécessairement en fonction des circonstances de fait ainsi que des moyens dont dispose l'État.* » Et l'auteure de conclure que « *sa portée précise échappe donc aux prévisions* ». Voy. G. BASTID-BURDEAU, « La clause de protection et de sécurité pleine et entière », *loc. cit.* p. 88.

[124]. Les paragraphes 1 et 2 de l'article 4 du TBI Brésil/Émirats arabes unis, précité, s'écrivent comme suit : « *1. Each Party shall treat investors of the other Party and their investments according to its applicable rules and regulations and in conformity with this Agreement. 2. Based on the applicable rules of international law as recognized by each of the Parties and their respective national law, no Party shall subject investors of the other Party and their investments to measures which constitute: (i) Denial of access to justice in any judicial or administrative proceedings; (ii) Breach of due process; (iii) Targeted discrimination, such as gender, race, religious or political beliefs; (iv) Manifestly abusive treatment, such as coercion, duress and harassment; or (v) Discrimination against investments of investors of the other Party in law enforcement and the provision of public security.* »

[125]. On aura relevé que les Émirats arabes unis, contrairement au Brésil, n'ont ratifié jusqu'ici que la Charte arabe des droits de l'homme (15 janvier 2008) sans faire de même pour les deux Pactes de 1966. Le Brésil quant à lui est partie aux deux Pactes de 1966 (depuis le 24 janvier 1992) ainsi qu'à la Convention américaine des droits de l'homme (depuis le 9 juillet 1992). Toutefois, le fait est que la conclusion du TBI visé rend applicables d'office, les droits consacrés dans les principaux instruments du droit international des droits de l'homme en lien avec la protection des étrangers.

[126]. Voy. L'art. 4 du TBI Brésil/Émirats, précité (note 7).

333. *Solution envisageable.* Indépendamment des protections garanties aux investisseurs étranges, il serait opportun de s'intéresser à la logique des droits de l'homme et cela reviendrait à mettre l'accent sur les éventuelles prises en compte des protections des droits de l'homme par les différentes règles ou clauses de protection des investissements. Cela dit, l'exposé des différents procédés de mise en avant des règles de protection ne permet guère de saisir l'ensemble des facettes de la PEPS. Il devient dès lors pressant de s'orienter vers le cadre général du droit international et, au besoin, s'orienter vers le droit international des droits de l'homme. Là encore, l'article 26 du PIDCP parait pertinent en ceci qu'il touche selon toute vraisemblance, non pas seulement la protection de l'investissement, mais aussi celle de l'investisseur au moyen de la formule « *[l] a loi doit (...) garantir à toutes les personnes une protection égale et efficace contre toute discrimination, notamment (...) d'origine nationale ou sociale, de fortune (...) ou de toute autre situation.* »[127]. Cela dit, toute invocation de l'article 26 nécessiterait une reconnaissance des droits de l'investisseur en tant que personne physique au même titre que les nationaux, c'est-à-dire, bénéficiaire des garanties offertes par le droit international des droits de l'homme. L'idée est d'ailleurs renforcée par la considération selon laquelle une majorité importante d'États souscrivent au PIDCP au point de l'ériger en un symbole parmi d'autres de la solidarité internationale. En vérité, l'imprécision des termes visant à donner un contenu à la PEPS légitime le recours à des domaines susceptibles d'encadrer la fonction interprétation assignée aux instances juridictionnelles. À ce sujet, il serait une erreur de penser que les instances arbitrales suivent la lettre des dispositions conventionnelles. D'autres considérations entrent en jeu, parmi lesquelles on peut citer les circonstances de l'affaire, les situations économiques et sanitaires des États, ou même encore les sensibilités des instances juridictionnelles devant lesquelles est porté un litige[128]. En tous cas, et, quel que soit le canal interprétatif privilégié, les instances juridictionnelles gagneraient à faire référence aux droits fondamentaux.

§ 2 : Une obligation de protéger la propriété de l'investisseur

334. *Postulat*. La protection de la propriété de l'investisseur relève du vaste champ de la protection des biens des étrangers. Deux éléments permettent d'expliquer cela : la propriété appartenant à la catégorie des biens est garantie, tout comme l'étranger étant une personne possède des droits fondamentaux. En revanche, et la nuance est ici utile, la trajectoire de la protection de la propriété

---

[127]. Art. 26 du PIDCP, précité.

[128]. On aura souligné que le très célèbre art. 31 de la Convention de Vienne sur le droit des traités (conclue le 23 mai 1969, entrée en vigueur le 27 janvier 1980, *RTNU*, vol. 1155, p. 333) pose un principe général d'interprétation basé sur le sens ordinaire. Ainsi, le paragraphe 1 de l'art. 31 s'écrit comme suit : « *Un traité doit être interprété de bonne foi suivant le sens ordinaire à attribuer aux termes du traité dans leur contexte et à la lumière de son objet et de son but.* ».

parait s'inscrire dans la logique de la protection des investissements au point qu'il serait tentant de la qualifier de « noyau dur de la protection des investissements ».

335. *Intersection*. On sait que la rencontre entre la protection des biens des étrangers et la protection des investissements s'est faite autour de l'interdiction de l'expropriation. De même, on sait que tout le droit de l'expropriation repose, du point de vue de l'exproprié, sur l'indemnisation. Mais, dans un autre ordre d'idées, on sait également que l'indemnisation poursuit une logique économique. N'est-ce pas là un argument suffisant pour exclure hors du champ de la PEPS toute protection de la propriété ? Une réponse positive serait synonyme d'un positionnement fragile d'autant plus que la pratique conventionnelle confortée par les décisions jurisprudentielles semble s'inscrire dans une logique différente, voire inverse. Toutefois, une investigation au sein même de la composante protection de la propriété couverte par la PEPS serait potentiellement porteuse d'enseignements utiles à l'irruption des droits de l'homme dans le concept de PEPS.

A. Droit à contenu changeant et controversé

336. *Pluralité de références*. Alors que le droit des investissements est dominé par la multiplicité des concepts au contenu ambigu, les États se montrent de plus en plus soucieux d'apporter des précisions aux dispositions qui sont à l'origine de l'ambiguïté, et ce, à travers des modèles ou traités de protection et de promotion des investissements. Les initiatives à cet égard présentent un bilan quelque peu mitigé. Le modèle néerlandais de TBI de 2019 donne une illustration de la garantie de la seule protection de l'investissement sous couvert de la PEPS en ces termes : « *1. Each Contracting Party shall ensure fair and equitable treatment of the investments of investors of the other Contracting Party. In addition, each Contracting Party shall accord to such investments full physical security and protection.* »[129]. Très générale, cette disposition ne renseigne guère, si ce n'est sur les bénéficiaires de la PEPS (les investissements), sur son contenu. On retrouve la même logique dans le modèle tchèque de TBI de 2016[130]. En outre, il est des cas où la PEPS se résume laconiquement dans l'engagement des États parties au TBI à garantir la protection des investissements reçus sans plus. On retrouve une déclinaison de cette tendance dans le TBI liant l'Ouzbékistan et la Corée du Sud en ces termes : « *2. Investment of investors of either Contracting Party shall at all times be accorded fair and equitable treatment and shall enjoy full protection and security in the territory of the other Contracting Party* »[131]. D'autres dispositions peuvent se montrer, dans un premier temps, protectrices du seul investissement

---

[129]. Art. 9 du modèle de TBI néerlandais de 2019, intitulé « *Treatment of investors and of covered investments* ».

[130]. Art. 2 du modèle tchèque de TBI de 2016, intitulé « *Promotion and Protection of Investments* » dispose que « *Investments of investors of either Contracting Party shall at all times be accorded fair and equitable treatment and shall enjoy full protection and security in the territory of the other Contracting Party* ».

[131]. Art. 2 § 2 du TBI Ouzbékistan/Corée, signé le 19 avril 2019.

avant de révéler quelques maladresses rédactionnelles, source de confusion entre protection de l'investissement et celle de l'investisseur[132].

337. *Énonciations versus contenus*. La multiplicité des formulations rend délicates toutes opérations d'interprétation de la part des instances arbitrales. Il en résulte une myriade d'interprétations[133] qu'il serait vain de retranscrire ici dans les détails[134]. Toutefois, une chose reste certaine : les procédés rédactionnels choisis par les parties au traité constituent des indices de premier plan de ce qu'il convient de donner comme signification aux concepts posés.

338. *Modélisation de la protection à travers le standard minimum*. Certaines formulations du standard de PEPS se limitent au strict cadre du standard minimum de protection des étrangers, lequel connait des variations tant conventionnelles que jurisprudentielles. Ainsi, le TBI Maroc/Nigeria dispose que : « *(1) Each Party shall accord to investments treatment in accordance with customary international law, including fair and equitable treatment and full protection and security.* ».[135] On retrouve des variations de la formule précitée dans le modèle allemand de TBI de 2008 : « *(2) Each Contracting State shall in its territory in every case accord investments by investors of the other Contracting State fair and equitable treatment as well as full protection under this Treaty.* ».[136] Cette disposition est confirmée par l'article 4 du même modèle : « *(1) Investments by investors of either Contracting State shall enjoy full protection and security in the territory of the other Contracting State.* »[137]. Au titre des modèles de TBI ouverts à la protection de la propriété à travers le standard minimum de protection, figure le modèle étasunien de 2012 : « *1. Each Party shall accord to covered investments treatment in accordance with customary international law, including fair and equitable treatment and full protection and security. 2. For greater certainty,*

---

132. L'exemple type de ce genre de dispositions est le point 2 de l'article 2 du TBI Mali/Émirats arabes unis, relatif aux « *[p] romotion et protection des investissements* » : « *2. Les investissements des investisseurs d'une Partie Contractante jouissent en tout temps d'une protection et d'une sécurité complètes sur le territoire de l'autre Partie Contractante. Pour plus de certitude, la protection et la sécurité ne sont pas au-delà du traitement que la Partie contractante accorde à ses propres résidents et aux autres étrangers conformément à la législation et la réglementation des Parties Contractantes pour protéger sa propre sécurité et l'ordre public* ». La confusion vient du fait qu'il est problématique de faire référence au traitement des résidents et autres étrangers (personnes physiques) pour protéger les investissements (biens).

133. Ainsi, les arbitres de l'affaire *SD Myers c. Canada* n'ont pas hésité à affirmer que « *[t]he practices of international arbitral tribunals in the exercise of their discretion vary widely (...)* ». Voy. CPA, S. D. Myers c. Canada, aff. du 30 décembre 2002, § 33.

134. A propos des difficultés liées aux interprétations des traités d'investissement, voy. Commission des Nations Unies pour le droit commercial international. Groupe de travail III (Réforme du règlement des différends entre investisseurs et États) Trente-neuvième session, New York, 30 mars-3 avril 2020, doc. A/ CN.9/ WG.III/WP.191. ; et de manière générale, voy. Rapport de la Commission du droit international Soixante-cinquième session (6 mai-7 juin et 8 juillet-9 août 2013), doc. À/68/10.

135. Art. 7. 1 du TBI Maroc/Nigeria (...), intitulé « *Minimum Standard of Treatment.* ».

136. Art. 2. 2 du modèle allemand de TBI de 2008, intitulé « *Admission and protection of investments* ».

137. Art. 4 du modèle allemand de TBI de 2008, intitulé « *Compensation in case of expropriation* ».

paragraph 1 prescribes the customary international law minimum standard of treatment of aliens as the minimum standard of treatment to be afforded to covered investments. The concepts of "fair and equitable treatment" and "full protection and security" do not require treatment in addition to or beyond that which is required by that standard, and do not create additional substantive rights. The obligation in paragraph 1 to provide: (...) (b) "full protection and security" requires each Party to provide the level of police protection required under customary international law. »[138]. Si, à l'instar de la plupart des autres instruments de protection des investissements, le modèle étasunien entend réserver la protection découlant de la PEPS aux seuls investissements, il n'en demeure pas moins que celui-ci apporte des clarifications sur ce qu'il conviendrait d'entendre par ladite protection. En témoigne le point (b) du paragraphe 2 de l'article 5 du modèle cité. La PEPS se présente ainsi comme une préservation policière de l'investissement, laquelle exigerait de l'État hôte « *de prendre toutes les mesures de prévention raisonnables* »[139].

339. ***Altérable, référence conventionnelle au droit international.*** Il en est de même du TBI liant le Canada à la Moldavie qui consacre une PEPS cantonnée dans le standard coutumier de protection, issu du droit international dans une disposition intitulée « *Minimum Standard of Treatment* » : « *1. Each Party shall accord to a covered investment treatment in accordance with the customary international law minimum standard of treatment of aliens, including fair and equitable treatment and full protection and security. 2. The concepts of "fair and equitable treatment" and "full protection and security" in paragraph 1 do not require treatment in addition to or beyond that which is required by the customary international law minimum standard of treatment of aliens.* »[140]. Mais la référence au droit international peut se faire de manière de plus en plus précise. On pourrait à cet égard faire mention (à titre d'exemple) du TBI Burkina Faso/Turquie, lequel opère un renvoi au droit international en certains de ses aspects spécifiques à la protection des étrangers. On peut y lire que : « *2. [l] es investissements réalisés par les investisseurs de chaque Partie Contractante, bénéficient à tout moment d'un traitement conforme aux normes minimales de traitement définies par le droit international, y compris la jouissance (...) d'une pleine protection ainsi que d'une sécurité totale sur le territoire de l'autre Partie Contractante* ». ET qu'« *[a] ucune des Parties Contractantes ne doit compromettre la gestion, l'entretien, l'utilisation, l'exploitation, la jouissance, la vente, la liquidation ou la cession de ces investissements par des mesures déraisonnables ou discriminatoires* »[141]. C'est donc par référence aux normes minimales de traitement, en leurs aspects prohibant la non-discrimination que seraient appréhendées les violations de la disposition du TBI citée, relative à la la PEPS.

---

138. Art. 5. 1 et 2 du modèle étasunien de TBI de 2012, intitulé « *Minimum Standard of Treatment* ».
139. Voy. G. BURDEAU, « La clause de protection et de sécurité pleine et entière », *loc. cit.*, p. 98.
140. Article 6 du TBI Canada/Moldavie signé le 12 juin 2018 et entré en vigueur le 23 aout 2019.
141. Art. 3, § 2 du TBI Burkina Faso/Turquie, signé le 11 avril 2019.

340. ***Double contenu des références à la PEPS***. Sur le plan de l'interprétation des différentes « formules » de protection, on relève deux procédés : le TBI assimile la PEPS au TJE ou alors le TBI dissocie la PEPS du TJE. Dans la première hypothèse, il y a corrélation entre PEPS et TJE, corrélation qui se manifeste tant par la violation du TJE pour absence de PEPS[142] que par la violation de la PEPS pour absence de TJE[143]. Il va sans dire que dans ce cas précis, PEPS et TJE se couvrent mutuellement. En revanche, dans la seconde hypothèse, les interprétations oscillent entre la limitation du contenu de la PEPS à la seule sécurité physique de l'investisseur et/ou son investissement[144] et l'extension de celle-ci à d'autres garanties de protection quelque peu éloignées de la sécurité physique de l'investisseur et/ou de son investissement (relevant de la stabilité de l'investissement)[145]. En tout état de cause, il serait irréaliste d'étendre la PEPS à toutes les garanties de l'investissement de sorte à « *voir dans l'octroi de [celle-ci] (...) qu'un bien ne sera jamais, en quelque circonstance que ce soit, l'objet d'une occupation ou de troubles de jouissance* »[146]. Compte tenu de cela, toute tentative d'extension à l'infini du standard de la PEPS irait à l'encontre de la volonté des États de voir dans ce standard une protection certes malléable, mais limitée par certaines considérations générales, parmi lesquelles il serait aisé de ranger la préservation des droits fondamentaux dont les États parties aux traités d'investissement sont signataires. On peut à cet égard songer, à titre d'exemple, à la garantie du droit à l'eau[147], la sauvegarde de la santé publique[148], ou encore le droit aux ressources naturelles[149].

341. ***Un droit à fondamentalité discutable***. Le droit à la propriété est un droit dont le caractère fondamental au sens des droits de l'homme ne fait pas

---

142. CIRDI, *Wena c. Egypte*, aff. n° ARB/98/4, sentence du 8 décembre 2000, § 84.

143. CIRDI, *Occidental c. Equateur*, aff. n° ARB/06/11, sentence du 5 octobre 2012, §§ 404 et s.

144. CPA, *Saluka Investment BV c. République tchèque*, sentence partielle du 17 mars 2006, § 483. En effet, selon les arbitres de cette affaire : « *the "full security and protection" clause is not meant to cover just any kind of impairment of an investor's investment, but to protect more specifically the physical integrity of an investment against interference by use of force.* »

145. CIRDI, *Azurix c. Argentine*, aff. n° ARB/01/12, sentence du 14 juillet 2006, § 408. Les arbitres de cette affaire estimèrent contrairement à ceux de l'affaire *Saluka* (precitée) : « *It would in the Arbitral Tribunal's view be unduly artificial to confine the notion of "full security" only to one aspect of security, particularly in light of the use of this term in a BIT, directed at the protection of commercial and financial investments.* ».

146. CIJ, *Elettronita Sicula (Etats-Unis c. Italie)*, arrêt du 20 juillet 1989, Rec., § 108.

147. Sur la reconnaissance du droit à l'eau comme un droit fondamental, voy. AGNU, Résolution A/RES/64/292 du 28 juillet 2010, laquelle pose en son article 1 « *(...) que le droit à l'eau potable et à l'assainissement est un droit de l'homme, essentiel à la pleine jouissance de la vie et à l'exercice de tous les droits de l'homme (...)* ». En outre, plusieurs affaires ont opposé l'État argentin à des investisseurs étrangers au sujet de plans structurels menés dans le sens de la préservation des services hydrauliques. Entre autres affaires, voy. CIRDI, *Enron c. Argentine*, aff. n° ARB/01/3, sentence du 22 mai 2007, § 315 ; CIRDI, *SAUR c. Argentine*, aff. n° ARB/04/4, sentence du 6 juin 2012, § 330.

148. CIRDI, *Philip Morris Brands Sarl, Philip Morris Products S.A. and Abal Hermanos S.A. c. Oriental Republic of Uruguay*, aff. n° ARB/10/7, sentence du 8 juillet 2016.

149. SADC, *Mike Campbell et al. c. Zimbabwe*, aff. n° 2/2007, arrêt du 28 novembre 2008.

l'unanimité. Sans revenir sur les multiples développements théoriques sur et autour de cette problématique[150], il importe toutefois de rappeler les deux courants qui s'opposent à ce sujet. D'une part, les tenants de la thèse du classement du droit de propriété parmi les droits de l'homme [151]pour qui l'accès à la propriété est un droit fondamental duquel dépend l'épanouissement de la personne humaine ; et d'autre part, les partisans de la thèse du déclassement dudit droit de la catégorie des droits de l'homme[152] pour lesquels le droit de propriété est une manifestation de l'égoïsme et donc une négation de la solidarité.[153] L'une et l'autre des deux approches ont des conséquences sur le contenu même de la PEPS. En simplifiant, on pourrait dire que la première conception donne *a priori* un gage d'extension au concept de PEPS sans lui garantir pour autant une véritable effectivité ; alors que la seconde conception cantonne le champ de la PEPS à la protection des individus tout en assurant quelque peu sa garantie.

342. ***Discussion autour du droit de propriété***. Il est un fait que le droit de propriété vacille entre absence de consécration et timides consécrations. Sur ce dernier point, il convient de relever que si des instruments nationaux comme internationaux de protection des droits fondamentaux consacrent le droit de propriété, il n'en demeure pas moins que de telles consécrations s'accompagnent de réelles réticences rédactionnelles. Cet état de fait légitime la discussion de ce droit. Au titre des consécrations nationales, figure l'article 17 de la DDHC qui énonce que « *[l] a propriété étant un droit inviolable et sacré, nul ne peut en être privé, si ce n'est lorsque la nécessité publique, légalement constatée, l'exige évidemment, et sous la condition d'une juste et préalable indemnité* »[154]. Cette logique est également, sur un plan régional, celle du premier protocole additionnel à la CEDH « [t*] oute personne physique ou morale a droit au respect de ses biens. Nul ne peut être privé de sa propriété que pour cause d'utilité publique et dans les conditions prévues par la loi et les principes généraux du droit international.* »[155]. Aux deux précédentes références, vient s'ajouter la DUDH dont l'article 17 signale que d'une part, « [t] *oute personne, aussi bien seule qu'en collectivité, a droit à la propriété* »[156] ; et que d'autre part, « [n] *ul ne peut être arbitrairement privé de sa propriété.* »[157]. Au fond, les lectures des articles 17 de la DDHC et de la DUDH[158] ainsi que la lecture du premier protocole à la CEDH

---

150. Voy. Introduction de la présente thèse.

151. Il s'agit là d'une approche très proche de la conception positiviste des droits de l'homme. Cette lecture découlerait de la DDHC de 1789, adoptée le 26 août 1789.

152. Contrairement à la précédente conception, celle-ci s'inscrit dans

153. Voy. K. M'BAYE, « Droits de l'homme et pays en développement », in *Humanité et droit international. Mélanges René-Jean Dupuy*, Paris, éd. Pedone, 1991, pp. 213 et s.

154. Art. 17 de la DDHC, adoptée le 26 août 1789.

155. Art. 1er du protocole additionnel à la CEDH n° 1, signé le 20 mars 1952, entré en vigueur le 15 mai 1954, n° STE 009.

156. Art. 17, point 1 de la DUDH, AGNU, rés., du 10 décembre 1948, A/RES/217 A (III).

157. *Ibid.*, art. 12, point 2.

158. On aura relevé que l'art. 21 de la Convention américaine relative aux droits de l'homme (adoptée à San José, Costa Rica, le 22 novembre 1969) va dans le même sens : « *Toute personne a droit à*

ne font qu'accentuer le doute quant au caractère fondamental du droit de propriété, et ce, à au moins trois différents égards.

343. ***Précision conceptuelle.*** D'abord sur le plan sémantique en ceci que si tel droit fondamental il doit y avoir, celui-ci serait impérativement un « droit à la propriété » ; le droit de propriété n'étant qu'un signalement des règles encadrant la jouissance d'une propriété sans en garantir absolument l'acquisition. Similaires, les formules employées dans les articles de la DDHC et du premier Protocole additionnel à la CEDH présentent, il est vrai, des différences[159] par rapport à la formulation retenue dans la DUDH. Mais, on peut y voir une volonté chez les rédacteurs de la DUDH de se démarquer de la conception « droit de propriété » au profil d'une démarche de « droit à la propriété ». C'est sans doute pour marquer les traits caractéristiques de l'orientation du droit de propriété vers les droits de l'homme que les commentateurs des projets de Pactes internationaux relatifs aux droits de l'homme mirent l'accent sur le « *droit à la propriété* »[160] au détriment du « *droit de propriété privée* »[161]. Il s'agit là d'une conceptualisation vraisemblablement conforme aux exigences des droits fondamentaux, et ce, quel que soit le courant de référence : consécration d'un droit à travers un texte fondamental (formalisme) ou sa reconnaissance à travers son caractère fondamental (substantialisme)[162]. Mieux, en dépit de leurs oppositions au sujet de l'intégration du « droit à la propriété » dans le projet des pactes relatifs aux droits de l'homme, tous les courants furent du même avis quant au caractère fondamental dudit droit[163]. Seulement, et pour des raisons stratégiques, « *faute d'en parler, on risquait de créer l'impression que le droit à la propriété n'était pas un droit fondamental de l'homme* »[164]. Dans le même ordre d'idées, mais non

---

l'usage et à la jouissance de ses biens », mais « [l] *a loi peut subordonner cet usage et cette jouissance à l'intérêt social.* ».

159. La charte africaine des droits de l'homme et des peuples (adoptée le 27 juin 1981 à Nairobi) est un exemple illustratif du tâtonnement sémantique à travers son art. 14 qui dispose que « [l] *e droit de propriété est garanti. Il ne peut y être porté atteinte que par nécessité publique ou dans l'intérêt général de la collectivité, ce, conformément aux dispositions des lois appropriée.* ».

160. AGNU, Commentaire des projets de pactes internationaux relatifs aux droits de l'homme, doc. À/2929 (1er juillet 1955), §. 198.

161. Sans être le reflet de la volonté des rédacteurs des pactes de 1966, ce concept domine le discours juridique. Voy. L. HENNEBEL, H. TGROUDJA, *Traité de droit international des Droits de l'homme*, Paris, éd. Pedone, 2ème éd., 2018, p. 1205.

162. Sur ces deux différentes approches, voy. Introduction de cette étude.

163. On dénombrait en effet trois tendances : pour le premier courant, il était inopportun d'insérer une disposition liée au droit à la propriété ; pour le deuxième courant, une telle disposition est d'une importance capitale et mérite d'être intégrée, mais formulée dans des termes larges ; et pour le troisième et dernier courant, non seulement ledit droit doit être formulé dans les pactes, mais aussi et surtout doit l'être dans des termes bien précis. A propos de ces différents points de vue, voy. AGNU, Commentaire des projets de pactes internationaux relatifs aux droits de l'homme, doc. À/2929 (1er juillet 1955), §§. 199-201.

164. AGNU, Commentaire des projets de pactes internationaux relatifs aux droits de l'homme, doc. À/2929 (1er juillet 1955), §. 198.

sans divergence[165], la Convention américaine relative aux droits de l'homme (CADH) fait état de la formule « droit à la propriété privée » et marque le pas en l'adoptant comme titre de l'article 21[166]. C'est dire que ce n'est pas tant la fondamentalité du droit à la propriété qui génère des difficultés, mais davantage le concept même de « droit de propriété ». Or, la protection de la propriété sous couvert de la PEPS et à laquelle prétendent souvent les investisseurs, trouve en partie son origine dans le standard de protection des étrangers[167], lequel relève, comme cela a été indiqué, du droit international des droits de l'homme. Il ira ainsi de soi que du point de vue de la légitimité, seules, les contestations fondées sur les violations du droit fondamental à la propriété pourraient opérer.

344. ***Manque d'un « véritable » contenu ?*** Dans le prolongement de la discussion, et c'est le deuxième point, les DDHC et le protocole additionnel à la CEDH semblent s'inscrire dans une logique d'admission d'un droit à la propriété extraordinairement malléable ; ce qui pourrait faire penser à une consécration au mieux désespérée. Ou bien le droit de propriété a un contenu connu et reconnu ; ou bien ce même droit échappe à toute entreprise intellectuelle visant à déterminer son contenu. Que ce droit connaisse des variations[168], cela ne pose pas de véritables difficultés en ceci que le Droit est par principe une adaptation aux cas qu'il est censé régir. En revanche, la multiplicité de contenus parfois diamétralement opposés génère une espèce d'insécurité juridique, principal obstacle à la viabilité des principes et règles juridiques. Et cela pourrait avoir comme conséquence l'anéantissement pur et simple d'un droit supposé acquis. C'est donc dire tout l'intérêt que le droit des investissements aurait à s'entourer de règles présentant une certaine clarté au risque de se voir supplanté par les imprécisions de ses concepts.

345. ***Une garantie problématique***. Il convient enfin de souligner que l'absence du droit à la propriété des principaux instruments du droit international des droits de l'homme pose de réelles difficultés. Pour s'en convaincre, il suffit de se rapporter à l'attitude du comité des droits de l'homme face aux réclamations liées à la propriété privée. Ainsi, dans sa communication n° 381/1989, le Comité des droits de l'homme relève que le droit à la propriété « *n'est pas protégé par le Pacte international relatif aux droits civils et politiques* ». Et le Comité de

---

165. Il arrive en effet que la Cour interaméricaine des droits de l'homme interprète extensivement la notion de protection de la propriété privée ; et ce, en déplaçant le curseur vers la protection de la propriété collective.

166. En effet, l'art. 21 de la CADH (adoptée à San José, Costa Rica, le 22 novembre 1969) intitulé « *Droit à la propriété privée* » s'écrit comme suit : « 1. *Toute personne a droit à l'usage et à la jouissance de ses biens. La loi peut subordonner cet usage et cette jouissance à l'intérêt social.* ». « 2. Nul ne peut être privé de ses biens, sauf sur paiement d'une juste indemnité, pour raisons d'intérêt public ou d'intérêt social, et dans les cas et selon les formes prévues par la loi. ».

167. Voy. Ch. LEBEN, « Droit international des investissements : un survol historique », in *Droit international des investissements et de l'arbitrage transnational*, Paris, éd. Pedone, 2015, p. 41.

168. Il ressort des différentes références citées que le droit de propriété est à la fois individuel et collectif et peut appartenir aux personnes physiques (art. 1er de la CADH) comme aux personnes morales.

poursuivre qu'en « *conséquence, les allégations (...) pour ce qui concerne ce [droit] sont irrecevables ratione materiae, conformément à l'article 3 du Protocole facultatif, comme étant incompatibles avec les dispositions du Pacte.* »[169].

346. *Conception synthétique*. Les synthèses des multiples consécrations et diverses interprétations du droit relatif à la propriété dans le domaine des droits de l'homme permettent de concevoir ce droit comme un droit individuel ou collectif de possession et/ou de jouissance de ses biens sous réserve d'utilité publique. De cette conception découle une double lecture. D'une part, le droit relatif à la propriété est susceptible d'être mobilisé pour garantir à l'investisseur étranger la jouissance de sa propriété ; d'autre part, ce droit permet d'assurer aux populations des droits sur les ressources naturelles. Toutefois, l'exercice du droit de propriété par l'une et l'autre des catégories de bénéficiaires est limité par l'utilité publique qui fonde les prérogatives étatiques visant à exproprier autrui[170]. Étant entendu que les versants exposés ci-dessus sont de nature à mettre en relief les rapports entre l'investisseur et l'État, il va sans dire que la pleine protection ne peut véritablement être assurée, compte tenu notamment de la diversité des bénéficiaires du droit à la propriété.

B. Droit à incidence étendue

347. L'étendue de l'incidence de la protection de la propriété en tant que droit fondamental se concrétise par la protection de l'investisseur contre l'expropriation injustifiée, mais semble aller au-delà de cette seule considération.

1. Le lien discutable entre l'expropriation et la protection de la propriété

348. *Glissement vers le droit de l'expropriation.* Le droit des investissements semble à première vue s'émanciper du droit international des droits de l'homme en ses aspects relatifs à la protection de la propriété[171]. Car, et il y a lieu de le signaler ici plus qu'ailleurs, la PEPS débouche sur une interdiction de l'expropriation tant le volet protection couvre en toute logique la protection de la propriété de l'investisseur, propriété dont la violation justifiée soit-elle, injustifiée et/ou arbitraire, est synonyme d'expropriation directe ou indirecte. Et expropriation dont la compensation est une indemnisation promptement adéquate.

---

[169]. Comité des droits de l'homme, *L.E.S.K c. Pays-Bas*, Communication No. 381/1989, U.N. Doc. CCPR/C/45/D/381/1989 (1992), § 5.

[170]. Notons que ce droit de possession (ou de dépossession de l'investisseur) est tout aussi valable à l'égard des populations locales. Seulement, il serait quelque peu hors propos d'envisager une telle dimension dans cette partie. Cela dit, les liens entre l'État, les populations locales et les investisseurs seront envisagés dans la section 2 du chapitre suivant consacré à « *(...) l'orientation du droit des investissements vers la prise en compte des droits des populations* ».

[171]. On aura relevé au passage que la notion de propriété n'épuise guère celle d'investissement ; cette dernière couvrant « *les éléments matériels de l'investissement, mais également les possibilités d'exploitation de celui-ci.* » (Voy. S. ROBERT-CUENDET, « Interférence et expropriation », in W. BEN HAMIDA et F. COULEE [dir.], *Convergences et contradictions du droit des investissements et des droits de l'homme : approche contentieuse*, Paris, éd. Pedone, 2017, p. 130.).

C'est dire que le détachement du droit des investissements du droit international des droits de l'homme en ses aspects relatifs à la protection de la propriété n'est en réalité qu'un déplacement du problème sur un terrain conceptuel différent : l'expropriation[172], laquelle va sans doute au-delà de la simple protection de la propriété. Tout se passe comme si toutes les fois que la PEPS peine à protéger la propriété de l'investisseur, il est aussitôt fait appel aux règles applicables à l'expropriation.

349. ***Divergence d'objet entre expropriations directe et indirecte.*** Dans une perspective différente, Patrick Juillard envisage les expropriations directe et indirecte sous un angle objectif. Selon cet auteur, est directe l'expropriation qui englobe « *l'ensemble des mesures qui ont pour objet et pour effet de priver, en droit comme en fait, l'investisseur de la propriété de son investissement* »[173] ; et est expropriation indirecte « *l'ensemble des mesures qui ont pour conséquence, en fait, de priver l'investisseur de la propriété de son investissement* »[174]. À travers l'exposé de ces deux modalités, il apparait que le critère de distinction entre lesdites expropriations est que la première est expropriation en fait et en droit alors que la seconde n'est expropriation qu'en fait sans l'être en droit. Plus précisément, et cela a été indiqué par l'auteur, la différence entre expropriations directe et indirecte n'est qu'une différence d'objet, lequel consiste, en cas d'expropriation directe, en un transfert de titre de possession de l'investisseur à l'État, contrairement à l'hypothèse d'expropriation indirecte, laquelle est une négation de l'idée même de transfert du titre de possession[175]. Aussi séduisante

---

[172]. Pour des raisons liées à un objectif de clarté du propos, il semble approprié de se référer aux terminologies expropriation directe par contraste avec « l'expropriation indirecte » ; si la seconde est d'usage commun, la première est, sauf en de rares exceptions (Dans ce sens, voy. Ch. LEBEN, « Préface », in A. DE NANTEUIL, *L'expropriation indirecte en droit international de l'investissement*, Paris, éd. Pedone, 2014, p. V.), souvent absente du discours juridique. Mais l'adjonction du qualificatif « directe » à « Expropriation » permet au moins la caractérisation de ladite expropriation, d'une part, et sa distinction franche de l'expropriation indirecte, d'autre part. Il va sans dire qu'en droit des investissements, l'expropriation se présente sous deux formes principales : l'expropriation directe (fait pour la puissance publique de s'approprier, pour les besoins de l'intérêt général, les biens privés moyennant une contrepartie adéquate) et l'expropriation indirecte (le fait de mesures non ciblées dont les effets occasionnent l'altération pour les personnes privées du droit de jouissance de leurs biens). Cette dernière est pour le moins problématique tant elle vise à identifier ce que l'on pourrait nommer « l'expropriation par équivalence ». L'on peut relever au passage que les adjectifs « directe » et « indirecte » signalent la présence ou l'absence de volonté d'exproprier au moment de l'action étatique à l'origine de la dépossession. On pourrait en déduire en une formule que l'expropriation directe est par principe volontaire alors que l'expropriation indirecte est par principe involontaire. À ce sujet, et à titre indicatif, voy. Y. NOUVEL, « Les mesures équivalant à une expropriation dans la pratique récente des tribunaux arbitraux », *RGDIP*, n° 1, 2002, pp. 80-102 ; puis, S. MANCIAUX, « Les mesures équivalentes à une expropriation dans l'arbitrage international relatif à l'investissement », in F. HORCHANI (dir.), *Où va le droit de l'investissement ? Désordre normatif et recherche d'équilibre. Actes du colloque organisé à Tunis les 3 et 4 mars 2006*, Paris, éd. Pedone, 2006, pp. 73-94.

[173]. Voy. P. JUILLARD, « Nationalisation-Expropriation », *Répertoire de droit international (Dalloz)*, 2013, § 5.

[174]. *Idem.*

[175]. *Ibid.*, § 11.

soit-elle, cette présentation des choses appelle au moins une réserve. En effet, il peut paraitre parfois difficile de déterminer avec certitude la volonté de l'État mettant en œuvre des mesures visant la propriété de l'investisseur ; et cela est particulièrement vrai pour les mesures équivalentes à une expropriation, mesures dont l'objet est certes parfois formellement d'apparence éloigné de toute entreprise de dépossession, mais quelques fois intentionnellement lié à une volonté voilée de déposséder l'investisseur. Tel est d'ailleurs le problème fondamental de la distinction entre expropriation et atteinte injustifiée à la propriété de l'investisseur.

350. ***L'expropriation indirecte comme garde-fou de la PEPS.*** Ces balbutiements sont, il est vrai, davantage l'apanage de l'expropriation indirecte que de l'expropriation directe. Trois arguments au moins permettent d'aller dans ce sens. D'abord, l'expropriation indirecte, et cela mérite d'être soulevé, est en priorité synonyme d'une certaine mise en avant des règles de protection des investissements.[176] Ensuite, elle constitue un rempart contre les actions normatives de l'État.[177] Enfin, elle peut déboucher sur une mise à l'écart des droits de l'homme dont la réalisation exige l'intervention de l'État[178] tels que la préservation de la santé publique ou la protection du droit à l'environnement.[179]

351. ***Communauté de vues : extensions jurisprudentielles.*** On retrouve des traces de la logique ci-dessus décrite dans certaines décisions rendues à la fois par les instances arbitrales compétentes en matière d'investissement que dans des décisions émanant des juridictions régionales et internationale (au sens universel). Sur le plan arbitral, tel était le cas dans l'affaire *Spyridon Roussalis c. Roumanie* à l'occasion de laquelle, le tribunal considéra que « *(...) the issue is moot in the present case and does not require decision by the Tribunal, given the higher and more specific level of protection offered by the BIT to the investors compared to the more general protections offered to them by the human rights instruments (...)* »[180]. Au fond, cette considération contient tant une part de vérité qu'une part d'inexactitude. En effet, la protection offerte par les traités d'investissement est

---

[176]. Il a en effet été indiqué en ce sens que : « *Expropriatory environmental measures—no matter how laudable and beneficial to society as a whole—are, in this respect, similar to any other expropriatory measures that a state may take in order to implement its policies: where property is expropriated, even for environmental purposes, whether domestic or international, the state's obligation to pay compensation remains.* ». CIRDI, *Compania del desarrollo de Santa Elena c. Costa Rica*, aff. n° ARB/96/1, sentence du 17 février 2000, § 72.

[177]. Voy. Ch. LEBEN, « La liberté normative de l'État et la question de l'expropriation indirecte », in Ch. LEBEN (dir.), *Le contentieux arbitral transnational relatif à l'investissement. Nouveaux développements*, Louvain-La-Neuve, LGDJ/Anthémis, 2006, pp. 172 et s.

[178]. Voy. F. HORCHANI, « Les droits de l'homme et le droit des investissements internationaux », in L. BOY et *al* (dir.), *Droit économique et droits de l'homme*, Bruxelles, éd. Larcier, 2009, p. 160. L'auteur relève à juste titre qu'« *en matière d'expropriation, ce n'est pas le critère de l'objet ou de l'intention légitime de l'État d'accueil qui est pris en compte. Le critère de l'effet de la mesure sur l'investissement ou sur les attentes légitimes de l'investisseur suffit pour considérer une mesure comme expropriatrice et pour accorder à l'investisseur une compensation* ».

[179]. Ch. LEBEN, « La liberté normative de l'État », *loc. cit.* pp. 173 et s.

[180]. CIRDI, *Spyridon Roussalis c. Roumanie*, aff. n° ARB/06/1, sentence du 7 décembre 2011, § 312.

assurément conséquente lorsqu'il s'agit de la préservation de la propriété de l'investisseur,[181] mais l'affirmation perd tout son sens lorsqu'il s'agit de la protection de la personne de l'investisseur. Du côté de la CPA, l'illustration vient notamment de l'affaire *Yukos Universal Limited c. Russie*, dans laquelle les arbitres ont pu dire que « [i] *n considering the extent of the contribution of Claimants' faults to their injury, the Tribunal notes that the subsequent conduct of the Russian Federation, as the Tribunal has found, was disproportionate and tantamount to expropriation of Claimants' investment in Yukos.* ». Et que « [c] *laimants' damages were caused by the series of events starting with the arrest of Messrs. Khodorkovsky and Lebedev, and the tax assessments, and culminating in the YNG auction, which led to the bankruptcy and liquidation of Yukos.* »[182]. Au titre des illustrations régionales, la Cour EDH est davantage portée vers une approche casuistique et vise à savoir « *si les circonstances, considérées dans leur ensemble, ont rendu le requérant titulaire d'un intérêt substantiel protégé par l'article 1 du protocole n° 1.* »[183]. Cet article, bien qu'il ne vaille que pour les biens existants d'une personne[184], n'a pas résisté aux opérations d'étirement vers « les espérances légitimes » de l'investisseur, initiées par la Cour de Strasbourg. C'est dans cette perspective et sur le fondement de l'article 1 du protocole n° 1 que pour la première fois, le concept d'« espérance légitime » a germé à partir d'un supposé intérêt suscité par l'achat d'un permis d'urbanisme aux fins d'une exploitation[185]. Au fond, là où les instances arbitrales tirent la protection de la propriété (donc l'investissement) vers l'interdiction de l'expropriation, la Cour EDH opère un glissement vers les « espérances légitimes ». Cet état des choses laisse penser que les unes (instances arbitrales) comme l'autre (la Cour EDH) sont dominées par des considérations dogmatiques, voire idéologiques[186].

352. *Communauté de vues : limitations jurisprudentielles.* En ce qui concerne la commission africaine et la Cour interaméricaine des droits de l'homme, il convient de préciser qu'originellement, là où la première avait

---

[181]. Voy. CIRDI, *Fedax N. V. c. Venezuela*, aff. n° ARB/96/3, décision sur la compétence du 11 juillet 1997, § 24 ; également : *Ceskosbvenska Obchodni Banka A. S c. République de Slovaquie*, aff. n° ARB/97/4, décision sur la compétence du 24 mai 1999, §§ 72 et 73.

[182]. CPA, *Yukos Universal Limited c. Federation de Russie*, aff. n° AA 227, sentence du 18 juillet 2014, § 1635.

[183]. Conseil de l'Europe/Cour EDH, *Guide sur l'article 1 du protocole n° 1 à la Convention européenne des droits de l'homme — Protection de la propriété. Mise à jour au 31 décembre 2019*, p. 7. Consulté le 12 mars 2021.

[184]. Cour EDH, *Anheuser-Busch Inc. c. Portugal*, arrêt du 11 janvier 2011, § 64 ; Cour EDH, *Marckx c. Belgique*, arrêt du 13 juin 1979, § 50 : « [*The Court (...) like the Commission and the Government, it notes that this Article (P1-1) does no more than enshrine the right of everyone to the peaceful enjoyment of "his" possessions, that consequently it applies only to a person's existing possessions and that it does not guarantee the right to acquire possessions whether on intestacy or through voluntary dispositions*]. ».

[185]. Voy. Cour EDH, *Pine Valley Developments Ltd et autres c. Irlande*, arrêt du 29 novembre 1991, § 51 : « *(...) the applicants had at least a legitimate expectation of being able to carry out their proposed development and this has to be regarded, for the purposes of Article 1 of Protocol No. 1* ».

[186]. Voy. *Supra*.

vocation à protéger les personnes physiques (individuellement ou collectivement) et morales[187], la seconde se devait, en raison du champ personnel réduit de la Convention américaine relative aux droits de l'homme (CADH), rester dans le seul cadre de la protection des personnes physiques. Cela n'a toutefois guère servi à limiter conceptuellement le champ personnel de la CADH tant la Cour interaméricaine des droits de l'homme a, à de nombreuses reprises souligné le bénéfice du « *droit à l'usage et à la jouissance de ses biens* »[188] individuellement comme collectivement[189]. La Cour interaméricaine le signifie en des termes qui ne laissent aucune place au doute : « *The Court recalls that, in the context of the right to property of members of indigenous peoples, Article 21 of the Convention protects the close ties that indigenous and other tribal peoples or communities, such as the Afro-descendants, have to their land, as well as to the natural resources of the ancestral territories and the incorporeal elements related to them. Due precisely to this intrinsic connection that the members of the indigenous and tribal peoples have to their territory, the protection of the right to the ownership, use and enjoyment of this territory is necessary to ensure their survival.* »[190].

353. *Deux versants à finalités opposées*. Dotée de ce sceau, la protection de la propriété des points de vue personnel et matériel semble s'entourer de tous les atouts prompts à faciliter son intrusion dans le droit des investissements. Seulement, le caractère non absolu du droit de propriété laisse penser que là où les spécificités régionales doublées des divergences d'approche sont présentes, les droits de l'homme apparaissent tantôt sous une forme protectrice des droits de l'investisseur (vision du Conseil de l'Europe et de la plupart des tribunaux arbitraux sur fondement des traités d'investissement), tantôt sous une autre forme protectrice des droits des populations autochtones (visions interaméricaine et

---

[187]. Dès son préambule, la Charte africaine des droits de l'homme et des peuples (adoptée à Nairobi le 27 juin 1981) « [r] econnai [t] *que d'une part, les droits fondamentaux de l'être humain sont fondés sur les attributs de la personne humaine, ce qui justifie leur protection internationale et que d'autre part, la réalité et le respect des droits du peuple doivent nécessairement garantir les droits de l'homme (...)* ». Dans le même sens va l'article 21 de la même charte : « *Les peuples ont la libre disposition de leurs richesses et de leurs ressources naturelles. Ce droit s'exerce dans l'intérêt exclusif des populations. En aucun cas, un peuple ne peut en être privé.* ». Pour conforter cet esprit, voy. CADHP, *Center for Minority Rights Development et al. c. Kenya*, décision des 11 et 25 novembre 2009, n° 276/03, §§ 212 et s.

[188]. Il s'agit de la formule retenue dans l'article 21 précité de la CADH : « Toute personne a droit à l'usage et à la jouissance de ses biens. ».

[189]. Entre autres, voy. *Cour int. dh., Afro-Descendent Communities Displaced from the Cacarica River Basin (Operation Genesis) c. Colombie*, arret du 20 novembre 2013, Série C n° 270 ; *Cour int. dh., Yakye Axa Indigenous Community c. Paraguay*, arrêt du 17 juin 2005, Série C n° 125 ; *Cour int. dh., Mayagna (Sumo) Awas Tingni Community c. Nicaragua*, arrêt du 31 août 2001, Série C n° 79.

[190]. *Cour int. dh., Afro-Descendent Communities Displaced from the Cacarica River Basin (Operation Genesis) c. Colombie*, arrêt du 20 novembre 2013, Série C n° 270, § 346. Il faut toutefois s'empresser de préciser que cette extension est également présente sous une autre forme qu'est celle du champ matériel de la protection. À cet égard, le « *concept includes all movables and immovables, and all tangible and intangible assets, as well as any other property susceptible of having value.* » (voy. Cour int. dh., *Salvador Chiriboga c. Equateur*, arrêt du 6 mai 2008, Série C n° 179, § 55).

africaine des droits de l'homme). À résumer le propos, on ne peut s'empêcher de relever que la PEPS se détache des droits de l'homme parce qu'elle vise généralement la protection de droits économiques de l'investisseur (on en veut pour preuve la vision du conseil de l'Europe et celle du droit des investissements). Concrètement, « espérance légitime » et droit des populations autochtones constituent donc les deux versants de la protection de la propriété. Cependant, il convient de relever que seul le dernier versant coïncide avec les droits de l'homme ; et ce, d'autant plus que le second versant ne fait pas l'objet de reconnaissance par les principaux instruments relatifs aux droits de l'homme. En réalité, la difficulté émane davantage des interprétations excessives de la préservation de la propriété que des consécrations qui en sont faites à la fois par les traités d'investissement que par les traités des droits de l'homme. En un mot, chacune des catégories d'instruments auxquelles est faite allusion est dans son rôle, lequel est fonction du domaine envisagé : protection des investissements pour le droit des investissements et protection des droits fondamentaux pour le droit international des droits de l'homme.

2. La persistance de la préservation de la propriété de l'investisseur

354. *Double facette.* Compte tenu des considérations ci-dessus, on pourrait penser que l'influence du droit des droits de l'homme sur la protection de la propriété est peu ou prou mitigée et dépend de ce fait de deux critères. D'une part, la PEPS s'érige en une garantie de la propriété de l'investisseur contre les éventuels agissements de l'État. D'autre part, et par contraste, le droit à la propriété se veut une garantie de la protection des droits collectifs liés à la jouissance des ressources naturelles dont les détenteurs sont souvent les populations autochtones. Il y a là une sorte de carte blanche accordée au standard de PEPS aussi longtemps que celui-ci n'empiète pas sur les droits fondamentaux collectifs. Ces derniers apparaissent à cet égard comme un encadrement limitatif des interprétations orientées vers les objectifs économiques[191]. On ne peut s'empêcher de soulever qu'il s'agit là d'un schéma reproduisant les différentes conceptions tiers-mondiste et occidentale des droits de l'homme.

355. *Une protection à sens unique ?* Présentée de la sorte, la PEPS apparait comme une protection des droits fondamentaux de l'investisseur. Cette protection est remise en cause dès lors que son extension présente le risque de compromettre les droits fondamentaux autres que ceux dont bénéficie l'investisseur. Toute la difficulté de ce standard réside dans le fait qu'il invite les arbitres à interpréter les autres dispositions applicables en tenant compte non pas seulement des doléances des demandeurs, mais aussi et surtout de celles des défendeurs. Il n'est pas rare en effet de retrouver chez certains auteurs les échos de l'idée selon laquelle la protection/surprotection de l'investisseur n'est que le fruit de la volonté des États qu'il convient à juste titre d'interpréter dans le sens de la protection des

[191]. En ce sens, voy. R. BEN ACHOUR et S. LAGHMANI (dir.), *Les droits de l'homme : une nouvelle cohérence pour le droit international ? Actes du colloque de Tunis des 17, 18 et 19 avril 2008*, Paris, éd. Pedone, 2008, 330.

investisseurs. Cette présentation des choses appelle au moins deux réserves qu'il convient d'envisager tour à tour.

356. ***Surmonter la standardisation***. Premièrement, il est difficile d'identifier sans équivoque la volonté des États à travers des énoncés aussi vagues que ceux employés dans la plupart des traités d'investissement en termes d'intensité de protection des investisseurs/investissements. Et à cet égard, le qualificatif même de standard, souvent mis en avant par les partisans de la doctrine visée, est, pour le moins, incompatible avec une quelconque prétendue précision. De même, il serait périlleux de démontrer que les États sont enclins à accorder des protections sans limites aux investisseurs et à leurs investissements au risque d'empiéter sur les autres engagements par eux souscrits. Il est difficile de suivre la doctrine de la protection issue des traités d'investissement.

357. ***Valider le noyau dur des droits de l'homme***. Secondement, les traités d'investissement étant composante d'un ordre juridique[192], ils ne sauraient se soustraire aux normes fondamentales de l'ordre juridique qui les héberge. Le détachement du standard de PEPS des autres règles du droit international revient à ouvrir la boite de pandore aux interprétations excessivement protectrices des investisseurs et de leurs investissements. À cet argument on pourrait certes objecter que rien n'oblige un domaine *a priori* éloigné des droits de l'homme de s'en préoccuper. Mais, ce serait sans doute sans référence au statut des droits de l'homme au sein de l'ordre juridique international. Relevons immédiatement que non seulement une partie du corpus normatif auquel appartiennent les droits de l'homme accède peu à peu au statut de normes impératives (*jus cogens*)[193] ; mais et qui plus est, ce corpus est capable de faire naitre des droits et obligations qui s'imposent à tous (*erga omnes*).[194]

358. ***Considérer le caractère impératif des droits de l'homme***. Concernant les normes des droits de l'homme susceptibles d'être intégrées dans le *jus cogens*, celles-ci incluent toute « *(...) norme acceptée et reconnue par la communauté internationale des États dans son ensemble en tant que norme à laquelle aucune dérogation n'est permise et qui ne peut être modifiée que par une nouvelle norme du droit international général ayant le même caractère* »[195]. De telles spécificités sont, sur le plan théorique[196], celles qui caractérisent les droits fondamentaux. On s'en aperçoit non seulement à travers l'adhésion massive des États aux principaux

[192]. Sans revenir sur le débat opposant les partisans de l'existence d'un ordre juridique international (P. — M. DUPUY, « L'unité de l'ordre juridique international », *RCADI*, Vol. 297, 2003, ou plutôt l'existence d'un système international [Voy. J. COMBACAU, « Le droit international : bric-à-brac ou système ? », *Archives de philosophie du droit*, t. 31, 1986, p.] ou encore l'inexistence de l'un ou l'autre.

[193]. Il en est ainsi selon certains auteurs que de la catégorie de droits civils et politiques, dans laquelle est intégré « le droit de ne pas être torturé » voy. F. SUDRE et *al.*, *Droit européen et international des droits de l'homme*, Paris, éd. Puf, 2021, 15ème éd., pp. 72-78, spéc., pp. 77-78.

[194]. *Idem.*

[195]. Art. 53 de la Convention de Vienne sur le droit des traités, précitée.

[196]. Sur le plan pratique, on peut toujours s'interroger sur la mise en œuvre effective de tous les droits relevant des droits de l'homme.

textes du droit international des droits de l'homme[197] ; mais également à travers l'admission de cet idéal au sein des communautés « régionale »[198] et internationale[199].

359. *Considérer l'opposabilité des droits de l'homme*. Quant aux obligations *erga omnes*, celles-ci font naitre les « *obligations des États envers la communauté internationale dans son ensemble* »[200]. Il s'agit donc de droits d'une importance telle que « *tous les États peuvent être considérés comme ayant un intérêt juridique à ce qu'[ils] soient protégés* »[201]. Parmi ces droits figurent « *des principes et des règles concernant les droits fondamentaux de la personne humaine* »[202] au rang desquels on peut citer le droit à la sécurité. C'est d'ailleurs en filigrane de cette donne que l'on entrevoit l'idée de l'universalisation de droits de l'homme. Mieux, à travers cette universalisation, le droit international des droits de l'homme escorte le droit des investissements que l'on sait un avatar de la mondialisation. L'on peut penser à ce titre que face à la mondialisation de l'économie apparait l'universalité des droits de l'homme. Seulement, il demeure difficile de déduire de cette dernière considération que les droits de l'homme constituent un véritable outil d'encadrement de la mondialisation.[203]

360. *L'irréductible droit international des droits de l'homme*. L'insuffisance de l'argumentation exposée ci-dessus amène à penser la PEPS autrement, c'est-à-dire, l'envisager certes comme une protection de l'investisseur, mais aussi, et c'est notre point de vue, l'envisager de concert avec la garantie des droits fondamentaux. La PEPS apparaitrait donc comme une protection de l'investisseur en harmonie avec les droits fondamentaux. On pourrait à ce titre songer au schéma suivant lequel la protection de la personne de l'investisseur serait l'application sans plus ni moins du droit international des droits de l'homme sur le territoire de l'État dans lequel l'investisseur mène ses activités. Pour ce faire, il serait opportun de substituer les clauses de PEPS contenues dans les traités d'investissement par des clauses de renvoi au droit international des droits de l'homme, lequel est mis œuvre au sein des États et propose des règles de protection aptes à garantir la

---

197. DUDH et Pactes internationaux relatifs aux droits civils et politiques et sociaux et économiques, précités.

198. Allusion faite aux organisations régionales des droits de l'homme, notamment : le conseil de l'Europe (Convention européenne des droits de l'homme, signée par les États membres du Conseil de l'Europe le 4 novembre 1950, entrée en vigueur le 3 septembre 1953, STCE n° 5.), l'union africaine (Charte africaine des droits de l'homme et des peuples, adoptée le 27 juin 1981, entrée en vigueur le 21 octobre 1986, OUA, doc. CAB/LEG/67/3/Rév.), Commission interaméricaine des droits de l'homme (Convention américaine relative aux droits de l'homme).

199. Allusion faite à la communauté des États.

200. CIJ, *Barcelona Traction Light and Power Company (Belgique c. Espagne)*, arrêt du 5 février 1970, *Recueil* 1970, p. 183 § 33.

201. *Idem.*

202. *Ibid.*, § 34.

203. Sur la question de l'interaction entre les droits de l'homme et la mondialisation, voy. M. M. MOHAMED SALAH, « Mondialisation et souveraineté de l'État », *JDI*, n° 3, 1996, n° 3, pp. 651 et s.

sécurité de l'investisseur[204]. En revanche, lorsqu'il est question de la protection de l'investissement, de deux choses l'une : appliquer le droit international des droits de l'homme, ou alors inclure dans les traités d'investissement des clauses spécifiques à la PEPS, lesquelles se limiteraient à la protection de la propriété de l'investisseur à l'image de ce que ferait le droit interne avec le droit au respect du domicile. Le droit international des droits de l'homme serait donc intégré de manière pragmatique et rationnelle dans le droit des investissements en ce sens qu'il guiderait les arbitres dans l'interprétation du concept phare de PEPS.

361. ***L'impérative clarification des clauses.*** Toutefois, telles recommandations ne sauraient se réaliser sans l'insertion dans les traités d'investissement de clauses claires relatives les unes à la protection de l'investissement et les autres à la protection des investisseurs. Sans cette distinction entre la protection de l'investissement et celle des investisseurs, il serait chimérique de s'attendre à un quelconque véritable contrôle des interprétations arbitrales pouvant résulter des clauses (dites de « standard ») de PEPS. Il arrive en effet que le travail d'interprétation incombant aux arbitres soit guidé par les droits de l'homme. Tel a été en particulier le cas de l'analyse de la non-discrimination à l'occasion de l'affaire *Fouad Alghanim c. Jordanie*[205] dans laquelle, les arbitres ayant interprété une disposition du TBI Jordanie/Koweit du 21 mai 2001 interdisant la non-discrimination sous couvert de la PEPS[206] ne se sont guère privés de souligner la nécessité d'évaluer les supposés manquements à la disposition invoquée à l'aune des comportements arbitraires de l'État jordanien[207]. Ce faisant, le tribunal de l'affaire s'est laissé guidé dans son raisonnement (sans toutefois le mentionner) par les droits de l'homme tant pour jauger les prétentions de l'investisseur que celles de l'État.

---

204. Dire le contraire serait simplement une manière de remettre en cause la protection des droits fondamentaux et ceci que le risque d'un surgissement d'effets pervers de la protection des droits de l'homme

205. CIRDI, *Fouad Alghanim et al. c. Jordanie*, aff. n° ARB/13/38, sentence du 14 décembre 2017.

206. Art. 3. 1 : « *Investments made by investors of any contracting country shall enjoy complete protection and safety in the region of the other contracting country at a level commensurate with recognized international laws and conditions of this agreement .the two contracting countries shall not take any arbitrary or discriminating measures that leads to damage to such investments or connected activities including the use and enjoyment , management and development , maintenance and expansion of the investments.* »

207. CIRDI, *Fouad Alghanim et al. c. Jordanie*, précitée, §§ 131 puis 481.

CHAPITRE 2 :

Les notions « modernes » : l'orientation du droit des investissements vers la prise en compte des droits des populations

362. ***Évolution porteuse de renouveau.*** Il est un fait que le droit des investissements connait un développement spectaculaire. La multiplication des traités d'investissement et la multiplicité des affaires portées devant les instances arbitrales en sont les exemples topiques. Il va sans dire que le développement du droit des investissements se fait en partie sur le terrain conceptuel, lequel semble connaitre des notions modernes.[1] En réalité, ces concepts trouvent leurs origines dans le droit international général, et ce, dès la fin de la Seconde Guerre mondiale, avant de faire irruption dans le droit des investissements. On peut en citer principalement la responsabilité sociale ou le développement durable. Transposés au droit des investissements, lesdits concepts semblent s'identifier à travers les notions d'investissement social et/ou durable. En effet, la lecture des récents instruments relatifs à l'investissement laisse transparaitre des allusions aux concepts décrits ci-dessus.[2] Tout se passe en effet comme si la protection de l'investisseur est désormais assujettie à des impératifs autres que ceux de la seule protection de l'investisseur. Des exigences d'ordre social, économique, voire écologique, sont à cet égard illustratives. Ains, l'on peut d'une certaine manière, et sans forcément les opposer, distinguer les impératifs liés à l'investissement dit social et ceux en lien avec le développement. Cela permettrait d'exposer clairement les aspects substantiels du droit des investissements porteurs des notions décrites tant la première catégorie semble se distingue par une sorte de centrage autour de la notion même d'investissement social et tendrait à évaluer l'impact social de certains investissements (section 1). À l'inverse, la seconde

---

[1]. Ch. LEBEN, « Droit international des investissements : un survol historique », in Ch. LEBEN (dir.), *Droit international des investissements et de l'arbitrage transnational*, Paris, éd. Pedone, 2015, pp. 1-79.

[2]. Sur cette question, voy. M. MENARD, « Application *ratione temporis* de la protection des investissements et des investisseurs », in Ch. LEBEN (dir.), *Droit international des investissements et de l'arbitrage transnational*, Paris, éd. Pedone, 2015, p. 224.

catégorie renvoie à la finalité du droit des investissements en termes de développement (section 2).

Section 1 :
L'évaluation de l'investissement à travers le concept d'investissement social

363. ***Enjeu.*** Dès l'entame, il nous revient de préciser que l'enjeu du présent paragraphe, plutôt que d'être une tentative de saper la notion d'investissement est, davantage, une modeste entreprise consistant à identifier un concept jusqu'ici peu utilisé dans le domaine du droit des investissements : l'investissement social[3]. Quelques traités font état de cette catégorie de concepts sans la nommer explicitement, ce qui est de nature à rendre périlleux tout projet d'identification. Au fond et c'est l'aspect encourageant, certaines références sur lesquelles nous reviendrons, font état d'indices concordants utiles au décodage de l'orientation des Parties à tel ou tel traité d'investissement vers la consécration du concept d'investissement social. Il s'agira en une formule de mettre l'accent sur les éléments susceptibles de ressortir le caractère hautement orienté du concept d'investissement social. Emprunté au discours des économistes, le concept d'investissement social renvoie à une double réalité. Dans un sens, il est perçu comme une contribution au développement humain à travers ce qu'un économiste célèbre appelle l'accroissement des services « capacitants »[4], c'est-à-dire la mise à la disposition des êtres humains, tant individuellement que collectivement, des moyens et services leur permettant d'atteindre un degré d'autonomie susceptible de leur assurer un plein épanouissement personnel, sans dépendre forcément du marché.[5] À ce premier sens s'oppose un second qui traduit l'investissement social par l'engagement de politiques visant à accroitre le rendement économique dans le seul but de mettre en avant les capacités productives de l'individu au service de l'économie sans lui assurer une certaine indépendance vis-à-vis du marché.[6] De ces deux conceptions découlent à la fois une approche purement économique et une approche purement « humaniste ».[7] Certes dominante, la première approche

---

[3]. Voy. J. MATRINGE, « La notion d'investissement », in Ch. LEBEN (dir.), *Droit international des investissements et de l'arbitrage transnational*, Paris, éd. Pedone, 2015, pp. 143 et s.

[4]. A. SEN, *Ethique et économie*, Paris, éd. Puf, 2001, 364 p.

[5]. Il a d'ailleurs été observé à ce sujet que « [o] *n reconnaît ici la conception du développement adoptée par* le Rapport mondial sur le développement humain *publié dans le cadre du Programme des nations unies pour le développement, auquel Sen contribue, mais aussi la conception du développement défendue depuis peu par la Banque mondiale.* » (M. MARIC, « A propos de liberté et d'égalité en économie : deux traductions d'Amartya Sen », *Revue Mouvements*, 2001/3 n° 15-16, p. 193.)

[6]. *Idem.*

[7]. Pour une synthèse des deux conceptions des perspectives de l'investissement social, voy. N. MOREL et J. PALME, « Fonder l'investissement social d'un point de vue normatif : l'apport de l'approche par les capabilités d'Amartya Sen », *Revue informations sociales*, 2016/1 n° 192, pp. 105 et s.

laisse toutefois apparaitre une prépondérance des objectifs économiques au détriment du développement de la personne.

364. ***Distinction entre investissement et concepts proches***. L'un des canaux privilégiés de protection des investissements est la notion d'investissement elle-même ; ce qui explique la nécessité de distinguer cette notion d'autres notions qui lui sont parfois assimilables. Aussi *a priori* tautologique soit-elle, l'idée s'explique au moins par deux considérations. En premier lieu, la notion d'investissement détermine la nature du lien juridique scellé entre l'opérateur économique et l'État ; en conséquence, et c'est le second point, la notion d'investissement détermine la marge de manœuvre des instances juridictionnelles habilitées à trancher les différends relatifs à l'investissement. Il est toutefois tentant d'indiquer que là où le concept d'investissement s'oriente vers l'identification de l'opération économique, le concept d'investissement protégé s'intéresse quant à lui aux garanties susceptibles d'être prêtées à ladite opération. En revanche, la réalisation de l'investissement reste en tout état de cause la condition *sine qua non* sans laquelle aucune protection n'est envisageable au sens des rapports entre opérateurs étrangers et États hôtes. À la différence du concept d'investissement protégé, le concept d'investissement social vise à atténuer la protection de l'investissement dès lors que ce dernier est censé répondre, conformément aux dispositions du traité applicable, à des demandes sociales. Autrement dit, l'existence d'un investissement social sert à mesurer le degré de protection légitimement accordé à l'investissement. Dans ce cas précis, une double piste est envisageable. Soit, d'une part, l'investissement social bénéficie de la protection parce qu'en phase avec les obligations sociales ; soit, d'autre part, l'investissement ne se voit pas reconnaitre la pleine protection pour cause de non-respect des obligations sociales.[8] Sans revenir sur une idée maitresse de l'ensemble de cette étude faisant de l'*économique* et du *social* deux sphères à cheminement combiné, il s'avère *a contrario* utile de signaler qu'au sein de la sphère économique, le social se manifeste en particulier sous une facette élévatrice de certaines catégories de personnes dont les droits nécessitent, pour leur concrétisation, l'intervention du détenteur du pouvoir économique.

§ 1 : L'investissement social, base potentielle de protection de l'investissement

365. ***Sens de la protection de l'investissement social***. Avant de s'intéresser à l'investissement social en tant que tel, il convient de faire un détour par le concept d'investissement protégé afin de préciser les contours de la protection de l'investissement. En effet, comme pour la plupart des concepts du droit des

[8]. Il s'agit du prolongement, d'une part, des obligations de l'État, comme celle de protéger, issues des principaux instruments internationaux relatifs aux droits de l'homme (Pactes de 1966 par exemple) et, d'autre part, des obligations de respecter pesant sur l'investisseur en tant que personne privée.

investissements, le concept moderne d'investissement protégé[9] ne se prête que difficilement à l'exercice de définition. À ce titre, le survol des traités d'investissement révèle d'innombrables approches, lesquelles vont de la simple énumération des catégories susceptibles d'être considérées comme des investissements aux opérations non éligibles à cette qualité, donc opposées à toute éventualité de protection. Compte tenu de cet aléa, il devient tentant d'orienter les fondements de l'analyse vers les affaires portées devant les instances de règlement des différends relatifs à l'investissement. C'est dire qu'aux fins des développements qui suivent, le concept d'investissement protégé pourrait être défini comme l'opération économique éligible aux garanties proposées par les instruments consentis par les États d'origine et d'accueil des opérateurs économiques. Seulement et c'est l'objet du présent paragraphe, la protection de l'investissement ne semble guère aller de soi et parait liée au comportement de l'investisseur, lequel peut, lorsqu'il est positif, se révéler bénéfique pour la collectivité et déboucher sur une protection de l'investissement (A). À l'inverse, lorsque le comportement ne va pas dans le sens des attentes sociales, il peut déboucher sur une absence de protection (B)

A. L'investissement social comme indice positif de comportement

366. ***Contenu ouvert***. Il est *a priori* rare, voire illusoire que des traités d'investissement fassent textuellement état du concept « d'investissement social ».[10] Pour autant, plutôt que de permettre une déduction dans le sens d'une absence pure et simple du concept, cela invite, au contraire, à investiguer les dispositions contenues dans les traités d'investissement susceptibles d'admette, dans un sens ou dans un autre, des allusions à ce qu'il convient d'appeler l'investissement social, conformément au postulat conceptuel exposé ci-dessus. Déjà en 1974, un traité de protection des investissements français réalisés en Yougoslavie fit allusion aux catégories d'investissement visées, en énonçant que les deux gouvernements français et yougoslave ne furent *« désireux de favoriser en Yougoslavie* [que] *les investissements français contribuant au développement des ressources économiques et des capacités productives de la Yougoslavie »*[11]. Il va sans dire que le concept est loin d'être foncièrement récent, mais il se trouve, au stade actuel du développement de la matière, à une étape que l'on pourrait designer de foisonnante. Dans un souci de clarté, il sera distingué entre les

---

[9]. Il y a lieu de préciser cependant que la protection de l'investissement n'est pas en elle-même nouvelle, car elle est née avec le droit des investissements. Néanmoins, la nouveauté se rapporte davantage aux termes employés pour designer l'investissement bénéficiaire de la protection. En ce sens, voy. J. MATRINGE, « La notion d'investissement », *loc. cit.*, p. 143 ; M. MENARD, « Application *ratione temporis* », *loc. cit.*, p. 224.

[10]. Nous renvoyons ici, non pas au contenu du concept, mais à l'usage de l'expression elle-même en français ou son équivalent dans une autre langue choisie par les parties à tel ou tel traité d'investissement.

[11]. Voy. § unique du Préambule du TBI entre la France et la fédération de Yougoslavie, signé le 28 mars 1974.

références contenues dans les préambules ; celles-ci étant généralement un condensé de l'orientation globale de l'accord. Et les références contenues dans le dispositif ; celles-ci étant souvent le reflet de clauses spécifiques.

367. ***Orientation sociale***. Malgré l'absence textuelle du concept d'investissement social des traités d'investissement, une place de plus en plus grande semble se faire dans ces traités pour des considérations socialement connotées qui renvoient audit concept. De telles considérations dominent les Préambules d'un bon nombre de traités dits nouvelle génération, en particulier lorsqu'elles sont évoquées en des termes très généraux. En ce sens, l'Estonie et le Viet Nam reconnaissent « *(...) that agreement on the treatment to be accorded to such investments will stimulate the flow of private capital and the economic development of the both countries ;* »[12] conviennent « *(...) that a stable framework for investment will contribute to maximizing the effective utilization of economic resources and improve living standards ;* »[13] et admettent « *(...) that the development of economic and business ties can promote respect for internationally recognized labour rights (...).* »[14]. On ne peut s'empêcher de voir dans cette attitude une certaine volonté de mise en avant des égards sociaux qu'il serait vain d'outrepasser sans la moindre prise en compte des facteurs sociaux, lesquels résonnent au sein des États. De manière générale, un fossé existe entre reconnaissance de règles et application de celles-ci.

368. ***Réticence des États***. L'on peut évoquer à ce sujet et du point de vue des États, une méfiance quelque peu teintée de faiblesses. Ou bien l'État est partie à un traité d'investissement et entend en faire un fer de lance pour la mise en avant de règles de protection des investissements ; ou bien l'État est partie à un traité d'investissement dans le but d'améliorer la condition sociale et en faire bénéficier une partie de ses nationaux, sans se soucier des avantages purement économiques prétendus par l'investisseur et inversement ; ou bien encore l'État s'engage conventionnellement dans la poursuite combinatoire des intérêts des uns et des autres. Dans ces derniers cas, il serait téméraire de tenter un quelconque subterfuge rédactionnel pour élaguer des aspects substantiels du concept d'investissement. En réalité, la justification de la réticence des États parait davantage résulter d'une absence de rencontre de volontés que de difficultés matérielles de réalisation simultanée d'objectifs sociaux et économiques.

369. ***Au-delà des réticences.*** Cela dit, la réalisation des besoins sociaux nécessite de prime à bord une convergence des volontés des États d'accueil et d'origine des investissements. Or, on ose *a minima* relever qu'en dépit des mutations de la trajectoire des flux d'investissement, lesquels s'effectuent

---

12. Préambule du traité entre l'Estonie et le Viêt-Nam sur les promotion et protection des investissements, signé le 24 septembre 2009, § 4.

13. *Idem.*

14. Préambule du traité entre l'Estonie et le Viêt-Nam, précité, § 6.

principalement du Nord vers le Sud[15], les principaux bénéficiaires de la protection des traités d'investissement restent, par la force des choses, les investisseurs ressortissants de la première catégorie d'États à savoir les pays du Nord. Au fond, il y a là un « déséquilibre conventionnel » s'inscrivant dans une logique autre que celle portée par les libellés de la plupart des traités relatifs à l'investissement[16]. Ainsi et au surplus, « *[r]ecognizing the essential role of private investment, both domestic and foreign, in furthering growth, creating jobs, expanding trade, improving technology and enhancing economic development (...)* »[17] ne suffit pas à masquer cet état de fait. Et encore moins, le fait de souligner que « *the liberalization of trade and investment promotes economic growth and development and considering that it would be in their interest to establish a bilateral framework to further promote trade and investment between them.* »[18]. Et dans une mesure d'une extrême faiblesse, les formules artificielles « [*r*] *ecognizing the importance of protecting and preserving the environment in accordance with each Party's environmental laws, and desiring to ensure that trade and environmental policies are mutually supportive in the furtherance of sustainable development* »[19].

B. L'investissement non social comme indice de comportement négatif

370. ***Concept d'investissement social au détour des Principes de l'OIT.***[20] Il convient de souligner que le même raisonnement vaut pour les traités d'investissement où, sous la rubrique responsabilité sociale, apparait une allusion à la manière dont les investisseurs et leurs investissements doivent prendre en compte les normes du droit du travail. À ce sujet, la nouvelle génération des traités

---

[15]. Notons que le droit des investissements a, dès le départ, connu des mouvements de capitaux du nord vers le nord, puis du nord vers le sud avant de s'effectuer du sud vers le sud et même quelquefois du sud vers le nord (En ce sens, voy. Rapport sur l'investissement dans le monde [...]. Toutefois, ces considérations n'altèrent en rien le flux dominant qu'est celui du mouvement des capitaux du nord vers le sud [Voy. CNUCED : Rapport sur l'investissement dans le monde 2021 — *Investir dans une reprise durable* —, 21 juin 2021, doc. CNUCED/WIR/2021, p. 2].

[16]. Le qualificatif « réciproque » adossé aux promotion et protection des investissements présent dans les traités en donnent une parfaite illustration. Pour en citer un exemple, le TBI entre la Chine et la Tanzanie relatif à la promotion et à la protection réciproque des investissements, signé le 24 mars 2013 (Le soulignement est de nous).

[17]. Préambule de l'Accord-cadre entre les États unis et le Sri Lanka, signé le 25 juillet 2002.

[18]. *Idem.*

[19]. Préambule de l'Accord-cadre de commerce et d'investissement entre la Lybie et les États-Unis, signé le 18 décembre 2013.

[20]. Il faut dire qu'aux Principes de l'OIT s'ajoutent opportunément ceux de l'ONU (HCDH, *Principes directeurs relatifs aux entreprises et aux droits de l'homme. Mise en œuvre du cadre de référence « protéger, respecter et réparer » des Nations Unies*, New York et Genève, 16 juin 2011, doc. HR/PUB/11/4.) comme ceux de l'OCDE (OCDE, Les *principes directeurs de l'OCDE à l'intention des entreprises multinationales*, éd. OCDE, 1976 puis dernière mise à jour le 25 mai 2011.).
Principes directeurs de l'OCDE à l'intention des entreprises multinationales de 1976 et dont la dernière mise à jour date de 2011). En ce sens, voy. Les développements *infra.*

conclus ces dix dernières années par le Canada n'en fait pas l'économie. Ainsi, on lit à l'article 16 du TBI Canada/Burkina Faso[21] que « [c] *hacune des Parties encourage les entreprises exerçant leurs activités sur son territoire ou relevant de sa compétence à intégrer dans leurs pratiques et politiques internes des normes internationalement reconnues en matière de responsabilité sociale des entreprises, telles que les déclarations de principe auxquelles les Parties ont adhéré et qui portent sur des questions comme le travail, l'environnement, les droits de la personne, les relations avec la collectivité ou la lutte contre la corruption.* »[22]. Mention est donc explicitement faite de la législation sociale internationale, en particulier la Déclaration de principes tripartite de l'OIT[23]. La référence au terme « Principe » ne semble pas gratuite. Deux éléments au moins en attestent. D'une part, le vocable est d'usage dans le cercle de l'OIT et sert même de qualificatif à la Déclaration établie en matière sociale par cette Institution[24]. D'autre part, il s'agit d'un corps de règles universel porté par la place à la fois grandissante et légitime de l'Institution dans l'environnement social international.[25]

371. ***Le concept d'investissement social au détour d'autres Principes***. Dans la lignée des Principes de l'OIT, on pourrait également penser aux Principes directeurs de l'OCDE ou encore ceux de l'ONU. Mais la circonscription du champ personnel des premiers et la grande généralité des seconds nourrissent la pertinence de la Déclaration de Principes tripartite de l'OIT. Sur le plan du droit, on pourrait s'attendre à ce qu'un État puisse se prévaloir des règles de protection des travailleurs dans cet espace social international d'inspiration interne, règles auxquelles sont intégrées, à l'image de la disposition citée *supra*, des exigences à destination des opérateurs économiques tels que les investisseurs : la responsabilité sociale des entreprises.[26] Aussi large que flou, le concept appelle la prise en compte d'une diversité de domaines. C'est sans doute à ce titre que sont énumérés les domaines spécifiques du travail, de l'environnement, des droits de la personne, de la lutte contre la corruption ; et généraux des droits de la personne. En vérité, la disposition exposée parait davantage le reflet d'une interconnexion entre différents domaines sous le prisme du droit social, lequel, en ce qu'il protège

---

21. Accord entre le Burkina-Faso et le Canada pour les promotion et protection des investissements, signé le 20 avril 2015.

22. Art. 16 du TBI entre le Burkina Fao et le Canada, signé le 20 avril 2015.

23. La Déclaration de principes tripartite sur les entreprises multinationales et la politique sociale de l'OIT, adoptée par le Conseil d'administration du BIT à sa 204e session (Genève, novembre 1977) et amendée à ses 279e (novembre 2000), 295e (mars 2006) et 329e (mars 2017) sessions, 5e éd., 2017.

24. Voy. R. ENCIAS DE MUNAGORRI, « La protection des investissements internationaux et le dumping social : quels arbitrages ? », in *Droit sans frontières. Mélanges en l'honneur d'Éric Loquin*, Paris, éd. Litec, 2018, pp. 437 et s.

25. *Idem.*

26. L. DUBIN, « RSE et droit des investissements, les prémisses d'une rencontre », *RGDIP*, 2018, n° 4, pp. 867-891.

l'Homme, se positionne comme centre de gravité, en vertu de l'indivisibilité puis de l'interdépendance des droits de l'homme.[27]

372. *Convergence de contenus.* Les TBI ne sont point, loin de là, les seuls instruments renfermant des concepts à contenu social. Du côté des accords de partenariat économique, le constat est pareillement de mise. À cet égard, on constate à la lecture du préambule de l'accord économique et commercial global[28] que les États parties entendent « *[e] ncourage [r] les entreprises qui exercent des activités sur leur territoire ou qui relèvent de leur juridiction à respecter les lignes directrices et principes internationalement reconnus en matière de responsabilité sociale des entreprises, y compris les Principes directeurs de l'OCDE à l'intention des entreprises multinationales, et à adopter des pratiques exemplaires en matière de conduite responsable des entreprises (...).* »[29]. Il en est autrement de l'accord du Pacifique sur des relations économiques étroites[30] entre États membres du Forum des iles du Pacifique, par lequel « [t] *he Parties reaffirm the importance of each Party encouraging enterprises operating within its territory or subject to its jurisdiction to voluntarily incorporate into their internal policies internationally recognised standards, guidelines and principles of corporate social responsibility that have been endorsed or are supported by that Party* »[31]. On comprend à travers la « coloration volontariste » que malgré l'admission des considérations sociales, les États visés n'entendent pas s'avancer franchement vers l'intégration des aspects sociaux dans la sphère économique. La conséquence immédiate est simplement l'absence d'incidence de la prise en compte du social dans l'évaluation juridique de l'investissement.

§ 2 : L'investissement social, motif de réalisation des investissements

373. *Tentation alambiquée d'exclusion du social.* Dans un souci d'objectivité, on aura relevé que le Partenariat global transpacifique[32] exclue formellement la prise en charge des services sociaux par les investissements dans une formule peu orthodoxe. Ainsi et quand bien même les investissements couverts par le traité sont ceux qui consistent à « *(...) supply services on behalf of the Party for consumption by the general public for: power generation or distribution, water treatment or distribution, telecommunications, or other*

---

[27]. La Déclaration et le programme d'action de Vienne, adoptés par la Conférence mondiale sur les droits de l'homme le 25 juin 1993, A/CONF.157/23.

[28]. Accord économique et commercial global (AECG ou CETA), liant le Canada et les États membres de l'Union européenne, signé le 30 octobre 2016.

[29]. Préambule de Accord économique et commercial global (AECG) liant le Canada et les États membres de l'Union européenne, signé le 30 octobre 2016, § 10.

[30]. Pacific Agreement on Closer Economic Relations (PACER) Plus, signé le 14 juin 2017.

[31]. Art. 5 § 2 du Pacific Agreement on Closer Economic Relations (PACER), signé le 14 juin 2017.

[32]. Comprehensive and Progressive Agreement for Trans-Pacific Partnership (Partenariat transpacifique global et progressiste), signé le 8 mars 2018. L'accord lie l'Australie, le Brunei, le Canada, le Chili, le Japon, la Malaisie, le Mexique, la Nouvelle-Zélande, le Pérou, le Singapour et le Viet-Nam.

similar services supplied on behalf of the Party for consumption by the general public (...) »[33], il est également souligné que « *(...) this subparagraph does not cover correctional services, healthcare services, education services, childcare services, welfare services or other similar social services.* »[34]. C'est dire que le contenu de certains instruments récents relatifs à l'investissement véhicule, à contresens de la dynamique vraisemblablement dominante, quelques réticences à l'idée d'une réelle ouverture aux considérations sociales. Outre cette observation liminaire, le recours à l'investissement social usité à un double niveau. D'une part, on peut y faire recours à travers les clauses (A) et, d'autre part, il y est fait recours en tant que raison d'être de l'investissement (B).

A. Investissement social au moyen des clauses

374. ***Identification de l'investissement social à travers la clause de performance***. En outre, il convient de préciser que certains traités d'investissement assortissent la très célèbre clause d'interdiction de performance de réserves à caractère social, ce qui, au surplus, atteste l'existence d'un mouvement de plus en plus ample tendant à intégrer les droits de l'homme dans les champs emblématiques de la dissociation de l'économique du social. Il y a lieu de se référer ici au traité d'investissement liant le Japon et la Côte d'Ivoire, traité dont l'annexe II fait explicitement état de l'interdiction de toute exigence de performance en ces termes : « *Japan reserves the right to adopt or maintain any measure relating to investment in public law enforcement and correctional services, and in social services such as income security or insurance, social security or insurance, social welfare, primary and secondary education, public training, health, child care and public housing.* »[35]. Cela pourrait être interprété comme une manière de signifier la possibilité pour l'État japonais de prendre des mesures sociales dont la mise en œuvre nécessiterait la contribution des investisseurs ivoiriens économiquement établis au Japon et inversement.

375. ***Investissement social dans la clause relative aux avantages***. Le même état d'esprit est présent dans le TBI liant le Canada à la France dont la disposition relative à la prescription de résultats[36] « *n'empêche pas une Partie de subordonner l'octroi ou le maintien de l'octroi d'un avantage lié à un investissement effectué sur son territoire par un investisseur de l'autre Partie ou d'un État tiers au respect de l'obligation de situer l'unité de production, de fournir un service, de former ou d'employer des travailleurs, de construire ou d'agrandir certaines installations ou d'effectuer des travaux de recherche et de développement sur son propre territoire.* »[37]. Cet exemple, comme celui qui le précède, illustre l'émergence d'un

---

33. Art. 9.1 (intitulé « *Definitions* »), p. 9-4 du chapitre relatif à l'investissement.

34. Art. 9.1 (intitulé « *Definitions* »), p. 9-4 du chapitre relatif à l'investissement, note n° 9.

35. Secteur 11, Annexe II du TBI Japon Cote d'ivoire signé le 13 janvier 2020.

36. Art. 9 de l'Accord entre le Burkina-Faso et le Canada pour les promotion et protection des investissements, signé le 20 avril 2015.

37. Art. 9 § 4. (a) de l'Accord entre le Burkina-Faso et le Canada pour les promotion et protection des investissements, signé le 20 avril 2015.

nouveau procédé de mise en lumière des exigences sociales pour faire valoir la protection due aux investisseurs et leurs investissements. En revanche, il ne s'agit que d'une piste naissante qu'il convient de considérer dans le cadre général des références d'un nouveau genre contenues dans les traités de nouvelle génération.

B. L'investissement social, motif de réalisation des investissements

376. ***L'investissement social contre les entraves***. À rebours de ce cheminement, certains traités d'investissement laissent aux États d'accueil la possibilité d'entreprendre des prérogatives visant à promouvoir les investissements locaux (au sens de nationaux) sans préjudice de la protection accordée aux investisseurs étrangers. Le traité liant la Chine à la Tanzanie en est l'illustration, tant on y lit que *« 2. Each Contracting Party, in accordance with its laws and regulations, may grant incentives or preferences to its nationals for the purpose of developing and stimulating local entrepreneurship provided that such measures shall not significantly affect the investments and activities of the investors of the other Contracting Party.* »[38]. C'est donc en exception à la clause dite de traitement national que vient se positionner la disposition exposée, mais en parfaite adéquation avec l'esprit général du traité en ce sens que dès le préambule, les États parties paraissent « *Desiring to intensify the cooperation between both States, to promote healthy, stable and sustainable economic development, and to improve the standard of living of nationals (...)* »[39]. Analysées de concert, les deux références témoignent du fait que sont opportunément bons tous les moyens de mise en avant des initiatives à apports sociaux. En tous cas, il s'agit là d'une infiltration des droits de l'homme jusque dans les aspects les plus emblématiques du droit des investissements.

377. ***L'investissement, amorce du social***. Perçu comme une aubaine, l'investissement étranger est souvent présenté par les États comme une opportunité porteuse de progrès. Partant, les États se doivent, autant que faire se peut, d'y être ouverts. Cet état des choses trouve écho dans les préambules des traités d'investissement à l'instar du TBI liant les Émirats arabes unis à Israël[40], par lequel ces deux États, à travers l'investissement, s'affirment « *Determined to ensure lasting peace, stability, security and prosperity for both their States and to develop and enhance their dynamic and innovative economies (...)* »[41]. Le même style d'idées anime le préambule de l'accord entre la Tunisie et l'Algérie sur l'encouragement et la protection des investissements, lequel souligne « *que l'encouragement et la protection réciproques des investissements en vertu d'un accord bilatéral est susceptible de stimuler l'initiative économique privée et*

[38]. Art. 3 § 2 du TBI Chine/Tanzanie relatif à la promotion et à la protection réciproque des investissements, signé le 24 mars 2013.

[39]. Préambule du TBI Chine/Tanzanie relatif à la promotion et à la protection réciproque des investissements, signé le 24 mars 2013.

[40]. Traité entre Israël et les Emirats arabes-unis sur les promotion et protection des investissements, signé le 20 octobre 2020.

[41]. Préambule du TBI Israël/Émirats arabes unis, signé le 20 octobre 2020.

d'accroître la prospérité des deux pays (...) »[42]. Il faut dire que ce faisant, l'investissement est placé au cœur de l'élévation des niveaux de vie des situations économiques des États, ce qui est de nature à légitimer sa promotion en vue de sa réalisation. Notons au passage que cette considération comporte un pendant négatif dont la pleine signification se matérialise par la réponse à l'impératif postulé par les États.

378. *L'investissement, foyer du social*. Toujours dans la logique du passage précédent, on peut citer le très ambitieux TBI Brésil/Inde, à travers lequel les deux États « *[r]ecogni[z] that the cooperation and facilitation of investments of investors of one party in the territory of the other party will be conducive to the stimulation of mutually beneficial business activity to the development of economic cooperation between them and to the promotion of sustainable development, including poverty reduction (...)* »[43]. Et plus loin à l'article 12 du même traité est clairement mentionné que « *[i]nvestors and their investments shall strive to achieve the highest possible level of contribution to the sustainable development of the Host State and the local community, through the adoption of a high degree of socially responsible practices, based on the voluntary principles and standards set out in this Article and internal policies, such as statements of principle that have been endorsed or are supported by the Parties.* »[44]. Dans le même sens, il est indiqué que « [t] *he investors and their investments shall endeavour to comply with the following voluntary principles and standards for a responsible business conduct and consistent with the laws adopted by the Host State: a) contribute to the economic, social and environmental progress, aiming at achieving sustainable development (...)*[45] ».

379. *Synthèse : contenu aux multiples enseignements*. À récapituler, on s'aperçoit que sont à distinguer les mentions des considérations sociales dans les préambules, d'une part ; et dans les dispositifs, d'autre part. Concernant le premier point, le caractère social de l'investissement se présente comme une légitimation de l'investissement. Pendant ce temps, et c'est le second point, les dispositifs renferment une connotation de l'investissement gravitant autour du rôle supposé des investissements. Ici, en somme, rien d'étranger au contenu de la notion d'investissement social, si ce n'est la contrepartie de l'installation économique d'un opérateur sur un territoire donné. Tantôt une action centrée sur l'amélioration des conditions de vie des résidents des États d'accueil, tantôt comme assistance apportée aux États dans leurs rôles de concrétisation du droit international des droits de l'homme en leur sein. À ces deux catégories vient pertinemment s'ajouter l'hypothèse où l'investissement social est cette opération économique dont les buts ne seraient, d'aucune manière, constitutifs d'une entrave à l'assistance engagée par un État à l'égard de ses ressortissants. En tout état de

---

42. Préambule du TBI Algérie/Tunisie, signé le 16 février 2006.

43. Préambule du traité de coopération et de facilitation des investissements entre le Brésil et l'Inde, signé le 25 janvier 2020.

44. Art. 12.1 du TBI Brésil/Inde, signé le 25 janvier 2020.

45. Art. 12.2 du TBI Brésil/Inde, signé le 25 janvier 2020.

cause, l'interprétation la plus plausible est celle qui consiste à mettre l'accent sur le caractère hautement symbolique de la prise en compte du « social » dans la terminologie du droit des investissements. En revanche, il serait téméraire de considérer à parts égales les différentes prises en considération du phénomène social. Car, là où certaines allusions à ce concept sont ouvertes aux considérations sociales liées à la réalisation de l'investissement, d'autres se veulent, non sans une dose d'idéologie, réticentes à l'idée d'une vision sociale de l'opération économique qu'est l'investissement.

Section 2 :
L'intégration de la notion de « développement » dans les finalités du droit de l'investissement

380. ***Du NOEI au « développement : historique.*** L'orientation du droit des investissements vers la prise en compte des droits des populations est une donnée qui répond aux exigences de ce que les spécialistes du domaine juridico-économique ont appelé le « nouvel ordre économique international » (NOEI)[46]. Ce mouvement dresse le constat d'un déséquilibre juridique de l'ordre international en faveur des États du Nord[47]. Deux évènements en particulier sont le reflet de cet état des choses. D'une part, les processus de décolonisation qui furent à l'origine de l'accession à la souveraineté internationale de plusieurs États du Sud[48], notamment d'Afrique[49]. D'autre part, la mobilisation de l'Organisation

---

[46]. Le terme fut officiellement consacré pour la première fois dans la résolution 3202 (S-VI) du 1er mai 1974 intitulée « *Programme d'action concernant l'instauration d'un nouvel ordre économique international* ». Il s'en est suivi une consécration doctrinale portée par plusieurs ouvrages traitant des rapports entre le droit international et le développement, orientés vers la nécessité d'une prise en compte des intérêts économiques des États du Sud. A titre d'exemple, voy. M. BEDJAOUI, *Pour un nouvel ordre économique international*, Paris, éd. Unesco, 1979, 295 p. ; M. BENNOUNA, *Droit international du développement. Tiers monde et interpellation du droit international*, Paris, éd. Berger-Levraut, 1983, 335 p., spéc. pp. 9 et s. ; M. BENCHEIKH, *Droit international du sous-développement. Nouvel ordre dans la dépendance*, Paris, ed. Berger-Levraut, 1983, 331 p. Pour une synthèse relativement récente de l'ensemble de ces travaux, voy. A. MAHIOU, « Du droit économique au nouvel ordre économique international : quelques réflexions », *RIDE*, 2013, n° 4, pp. 523-532.

[47]. *Idem.*

[48]. On aura relevé que cela s'est opéré dans la foulée d'une déclaration sur l'indépendance. Voy. AGNU, Déclaration sur l'octroi de l'indépendance aux pays et aux peuples coloniaux, résolution 1514 (XV) du 14 décembre 1960.

[49]. En effet, au cours de la seule année 1960, pas moins de 15 États africains ont accédé à la souveraineté internationale : Benin (1er août 1960) ; Burkina-Faso (5 août 1960) ; Cameroun (1er janvier 1960) ; Centrafrique (13 août 1960) ; Congo-Zaïre (15 août 1960) ; République démocratique du Congo (30 juin 1960) ; Côte d'Ivoire (7 août 1960) ; Gabon (17 août 1960) ; Madagascar (26 juin 1960) ; Mali (20 juin 1960) ; Mauritanie (28 novembre 1960) ; Niger (3 août 1960) ; Nigeria (1er octobre 1960) ; Sénégal (20 juin 1960) ; Somalie (1er juillet 1960) ; Tchad (11 août 1960) ; Togo (27 avril 1960). À ces États s'ajoutent à différence d'année d'accession à l'indépendance, mais par une forte mobilisation pour un nouvel ordre économique international : l'Algérie (5 juillet 1962) et le Maroc (2 mars 1956 et 7 avril 1956).

des Nations Unies en faveur des revendications des États nouvellement indépendants au moyen d'au moins trois textes fondateurs[50], équivalent à ce que l'on ne pourrait qualifier que de « tentatives de validation » Sur ce point et comme le relève opportunément un auteur proche du mouvement, « [l] *e mérite du droit international du développement est d'introduire le facteur économique et le niveau de développement dans l'analyse juridique et l'appréciation des relations entre les États (...).* »[51] C'est précisément la grille à l'aune de laquelle il serait utile d'analyser le bien-fondé de l'investissement tant elle est porteuse de cette confrontation (ou combinaison) de l'économique et du social. En tous cas, l'intégration du concept de développement dans les finalités de l'investissement résulte soit d'une prise en compte générique, soit d'une prise en compte spécifique. La première correspond à la contribution au développement de l'État (Paragraphe 1) ; et la seconde renvoie au respect des droits des populations autochtones (Paragraphe 2).

§ 1 : La conditionnalité de la contribution au développement de l'État d'accueil

381. ***Contours.*** L'angle privilégié dans le présent paragraphe sera celui de la vérification de l'adéquation des instruments du NOEI avec la réalisation de l'investissement. Cela se justifie par la considération selon laquelle l'investissement serait bénéfique pour les États à modeste économie et contribuerait donc, sans distinction, à élever le niveau de vie des nationaux de l'État hôte. Seulement ce développement supposé ne semble pas exister en dehors de certaines déconvenues issues de la logique même du marché. C'est dans ce sens que Guy FEUER note que « [m] *algré les affirmations de ceux qui croient aveuglément aux vertus de la "main invisible" et qui pensent que seul le marché constitue un moteur sans défaut pour assurer le bien — et leur nombre ne cesse de croître — l'orientation prise par la mondialisation présente des défectuosités*

---

50. Voy. AGNU, Charte des droits et des devoirs économiques des États, résolution 3281 (XXIX) du 14 décembre 1974 ; AGNU, Souveraineté permanente sur les ressources naturelles, résolution 1803 (XVII) du 14 décembre 1962 ; AGNU, Déclaration sur le droit au développement, résolution 41/128 du 4 décembre 1986. Si toutes ces résolutions touchent à la problématique du développement, il n'en demeure pas moins que la dernière suggère, à travers son contenu, une approche plus intégrée du développement. On y trouve des formules ambitieuses à l'instar de l'article 1 qui indique de manière franche et ambitieuse que : « *1. Le droit au développement est un droit inaliénable de l'homme en vertu duquel toute personne humaine et tous les peuples ont le droit de participer et de contribuer à un développement économique, social, culturel et politique dans lequel tous les droits de l'homme et toutes les libertés fondamentales puissent être pleinement réalisés, et de bénéficier de ce développement. 2. Le droit de l'homme au développement suppose aussi la pleine réalisation du droit des peuples à disposer d'eux-mêmes, qui comprend, sous réserve des dispositions pertinentes des deux Pactes internationaux relatifs aux droits de l'homme, l'exercice de leur droit inaliénable à la pleine souveraineté sur toutes leurs richesses et leurs ressources naturelles.* » (Art. 1er de la Déclaration sur le droit au développement, précitée).

51. A. MAHIOU, « Du droit économique au nouvel ordre économique international », *loc. cit.*, p. 529.

qu'il est indispensable et urgent de corriger»[52]. Avant d'ajouter que « *[c]'est ici que le droit réapparaît en majesté.*»[53] Et si le droit en question était le droit international des droits de l'homme ? Et que le droit au développement en est le porte-parole dans la problématique qui nous occupe. En tout état de cause, et ce sera la ligne directrice des développements qui suivent, le droit au développement escorterait les investissements en tant que mouvement des capitaux au point qu'« [i] *l serait inutile et fastidieux de démontrer l'évidence selon laquelle le droit international contemporain lie intimement la réalisation universelle et effective des droits et des libertés de l'homme au développement économique, social et culturel.*»[54]

382. ***Identification du droit au développement***. Avant de creuser davantage, la problématique qui nous guide, un détour par le sens du concept de « développement » accolé au « droit », s'impose. La Déclaration sur le droit au développement[55] précise qu'il s'agit d'« *un droit inaliénable de l'homme en vertu duquel toute personne humaine et tous les peuples ont le droit de participer et de contribuer à un développement économique, social, culturel et politique dans lequel tous les droits de l'homme et toutes les libertés fondamentales puissent être pleinement réalisés, et de bénéficier de ce développement.*»[56]. Désigné comme « [d] *roit moral revendiqué par les pays en développement*[57] *et reconnu comme tel par plusieurs textes internationaux, aux termes duquel tout État, tout peuple, toute Communauté et toute personne humaine doit pouvoir accéder sans obstacles aux bienfaits et avantages que procure l'action pour le progrès économique, social, culturel et même politique*»[58], le droit au développement se positionnerait en réceptacle et caisse de résonnance des revendications légitimes d'une certaine catégorie d'États. À eux seuls, ces deux aspects sont constitutifs d'une certaine appétence de la part des États vis-à-vis des opérations d'investissement. Mais les investissements comme envisagés par les États sont-ils réellement porteurs de cette attente ? Pour répondre à cette interrogation, il convient d'inspecter un échantillon de dispositions relatives à l'investissement afin d'identifier les sens que revêtent les concepts qui nous occupent.

---

52. G. FEUER, « Libéralisme, mondialisation et développement. A propos de quelques réalités ambiguës. », *AFDI*, vol. 45, 1999, p. 160.

53. *Idem.*

54. J. TOUSCOZ, « La revendication d'une limite à la croissance », in SFDI, *Pays en voie de développement et transformation du droit international. Colloque d'Aix-en-Provence*, Paris, éd. Pedone, 1974, p. 78.

55. AGNU, Déclaration sur le droit au développement, résolution 41/128 du 4 décembre 1986.

56. *Ibid.*, art. 1.

57. Le terme pays en développement ne rend pas véritablement compte de la réalité et est même susceptible de constituer une source de confusion ; ce, d'autant plus qu'il relève davantage de la subjectivité que de l'objectivité. Ainsi, il ne serait que téméraire de déterminer le critère en fonction duquel tel ou tel État bénéficierait du « statut » de pays développé ou de celui de pays en développement.

58. J. SALMON (dir.), *Dictionnaire de droit international public*, Bruxelles, Bruylant/AUF, 2001, p. 370.

383. Des deux séries de considérations stipulées, il ressort que l'étude de la conditionnalité générique passe par la mise en avant de deux contenus : celui des instruments pertinents du droit au développement (A) et celui du contenu des dispositions représentatives des instruments relatifs à l'investissement (B).

A. La réalisation timide du développement par l'investissement

384. Si le concept de développent n'est pas étranger au droit des investissements, cela n'implique pas forcément sa pleine réalisation par toute opération d'investissement. Pour s'en rendre compte, il convient de se rapporter aux diverses conceptions du développement adoptées dans les instruments relatifs à l'investissement, auxquelles viennent s'ajouter des divergences idéologiques.[59] Considérés de concert, ces deux éléments fragilisent la fonction originelle de l'investissement dans la concrétisation du développement.

1. Absence de sens univoques

385. ***Des instruments perméables***. Les instruments de protection des investissements sont d'une manière générale ouverts à l'idée d'intégration des droits de l'homme.[60] En revanche, et c'est toute la difficulté, la signification du développement dans ces différents instruments dépend dans une large mesure de la conception même du droit des investissements. Trois axes rattachables au développement et illustratifs des divergences rédactionnelles se dégagent des énoncés des traités d'investissement. Ainsi, au titre du développement, le CETA énonce que les obligations de prescription sont sans préjudice de « *(...) l'octroi ou le maintien d'un avantage, en ce qui concerne un investissement sur [un] territoire, au respect de la prescription d'installer la production, de fournir un service, de former ou d'employer des travailleurs, de construire ou d'agrandir des installations particulières ou de réaliser des travaux de recherche et de développement sur [un] territoire.* »[61] Alors que cette disposition s'inscrit dans le cadre d'une exception aux interdictions liées aux prescriptions de résultats, une autre disposition d'un autre traité envisage la même question sous l'angle de l'objectif global des opérations d'investissement. C'est la logique des États « [p] *persuadés que l'encouragement et la protection de [s] investissements sont propres à stimuler les transferts de capitaux et de technologie entre les (...) pays, dans l'intérêt de leur développement économique.* »[62] À ces deux logiques différentes, s'ajoute une troisième a tendance éclectique tenant compte à la fois des énoncés généraux/globaux des préambules et ceux spécifiques des

59. J. TOUSCOZ, « La revendication d'une limite à la croissance », *loc. cit.*, pp. 78 et s.

60. En dehors des cas des traités « nouvelle génération », largement abordés notamment dans la première partie de ce travail, bon nombre des règles substantielles relatives à l'investissement sont porteuses des droits de l'homme à travers leurs formulations ou leurs destinataires (voy. Chapitre 1 du présent titre).

61. Art. 8. 5, § 3 (Chapitre 8 relatif à l'investissement) du CETA intitulé « prescriptions de résultats », signé le 30 octobre 2016.

62. Préambule du TBI France/Kenya, signé le 4 décembre 2007.

dispositifs.[63] Les instruments de protection des investissements se présentent certes ainsi comme le reflet de la présence du développement au sein du droit des investissements, mais se heurtent à l'obstacle des équivoques. Cet état de fait, du reste dominant dans le domaine, tend à se généraliser parce que non seulement il irrigue les instruments de protection des investissements, mais aussi et surtout s'étale jusqu'à la sphère contentieuse, sans toutefois emporter, et la nuance est de taille, une mise en œuvre régulière[64].

386. ***Des contenus réceptifs* ?** Si la présence du concept de développement dans les instruments de protection des investissements signale la considération de certains aspects des droits de l'homme liés aux droits des peuples[65], il n'en demeure pas moins que cette prise en compte nécessite un suivi de la part des instances de règlement des différends. Autrement dit, la tendance vers la généralisation de l'inclusion des exigences de respect des objectifs de développement fixés par les États, en particulier les plus faibles économiquement, doit satisfaire les impératifs de la protection des droits de l'homme. Seulement, les attitudes des instances de règlement des différends relatifs à l'investissement ne semblent pas unanimes sur la question, ce qui, en dernier ressort, injecte une dose de nuance dans la prise en compte concrète du développement. Alors que certaines sentences intègrent le développement dans le contenu de l'investissement, d'autres s'en détachent.[66] Et là encore, la notion d'investissement joue le rôle de filtre, conditionnant ainsi la protection offerte par l'État à raison d'un investissement réalisé sur son territoire. Il a été relevé que « [c] *e n'est pas parce qu'[un] préambule évoque le développement que ce dernier doit être intégré dans la définition de l'investissement qui ne s'y réfère pas. Loin de constituer un critère juridique déterminant le champ d'application du traité, la référence au développement peut être un simple but politique, une conséquence ou un objectif recherché par les partenaires qui concluent un traité d'investissement.* »[67] Ce point de vue interroge en ce sens qu'il entend détacher les buts politiques et les objectifs d'un traité de la raison juridique. À suivre le raisonnement de l'auteur, on pourrait même se demander quel serait alors

---

[63]. En guise d'illustration, le TBI Canada/Benin (signé le 9 janvier 2013) va dans le sens du TBI France/Kenya à travers son préambule et dans le sens du CETA à travers l'art. 10 § 4 (a) relatif aux prescriptions de résultat.

[64]. Sans qu'il soit nécessaire de revenir sur les multiples contradictions générées par le contentieux de l'investissement, il parait plus que plausible de faire allusion à la célèbre contradiction faisant suite à la conception objective de la notion d'investissement à laquelle s'est opposée la conception subjective dans le cadre de différends soumis à une même institution, en l'occurrence le CIRDI. A titre d'exemple, voy. W. BEN HAMIDA, « La notion d'investissement : la notion maudite du système CIRDI », *Gazette du Palais*, n° 349, 15 décembre 2007, pp. 33-38.

[65]. C'est en réalité la dimension collective qui permet de marquer ce droit.

[66]. Il faut dire que cette dichotomie traverse toutes les questions liées à la compétence. Pour les sentences favorables à l'intégration du développement, voy. Par exemple : (...) ; et pour les sentences non favorables : (...).

[67]. A. DE NANTEUIL, « La notion d'investissement réalisé conformément au droit de l'État d'accueil », *Cahiers de l'arbitrage* (Chron. Investissements internationaux et arbitrage), n° 4, 2010 § 77.

l'objectif d'un traité. Et objecter par la même occasion qu'un traité sans « buts politiques » ou sans « conséquences » ne saurait exister ne serait-ce que parce que l'action même de conclure un accord renferme une part politique considérable. Au surplus et toujours comme l'indique l'auteur, si l'intégration du développement sur le seul fondement des références contenues dans le préambule d'un traité d'investissement est un « *abus des objectifs et des préambules* »[68], force est de constater que l'utilité des opérations d'investissement pour les États d'accueil risque de susciter des inquiétudes, inquiétudes dont les répercussions sur les protections consenties jusqu'ici aux investisseurs pourraient en pâtir[69]. Une conclusion s'impose non sans paradoxe : le sort réservé au développement au sein de l'investissement est pour le moins incertain ; tantôt intégré dans la logique de la protection des investissements et tantôt exclu de ladite logique. Pourquoi ? C'est du côté des conceptions idéologiquement orientées de la notion d'investissement que la réponse pourrait et semble venir.

2. L'ascendant de la querelle idéologique

387. *Opposition*. Le droit des investissements est, d'une manière générale, régi par des règles aussi diverses que variées dont la mise en œuvre dépend largement des positionnements des instances de règlement des différends relatifs à l'investissement. On ne peut s'empêcher d'exposer ici ce qui semble constituer le nœud du problème : tiraillement entre les tenants de la conception objective[70] et ceux de la conception subjective[71]. Cette dernière cautionne une certaine latitude aux États de déterminer la place du développement au sein des opérations d'investissement. À cette vision s'oppose celle qui, au contraire, tend à encadrer ce que les États admettent ou considèrent comme constitutif d'un investissement. En réalité, il ne s'agit que du prolongement de l'opposition entre défenseurs de l'approche volontariste et défenseurs de l'approche substantielle. Là encore et comme pour les conceptions des droits de l'homme, les effets de l'une comme l'autre des deux approches sont déterminants pour la nature de la relation entre la sphère économique et le développement. Illustrant la première approche, le

---

68. *Idem.*

69. Au cours de la dernière décennie, certains pays du tiers-monde ont proféré des reproches à l'encontre de l'arbitrage d'investissement, lesquels se sont concrétisés par le retrait de certains États. En effet à partir de 2007, un mouvement de dénonciation de la Convention de Washington sur le règlement des différends, s'est enclenché avec le retrait de la Bolivie suivie par l'Équateur et le Venezuela. Sur ces retraits, voy. S. MANCIAUX, « La Bolivie se retire du CIRDI », *Revue de l'arbitrage*, 2007, pp. 351-358 ; Et du même auteur, « Le Venezuela se retire du CIRDI », Revue de l'arbitrage, 2012, n° 1, pp. 215-221.

70. Laquelle « pose des critères autonomes ou objectifs à la qualification d'investissement ». Voy. W. BEN HAMIDA, « La notion d'investissement : la notion maudite du système CIRDI », *Gazette du Palais*, n° 349, 15 décembre 2007, p. 33, § 4.

71. *Définie comme « dédu [ction] [de] l'existence d'un investissement au sens de la Convention de Washington du seul accord des parties »*. Voy. *Ibid.*, p. 33, § 3. La terminologie est quelque peu problématique, car en dépit du fait qu'elle désigne la considération du point de vue des sujets, elle reste limitée par le moment et les sujets auxquels elle se réfère.

Tribunal de l'affaire *Joy Mining Machinery c. Égypte*[72], n'a pas manqué, au sujet d'un prêt bancaire, de se déclarer incompétent pour absence d'investissement, et ce, malgré sa reconnaissance de la volonté accordée aux Parties en vertu de la Convention de Washington[73]. À ce sujet, et cela va à l'encontre de l'approche volontariste, la place de la volonté des Parties ne saurait se substituer à l'objet même de la Convention[74], lequel n'est susceptible d'être pleinement cerné qu'au moyen d'une approche globale des activités entourant un prétendu investissement. C'est d'ailleurs cette logique[75] qui a poussé les arbitres de l'affaire *Joy Mining Machinery* à souligner que « [*t*]*he parties to a dispute cannot by contract or treaty define as investment, for the purpose of ICSID jurisdiction, something which does not satisfy the objective requirements of Article 25 of the Convention.* »[76] Car, poursuivent les arbitres, « [*o*] *therwise, Article 25 and its reliance on the concept of investment, even if not specifically defined, would be turned into a meaningless provision.* ».[77]

388. *Incidences : un développement pivot*. Compte tenu des deux approches exposées ci-dessus, on ne peut s'empêcher d'adhérer à l'approche globale, laquelle parait plus rigoureuse dans la vérification de l'existence de l'investissement en ceci qu'elle vise prioritairement la vérification de l'existence d'éléments objectifs aptes à donner un réel contenu à la notion d'investissement. C'est justement cette technique qui est la plus à même d'intégrer le développement de manière orthodoxe. Dans ce cas précis, le développement se retrouve au cœur des discordes idéologique. Si, comme le laisse penser l'approche volontariste, tout est question du bon vouloir des États, rien ne justifierait la mise à l'écart de la volonté exprimée par les États dans la Convention de Washignton au détriment de leur volonté exprimée dans les traités d'investissement. *Lex*

---

72. CIRDI, *Joy Mining Machinery c. République arabe d'Égypte*, aff. n° ARB/03/11, Décision sur la compétence du 6 aout 2004.

73. CIRDI, sentence *Joy Mining Machinery,* § 42. On aura relevé que le traité applicable en la matière était le TBI Royaume-Uni/Egypte, signé le 11 juin 1975 et dont l'article 1 ayant servi de base d'interprétation des volontés des deux États parties disposait que « *For the purposes of this Agreement (a) "investment" means every kind of asset and in particular, though not exclusively, includes: (...) (iii) claims to money or to any performance under contract having a financial value* (...). ».

74. Les États signataires de la Convention pour le Règlement des Différends relatifs aux Investissements entre États et Ressortissants d'autres États (conclue à Washington le 18 mars 1965) ont, dès le premier point de son Préambule, soulevé « *la nécessité de la coopération internationale pour le développement économique, et le rôle joué dans ce domaine par les investissements privés internationaux (...)* ».

75. L'affaire va dans le même sens en ceci que les arbitres y ont eu l'occasion d'affirmer que : « *The Preamble of the Convention confirms the foregoing interpretation. Here, after "considering the need for international cooperation for economic development, and the role of private international investment therein," the Contracting Parties bear "in mind the possibility that from time-to-time disputes may arise in connection with such investment between Contracting States and nationals of other Contracting States.* ». Voy. CIRDI, *Ceskoslovenska Obchodni Banka A.S c. Slovaquie*, aff. n° ARB/97/4, Décision sur la compétence du 24 mai 1999, § 73.

76. CIRDI, *Joy Mining Machinery,* précitée, § 50.

77. *Idem.*

specialis derogat legi generali objecterait-on. Seulement, cette formule n'a de sens qu'en cas de conflit entre deux catégories de règles générales et spéciales. Or en matière d'investissement, la question est surtout de savoir si les multiples règles de protection des investissements correspondent au cadre général du mouvement des capitaux voulu par les États. Quand bien même les États seraient par moments, voire souvent, racoleurs au moyen de dispositions conventionnelles, il revient aux instances de règlements des différends de veiller à ce que l'expression de cette volonté soit avérée[78]. Que la tâche soit périlleuse, cela ne fait pas de doute ; mais une telle difficulté ne saurait justifier un recours inconditionné à la volonté exprimée dans le traité et qu'un recours au développement, comme contenu de l'investissement, est pourtant apte à dissiper en tant que noyau dur de l'investissement. Il convient de souligner à juste titre qu'il peut arriver que l'approche dite subjective aboutisse aux mêmes résultats en termes de prise en compte du développement, mais aux prix, soit d'une extrême imprécision,[79] soit d'une précision des termes du traité applicable, même douteuse[80]. Ce fait est en soi révélateur de la présence d'une dose d'arbitraire dans

---

[78]. Il est par ailleurs vrai que les arbitres suivent la plupart du temps la volonté des États issue des seules dispositions des instruments de protection des investissements applicables. L'on peut à cet égard regretter une telle attitude en ce sens que l'exercice d'interprétation d'une norme internationale se fait normalement en fonction de toutes les règles pertinentes du droit international. Tel est l'orientation de l'article 31 de la Convention de Vienne sur le droit des traités (conclue le 23 mai 1969, entrée en vigueur le 27 janvier 1980, *RTNU*, vol. 1155, p. 333). Pour une analyse de la méthode d'analyse des tribunaux d'investissement, voy. Sh. HAMAMOTO, « Méthodologie extraordinaire pour trouver le sens ordinaire ? Le sens ordinaire pour les tribunaux compétents en matière d'investissement », in D. Alland et *al.* (Eds.), *Unité et diversité du droit international. Écrits en l'honneur du Professeur Pierre-Marie Dupuy — Unity and Diversity in International Law. Essays in Honour of Professor Pierre-Marie Dupuy*, Leiden, Martinus Nijhoff Publishers, 2014, pp. 689-707, spéc., p. 706.

[79]. Ainsi dans l'affaire *Patrick Mitchell c. RDC* (CIRDI, aff. n° ARB/99/7, Décision sur annulation du 1er novembre 2006), les arbitres se sont fiés aux termes très larges du traité pour qualifier les actions du demandeur comme investissement. Voy. CIRDI, *Patrick Mitchell c. RDC*, aff. n° ARB/99/7, Sentence du 9 février 2004, § 55 : *« Le Tribunal peut déduire de [s] éléments de définition la conclusion que le TBI contient une notion d'investissement qui est aussi large que celle de la Convention CIRDI. En sus des biens mobiliers, le Demandeur a transféré au Congo de l'argent et d'autres biens qui ont constitué les fondements de son "activité professionnelle qui est arrivée à terme lors de la saisie de son Cabinet ou dans la période subséquente à cet événement (...) cette activité et la valeur économique qui lui est associée constituent un investissement au sens du TBI et de la Convention CIRDI."*. Soulignons que la disposition (art. 1) du TBI Etats-Unis/Congo, signé le 3 aout 1984, énonce que *""Investment" means every kind of investment, owned or controlled directly or indirectly, including equity, debt, and service and investment contracts (...)."* »

[80]. En contrepied de la sentence *Patrick Mitchell c. RDC*, l'affaire *M.C.I. Power Group & New Turbin c. Equateur* (CIRDI, aff. n° ARB/03/6, Sentence du 31 juillet 2007) était l'occasion pour les arbitres d'user de l'approche subjective tout en concluant à l'existence d'un investissement sans considération préalable du développement. C'est d'une manière excessive que « *[t]he Tribunal states that the requirements that were taken into account in some arbitral precedents for purposes of denoting the existence of an investment protected by a treaty (such as the duration and risk of the alleged investment) must be considered as mere examples and not necessarily as elements that are required for its existence.* ». Et de manière expeditive que *« Nevertheless, the Tribunal considers that*

les interprétations arbitrales. Ne serait-ce que parce que les arbitres, invités à donner un sens aux énonciations conventionnelles ou contractuelles retenues, pourraient s'émanciper de la volonté des Parties en la remplaçant par des orientations idéologiques. Autrement dit, si le droit des investissements est en quête de sécurité, celle-ci ne pourrait lui être garantie que par une prise en compte assumée du développent non pas exclusivement sous l'angle conventionnel, mais aussi et surtout sur le terrain de l'interprétation.

B. La justification de l'investissement par le développement

389. ***Postulats/hypothèses***. Les règles de protection des investissements paraissent ouvertes à l'intégration des considérations relatives aux droits de l'homme.[81] Cela s'explique par la considération selon laquelle les normes du droit au développement sont d'une extension telle qu'elles seraient à même de s'infiltrer dans toutes les sphères du droit, y compris celles du droit des investissements duquel l'on a, à tort, tenté de les y exclure. Seulement, et cela n'échappe guère aux tentatives de schématisation, le droit au développement s'est fait, au moins en théorie, ériger en épine dorsale des opérations d'investissement[82]. On peut certes à cet égard se garder de mettre en lumière les initiatives qui ont eu pour effet la mise en avant des règles de protection des investissements sans passer par la trajectoire des règles relatives au développement.[83] À l'inverse, on pourrait de manière fort opportune mettre

---

the very elements of the Seacoast project and the consequences thereof fall within the characterizations required in order to determine the existence of protected investments. » (Sentence *M.C.I Power*, § 16).

81. En effet, ainsi que cela a été exposé dans la première partie de cette thèse consacrée aux sources du droit des investissements, quatre canaux d'intégration des droits de l'homme dans le droit des investissements ont été relevés. Il s'agit de la législation internationale relative au travail, la RSE, la référence aux principaux instruments des droits d l'homme et la référence au développement durable. Ce dernier n'est en réalité qu'une des manifestions les plus modernes du développement en ce sens que ledit développement durable couvre la triple dimension économique, sociale et environnementale.

82. Telle était l'orientation des administrateurs de la Banque Mondiale lors de la mise sur pied de la Convention de Washington relative au règlement des différends d'investissement, dont le rapport indique explicitement que : « En soumettant la Convention ci-jointe aux gouvernements, les Administrateurs sont mus par le désir de renforcer la collaboration des pays à la cause du développement économique. ». Voy. Banque Mondiale : Rapport des Administrateurs sur la Convention pour le règlement des différends relatifs aux investissements entre États et ressortissants d'autres États, daté du 6 août 1965 et adopté par le Conseil des gouverneurs de la BIRD, rés. n° 214 du 10 septembre 1964, § 9.

83. En ce sens, Sh. HAMAMOTO, « Méthodologie extraordinaire », *loc. cit.*, pp. 691 et s ; Par ailleurs, la déclaration sur le droit au développement énonce dès son art. 1er que : « *1. Le droit au développement est un droit inaliénable de l'homme en vertu duquel toute personne humaine et tous les peuples ont le droit de participer et de contribuer à un développement économique, social, culturel et politique dans lequel tous les droits de l'homme et toutes les libertés fondamentales puissent être pleinement réalisés, et de bénéficier de ce développement. 2. Le droit de l'homme au développement suppose aussi la pleine réalisation du droit des peuples à disposer d'eux-mêmes, qui*

l'accent sur les quelques sentences à l'occasion desquelles des arbitres ont quelque peu fait montre d'hostilité vis-à-vis de l'optique assez protectrice des investissements[84]. Si comme l'indiquent les défenseurs de cette thèse[85], le développement n'est pas un critère en tant que tel, mais plutôt un élément sous-jacent à tous les autres critères que sont la durée, l'apport et le risque, il serait problématique de l'écarter pour cette simple raison. Car, au contraire, le fait même que ce critère soit transversal implique la nécessité de sa prise en compte comme tel. On pourrait aller plus loin en imaginant que compte tenu de sa transversalité, le critère de développement de l'État d'accueil est plus méritant à figurer comme critère unique d'investissement, et ce, au détriment des autres critères tant, ni l'apport, ni le risque, ni la durée ne répondent à sa transversalité. Autrement dit, au lieu de tenir compte d'une multitude de critères, il serait moins encombrant de mettre l'accent sur une diversité de critères dont l'apport n'est que faible pour la clarté du domaine de la protection des investissements. Voyons ce qu'il en est à la lumière de ce postulat.

1. La présence quasi systématique du développement

390. *Globalité*. En dépit des caractéristiques quelque peu fragmentées de l'ossature de ses normes, d'une part, et les interprétations divergentes venant des instances arbitrales, d'autre part, le droit des investissements semble orienté vers la prise en compte du développement des États. Nombre d'instruments relatifs à l'investissement mettent en avant, en théorie, l'objectif de développement des États dans une perspective unique et presque monotone de justification de la nécessité de l'investissement pour les États qui l'accueillent. Sans qu'il soit possible ni réaliste de s'étaler sur tous les instruments relatifs à l'investissement, ou à une multitude d'instruments convergents, il s'avère tout de même opportun d'exposer quelques-uns de leurs contenus avant de s'enquérir des lectures qui en sont faites devant les instances de règlement des différends.

391. *Exemples d'acceptions : l'implicite et l'explicite*. Pour illustrer au mieux les acceptions du développement issues des traités d'investissement, l'accent sera mis sur deux exemples de références implicite et explicite. Au titre des traités d'investissement faisant implicitement référence au développement, on peut citer, comme exemple, le TBI Italie/Mozambique, lequel ne mentionne pas

comprend, sous réserve des dispositions pertinentes des deux Pactes internationaux relatifs aux droits de l'homme, l'exercice de leur droit inaliénable à la pleine souveraineté sur toutes leurs richesses et leurs ressources naturelles » (AGNU, rés. du 4 décembre 1986, 41/128.). Si le droit au développement est un droit fondamental et si ce même droit est consacré par les textes relatifs à l'investissement, il serait difficile de l'écarter du champ du droit des investissements.

[84]. Pour n'en citer que trois exemples des plus récents et plus emblématiques : Tribunal *ad hoc* (CNUDCI), *Hesham Talaat M. Al-Warraq c. Indonésie,* sentence du 15 décembre 2014 ; CIRDI, *Urbaser et al. c. Argentine*, aff. n° ARB/07/26, sentence du 8 décembre 2016 ; CIRDI, *Burlington Ressources Inc. c. Équateur*, aff. n° ARB/08/5, décision sur les demandes reconventionnelles du 7 février 2017. Ces affaires feront l'objet feront l'objet d'analyses approfondies dans le titre 2 de cette partie.

[85]. Voy. le point 2 (B) du présent paragraphe.

explicitement le développement, y compris dans son préambule. On y lit toutefois de manière implicite que les deux États reconnaissent « *that offering encouragement and reciprocal protection to investment based on international agreements will contribute to stimulating business ventures and fostering the prosperity of both Contracting Parties* ».[86] À déchiffrer les termes employés, il parait plausible de considérer la prospérité des États parties au traité comme l'élément permettant d'opérer un rattachement au concept de développement de l'État d'accueil ne serait-ce que parce que le terme est en lui-même synonyme d'une « [t] *ransformation économique et sociale qui conditionne et accompagne la croissance* »[87]. En revanche, on retrouve des références marquées contenues dans les traités d'investissement ou l'exigence de contribution au développement apparait aussi bien dans le préambule que dans le dispositif. Tel est par exemple le cas du TBI Bresil/Maroc : « *Les investisseurs s'efforceront de contribuer aux objectifs de développement de la Partie Hôte et lui fourniront tout renseignement qu'il exigera concernant leurs investissements aux fins de la prise de décision liée auxdits investissements ou à des fins exclusivement statistiques.* »[88]. Prise au mot, cette disposition pourrait être envisagée comme une volonté d'inciter les investisseurs à s'impliquer dans tous les domaines que les parties au traité considèrent comme pilier du développement. En tout état de cause, et dans l'attente de décisions fondées sur les traités d'investissement « nouvelle génération », la qualité de la référence au développement ne parait pas apte à faire barrage à l'invocation d'une argumentation objective dont la cible serait la vérification du développement apporté par l'investissement. Autrement dit, qu'il s'agisse d'une mention explicite ou implicite du développement dans les instruments conventionnels relatifs à l'investissement, les instances de règlement des différends auraient tendance à privilégier la méthode la plus à même de faire allusion à la Convention de Washington, ce qui génère par ailleurs une proximité du concept de développement.

392. ***Adhésions interprétatives : clin d'œil au développement.*** Dans l'affaire *CMC Muratori Cementisti et al. c. Mozambique*[89] où il était question de dire si une transaction pouvait être considérée comme un investissement, le Tribunal institué sous l'égide du CIRDI, contrairement à l'argumentation développée par la demanderesse, s'est placé sur le terrain de la contribution de l'opération au développement de l'État d'accueil pour aboutir à sa qualification d'investissement[90]. Ce faisant, le Tribunal s'est certes posé comme protecteur de

---

[86]. Préambule du TBI Italie/Mozambique, signé le 14 décembre 1998.

[87]. A. REY J. REY-DEBOVE (dir.), *Le Petit Robert de la langue française (2022)*, éd. Le Robert, 2021, p. 723.

[88]. Art. 8 de la partie II du TBI Brésil/Maroc, signé le 13 juin 2019.

[89]. CIRDI, *CMC Muratori Cementisti et al. c. Mozambique*, aff. n° ARB/17/23, sentence du 24 octobre 2019.

[90]. Les termes employés par le tribunal sont sans appel : « *In the opinion of the Tribunal, the definition of "investment" in the BIT does not exceed what is permissible under the ICSID Convention. The Claimants' claims "for sums of money or any performance having an economic value" within the*

l'esprit du texte de la Convention de Washington à travers une lecture objective, mais a inversement abouti à une solution subjective en ceci que le rôle de la transaction en question n'établit guère convenablement une contribution au développement du Mozambique. Car protéger les auteurs d'une transaction est une chose et la qualification d'une telle transaction d'investissement en est une autre. À suivre la logique du tribunal, on se retrouve presque dans un semblant de raisonnement circulaire à première vue garant de la Convention de Washington, mais en réalité générateur d'une cacophonie conceptuelle dont l'objectif n'est autre que le retour à la case de départ : protection d'une transaction au moyen de sa qualification d'investissement[91]. En tous cas, le procédé en tant que tel ne peut être lu autrement que comme une volonté de promouvoir l'attachement à la Convention de Washington en ce qu'elle est axée sur le développement en tant que fondement sans toutefois en tirer toutes les conséquences. Sans être identique par son objet (portant sur un prêt bancaire), l'affaire *Standard Chartered Bank (Hong-Kong) Limited c. Tanzanie*[92] est similaire à l'affaire en ce sens que le procédé argumentatif déployé dans la première est une quasi-copie de celui employé dans la seconde[93]. Les procédés utilisés dans ces deux affaires témoignent d'un état d'esprit convergent vers la considération du développement en particulier lorsqu'il est question de jauger l'étendue d'une opération susceptible d'être qualifiée d'investissement.

2. Vers une généralisation de l'intérêt porté au développement ?

393. *Controverse doctrinale...* Le critère de développement de l'État hôte est en réalité l'élément autour duquel se concentre toute la problématique de la substance de la notion d'investissement. S'il est vrai à cet égard que les critères antérieurement évoqués du risque, de la durée, et de l'apport sont, dans une large mesure, adoptés tant juridiquement que judiciairement, il n'en demeure pas moins

---

meaning of Article 1(c) of the BIT arise directly out of their investment in the Lot 3 Project. In the view of the Tribunal, that is sufficient to bring the Claimants' claims within the jurisdiction of the Tribunal under both the BIT and the ICSID Convention. ». Voy. *CMC Muratori Cementisti et al. c. Mozambique*, précitée, § 194.

[91]. En ce sens que le tribunal, au detour d'une longue argumentation se voulant objective, rejoint tout naturellement l'art. 1er du TBI Italie/Mozambique (signé le 14 décembre 1998) applicable, lequel énonce que « *l. The term "investment" shall be construed to mean any investment effected by a legal or a natural person of a Contracting Party in the territory of the other Contracting Party, in conformity with the laws and regulations of the Contracting Parties. The term "Investment" comprises in particular, but not exclusively: (...) c) credits for sums of money or any performance having economic value connected with an investment, as well as reinvested incomes and capital gains (...).* ».

[92]. CIRDI, *Standard Chartered Bank (Hong-Kong) Limited c. Tanzanie, aff. n° ARB/15/41*, sentence du 11 octobre 2019.

[93]. Après avoir relevé le caractère controversé des « criteres salini » souvent mobilisés dans le cadre du procédé objectif (Sentence *Standard Chartered Bank c. Tanzanie,* précitée § 240*),* le tribunal indique dans le paragraphe suivant que « *Contribution to the host State's economic development is of course the desired outcome of any foreign investment and the basis for the promotion of foreign investment underlying of the ICSID Convention* ». Voy. CIRDI, *Standard Chartered Bank c. Tanzanie,* § 241.

que le critère de développement suscite un débat acharné entre deux franges d'auteurs. Il s'agit paradoxalement d'un élément capital pour mesurer l'utilité de l'investissement. Pour les uns, le critère de développement est à prendre en compte pour mesurer l'existence d'une opération d'investissement[94] ; l'investissement étant une contribution au développement de l'État hôte. Et pour les autres, cette démarche est infructueuse en ce sens qu'elle tendrait à adosser à l'investissement des exigences étendues, qui, à terme, pourraient outrepasser des opérations méritant d'être qualifiées comme tel[95]. Aussi pertinente soit-elle, cette dernière position parait fragile en ce qu'elle est, poussée à l'extrême, susceptible de mener à des approches idéologiquement orientées vers un libéralisme exacerbé faisant de l'investissement une opération dont les objectifs premier et dernier sont la quête du profil et donc la poursuite des intérêts exclusifs des investisseurs. Or, envisagé de la sorte, l'esprit des Administrateurs de la Banque mondiale[96] à l'origine de la Convention de Washington comme de la plupart des traités d'investissement serait dénaturé[97]. De deux choses l'une : soit le discours autour de l'investissement et son rôle potentiel sur l'accroissement binaire des richesses tant des États que des investisseurs est une utopie ; soit cette considération est réalité et dans ce cas, l'investissement serait à la fois bénéfique, d'évidence pour les uns, que, d'ordinaire pour les autres en intégrant la prise en compte du développement des États d'accueil[98]. Suivre le premier postulat revient à ne

[94]. Voy. J. PAULSSON, « Arbitation Without Privity », *ICSID Review. /Foreign Investment Law Journal*, vol. 10, n° 1, 1995, pp. 232-257.

[95]. Telle est la position de Sébastien Manciaux, Emmanuel Gaillard et Ibrahim Fadlallah. Sur la confrontation de ces points de vue et ceux des non-partisans de l'intégration du critère du développement dans l'investissement, consulter l'introduction de la présente thèse.

[96]. Voy. CIRDI, Premier Rapport Annuel d'activité du CIRDI des années 1966 et 1967, p. 3., lequel fait état de l'utilité d'élaborer un cadre propice à l'investissement afin de parvenir au développement économique des États. Sans ambiguïté, les termes employés dans le rapport méritent d'être cités : « *L'intérêt qu'ont manifesté les bailleurs de fonds effectifs et éventuels, ainsi que les divers services officiels et notamment ceux qui ont à connaitre des questions de développement, témoigne de l'utilité éventuelle de la Convention et du Centre. Cela autorise I "espoir qu'au cours des prochaines années, ce potentiel sera réalisé et que la nouvelle institution contribuera de façon notable à l 'augmentation du volume des investissements prives internationaux destines au développement économique.* ».

[97]. En ce sens, D. CARREAU, « Investissements », *Répertoire de droit international (Dalloz)*, 2020, § 72.

[98]. A ce sujet, on note que « *[d] ès le début de la première Décennie du Développement, qui recouvre l'ensemble des années 1960, il devint de plus en plus évident que les plans de croissance économique dressés par les pays en voie de développement ne pourraient se réaliser que si, outre les ressources d'origine publique, bilatérale ou multilatérale, ces pays pouvaient bénéficier également d'investissements prives.* » Et que « *[p] our encourager ces investissements, les organisations internationales compétentes étudièrent plusieurs plans dont le but était de supprimer partiellement les incertitudes et les obstacles qui gênent les investisseurs dans tout pays étranger, mais plus particulièrement dans bon nombre d'États récemment parvenus à l'indépendance et ayant le plus grand besoin de capitaux étrangers.* ». Voy. History of the ICSID Convention (Histoire de la Convention CIRDI), vol. I, Washington, 1970, p. 2. Tous ces éléments sont confirmés par le premier « Considérant » du Préambule de la Convention de Washington sur le Règlement des Différends relatifs aux investissements entre États et ressortissants d'autres États du 18 mars 1965, aux termes

mettre l'accent que sur l'apport des investissements pour les investisseurs. Une telle configuration remet en cause, non seulement la volonté des États, en particulier ceux à faible économie, lesquels ne doutent point sur le rôle attendu des investissements, à savoir une certaine contribution à leur développement[99].

394.*... mais incontournable développement.* À ce propos, et étant entendu que la coopération entre les États, surtout en matière économique, n'est basée que sur les intérêts du même nom, il ne serait que banal d'indiquer que l'objectif poursuivi par l'État derrière chaque traité d'investissement est la quête d'une contribution au développement. Il faut cependant s'empresser de nuancer cette lecture. Au fond, les attentes en termes de développement varient en fonction des États selon qu'ils soient du Sud ou du Nord. Et plus précisément, selon qu'ils soient faibles ou forts économiquement. En tous cas, la justification de l'admission puis de la protection des investissements étrangers ne saurait trouver un autre fondement aussi solide que celui de la contribution au développement des États d'accueil. Autrement, on pourrait légitimement interroger l'utilité des flux économiques, ce qui serait de nature à remettre en question toute la logique de la « mobilité économique » dans laquelle baignent les investisseurs étrangers.

395. *Synthèse.* Des éléments exposés dans ce paragraphe se dégage un constat : les instruments conventionnels de l'investissement et ceux relatifs au développement convergent vers la prise en compte des droits de l'homme.[100] En réalité, le contenu de la notion de développement de l'État d'accueil est, on l'a vu, chargé de considérations économiques. C'est justement cette donnée qui la dote d'un potentiel lui permettant d'orienter le mouvement des capitaux vers une approche plus intégrée des droits de l'homme. Il suffit à ce propos de se rapporter aux différentes indications du droit des droits de l'homme, si le droit des investissements est sous l'influence du droit des investissements c'est parce que ce dernier est à même de faire le rappel de ses préceptes originels, en particulier le développement. Il convient à ce propos de souligner que le droit au développement se présente comme une fin alors que l'investissement lui se

---

duquel les États Parties soulignent « *la nécessité de la coopération internationale pour le développement économique, et le rôle joué dans ce domaine par les investissements privés internationaux (...)* ».

[99]. Est illustratif à cet égard, le TBI Canada/Mongolie concernant les promotion et protection des investissements, signé le 8 septembre 2016, par lequel les signataires (Canada et Mongolie), contrairement à la plupart des États, adoptent une démarche centrée sur l'essentiel, à savoir, la rédaction d'un préambule laconique, mais axé sur le développement des deux États. L'ensemble du préambule s'écrit comme suit : « *Le Canada et la Mongolie, ci-après dénommées les "Parties", Reconnaissant que la promotion et la protection des investissements effectués par les investisseurs d'une Partie sur le territoire de l'autre Partie sont propres à stimuler une activité économique mutuellement avantageuse et à favoriser le développement de la coopération économique entre elles et la promotion du développement durable, Sont convenus de ce qui suit (...)* ». Le constat vaut pour la quasi-totalité des traités du même genre conclus par le Canada durant ces dix dernières années. Entre autres, les TBI liant cet à État à des pays de l'Afrique de l'Ouest : Sénégal (signé le 27 novembre 2014) ; Mali (signé le 28 novembre 2014) ; Cote d'ivoire (signé le 30 novembre 2014).

[100]. Il convient toutefois de relever que les traités d'investissement ne sont pas tous dans une logique de prise en compte des droits de l'homme.

manifeste comme le moyen pour parvenir à cette fin. Mais cela voudrait-il dire que la réalisation du droit au développement (la fin) est réalisée ou réalisable par le droit des investissements ? Une réponse « grand public » opterait pour la négative conformément à l'adage « *la fin ne justifie pas les moyens* ». Néanmoins, la réalité des rapports investissement/développement est autre et montre plutôt que « le développement » tente par les moyens dont il dispose d'occuper sa place au sein du droit des investissements.

§ 2 : La conditionnalité spécifique d'une promotion des droits catégoriels couverts par le développement

396. L'analyse des instruments relatifs à l'investissement laisse transparaitre la prise en compte des droits assimilés aux droits de l'homme dont la prise en considération est assurée par des vocables qui n'ont cessé de se multiplier au cours de ces dernières années. Tel est inégalement le cas des concepts de développement durable et peuples autochtones. Si le second, compte tenu de sa transversalité, apparait dans toutes catégories d'instruments (B), le premier, en revanche et compte tenu de sa circonscription territoriale, n'est présent que dans les instruments consentis par certains États où il existe une forte concentration de peuples autochtones (A).

A. La prise en considération d'une catégorie : les peuples autochtones

397. *Sens*. Que faut-il entendre par peuples autochtones ?[101] Pour les besoins des développements qui suivent, la question est à la fois cruciale et redoutable. Cruciale parce qu'elle permet l'identification des peuples autochtones par rapport aux États qui les hébergent, ce qui n'est pas forcément aisé ; et redoutable, car aucune définition admise et partagée ne ressort des instruments internationalement connus en la matière. En effet, le concept a suscité bien de tentatives de définitions sans qu'aucune ne fasse aujourd'hui lieu de référence. Mieux, ces entreprises de définition ont donné lieu à des tâtonnements[102], lesquels ont tout de même mis en surface quelques indices, indices dont la combinaison pourrait apporter une orientation vers ce que seraient « les peuples autochtones ». Une telle tâche permet de dégager quelques lignes directrices pour le moins utiles

[101]. En 2013, l'OIT dénombrait plus de 5000 peuples autochtones, répartis dans plus de 70 pays et représentant plus de 370 millions de personnes. Voy. Cléopatra Doumbia-Henry (ancienne directrice du Département des normes internationales du travail), « Avant-propos », in BIT, *Comprendre la Convention (n° 169) relative aux peuples indigènes et tribaux, 1989. Manuel à l'usage des mandants tripartites de l'OIT*, Genève, 2013, p. Xi.

[102]. Là où certains considéraient comme autochtones tous les peuples coloniaux, d'autres se limitent à certains peuples dont les ancêtres sont issus des territoires sur lesquels ils sont établis.

à l'investigation conceptuelle. À cet égard, il s'avère nécessaire de se rapporter aux instruments juridiques relatifs aux peuples autochtones[103].

398. ***Contenu des instruments***. Ainsi, et sans que soit apportée une clarification à la signification du concept, l'Assemblée générale des Nations Unies s'est déclarée « [*p*] *réoccupée par le fait que les peuples autochtones ont subi des injustices historiques à cause, entre autres, de la colonisation et de la dépossession de leurs terres, territoires et ressources, ce qui les a empêchés d'exercer, notamment, leur droit au développement conformément à leurs propres besoins et intérêts* »[104]. Dans le même sens va la Déclaration des droits des personnes appartenant à des minorités nationales ou ethniques, religieuses et linguistiques, laquelle énonce que « [l] *es personnes appartenant à des minorités ont le droit de participer pleinement à la vie culturelle, religieuse, sociale, économique et publique* ».[105] Cela revient à mettre en avant l'appartenance à une minorité.[106] Force est cependant de constater que l'initiative d'identification la plus aboutie est celle de la Convention de l'OIT numéro 169 qui souligne dès l'entame que « [l] *e sentiment d'appartenance indigène ou tribale doit être considéré comme un critère fondamental pour déterminer les groupes auxquels* [elle] *s'applique* [...] ».[107] Au-delà de cet élément fondamental, les autochtones doivent « *se distingue* [r] *des autres secteurs de la communauté nationale par leurs conditions sociales, culturelles et économiques et qui sont régis totalement ou partiellement par des coutumes ou des traditions qui leur sont propres* (...)[108] ; [ou] *qu'ils descendent des populations qui habitaient le pays, ou une région*

103. Déjà, le Pacte international relatif aux droits civils et politiques (Res. 2200 A XXI du 16 décembre 1966) s'est montré ouvert à la prise en compte des droits des minorités auxquelles appartiennent les peuples autochtones. C'est dans ce sens qu'on peut lire (seulement sous l'angle de la reconnaissance des droits individuels et collectifs) l'article 27 du PIDCP, lequel énonce que « [d] *ans les États où il existe des minorités ethniques, religieuses ou linguistiques, les personnes appartenant à ces minorités ne peuvent être privées du droit d'avoir, en commun avec les autres membres de leur groupe, leur propre vie culturelle, de professer et de pratiquer leur propre religion, ou d'employer leur propre langue* ». En revanche cette ouverture s'est révélée timide sur le plan universel, ce qui a eu pour effet l'adoption d'autres instruments spécifiques. Tel est notamment le cas de la Déclaration des Nations Unies sur les droits des peuples autochtones, Rés. 61/295, adoptée par l'AGNU le 13 septembre 2007 ; la Déclaration des droits des personnes appartenant à des minorités nationales ou ethniques, religieuses et linguistiques, Res. 47/135, adoptée par l'AGNU le 3 février 1993 ; Convention de l'OIT n° 169 relative aux peuples indigènes et tribaux, adoptée par la Conférence internationale du travail en sa 76ème session en 1989.

104. Préambule de la Déclaration des Nations Unies sur les droits des peuples autochtones, Rés. 61/295, adoptée par l'AGNU le 13 septembre 2007.

105. Art. 2 § 2 de la Déclaration des droits des personnes appartenant à des minorités nationales ou ethniques, religieuses et linguistiques, Res. 47/135, adoptée par l'AGNU le 3 février 1993.

106. Celle-ci peut s'entendre comme « [g] *roupe de personnes, en position non dominantes, ressortissantes d'une d'un État au sein duquel elles se distinguent de la majorité de la population par des caractéristiques propres, qu'elles entendent préserver, en tant que communauté.* ». Voy. J. SALMON (dir.), *Dictionnaire de droit international public*, *op. cit.* p. 708.

107. Art. 1 § 2 de la Convention de l'OIT n° 169, relative aux peuples indigènes et tribaux, adoptée par la Conférence internationale du travail en sa 76ème session en 1989.

108. Art. 1 § 1 (a) de la Convention de l'OIT (n° 169) relative aux peuples indigènes et tribaux dans les pays indépendants, adoptée le 27 juin 1989, entrée en vigueur le 5 septembre 1991, ILO, 169.

géographique à laquelle appartient le pays, à l'époque de la conquête ou de la colonisation ou de l'établissement des frontières actuelles de l'État (...). ».[109]

399. ***Conception synthétique.*** Les éléments précités semblent étaler tous les ingrédients utiles à l'identification des autochtones, mais sans toutefois les synthétiser. Le Dictionnaire de droit international public définit à son tour les autochtones comme « *Peuple qui habite le territoire dont il est issu, par opposition à une population immigrée* »[110]. Aussi légère soit-elle, cette définition met tout de même l'accent sur un élément déterminant qui est le territoire, mais omet complètement le « sentiment d'appartenance » postulé par la Convention de l'OIT n° 169. Compte tenu de tous les indices fournis par les différentes sources exposées, il parait utile, aux fins des développements qui suivent, de considérer comme autochtone, tout Peuple minoritaire dans une zone géographique et établi sur un territoire avec lequel il a des liens ancestraux se traduisant par des pratiques culturelles propres.

400. ***Champ double.*** Qu'en est-il de l'intégration des droits de ces autochtones dans l'arsenal juridique relatif à l'investissement ? La réponse à cette interrogation tient à une double attitude. L'une semble tirer le droit des investissements vers une intégration des droits des peuples autochtones (1) ; et l'autre parait exclure les détenteurs des droits collectifs hors du processus de réalisation de l'investissement (2).

1. Une reconnaissance marquée

401. ***L'abstrait : l'intégration des droits.*** Les consécrations des droits collectifs en particulier au sein des traités d'investissement se manifestent, dans les traités « nouvelle génération », par des références dans les préambules[111] ou dans les dispositifs[112]. Les termes employés dans les premiers sont souvent vagues alors que ceux mobilisés dans les seconds répondent à certaines exigences de clarté. Il faut dire au passage que la tendance vers la clarté caractéristique des dispositifs est liée au classement par thématiques des différentes dispositions. En dehors de cette configuration et relativement aux dispositifs, ceux-ci révèlent par moments un semblant de paradoxe : des formulations à consonnances différentes, voire contradictoires. Ainsi, le chapitre du CETA relatif à l'investissement énonce en son article 14.17 que « *[l] es Parties réaffirment l'importance pour chacune (...) d'encourager les entreprises exerçant des activités sur son territoire ou relevant de sa juridiction à intégrer volontairement dans leurs politiques internes les normes, lignes directrices et principes internationalement reconnus en matière de responsabilité sociale des entreprises (...). ».*[113] Et que « *ces normes, lignes directrices et principes peuvent porter sur des domaines tels que (...) les*

[109]. Art. 1 § 1 (b) de la Convention de l'OIT n° 169, précitée.
[110]. J. SALMON (dir), *Dictionnaire de droit international public*, *op. cit.* p. 830.
[111]. Voir les tableaux consacrés aux §§ 195 et 196.
[112]. *Idem.*
[113]. Art. 14.17 de l'Accord Canada/États unis/Mexique (ACEUM), signé le 30 novembre 2018.

droits des peuples indigènes et autochtones (...). »[114] Le même Accord indique que « *les paragraphes 1b), 1 c), 1 f), 2a) et 2 b)* [relatifs à la prescription des résultats] *ne sont pas interprétés de manière à empêcher une Partie d'adopter ou de maintenir des mesures (...) se rapportant à la préservation des ressources naturelles épuisables biologiques ou non biologiques.* ».[115] Si la première référence est susceptible d'engendrer un doute quant à la volonté des États de s'inscrire dans une logique protectrice des droits des peuples autochtones, la seconde quant à elle vient dissiper le doute en ce sens qu'elle est porteuse d'une latitude à disposition des États, apte à contrer d'éventuelles entraves à la préservation des droits des autochtones. En réalité, les deux dispositions semblent renfermer des contenus différents, et ce, au moins par leurs destinataires[116]. On est à ce sujet tenté de dire que la première est une incitation à l'attention des investisseurs tandis que la seconde vise à garantir la liberté (ou souveraineté) de l'État en matière de préservation des ressources naturelles. Cette logique, par ailleurs omniprésente dans d'autres traités d'investissement[117], témoigne d'une certaine reconnaissance théorique des contenus des droits des autochtones sur le plan conventionnel[118]. Mais il reste à savoir s'il en est de même sur le plan pratique.

402. ***Le concret : l'exclusion des autochtones.*** Indépendamment des consécrations à travers les instruments internationaux relatifs aux peuples autochtones, la question demeure celle de savoir si le droit des investissements intègre les logiques universelle et régionales de protection des autochtones. La réponse à cette question implique une mise en avant de ce à quoi peuvent s'attendre les autochtones de la part des potentiels prétendants à l'exploitation de leurs ressources naturelles. À ce sujet, l'art. 7 de la Convention n° 169 de l'OIT est précieux[119]. On y lit que « *Les peuples intéressés doivent avoir le droit de décider de leurs propres priorités en ce qui concerne le processus du développement, dans la mesure où celui-ci a une incidence sur leur vie, leurs croyances, leurs institutions et leur bien-être spirituel et les terres qu'ils occupent ou utilisent d'une autre manière, et d'exercer autant que possible un contrôle sur leur développement économique, social et culturel propre. En outre, lesdits peuples doivent participer à l'élaboration, à la mise en œuvre et à l'évaluation des plans et programmes de développement national et régional susceptibles de*

---

114. *Idem.*

115. Art. 14.10 c) iii de l'ACEUM précité.

116. En ce sens, voy. L. COTULA, « (Dis)integration in Global Resource Governance: Extractivism, Human Rights, and Investment Treaties », *Journal of International Economic Law*, Vol. 23, n° 2, 2020, pp. 431-454.

117. Voy. *Ibid*, pp. 434 et s.

118. Voy. J. GILBERT, « Litigating Indigenous Peoples' Rights in Africa: Potential, Challenges and Limitations », *International and Comparative Law Quarterly*, Vol. 66, 2017, pp. 657-686.

119Non seulement à travers la pertinence de son contenu, mais aussi et surtout parce qu'elle constitue une référence en la matière y compris pour les instances de règlement des différends d'investissement. En ce sens, voy. CPA, *Copper Mesa Mining Corporation c. Équateur*, aff. n° 2012-2, sentence du 15 mars 2016, § 412.

les toucher directement. »[120]. Ce sont là des droits concrets qu'il convient de satisfaire. Toutefois, et c'est toute la difficulté, la concrétisation de ces droits se heurte à des obstacles non pas juridiques, mais davantage économiques. Il est vrai cependant que les éléments concrets de la disposition citée ne relèvent pas exclusivement des États, mais appellent une fusion des efforts à la fois des États que des investisseurs en vue de la participation des autochtones aux prises de décision les concernant. On peut voir dans ce dernier aspect de la disposition une démocratisation du processus décisionnel, laquelle concrétise aussi bien la souveraineté sur les ressources naturelles [121]que le bénéfice des droits sociaux et culturels[122]. Si l'on porte le regard vers le droit des investissements, force est de constater que la mission est loin d'être réalisée d'autant plus que lorsque des atteintes aux droits des peuples sont imputables à l'investisseur, l'interrogation se pose de savoir si les tribunaux sont à même de condamner directement l'investisseur pour violation des droits de l'homme. La question s'est en réalité révélée dans l'affaire *Copper Mesa c. Équateur*[123]. En l'espèce, il s'agissait d'une intervention perpétrée par des agents armés engagés par l'entreprise ayant causé des coups et blessures pour les résidents de la zone exploitée par la multinationale, intervention à la suite de laquelle des autochtones ont violemment contre-attaqué[124]. Saisi par l'investisseur, sans rejeter en bloc les réclamations du demandeur, le tribunal condamne l'État pour négligence au paiement des dommages causés à l'investisseur tout en procédant à une évaluation pour le moins arbitraire[125] de la part du dommage causé par l'investisseur lui-même à son propre investissement[126]. Il aurait été plus simple de débouter le demandeur en tant qu'il a joué un rôle actif dans la provocation du dommage. C'est dans ce sens que Philippe Sands, en sa qualité d'arbitre dans l'affaire *Beer Creek Mining c. Peru*[127], indique dans une opinion dissidente que : « *As an international investor the Claimant has legitimate interests and rights under international law; local communities of indigenous and tribal peoples also have rights under international law, and these are not lesser rights.* ».[128] Il va sans dire que les droits de l'investisseur ne sont point juridiquement plus conséquents que ceux des autochtones, contrairement au point de vue de la majorité des arbitres du tribunal

---

[120]. Art. 7 de la Convention de l'OIT n° 169, relative aux peuples indigènes et tribaux dans les pays indépendants, adoptée le 27 juin 1989, entrée en vigueur le 5 septembre 1991, ILO, 169.

[121]. J. GILBERT, « Litigating Indigenous Peoples' Rights in Africa », *loc. cit.*, p. 660.

[122]. *Idem.*

[123]. CPA, *Copper Mesa Mining Corporation c. Équateur*, aff. n° 2012-2, sentence du 15 mars 2016.

[124]. *Ibid.*, § 6,99.

[125]. CPA, *Copper Mesa Mining Corporation c. La République de l'Équateur*, aff. n° 2012-2, sentence du 15 mars 2016, §. 6.102. Le tribunal évalue la part de dommage revenant à l'investisseur à 30 pour cent.

[126]. CPA, *Copper Mesa Mining,* précitée, § 7. 26.

[127]. CIRDI, *Beer Creek Mining c. Pérou,* aff. n° ARB/14/21, Sentence du 30 novembre 2017.

[128]. Voy. Ph. SANDS, Opinion dissidente (CIRDI, *Beer Creek Mining c. Pérou,* aff. n° ARB/14/21, Sentence du 30 novembre 2017.) du 12 septembre 2017, § 36.

de l'affaire *Beer Creek Mining*[129], pour qui la non-attribution d'une autorisation d'exploitation en raison des manifestations des communautés locales contre un projet d'exploitation minière entamé engage la responsabilité de l'État pour manquement à ses obligations envers l'investisseur[130]. Le positionnement de l'arbitre dissident va clairement dans le sens d'une meilleure prise en compte des droits de l'homme collectifs, et dévoile quelque peu la dynamique inverse du droit des investissements. Le raisonnement favorise, sans doute à raison, la reconnaissance du droit des communautés locales au même titre que les investisseurs.

2. Une indifférence affirmée

403. *Une politique juridique.* Il ressort des considérations ci-dessus évoquées que le droit des peuples autochtones revêt plusieurs composantes, dont notamment le droit à la culture, le droit à la pratique religieuse, le droit à la spiritualité et le droit sur les ressources naturelles. Seul ce dernier versant touche profondément le droit des investissements en ceci qu'il met en exergue l'exploitation des ressources naturelles dont la possession est souvent réclamée par les peuples autochtones sur le fondement des instruments internationaux relatifs aux droits fondamentaux des minorités[131]. Il s'agit plus précisément des droits faisant écho aux droits sociaux et culturels qui, de manière générale, font que « [l] *es peuples autochtones ont le droit de posséder, d'utiliser, de mettre en valeur et de contrôler les terres, territoires et ressources qu'ils possèdent parce qu'ils leur appartiennent ou qu'ils les occupent ou les utilisent traditionnellement (...).* »[132]. Il en découle que les droits des peuples autochtones sont d'abord des droits collectifs dont la prise en compte passe par leur intégration dans tout instrument destiné à les régir. Sur ce point, les traités d'investissement entrent carrément en collision avec les droits des peuples autochtones tels que décrits par les principaux instruments éponymes. L'exploitation des ressources naturelles faisant partie des investissements considérés comme tels en vertu des traités d'investissement, nourrit les soupçons d'une compromission des droits collectifs dont sont titulaires les autochtones.[133] Il y a en réalité là un problème fondamental

---

129. CIRDI, *Beer Creek Mining c. Pérou*, aff. n° ARB/14/21, Sentence du 30 novembre 2017.

130. *Ibid.*, § 600.

131. Etant entendu que les autochtones sont classés parmi les minorités. À cet égard, l'AGNU a pris le soin de préférer le qualificatif « minorités » à celui d'autochtone à l'occasion d'une Déclaration destinée aux autochtones : la Déclaration des droits des personnes appartenant à des minorités nationales ou ethniques, religieuses et linguistiques (Res. 47/135, adoptée par l'AGNU le 3 février 1993).

132. Voy. Art. 25 § 3 (« *Formes traditionnelles de propriété et survie culturelle. Droit aux terres, territoires et ressources* ») de la *Déclaration américaine sur les droits des peuples autochtones*, AG/Res. 2888 du 15 juin 2016.

133. Nombreux sont les traités d'investissement qui incluent l'exploitation des ressources naturelles dans la disposition relative à l'identification de l'investissement, ce qui est de nature à légitimer les activités de l'investisseur y compris lorsque celles-ci interrogent sur une possible confiscation de terres appartenant aux autochtones. Au titre de ce type de dispositions, on peut citer arbitrairement

lié au rôle joué par les États dans les concessions sur l'usage des terres et des ressources naturelles en particulier dans le domaine des industries extractives[134]. C'est justement cette logique qui a dominé notamment les tiraillements entre le peuple *Ogoni* au Nigeria, la multinationale Shell et l'État nigérian.[135].

404. ***Double usage de la logique de la Séparation.*** En dehors de la reconnaissance des droits collectifs, reste en suspens la question des droits des autochtones réellement reconnus par le droit des investissements. La donne est sur ce terrain différente. Non seulement les règles de protection des investissements ont vocation à protéger, voire surprotéger les investisseurs, mais sont aussi et surtout constitutifs d'un bouclier contre les protections accordées à certaines catégories de créanciers relevant d'autres domaines[136]. Difficile dans ces circonstances d'imaginer un arsenal juridique apte à contrer cette disposition des choses, et ce, lorsqu'on sait que la protection des investisseurs est pleinement reconnue et même garantie par les règles relevant du droit des investissements, une reconnaissance qui va jusqu'à la préservation des attentes dites légitimes et à laquelle s'ajoutent péremptoirement les réticences de certaines instances compétentes pour le règlement des différends relatifs à l'investissement. Là encore transparait la logique de la séparation de l'économique et du social[137], laquelle semble prospérer tant par son étanchéité face au social que par son ouverture opportune au social. Autrement dit, si la thèse de la Séparation est véritablement implacable, celle-ci se doit d'être recentrée sur l'économique ; or le fait que l'intervention d'un investisseur aux fins d'exploitation des ressources naturelles soit légitimée par des normes de protection des investissements n'est ni plus ni moins qu'un semblant d'opération de ratissage sur le terrain des droits de l'homme.

B. La considération d'une variante de développement : le développement durable

405. L'une des orientations majeures des instruments régissant l'investissement concerne le changement de terminologie en matière de

---

comme exemple de traités : l'art. 1 (f) du TBI Burkina Faso/Turquie, signé le 11 avril 2019 ; l'art. 1 (f) du TBI Maroc/Burkina Faso, signé le 30 avril 2018 ; l'art. 1 (viii) du TBI Japon/Géorgie, signé le 29 janvier 2021 ; l'art. 1 (e) du TBI Bolivie/Paraguay, signé le 4 mai 2001.

[134]. En ce sens, voy. S. LAVOREL, « Exploitation des ressources naturelles et droit des peuples à l'autodétermination économique », in M. AILINCAI et S. LAVOREL (dir.), *Exploitation des ressources naturelles et protection des droits de l'homme*, Paris, éd. Pedone, 2013, pp. 35 et s.

[135]. CADHP, *The Social and Economic Rights Action Center and the Center for Economic and Social Rights c. Nigeria*, decision des 13 et 27 octobre 2001, n° 155/96.

[136]. En effet, tout laisse penser que la protection accordée à l'investisseur par l'État se fait au détriment de la protection dont les peuples sont en droit d'attendre. Tel est par exemple le cas lorsqu'un État permet à un investisseur de procéder à l'exploitation de ressources naturelles sur des territoires occupés par des autochtones. Ce faisant, il prive les autochtones de leurs terres tout en protégeant l'investisseur de toutes tentatives d'hostilité.

[137]. Voy. M. M. MOHAMED SALAH, *L'irruption des droits de l'homme dans l'ordre économique international : mythe ou réalité ?* Pars, éd. LGDJ, 2012, §§ 43 et s.

développement. Celui-ci se voit désormais accoler le qualificatif de durable. L'évolution dépasse, il est vrai, le champ du droit des investissements puisqu'elle se manifeste dans la quasi-totalité des disciplines juridiques.[138] Le développement durable est généralement défini comme « *(...) un développement qui répond aux besoins du présent sans compromettre la capacité des générations futures de répondre aux leurs.* »[139]. Il en résulte que « *[d] eux concepts sont inhérents à cette notion : le concept de "besoins", et plus particulièrement des besoins essentiels des plus démunis, à qui il convient d'accorder la plus grande priorité, et l'idée des limitations que l'état de nos techniques et de notre organisation sociale impose sur la capacité de l'environnement à répondre aux besoins actuels et à venir.* »[140] Sans qu'il soit nécessaire de revenir sur l'opportunité d'une conception prenant en compte le développement durable au titre d'une analyse relative au droit des droits de l'homme, il s'avère cependant utile de rappeler que parce qu'« [i] *ls ont droit à une vie saine et productive en harmonie avec la nature,* [l] *es êtres humains sont au centre des préoccupations relatives au développement durable* »[141]. Compte tenu de ce principe, il devient presque automatique d'indiquer dans le même ordre d'idées que « *(...) le développement économique,*

---

138. Sur l'évolution du concept de développement, voy. M. M. MOHAMED SALAH, « Développement, nouvel ordre économique et des droits de l'homme », in S. GROSBON (dir.), *Résistance et résilience des pactes internationaux de droits de l'homme à l'épreuve d'une société internationale post-moderne*, Paris, éd. Pedone, coll. Cahiers internationaux CEDIN/CREDOF, pp. 134 et s. ; M. M. MOHAMED SALAH, « Le droit international économique est — il ouvert aux enjeux environnementaux ? » in *Pour un droit économique de l'environnement. Mélanges en l'honneur de Gilles J. Martin*, Paris, éd. Frison-Roche, 2013, pp. 363-396. Par ailleurs, il convient de noter que le point de départ de ce changement de paradigme est la Déclaration de Rio sur l'environnement et le développement (adoptée lors de la Conférence des Nations Unies sur l'environnement et le développement du 3 au 14 juin 1992, 12 août 1992, A/CONF.151/26 [Vol. I] aux termes de laquelle : « *Les êtres humains sont au centre des préoccupations relatives au développement durable. Ils ont droit à une vie saine et productive en harmonie avec la nature.* » [Principe 1] ; « *Le droit au développement doit être réalisé de façon à satisfaire équitablement les besoins relatifs au développement et à l'environnement des générations présentes et futures.* » [Principe 3] ; « *Pour parvenir à un développement durable, la protection de l'environnement doit faire partie intégrante du processus de développement et ne peut être considérée isolément.* » [Principe 4] ; « *Tous les États et tous les peuples doivent coopérer à la tâche essentielle de l'élimination de la pauvreté, qui constitue une condition indispensable du développement durable, afin de réduire les différences de niveaux de vie et de mieux répondre aux besoins de la majorité des peuples du monde.* » [Principe 5]. La combinaison de ces quatre principes aboutit aux trois composantes du développement dans sa version la plus actuelle [c'est-à-dire celle connue communément sous l'appellation développement durable], que sont l'économie, l'écologie et le social.

139. ONU : Rapport Brundtland de la Commission des Nations unies sur l'environnement et le développement, « Notre avenir à tous » (Our Common Future), versions multiples depuis 1987, chapitre 2, p. 40.

140. *Idem.*

141. Voy. Principe 1 de la Déclaration de Rio sur l'environnement et le développement, adoptée lors de la Conférence des Nations Unies sur l'environnement et le développement du 3 au 14 juin 1992. Dans un souci d'harmonie, l'ordre du Principe cité a été inversé. La rédaction initiale se présente comme suit : « *Les êtres humains sont au centre des préoccupations relatives au développement durable. Ils ont droit à une vie saine et productive en harmonie avec la nature.* ».

le développement social et la protection de l'environnement sont interdépendants et forment des composantes du développement durable qui se renforcent mutuellement (...) et contribue [nt] à la réalisation de l'objectif de développement durable, pour le bien-être des générations présentes et futures. »[142] ; c'est-à-dire que « [l] *e droit au développement doit être réalisé de façon à satisfaire équitablement les besoins relatifs au développement et à l'environnement des générations présentes et futures.* ».[143] Dans sa préface du très attendu « *Word Invetment Report* » de 2021, le secrétaire général des Nations-Unies souligne : « *Global flows of foreign direct investment have been severely hit by the COVID-19 pandemic. In 2020, they fell by one third to $1 trillion, well below the low point reached after the global financial crisis a decade ago. Greenfield investments in industry and new infrastructure investment projects in developing countries were hit especially hard. This is a major concern, because international investment flows are vital for sustainable development in the poorer regions of the world. Increasing investment to support a sustainable and inclusive recovery from the pandemic is now a global policy priority. This entails promoting investment in infrastructure and the energy transition, in resilience and in health care.* »[144]. Cela dit, le débat autour de l'opportunité de l'investissement pour le développement est, pour le moins injustifié en ceci que toute cette dynamique témoigne d'une approche inclusive du développent aménageant tant les considérations économiques qu'environnementales ; le tout sur fond de préservation des droits fondamentaux. Il s'en dégage une formule : le développement durable vise la croissance adéquate des êtres humains présents et futurs[145]. On est là au cœur du concept de développement dont la mise en relief semble aller jusqu'au secteur du droit des investissements. Mais ce droit des investissements prend-il réellement en compte le développement durable tel que décrit ? La réponse à cette interrogation tient en deux séries de considérations. D'une part, la teneur du concept de développement durable dans les instruments relatifs à l'investissement ; et d'autre part, la mise en œuvre éventuelle dudit concept.

1. Essence unique

406. *Préalable*. Comme pour les concepts précédemment évoqués, il n'est plus rare de lire dans les principaux instruments de promotion et de protection des investissements, des références au développement durable. En revanche, de telles références peuvent quelques fois paraitre d'une généralité telle qu'elles n'auraient de légitimité qu'à figurer parmi la catégorie des déclarations de bonnes intentions,

---

[142]. Art. 22.1 du CETA, intitulé « contexte et objectifs » du Chapitre 22 relatif au « commerce et le développement durable », signé le 30 octobre 2016.

[143]. Principe 3 de la Déclaration de Rio sur l'environnement et le développement, précitée.

[144]. A. GUTERRES, « Préface », in UNCTAD, *Word Invetment Report 2021, Genève, 2021, p. iii.*

[145]. Le cumul des prises en compte des situations des générations présentes et futures, conduit, comme le relève un auteur, à une « *équité intergénérationnelle* ». Voy. Y. PETIT, « Environnement », *Répertoire Dalloz (Droit international)*, Dalloz, 2010, § 79.

et ce, en lieu et place des instruments constitutifs de l'ossature du droit des investissements dans tout ce qu'ils induisent comme conséquence pour les opérations d'investissement qu'elles sont censées régir.

407. ***Constat.*** Le survol des accords relatifs à l'investissement révèle que les références les plus explicites au développent durable se trouvent dans les Préambules des traités d'investissement. Avant de procéder à l'exposé desdites références, il convient de signaler que deux explications, dont l'une est la conséquence de l'autre, pourraient justifier cet état de fait. Les Préambules sont, selon certains, d'une valeur juridique négligeable par rapport au dispositif ; ce qui est de nature à encourager les signataires à y inclure toutes leurs bonnes intentions sans être juridiquement contraints de les respecter. Au fond, ces considérations sont pour le moins extrêmement discutables et cela tient à une chose. Quand bien même le Préambule ne serait pas contraignant, il sert au moins, et c'est consensuel, à guider les instances de règlement des différends dans leurs interprétations. C'est peu de dire que des références explicites dans un sens ou dans un autre sont à même d'orienter toute initiative d'interprétation.

408. ***Contenu multiple***. Dans ce sens, et pour revenir à l'exposé des références précédemment annoncé, le Maroc et le Nigeria n'ont pas hésité à reconnaitre sporadiquement dans un TBI[146] « *(...) the important contribution investment can make to the sustainable development of the state parties, including the reduction of poverty, increase of productive capacity, economic growth, the transfer of technology, and the furtherance of human rights and human development (...)* »[147]. À partir de cette référence, on comprend que selon les États signataires, il est attendu des investissements réalisés par les ressortissants de l'un des États sur le territoire de l'autre État à ce qu'ils soient attentifs à la réduction de la pauvreté, à la croissance économique et au transfert des technologies[148]. Mais les signataires ne s'arrêtent pas là et indiquent comprendre que « *(...) that sustainable development requires the fulfillment of the economic, social and environmental pillars that are embedded within the concept (...).* »[149]. Cela aboutit à un résumé pour le moins colossal des composantes environnementale, sociale et économique[150]. Il y a toutefois lieu de rappeler que d'autres traités apportent des précisions supplémentaires sur la notion de transfert de technologies dont la prise en compte au titre des droits de l'homme est teintée de quelques incertitudes. C'est dans cet ordre d'idées qu'il est précisé dans le TBI Mali/Émirats arabes unis[151] que « *2. L'investissement doit être axé sur la protection de l'environnement et le*

---

[146]. TBI Maroc/Nigeria, signé le 3 décembre 2016.

[147]. Préambule du TBI Nigeria/Maroc, § ou point 2, signé le 3 décembre 2016.

[148]. Pour le reste il ne s'agit que d'une redondance : la réduction de la pauvreté étant le pendant du droit à un niveau de vie décent, lui-même droit de l'homme.

[149]. Préambule du TBI Nigeria/Maroc, § ou point 4, signé le 3 décembre 2016.

[150]. En ce sens, voy. A. PELLET et J.-M. SOREL (dir.), *Le droit international du développement social et culturel*, Paris, éd. L'HERMES, 1990, 408 p.

[151]. TBI Mali/Émirats, intitulé, signé le 6 mars 2018.

développement durable et encourager l'utilisation de technologies qui ne nuisent pas à l'environnement, conformément aux politiques nationales des parties. »[152].

409. *Unique préoccupation*. Au-delà des cas exposés ci-dessus, il est des traités ou la seule intention des États exprimée dans le Préambule est celle de reconnaitre « *(...) that the promotion and the protection of investments of investors of one Party in the territory of the other Party will be conducive to the stimulation of mutually beneficial business activity, to the development of economic cooperation between them and to the promotion of sustainable development (...)* ».[153] La même observation vaut pour un TBI liant la Colombie et le Japon par lequel les deux États reconnaissent « *(...) that these objectives and the promotion of sustainable development can be achieved without relaxing health, safety and environmental measures of general application (...)* » (Préambule du TBI Colombie/Japon, signé le 12 septembre 2011). On aura ajouté qu'à travers cette référence, le TBI s'inscrit en faux contre toute tentative d'interprétation de nature à soumettre les États Parties à une quelconque obligation susceptible d'impacter la prise en compte d'autres droits relevant des droits de l'homme. En réalité, il s'agit d'une mise en avant des principes d'*indivisibilité* et d'*interdépendance*, lesquels trouveraient leur plein sens dans l'éventualité d'une opposition entre la santé publique, l'environnement et/ou le développement durable.

410. *Illustration*. C'est dans ce sens qu'il convient de lire la position du tribunal de l'affaire *Biwater c. Tanzanie*[154], à l'occasion de laquelle, les arbitres ont apporté une orientation de ce qu'il convient d'inclure dans le concept de « développement durable ». Cela dit, « [i] *t is noted that the Millennium Development Goals, adopted by the United Nations in 2000, include the target of reducing by half the number of people without proper access to potable water, by 2015. The implementation of this target has since been the subject of many conferences, statements and declarations, which have declared that "water is a key to sustainable development". Access to clean water is, moreover, characterized as a basic human right by the United Nations Committee on Economic, Social and Cultural Rights in 2002.* »[155] Ainsi, et conformément aux indications des Nations Unies[156], un glissement s'opère du développement

---

[152]. Art. 18, § 2 du TBI Mali/Émirats, intitulé « *Mesures de la santé, de la sécurité, de l'environnement et des normes nationales du travail* », signé le 6 mars 2018.

[153]. Préambule du TBI Canada/Moldavie, signé le 12 juin 2018. Il s'agit du paragraphe unique constituant le Préambule du traité visé.

[154]. CIRDI, *Biwater Gauff Tanzanie c. Tanzanie*, aff. n° ARB/05/22, sentence du 24 juillet 2008.

[155]. *Ibid.*, § 379.

[156]. Comité des droits économiques, sociaux et culturels, Observation générale n° 15 *: Le droit à l'eau (Pacte international relatif aux droits économiques, sociaux et culturels),* adoptée le 20 janvier 2003, Doc. E/C.12/2002/11 (2003) ; Comité des droits de l'homme, Observation générale n° 12 : *Le droit des peuples à disposer d'eux-mêmes*, adoptée le 13 mars 1984, Doc. HRI\GEN\1\Rev.1 (1994).

durable au droit fondamental à l'eau, chose à laquelle semblait adhérer d'ailleurs l'investisseur demandeur dans ladite affaire[157].

2. Objectifs variables

411. ***Renforcement de « la conformité à la législation de l'État ».*** Certains traités indiquent clairement que "*[i]n accordance with customary international law and other general principles of international law, the Host State has the right to take regulatory or other measures to ensure that development in its territory is consistent with the goals and principles of sustainable development, and with other legitimate social and economic policy objectives.*".[158] On s'aperçoit à travers cette disposition que le concept de développement durable sert, aux détours du droit coutumier et principes de droit international, à préserver la liberté normative de l'État. Autrement dit, remplir les exigences du développement durable ne peut d'aucune manière être considéré comme une violation du droit international. On sait par ailleurs que cette clarification conventionnelle a tout son sens dans un domaine où la souveraineté normative des États a été, à plusieurs reprises, remise en cause par une série de sentences arbitrales[159]. En revanche, demeure la question de savoir si ces exigences sont incluses dans l'obligation générale de conformité à la législation de l'État d'accueil. En l'absence, à notre connaissance, de sentences rendues en ce sens précis, une réponse provisoire pourrait être celle d'un autre article du même TBI entre le Nigeria et le Maroc[160] où il est indiqué que "*[i]n addition to the obligation to comply with all applicable laws and regulations of the Host State and the obligations in this Agreement, and in accordance with the size, capacities and nature of an investments, and taking into account the development plans and priorities of the Host State and the Sustainable Development Goals of the United Nations, investors and their investments should strive to make the maximum feasible contributions to the sustainable development of the Host State and local community through high levels of socially responsible practices.*"[161]. Non seulement l'investissement est tenu du contenu de l'exigence générale de conformité à la législation de l'État hôte, mais aussi, du contenu de l'exigence spécifique de contribution au

---

157. Ce que le tribunal n'a pas manqué de relever en s'appuyant sur une déclaration de Biwater Gauff lors du « Forum mondial de l'eau » tenu à Kyoto des 16 au 23 mars 2003. BGF (Biwater Gauff Tanzanie) reconnait, dit le tribunal, qu « *every man, woman and child has the right to reliable system of clean water and good sanitation* ». Voy. CIRDI, *Biwater Gauff Tanzanie c. Tanzanie*, précitée, § 379.

158. Art. 23, § 1 du TBI Nigeria/Maroc, intitulé « *Right of State to Regulate* », signé le 3 décembre 2016.

159. En ce sens, voy. P. JUILLARD, « Table ronde. Le système actuel est-il déséquilibré en faveur de l'investisseur privé étranger et au détriment de l'État d'accueil », in Ch. LEBEN (dir.), *Le contentieux arbitral transnational relatif à l'investissement*, Louvain-La-Neuve, éd. LGDJ/Anthémis, 2006, pp. 190-193.

160. TBI Nigeria/Maroc, signé le 3 décembre 2016.

161. Art. 24, § 1 du TBI Nigeria/Maroc, intitulé « *Corporate Social Responsability* », signé le 3 décembre 2016.

développent durable de l'état d'accueil tel qu'exposé, à titre d'exemple, dans le TBI précité.

412. ***Consolidation de la responsabilité sociale***. À cet égard le TBI Brésil/Émirats arabes unis[162] est particulièrement intéressant. On y lit que « *Investors and their investment shall strive to achieve the highest possible level of contribution to the sustainable development of the Host State and the local community, through the adoption of a high degree of socially responsible practices, based on the voluntary principles, and standards set out in the OECD Guidelines for Multinational Enterprises.* »[163]. Il s'agit là d'une disposition surchargée en termes de droits de l'homme, au sein de laquelle sont consacrés à parts égales les principes de l'OCDE en matière de droits de l'homme, les droits des peuples sur leurs ressources naturelles, ceux de l'État d'accueil à propos de son développement, et l'exigence de la bonne volonté des investisseurs pour la prise en charge des droits de l'homme ; le tout sous le prisme de l'investissement.[164] Du point de vue du contenu, l'investisseur et son investissement sont présentés comme acteurs d'un développement durable consistant en une mise en relief des droits de l'homme au travers d'un certain nombre d'actions utiles au bien-être social. On pourrait penser à ce titre à l'emploi d'individus issus de milieux défavorisés, la formation des jeunes, les propositions de postes aux personnes en situation de handicap, etc.

413. ***Implication des acteurs***. La mise en œuvre du développement durable révèle un autre champ relationnel entre les investisseurs et les États d'accueil et d'origine, lequel invite ces derniers à collaborer afin de sensibiliser les premiers à tenir compte des objectifs de développement durable.[165] La tâche ne parait surmontable qu'au moyen d'un relai des concepts. En tous cas, telle est la logique d'une disposition aux termes de laquelle "*1) The Home State should assist the Host State in the promotion and facilitation of foreign investment in particular by their own investors. Such assistance shall be consistent with the development goals and priorities of the Host State. Such assistance may include, inert alia: (...) d) Periodic trade missions, support for joint business councils and other cooperative efforts to promote sustainable investments.*".[166] Cela est d'autant plus

---

[162]. TBI Brésil/Emirats Arabes Unis, signé le 15 mars 2019.

[163]. Art. 15 du TBI Brésil/Emirats Arabes Unis intitulé « *Corporate Social Responsibility* », signé le 15 mars 2019.

[164]. Dans le même sens et entre autres références contenues dans les TBI, voy. TBI entre le Burkina-Faso et le Canada, signé le 20 avril 2015, art. 16 ; TBI entre le Brésil et les Émirats arabes unis, signé le 15 mars 2019, art. 15 ; TBI entre la France et la Colombie, signé le 10 juillet 2014, art 11 ; TBI entre l'Argentine et le Qatar, signé le 6 novembre 2016, art. 12.

[165]. Lesquels couvrent la triple dimension sociale, économique et environnementale. Telle était l'orientation et les enseignements de la Conférence de Rio sur le développement et l'environnement (Déclaration de Rio sur l'environnement et le développement, adoptée lors de la Conférence des Nations Unies sur l'environnement et le développement du 3 au 14 juin 1992, 12 août 1992, A/CONF.151/26 [Vol. I].

[166]. Art. 25, § 1-d du TBI Nigeria/Maroc, intitulé « *Assistance and Facilitation for Foreign Investment* », signé le 3 décembre 2016.

vrai qu'" *"investment" means every kind of asset that has the characteristics of an investment, such as the commitment of capital or other resources, the expectation of gain or profit, the assumption of risk, the contribution to sustainable development*".[167] Comme pour la prise en compte du développement dans la définition de l'investissement protégé[168], cette référence tient compte d'une conception de l'investissement non pas en lien avec le simple développement, mais en référence au développement durable. Tout laisse penser que dès lors que l'investissement issu de l'une des Parties contractantes se montre peu ou pas respectueux de cette considération, il serait plausible pour la Partie sur le territoire de laquelle l'investissement est réalisé d'objecter un manquement de l'investisseur aux obligations issues du traité. Hormis les cas où les traités d'investissement prennent « ordinairement » compte du développement durable[169], il est au moins un traité où est fait état d'une tentative d'annonce apparente des éléments phares du développement[170]. En ce sens, le TBI Hollande/Costa Rica[171] est, à travers la combinaison du triptyque développement/durabilité/économie, particulièrement illustratif et laisse penser qu'il est question d'un concept nouveau de « développement économique durable ». On retrouve dans ce traité une référence originale au concept de développement qu'il est aisé d'interpréter comme volonté de faire allusion au rôle que doit jouer l'investissement dans le développement durable des États. Ainsi, la Hollande et le Costa Rica, "[r] *ecognizing that agreement upon the treatment to be accorded to such investments will stimulate the flow of capital and technology and sustainable economic development of the Contracting Parties and that fair and equitable treatment of investment is desirable (...)*".[172]

---

167. Art. 1 du TBI Egypte/Maurice, intitulé « *Definitions* », signé le 25 juin 2014.

168. Voy. *Supra*

169. Le terme « ordinairement » se justifie par les faits que, d'une part, le concept de développement durable est une nouveauté des traités d'investissement de ces deux dernières décennies, et d'autre part, la formule développement économique durable n'est pas d'usage (sauf erreur) dans le langage du droit au développement. Le TBI Hollande/Costa Rica (signé le 21 mai 1999) est en ce sens porteur de nouveauté en ce qu'il s'inscrit en faux contre les deux logiques exposées.

170. Si la plupart des traités nouvelle génération prennent en compte le développement durable, il n'en demeure pas moins que d'autres traités moins récents font une place particulière aux dites considérations. Il en est ainsi du traité Hollande/Costa Rica, signé le 21 mai 1999.

171. TBI Hollande/Costa Rica, signé le 21 mai 1999.

172. Préambule du TBI Hollande/Costa Rica, signé le 21 mai 1999.

Conclusion du titre 1

414. L'analyse des concepts usités en droit des investissements au regard du droit international des droits de l'homme révèle l'existence d'une double orientation de ce droit. En effet y sont distingués les concepts nouveaux des concepts classiques. Ces concepts ont ceci de commun qu'ils servent de passerelle pour l'intégration des droits de l'homme dans le droit des investissements. Toutefois le rôle joué par les deux types de concepts varie selon qu'on se place du côté de l'investisseur ou du côté de l'État. Là où les concepts dits classiques protègent l'investisseur contre les agissements arbitraires de l'État, les concepts dits nouveaux protègent l'État et sa population contre les agissements de l'investisseur. Sur un plan historique, les concepts du droit des investissements marquent l'existence d'une évolution du droit des investissements vers la prise en considération des droits des populations. L'on distingue à cet égard, dans le sens de la protection de l'investisseur, les concepts tels que le traitement juste et équitable et la pleine et entière protection et sécurité (PEPS) que l'on retrouvait dans les premiers traités consacrés exclusivement à la protection des investissements[1] que la doctrine a d'ailleurs pu appeler principes[2] ou standards[3] de protection des investissements, notamment en raison de leur reproduction systématique dans les différends traités relatifs à l'investissement. Et dans le sens

[1]. Déjà, le premier traité bilatéral investissement de l'histoire liant l'Allemagne et le Pakistan et signé le 25 novembre 1959, contenait des allusions au TJE (art. 3. 3 : « *Les ressortissants ou les sociétés de l'une ou l'autre Partie qui, du fait d'une guerre ou d'un conflit armé, d'une révolution ou d'une révolte survenue sur le territoire de l'autre Partie, viendraient à perdre les investissements qu'ils y ont faits, se verront accorder par ladite Partie* [...], *un traitement non moins favorable que celui qu'elle accorde aux personnes résidant sur son territoire et aux ressortissants ou aux sociétés d'une tierce partie* ». Il en était de même pour la PEPS (Protocole, point 1 : « *Dans l'année qui suivra la signature du présent Traité, les Parties entameront des négociations en vue de conclure un traité d'établissement qui contiendra notamment des dispositions concernant* : (...) *la protection et la sécurité des personnes et des biens, le libre accès aux tribunaux* (...) ».

[2]. En particulier anglophone, voy. par exemple, R. DOLZER et Ch. SCHREUER, *Principles of International Investment Law*, Oxford, éd. OUP, 2022, 3ème éd., 560 p.

[3]. En particulier francophone, voy. notamment : J. CAZALA, « Les standards indirects de traitement : traitement de la nation la plus favorisée et traitement national », in Ch. LEBEN (dir.), Droit international des investissements et de l'arbitrage transnational », Paris, éd. Pedone, 2015, pp. 265-286 ; Y. NOUVEL, « Les standards de traitement : le traitement juste et équitable, la sécurité pleine et entière », in Ch. LEBEN (dir.), *Droit international des investissements et de l'arbitrage transnational*, Paris, éd. Pedone, 2015, pp. 287-345.

de la protection des populations, les concepts tels que l'investissement social ou l'investissement protégé présents dans les traités récents d'investissement, ont permis de tenir compte, pour le premier, du développent social, pour le second, de l'attitude de l'investisseur vis-à-vis des droits de l'homme.

415. En dépit de l'évolution du contenu des concepts du droit des investissements vers l'intégration des droits de l'homme, le bilan reste en grande partie favorable à la protection de l'investisseur. Cela ressort en partie du concept cardinal de TJE dont la mise en application peut aboutir à la fois à une protection restreinte des droits fondamentaux de l'investisseur et, à une protection étendue, voire excessive de l'investisseur, susceptible de compromettre les droits fondamentaux de la population. En sens inverse, le concept en vogue d'investissement social présente un double potentiel d'évaluation de l'attitude de l'investisseur, d'une part, et une garantie de protection aux investissements qui répondent aux exigences sociales, d'autre part. La même observation vaut pour le concept de développement durable, lequel se présente comme la version la plus actuelle du concept de développement. Ses dimensions sociale, économique et environnementale ont servi de relais pour le rapprochement du droit des investissements de la protection des droits fondamentaux.

416. Étant donné la perméabilité des concepts du droit des investissements malgré la volatilité de leurs contenus, il est important que les interprètes des instruments relatifs à l'investissement à savoir les juges nationaux ou internationaux et les instances compétentes en matière de règlement des différends relatifs à l'investissement, procèdent à la conciliation des approches restrictive et extensive, temporelle et matérielle, au moyen d'une mise en balance des droits de l'investisseur et ceux de la population. Ainsi, il pourrait être fait usage d'un test de proportionnalité[4] tel qu'il en est fait application devant les juridictions des États lorsque sont en jeu des droits fondamentaux individuels et des droits fondamentaux collectifs.

[4]. Le test de proportionnalité consiste en une « [j] *uste mesure à observer dans l'application à un litige de deux principes antinomiques d'égale valeur qui ont l'un et l'autre vocation à en gouverner la solution* (...) ». G. CORNU (dir.), *Vocabulaire juridique. Association Henri Capitant*, Paris, éd. Puf, coll. Quadrige, 2019, 13ème éd., p. 813-814). Il s'agit donc d'un « *critère directif de pondération qui doit conduire le juge non pas à affirmer, en général, la primauté d'une règle sur l'autre, mais à mettre en balance concrètement les conséquences qui découlent de l'application de chacune, afin de faire prévaloir, en l'espèce, celle qui sauvegarde le mieux les intérêts en présence* » (*Idem*).

TITRE II :

Les moyens d'une mise en œuvre du droit international des droits de l'homme au sein du droit des investissements

417. Comme toutes les branches du droit, le droit international des droits de l'homme possède des mécanismes de mise en œuvre, mais à la différence de toutes les branches du droit, les droits de l'homme sont, à travers leur transversalité, outillés d'un nombre conséquent de moyens permettant leur irruption dans la quasi-totalité des branches du droit. Seulement, « irruption » n'implique pas automatiquement « influence », en ce sens que la première symbolise le début d'un processus (d'infiltration) alors que la seconde signe l'aboutissement de ce processus. Comme cela a été montré dans les développements précédents, le droit international des droits de l'homme semble produire des effets sur le droit des investissements. Dans ce domaine, la dynamique décrite s'illustre par une réaction de docilité, laquelle se matérialise par une certaine intégration des obligations en matière des droits de l'homme dans le droit des investissements (Chapitre 1) ; et une présence d'ingrédients annonçant un futur renforcement humaniste, voire transformation humaniste du droit des investissements via l'application émergente d'une responsabilité pour violation des droits de l'homme (Chapitre 2).

CHAPITRE 1 :

Les moyens issus de l'ouverture du droit des investissements aux obligations découlant des droits de l'homme

418. Pour les besoins des développements qui suivent, le terme « ouverture » sera entendu comme la faculté de prendre en compte puis suivre d'effet les obligations contenues dans le droit international des droits de l'homme. Ce, d'autant plus qu'« [i] *l ne sert, en effet, à rien de multiplier les consécrations de nouveaux droits si leurs bénéficiaires concrets ne peuvent les invoquer directement contre ceux, personnes publiques ou personnes privées, qui les violent.* »[1] Dans le prolongement de la réflexion, il a été relevé que les principaux instruments du « *droit international* [des droits de l'homme] *convergent pour fonder le droit des victimes à ce que soient menées des enquêtes, des poursuites et prononcées des sanctions à l'encontre de personnes responsables de violations de droits de l'homme, ainsi que le droit d'obtenir réparation* ».[2] Autrement dit « [d] *ans son expression la plus générale l'on pourrait même commencer à dire que le droit des victimes à un recours effectif est devenu une norme de droit international coutumier.* »[3] Il n'est en effet qu'une banalité de rappeler les diverses consécrations du droit à un recours effectif pour certifier l'existence de tout droit *a fortiori* un droit fondamental.[4]

---

[1]. Voy. M. M. MOHAMED SALAH, *L'irruption des droits de l'homme dans l'ordre économique international : mythe ou réalité ?* Paris, éd. LGDJ, 2012, p. 239.

[2]. F. MARRELLA, « Protection internationale des droits de l'homme et activités des sociétés transnationales », *RCADI*, vol. 385, 2017, p. 295, § 516.

[3]. *Idem.*

[4]. Pour n'en citer que quelques-uns, les instruments internationaux à vocation universelle ou régionale énoncent sans ambiguïté le droit des victimes à bénéficier d'un recours. Pour la première catégorie tel est notamment le cas de : art. 8 de la Déclaration universelle des droits de l'homme (AGNU, résolution 217 A-III du 10 décembre 1948) ; art. 2.3 du Pacte international relatif aux droits civils et politiques (AGNU, résolution 2200-XXI A du 16 décembre 1966) ; art. 6 de la Convention internationale sur l'élimination de toutes les formes de discrimination raciale (AGNU, résolution 2106 A -XX du 21 décembre 1965) ; art. 14.1 de la Convention contre la torture et autres peines ou traitements cruels, inhumains ou dégradants (AGNU, résolution 39/46 du 10 décembre 1984), etc. Et pour la seconde catégorie tel est notamment le cas de : art. 6 et 13 de la Convention européenne

Section 1 :
L'effet horizontal des droits de l'homme en droit des investissements

419. *Répartition des obligations.* D'origine allemande[5], l'effet horizontal des droits de l'homme signifie que « *les particuliers ne s*[ont] *pas seulement bénéficiaires des droits* [de l'homme], *conçus comme des libertés garanties par des normes constitutionnelles ou internationales, mais également destinataires de l'obligation de les respecter* ».[6] En d'autres termes, cet effet horizontal tend à élargir les conséquences de l'application des droits de l'homme aux différents acteurs, c'est-à-dire à la fois les États, destinataires originels de ces droits, mais aussi et surtout les personnes privées, au rang desquelles figurent les investisseurs-personnes morales comme personnes physiques. En une formule, il s'agit d'une extension des obligations en matière des droits de l'homme aux rapports entre personnes privées. Au-delà de son origine allemande, l'effet horizontal semble aujourd'hui reconnu dans la plupart des systèmes juridiques,[7] et ce pour la plupart des droits fondamentaux. Caractérisé par une multitude d'obligations et auréolé par les règles intangibles du droit international, le droit international des droits de l'homme se fait siennes des obligations à même d'imprimer la vocation horizontale dont il est porteur. Du point de vue de sa concrétisation, l'effet horizontal des droits de l'homme vise deux catégories de destinataires que sont les États et les personnes privées. Aux premiers, il impose une obligation de protéger ; et des secondes, il exige une obligation de respecter. Cette dernière trouve écho dans l'obligation dite de *due diligence*. L'obligation de protéger incombant à l'État étant consacrée dans tous les textes de droit international relatifs aux droits de l'homme, il importe de dire un mot sur l'obligation de *due diligence* dont les contours vis-à-vis de l'obligation de protéger révèlent parfois certaines confusions. À ce propos, deux éléments font qu'il soit peu pertinent, contrairement à la direction souvent entreprise par les auteurs enquêtant sur ce

---

des droits de l'homme (Conseil de l'Europe, adoption du 4 novembre 1950) ; art. 8 et 25 de la Convention américaine relative aux droits de l'homme (Conférence spécialisée interaméricaine sur les Droits de l'Homme de San José, adoption du 22 novembre 1969) ; art. 7 de la Charte africaine des droits de l'homme et des peuples (Dix-huitième conférence des chefs d'État et de Gouvernement de l'Organisation de l'unité africaine de Nairobi, adoption du 18 juin 1981), etc.

5. En effet, la formule trouve son origine dans celle dite de l'effet rayonnant (*Ausstrahlungswirkung*) consacrée par la Cour constitutionnelle allemande à l'occasion de l'arrêt *Lüth* (BVerfGE, t. 7, pp. 198-230, 15 janvier 1958). Cette expression signifie que « *les droits fondamentaux ne forment pas uniquement des droits défensifs du citoyen contre l'État, mais ont aussi une signification pour l'ensemble de l'ordre juridique* ». Th. HOCHMANN et J. REINHARDT, « Introduction — L'effet horizontal, la théorie de l'État et la dogmatique des droits fondamentaux », in Th. HOCHMANN et J. REINHARDT (dir.), *L'effet horizontal des droits fondamentaux*, Paris, éd. Pedone, 2018, pp. 7 et 8.

6. *Idem.*

7. Sur cette question, voy. Th. HOCHMANN, « La migration de l'effet horizontal des droits fondamentaux de l'Allemagne vers l'Afrique du Sud », in E. ZOLLER (dir.), *Migrations constitutionnelles d'hier et d'aujourd'hui*, Paris, éd. Panthéon Assas, 2017, pp. 167-181.

thème, d'évoquer l'obligation de *due diligence* en droit des investissements du point de vue des États. Premièrement, l'obligation de *due diligence* est couverte par l'obligation de protéger incombant à l'État en ce sens qu'il est exigé de celui-ci, au titre de cette seconde obligation, la mobilisation de tous les efforts nécessaires pour la préservation des droits de l'homme.[8] Secondement, l'obligation de protéger est présente dans la quasi-totalité des « standards » de protection des investissements dont la mise en œuvre incombe à l'État en vertu des règles substantielles de protection des investissements.[9] Mieux, la combinaison de ces deux éléments aboutit à l'inclusion de l'obligation de *due diligence* dans l'obligation générale de protection dont les États sont tenus.[10] Pour toutes ces raisons et, l'obligation de *due diligence* étant un degré d'exigence en fonction de l'obligation considérée, il parait plus percutant de l'envisager du point de vue de l'investisseur. Partant, les obligations à la charge des deux principaux acteurs du droit des investissements, à savoir l'État et l'investisseur, diffèrent en ce sens que le premier est sujet de droit international alors que le second n'est pas considéré comme tel. À partir de ce schéma, il y aurait une gradation des obligations : une obligation de *due diligence* incombant à l'investisseur (Paragraphe 1) et une obligation de protection incombant à l'État (Paragraphe 2).

§ 1 : Une obligation de due diligence incombant à l'investisseur

420. La question de l'obligation de *due diligence*[11] domine depuis quelques années les débats doctrinaux. En effet, ladite obligation est apparue dans la pratique au moins depuis 1872 à l'occasion de l'affaire dite de l'*Alabama*[12]. La réapparition de l'obligation au titre des obligations incombant à certains acteurs

---

[8]. Voy. Comité des droits de l'homme, *Observation générale n° 31 : La nature de l'obligation juridique générale imposée aux États parties au Pacte*, Adoptée à la 2187ème séance du 29 mars 2004, § 8.

[9]. Sur ce sujet, voy. A. DE NANTEUIL, « Due diligence et investissements étrangers », *in* Sarah CASSELA (dir.), *Le standard de due diligence et la responsabilité internationale. SFDI — Journée d'études franco-italienne du Mans*, Paris, éd. Pedone, 2017, pp. 93-106, spéc. 94.

[10]. D'autant plus qu'on sait que cette logique court au moins depuis l'affaire du Détroit de Corfou. Entre autres, voy. CIJ, *Affaire du détroit de Corfou (Royaume-Uni c. Albanie)*, arrêt du 9 avril 1949, *Recueil*, p. 4, p. 20 § 2. Dans la même optique, voy. CIJ, *Liceité de la menace ou de l'emploi d'armes nucléaires*, avis consultatif du 8 juillet 1996, *Recueil*, p. 226, pp. 241 et 242 § 29 ; il en a été de même dans : CIJ, *Affaire relative au projet Gabcikovo-Nagymaros (Hongrie c. Slovaquie)*, arrêt du 25 septembre 1997, *Recueil*, p. 7, p. 38 § 53. ; également : CIJ, *Activités armées sur le territoire du Congo (République démocratique du Congo c. Ouganda)*, arrêt du 19 décembre 2005, *Recueil*, p. 168, p. 252 § 246.

[11]. La terminologie étant flottante : anglais, français ou l'un et l'autre. Le terme sera envisagé, pour les besoins de la clarté des développements qui suivent, sous la dimension déploiement de moyens de nature à empêcher la réalisation d'un manquement aux droits de l'homme. *Due Diligence*, devoir de vigilance, devoir de diligence ou obligation de vigilance/diligence seront employés comme des synonymes. Sur les équivalences de terminologie entre le français et l'anglais, voy. S. BESSON, « La *due diligence* en droit international », *RCADI*, vol. 409, 2020, §§ 1-5.

[12]. Tribunal d'arbitrage (*ad hoc*), *Réclamations des États-Unis d'Amérique contre la Grande-Bretagne relatives à l'Alabama*, Sentence du 14 septembre 1872, *RSA*, vol. XXIX, pp. 125-134.

de la scène juridique est due en grande partie à la multiplication des cas de « non-irresponsabilité juridique » à raison de certains dommages causés par les acteurs autres qu'étatiques.[13]Lieu par excellence de la rencontre entre les activités des acteurs privés économiques et les droits fondamentaux de la personne sur les territoires des États, le droit des investissements parait à même d'admettre des obligations de *due diligence* à la charge des investisseurs. Ces obligations peuvent à juste titre être définies comme « l'assujettissement d'une entreprise à l'adoption de mesures susceptibles d'éviter ou amortir les atteintes aux droits de l'homme découlant de ses activités ». Cela rejoint *in fine* l'obligation de respecter les composantes des droits de l'homme.[14] Dans une pareille hypothèse, les obligations décrites proviendraient en priorité du droit international des droits de l'homme (B) avant de résulter de la mise en pratique des règles substantielles relatives à l'investissement (A).

A. L'obligation de *due diligence* : unité dans la diversité

421. Si la *due diligence*[15] est perçue comme une protection de l'entreprise contre ses propres risques, il n'en demeure pas moins qu'elle varie en termes de consécration, tant en fonction de son champ que de son objet.

1. La double tendance des législations nationales

422. ***La France : un devoir de vigilance élargi.*** Évoquer la *due diligence* sur le plan interne oblige à centrer le raisonnement sur les cas de deux États que sont la France et les Pays-Bas. Le premier parce qu'il est le pionnier en la matière et le second parce qu'ayant adhéré à la même démarche sans toutefois en adopter la structure. Pour le cas français, les articles L 225-102-4 et L 225-102-5 crées par la loi n° 2017-399 du 27 mars 2017 relative au devoir de vigilance des sociétés mères et des entreprises donneuses d'ordre[16] et intégrés dans le code de commerce. De ces deux articles, il ressort la synthèse selon laquelle les grandes entreprises sont tenues de mettre en œuvre une politique de respect des droits de l'homme, laquelle se matérialise par l'adoption d'un « plan de vigilance » dont l'objectif est, à terme, la prévention des atteintes aux droits fondamentaux ; droits fondamentaux dont la violation résultant de la non-adoption d'un « plan de

---

[13]. A ce sujet, voy. S. CASSELA, « Les travaux de la Commission du droit international sur la responsabilité internationale et le standard de *due diligence* », in Sarah CASSELA (dir.), *Le standard de due diligence et la responsabilité internationale. SFDI — Journée d'études franco-italienne du Mans*, Paris, éd. Pedone, 2017, pp. 11-24, spéc. 11 et s.

[14]. D'autant plus que ce droit est, comme on le sait, hétérogène du point de vue de son effectivité. Là ou certains droits semblent pleinement implantés dans le domaine de l'investissement, d'autres peinent à l'être.

[15]. Sur la place de la diligence en droits de l'homme, voy. H. RASPAIL, « Due diligence et droits de l'homme », *in* Sarah CASSELA (dir.), *Le standard de due diligence et la responsabilité internationale. SFDI — Journée d'études franco-italienne du Mans*, Paris, éd. Pedone, 2017, pp. 107-133, spéc., p.109.

[16]. Loi n° 2017-399 du 27 mars 2017 relative au devoir de vigilance des sociétés mères et des entreprises donneuses d'ordre, *JORF* n° 0074 du 28 mars 2017.

vigilance » mènerait vers l'engagement de la responsabilité de l'entreprise devant le juge.

423. ***Turbulences d'une mise en œuvre***. En application des dispositions de l'article L 225-102-5 issu de la loi précitée du 27 mars 2017, la société Total a été mise en demeure par un groupe de syndicats et représentants de la société civile ougandais et français pour des insuffisances alléguées dans l'établissement et la mise en œuvre d'un plan de vigilance intégrant des éléments aptes à prévenir les risques liés aux activités de la société Total, sa filiale ougandaise et ses sous-traitants pour la réalisation des projets d'exploitation pétrolière et de réalisation d'un oléoduc. Saisi de l'affaire, le tribunal judiciaire de Nanterre s'est déclaré incompétent et a renvoyé l'affaire devant le tribunal de commerce de Nanterre[17] ; en réaction, les requérants ont interjeté appel devant la cour d'appel de Nanterre.[18]

424. ***Contrariétés***. De ces différentes constatations on ne peut qu'admettre qu'il serait fort à parier que la piste d'une double compétence soit admise pour les réclamations fondées sur l'article L 225-102-5 en violation des dispositions de l'article L 225-102-4 relatives au plan de vigilance. Et ce, d'autant plus que la Cour d'appel de Versailles a pris le soin dans l'affaire précitée de dresser une distinction entre les réclamations visant l'établissement et la mise en œuvre du plan de vigilance et les manquements constitutifs d'une violation du plan de vigilance ; les premières étant des injonctions de faire et les secondes étant des actions en réparation.[19] En conséquence, un litige afférant à la réalisation d'un plan de vigilance serait porté devant un tribunal commercial tandis qu'un litige relavant de la violation du plan de vigilance serait porté devant un tribunal judiciaire de droit commun. Séduisante à première vue, cette distinction emporte au moins une lacune en ceci que la violation d'un plan de vigilance pourrait relever de sa mise en œuvre, ce qui, en d'autres termes, pourrait occasionner des difficultés d'appréhension de la compétence de l'une ou l'autre des deux catégories de juridictions. Là encore, des difficultés semblaient surgir de la mise en œuvre des règles de protection des victimes. Seulement, sous l'influence de la Chambre commerciale de la Cour de cassation,[20] le tribunal judiciaire de Nanterre

---

17. TJ Nanterre, ord. réf., 30 janvier 2020, n° 19-02833.

18. CA Versailles, 13ème et 14ème chambres réunies (*affaire association SURVIE et al. c. Total),* arrêt du 10 décembre 2020, n° RG/20/01692 et RG/20/01693.

19. *Ibid*., p. 15.

20. C. Cass., Comm., arrêt du 18 novembre 2020, n° 19-19.463, *Bulletin*. En effet, saisie d'un pourvoi contre un arrêt de la Cour d'appel de Paris (16 mai 2019, n° confirmant la compétence du tribunal d'instance pour connaitre d'un litige opposant des tiers non-commerçants à une société commerciale, la Chambre commerciale, financière et économique de la Cour de cassation s'est employée à indiquer que « *la compétence des juridictions consulaires peut être retenue lorsque les défendeurs sont des personnes qui n'ont ni la qualité de commerçant ni celle de dirigeant de droit d'une société commerciale dès lors que les faits qui leur sont reprochés sont en lien direct avec la gestion de cette société, c'est à bon droit que l'arrêt énonce que, toutefois, lorsque le demandeur est un non-commerçant, il dispose du choix de saisir le tribunal civil ou le tribunal de commerce et qu'ayant constaté que les demandeurs n'avaient pas la qualité de commerçant, il en déduit qu'ils disposaient d'une option de compétence leur permettant de saisir valablement le juge civil d'une action en*

s'est, dans une seconde affaire,[21] déclaré compétent pour recevoir les demandes basées sur les mesures de vigilance en application des articles susvisés.[22] La logique suivie par le tribunal semble plausible en ce sens que lors des discussions du « *Projet de loi portant lutte contre le dérèglement climatique et renforcement de la résilience face à ses effets* »,[23] des tentatives d'insertion d'une disposition donnant compétence aux juges judiciaires de droit commun ont fait surface[24] avant d'être rejetées[25] puis abandonnées définitivement par la commission mixte paritaire.[26]

---

concurrence déloyale dirigée contre une société commerciale ». Voy. Chbre commerciale, Arrêt précité, § 8.

[21]. TJ Nanterre, ordonnance de mise en état du11 février 2021, n° 20/00915.

[22]. Et le tribunal d'indiquer cette fois-ci, contrairement à son positionnement dans l'affaire du 29 octobre 2019 précitée que « la plénitude de juridiction du tribunal judiciaire combinée à l'absence de prévision d'une compétence exclusive du tribunal de commerce ainsi que l'engagement direct de la responsabilité sociale de la SE Total très au-delà du lien effectivement direct avec sa gestion prise en lien avec la qualité de non-commerçant des demanderesses fondent à leur bénéfice un droit d'option, qu'elles exercent à leur convenance, entre le tribunal judiciaire, qu'elles ont valablement saisi, et le tribunal de commerce. ». Voy. TJ Nanterre (1ère Chbre), ordonnance de mise en état du11 février 2021, n° 20/00915, p. 11.

[23]. Commission mixte paritaire, *Projet de loi portant lutte contre le dérèglement climatique et renforcement de la résilience face à ses effets*, enregistré à la Présidence de l'Assemblée nationale le 13 juillet 2021 et à la Présidence du Sénat le 12 juillet 2021. Disponible sur le site de l'Assemblée nationale française en suivant le lien :
https://www.assemblee-nationale.fr/dyn/15/textes/l15b4336_texte-adopte-commission.

[24]. Un amendement faisant explicitement référence à la loi sur le devoir de vigilance du 27 mars 2017, adopté par l'Assemblée nationale le 25 mars 2021, optait clairement pour la compétence des juges judiciaires à travers l'ajout d'un article additionnel après l'article 71 de loi en question. Ainsi, « [l] *a sous-section 2 du section 1 du chapitre Ier du titre Ier du livre II du code de l'organisation judiciaire* [devrait être] *complétée par un article L. 211-21 ainsi rédigé : "Art. L. 211-21 — Un ou plusieurs tribunaux judiciaires spécialement désignés connaissent des actions relatives au devoir de vigilance fondées sur les articles L. 225-102-4 et L. 225-102-5 du code de commerce.* ». Voy. Assemblée nationale, *Lutte contre le dérèglement climatique (n° 3995)*, Amendement n° 4700, adopté le 25 mars 2021. Document disponible sous format PDF sur le lien : https://www.assemblee-nationale.fr/dyn/15/amendements/3995/AN/4700.pdf. ; L'amendement précité a lui-même fait l'objet d'un amendement identique (n° 1571) et a été adopté à l'unanimité (50 voix/50 votants) par l'Assemblée nationale à l'occasion d'une séance de débats parlementaires. Sur cette adoption et les débats qui l'ont précédé, voy. Assemblée nationale, Compte rendu intégral. Session ordinaire de 2020-2021 (257ème séance), 2ème séance du 17 avril 2021, *JORF* n° 58 [2] A.N. (C.R.) du 18 avril 2021, pp. 4598-4599.

[25]. Voy. Commission des affaires étrangères du Senat, *Projet de loi de programmation relatif au développement solidaire (n° 139)*, Amendement n° 404, rejeté le 9 avril 2021. Document disponible sur le lien : https://www.senat.fr/encommission/2020-2021/404/Amdt_COM-139.html.

[26]. Comme on le sait, la commission mixte paritaire (CMP) est une assemblée réduite composée d'un nombre restreint et égal de sept députés et sept sénateurs intervenant en cas de désaccord persistant entre l'Assemblée nationale et le Sénat lors de l'adoption d'une loi (voy. art. 45 de la constitution du 4 octobre 1958). Le passage par la CMP témoigne du bras de fer entre sénateurs et députés, d'une part, et députés et sénateurs en leurs seins, d'autre part. Dans la version adoptée par ladite commission, le chapitre réservé au *renforce* [ment] [de] *la protection judiciaire* », aucune référence explicite n'est faite à la compétence des juges de droit commun pour connaitre des litiges relevant de la dégradation de l'environnement. À ce titre, voy. Commission mixte paritaire, *Projet de loi portant*

425. ***Les Pays-Bas : un devoir de vigilance restreint.*** Quant aux Pays-Bas, ces derniers ont à leur tour adopté une loi le 24 octobre 2019 (*Wet zorgplicht kinderarbeid*)[27] qui touche un cadre restreint du droit international des droits de l'homme à savoir la lutte contre le travail des enfants. En dépit du pas qu'elle amorce dans le sens de la protection des droits de l'homme, la loi néerlandaise pourrait poser quelques difficultés quant aux atteintes susceptibles d'être provoquées par les activités des investisseurs. À cet égard, il parait curieux de déceler d'une part, le danger pouvant naitre des activités d'une multinationale sans pour autant en tirer toutes les conséquences sur le plan législatif. Par ailleurs, cette attitude pourrait trouver une justification dans une volonté de procéder par étapes, ce qui, sans garantir une quelconque avancée vers d'autres volets du droit international des droits de l'homme, pourrait rester lettre morte. Dans l'attente d'une mise en application de la loi des Pays-Bas du 24 octobre 2019 relative au devoir de vigilance, d'autres États à l'instar de la Belgique semblent engagés dans un processus de mise sur pied d'un « cadre juridique de vigilance » destiné à encadrer les activités des multinationales.[28]

426. ***Engouement.*** À côté de ces législations nationales, d'autres États européens, notamment l'Allemagne, l'Autriche, le Danemark, la Finlande, l'Italie, le Luxembourg, la Suède et la Suisse s'inscrivent dans la même logique[29] ; et d'autres États non européens comme l'Australie, le Canada et les États-Unis sont dans une dynamique similaire.[30] Il est à craindre, compte tenu du ton observé dans les deux lois nationales déjà adoptées, que d'autres tendances puissent se dégager si les discussions amorcées aboutissaient dans ces derniers États à

---

lutte contre le dérèglement climatique et renforcement de la résilience face à ses effets, enregistré à la Présidence de l'Assemblée nationale le 13 juillet 2021 et à la Présidence du Sénat le 12 juillet 2021, titre VI intitulé « *Renforcer la protection judiciaire de l'environnement* ». Disponible sur le site de l'Assemblée nationale française en suivant le lien : https://www.assemblee-nationale.fr/dyn/15/textes/l15b4336_texte-adopte-commission.

27. Loi du 24 octobre 2019 instituant un devoir de vigilance pour empêcher la fourniture de biens et de services qui ont été créés à l'aide du travail des enfants (traduction non-officielle), *JO Pays-Bas* n° 401 du 13 novembre 2019.

28. Le parlement belge, sans être à présent doté d'une cadre légal contraignant, a tout de même engagé le processus et voté une proposition de loi « *vis* [ant] *à créer, dans la partie du Code de droit économique consacrée aux obligations générales des entreprises, un nouveau chapitre consacré au devoir de vigilance des entreprises.* ». Voy. Chambre des représentants de Belgique, *Proposition de loi instaurant un devoir de vigilance et un devoir de responsabilité à charge des entreprises tout au long de leurs chaînes de valeur (DOC 55 1903/001)*, déposée le 2 avril 2021 et adoptée le 22 avril 2021, art. 3.

29. Des discussions ont effet démarré dans ces pays, mais n'ont pas abouti pour l'instant à l'adoption de textes comme ceux de la France et des Pays-Bas. Voy. Conseil général de l'économie de l'industrie, de l'Énergie et des technologies, *Rapport sur l'Evaluation de la mise en œuvre de la loi n° 2017-399 du 27 mars 2017 relative au devoir de vigilance des sociétés mères et des entreprises donneuses d'ordre*, n° 2019/12/CGE/SG de janvier 2020, pp. 48-51.

30. Conseil général de l'économie de l'industrie, de l'Énergie et des technologies, *Rapport sur l'Evaluation de la mise en œuvre de la loi n° 2017-399 du 27 mars 2017 relative au devoir de vigilance des sociétés mères et des entreprises donneuses d'ordre*, n° 2019/12/CGE/SG de janvier 2020, pp. 51-53.

l'adoption de lois comme celles de la France ou des Pays-Bas. Mais (et ceci n'est pour l'heure valable que pour les pays membres de l'Union européenne), une législation commune serait apte à intercepter toutes les craintes liées aux disparités des législations nationales. Voyons ce qu'il en est.

2. Harmonisation régionale de l'obligation de diligence : l'exemple de l'UE

427. ***Vers une « tendance européenne » généralisée.*** Au niveau de l'Union européenne, les tendances évoquées plus haut marquent le début d'une ère de mise en relief d'obligations en matière de diligence à l'encontre des entreprises d'une certaine taille. L'idée d'orientation vers une uniformisation des règles de protection des droits de l'homme contre les activités des multinationales semble prendre corps. On en veut pour preuve, et ce, un peu moins de deux moins après l'adoption par la France de la loi pionnière sur le devoir de vigilance, un règlement européen fixant certaines obligations de diligence pour les importateurs de certains produits exerçant dans des zones de conflit[31] tant « [c] *es importateurs de l'Union demeurent individuellement responsables du respect des obligations liées au devoir de diligence énoncées dans* [ledit] *règlement.* ».[32] Ils sont donc tenus de « *respecte* [r] *les obligations liées au devoir de diligence à l'égard de la chaîne d'approvisionnement définies dans le (...) règlement et tiennent une documentation démontrant qu'ils respectent tous ces obligations, y compris les résultats de vérifications réalisées par des tiers indépendants.* ».[33] Si les obligations sont mises à la charge des entreprises tout au long de leurs chaines d'approvisionnement, le soin revient aux États membres de l'Union « *de veiller au respect uniforme des dispositions par les importateurs de l'Union qui importent des minerais ou des métaux relevant du champ d'application du présent règlement en procédant aux contrôles a posteriori appropriés.* ».[34] On se retrouve ainsi dans une logique d'allègement des obligations en matière des droits de l'homme à l'égard de l'État, lequel, passe d'un « statut de destinataire » des droits de l'homme à celui de « gardien » des droits de l'homme ; ce qui, dans le même ordre d'idées, renvoie au caractère horizontal des règles de protection des droits de l'homme. Certes pertinent pour la constitution des obligations de *due diligence* à l'égard des investisseurs, le règlement susvisé n'en demeure pas moins restreint d'où le besoin de l'étendre puis le renfoncer.

428. ***Vers un « contenu européen » unique***. Au regard de cette dernière considération, une autre réglementation sous forme d'une Résolution a été

---

[31]. Règlement (UE) n° 2017/821 du Parlement européen et du Conseil du 17 mai 2017 fixant des obligations liées au devoir de diligence à l'égard de la chaîne d'approvisionnement pour les importateurs de l'Union qui importent de l'étain, du tantale et du tungstène, leurs minerais et de l'or provenant de zones de conflit ou à haut risque, *JOUE* n° L130 du 19 mai 2017, pp. L130/1-L130/20.
[32]. *Ibid.*, § 14.
[33]. *Ibid.*, art. 3, p. L 130/7.
[34]. *Ibid.*, § 20, p. L 130/4.

adoptée par le Parlement européen.[35] Sans imposer aux entreprises des obligations de protection des droits de l'homme, la Résolution européenne sur le devoir de vigilance fournit une multitude d'éléments susceptibles de cerner ce qui est attendu des investisseurs en ce sens qu'elle rappelle notamment *« que le devoir de vigilance est principalement un mécanisme préventif et que les entreprises devraient avant tout être tenues de prendre toutes les mesures proportionnées et adéquates et de faire tout ce qui est en leur pouvoir pour recenser les effets préjudiciables potentiels ou réels et adopter des politiques et des mesures destinées à y faire face* (...). ».[36] Au-delà de l'obligation de prévention des atteintes aux droits de l'homme, il est également exigé concrètement des multinationales, « *(...) d'identifier, d'évaluer, de prévenir, de faire cesser, d'atténuer, de surveiller, de suivre, de communiquer et de traiter les incidences négatives potentielles ou réelles sur les droits de l'homme, l'environnement et la bonne gouvernance que leurs propres activités, celles de leurs chaînes de valeur et de leurs relations d'affaires pourraient engendrer, ainsi que de rendre compte de ces incidences et d'y remédier* (...) ».[37] En outre et pour résumer, la directive précitée est d'un triple apport. D'une part, elle étend le cadre législatif européen à un plus large éventail d'entreprises, la référence n'étant que le degré de risque provenant des activités entreprises[38] ; et, d'autre part, elle instigue les éléments permettant aux États membres de l'Union de mettre des obligations claires en matière de diligence à la charge des entreprises.[39] À ces deux éléments vient s'ajouter la garantie aux victimes d'un accès à des voies de recours principalement internes, sur une base solide et facilement identifiable.[40] En tous cas, le chemin tracé par les quelques États membres de l'Union, consenti par les Conseil et Parlement européens puis affiné par le Parlement européen, semble trouver ses sources dans des supports internationaux (au sens de l'universalité) relatifs aux obligations des entreprises en matière des droits de l'homme.

B. Une obligation de *due diligence* universelle

429. L'universalité de l'obligation de *due diligence* réside dans son contenu, lequel est largement partagé par les États via les organisations internationales intergouvernementales.[41] En revanche, l'entente autour d'un contenu ne signifie

---

35. Parlement européen, *Devoir de diligence et responsabilité des entreprises*, Résolution du 10 mars 2021 contenant des recommandations à la Commission sur le devoir de vigilance et la responsabilité des entreprises, doc. n° 2020/2129 (INL)/P9_TA (2021) 0073, adoptée le 10 mars 2021.

36. Parlement européen, *Devoir de diligence et responsabilité des entreprises*, Résolution du 10 mars 2021 contenant des recommandations à la Commission sur le devoir de vigilance et la responsabilité des entreprises, doc. n° 2020/2129 (INL)/P9_TA (2021) 0073, adoptée le 10 mars 2021, § 2.

37. *Ibid.*, art. 1 § 2.

38. *Ibid.*, art. 2 §§ 1-3.

39. *Ibid.*, art. 4 §§ 1-4.

40. *Ibid.*, art. 1 § 3.

41. Sur les motivations pour le choix de cette formule, voy. Chapitre 2 du titre 2 de la partie 1 de cette étude.

d'aucune manière l'absence totale de sens différents, d'où la nécessité de vérifier la potentielle généralisation/effectivité de ladite obligation.

1. Une obligation à contenu concerté

430. ***De l'ONU à l'OIT.*** Qu'il s'agisse du cadre onusien ou du cadre de l'OIT, les activités des entreprises ont fait l'objet d'études aboutissant à des instruments mettant à leur charge des obligations de diligence. Premièrement, et concernant les Nations Unies, les principes directeurs éponymes sont d'un apport considérable pour la clarification du contenu de la responsabilité des entreprises en matière des droits de l'homme. On y lit au titre du Principe fondateur n° 13 que « [l] *a responsabilité de respecter les droits de l'homme exige des entreprises : a) Qu'elles évitent d'avoir des incidences négatives sur les droits de l'homme ou d'y contribuer par leurs propres activités, et qu'elles remédient à ces incidences lorsqu'elles se produisent ; b) Qu'elles s'efforcent de prévenir ou d'atténuer les incidences négatives sur les droits de l'homme qui sont directement liées à leurs activités, produits ou services par leurs relations commerciales, même si elles n'ont pas contribué à ces incidences.* ».[42] De cette double exigence, il découle que l'obligation de respecter les droits de l'homme requiert à la fois une diligence active et passive. Active parce que l'entreprise est tenue de prendre les mesures nécessaires pour prévenir les incidences négatives pour les droits de l'homme résultant de leurs activités ; et passive parce que l'activité de l'entreprise se doit d'éviter les incidences négatives sur les droits de l'homme. Il y a là une convergence vers les aspects saillants de l'obligation de diligence à l'instar de ceux-là mêmes retenus par l'Union européenne.[43] Deuxièmement, et relativement à l'OIT, l'orientation est, là encore, fixée sur le fait que « [l] *es entreprises, y compris les entreprises multinationales, devraient faire preuve de diligence raisonnable afin d'identifier, de prévenir et d'atténuer les incidences négatives, réelles ou potentielles, de leurs activités sur les droits de l'homme, ainsi que de rendre compte de la manière dont elles remédient à celles qui ont trait aux droits de l'homme internationalement reconnus* (...). ».[44] Comme pour les Principes directeurs de l'ONU, la Déclaration tripartite de l'OIT admet des standards identiques à ceux mobilisés par l'ONU à savoir la mise en avant d'une grille de lecture prenant en compte d'une part, les actions préventives des entreprises et, d'autre part, leurs abstenions dans certaines circonstances.

---

[42]. Haut-commissariat aux droits de l'homme, *Principes directeurs relatifs aux entreprises et aux droits de l'homme. Mise en œuvre du cadre de référence « protéger, respecter et réparer » des Nations Unies*, Genève, doc. n° HR/PUB/11/4 (2011), pp. 16-17.

[43]. Voy. Directive précitée.

[44]. OIT, *Déclaration de principes tripartite sur les entreprises multinationales et la politique sociale*, Adoptée par le Conseil d'administration du Bureau international du Travail à sa 204ème session (Genève, novembre 1977) et amendée à ses 279ème (novembre 2000), 295ème (mars 2006) et 329ème (mars 2017) sessions, 5ème éd., 2017, p. 5.

431. ***Le relai de l'OCDE***. Aux textes susvisés s'ajoutent d'autres instruments à portée non universelle comme celui de l'OCDE[45] : *les principes directeurs à* (...) *l'intention des entreprises multinationales*[46]. Ces principes sont d'une certaine manière la reprise du contenu des règles de droit international des droits de l'homme. En effet, aux termes desdits principes, « *les entreprises devraient : 1. Respecter les droits de l'homme, ce qui signifie qu'elles doivent se garder de porter atteinte aux droits d'autrui et parer aux incidences négatives sur les droits de l'homme dans lesquelles elles ont une part* (...) [et] *5. Exercer une diligence raisonnable en matière de droits de l'homme, en fonction de leur taille, de la nature et du contexte de leurs activités et de la gravité des risques d'incidences négatives sur ces droits.* ».[47] Là encore, il s'agit d'une reproduction quasi identique du contenu exposé dans les instruments de l'OIT et de l'ONU dans leur double dimension active et passive. Tout se passe comme si la circularité du concept de *due diligence* est une certification d'un consensus autour de son contenu. Mais, une telle certification pourrait poser une véritable difficulté tenant à une réelle, mais surtout incontournable effectivité de l'obligation de diligence.

2. Vers une obligation de diligence générale et effective ?

432. ***Métamorphose d'une obligation.*** Au-delà de l'ensemble des exigences d'action et d'abstention incombant aux investisseurs au titre des obligations de diligence évoquées précédemment, un instrument en cours de négociation est particulièrement attendu. Depuis sa création en 2014, un groupe de travail intergouvernemental travaille sur l'élaboration d'un instrument contraignant en matière des droits de l'homme à destination des entreprises[48]. Dans ce cadre, plusieurs séances de travail ont été organisées[49] et ont débouché sur l'adoption

---

[45]. L'OCDE compte à ce jour trente-huit États membres. La dernière adhésion à cette Organisation date du 25 mai 2021 (Costa-Rica). Il est à relever que le nombre de pays membres reste dérisoire en ceci que la Convention relative à l'Organisation de coopération et de développement économiques a, dès le départ, été signée par vingt pays, et ce, depuis le 14 décembre 1960. C'est dire qu'en soixante ans d'existence, la Convention de l'OCDE n'a connu que dix-huit signatures. En revanche, il est à signaler à contrario que ladite Organisation a eu le mérite de rassembler des États aux réalités économiques bien différentes. Tel est par exemple le cas de la Colombie (28 avril 2020) en comparaison avec l'Allemagne (27 septembre 1961) ou la France (7 août 1961) ou encore Israël (7 septembre 2010). En outre, il convient de signaler que certains pays (Argentina, Brésil, Égypte, Lettonie, Lituanie, Maroc, Pérou et Romanie) adhèrent aux principes directeurs destinés aux multinationales sans être comptés parmi les pays membres. Pour la liste des pays membres de l'OCDE et les dépôts de leurs instruments de ratification, suivre le lien :
https://www.oecd.org/fr/apropos/document/ratification-convention-ocde.htm.

[46]. OCDE, Les *principes directeurs de l'OCDE à l'intention des entreprises multinationales*, éd. OCDE, 25 mai 2011.

[47]. *Ibid.*, Droits de l'homme, points 1 et 5, p. 37.

[48]. Conseil des droits de l'homme, *Élaboration d'un instrument international juridiquement contraignant sur les sociétés transnationales et autres entreprises et les droits de l'homme*, Résolution 26/9 (A/HRC/RES/26/9) du 26 juin 2014.

[49]. Le groupe de travail tient depuis 2014 des réunions annuelles. A ce jour, six réunions ont eu lieu sous ses auspices : la première session a eu lieu du 6 au 10 juillet 2015 (voy. AGNU, doc. A/

d'un premier projet[50] puis un second.[51] En ce qui concerne le sujet qui nous occupe, à savoir l'obligation de diligence, celle-ci est exposée dans les deux projets, mais d'une manière pour le moins ambiguë. Ainsi, « (...) *State Parties shall require business enterprises, to undertake human rights due diligence proportionate to their size, risk of severe human rights impacts and the nature and context of their operations, as follows: a. Identify and assess any actual or potential human rights abuses that may arise from their own business activities, or from their business relationships; b. Take appropriate measures to prevent and mitigate effectively the identified actual or potential human rights abuses, including in their business relationships; c. Monitor the effectiveness of their measures to prevent and mitigate human rights abuses, including in their business relationships; d. Communicate regularly and in an accessible manner to stakeholders, particularly to affected or potentially affected persons, to account for how they address through their policies and measures any actual or potential human rights abuses that may arise from their activities including in their business relationships.* ».[52] À l'image de ce paragraphe, les six autres paragraphes constituant le squelette de l'article 6 relatif à l'obligation de diligence s'adressent à l'État, lequel doit réglementer,[53] veiller,[54] inciter,[55] s'assurer,[56] sanctionner,[57] et garantir[58] tous les aspects de la diligence. Cette présentation des choses interpelle. D'abord parce que là où l'obligation de diligence est pertinemment justifiable à

HRC/31/50 du 5 février 2016) ; la deuxième session a eu lieu du 24 au 28 octobre 2016 (voy. AGNU, doc. A/ HRC/34/47 du 4 janvier 2017) ; la troisième session a eu lieu du 23 au 27 octobre 2017 (voy. AGNU, doc. A/ HRC/37/67 du 24 janvier 2018) ; la quatrième session a eu lieu du 15 au 17 octobre 2018 (voy. doc. A/ HRC/40/48 du 2 janvier 2018) ; la cinquième session a eu lieu du 14 au 18 octobre 2019 (AGNU, doc. A/ HRC/43/55 du 9 janvier 2020) ; et la sixième session a eu lieu du 26 au 30 octobre 2020 (voy. doc. A/ HRC/46/73 du 14 janvier 2021). Ce n'est qu'à partir de la cinquième session que des projets d'instrument contraignant ont été mis sur pied.

50. Le document (premier projet d'instrument) est disponible en intégralité et sous format PDF en suivant le lien :
https://www.ohchr.org/Documents/HRBodies/HRCouncil/WGTransCorp/OEIGWG_RevisedDraft_LBI.pdf

51. Le document (second projet d'instrument) est disponible en intégralité et sous format PDF en suivant le lien internet :
https://www.ohchr.org/Documents/HRBodies/HRCouncil/WGTransCorp/Session6/OEIGWG_Chair Rapporteur_second_revised_draft_LBI_on_TNCs_and_OBEs_with_respect_to_Human_Rights.pdf

52. Voy. Legally Binding Instrument to Regulate, in International Human Rights Law, The Activities of Transnational Corporations and Other Business Enterprises, 6 août 2020, (https://www.ohchr.org/Documents/HRBodies/HRCouncil/WGTransCorp/Session6/OEIGWG_ChairRapporteur_second_revised_draft_LBI_on_TNCs_and_OBEs_with_respect_to_Human_Rights.pdf,) art. 6 § 2.

53. Voy. Legally Binding Instrument to Regulate, in International Human Rights Law, The Activities of Transnational Corporations and Other Business Enterprises, 6 août 2020, art. 6 § 1.

54. *Ibid.*, art. 6 § 3.

55. *Ibid.*, art. 6 § 4.

56. *Ibid.*, art. 6 § 5.

57. *Ibid.*, art. 6 § 6.

58. *Ibid.*, art. 6 § 7.

l'égard de l'entreprise multinationale, le projet parait la ramener à l'État. Ce faisant, non seulement le (futur ?) « Instrument contraignant » va à l'encontre de l'acception internationale de la *due diligence* exposée plus haut, mais génère également une confusion de rôles ; en peu de mots, le texte manque sa cible. Cela peut aisément s'interpréter comme un retour à la case de départ se traduisant par une extension de l'obligation de protection incombant à l'État, et ce, alors même que des instruments juridiques à portée universelle contiennent et mettent des obligations de ce type à la charge de ce dernier.[59]

433. *Risque de délitement*. L'on est tenté d'indiquer à la lecture de la disposition visée que l'Instrument passe à côté de l'objectif et introduit une dose de confusion dans le contenu d'une obligation dont les contours se font tracer par des législations nationales et des instruments juridiques régionaux et internationaux. Le tout formant un consensus autour d'une vision de la diligence contraignant l'investisseur au détriment de l'État. Compte tenu de ces éléments, la piste actuelle parait prématurément fragile pour aboutir à l'adoption d'un « instrument contraignant » à destination des multinationales, et ce, d'autant plus qu'il parait curieux de voir exposées dans un instrument dédié à un « Sujet A » des obligations à destination d'un « Sujet B ».[60] En conséquence, et nous y reviendrons dans les passages suivants, l'obligation de protection des droits de l'homme incombant à l'État ne saurait s'étendre à l'infini.[61]

---

[59]. On sait que l'État est le destinataire privilégié du droit international des droits de l'homme, car, de manière terre à terre, il est d'une part, partie à des conventions internationales relatives aux droits de l'homme et d'autre part, il fait partie intégrante de cette communauté des États de laquelle dépend la protection des droits fondamentaux, compte notamment tenu des pouvoirs dont il dispose grâce à ses différents organes. Seulement, et quand bien même l'État mettrait en œuvre tous les efforts dont il dispose pour protéger les droits de l'homme, il serait impuissant d'anticiper des risques pour les droits de l'homme qui relèveraient de l'activité d'une personne privée (multinationale) dont les confins sont fonction de son organisation interne.

[60]. Il faut noter que certaines délégations ont exprimé des inquiétudes par rapport à la teneur de l'article 6 du projet d'instrument en ce sens qu'il leur paraissait manquer de clarté des points de vue des obligations devant être à la charge de l'État et celles qui sont à la charge des entreprises. À ce sujet, voy. AGNU, *Report on the sixth session of the open-ended intergovernmental working group on transnational corporations and other business enterprises with respect to human rights*, doc. A/HRC/46/73 du 14 janvier 2021, p. 6 §§ 26-28.

[61]. Dans son « *Avis de suivi sur le projet d'instrument juridiquement contraignant sur les sociétés transnationales et autres entreprises et les droits de l'Homme* », la Commission nationale consultative des droits de l'homme (CNCDH) a souligné avec regret « *l'affaiblissement de la formulation des obligations de vigilance* ». En conséquence, « [e] *lle* [a] *recommand* [é] *de plus clairement distinguer, dans l'ensemble des dispositions du projet d'instrument, les mesures de vigilance que les États doivent imposer aux entreprises propres à identifier les risques de celles visant à prévenir les violations des droits de l'Homme* ». La CNCDH ajoute que « (...) *le projet d'instrument gagnerait à préciser l'articulation entre les paragraphes 2 et 3 de l'article 6 afin d'exprimer plus clairement ce que les États doivent imposer aux entreprises au titre du devoir de vigilance.* » Car cela permettrait « (...) *que la définition du contenu de l'obligation de vigilance inclue toutes les dimensions des Principes Ruggie.* » voy. CNCDH, *Avis de suivi sur le projet d'instrument juridiquement contraignant sur les sociétés transnationales et autres entreprises et les droits de l'Homme*, *JORF* du 25 octobre 2020, texte 64/99, §§ 10 et 11.

434. ***L'exigence de diligence dans la jurisprudence arbitrale***. C'est dans cette optique qu'il faut lire les positionnements de certains tribunaux compétents en matière d'investissement qui, saisis de litiges opposant États et investisseurs au sujet d'investissements réalisés dans une ambiance trouble, se sont prononcés en faveur de l'obligation de diligence pesant sur les investisseurs, et ce, indépendamment des comportements des États d'accueil. Parmi une série d'affaires mettant en cause l'attitude de l'Espagne au sujet des projets menés dans le secteur de l'énergie photovoltaïque, certains tribunaux[62] ont accueilli favorablement l'obligation de diligence malgré la générosité, vis-à-vis de l'investisseur, d'une disposition du traité applicable [63] aux espèces, laquelle indiquait que « [c] *haque partie contractante encourage et crée* (...) *des conditions stables, équitables, favorables et transparentes pour la réalisation d'investissements dans sa zone par les investisseurs des autres parties contractantes.* ».[64] Les arbitres se sont en effet appuyés sur l'obligation de diligence, celle-ci consistant à leurs yeux en l'anticipation du risque résultant de la capacité légitime de l'État de procéder à des réformes dans l'intérêt public.[65] Ailleurs que dans le domaine de l'Énergie, des constatations similaires ont été relevées par les tribunaux d'autres affaires : *Alasdair c. Costa Rica*[66], *Churchill Mining c. Indonésie*[67] ou encore *Spence International* c. *Costa Rica*.[68] Les arbitres des deux premières ont insisté sur l'importance du cadre de l'opération d'investissement[69] alors que ceux de la dernière ont simplement relevé la nécessité d'une action préventive de l'investisseur dans les situations d'incertitude dont l'une des déclinaisons pourrait être la stricte conformité à la loi.[70]

435. ***Diligence à protection double***. Des différentes attitudes arbitrales exposées, un constat se dégage. Si l'obligation de diligence est mobilisée dans les instruments précités pour protéger contre l'investisseur, elle l'est tout aussi dans le contentieux de l'investissement pour protéger l'investisseur (bénéfice des

---

[62]. Voy. CCS, *Charanne Construction Investments c. Espagne*, aff. n° 062/2012, Décision du 21 janvier 2016 ; CCS, *Isolux Infrastructure Netherlands c. Espagne,* aff. n° V2013/153, Décision du 17 juillet 2016.

[63]. Traité sur la Charte de l'Énergie (TCE), signé à La Haye le 17 décembre 1991 et entré en vigueur le 16 avril 1998.

[64]. *Ibid.*, Art. 10.1, partie III (Promotion et protection des investissements).

[65]. Chambre de commerce de Stockholm (CCS), *Isolux Infrastructure Netherlands c. Espagne,* aff. n° V2013/153, Décision du 17 juillet 2016, §§ 823 et s. ; ainsi que Chambre de commerce de Stockholm (CCS), *Charanne Construction Investments c. Espagne*, aff. n° 062/2012, Décision du 21 janvier 2016, §§ 529 et s.

[66]. CIRDI, *Alasdair Ross Anderson et al. c. Costa-Rica*, aff. n° ARB(AF)/07/3, sentence du 19 mai 2010.

[67]. CIRDI, *Churchill Mining PLC and Planet Mining Pty Ltd c. Indonésie*, aff. n° ARB/12/14-12/20, sentence du 6 décembre 2016.

[68]. CCS, *Spence International Investments et al. c. Costa Rica*, aff. n° UNCT/13/2, sentence (intermédiaire) du 25 octobre 2016.

[69]. Sentence *Alasdair c. Costa-Rica*, précitée, § 58 ; sentence *Churchill Mining c. Indonésie*, precitée, § 98. Sur ce sujet, voy. J. CAZALA, « L'obligation de due diligence pesant sur l'investisseur », *Cahiers de l'arbitrage*, 2017, n° 4, pp. 649-662, spéc. pp. 655 et s.

[70]. Sentence *Spence c. Costa-Rica*, précitée, § 171.

garanties consenties par l'État) comme pour protéger contre celui-ci (empêcher la méconnaissance des droits des tiers).[71] Loin d'être anodine, cette constatation témoigne d'une certaine prospérité de ladite obligation dans un champ qui n'est pas le sien. Au fond, l'obligation de diligence étant intégrée dans le contentieux de l'investissement, plus aucun obstacle ne s'oppose à ce qu'elle soit déployée plus amplement afin de protéger l'investisseur de ses propres activités éventuellement néfastes pour les droits de l'homme. Il ressort de cette investigation que les règles de protection des investissements sont, d'une certaine manière, favorables à l'obligation de diligence.

436. ***Une obligation intermédiaire.*** Abstraction faite de « la fausse route » de l'actuel projet d'instrument contraignant, on pourrait déduire que les obligations découlant de la rencontre entre les droits de l'homme et les activités des investisseurs font naitre une obligation intermédiaire à la charge de ces derniers. Cela dit, entre l'obligation pesant sur la personne physique de s'abstenir de toute action susceptible de violer les droits fondamentaux d'un tiers et l'obligation de protection des droits fondamentaux incombant à l'État, vient s'intercaler l'obligation non pas de protection ni de simple abstention, mais de prévention des atteintes aux droits de l'homme lorsque celles-ci sont rendues possibles par les activités d'une entreprise. Cette dernière considération s'explique par le fait que la prévention nécessite souvent une action à champ limité (au sein du groupe), laquelle ne va guère jusqu'à la protection qui, à son tour, exige souvent une action à la fois élargie et parfois réparatrice des dommages causés (à l'égard de la communauté nationale).

§ 2 : Une « obligation de protéger » incombant à tous les États d'accueil ?

437. On sait que les obligations en matière des droits de l'homme sont originellement destinées aux États, lesquels sont tenus, en vertu du droit international, de les mettre en œuvre dans leurs limites territoriales. En revanche, si la question ne se pose pas lorsqu'il s'agit de la violation, sur le territoire d'un État, des droits fondamentaux des nationaux par des organes ou individus

[71]. En ce sens, les tribunaux arbitraux se montrent de plus en plus ouverts à l'évaluation du comportement de l'investisseur sur la base de sa diligence ou non vis-à-vis-à-vis de la législation de l'État d'accueil. L'affaire *David Aven c. Costa-Rica* est particulièrement illustrative de cet état de fait. Dans cette affaire (où il était question de la clôture d'un projet de construction d'un complexe touristique à la suite d'investigations menées par l'État costaricain révélant le classement des terrains devant accueillir le complexe comme zone protégée, et ce, alors que les opérateurs), les arbitres ont considéré que le fait pour l'investisseur de ne pas s'enquérir rigoureusement de l'état de la législation environnementale costaricaine était constitutif d'une absence de diligence, laquelle légitime le comportement de l'État et justifie les poursuites engagées contre M. Aven. voy. Tribunal *ad-hoc* (CNUDCI), *David Aven et al. c. Costa Rica,* aff. n° UNCT/15/3, sentence du 18 septembre 2018, §§ 558-559. Mieux, ce cheminement a permis au Tribunal de se déclarer compétent pour les demandes reconventionnelles du Costa Rica visant la condamnation de M. Aven pour les dommages causés à l'environnement (Sentence *Aven c. Costa Rica,* précitée, §§ 737-738) ; compétence qui n'a toutefois pas abouti à une condamnation sur le fond (Sentence *Aven c. Costa Rica,* précitée, § 747).

rattachés à cet État, il en est autrement lorsque les droits des nationaux sont méconnus par les investisseurs. Cette dernière perspective confronte, au moins théoriquement, l'État et les investisseurs. Le premier en sa qualité de destinataire et donc gardien des droits de ses nationaux et les seconds en tant que bénéficiaires d'une protection en contrepartie d'une conformité à la législation de l'État. En réalité tout le contentieux de l'investissement réside dans les rapports ci-décrits. Et c'est dans ce schéma qu'il convient de lire l'inscription de l'obligation de protection incombant à l'État, laquelle suscite des interrogations quant aux prérogatives législatives et juridictionnelles de l'État.[72] Abstraction faite des hypothèses se rapportant aux cas ou les investissements sont attribuables aux États,[73] la discussion de l'obligation de protéger invite à interroger les mécanismes jusqu'ici appliqués pour sa mise en œuvre (A) avant de s'intéresser aux pistes susceptibles de la renforcer (B).

A. Les fragilités des mécanismes appliqués

438. Au titre des mécanismes appliqués sont visés principalement ceux qui relèvent de la compétence universelle. Cette dernière est généralement définie comme l'« [a] *ptitude reconnue aux tribunaux de tout État à juger des faits commis à l'étranger, quels que soient le lieu de l'infraction et la nationalité de l'auteur ou de la victime* ».[74] Il en résulte que la compétence universelle vise à garantir la poursuite des auteurs d'infractions indépendamment du lieu de la commission des faits ayant entraîné lesdites infractions. Les faits dont il est question peuvent relever du pénal comme du civil. Dans le premier cas, on parle de compétence universelle en matière pénale et dans le second cas on parle de

---

[72]. Le tout autour de la question de savoir si l'État est en mesure de prendre en charge législativement et/ou judiciairement des mécanismes d'engagement de la responsabilité.

[73]. Tel peut être le cas d'une entreprise contrôlée d'une manière ou une autre par l'État ou agissant pour son compte. À cet égard, la référence au droit de la responsabilité internationale épuise les éventuelles difficultés. Ainsi, l'article 5 des Articles sur la responsabilité de l'État pour fait internationalement illicite (AGNU, résolution 56/83 du 12 décembre 2001) énonce que « [l] *e comportement d'une personne ou entité qui n'est pas un organe de l'Etat, (...), mais qui est habilitée par le droit de cet État à exercer des prérogatives de puissance publique, pour autant que, en l'espèce, cette personne ou entité agisse en cette qualité, est considéré comme un fait de l'État d'après le droit international.* ». À cela s'ajoutent, toujours dans le cadre de l'attribution d'un comportement à l'État, les art. 8 et 9, lesquels énoncent respectives que « [l] *e comportement d'une personne ou d'un groupe de personnes est considéré comme un fait de l'État d'après le droit international si cette personne ou ce groupe de personnes, en adoptant ce comportement, agit en fait sur les instructions ou les directives ou sous le contrôle de cet État.* ». Et que « [l] *e comportement d'une personne ou d'un groupe de personnes est considéré comme un fait de l'État d'après le droit international si cette personne ou ce groupe de personnes, en adoptant ce comportement, agit en fait sur les instructions ou les directives ou sous le contrôle de cet État.* ». Dans ce sens, voy. P. BODEAU-LIVINEC, « La responsabilité des États à raison des activités des entreprises multinationales », in L. DUBIN et *al.* (dir.), *L'entreprise multinationale et le droit international. SFDI, colloque de Paris 8 Vincennes–Saint-Denis*, Paris, éd. Pedone, 2017, pp. 409-428, spéc. pp. 410 et s.

[74]. J. SALMON (dir.), *Dictionnaire de droit international public*, *op. cit*,, p. 212.

compétence universelle en matière civile (ou sociale). Les mécanismes de la compétence universelle qu'elle soit pénale ou civile comportent des insuffisances tant structurelles que conjoncturelles qu'il convient d'exposer tour à tour.

1. Insuffisances structurelles de la compétence universelle

439. Deux séries d'insuffisances semblent caractériser la compétence universelle et méritent d'être abordées distinctement : il s'agit des insuffisances liées à la matière pénale et celles liées à la matière civile.

a) Les insuffisances relatives à la matière pénale

440. *Perspectives de la compétence universelle en matière pénale*. Ce mécanisme trouve sa pleine signification dans les hypothèses d'absence de poursuites à l'encontre des auteurs présumés de manquements aux obligations découlant des droits de l'homme commis en dehors des frontières de l'État auteur des poursuites. C'est, pour ainsi dire, un mécanisme de « substitution ».[75] À cet égard, deux courants semblent s'opposer. Pour une frange d'auteurs, la compétence universelle se doit d'être conditionnée par la présence de l'auteur présumé des violations des droits de l'homme sur le territoire de l'État engageant des poursuites à son encontre.[76] Pour une autre frange d'auteurs, aucun lien de rattachement n'est nécessaire pour l'engagement de telles poursuites.[77] Qualifiée de compétence universelle relative, la première repose sur l'argument selon lequel l'État est compétent pour les faits commis hors de son territoire lorsque ceux-ci constituent des violations graves des droits de l'homme, commises par des personnes physiques ou morales, présentant un lien quelconque (présence de l'auteur sur le territoire ou contrôle de l'activité de celui-ci depuis le territoire) avec sa juridiction. Désignée comme compétence universelle absolue, la seconde repose sur l'aptitude pour un État à se prononcer sur les violations graves des droits de l'homme commises en dehors de ses frontières, dès lors que celui-ci en est saisi par une ou des victimes.[78]

441. *Un mécanisme disparate par principe*. En réalité, ce mécanisme, certes constitutif d'un pas en avant vers l'engagement de la responsabilité des auteurs des violations des droits de l'homme, pose des difficultés d'un double ordre. D'une part, le recours à ce procédé pourrait s'interpréter comme une ingérence dans les affaires internes de l'État au sein duquel les violations des droits de l'homme ont été commises, car il relève de la seule volonté de l'État à l'origine des poursuites ; et d'autre part, il réduit la responsabilité de l'État en matière de

---

[75]. A ce sujet, CPJI, *Lotus (France c. Turquie)*, arrêt du 7 septembre 1927, *Recueil*, Série A n° 10, p. 31.

[76]. Voy. J. RIOS RODRIGUEZ, « La restriction de la compétence universelle des juridictions nationales : les exemples belge et espagnol », *RGDIP*, t. 114, n° 3, 2010, pp. 563 et s.

[77]. *Idem.*

[78]. Cette variante de la compétence universelle parait plus plausible en ce sens qu'elle lutte contre les violations les violations des droits de l'homme, mais pose dans le même temps quelques difficultés liées à la souveraineté des États et tendrait à privilégier les initiatives des États les plus puissants au détriment de ceux plus faibles (judiciairement devrons-nous dire).

protection des droits de l'homme[79], responsabilité qui, dans certains cas, approche l'impartialité. [80] Cela a été récemment confirmé. En effet lorsqu'elle a été saisie par un ressortissant tchadien d'une plainte contre les autorités tchadiennes pour des allégations de torture et traitements inhumains et dégradants par lui subis avec la complicité d'un ressortissant français, la chambre criminelle de la Cour de cassation française[81] a rendu un arrêt par lequel, bien qu'elle ait reconnu l'existence de telles pratiques, s'est déclarée incompétente[82]. Une attitude proche était celle du tribunal fédéral suisse[83] qui, pour des faits similaires (ressortissant tunisien en asile en Suisse engageant des poursuites contre le ministre tunisien de l'Intérieur lors de son hospitalisation dans le pays), n'a pas hésité à indiquer que [d] *ès lors que l'incompétence des tribunaux suisses découle déjà du défaut de lien suffisant de la cause avec la Suisse, le recours doit être rejeté, sans qu'il soit nécessaire d'examiner la question de l'immunité de juridiction* ».[84] Loin d'être isolées, les attitudes décrites ont animé la Cour européenne des droits de l'homme. En effet, dans un arrêt[85], du reste très critiqué,[86] la Cour strasbourgeoise a, à l'occasion d'un recours formulé contre l'État suisse pour violation supposée de l'article 6 de la Convention EDH et en raison de la décision de rejet de la plainte du ressortissant tunisien précédemment évoqué, décidé « (...) *que le rejet par les*

---

[79]. En effet il revient à l'État sur le territoire duquel les droits de l'homme ont été violés, et cela découle de l'obligation incombant aux États de garantir le respect des droits de l'homme, d'engager des poursuites à l'encontre des auteurs de ces violations. Force est cependant de constater que les choses ne se déroulent pas toujours de la sorte, si bien qu'il arrive que des États soient complices de ces violations. Sur ce sujet, voy. S. MANCIAUX, « L'implication d'investisseurs étrangers dans certaines violations des Droits de l'Homme », in E. DOCKES (dir.), Au cœur des combats juridiques, Paris, éd. Dalloz, 2007, pp. 355 —

[80]. Quand bien même les droits de l'homme sont universels, il reste tout de même toujours délicat pour les juridictions d'un État de se prononcer sur des violations des droits de l'homme qui ont eu lieu sur le territoire d'un autre État, en particulier lorsque celui-ci relève d'une culture juridique des droits de l'homme différente (allusion faite aux spécificités régionales en matière des droits de l'homme). Aussi, cela présente le risque d'être en présence du cas d'un État (lequel pourrait être celui de la nationalité de l'auteur des violations des droits de l'homme), juge du comportement d'un autre État vis-à-vis de ses ressortissants ; ce qui, du point de vue de la légitimité pose des difficultés.

[81]. C. Cass. Crim., arrêt du 23 janvier 2019, n° 18-80.842, inédit.

[82]. *Idem.* Pour un commentaire de cette décision, voy. A. GIUDICELLI, « Chronique de droit pénal international », *Revue de science criminelle et de droit pénal comparé*, n° 2, 2019, pp. 479-488, spéc. 481. L'auteur fait remarquer d'ailleurs que « (...) *quand bien même l'on écarterait la qualification criminelle de torture, les faits pourraient recevoir la qualification de violences commises par plusieurs personnes agissant en qualité d'auteur ou de complice.* » Il en découlerait donc qu'« il ne pourrait s'agir que d'un délit ne permettant pas à la prétendue victime de déclencher elle-même l'action publique, seul le parquet pouvant ici, et à certaines conditions, agir ». Dans ce cas, « (...) *c'est une ordonnance d'irrecevabilité de la plainte que le magistrat instructeur aurait dû rendre et non une ordonnance d'incompétence.* ». *Ibid.*, p. 482.

[83]. Tribunal fédéral Suisse, décision du 22 mai 2007, n° 4C.379/2006 /ech).

[84]. *Ibid.*, § 4.

[85]. Cour EDH, *Naït-Liman c/Suisse*, arrêt du 15 mars 2018, n° 51357/07.

[86]. Voy. J. ANDRIANTSIMBAZOVINA, « Le refus de juridictions nationales de juger de faits de torture commis dans un État étranger ne viole pas le droit d'accès à un tribunal », *Gazette du Palais*, n° 325h5 du 10 juillet 2018, p. 25.

tribunaux suisses, par application de l'article 3 LDIP[87], *de leur compétence pour connaitre de l'action du requérant en vue d'obtenir réparation des actes de torture qu'il allègue avoir subis a poursuivi des buts légitimes et n'était pas disproportionné par rapport à ceux-ci (...)* »[88] et que « [d] *ès lors, il n'y a pas eu violation du droit d'accès à un tribunal au sens de l'article 6 de la Convention.* ».[89]

b) Les insuffisances relatives à la matière civile

442. *Application à l'investissement*. Même si elles relèvent de la dimension pénale de la compétence universelle, les affaires précitées témoignent de la responsabilité incombant aux États pour la protection des droits fondamentaux y compris contre les activités des investisseurs en ceci que notamment, le droit procédural à un procès équitable sert de fondement de la même manière que pour la compétence universelle en matière pénale, à engager la responsabilité de l'investisseur. Seulement, la voie privilégiée pour l'engagement de la responsabilité de ces derniers parait la dimension civile de la compétence universelle. Une illustration est à cet égard donnée par la chambre sociale de la Cour de cassation, qui dans l'affaire *Comilog*[90] s'est prononcée en faveur de la compétence universelle sur le fondement du déni de justice.[91] En l'espèce, employés par une entreprise (établie au Gabon sous l'appellation « *Compagnie minière de l'Ogooué-Comilog* ») chargée de l'exploitation de minerai par voie ferrée entre le Gabon et le Congo et faute d'une décision à la suite d'un recours déposé devant les juridictions congolaises dans la foulée d'un licenciement après un accident subi par l'employeur, près d'un millier de salariés ont saisi les juridictions françaises contre leur employeur originel et d'autres sociétés françaises portant l'étiquette *Comilog*. À l'issue d'un long périple[92], la Cour de cassation a fondé la compétence universelle des juridictions françaises sur le déni de justice.[93] Ici comme ailleurs, mais ici plus qu'ailleurs, la chambre sociale s'est

---

[87]. Il s'agit d'une abréviation de l'intitulé de la loi fédérale suisse du 18 décembre 1987 relative au droit international privé.

[88]. Cour EDH, *Naït-Liman c. Suisse*, précité, § 217.

[89]. *Idem.*

[90]. C.Cass., Soc., arrêt du 14 septembre 2017, n° 15-26.737 et 15-26.738, *Bulletin.*

[91]. Cela fait sans doute penser au fondement de la requête présentée devant la Cour EDH dans l'affaire *Nait-Liman c. Suisse* (précitée) ou il a été reproché aux juridictions suisses leur méconnaissance de l'article 6 de la Convention EDH à travers les décisions d'incompétence à la suite de leur saisine par le requérant.

[92]. Procédure.

[93]. Arrêt C. Cass., Soc., (n° 15-26.737 ; 15-26.738), précité. La chambre sociale se prononce en ces termes : « (...) *en statuant ainsi, alors qu'il résultait de ses constatations que la juridiction étrangère était saisie du litige et que n'était dès lors pas établie l'impossibilité pour les salariés d'accéder à un juge chargé de se prononcer sur leur prétention et que la seule prise de participation par une société française dans le capital de la société Comilog n'était pas un lien de rattachement au titre du déni de justice, la cour d'appel a violé le principe susvisé* ». Qu'il soit permis d'indiquer qu'une compétence basée sur le déni de justice peut paraitre arbitraire en ce sens qu'elle présente le risque de des saisir une juridiction étrangère saisie d'une affaire dont le délai pourrait pour telle ou telle

pour le moins appuyée sur le droit à un procès équitable garanti et confirmé respectivement par les Convention[94] et Cour[95] européennes des droits de l'homme en ce sens que « [t] *oute personne a droit à ce que sa cause soit entendue équitablement, publiquement et dans un délai raisonnable, par un tribunal indépendant et impartial, établi par la loi, qui décidera, soit des contestations sur ses droits et obligations de caractère civil, soit du bien-fondé de toute accusation en matière pénale dirigée contre elle.* »[96]. La lecture de cette disposition conforte certes le principe même d'une compétence universelle, mais n'en demeure pas moins problématique sur un plan purement procédural, ce qui, au fond, revient à affaiblir la compétence universelle basée sur le déni de justice. Aussi tautologique soit-il, le constat se justifie par la possible tentation des États consacrant ce principe d'y faire un recours excessif pouvant les placer dans la position de juge des activités d'autres États. Ainsi, serait-il question d'une mise en cause d'un principe fondamental du droit international à savoir la souveraineté des États. Ce cas de figure est davantage probable dans les hypothèses de complicités entre États et investisseurs en matière de violation des droits de l'homme que dans les hypothèses de violation des droits de l'homme par les seuls investisseurs. Si comme le postule la nature des relations internationales, chaque État est souverain[97], la voie possible ne pourrait s'émanciper de la prise en compte généralisée des droits de l'homme dans le cadre d'une instance internationale compétente en la matière.

2. Obstacles conjoncturels des compétences universelles

443. ***Les incertitudes de l'incompétence/compétence.*** L'incertitude qui entoure la compétence universelle du point de vue des victimes est la conséquence des divergences entre les législations étatiques[98]. Dans ce contexte, les recours à la compétence d'un juge national dépendent exclusivement des circonstances de chaque affaire, et mieux, de l'attitude des mis en cause postérieurement aux violations alléguées des droits de l'homme. Le risque d'inefficacité et surtout de déséquilibre au niveau des poursuites nourrit la nécessité d'envisager d'autres alternatives. Dans cette perspective, les États dont les règles de protection ont été instituées unilatéralement (mais logiquement) par des organes notamment

raison être long. Cela pose immédiatement la question du délai au-delà duquel une juridiction saisie pourrait être considérée comme défaillante.

94. La Convention européenne des droits de l'homme, signée par les États membres du Conseil de l'Europe le 4 novembre 1950, entrée en vigueur le 3 septembre 1953, STCE n° 5.

95. Pour une lecture détaillée de la place qu'occupe de droit dans la jurisprudence de la Cour EDH, voy. M. A. BEERNAERT et F. KRENC, *Le droit à un procès équitable dans la jurisprudence de la Cour européenne des droits de l'homme*, Paris, éd. LGDJ, coll. Anthémis, 2019, 240 p.

96. Art. 6 de la Convention EDH précitée.

97. Ainsi, l'art. 2 de la Charte des Nations Unies (adoptée le 26 juin 1945 et entrée en vigueur le 24 octobre 1945) débute par ces termes : « *L'Organisation des Nations Unies et ses Membres, dans la poursuite des buts énoncés à l'Article 1, doivent agir conformément aux principes suivants : 1. L'Organisation est fondée sur le principe de l'égalité souveraine de tous ses Membres* »

98. En ce sens, voy. J. ANDRIANTSIMBAZOVINA, « Le refus de juridictions nationales de juger de faits de torture commis », *loc. cit.*, p. 25

législatifs possèdent une marge de manœuvre leur permettant, en fonction de leurs sensibilités, d'opter pour une compétence universelle relative ou absolue.[99] Ce faisant, la tentation de glissement vers l'arbitraire dans la mission de rendre justice, en particulier du point de vue des victimes, reste présente ne serait-ce que par le choix de l'une ou l'autre des deux modalités de compétence universelle. À cet égard, il convient de souligner que plutôt que de songer à de simples procédures, les États ne sauraient remplir les obligations découlant du droit international des droits de l'homme qu'au moyen d'une prise en compte effective du bénéfice d'un recours s'inscrivant dans une logique de justice.[100] C'est dire que, comme on le sait, le bénéfice d'un recours au sens du droit international des droits de l'homme dépasse la seule contrainte procédurale, mais vise, au contraire, la condamnation de l'auteur d'un manquement à une obligation. Tout se passe en effet comme si une telle exigence peine à prendre corps compte tenu des incertitudes autour des compétence et incompétence des instances saisies.[101]

444. *La brèche de l'irrecevabilité/recevabilité*. La question de l'irrecevabilité est comme celle de la recevabilité à la fois tributaire des sensibilités des États que celles des juridictions saisies. En matière pénale, bien qu'il se soit déclaré compétent, le tribunal fédéral suisse s'est, dans l'affaire précitée[102], prononcé en faveur de l'irrecevabilité de la plainte, non pas pour absence de fondement, mais

---

99. Il faut dire que cette variante de compétence peine de plus en plus à s'imposer parmi les mécanismes de for accueillant ; et ce, d'autant plus que la Cour internationale de justice ne semble pas y être favorable et l'a indiqué à l'occasion de l'affaire dite du mandat d'arrêt, en référence à un mandat d'arrêt international lancé par un juge d'instruction belge à l'encontre du ministre des affaires étrangères congolais d'alors, M. Abdoulaye YER0DIA, en raison d'allégations de crimes contre l'humanité dont il serait l'auteur. Alors que la loi belge du 16 juin 1993 relative à la répression des infractions graves, (dont l'art. 7 dispose que « *les juridictions belges sont compétentes pour connaitre des infractions prévues à la présente loi, indépendamment du lieu où celles-ci auront été commises* »), permettait les poursuites du mis en cause devant les juridictions belges sur le fondement de la compétence universelle, la CIJ lui oppose l'immunité. Car dit-elle « (...) *les fonctions d'un ministre des affaires étrangères sont telles que, pour toute la durée de sa charge, il bénéficie d'une immunité de juridiction pénale et d'une inviolabilité totale à l'étranger. Cette immunité et cette inviolabilité protègent l'intéressé contre tout acte d'autorité de la part d'un autre État qui ferait obstacle à l'exercice de ses fonctions.* ». Voy. CIJ, *Mandat d'arrêt du 11 avril 2000 (République démocratique du Congo c. Belgique)*, arrêt du 14 février 2002, Recueil, p. 3, § 54. En revanche, si l'immunité est pertinente pour la protection des officiels (représentants de l'État), il pourrait en être autrement des non officiels (les non-représentants de l'État) parmi lesquels on peut, en principe, ranger les investisseurs.

100. Ainsi, il a été relevé à juste titre que la justice étant une vertu, elle doit s'efforcer de correspondre à un quadruple contenu : la *Religio* (« *le respect scrupuleux de ce qui est à la fois indémontrable et fondateur de la communauté politique* ») ; la *Gratia* (« garder en mémoire les services reçus dans la Cité et [...] les rendre) ; la *Vindicatio* (« intervention en défense ou action face à l'injustice) ; la *Veritas (la vérité* [...], *mais aussi la loyauté)*. Sur ces différents éléments, voy. A. SUPIOT, « La poïétique de la justice », in Y. CARTUYVELS et al. (dir.), *Le droit malgré tout. Hommage à François Ost*, Bruxelles, éd. FUSL, 2018, pp. 345 et s.

101. Cette dynamique motive l'évocation du concept de « la procéduralisation de la justice » en référence à la transformation de la quête de justice en un respect des procédures plutôt qu'un établissement de la justice.

102. Tribunal fédéral suisse (N° 4C.379/2006 /ech), précité.

en raison de la préservation de l'immunité accordée au ministre en question.[103] À rebours de ce positionnement, mais en matière sociale (civile) et pour des faits sensiblement différents, la Chambre sociale de la Cour de cassation[104] a rejeté un pourvoi fondé sur l'exception d'incompétence, porté devant elle contre une décision de la Cour d'appel d'Aix-en-Provence[105] à la suite d'un recours formulé par une Nigériane, employée de maison depuis le Nigeria, reprochant à son employeur des traitements indignes. L'intéressée a saisi l'occasion d'un passage furtif en France en compagnie de son employeur britannique pour porter l'affaire devant les juridictions françaises, lesquelles ont favorablement accueilli le recours. Si l'arrêt de la Chambre sociale interroge sur le plan théorique, [106]en ce sens que « [l] *» ordre public de rattachement fondé sur les droits de l'homme devrait être sollicité dans les cas d'atteintes graves aux valeurs dont le caractère universel ne fa* [it] *(sic) aucun doute* (...) »[107], il n'en demeure pas moins qu'il est générateur d'un renforcement, voire d'une extension de la compétence universelle. Sur ce point, et c'est tout le paradoxe, le vide de la non-poursuite des manquements aux droits fondamentaux substantiels, se trouve comblé par les droits fondamentaux procéduraux. En dépit de ces recevabilités sporadiques et

---

[103]. La position du tribunal dans cette affaire a au moins le mérite de la clarté en ceci qu'il y est exposé que « (...) *le demandeur se plaint d'actes de torture qui auraient été commis en Tunisie, par des tunisiens domicilié*[s] *(sic) en Tunisie, à l'encontre d'un tunisien résidant en Italie. L'ensemble des caractéristiques de la cause ramène en Tunisie, sauf la résidence en Italie à ce moment-là. Les faits de la cause ne présentent donc aucun lien avec la Suisse, si bien que la question de savoir si le lien avec ce pays est suffisant ou non ne se pose pas. Dans ces circonstances, il n'est pas possible d'admettre la compétence des tribunaux helvétiques* (...) ». Cela a permis de parvenir à la conclusion selon laquelle « [d] *ès lors que l'incompétence des tribunaux suisses découle déjà du défaut de lien suffisant de la cause avec la Suisse, le recours doit être rejeté, sans qu'il soit nécessaire d'examiner la question de l'immunité de juridiction.* ». Voy. Tribunal fédéral, arrêt précité, §§ 3,5 et 4.

[104]. C.Cass., Soc., arrêt du 10 mai 2006, n° 03-46.593, *Bulletin*. On y lit : « (...) *l'ordre public international s'oppose à ce qu'un employeur puisse se prévaloir des règles de conflit de juridictions et de lois pour décliner la compétence des juridictions nationales et évincer l'application de la loi française dans un différend qui présente un rattachement avec la France et qui a été élevé par un salarié placé à son service sans manifestation personnelle de sa volonté et employé dans des conditions ayant méconnu sa liberté individuelle ; (...) tel est le cas en l'espèce, dès lors qu'il résulte des constatations des juges du fond que Mlle Y..., qui a pu s'enfuir de son travail alors qu'elle se trouvait en France où M. X... résidait, avait été placée par des membres de sa famille au service de celui-ci, avec l'obligation de le suivre à l'étranger, une rémunération dérisoire et l'interdiction de revenir dans son pays avant un certain temps, son passeport étant retenu par l'épouse de son employeur* (...) ».

[105]. Cour d'appel d'Aix-en-Provence, arrêt du 24 juin 2003, N° 2003-06-24.

[106]. Sur ce point, le fait de considérer qu'il était question de la préservation de l'ordre public international prête à discussion ; d'autant plus que la position de la Cour sur ce sujet n'a point fait l'objet d'argumentation. Déployée à l'excès, la logique empruntée par la Cour de cassation pourrait heurter la souveraineté des États en ce sens qu'il aurait, peut-être, été judicieux de trancher le litige sur la base des faits qui se sont produits sur le territoire français, à savoir l'exécution d'un contrat de travail dans des conditions indignes. Cela aurait au moins servi, d'une part, à dissiper tout risque d'empiétement sur la souveraineté de l'État du Nigeria, et d'autre part, à contrer la crainte d'une extension démesurée de « l'ordre public international ».

[107]. M. M. MOHAMED SALAH, *L'irruption des droits de l'homme dans l'ordre économique international : mythe ou réalité ?*, Paris, éd. LGDJ, coll. Droit & Économie, 2012, p. 291, § 568

divergentes, des incertitudes subsistent au moins dans les cas où, en dehors de l'invocation de l'immunité, il pourrait être pertinemment fait appel aux limitations partagées par la communauté des États.[108]

445. ***Conception cacophonique***. En réalité, il s'est agi d'un usage opportunément sélectif des règles dont le but était de soustraire le litige à la justice nigériane. Pour davantage de clarté, il est à relever que le concept d'ordre public international est défini au moins de deux manières, selon l'angle d'attaque publiciste internationaliste ou privatiste internationaliste. Dans le premier cas, il désigne un ensemble « *de règles d'importance fondamentale pour la communauté internationale dans son ensemble auxquelles les États ne pourraient, à peine de nullité, déroger par des conventions contraires.* ».[109] Dans le second cas, le concept évoque le « [m] *otif utilisé en droit international privé (en matière de conflits de lois ou de conflits d'autorités et de juridictions) pour limiter l'application de la loi étrangère dans la mesure ou les dispositions de celle-ci sont incompatibles avec des principes essentiels de la loi du for* ».[110]L'on peut relever, compte tenu des deux conceptions ci-dessus décrites que d'un point de vue purement étatique, il est vain pour un État de prétendre à une quelconque préservation de l'ordre public international en se basant sur son seul droit interne. Il va sans dire que l'invocation d'un motif d'ordre public international ne saurait uniquement se justifier par les règles de cet ordre. Or, le Conseil d'État évoque dans un arrêt postérieur,[111] au sujet d'une absence de recours impartial et équitable, une mesure « *contraire à la conception française de l'ordre public international* »,[112] ce qui, des points de vue conceptuel et technique pose de sérieuses difficultés.[113] Tout laisse penser que c'est pour anticiper l'anéantissement de tels types de raisonnement que la Cour de cassation a défini

---

108. Dans le même état d'esprit, l'Institut de Droit international à lors de la session de Sienne des 17-26 avril 1952 adopté une résolution dont l'objet est l'encadrement relative de la mise en œuvre des règles de conflits adoptées par les États. Ainsi, dit l'Institut, « [l] *es règles du droit international privé doivent, en général, utiliser des critères susceptibles d'internationalisation, c'est-à-dire, notamment, susceptibles d'être adoptés dans des conventions internationales de manière à éviter des solutions discordantes d'un même cas concret dans des pays différents.* ». Voy. Résolution de l'Institut de droit international (*L 'influence des conditions démographiques sur le règlement des conflits de lois)*, 13ème commission, Session de Sienne, 17-26 avril 1952-II, *Annuaire de l'IDI*, t. 44, 1952, p. 473. Il ressort de cette résolution que l'objectif d'harmonisation procède de l'adoption de règles susceptibles d'internationalisation, ce qui, en d'autres termes met l'accent sur la nécessité de tenir compte des règles partagées ou partageables par les États. La position de l'IDI a été réaffirmée par celui-ci plus d'un quart de siècle plus tard : voy. Résolution de l'IDI, (L'égalité de traitement entre la loi du for et la loi étrangère), 10ème commission, Session de Saint-Jacques-de-Compostelle, 5-13 septembre 1989, *Annuaire de l'IDI*, vol. 63-II, 1990, pp. 335-336.

109. J. SALMON (dir.), *Dictionnaire de droit international public*, *op. cit.*, p. 789.

110. *Ibid.*, p. 788.

111. C.Cass., Soc., arrêt du 13 mai 2014, n° 12-23-805, *Bulletin.*

112. *Idem.*

113. Tout laisse croire, compte tenu de la formule employée, qu'il est question, non pas de l'ordre public international, mais plutôt de l'ordre public interne, lequel est parfois défini comme « [e] *nsemble de principes de l'ordre juridique interne d'un pays déterminé, jugés fondamentaux à un moment donné et auxquels il n'est pas permis de déroger* ». J. SALMON (dir.), *op. cit.*, p. 786.

antérieurement l'ordre public comme « *principes de justice universelle considérés dans l'opinion française comme doués de valeur internationale absolue* (...) ».[114] En une formule, l'ordre public international est d'abord international (au sens de l'universalité) avant d'être national (intégration dans les règles de droit interne).[115]

B. Le potentiel apport du « droit international général »

446. ***Nécessaire alternative***. On le voit, qu'elle soit civile ou pénale, relative ou absolue, la compétence universelle est foncièrement limitée aux États qui en décident l'exercice. Cet état des choses, nourri par les compétences/incompétences et recevabilité/irrecevabilité auxquelles s'ajoute le déni de justice sont susceptibles d'engendrer des disparités aussi bien des droits des victimes à un procès lorsque leurs droits fondamentaux sont l'objet de violations qu'au droit des auteurs de bénéficier d'un procès équitable. L'ensemble de ces éléments incitent à penser des modèles alternatifs à la compétence universelle aptes à prendre en compte les réclamations fondées sur les droits des victimes à un procès. Dans le prolongement de cet état d'esprit, il s'avère nécessaire de faire recours à des mécanismes pouvant émaner du droit international et dont la réalisation nécessite le concours de la communauté des États.

1. L'extension de la compétence des instances de règlement des différends d'investissement

447. ***Postulat.*** On sait que le droit des investissements est régi par des règles en grande partie issues des traités d'investissements et que parmi ces règles, certaines désignent une instance arbitrale, laquelle serait apte à se prononcer uniquement en cas de différend né de l'opération d'investissement. Il en résulte que lorsqu'une instance est désignée dans un traité, celle-ci se limite généralement aux seules réclamations liées à l'investissement. Et comme les traités d'investissement visent à protéger les investisseurs, la compétence des arbitres se trouve limitée aux considérations liées à l'investissement. De ce schéma, la compétence des instances de règlement des différends d'investissement se trouve *a priori* cantonnée dans les faits en lien avec l'investissement et donc plus sensible aux réclamations des investisseurs. La compétence universelle tant relative qu'absolue répond à peu près au même schéma en ce sens que l'un comme l'autre de ses deux versants sont traducteurs d'un cantonnement d'un autre type consistant à la circonscrire dans un champ à la fois *personae*,[116] *materiae*[117] et *loci*[118] restreint. Si l'on se réfère à la décision par laquelle la Cour EDH a, dans

---

114. C.Cass. Civ. 1 ère, arrêt du 25 mai 1948, n° 37-414.

115. Au fond, l'usage de la terminologie « ordre public international » pour designer motifs d'éviction de lois étrangères renferme une dose d'imprécision. Il aurait été plus logique de faire référence à la terminologie « ordre public » tout court.

116. C. SANTULLI, *Droit du contentieux international*, Paris, éd. LGDJ, coll. Précis Domat, 2e éd., 2015, pp. 171 et s.

117. *Idem.*

118. *Idem.*

l'affaire *Nait-Liman*, confirmé l'incompétence des juridictions suisses notamment pour défaut de liens suffisants du requérant avec cet État au moment des faits, [119]on ne pourrait s'abstenir d'observer un placement du curseur sur le volet rattachement de la victime à l'État plus que l'analyse approfondie de la gravité des faits et son cortège de conséquences. Restrictive, cette vision évince naturellement le droit des victimes du plein bénéfice d'un procès au cours duquel leurs causes sont susceptibles d'être entendues puis suivies d'effet. La compétence universelle restrictive n'étant pas sur ce point efficace pour l'engagement de la responsabilité des investisseurs, une solution venant du droit des investissements pourrait consister, de la part des États, à étendre la compétence des instances de règlements des différends d'investissement. À cet égard, et pour prendre l'exemple du CIRDI, deux choses doivent être distinguées afin de pallier les mécanismes de la compétence universelle relative (en réalité restrictive). D'un côté, la Convention de Washington instituant le Centre, et de l'autre côté, les traités d'investissement.

448. ***Voies possibles.*** Concernant la Convention de Washington, il serait impératif d'abandonner les séquelles de l'approche subjective de l'investissement en incluant dans l'article 25 de ladite Convention une formule aux conséquences extensives sur la compétence des arbitres pour les droits de l'homme en plus de l'investissement. L'on pourrait à cet égard opter pour la formule : *« (1) La compétence du Centre s'étend aux différends d'ordre juridique entre un État contractant (ou telle collectivité publique ou tel organisme dépendant de lui qu'il désigne au Centre) et le ressortissant d'un autre État contractant qui sont en relation directe avec un investissement et les droits de l'homme que les parties soumett [ent] au Centre. Lorsque les parties ont donné leur consentement, aucune d'elles ne peut le retirer unilatéralement. »*.[120] Relativement aux traités d'investissement, il serait d'une part possible de leur attribuer des libellés ouverts aux droits de l'homme comme « traités de promotion et des protections de l'investissement et des droits de l'homme » ; et d'autre part, d'inclure dans les mêmes traités, au niveau de la clause de compétence (dite offre d'arbitrage), une

[119]. Cour EDH, *Naït-Liman*, précité, § 217. § 215. Rappelons qu'il s'agissait d'un ressortissant tunisien ayant fait l'objet de la part des autorités tunisiennes de traitements supposés inhumains et dégradants assimilés à la torture à la suite de son extradition par les autorités italiennes vers la Tunisie. Ayant réussi à s'échapper, le requérant a rejoint la Suisse, pays dans lequel il a obtenu le statut de réfugié avant d'y être naturalisé en 2007. Alors qu'il était refugié, M. Nait-Liman a profité de la présence en suisse du ministre tunisien de l'intérieur qu'il soupçonnait d'être le commanditaire des traitements par lui subis en Tunisie, pour saisir les juridictions suisses. C'est dans ce contexte que la Cour EDH s'est prononcée sur l'absence de lien entre le requérant et la Suisse au moment de la saisine des juridictions suisses.

[120]. Le soulignement est de nous. Il s'agit d'une proposition formulée à partir du § 1 de l'art. 25 de la Convention de Washington sur le règlement des différends relatifs à l'investissement (signée le 18 mars 1965) dont la rédaction est la suivante : « *(1) La compétence du Centre s'étend aux différends d'ordre juridique entre un État contractant (ou telle collectivité publique ou tel organisme dépendant de lui qu'il désigne au Centre) et le ressortissant d'un autre État contractant qui sont en relation directe avec un investissement et que les parties ont consenti par écrit à soumettre au Centre. Lorsque les parties ont donné leur consentement, aucune d'elles ne peut le retirer unilatéralement.* »

disposition du type : « 1. *Tout différend relatif aux investissements entre l'une des Parties contractantes et un investisseur de l'autre Partie contractante résultant de la violation alléguée d'une obligation du présent Accord ayant causé un préjudice à l'investisseur* <u>*ou aux droits de l'homme*</u> *est réglé à l'amiable entre les deux parties concernées par le différend par une voie de recours non juridictionnelle. (...) 4. Si le différend n'a pas pu être réglé à l'amiable dans un délai de 6 mois (...), il peut être soumis au choix de l'investisseur : (...) c) à l'issue d'un préavis de 180 jours, à l'arbitrage du Centre international pour le règlement des différends relatifs aux investissements (CIRDI).* <u>*Ledit Centre sera habilité à se prononcer sur les potentielles violations des droits de l'homme*</u>. »[121]. Combinées, les deux propositions pourraient contrer la barrière de la compétence souvent invoquée par les arbitres lorsque les réclamations de l'ordre des droits fondamentaux sont portées devant les instances de règlement des différends d'investissement.

2. L'institution d'une Cour internationale des droits de l'homme compétente pour tous les litiges liés aux droits de l'homme

449. ***Action globale***. La deuxième solution alternative pourrait, sans relever du droit de l'investissement, relever du droit international des droits de l'homme sur fond d'intervention des États. Aux termes du principe opérationnel n° 25 relatif à l'accès aux voies de recours sur les entreprises et les droits de l'homme, on peut lire que « [l] *es États devraient prendre des mesures appropriées pour assurer l'efficacité des mécanismes judiciaires internes lorsqu'ils font face à des atteintes aux droits de l'homme commises par des entreprises, y compris en examinant les moyens de réduire les obstacles juridiques, pratiques et autres qui pourraient amener à refuser l'accès aux voies de recours.* »[122]. Aussi pertinent soit-il, ce principe parait omettre les difficultés que pourraient rencontrer les États, non pas pour la mise en œuvre des droits de l'homme, mais pour les faire respecter. C'est dans ce sens qu'un auteur relève qu'« [u] *n juge ou autre autorité de l'ordre interne ayant la qualité d'organe d'État sont censés faire application du droit international en vigueur dans leur for, y compris les normes de protection des droits de l'homme [*alors que *] ceci n'a jamais été suffisant* ».[123] Cela est particulièrement vrai lorsque les droits de l'homme à respecter sont constitutifs d'un point d'achoppement entre opérateurs étrangers et États d'accueil ; les premiers étant dans certaines situations d'une puissance égale voire dépassant celle des seconds.

---

121. Le soulignement est des nous. La proposition est issue d'une modification de l'art. 15 du TBI France/Colombie, signé le 10 juillet 2014 et dont la rédaction initiale n'intègre pas les aspects soulignés relatifs aux droits de l'homme.

122. Voy. Haut-Commissariat des Nations Unies, *Principes directeurs relatifs aux entreprises et aux droits de l'homme. Mise en œuvre du cadre de référence « protéger, respecter et réparer » des Nations Unies*, New York et Genève, doc. HR/PUB/11/4, 2011, p. 32.

123. F. MARRELLA, « Protection internationale des droits de l'homme et activités des sociétés transnationales », *RCADI*, vol. 385, 2017, p. 395, § 824.

450. ***Juridiction internationale : « compétence internationale collective ».*** Pour remédier à cette situation, il serait peut-être utile de recourir à l'action globale des États en s'acheminant vers la concrétisation de l'idée d'une Cour universelle compétente en matière des droits l'homme.[124] Ainsi, seront globalement reconsidérés les éléments des obligations des États en matière des droits de l'homme en tout ce qu'ils renferment comme actions unilatérales (internes) ou multilatérales (sur la scène internationale). Autrement dit, l'obligation de protection des droits de l'homme incombant aux États pris isolement et consistant en la mise en œuvre de ces droits sur les territoires relevant de leurs juridictions serait celle-là même qui leur incomberait collectivement. La création d'une Cour internationale compétente en matière des droits de l'homme n'est, il est vrai, pas exempte de toute difficulté, et ce, lorsqu'on a à l'esprit les longs débats et controverses qui ont précédé la mise sur pied de la Déclaration universelle des droits de l'homme[125], laquelle, on le sait, a abouti à l'adoption de deux Pactes, l'un relatif aux de droits civils et politiques[126] et l'autre afférent aux droits économiques, sociaux et culturels[127], conséquence des divergences entre les uns et les autres.[128] On pourrait objecter dans le même ordre d'idées qu'une telle configuration est de nature à compromettre la dynamique des conceptions régionales de la protection des droits de l'homme et que les parcours des différents systèmes régionaux en sortiraient affaiblis. Mais, ce serait sans considérer les obligations en termes des droits de l'homme incombant à la totalité des États et dont la somme conduit aux obligations *erga Omnes*[129], opposables à l'égard de

---

124. L'idée n'est pas nouvelle. Déjà en 1947, lors des discussions autour de la future déclaration des droits de l'homme, le représentant de l'Australie William Hodgson a soumis une proposition de ce type aux autres membres de la commission. Le diplomate australien suggérait l'institution d'un « *Tribunal (...) compétent pour connaitre et décider de tous les différends relatifs aux droits des citoyens, à l'exercice des droits de l'homme et aux libertés fondamentales établies par la déclaration des droits de l'homme.* ». Voy. Commission des droits de l'homme des Nations Unies (ECOSOC), *Projet de résolution présenté par le délégué de l'Australie en vue de la création d'un tribunal international des droits de l'homme*, doc. E/CN.4/15, 5 février 1947, p. 1, § 2.

125. L'on est tenté de souligner que la proposition du délégué australien William Hodgson a pour le moins été expédiée par le Conseil économique et social sans réelle motivation. Ainsi, le Conseil indiqua approuver que « *la Commission (...) n'e [st] habilitée à prendre aucune mesure au sujet de réclamations relatives aux droits de l'homme* ». Voy. ECOSOC, *Communications relatives aux droits de l'homme. Note du secrétaire général*, doc. E/CN.4/27, 23 octobre 1947, p. 1.

126. Précité.

127. Précité.

128. En particulier entre les blocs soviétiques et socialistes.

129. A ce propos, l'institut de droit international a, lors de la session de Cracovie, adopté une résolution relativement aux obligations *erga omnes* en droit international et a, par la même occasion défini cette dernière comme : « *une obligation relevant du droit international général à laquelle un État est tenu en toutes circonstances envers la communauté internationale, en raison de ses valeurs communes et de son intérêt à ce que cette obligation soit respectée, de telle sorte que sa violation autorise tous les États à réagir* (...). ». Voy. Institut de droit international (Cinquième commission), *Les obligations et les droits erga omnes en droit international*, Session de Cracovie, résolution du 27 août 2005, art. 1.

tous.[130]L'aboutissement de cette configuration serait symbolique d'une entraide judiciaire à laquelle les investisseurs étrangers ne sauraient échapper à l'instar des autres justiciables ; et de laquelle bénéficieraient les victimes de violations des droits de l'homme.[131]Ce serait, en d'autres termes, un ralliement « *à la pratique contemporaine dite de l'humanisation du droit international, dans le sens où celui-ci vise de plus en plus la protection d'intérêts propres aux individus en tant que tels et à l'humanité dans son ensemble.* ».[132] C'est, en une formule, un « *mouvement d* [evan] *t être interprété par opposition au droit international classique protégeant plutôt des intérêts des États en tant que puissances, appareils qui exercent un pouvoir gouvernemental.* ».[133]

3. Le recours à une compétence universelle « généralisée » en cas de violation des droits de l'homme

451. *Éléments d'une justice concertée.* Il s'agirait sans doute d'une originalité dont l'objectif serait, là encore, de combler les lacunes des compétences universelles relative et absolue. La première parce qu'elle est incertaine pour les victimes ; et la seconde parce qu'elle empiète sur la souveraineté des États et donc incertaine d'un point de vue pratique.[134] De ces éléments découle l'idée selon

---

130. Cela renverrait ni plus ni moins à l'*actio popularis*, par ailleurs désignée comme ; Dans le même ordre d'idées, voy. Comité des droits de l'homme, *Observation générale n° 31 : La nature de l'obligation juridique générale imposée aux États parties au Pacte*, Adoptée à la 2187ème séance du 29 mars 2004, § 2. Aux termes du § cité on peut lire : « *L'article 2* [du Pacte relatif aux droits civils et politiques] *énonce les obligations des États parties vis-à-vis des individus en tant que titulaires des droits garantis par le Pacte, mais il se trouve aussi que chacun des États parties possède un intérêt juridique dans l'exécution par chacun des autres États parties de ses obligations. Cela découle du fait que les "règles concernant les droits fondamentaux de la personne humaine" sont des obligations erga Omnes et que, comme il est indiqué au quatrième alinéa du préambule du Pacte, la Charte des Nations Unies impose aux États l'obligation de promouvoir le respect universel et effectif des droits de l'homme et des libertés fondamentales.* »

131. Dans la logique de cette idée, O. DE SCHUTTER relève que « *l'État qui exerce une compétence extraterritoriale en vue de contribuer au respect universel des droits de l'homme internationalement reconnus s'inscrit dans une forme de solidarité internationale : quels que soient les motifs qu'à l'État territorial de ne pas garantir le respect des droits de l'homme sur son territoire (que ceci s'explique par la faiblesse de ses moyens, par la corruption de ses élites gouvernementales ou par son absence de volonté politique).* ». Voy. O. DE SCHUTTER, « La responsabilité des États dans le contrôle des sociétés transnationales : vers une convention internationale sur la lutte contre les atteintes aux droits de l'homme », in I. DAUGAREILH, *La responsabilité sociale de l'entreprise transnationale et globalisation de l'économie*, Bruxelles, éd. Bruylant, 2011, pp. 707-793, spéc. pp. 768-769. Par analogie, on pourrait dire que la solidarité internationale se concrétise par la volonté de l'ensemble des États à créer un cadre général propice à l'examen des violations supposées des droits de l'homme.

132. M. IOVANE, « L'influence de la multiplication des juridictions internationales sur l'application du droit international », *RCADI*, vol. 383, 2016, p. 264, § 7.

133. *Idem.*

134. Les différentes restrictions législatives de la compétence universelle apportées par certains États européens, notamment l'Espagne et la Belgique, et confirmées par la Cour EDH (Arrêt *Nait-Liman* précité) convergent vers une mise à l'écart de la compétence universelle absolue. Au sujet des restrictions législatives, voy. J. RIOS RODRIGUEZ, « La restriction de la compétence universelle des juridictions nationales : les exemples belge et espagnol », *RGDIP*, t. 114, n° 3, 2010, pp. 563-595.

laquelle il serait utile de repenser le mécanisme de la compétence universelle. À ce titre, il s'avère opportun de se focaliser sur une conception collective de la compétence universelle en passant par la concertation entre les États autour des conditions de mise en œuvre des poursuites à l'encontre des mis en cause dans les violations des droits de l'homme.[135] Au fond, il ne s'agirait que d'une simple concrétisation du droit des victimes, d'autant plus que sur un plan purement procédural, « [t] *oute personne a droit à un recours effectif devant les juridictions nationales compétentes contre les actes violant les droits fondamentaux qui lui sont reconnus par la constitution ou par la loi.* ».[136] C'est donc la non-concrétisation de ce droit devant les juridictions des États sur les territoires desquels se sont produits les manquements aux droits fondamentaux qui motiveraient le mécanisme de compétence universelle généralisée.

452. *Contrer une précarité double*. La mise sur pied d'un arsenal juridique concerté serait apte à intercepter deux aléas. D'une part, cela permettrait de considérer, à parts égales, les souverainetés des États sur la base du principe de coopération[137] ; et d'autre part, cela harmoniserait la prise en compte des droits des victimes, au-delà des réparations dues aux activités des tiers, d'un plein bénéfice du droit à un procès équitable dans sa dimension procédurale. En réalité, le *statu quo* de la compétence universelle telle qu'elle est envisagée individuellement par les États génère la double peine de la possible méconnaissance simultanée des droits fondamentaux procéduraux[138] et

---

135. Il est cependant vrai que depuis quelques années des négociations prenant la forme d'une « négociation multi-juridictionnelle » se sont déployées entre certains États. C'est le cas par exemple, en matière de lutte contre la corruption, de la coordination entre le département de justice américain et son équivalent allemand au sujet des poursuites engagées en 2008 à l'encontre de l'entreprise allemande *Siemens* pour violation des lois anti-corruption. À ce sujet, voy. A. MIGNON-COLOMBET, « La justice négociée transnationale, clé de voute d'une extraterritorialité ordonnée ? *in* A. MIRON et B. TAXIL (dir.), *Extraterritorialités et droit international. SFDI — Colloque d'Angers*, Paris, éd. Pedone, 2020, pp. 195-208, spéc. p. 202 et s. L'auteure remarque par ailleurs (article précité, p. 203) que « [l] » *avantage de l'accord négocié multi-juridictionnel sur le procès étatique est qu'il permet de réunir tous les États poursuivants autour de la table en même temps (le temps de la négociation) et dans un même lieu symbolique et partagé (la lutte contre la corruption est universellement partagée dans ses objectifs).* » La même observation vaudrait pour les droits de l'homme.

136. AGNU, Déclaration universelle des droits de l'homme, rés. 217 A du 10 décembre 1948, art. 8.

137. Ainsi, l'art. 2 de la Charte des Nations Unies (adoptée le 26 juin 1945, entrée en vigueur le 24 octobre 1945), énonce, au risque de se répéter, que « [l]*'Organisation est fondée sur le principe de l'égalité souveraine de tous ses Membres.* » (Art. 2).

138. Il s'agit en particulier du droit à un procès tant pour les victimes et du droit d'un mis en cause de bénéficier d'un procès équitable. L'art. 14 § 1 du Pacte international relatif aux droits civils et politiques (AGNU, résolution 2200 A du 16 décembre 1966) en est une illustration. On y lit que « (...) [t] *oute personne a droit à ce que sa cause soit entendue équitablement et publiquement par un tribunal compétent, indépendant et impartial, établi par la loi, qui décidera soit du bien-fondé de toute accusation en matière pénale dirigée contre elle, soit des contestations sur ses droits et obligations de caractère civil* (...) ». Il en est de même du principe non bis in idem garanti par l'art. 14 § 7 dudit Pacte, aux termes duquel « [n] *ul ne peut être poursuivi ou puni en raison d'une infraction pour laquelle il a déjà été acquitté ou condamné par un jugement définitif conformément à la loi et à la procédure pénale de chaque pays.* ».

substantiels.[139]D'ailleurs, des coopérations interétatiques se sont déployées afin de pallier les risques liés à la multiplicité des fors accueillants. Dans la droite ligne de ce cheminement et à titre d'exemple, les États signataires du traité Schengen admettent qu'« [u] *ne personne qui a été définitivement jugée par une Partie Contractante ne peut, pour les mêmes faits, être poursuivie par une autre Partie Contractante, à condition que, en cas de condamnation, la sanction ait été subie ou soit actuellement en cours d'exécution ou ne puisse plus être exécutée selon les lois de la Partie Contractante de condamnation.* »[140]. Certes limitée à certains États[141], l'initiative pourrait servir d'inspiration pour la mise sur pied d'une compétence universelle généralisée permettant à tout État de poursuivre des mis en cause dès lors que d'une part, il en aurait la possibilité ; et que d'autre part, aucunes condamnations n'auraient déjà été prononcées par un autre État pour les mêmes faits.[142] En tout état de cause, les obligations de protection des droits fondamentaux incombant à l'État paraissent s'accompagner d'une large palette de perspectives aptes à assurer une garantie des droits des victimes. Pour autant, il demeure pour l'heure prématuré de conclure à une influence des droits de l'homme sur les mécanismes de mise en œuvre de la responsabilité des États dans la garantie des droits dont ils sont destinataires.

Section 2 :
Le renforcement de la justiciabilité des droits de l'homme en droit des investissements

453. ***Champ.*** « *Caractère de ce qui est susceptible de relever des juges ou de leur juridiction* », [143]la justiciabilité des droits de l'homme appelle une distinction majeure. D'une part, les droits susceptibles d'être valablement mobilisés par les justiciables au soutien de leurs requêtes, en ce comprises les modalités procédurales du bénéfice de ces droits ; et d'autre part, les juridictions à même

---

139. L'on pense à cet égard à la jouissance des ressources naturelles ou au bénéfice de la propriété.

140. Art. 54 de la Convention d'application de l'Accord de Schengen entre les gouvernements des États de l'Union économique Benelux, de la République fédérale d'Allemagne et de la République française relatif à la suppression graduelle des contrôles aux frontières communes, du 14 juin 1985 (*JORF* n° L 239 du 22/09/2000 p. 0019 – 0062).

141. Dans une perspective proche, mais différente de celle de la Convention Schengen, la Convention de l'OCDE relative à la lutte contre la corruption d'agents publics étrangers dans les transactions commerciales internationales (Adoptée par la Conférence de négociations le 21 novembre 1997) s'inscrit, à travers l'art. 4§3 dans la voie de la concertation en cas de pluralité de poursuites. Oy lit opportunément que « [l] *orsque plusieurs Parties ont compétence à l'égard d'une infraction présumée visée dans la présente Convention, les Parties concernées se concertent, à la demande de l'une d'entre elles, afin de décider quelle est celle qui est la mieux à même d'exercer les poursuites.* ». Et garantissent donc les droits des victimes (doit à un procès) et ceux des mis en cause (*non bis in idem*).

142. Voy. H. MUIR WATT, « Aspects économiques du droit international privé (Réflexions sur l'impact de la globalisation économique sur les fondements des conflits de lois et de juridictions) », *RCADI*, tome 307, 2004, pp. 167-168.

143. J. SALMON (dir.), *Dictionnaire de droit international public*, *op. cit.*, p. 635.

d'être saisies pour de telles requêtes.[144] On sait par ailleurs que le droit des investissements se singularité par des procédures de règlement des différends souvent à l'initiative du seul investisseur[145] ; d'où l'impossibilité, du point de vue du règlement des différends, de voir prospérer des requêtes fondées sur les droits de l'homme et venant principalement des États. À cela s'ajoute la restriction de la compétence des tribunaux d'investissement aux seuls différends éponymes. Les restrictions matérielle et personnelles étant établies, d'autres mécanismes sont mobilisés et de plus en plus favorablement accueillis par les tribunaux d'investissement. Deux faits en lien étroit avec cette dynamique méritent d'être exposés. D'un côté, ce qui s'apparente à un succès autour de l'admission des demandes reconventionnelles (Paragraphe 1) ; et d'un autre côté, des canaux d'intervention visant une plus grande implication des tiers (Paragraphe 2).

§1 : L'admission des demandes reconventionnelles

454. ***Sens et sens***. Les demandes reconventionnelles ont resurgi en droit des investissements au cours des deux dernières décennies comme un remède à l'allure d'un correctif à l'absence d'une instance juridictionnelle apte à recevoir les réclamations des États à l'encontre des investisseurs.[146] Il convient d'indiquer à cet égard que les quelques admissions des demandes reconventionnelles dans le contentieux de l'investissement sont sujettes à commentaires tant elles paraissent se détacher de toute dynamique objective. Avant de développer cette question, il parait utile d'exposer la conception des demandes reconventionnelles dans le contentieux interétatique. En effet, portées à plusieurs reprises devant la Cour internationale de justice, les demandes reconventionnelles n'ont connu une sérieuse analyse qu'à la fin des années 1990 à l'occasion d'un différend opposant la Bosnie-Herzégovine à la Yougoslavie.[147] Ainsi, saisie de demandes reconventionnelles introduites par la Yougoslavie, la Cour a pris le soin d'apporter des éclaircissements aux signification et contenu des demandes reconventionnelles avant de conclure à la recevabilité des demandes (reconventionnelles) formulées en l'espèce. Aux yeux de la Cour, « (...) *il est constant qu'une demande reconventionnelle présente, au regard de la demande*

---

144. Voy. K. SONTAG, « La justiciabilité des droits de l'homme à l'égard des sociétés transnationales », in L. BOY et *al.* (dir.), *Droit économique et droits de l'homme*, Bruxelles, éd. Larcier, 2009, pp. 569-640, spéc. 572.

145. Voy. entre autres, J. PAULSON (J.), « Arbitation Without Privity », *ICSID Review./Foreign Investment Law Journal*, vol. 10, n° 1, 1995, pp. 232 et s ; BEN HAMIDA (W.), *L'arbitrage transnational unilatéral : réflexions sur une procédure réservée à l'initiative d'une personne privée contre une personne publique*, thèse dactylographiée, Université Paris II, 2003, 728 p.

146. Sur l'historique des demandes reconventionnelles, voy par exemple, L. LIBERTI, « Investissements et droits de l'homme », in Ph. KAHN & T. WALDE (eds.), *Les aspects nouveaux du droit des investissements internationaux. New Aspects of International Investment Law*, Leiden/Boston, éd. Martinus Nijhoff Publishers, 2007, pp. 798 et s.

147. CIJ, *affaire relative à l'application de la convention pour la prévention et la répression du crime de génocide (Bosnie-Herzégovine c. Yougoslavie)*, arrêt du 11 juillet 1996, *Recueil*, p. 595.

de la partie adverse, un double caractère ; qu'elle en est indépendante dans la mesure où elle constitue une "demande" distincte, c'est-à-dire un acte juridique autonome ayant pour objet de soumettre une prétention nouvelle au juge, et, qu'en même temps, elle s'y rattache, dans la mesure où, formulée à titre "reconventionnel", elle riposte à la demande principale ; que le propre d'une demande reconventionnelle est ainsi d'élargir l'objet initial du litige en poursuivant des avantages autres que le simple rejet de la prétention du demandeur à l'action ».[148] Cela pourrait se matérialiser par « *la condamnation de celui-ci ; et qu'à ce titre, la demande reconventionnelle se distingue d'un moyen de défense au fond* ».[149] Pour être valable, la demande reconventionnelle doit donc répondre à deux conditions : 1) être distincte de de la demande principale et, 2) constituer une riposte à ladite demande. Il s'agit là d'une analyse du point de vue de la demande, analyse à laquelle on peut opposer une approche basée sur la compétence de la CIJ pour connaitre des demandes reconventionnelles. À cet égard, le principe selon lequel « [l] *a Cour ne peut connaitre d'une demande reconventionnelle que si celle-ci relève de sa compétence et est en connexité directe avec l'objet de la demande de la partie adverse* »[150], reste de mise. C'est dire que pour être recevable, une demande reconventionnelle doit : 1) entrer dans le champ de compétence de la Cour, puis, 2) être en lien avec la demande principale. Ici l'élément subjectif à savoir le consentement des parties est mis à l'écart par le statut de la Cour, d'ailleurs dans la droite ligne de l'ordonnance du 17 décembre 1997. Étant donné qu'il s'agit là de la position de la Cour mondiale, il serait légitime d'en espérer une application similaire au sein de toute autre instance de règlement des différends. Seulement, il semble en être autrement dans le domaine du contentieux de l'investissement ou d'autres critères paraissent entrer en lice, ce qui semble générer un flou supplémentaire rendant difficile toute systématisation des demandes reconventionnelles (B) et réduisant peu à peu les possibilités de recours à ce procédé (A).

A. Le problème : une admission relative

456. ***Source des divergences.*** Alors que les conditions devant être remplies par les demandes reconventionnelles portées devant la CIJ sont *a priori* objectives, celles exigées dans l'arbitrage d'investissement paraissent pencher vers le subjectif. Pour vérifier cette considération, la confrontation des énoncés conventionnels d'arbitrage d'investissement relatif aux demandes reconventionnelles à la conception précédemment évoquée de la CIJ pourrait apporter des éclairages à l'idée de prise en compte des droits de l'homme via le procédé décrit puis l'éventualité de son renforcement. Pour les besoins de « la

---

[148]. CIJ, *affaire relative à l'application de la convention pour la prévention et la répression du crime de génocide (Bosnie-Herzégovine c. Yougoslavie)*, Demandes reconventionnelles, ordonnance du 17 décembre 1997, *Recueil* p. 243, § 27.

[149]. CIJ, ordonnance précitée du 17 décembre 1997, Recueil p. 243 §. 27.

[150]. Art. 80 § 1 (amendement entré en vigueur le 21 octobre 2019) du Règlement de la Cour, adopté le 14 avril 1978 et entré en vigueur le 1er juillet 1978.

confrontation », une convention est d'un intérêt particulier : la Convention de Washington sur le règlement des différends relatifs à l'investissement. Plus précisément, l'art. 46 de cette Convention énonce sans ambiguïté que « [s] *auf accord contraire des parties, le Tribunal doit, à la requête de l'une d'elles, statuer sur toutes demandes incidentes, additionnelles ou reconventionnelles se rapportant directement à l'objet du différend, à condition que ces demandes soient couvertes par le consentement des parties et qu'elles relèvent par ailleurs de la compétence du Centre.* ».[151] Sans doute orientée vers la volonté des parties, cette approche n'en demeure pas moins axée sur le triptyque, connexité, consentement et compétence.[152] Or toutes ces conditions sont susceptibles d'une remise en cause au gré des tribunaux. C'est d'ailleurs sans doute l'une des raisons qui font que les affaires rendues sous l'égide des instances de règlement des différends d'investissement présentent des incertitudes tant du point de vue de la demande (recevabilité) que du point de vue de l'instance saisie (compétence).

1. La subjectivation du contentieux (reconventionnel) : une recevabilité subjective

457. ***Aléas « du subjectif ».*** On sait que la faiblesse de toute approche subjective est qu'elle est fonction des sujets et donc foncièrement variable, non pas sur la base d'éléments objectifs, mais souvent en raison de la volonté des parties, laquelle n'est pas toujours établie avec certitude. À l'aune de ce constat, on pourrait s'attendre à ce que les règles applicables à l'arbitrage d'investissement soient guidées par une logique susceptible de garantir une certaine « sécurité juridique » tant pour les investisseurs que pour les États ; la crainte d'une multiplication des demandes reconventionnelles étant *a priori* apte à produire chez les demandeurs des effets dissuasifs sur les actes qui présentent un risque pour la protection des droits fondamentaux. Compte tenu de cette considération, les règles de protection des investissements pouvaient laisser penser qu'une approche commune des demandes reconventionnelles est préconisée pour le contentieux de l'investissement, mais les différents Règlements d'arbitrage des principales instances de règlement des différends relatifs à l'investissement semblent révéler le contraire.[153] Si lesdits Règlements admettent tous le recours aux demandes reconventionnelles, il n'en demeure pas moins qu'ils sont partagés sur leur consistance. Pendant que les uns sont à cet égard simplement silencieux, les autres sont prolixes. Les premiers se placent sur le terrain de la recevabilité

---

[151]. Art. 46 de la Convention de Washington sur le règlement des différends relatifs à l'investissement, signée le 18 mars 1965, precitée.

[152]. Cela est renforcé par l'art. 40 du Règlement de procédure relatif aux instances d'arbitrage du CIRDI, adopté par le Conseil administratif du Centre conformément à l'article 6. 1. c de la Convention du CIRDI et entré en vigueur le 10 avril 2006 qui énonce au titre des « [*d*] *emandes accessoires* » que « *(1) Sauf accord contraire des parties, une partie peut présenter une demande incidente, additionnelle ou reconventionnelle se rapportant directement à l'objet du différend, à condition que cette demande accessoire soit couverte par le consentement des parties et qu'elle relève par ailleurs de la compétence du Centre.* ».

[153]. *Idem.*

alors que les seconds renseignent sur la compétence. Deux catégories de Règlements sont donc identifiables. On pressent alors à l'aune de cette distinction, un début de hiatus relativement au sort réservé aux demandes reconventionnelles.

458. « *Précarité reconventionnelle* ». Au titre des Règlements où aucune précision de fond n'est apportée à la consistance de la demande reconventionnelle, le Règlement d'arbitrage de la CCS aux termes duquel, « [l] *a Réponse* [du défendeur] *devra contenir* [notamment] : *(i) toute objection concernant l'existence, la validité ou l'applicabilité de la convention d'arbitrage* (...) ; *(ii) une acceptation ou une contestation de l'objet de la demande figurant dans la Requête d'arbitrage ; (iii) un énoncé préliminaire des éventuelles demandes reconventionnelles ou demandes en compensation ;* (...) »[154], etc. Ce sont là des termes quasi lapidaires sans apport pour le contenu d'une demande reconventionnelle, encore moins pour la recevabilité de la demande, se bornant à la simple possibilité de soumettre une demande reconventionnelle à la Chambre sans toutefois en préciser le cadre. Une telle démarche est problématique en ce sens qu'elle stimule un désordre procédural qui, à terme, pourrait aboutir à des résultats divergents selon la composition de l'instance. C'est d'ailleurs dans cette logique que « [l] *e Conseil peut demander des informations complémentaires aux deux parties concernant leurs mémoires envoyés à l'Institut de la CCS. Si le Demandeur ne se conforme pas à une demande d'informations complémentaires, le Conseil peut rejeter l'affaire. Si le Défendeur ne se conforme pas à une demande d'informations complémentaires concernant sa demande reconventionnelle ou sa demande en compensation, le Conseil peut rejeter la demande reconventionnelle ou la demande en compensation. Si le Défendeur ne se conforme pas autrement à une demande d'informations complémentaires, ceci n'empêchera pas l'arbitrage d'avoir lieu.* ».[155] Qu'en serait-il si le demandeur ne se conforme pas à une demande d'informations concernant la demande reconventionnelle du défendeur ? Aucune précision n'est apportée à ce sujet. C'est bien du défendeur devenu « demandeur reconventionnel »[156] dont il est question. Et si l'on peut admettre qu'un traitement différencié soit établi entre le demandeur et le défendeur, il reste que la disposition dénote une certaine précarité de la demande reconventionnelle qui, plongée dans une incertitude procédurale, risque de rejet plus que les autres demandes, ce qui pourrait, d'une part, « *amener les États à saisir les juridictions nationales des conclusions reconventionnelles dont les tribunaux arbitraux ne pourraient connaitre, bien que ces conclusions se rapportent directement à l'objet du litige qui leur a été soumis* ; et d'autre part,

[154]. Art. 5 du Règlement d'arbitrage de la CCS, adopté par la CCS et entré en vigueur le 1er janvier 2010.

[155]. Art. 6 du Règlement d'arbitrage de la CCS, adopté par la CCS et entré en vigueur le 1er janvier 2010.

[156]. L'expression est empruntée à F. LATTY, « L'État demandeur (reconventionnel) dans les procédures arbitrales : le gymkhana de la réaffirmation de l'État », *in* T. EL GHADBAN et *al.* (dir.), *La protection des investissements étrangers, vers une réaffirmation de l'État ?*, Paris, éd. Pedone, 2018, pp. 161-178.

« *contraindre les investisseurs mécontents des jugements rendus par les juridictions nationales à contester ces jugements dans de nouveaux arbitrages.* »[157]

2. L'indétermination de la compétence

459. *Incertitude.* Sur le plan de la compétence, le Règlement d'arbitrage de la CNUDCI témoigne des imprécisions dont souffrent les demandes reconventionnelles. En ce sens, « [*d*] *ans son mémoire en défense, ou à un stade ultérieur de la procédure arbitrale si le tribunal arbitral décide que ce délai est justifié par les circonstances, le défendeur peut former une demande reconventionnelle ou une demande en compensation, à condition que le tribunal ait compétence pour en connaitre* ».[158] Ici également, c'est la compétence qui est mise en exergue. Or, comme pour le CIRDI, il est tout à fait impossible pour un défendeur usant des demandes reconventionnelles de prévoir de quelque manière que ce soit la compétence de l'instance saisie pas plus que pour les demandes introduites (par les demandeurs) au moment de l'ouverture de l'instance, compte tenu de l'indétermination de la notion principale d'investissement.[159] Tout est en effet question de la composition du tribunal saisi et cela ressort des instruments établissant les règles de saisine des instances de règlement des différends d'investissement.[160]

460. *Compétence arbitraire ?* De quoi pourrait-il s'agir si ce n'est une manière supplémentaire d'accorder aux arbitres le libre choix de l'admission ou non des demandes reconventionnelles. Ainsi, tout tribunal pourrait faire entrer les droits de l'homme dans son champ de compétence comme il pourrait les en exclure. Tout ne serait que question de positionnement idéologique au détriment de toute analyse rationnelle. On a pensé à ce sujet que l'objet de la demande doit présenter un lien avec la demande principale et écarté certaines demandes sous prétexte qu'elles manquaient de connexité eu égard à la demande principale.[161] Or s'il est partagé que l'investisseur est tenu de respecter la législation de l'État d'accueil,[162] il ne serait guère logique ni opportun d'écarter les demandes reconventionnelles dès lors que celles-ci sont fondées sur la violation du droit de l'État d'accueil. Cette attitude de subjectivation étant clairement la principale difficulté, le recours

157 . CIRDI, *Antoine Goetz et al.* c. *Burundi*, aff. n° ARB/01/2, sentence du 21 juin 2012, § 280.

158. Art. 21 § 3 du Règlement d'arbitrage de la CNUDCI, adopté le 16 décembre 2013 et entré en vigueur le 1er avril 2014.

159. Les développements que suscite cette notion devant le CIRDI ne sont que la conséquence directe de sa non-définition dans la Convention de Washington sur le règlement des différends d'investissement.

160. Ainsi pour le CIRDI par exemple, les modalités de désignation des arbitres et conciliateurs figurent aux articles 12 à 16 de la Convention pour le règlement des différends relatifs aux investissements entre États et ressortissants d'autres États, conclue le 18 mars 1965.

161. F. LATTY, « L'État demandeur (reconventionnel) dans les procédures arbitrales », *loc. cit.*, pp. 163.

162. A notre connaissance aucun traité d'investissement ni décision arbitrale ni point de vue doctrinal ne se sont émancipés de cette donnée.

à un procédé sûr pourrait être l'adoption d'une approche commune à l'image de celle adoptée par la CIJ. C'est d'ailleurs dans ce sens que s'est orientée l'argumentation du Tribunal de l'affaire *Goetz c. Burundi* à l'occasion de laquelle les arbitres se sont explicitement inspirés de l'approche adoptée par la Cour mondiale notamment dans son ordonnance du 17 décembre 1997. À cet égard, « [l] *e Tribunal* [a] *observ* [é] *que l'article 46 de la Convention et l'article 40 du Règlement d'arbitrage sont directement inspirés de l'article 80 du Règlement de procédure de la Cour internationale de Justice* (...) ».[163]

461. ***Examen de principe de la demande reconventionnelle.*** S'il est vrai que les demandes reconventionnelles sont des demandes accessoires par rapport à la demande principale, il est moins vrai que « [l] *a compétence du tribunal arbitral pour connaitre d'une demande reconventionnelle n'est pas suffisante pour que celle-ci soit examinée* ».[164] Rien ne permet d'adhérer à cette affirmation, d'autant plus que ni du point de vue de l'arbitrage des différends d'investissements ni du point de vue du règlement des différends interétatiques, aucunes règles d'une quelconque nature ne s'inscrivent dans une telle logique. Au fond, la compétence d'un tribunal arbitral n'est en principe limitée que par les considérations outrepassant l'investissement et suffisante donc pour l'examen d'une demande reconventionnelle. Plutôt que d'être une exception, l'admission des demandes reconventionnelles relève davantage du Principe dès lors que celles-ci n'auront pas été explicitement non-convenues dans les instruments applicables au litige soumis à l'appréciation d'une instance de règlement des différends.[165] En matière d'investissement, en dépit de l'absence d'un instrument contractuel contenant des obligations à la charge de l'investisseur, l'obligation de respect de la législation de l'État d'accueil demeure un rempart plausible pour la prospérité des demandes reconventionnelles fondées sur les violations des droits de l'homme. En réalité, le fait même pour un État de formuler des demandes reconventionnelles devant un tribunal d'investissement peut s'interpréter comme une volonté de se conformer aux obligations de faire respecter les droits de l'homme. Il est cependant vrai à cet égard que la pratique du contentieux de l'investissement semble en retrait par rapport à l'état du droit tel qu'il ressort de la pratique des principaux acteurs de la scène juridique internationale.[166]

462. ***Dessein d'une tendance.*** Des tendances récentes jettent le trouble sur la monotonie du retrait de la prospérité des demandes reconventionnelles au titre des armes juridiques à disposition des États. Il faut souligner à cet égard que la faible présence des demandes reconventionnelles dans la sphère contentieuse est elle-

---

[163]. CIRDI, *Antoine Goetz et al. c. Burundi, precitée*, § 273.

[164]. « Demandes reconventionnelles : un pas de plus », Investissements internationaux et arbitrage, *Cahiers de l'arbitrage*, 2017, n° 4, p. 619, § 6.)

[165]. L'usage de la formule « *sauf accord contraire des* parties » à l'article 46 de la Convention de Washington en est une parfaite illustration.

[166]. Le Tribunal de l'affaire *Goetz et al. c. Burundi* précitée n'a d'ailleurs pas hésité à relever opportunément les analogies entre les formules employées par les instances de règlement des différends, lesquelles ressemblent à une sorte de dialogue d'instances. Sentence *Goetz*, précitée, § 284.

même principalement due à une faible mobilisation du mécanisme par les défendeurs.[167] Rien d'étonnant cependant si le contentieux de l'investissement s'avère un terrain fertile pour le développement spectaculaire du mécanisme reconventionnel, car, comme on le sait, aucun différend n'est susceptible d'être déclenché par l'État sans le consentement explicite de l'investisseur.[168] Tout se passe comme si la seule voie possible pour un État d'engager des poursuites à l'encontre d'un investisseur est fonction de l'attitude contentieuse ou non de ce même investisseur. Les demandes reconventionnelles apparaissent ainsi comme des « réclamations en attente d'une occasion contentieuse ». C'est d'ailleurs pour amortir cette optique que s'est illustré le Tribunal de l'affaire *Burlington c. Équateur*, lequel n'a pas jugé nécessaire de s'attarder sur les questions relatives à la compétence, en ce sens que "[t] *he law governing the conduct of the procedure on the counterclaims is addressed in the rules of the ICSID Convention, the ICSID Arbitration Rules and the Tribunal's procedural orders"*.[169] Partant, le Tribunal s'est de suite empressé de souligner la pertinence du droit Équatorien au même titre que le droit international[170] pour l'examen des demandes reconventionnelles de l'État avant d'opter pour l'application du premier.[171] On y voit une ouverture au droit local confortant la prise en compte des obligations en matière des droits de l'homme dont sont garants les États d'autant plus qu'en l'espèce il était question de violations alléguées de la réglementation environnementale équatorienne pour pollution de sols à la suite d'opérations d'exploitation menées par le demandeur principal.[172] En réalité, le Tribunal de l'affaire *Burlington* n'a fait que confirmer la position des arbitres d'une autre affaire où les demandes reconventionnelles portaient clairement sur la privation alléguée de certaines provinces des services d'eau potable.[173] Ainsi, l'affaire *Urbaser c. Argentine* était l'occasion pour les arbitres de déduire la pertinence des demandes

---

[167]. De manière générale, peu d'affaires ont été l'occasion d'une mobilisation de demandes reconventionnelles, en particulier devant la Cour internationale de justice. Cette dernière comme sa devancière (CPJI, *affaire de l'Usine de Chorzów — Pologne c. Allemagne —*, arrêt du 13 septembre 1928, Série A, n° 17.) n'a en effet été saisies que d'un total d'une douzaine de demandes en près d'un siècle d'activités (1922 à 2021). Les affaires ayant été l'occasion des demandes reconventionnelles (devant la CIJ) sont classées sous la rubrique éponyme au titre des demandes incidentes sur le site de la CIJ et consultables en suivant le lien : https://www.icj-cij.org/fr/affaires-par-phase.

[168]. Ainsi, dans le cadre du CIRDI : « *(1) La compétence du Centre s'étend aux différends d'ordre juridique entre un État contractant (ou telle collectivité publique ou tel organisme dépendant de lui qu'il désigne au Centre) et le ressortissant d'un autre État contractant qui sont en relation directe avec un investissement et que les parties ont consenti par écrit à soumettre au Centre. Lorsque les parties ont donné leur consentement, aucune d'elles ne peut le retirer unilatéralement.* » (Art. 25 de la Convention de Washington sur le règlement des différends relatifs à l'investissement, precitée).

[169]. CIRDI, *Burlington Ressources Inc. c. Équateur*, aff. n° ARB/08/5, décision sur les demandes reconventionnelles du 7 février 2017, § 71.

[170]. *Ibid.*, § 72.

[171]. *Ibid.*, § 74 : « *Therefore, the Tribunal will apply Ecuadorian tort law, not as the law chosen by the Parties under the first leg of Article 42(1) of the ICSID Convention, but as the law of the host State under the second leg of that provision.* ».

[172]. *Ibid.*, §§ 18 et s.

[173]. CIRDI, *Urbaser S. A. et al. c. Argentine*, aff. n° ARB/07/26, sentence du 8 décembre 2016.

reconventionnelles (et donc leur compétence)[174] de la rédaction « neutre » de la clause compromissoire du TBI[175] applicable au litige[176] alors que l'investisseur prétendait que la même disposition contredisait toute compétence du Tribunal pour l'examen desdites demandes reconventionnelles.[177] À ces deux lignes vient s'ajouter une troisième, laquelle puise sa force du parallèle entre les réclamations contractuelles et les réclamations conventionnelles. En clair, il s'agit de mettre en exergue l'extension des clauses contractuelles afin qu'elles soient couvertes par le traité applicable et profiter à l'État comme elles l'ont autrefois été au bénéfice de l'investisseur. C'est ce qui ressort de l'affaire *Hesham Talaat M. Al-Warraq c. Indonésie*,[178] où il a été étendu le consentement de l'investisseur contenu dans le contrat le liant à l'État à son consentement à d'éventuelles demandes reconventionnelles initiées par l'État. Cela a permis d'ériger l'obligation de conformité à la législation de l'État hôte contenue dans le contrat, en une obligation conventionnelle de l'investisseur dont la méconnaissance est susceptible d'une demande reconventionnelle pour l'examen de laquelle un tribunal d'investissement est compétent.[179]

---

174. Ibid., § 1147.

175. En l'occurrence, l'art. 10 du traité de promotion et de protection réciproques des investissements entre l'Epagne et l'Argentine, signé le 3 octobre 1991 et entré en vigueur le 28 septembre 1992. En effet, l'article en question n'indiquait pas explicitement qui de l'investisseur ou l'État avait le monopole de la saisine du tribunal. En réalité, il s'est agi d'une prise au mot des termes vagues de la disposition pour aboutir à un équilibre procédural hissant l'État au même titre que l'investisseur au statut de demandeur potentiel devant les tribunaux d'investissement au même titre que l'investisseur. Du point de vue interprétatif, le tribunal a usé d'une argumentation *a fortiori* : si l'État est un demandeur potentiel, il est *a fortiori* demandeur « reconventionnel ».

176. CIRDI, *Urbaser S. A. et al.*, précitée, §§ 1143 et s.

177. *Idem.* On aura remarqué que la position de l'investisseur dans cette affaire trouve écho dans des points de vue doctrinaux tendant à constater (Par exemple : J. PAULSSON, « Arbitration Without Privity », *ICSID Review — FILJ*, 1995, vol. 10, n° 2, pp. 232-257 ; W. BEN HAMIDA, *L'arbitrage transnational unilatéral : réflexions sur une procédure réservée à l'initiative d'une personne privée contre une personne publique*, thèse multigraphiée, Paris 2, 2003) ou justifier (Par exemple : F. LATTY, « L'État demandeur [reconventionnel] dans les procédures arbitrales », *loc. cit.*, pp. 161-162.

178. Tribunal *ad hoc* (CNUDCI), *Hesham Talaat M. Al-Warraq c. Indonésie,* sentence du 15 décembre 2014.

179. C'est en effet la combinaison des interprétations des articles 9 et 17 de l'Accord sur la promotion, la protection et la garantie des investissements entre les États membres de l'organisation de la conférence islamique qui a conduit les arbitres à cette conclusion. Ainsi, indique le Tribunal : « *Article 9 imposes a positive obligation on investors to respect the law of the Host State, as well as public order and morals. An investor of course has a general obligation to obey the law of the host state, but Article 9 raises this obligation from the plane of domestic law (and jurisdiction of domestic tribunals) to a treaty obligation binding on the investor in an investor state arbitration. An analogy can be drawn with so called 'umbrella clauses' that elevate contractual obligations to the treaty plane. The fact that the Contracting Parties imposed treaty obligations on investors (which the Claimant assented to by accepting the open offer of investment arbitration made by the Respondent in the OTC Agreement) confirms the interpretation of Article 17 that permits counterclaims by the respondent state.* ». Tribunal *ad hoc* (CNUDCI), *Hesham Talaat M. Al-Warraq*, précitée, p. 208, § 663.

463. ***Synthèse d'une tendance***. De toutes ces constatations, on ne peut que relever une certaine tendance vers la sortie des sentiers battus du contentieux de l'investissement dont les conséquences étaient jusqu'ici orientées dans un sens unique à savoir celui d'une meilleure prise en compte des droits des investisseurs, quitte à ce que cette prise en compte aboutisse à terme à la méconnaissance de droits autres que ceux de l'investisseur. Des interprétations extensives de l'obligation de conformité à la législation de l'État d'accueil à l'admission des demandes reconventionnelles en passant par l'étirement du consentement de l'investisseur, des ingrédients s'ajoutent peu à peu à la recette du retour de l'État.[180] Toutefois, s'il est plausible, compte tenu de l'État actuel du contentieux de l'investissement, de souligner l'existence d'une force d'attraction exercée par les droits de l'homme sur le droit des investissements, il n'en reste pas moins prématuré de conclure à une homogénéisation du droit des investissements dans ce sens.

B. La solution : l'admission systématique

464. L'admission systématique des demandes reconventionnelles étant la solution en l'état actuel du droit des investissements, elle ne saurait s'implanter qu'au prix d'une logique d'interprétation collaborative entre deux corps de règles en lieu et place d'une énième tentative d'intégration d'obligations à destination des investisseurs dans les instruments spécifiques à l'investissement.

1. Opter pour une volonté commune des États

465. ***Élaguer une solution classique***. La solution classique semble celle d'un retour à la volonté des États, laquelle se matérialiserait par l'intégration dans les traités d'investissements de clauses explicitement favorables aux demandes reconventionnelles. Certes logique, cette prétention emporterait toutefois quelques fragilités. Premièrement, il serait difficile de réussir une uniformisation des volontés des États au moyen d'une diversité de traités dont la teneur varie en fonction de l'État contractant. Deuxièmement, les États parties à un traité d'investissement sont souvent dotés de systèmes juridiques différents répondant à des réalités notamment économiques et juridiques différentes et parfois même opposées, au point que là où il serait opportun pour les uns d'encourager les demandes reconventionnelles, il serait tout simplement plus opportun pour les autres d'encourager la protection de l'investisseur d'aller dans le sens de la protection de l'investisseur. Cet élément n'étant que le prolongement de la manifestation des intérêts d'États importateurs et exportateurs de capitaux. Troisièmement et dans l'hypothèse où les deux premiers obstacles venaient à être surmontés, resterait l'épineuse et redoutable question de l'interprétation des règles par les instances de règlement des différends d'investissement que l'on sait à même de varier d'un tribunal à un autre et d'un groupe d'arbitres à un autre.

---

[180]. Sur la question du retour de l'État, voy. T. EL GHADBAN et *al.* (dir.), *La protection des investissements étrangers, vers une réaffirmation de l'État ?*, Paris, éd. Pedone, 2018, 196 p.

466. *Piste utopiste*. La piste de la solution d'un retour à la volonté de l'État ne serait, au fond, pertinente que si et seulement si une « convention internationale relative à l'investissement » venait à être adoptée et ouverte à la ratification. Pour l'heure, une telle piste ne semble pas d'actualité compte tenu du sort des tentatives d'accord multilatéral d'investissement qu'on a pu qualifier « *d'accord mort-né* »[181] et des houleuses négociations actuelles autour d'un traité sur les obligations des investisseurs en matière des droits de l'homme.[182] En des termes plus simples, l'approche consisterait en une contribution à la mise à l'écart des divergences d'approches au sein des instances de règlement des différends d'investissement, sans toutefois mettre un terme aux moindres approximations interprétatives dont les remèdes ne se trouvent nulle part ailleurs que dans l'institution d'une Cour mondiale compétente en la matière. D'une vision subjective, on passerait donc à une vision objective.

2. Considérer les obligations de l'investisseur en dehors des instruments d'investissement

467. *Combinaison de deux corps de règles*. Stimulées par la large place accordée à la volonté des États y compris dans les hypothèses de rédaction maladroite des clauses contractuelles et/ou conventionnelles, certaines décisions arbitrales se sont, il est vrai, émancipées des seuls termes employés dans les accords.[183] On sait qu'à s'en tenir aux instruments de protection et de promotion des investissements, il est difficile de mettre à la charge des investisseurs des obligations dignes de ce nom. Mais dès lors qu'on adopte une lecture holistique tenant compte des règles du droit international dont celles régissant l'investissement ne sont qu'une sous partie, il devient primordial de soulever les incohérences de la non-responsabilité des investisseurs à la lumière des règles de protection des droits de l'homme. Aux termes de l'article 30 de la DUDH,[184] « [*a*] *ucune disposition de la (...) Déclaration ne peut être interprétée comme impliquant, pour un État, un groupement ou un individu, un droit quelconque de se livrer à une activité ou d'accomplir un acte visant à la destruction des droits et libertés qui y sont énoncés.* ». Il y a clairement là une consécration de l'effet horizontal des droits de l'homme. Toutefois, le fait que l'entreprise multinationale ne soit pas considérée comme un sujet de droit international constitue un obstacle à l'universalité des droits de l'homme, lequel se matérialise par l'existence d'une barrière entre l'entreprise en tant que potentiel destinataire des droits de l'homme

---

181. Voy. SFDI, *Un accord multilatéral sur l'investissement : d'un forum de négociation à l'autre ? Journée d'études organisée par l'IHEI le 7 décembre 1998*, Paris, éd. Pedone, 1999, table ronde.

182. Voy. *Supra*.

183. En ce sens, il a été relevé qu'une « *convention to arbitrate is not to be construed restrictively, nor, as a matter of fact, broadly or liberally. It is to be construed in a way which leads to find out and to respect the common will of the parties* (...) ». CIRDI, *Amco et al. c. Indonésie*, aff. n° ARB/81/1, Décision sur la compétence du 23 septembre 1983, § 14.

184. Voy. AGNU, *Déclaration universelle des droits de l'homme*, résolution 217 (III) A du 10 décembre 1948.

et les obligations en matière des droits de l'homme.[185] Faute pour le droit international de relever ces défis juridiques, la figure de l'entreprise multinationale se trouve assujettie à l'horizontalité des droits de l'homme que semble porter l'article 30 de la DUDH et dont la traduction, en termes d'obligations des entreprises en matière des droits de l'homme, est le fait d'imposer des obligations à celles-ci. Ainsi, pour combler les lacunes de la relativité des demandes reconventionnelles, il pourrait être nécessaire de faire recours à une application combinée des règles de procédures portées par les Règlements d'arbitrage des principales instances de règlement des différends d'investissement,[186] lesquelles sont favorables à l'admission des demandes reconventionnelles, d'une part, et, aux obligations de respect des droits de l'homme exposées dans les principaux instruments de protection des droits de l'homme, d'autre part.[187]

468. ***S'inscrire dans la logique globale.*** Ce faisant, il serait tenu compte d'une approche globale trouvant écho dans des dynamiques opposées à toute approche individualiste dont les effets se traduisent par la prépondérance de volontés individuelles au détriment de la volonté collective. Ou le droit international est un tout constitué de fragments épars reliés par une logique d'ensemble et dans ce cas il ne saurait y avoir des lectures contradictoires, voire opposées ; ou ce même droit n'est qu'une agrégation de règles différentes les unes des autres et dans cas il serait douteux de faire appel à un quelconque vocable unificateur pour le designer : « le droit international ».[188] En tout état de cause, les règles de protection des

---

185. Comité des droits économiques, sociaux et culturels, Observation générale n° 24 : *Les obligations des États en vertu du Pacte international relatif aux droits économiques, sociaux et culturels dans le contexte des activités des entreprises*, adoptée le 10 août 2017, Doc. E/ C.12/GC/24 (2017), § 14 : Les États « *sont* (...) *tenus d'adopter des mesures législatives, administratives, éducatives, et les autres mesures voulues, en vue d'assurer une protection efficace contre les violations des droits énoncés dans le Pacte liées aux activités des entreprises et de permettre aux victimes dont les droits ont été bafoués par des entreprises d'accéder à des recours utiles* ».

186. C'est d'ailleurs la direction soufflée par la Convention de Vienne sur le droit des traités du 23 mai 1969 (entrée en vigueur le 27 janvier 1980) dont l'art. 31 dispose que « *1. Un traité doit être interprété de bonne foi suivant le sens ordinaire à attribuer aux termes du traité dans leur contexte et à la lumière de son objet et de son but.* (...) ». De même, « *3. Il sera tenu compte, en même temps que du contexte : (...) c) De toute règle pertinente de droit international applicable dans les relations entre les parties.* (...) ».

187. Cette opération combinatoire a d'ailleurs manqué Tribunal de l'affaire *Spyridon Roussalis c. Roumanie* lequel s'est limité à la référence à l'art. 31 de la Convention de Vienne sur le droit des traités (précité) relatif à l'interprétation sans aller jusqu'au bout de la logique qui voudrait qu'il soit également fait référence au droit international des droits de l'homme. Et ce, alors même que le traité applicable (TBI Grèce/Roumanie, signé le 23 mai 1997 et entré en vigueur le 11 juin 1998) indiquait explicitement en son art. 9. 4 que « [t]*he arbitral tribunal shall decide the dispute in accordance with the provisions of this Agreement and the applicable rules and principles of international law* (...) » dont les droits de l'homme font partie en ce sens qu'en l'espèce, il était question d'allégations de manouvres frauduleuses dont la prospérité compromettrait les droits de l'État roumain et donc des individus dont il a la charge. Voy. CIRDI, *Spyridon Roussalis c. Roumanie*, aff. n° ARB/06/1, sentence du 7 décembre 2011, §§ 873 et s, spéc. § 870.

188. Sur cette question, voy. J. DEHAUSSY, *Propos sur les sources du droit international. L'exercice de la fonction normatrice dans un ordre juridique singulier*, Paris, éd. Pedone, 2017, 599 p.

investissements sont loin d'être objectivement détachées des autres règles du droit international en particulier celles relatives aux droits de l'homme tant elles s'en inspirent pour l'affermissement de la protection accordée aux investisseurs.[189] Étant donné cet état de fait, il devient peu décisif et ostensiblement erroné d'interpréter les instruments relatifs à l'investissement dans une perspective d'orthodoxie économiste.

§ 2 : Vers un contrôle citoyen de l'arbitrage d'investissement ?

469. ***Conséquences structurelles à double versant.*** Aussi provocateur soit-il, le titre du présent paragraphe se justifie par un nombre de considérations qui convergent vers une influence inférieure au degré d'infiltration des droits de l'homme dans le droit des investissements. Il faut dire qu'il s'agit des conséquences d'un déséquilibre juridictionnel lié à ce qui ressemble à une quête désespérée d'une ou des juridictions aptes juridiquement à entendre les réclamations des victimes des violations des droits de l'homme. Ce sont là les prolongements d'un paradigme structurel. D'une part, bien qu'ils soient consacrés, les droits de l'homme se heurtent à l'obstacle d'un défaut de garanties généralisées[190] ; d'autre part, et c'est la conséquence, ces droits souffrent parfois d'une crise de précarité.[191] Cette double considération revêt un ton spécifique en matière de contentieux lié à l'investissement. Sans paradoxalement être hostiles aux droits de l'homme, les instances de règlement des différends se montrent peu ouvertes aux sujets autres qu'investisseurs. Il est vrai cependant que la nature même de ce contentieux est cantonnée aux rapports entre États et investisseurs, ce qui exclut d'office la société civile. Mais, l'état actuel du droit des investissements étant révélateur du lien de plus en plus étroit entre les opérateurs économiques et les citoyens, assiste-t-on par conséquent à un contrôle de ces derniers sur le contentieux de l'investissement ? La réponse à cette interrogation tient en une vérification qu'il convient de mener à la lumière de la pratique arbitrale, de laquelle des éléments semblent se dégager pour militer en faveur d'une meilleure implication des citoyens dans les différends relatifs à l'investissement. Deux types d'interventions portant le sceau d'un contrôle citoyen de l'arbitrage d'investissement pourraient à cet égard servir de baromètre. Il arrive que des tiers interviennent dans un différend opposant un État et un investisseur en tant qu'*amici curiae*[192] afin d'éclairer l'instance saisie (B) comme

---

[189]. Voy. Les développements consacrés dans ce travail aux concepts de TJE, PEPS, non-discrimination et expropriation (Titre 1 de la partie 2).

[190]. Tel est en effet le cas des droits fondamentaux dont la réalisation nécessite l'intervention de l'État, intervention dont la qualité dépend de la catégorie d'États visés.

[191]. Cette considération découle en réalité de celle qui la précède en ceci que les disparités des moyens à la disposition des États pour la mise en œuvre des droits de l'homme sont un aspect déterminant de la concrétisation des droits de l'homme.

[192]. La terminologie, littéralement traductible en « ami de la cour » est constante sans toutefois être implacable (voy. Développements ci-dessous). À ce stade, il convient de signaler que dans le

il arrive que des acteurs non-parties à un différend soient carrément à l'origine de l'initiation d'un contentieux d'investissement (A).

A. L'initiation de l'arbitrage d'investissement comme contrôle des activités de l'investisseur

470. ***Extension du contentieux***. Les différends d'investissement opposent par principe les États aux investisseurs. Mais les contentieux d'investissement sont souvent initiés par les investisseurs à l'encontre de l'État. Cette donnée a poussé des auteurs à faire remarquer que l'arbitrage d'investissement est un arbitrage « *without privity* »[193] dominé par « *une procédure réservée à l'initiative d'une personne privée contre une personne publique* ».[194]Mais, une telle donnée n'exclut pas l'intervention des tiers d'un tel arbitrage, lesquels sont directement liés à l'activité de l'investisseur, ne serait-ce que parce qu'ils relèvent de la juridiction de l'État hôte et sont touchés par les impacts de l'investissement sur le développement économique de cet État. Dans ces cas précis, des personnes juridiquement détachées d'un différend entre un investisseur et un État peuvent se trouver, de fait, indirectement impliquées dans ledit différend. Ainsi, et sans intervenir directement dans le différend, des tiers peuvent agir grâce à des moyens divers[195], voire opposés, non pas vis-à-vis du tribunal arbitral, mais à l'égard des acteurs naturels du contentieux de l'investissement que sont l'État et l'investisseur, afin d'encourager ou stimuler le déclenchement d'une procédure d'arbitrage. Deux catégories de tiers peuvent avoir un intérêt pour l'initiation d'un contentieux. La première catégorie est celle qui poursuit une logique marchande et la seconde catégorie est celle qui relève des tiers prétendument lésés par l'opération d'investissement.

---

contexte de l'arbitrage d'investissement, les *amici curiae* désignent les personnes et/ou organes autorisées par une instance de règlement des différends à soumettre des observations à l'occasion d'un différend relevant d'un domaine présentant un intérêt pour eux. La dimension législative de cette définition trouve écho sur le plan interne, entre autres, à l'art. 27 (en vigueur depuis le 1er janvier 1976) du code de procédure civile, lequel énonce en deux temps que « [l] *e juge procède, même d'office, à toutes les investigations utiles. Il a la faculté d'entendre sans formalités les personnes qui peuvent l'éclairer ainsi que celles dont les intérêts risquent d'être affectés par sa décision.* ». Sur le plan international, le concept s'entend de manière générale comme « *la faculté attribuée à une personnalité ou à un organe non-partie à une procédure judiciaire de donner des informations de nature à éclairer le tribunal sur des questions de fait ou de droit* ». Voy. J. SALMON (dir.), *Dictionnaire de droit international public*, op. cit., p. 62. Relevons au passage que la CIJ n'est que très peu ouverte à « la pratique des amici curiae » en raison « *d'une lecture juridique stricte des règles de son Statut, ainsi que de son Règlement* » (F. GRISEL et J. E. VINUALES, « L'*amicus curiae* dans l'arbitrage d'investissement », *ICSID Review — Foreign Investment Law Journal*, Vol. 22, n° 2, 2007, pp 380-432, spéc. p. 389.

193. Voy. J. J. PAULSSON, « Arbitration Without Privity », *ICSID Review — FILJ*, 1995, vol. 10, n° 2, pp. 232-257.

194. W. BEN HAMIDA, *L'arbitrage transnational unilatéral, op. cit.*

195. Cet état des choses a poussé un auteur à « [se] *demander* (...) *si ce tiers ne pourrait pas être assimilé à une partie à l'arbitrage* ». Voy. E. LOQUIN, « Le financement », in W. BEN HAMIDA et Th. CLAY (dir.), *L'argent dans l'arbitrage*, Paris, éd. Lextenso, 2013, p. 32.

1. L'initiative des tiers au moyen d'un financement de l'arbitrage

471. *Consistance*. Sans être unanimement salué,[196] le recours au tiers financier (et surtout financeur)[197] semble constituer « *une aide utile à l'accès à la justice arbitrale* »[198] au service des demandeurs consistant à « *couvrir l'ensemble des frais de l'arbitrage, que ce soit les honoraires et frais des conseils, des arbitres ou des experts ou les frais de déplacement des témoins, en contrepartie d'un pourcentage de la somme allouée aux demandeurs aux termes (sic) de la sentence lorsque ces derniers n'ont pas les moyens d'assumer le financement de la procédure arbitrale ou souhaitent partager les risques/coûts de la procédure* ».[199] Il en résulte, à la synthèse, deux éléments que sont l'assistance financière, d'une part, et l'attente d'une contrepartie, d'autre part. L'un et l'autre des deux aspects posent des difficultés liées à la conception même de la justice, celle-ci devant véhiculer l'idée d'égalité, sur fond de garantie d'un arbitrage juste et équitable. Partant de cette considération, l'intervention du tiers financeur se manifeste comme un encouragement/incitation au recours à l'arbitrage au service de la partie privée à savoir l'investisseur. Sur ce plan, et par étirement, il est tentant de relever que l'action des tiers se veut indirectement la garantie du bénéfice d'un procès, toutes proportions gardées de l'intérêt financier poursuivi par le tiers financeur. Envisagée sous cet angle, l'intervention du tiers parait accessoirement correspondre à l'une des prescriptions de l'art. 14 du Pacte international relatif aux droits civils et politiques, aux termes de laquelle « *[t] oute personne a droit à ce que sa cause soit entendue équitablement et publiquement par un tribunal compétent, indépendant et impartial, établi par la loi* (...) ».[200] Mais au fond,

---

[196]. L'état de la question est parfaitement synthétisé par Thomas Clay qui relève que « [l] *e fait que l'arbitrage soit avant tout une justice devrait le situer en dehors de considérations pécuniaires* (...) [m] *ais force est de constater que la recherche du profil est l'un des principaux moteurs du capitalisme et qu'elle a donc immanquablement gagné la justice qui, lorsqu'elle est privée, est presque toujours rémunérée.* ». Voy. Th. CLAY, « Le marché de l'arbitrage », in W. BEN HAMIDA et Th. CLAY (dir.), *L'argent dans l'arbitrage*, Paris, éd. Lextenso, 2013, p. 14.

[197]. Connus en anglais sous la terminologie « *Third Party Funding* ». Il semblerait que cette pratique est née en Australie dans le début des années 1990 avant de connaitre un développement en Allemagne et dans les pays de Common Law. En ce sens voy. Commission financement de procès par les tiers, *Rapport du club des juristes sur le financement de procès par les tiers*, juin 2014, pp. 7-8 ; C. KESSEDJIAN, « Préface », in C. KESSEDJIAN (dir.), *Le financement de contentieux par un tiers. Third Party Litigation Funding*, Paris, éd. Panthéon Assas/LGDJ, coll. Colloques, 2012, p. 11.

[198]. E. GAILLARD, « Rapport de synthèse : l'argent de l'arbitrage », *in* W. BEN HAMIDA et Th. CLAY (dir.), *L'argent dans l'arbitrage*, Paris, éd. Lextenso, 2013, p. 195.

[199]. H. GHOUTCHINI-GHARAVI, « Le financement par un tiers », *in* W. BEN HAMIDA et Th. CLAY (dir.), *L'argent dans l'arbitrage*, Paris, éd. Lextenso, 2013, p. 33.

[200]. Voy. Art. 14. 1 du Pacte international relatif aux droits civils et politiques, adopté par l'Assemblée générale des Nations-Unies le 19 décembre 1966. ; Il en est également de même de l'art. 47 de la charte des droits fondamentaux de l'UE (adoptée le 7 décembre 2000) qui ajoute l'aspect aide juridictionnelle « [t] *oute personne a la possibilité de se faire conseiller, défendre et représenter. Une aide juridictionnelle est accordée à ceux qui ne disposent pas de ressources suffisantes, dans la mesure où cette aide serait nécessaire pour assurer l'effectivité de l'accès à la justice.* ». On pourrait, dans une certaine mesure, faire un parallèle entre l'aide juridictionnelle stipulée par la Charte précitée

quand bien même elle serait l'amorce d'un arbitrage, cette configuration n'est-elle pas simultanément décalée de la perspective de garantie d'une égalité procédurale entre l'État et l'investisseur ?

472. ***Asymétrie supplémentaire/contrepied de l'action collective.*** Sans être réellement palpable, l'influence de l'intervention des tiers au soutien de l'investisseur révèle, hormis son caractère incitatif, une certaine crainte vis-à-vis de la garantie procédurale du respect de l'égalité des armes ou des droits de la défense. Pour aller dans ce sens précis, il s'agit là du volet substantiellement économique aux termes duquel la quête de profil pourrait outrepasser la garantie d'un équilibre procédural. En cause est l'information sur l'existence de ce tiers dont l'intervention aura été décisive pour la saisine de l'instance arbitrale. Deux visions s'opposent à cet égard. D'un côté, les partisans de la révélation systématique de l'existence d'un tiers financeur ; et de l'autre, les partisans de l'inopportunité d'une telle révélation. Ainsi s'opposent les arguments de l'exigence de transparence dopés par les potentiels conflits d'intérêts entre les arbitres et les financeurs, et ceux du secret de la procédure arbitrale stimulé par l'originalité caractéristique de l'arbitrage qui, « *en tant que justice privée, se finance par le biais de fonds privés sur la base d'une logique de recherche du profit* »[201]. Sans remettre en question le secret de l'arbitrage, il y a lieu de souligner à propos de cette controverse que « *la justice arbitrale, pour privée qu'elle soit, n'en demeure pas moins une justice à part entière* »[202] et doit en conséquence répondre aux exigences de la justice. Or, l'intervention d'un tiers financeur est potentiellement source d'incidence sur le déroulement du procès pour en faire un instrument de poursuite de profit.[203] Tout semble en effet question de degré d'implication du tiers financeur, ce qui, en d'autres termes, fait penser aux financeurs actifs ou passifs.[204] Là encore, l'intervention du tiers financeur se frotte au droit à un procès équitable, non pas pour garantir l'accès à la justice, mais comme un danger pour la réalisation de la justice, notamment en ses aspects liés à l'égalité des armes. Partant, le recours au tiers financeur pourrait négativement,

et le financement du demandeur par les tiers. Seulement, le parallèle ne saurait aller plus loin que la finalité commune qui est la garantie du bénéfice d'un procès ; les autres aspects, en particulier, le mobile du financement, est, quant à lui motivé par la quête de profit chez le tiers financeur et poursuivant la garantie d'une « égalité » procédurale chez l'État.

201. J. — B. RACINE, « L'incidence en arbitrage », in C. KESSEDJIAN (dir.), *Le financement de contentieux par un tiers. Third Party Litigation Funding*, Paris, éd. Panthéon Assas/LGDJ, coll. Colloques, 2012, p. 96.

202. *Ibid.*, p. 97.

203. *Idem.*

204. Voy. M. SCHERER et *al.*, « Third Party Funding in International Arbitration in Europe: Funders Perspectives. Roundtable 2012 », *RDAI*, 2012, pp. 210-211.

en fonction des termes le liant au financé, impacter les intérêts collectifs[205] portés par l'État et affectés par la décision arbitrale.[206]

2. L'initiative de la société civile au moyen des droits collectifs.

473. ***Hypothèses***. Ce sont généralement les cas dans lesquels les recours à l'arbitrage sont stimulés par la société civile « *en raison de la part importante occupée par les investissements internationaux dans la mondialisation de l'économie et de la place grandissante occupée par les problématiques non-marchandes dans les relations économiques internationales* ».[207]Dans cette perspective, l'action de la société civile consiste en une sensibilisation de l'opinion à travers le support juridique des droits collectifs s'inscrivant dans le cadre du droit à l'eau, l'interdiction du travail des enfants ou encore la dépossession de certaines communautés de leurs terres.[208] Ainsi, et indépendamment du double mouvement d'autorégulation spontanée[209] et de réglementation internationale,[210] nait un autre mouvement immédiat visant le déclenchement des procédures contentieuses. Bien entendu, quel que soit le degré de sensibilisation de l'opinion, le déclenchement d'un contentieux d'investissement répond à la logique d'arbitrage dans ce domaine, c'est-à-dire, le consentement de l'investisseur[211] faisant de lui le demandeur systématique et de

[205]. F. PASCUAL-VIVES, « Investissements étrangers et protection des intérêts publics », in C. TITI (dir.), *Droits de l'homme et droit international économique*, Bruxelles, ed. Bruylant, 2019, pp. 173-203, spéc. p. 175.

[206]. On aura relevé que dans l'une des rares références conventionnelles, le recours au « Third Party Funding » est simplement interdit par l'art. 24 du TBI Argentine/Emirats arabes-unis (signé le 16 avril 2018), lequel dispose en une courte formule ne laissant aucune place au doute que « *Third party funding is not permitted* ». Cette disposition est par ailleurs complétée par l'art. 39 relatif à la confidentialité et interdisant à son tour la divulgation par les arbitres anciens et nouveaux intervenant dans une procédure d'arbitrage de toute information susceptible de compromettre les intérêts des tiers. On ne peut, à l'aune de ces éléments, s'empêcher de penser aux intérêts collectifs portés par l'État partie à un différend d'investissement.

[207]. S. MANCIAUX, « L'implication d'investisseurs étrangers dans certaines violations des droits de l'homme », in E. DOCKES (dir.), *Au cœur des combats juridiques. Pensées et témoignages de juristes engagés*, Paris, éd. Dalloz, 2006, pp. 356-357, § 3.

[208]. En ce sens, voy. F. HORCHANI, « Les droits de l'homme et le droit des investissements internationaux », in L. BOY et *al.* (dir.), *Droit économique et droits de l'homme*, Bruxelles, éd. Larcier, 2009, p. 163.

[209]. En effet, l'élaboration par les entreprises des codes de conduite privés en est la parfaite illustration. Pour davantage de détails, voy. Tite 2 de la partie 1 de ce travail ; également, S. MANCIAUX, « L'implication d'investisseurs étrangers dans certaines violations des droits de l'homme », in E. DOCKES (dir.), *Au cœur des combats juridiques. Pensées et témoignages de juristes engagés*, Paris, éd. Dalloz, 2006, p. 357, § 4.

[210]. L'illustration en est l'élaboration au sein des instances internationales, d'instruments en matière des droits de l'homme à destination des entreprises. Tel est notamment le cas de l'ONU et de l'OIT. Voy. *Supra*.

[211]. Auquel s'ajoute la protection accordée par les traités d'investissement.

l'État le défendeur systématique.[212] Partant, il s'avère hypothétique qu'une opération de sensibilisation, aussi efficace soit-elle, aboutisse à l'initiation d'un arbitrage d'investissement. En revanche, et compte tenu, d'une part, de la configuration de la procédure arbitrale d'investissement, et d'autre part, de l'absence de ses mécanismes caractéristiques du cadre judiciaire classique, la mobilisation de la société civile peut aboutir à l'initiation d'un procès, soit devant les juridictions nationales,[213] soit devant les juridictions régionales de protection des droits de l'homme.[214]

474. *Évolution vers un meilleur ancrage des droits collectifs.* Partir de l'hypothèse d'un déclenchement de l'ouverture potentielle d'un différend d'investissement à l'initiative de la société civile parait utopiste si l'on se réfère à la logique originelle d'un droit des investissements dominé par des mécanismes à la seule faveur de la protection des investisseurs. Seulement, les interventions de plus en plus sporadiques des tiers dans les procédures contentieuses annoncent la naissance d'une trajectoire, trajectoire tracée par la nature des motifs invoqués au soutien des saisines développées par la société civile devant les instances juridictionnelles saisies. Il est vrai qu'il est pour l'heure prématuré de conclure à l'existence d'une réelle action sociétale dans le déclenchement d'un arbitrage d'investissement, mais l'extension des investissements vers des domaines de plus en plus publics et d'intérêts collectifs comme la gestion de l'eau,[215] les activités liées au tabac[216] ou encore la gestion des déchets, [217]est de nature à faciliter une telle action. Sous cette dimension, les interventions de la société civile se manifestent comme un moyen de contrôle de l'arbitrage d'investissement à travers la nature des droits invoqués, lesquels servent comme moyen de pression sur les différents protagonistes (États et investisseurs).[218] À cet égard, tout laisse penser que plus la problématique est communément sensible, plus l'influence de la société civile est grande, ce qui, *in fine*, renvoie à « *l'intervention en défense ou*

---

212. Il s'agit de la conséquence de l'idée selon laquelle l'arbitrage d'investissement est destiné à la protection des investisseurs, ce qui légitime le fait que les États soient davantage des défendeurs plutôt que des demandeurs.

213. Tel est et a été le cas à l'occasion de plusieurs affaires portées devant les juridictions nationales de la Colombie, l'Inde, l'Iraq, les Etats-Unis, le Royaume-Uni, etc. Pour une analyse détaillée de ces affaires, voy. . K. SONTAG, « La justiciabilité des droits de l'homme à l'égard des sociétés transnationales », in L. BOY et *al.* (dir.), *Droit économique et droits de l'homme*, Bruxelles, éd. Larcier, 2009, pp. 569-640, spéc. pp. 573 et s. ; Pour le cas de la France, une illustration récente fut donnée dans l'affaire *Comilog* précitée.

214. Une idée semblable est développée à ce sujet sur la base de l'action de groupe (*class action*), laquelle permettrait une saisine directe de la Cour EDH ou les juridictions nationales. Voy. L. CADIET, « Justice, économie et droits de l'homme », in L. BOY et *al.* (dir.), *Droit économique et droits de l'homme*, Bruxelles, éd. Larcier, 2009, pp. 537-567, spéc. pp. 550-552.

215. Par exemple, l'affaire *Aguas del Tunari c. Bolivie* précitée.

216. Par exemple, l'affaire *Philip Morris* c. Uruguay précitée.

217. Par exemple, l'affaire *Urbaser c. Argentine* précitée.

218. Voy. F. EL-HOSSENY, *Civil Society in Investment Treaty Arbitration. Status and Prospects*, Leiden, éd. Brill/Nijhoff, 2018, 335 p.

l'action face à l'injustice [exprimant la] *Vindicatio* ».[219] C'est dire que l'action de la société civile en matière d'initiation de l'arbitrage se veut davantage indirecte (pression sur l'État et/ou l'investisseur) que directe (introduction d'une requête en arbitrage).

B. La participation à l'arbitrage d'investissement comme contribution à la qualité de la décision arbitrale

475. ***Le subjectif et l'objectif.*** Il n'est pas rare de rencontrer des dispositions dont la teneur vise l'admission des *amici curiae* dans l'arbitrage d'investissement.[220] En revanche, de telles dispositions relèvent souvent de l'implicite[221] au point qu'il devient périlleux et même téméraire de prévoir le sens que les arbitres sont susceptibles de leur assigner. En tous cas, l'accueil favorable des demandes d'*amicus curiae* parait révélateur d'une double tendance : la présence de plus en plus affirmée d'acteurs autres que les défendeurs et les demandeurs dans l'arbitrage d'investissement et la traduction de l'utilité des contributions par la qualité de la décision rendue.

476. ***Timidité des règles de procédure.*** En réalité, et c'est ce qui ressort des Règlements d'arbitrage, le concept même d'*amicus curiae* (ami de la cour) est extrêmement problématique. Car, non seulement il ne suscite qu'une timide consécration textuellement explicite, mais demeure aussi et surtout malléable au gré des instances saisies. Le survol des principaux instruments censés contenir les règles de procédures devant les instances de règlements des différends laisse apparaitre un semblant de vide relativement aux *amici curiae*. Là où il est exposé la possibilité pour l'instance saisie de faire recours à un expert[222] ou à un témoin pour les besoins de l'affaire à trancher, il est simplement fait l'impasse sur le recours à des « amis de la cour ». Cette tendance est sans doute constitutive d'un germe de difficulté en ceci qu'elle ouvre la voie, en théorie, à des interprétations variées.[223]

1. Rationalisation subjective au moyen de la diversité des acteurs autres que les parties au litige

477. ***Multiplicité.*** Évoquer « la rationalisation subjective » revient à mettre l'accent sur la multiplicité des acteurs relevant de la société civile à porter, voire

---

[219]. A. SUPIOT, « La poïétique de la justice », in Y. CARTUYVELS et al. (dir.), *Le droit malgré tout. Hommage à François Ost*, Bruxelles, éd. FUSL, 2018, p. 347.

[220]. Tel est en particulier le cas des dispositions des Règlements d'arbitrage, voy. Les passages consacrés aux règlements d'arbitrage, *Supra*.

[221]. *Idem.*

[222]. L'intervention de celui n'étant que l'aveu d'une méconnaissance de l'arbitre de certains aspects techniques de l'affaire à lui soumise. En ce sens, voy. E. LOQUIN, « Rapport de synthèse » in Ph. SARRAILHE (dir.), *Les experts : auxiliaires ou substituts du juge ?*, Colloque du 5 décembre 2008, Paris, éd. Société de législation comparée, coll. Centre français de droit comparé, vol. 12, 2009, p. 148.

[223]. Le recours aux *amici curiae* étant à ce stade loin d'être systématique même si une certaine tendance vers l'ouverture aux tiers est à relever.

endosser des contributions qu'on pourrait qualifier volontiers d'émanation de la société civile. Au titre des acteurs qualifiés comme tels, figurent en bonne place les organismes compétents dans certains secteurs comme la protection de l'environnement, de la protection des droits de l'homme ou la protection des droits des peuples autochtones, etc. Ainsi, en matière d'environnement, le Tribunal de l'affaire *Methanex c. États-Unis* n'a pas manqué l'occasion d'autoriser deux organismes, en l'occurrence l *'Earth Island Institute*[224] et l'Institut international du Développement Durable[225] à lui soumettre leurs contributions, et ce, malgré les objections de l'entreprise *Methanex*[226] dont les activités relatives à la fabrication d'un additif pour essence présentant des risques de contamination pour la chaine d'approvisionnement en eau potable avaient été interdites par l'entité fédérée de Californie. Ayant accueilli favorablement les demandes des deux organismes, fondées essentiellement sur les protections de l'environnement et de la santé humaine,[227] le Tribunal n'a pas hésité à souligner que « *There is an undoubtedly public interest in this arbitration. The substantive issues extend far beyond those raised by the usual transnational arbitration between commercial parties. This is not merely because one of the Disputing Parties is a State: there are of course disputes involving States which are of no greater general public importance than a dispute between private persons.* ».[228] La messe est ainsi dite et la conséquence en est l'admission des *amici curiae* dont

---

224. Il s'agit d'un organisme installé aux États-Unis, en activité depuis 1982 et intervenant principalement dans les domaines liés à la protection de l'environnement. Le site électronique de l'institut est consultable à l'adresse suivante : https://www.earthisland.org.

225. Il s'agit d'un organisme intervenant dans les domaines liés au développement durable, installé au Canada et en activité depuis 1988. Le site électronique de l'institut est consultable à l'adresse : https://www.iisd.org. Par ailleurs, des développements sont consacrées aux travaux dudit institut dans la première partie de la présente étude (Voy. Titre 2 de la partie 1).

226. La société canadienne faisait valoir que l'art. 15 du Règlement de la CNUDCI de 1976 (AGNU, Résolution 31/98 du 15 décembre 1976), n'autorisait pas le Tribunal à ouvrir la procédure à de tierces personnes, car, soutient-elle, ce serait une manière d'élargir les parties au litige tribunal. En ce sens, voy. Tribunal *ad hoc* (CNUDCI), *Methanex Corporation c. États-Unis*, Décision sur les observations des tiers intervenant comme *amici curiae* (traduction libre), 15 janvier 2001, § 13. Par ailleurs, il convient de relever que l'article en question ne faisait pas explicitement référence à la possibilité d'admettre des *amici curiae*. Dans une formule quelque peu ambiguë, référence n'est, il est vrai, clairement faite qu'à la possibilité d'admettre des experts. Ainsi énonce l'art. 15 du Règlement de la CNUDCI : « *1. Sous réserve des dispositions du Règlement, le tribunal arbitral peut procéder à l'arbitrage comme il le juge approprié, pourvu que les parties soient traitées sur un pied d'égalité et qu'à tout stade de la procédure chaque partie ait toute possibilité de faire valoir ses droits et proposer ses moyens. 2. À la demande de l'une ou l'autre partie et à tout stade de la procédure, le tribunal arbitral organise une procédure orale pour la production de preuves par témoins, y compris des experts, ou pour l'exposé oral des arguments. Si aucune demande n'est formée en ce sens, le tribunal arbitral décide s'il convient d'organiser une telle procédure ou si la procédure se déroulera sur pièces. 3. Toutes les pièces ou informations que l'une des parties fournit au tribunal arbitral doivent être communiquées en même temps par elle à l'autre partie.* ».

227. Tribunal *ad hoc* (CNUDCI), *Methanex Corporation c. États-Unis*, Décision sur les observations des tiers intervenant comme *amici curiae* (traduction libre), 15 janvier 2001, spéc. § 8.

228. Tribunal *ad hoc* (CNUDCI), *Methanex Corporation c. États-Unis*, § 49.

la présence est pressentie comme une garantie de transparence vis-à-vis de la société civile.[229]

478. ***Généralité ?*** C'est dans un ordre d'idées proche de celui qui a guidé l'esprit des sentences *Methanex* et ses semblables qu'au niveau de l'OCDE, « [l] *es membres du Comité de l'investissement partagent en général l'opinion que, dans la mesure où l'instance soulève des questions importantes d'intérêt public, il pourrait être souhaitable de permettre la participation de tiers, sous réserve toutefois de lignes directrices claires et précises.* ».[230]La seule réserve étant la présence de dispositions « claires et précises » indiquant l'inverse du sens de la disposition citée, et les règles de procédure régissant l'arbitrage d'investissement à l'instar de celles contenues dans les Règlements d'arbitrage précités n'étant ni claires ni précises, les chances de voir prospérer une tendance stable, favorable à l'admission des tiers ou à contre-courant de celle-ci, ne sont que faibles, voire dérisoires. En tous cas, la diversité des acteurs potentiellement admissibles en tant qu'*amici curiae* semble manifester un élargissement des sujets prenant part à l'instance[231] et l'ouverture de celle-ci à la société civile. En résumé, on pourrait soutenir que sans qu'il n'en soit toujours le cas, les personnes reçues au titre des *amici curiae* présentent certes des profils forts différents, mais ont ceci de fédérateur qu'ils s'inscrivent dans une logique de défense d'intérêts communs rattachés au droit international des droits de l'homme.[232]

479. ***La nuance de la « non-admission »***. Il est toutefois utile de voir ce qu'il peut en être lorsqu'un tribunal rejette une demande d'*amici curiae* comme ce fut le cas en particulier dans deux affaires générées par les différends liés à la restitution des terres à des groupes locaux zimbabwéens à la suite des réformes agraires engagées par l'ancien Président Robert Mugabé dans les années

---

[229]. J. — B. RACINE, « Sur l'idéologie de la transparence en droit de l'arbitrage », in V. HEUZE et al. (dir.), *Mélanges en l'honneur de Pierre Mayer*, Paris, éd. LGDJ/Lextenso, 2015, pp. 727-752, spéc. pp. 31 et s.

[230]. Voy. « Déclaration du Comité de l'investissement de l'OCDE » in OCDE, *Transparence et participation de tierces parties aux procédures de règlement des différends entre investisseurs et états* (sic), éd. OCDE, 2005/01, p. 1.

[231]. L'intervention de l'Organisation mondiale de la santé (OMS) dans l'affaire *Philip Morris* pour l'exposé des arguments favorables à la lutte contre le tabac témoigne de ce mouvement. Voy. CIRDI, *Philip Morris Brand et al. c. Uruguay*, aff. n° ARB/10/7, Observation de l'OMS et du Secrétariat de la Convention-cadre de l'OMS pour la lutte antitabac, 28 janvier 2015.

[232]. Il en a ainsi notamment été le cas du droit à la vie (CIRDI, *Pac Rim Cayman c. Salavador*, aff. n° ARB/09/12, Observation du Center for Environnemental Law — CIEL, 25 juillet 2014, spéc. § 3.) au droit à l'information (CIRDI, *Bear Creek Mining Corporation c. Pérou*, aff. n° ARB/14/21, Observation de l'Association des droits de l'homme et de l'environnement et M. Carlors Lopez, pp. 3-10, spéc. pp. 3-4) en passant par le droit des travailleurs (Tribunal *ad-hoc* — CNUDCI —, *United Parcel Service of America c. Canada*, Observation du Syndicat — canadien — des travailleurs et travailleuses des postes — STTP et l'organisation Conseil des Canadiens, 20 octobre 2005, §§ 13 et s.

1990/2000[233] : les affaires *Bernhard Von Pezold*[234] et *Timber Borders*[235] contre le Zimbabwé. Dans ces deux affaires, une demande conjointe *d'amicus curiae* avait été adressée au tribunal par le Centre européen pour les droits constitutionnels et les droits humains (acronyme ECCHR en anglais)[236] et quatre communautés locales sur le fondement de trois principaux arguments. Premièrement, l'ECCHR soulignait qu'il existe une relation d'interdépendance entre le droit international des droits de l'homme et le droit des investissements, notamment établie par la Cour interaméricaine des droits de l'homme[237] ; deuxièmement, la seule voie possible pour que les autochtones soient entendus reste celle de leur admission en tant qu'*amici curiae*[238] ; troisièmement, que l'État comme les investisseurs étant potentiellement responsables des violations des droits des autochtones, il ressort de l'article 42 de la Convention de Washington[239] que le droit international des droits de l'homme est applicable au même titre que les traités d'investissement.[240] Au soutien de toutes ces prétentions, l'ECCHR invoque l'article 26 de la Déclaration des Nations unies sur les droits des peuples autochtones,[241] lequel consacre aux peuples autochtones un droit de possession et de jouissance de leurs terres.[242] À l'inverse, les demandeurs principaux signalaient une proximité entre les chefs des communautés autochtones et le président zimbabwéen en ce sens que les premiers sont désignés par le dernier et invoquaient l'article 4 du Projet d'Articles de la CDI sur la responsabilité de l'État relatif aux organes de l'État[243] pour remettre en question le rôle « d'informateur neutre » revendiqué par l'ECCHR.[244] Partant, les demandeurs principaux prirent le Tribunal de ne pas donner suite aux demandes des *amici curiae*, en l'occurrence les communautés locales, ces derniers n'ayant à leurs yeux pas établi l'existence de leur statut de « véritables » autochtones et que compte tenu de cela, il serait téméraire pour un tribunal d'investissement de mener des investigations en ce sens, ce qui, *in fine* en ferait un tribunal des droits de l'homme et irait au-delà de la compétence qui

---

233. Les reformes visaient une redistribution des terres jusqu'alors détenues majoritairement par une minorité de fermiers blancs afin de corriger les inégalités issues de la colonisation.

234. CIRDI, *Bernhard Von Pezold et al. c. Zimbabwé*, aff. n° ARB/10/15, Ordonnance de procédure n° 2, 26 juin 2012.

235. *Idem.*

236. Il s'agit d'un organisme basé à Berlin, intervenant dans les domaines des droits de l'homme et en activité depuis 2007. L'adresse électronique de l'organisme est : https://www.ecchr.eu/

237. CIRDI, *Bernhard Von Pezold et al. c. Zimbabwé* et *Border Timbers Limited et al. c. Zimbabwé*, § 23.

238. *Ibid.*, § 24.

239. Convention pour le Règlement des différends relatifs aux investissements entre États et ressortissants d'autres États du 18 mars 1965, précitée.

240. *Bernhard Von Pezold et Border Timbers*, précitée, § 25.

241. AGNU, *Déclaration des Nations-Unies sur les droits des peuples autochtones*, rés. 61/295, adoptée le 13 septembre 2007.

242. *Bernhard Von Pezold et Border Timbers*, précitée § 27.

243. CDI, *Projet d'Articles sur la responsabilité de l'État pour fait internationalement illicite*, rés. 56/83 de l'AGNU du 12 décembre 2001.

244. Voy. *Bernhard Von Pezold et Border Timbers*, précitée, § 34.

est la sienne.[245] De son côté, le Tribunal a repris à son compte les arguments des demandeurs[246] en y ajoutant que l'opposition d'une des parties au litige à l'admission des *amici curiae* est un élément déterminant duquel il ne saurait valablement s'émanciper[247] et a donc rejeté la demande.[248] Ce cheminement appelle quelques remarques.

480. ***Mise à l'écart des droits des autochtones ?*** La lecture des arguments exposés par l'ECCHR et les communautés locales, d'une part, et ceux présentés par les demandeurs principaux, d'autre part, laisse apparaitre une divergence de fond constitutive d'un décalage entre les arguments des uns et des autres. Là où les premiers convoquent le droit des peuples autochtones sur leurs terres, les seconds objectent un éloignement de la problématique principale à savoir l'analyse du comportement de l'État zimbabwéen vis-à-vis de son droit interne et du droit international, le tout sous réserve de compatibilité avec les traités d'investissement applicables.[249] À l'argument de l'ECCHR s'opposait donc une argumentation à double versant. L'application du traité d'investissement au détriment du droit des peuples autochtones soulevée par le demandeur principal et l'impossible admission d'une demande d'*amicus curiae* en cas d'opposition d'une partie au litige. Si l'argument de la non-application du droit des peuples autochtones pourrait valablement être soutenu (le contentieux en question étant un contentieux d'investissement), il n'en est guère de même du procédé argumentatif déployé par les demandeurs principaux tant on relève dans leur cheminement une invite pour les communautés locales à apporter les preuves de leur apparence à la catégorie de peuples autochtones. Argumenter dans ce sens revient à aller sur le terrain du droit des peuples autochtones, or l'objectif des demandeurs principaux était de disqualifier ce domaine des droits de l'homme au bénéfice de l'application des traités d'investissement.[250] En revanche et c'est l'aspect disqualifiant, on pourrait penser que l'imprécision de la catégorie « *Peuples autochtones* » a alimenté le doute sur l'opportunité de l'extension du contentieux dans ce sens et dissuadé le Tribunal de s'aventurer sur son terrain comme le ferait une juridiction des droits de l'homme. L'argument du consentement formulé par le Tribunal est quant à lui rapide en ce sens qu'il stipule une position de principe à rebours des instruments plus ou moins généraux relatifs à la transparence dans l'arbitrage et ouverts à la participation des tiers au contentieux d'investissement, tels que la Convention de Maurice sur la

---

245. *Ibid.*, § 38.
246. *Ibid.*, § 62.
247. *Ibid.*, § 63.
248. *Ibid.*, § 64.
249. TBI Suisse/Zimbabwé, signé le 15 aout 1996 et entré en vigueur le 9 février 2001 et le TBI Allemagne/Zimbabwé, signé le 29 septembre 1995 et entré en vigueur le 14 avril 2000. Le premier TBI est applicable en raison de la nationalité suisse de Border Timbers (et autres) et le second, applicable en raison de la nationalité allemande de Bernhard Von Pezold (et autres). Il faut dire que ces deux traités ne faisaient aucune référence au droit international des droits de l'homme et encore moins au droit des peuples autochtones.
250. *Bernhard Von Pezold*, précitée, §§ 65 et s.

transparence[251] ou le Document de travail sur la transparence élaboré sous l'égide de l'OCDE.[252]Suivre cette piste reviendrait à écarter d'office les demandes des *amici curiae* dès lors que l'une des l'une quelconque des parties au litige serait opposée à une telle admission. En dépit de ces divergences argumentatives, il reste que l'ECCHR et les demandeurs principaux semblaient converger vers la pertinence du droit international pour le règlement d'un différend relatif à l'investissement, ce qui, en dernier ressort, laisse ouverte la piste d'une possible intervention des tiers pour la défense des droits des autochtones sur les ressources naturelles. Toutefois, une telle intervention ne serait plausible qu'au prix d'une clarification des règles établissant le statut des autochtones, voire l'intégration (systématique) de leurs droits dans les dispositifs de protection des investissements.

2. Rationalisation objective au moyen du rôle d'acteurs autres que les parties au litige

481. ***Point de discorde***. S'il peut être fructueux de voir des tiers assister à une procédure de règlement des différends, il n'en demeure pas moins que cette intervention est susceptible de générer un certain nombre de controverses dont les conséquences pourraient donner lieu à de sérieuses difficultés en ce qui concerne le déroulement d'un procès. À vrai dire, ce postulat n'est que la traduction du débat entre défenseurs et pourfendeurs de l'admission des *amicus curiae*. Les premiers soutenant qu'il contribue du bon règlement de tout contentieux, en particulier d'investissement, que soient acceptées les interventions des tiers afin d'apporter des éléments de compréhension, voire de défense d'une cause objectivement commune[253] ; et les seconds objectant que l'intervention des tiers est source d'inégalité d'armes en faveur des États en ce sens que les conclusions des *amici curiae* ne sont que le complément des réclamations étatiques. S'en dégage une confrontation entre le droit procédural à un procès juste et équitable[254] et les droits à l'information, à un environnement sain,[255] ou encore le droit à la santé.[256] Il est toutefois paradoxal de remarquer que le droit à un procès équitable

---

251. AGNU, *Convention des Nations Unies sur la transparence dans l'arbitrage entre investisseurs et États fondé sur des traités*, Résolution 69/116, adoptée le 10 décembre 2014 et entrée en vigueur le 18 octobre 2017.

252. OCDE, *Transparence et participation de tierces parties aux procédures de règlement des différends entre investisseurs et états* (sic), éd. OCDE, 2005/01.

253. En ce sens, voy. B. STERN, « Un petit pas de plus : l'installation de la société civile dans l'arbitrage CIRDI entre État et investisseur », *Revue de l'arbitrage*, 2007, n° 3, pp. 97 et s.

254. Ce droit renferme l'idée même d'égalité des armes.

255. S. PAQUEROT, « Exploitation des ressources naturelles et droit à l'eau et l'assainissement », in M. AILINCAI et S. LAVOREL (dir.), *Exploitation des ressources naturelles et protection des droits de l'homme*, Paris, éd. Pedone, 2013, pp. 21 et s.

256. Qu'il s'agisse du contentieux touchant aux problématiques de la gestion d'eau (Voy la saga argentine des sentences arbitrales, en particulier, CIRDI, *Aguas Argentinas c. Argentine*, aff. n° ARB/03/19, Ordonnance de réponse à une demande de transparence et de participation en tant qu'*Amicus curiae*, 19 mai 2005,), de santé publique (Voy. Par exemple, CIRDI, *Philip Morris Brand*

est sur ce plan invoqué à la fois par le demandeur principal que par les potentiels *amici curiae*.[257]En revanche, les droits à l'information, à un environnement sain et à la santé sont mobilisés au soutien des contributions des *amici curiae*. En une formule, la confrontation entre les prétentions des uns et des autres met en relief les droits fondamentaux collectifs et individuels cités.

482. ***Neutralité sous couvert d'hybridité.*** De cet état des choses on peut d'ores et déjà avancer que les *amici curiae* ne sont en effet ni considérés comme experts ni considérés comme témoins, d'où les divergences d'approches, en pratique, concernant leurs admissions dans l'arbitrage d'investissement.[258] Mais si tel est le cas, sur la base de quels éléments les *amici curiae* sont admis à prendre part à un différend ? La réponse parait trouver écho dans la considération selon laquelle les *amici curiae* sont à la fois en partie témoins et en partie experts.[259] Témoins parce qu'ils sont en mesure d'apporter des éléments concrets relativement à un cas d'espèce[260] et experts parce que spécialisés dans les domaines dans lesquels ils interviennent.[261]De cela découle une interprétation des dispositions applicables à l'admission des tiers comme une base procédurale d'admission des *amici curiae*. Au fond, le silence des Règlements d'arbitrage régissant les principales instances arbitrales pourrait trouver justification dans l'imprécision du contenu apparent de la notion d'*amicus curiae*.[262] Cela voudrait-il pour autant dire qu'il conviendrait

---

et al. c. Uruguay, aff. n° ARB/10/7, Ordonnance de procédure n° 3, 17 février 2015, § 24.), ou d'exploitation des terres (Voy. Par exemple, CIRDI, *Biwater Gauff c. Tanzanie*, aff. n° ARB/05/22, Ordonnances de procédure n° 3 [29 septembre 2006] et n° 5 [2 février 2007].

257. *Philip Morris Brand et al. c. Uruguay*, précitée.

258. Toutefois, certains tribunaux ont eu l'occasion d'écarter la participation des *amici curiae* en se basant sur l'absence de consentement des Parties au litige à cette admission. Tel était le cas, par exemple, dans l'affaire CIRDI, *Aguas del Tunari S. A. c. Bolivie*, aff. n° ARB/02/3, Lettre de réponse à la requête de participation des tiers à l'instance (traduction libre), 29 janvier 2003.
Aguas Argentinas, S.A et al. c. Argentine, aff. n° ARB/03/19, Ordonnance en réponse à une requête sur la transparence et la participation des *amici curiae* à l'instance (traduction libre), 19 mai 2005

259. C'est d'ailleurs en étirant cette optique qu'une auteure range une multitude d'acteurs dans cette catégorie en la désignant comme « *tiers impartial et indépendant (...), juge, arbitre, médiateur, conciliateur* » (voy. C. KESSEDJIAN, « Le tiers impartial et indépendant en droit international, juge, arbitre, médiateur, conciliateur », *RCADI*, t. 403, 2019, pp.

260. Ainsi par exemple, le Tribunal de l'affaire *Pac Rim Cayman* a rejeté les conclusions des amici curiae en raison de leur absence de lien avec les mémoires des Parties au différend. Voy. CIRDI, *Pac Rim Cayman LLC c. Salvador*, aff. n° ARB/09/12, sentence du 14 octobre 2016, § 3. 30.

261. Les acteurs admis comme *amici curiae* étant souvent spécialisés dans les problématiques à l'origine du différend porté devant l'instance arbitrale. À cet égard, l'institut international pour le Développement Durable (IIDD) et le Center for International Environnemental Law (CIEL) sont particulièrement actifs et l'on été notamment dans l'affaire CIRDI, *Biwater Gauff c. Tanzanie*, aff. n° ARB/05/22, Ordonnances de procédure n° 3 (29 septembre 2006) et n° 5 (2 février 2007).

262. Il convient de signaler que bon nombre de traités d'investissements et accords de partenariat intègrent à ce jour nommément le concept d'*amicus curiae*. Pour les besoins du présent paragraphe, pas moins de 70 traités de ce type ont été recensés. Sans qu'il soit besoin de les énumérer succinctement, on se contentera d'en citer quelques-uns, relevant d'horizons divers afin de souligner l'émergence d'un mouvement allant dans le sens d'une prise en compte affirmée du rôle des tiers dans l'arbitrage d'investissement. Ainsi, en plus de la prise en compte explicite du rôle des *amici*

d'inverser l'interprétation et considérer les Règlements d'arbitrage précités comme des instruments ouverts au tiers ? Une réponse affirmative serait certes intuitivement péremptoire, mais à y regarder de près, et c'est la nuance au constat d'absence de règles généreuses vis-à-vis des tiers, la marche vers l'admission systématique de ces derniers semble désormais s'inscrire dans une optique universelle plutôt que sectorielle. On aura indiqué au passage que l'argument d'une absence de consentement à l'admission des tiers, mobilisé au soutien des décisions de rejet de leur participation à une instance, s'est avéré fragile compte tenu de la robustesse des motifs liés à la défense des droits collectifs opposés par les prétendants au statut d'*amicus curiae*.[263] Sur ce plan précis, la Convention de Maurice sur la transparence (appelée également Convention de la CNUDCI sur la transparence)[264] est décisive tant par sa forme que par sa portée. Sur le plan de la forme, la Convention constitue une réussite en ceci qu'elle prend l'allure d'un instrument universel ouvert à ratification[265] et rompt donc avec la logique jusqu'ici suivie par les instruments relatifs à l'investissement. Concernant sa portée, la Convention de Maurice tend à s'ériger en pierre angulaire de divers corps de règles régissant les procédures d'arbitrage d'investissement au moins sous l'angle de la transparence.[266] Concrètement, la Convention de la CNUDCI

---

curiae exposé dans la quasi-totalité de la série de traités d'investissement (ou intégrant celui-ci, allusion faite aux accords de partenariat économique) conclus par le Royaume-Uni ces deux dernières années à la suite de la sortie de ce pays de l'Union européenne, d'autres traités s'inscrivent dans la même logique. Il s'agit notamment des TBI Argentine/Japon signé le 1er décembre 2018 (art. 27), Burkina — Faso/Canada signé le 20 avril 2015 (Annexe 4), Rwanda/Etats-Unis signé le 19 février 2008 (art. 28) et accords de partenariat Chine/Maurice signé le 17 octobre 2019 (art. 8. 28 du chapitre relatif à l'investissement), Union européenne/Viêt-Nam signé le 30 juin 2019 (art. 3.8.6), etc.

263. Ceci est particulièrement remarqué lorsque les questions abordées sont liées à la gestion des services d'eau potable comme cela est le cas dans la plupart des affaires citées dans le présent paragraphe. Ainsi, la requête des différents organismes ayant souhaité participer à l'instance de l'affaire *Aguas del Tunari* ont axé principalement leur argumentation sur l'intérêt public suscité par la gestion de l'eau confiée par l'État de Bolivie à la société *Aguas del Tunari*. Voy. CIRDI, *Aguas del Tunari S. A. c. Bolivie*, aff. n° ARB/02/3, Requête pour admission de tiers en tant qu'*amici curiae*, 29 aout 2002, spéc. § 40.

264. AGNU, *Convention des Nations Unies sur la transparence dans l'arbitrage entre investisseurs et États fondé sur des traités*, Résolution 69/116, adoptée le 10 décembre 2014 et entrée en vigueur le 18 octobre 2017.

265. La Convention en question compte au mois de septembre 2021, 23 signatures (dont la dernière est celle de la Bolivie et date du 16 avril 2018) et 9 dépôts d'instruments de ratifications (dont le dernier est celui de l'Iraq et date du 20 août 2021). Pour un suivi ponctuel de l'évolution du nombre des États parties, suivre le lien :
https://treaties.un.org/Pages/ViewDetails.aspx?src=IND&mtdsg_no=XXII3&chapter=22&clang=_fr

266. Aux termes de l'article 2 de la Convention des Nations-Unies sur la transparence, « [l]*e Règlement de la CNUDCI sur la transparence s'applique à tout arbitrage entre investisseurs et États, engagé ou non en vertu du Règlement d'arbitrage de la CNUDCI, dans lequel le défendeur est une Partie qui n'a pas formulé de réserve pertinente* (...) ». Aucune place n'est donc laissée aux demandeurs parties à cette Convention pour disculper les règles de transparence contenues dans le Règlement de la CNUDCI sur la transparence (AGNU, Règlement de la CNUDCI sur la transparence

sur la transparence puise son contenu du Règlement d'arbitrage éponyme sur la transparence, lequel vise la publicité des audiences surtout lors de la présentation des preuves,[267] celle des informations relatives à l'ouverture de la procédure arbitrale,[268] la publication des documents relatifs à l'arbitrage à l'exception des documents confidentiels,[269] ou encore l'admission des observations des tiers tant parties[270] que non parties[271] au traité applicable. On aura fait remarquer que ces deux derniers éléments sont porteurs d'une référence plus nette au contenu du concept d'*amicus curiae* et cela tient à une clarification des rôles des témoins et experts par rapport à ceux des tiers, observée à la lecture dudit Règlement.[272]

483. ***Information du tribunal.*** Toutes ces personnes sont susceptibles d'apporter au tribunal certains éléments d'information parfois nécessaires à la compréhension du cas d'espèce. Cela étant et indépendamment des différentes prétentions qu'on pourrait assigner aux *amici curiae*, une chose reste certaine : l'intervention d'un ou plusieurs *amici curiae* est de nature à garantir une certaine sérénité des débats, en particulier pour les problématiques aussi complexes que celles mettant en jeu une multitude d'intérêts. C'est d'ailleurs dans ce sens qu'on peut lire la remarque du Tribunal de l'affaire *Biwater Gauff*[273] par laquelle ce dernier a souligné le caractère hautement qualitatif des interventions des *amici curiae* pour la bonne tenue du règlement du cas d'espèce.[274] Cette logique marque le symbole d'une quête de qualité dans le rendu des décisions et vise, à terme, l'information du tribunal sur certains aspects susceptibles de déborder les compétences de l'instance saisie.[275]

484. ***Orientation de la décision***. Ce n'est ni plus ni moins l'incidence, sur le rôle des acteurs, de la portée du discours de la société civile dont les *amici curiae* sont porteurs à travers le contenu de leurs demandes. S'il est vrai qu'un *a priori* peut prospérer du dernier des deux positionnements, il n'en demeure pas moins qu'une lecture objective ne saurait se cantonner dans de telles considérations. Au moins deux éléments factuels prennent part pour la défense de l'admission des *amici curiae.* D'une part, il est tout à fait erroné de penser que les conclusions

---

dans l'arbitrage entre investisseurs et États fondé sur des traités, Résolution 68/109, adoptée le 16 décembre 2013.

267. Art. 6 du Règlement d'arbitrage de la CNUDCI sur la transparence, précité.

268. *Ibid.*, art. 2.

269. *Ibid.*, art. 3.

270. *Ibid.*, art. 5.

271. *Ibid.*, art. 4.

272. En effet, l'art. 3 du Règlement précité postule en substance l'assimilation des documents produits par les experts et témoins aux éléments devant être assujettis à la transparence, transparence dont les bénéficiaires sont les tiers, lesquels relèvent de la société civile et donc du public.

273. CIRDI, *Biwater Gauff c. Tanzanie*, aff. n° ARB/05/22, sentence du 24 juillet 2008.

274. Cela a par ailleurs permis au tribunal de faire référence à l'affaire *Methanex c. Etats-Unis* (Décision sur les observations des tiers intervenant comme *amici curiae* [traduction libre], 15 janvier 2001, § 49) avant de conclure à l'admission des demandes d'*amici curiae* formulées par les différents organismes. Voy. CIRDI, *Biwater Gauff,* Ordonnance de procédure n° 5, précitée, § 50.

275. Plus récemment, la même logique a été retenue dans par un autre tribunal arbitral. En ce sens, CIRDI, *Philip Morris Brand et al. c. Uruguay*, Ordonnance de procédure n° 3, précitée, § 24.

et/ou observations des *amici curiae* sont complémentaires de celles des États alors que ces derniers sont souvent la cible d'attaques de la part des premiers. Qu'il s'agisse de la protection de l'environnement ou celle des droits de l'homme ou encore de la garantie de la sécurité, les États sont généralement considérés comme complices lorsqu'ils ne sont pas désignés comme principaux auteurs de ces violations. Et d'autre part, il parait curieux que des informations utiles à l'administration d'une bonne justice soient écartées sur la base d'un fondement aussi fragile, par ailleurs démenti par les recours de plus en plus fréquents aux experts pour la clarification de données techniques dont les tenants et aboutissants échapperaient à l'instance saisie. Au-delà de ces deux aspects, et quand bien même les causes portées par les *amici curiae* seraient indissociables de celles portées par les États, l'instance saisie reste souveraine sur le sort réservé aux éléments portés à sa connaissance. Sur cette base, il ne serait qu'exagéré d'invoquer un quelconque argument au soutien de la restriction des procédures arbitrales aux seules parties au litige si bien que les différends relatifs à l'investissement touchent de plus en plus de domaines à portée générale comme l'environnement ou la santé publique.[276] C'est d'ailleurs sur cette base que dans le contentieux relatif à l'investissement dans le domaine de la gestion des services d'eau que le Tribunal de l'affaire *Aguas Argentinas c. Argentine* a déclaré recevable la demande de contribution des *amici curiae*, celle-ci suscitant selon les arbitres de cette affaire, un intérêt public (environnement, développement durable et droits de l'homme), lequel couvre notamment les droits de l'homme à l'eau,[277] et ce, sur la base de l'interprétation de l'article 37 du Règlement d'arbitrage du CIRDI.[278]

---

276. C'est d'ailleurs dans ce sens qu'il convient de lire les propos du Tribunal de l'affaire *Biwater Gauff c. Tanzanie* lorsqu'il souligne que « [w]*ithout doubt, there is now a marked tendency towards transparency in treaty arbitration.* ». (CIRDI, aff. n° ARB/05/22, Ordonnance de procédure n° 3, 29 septembre 2006, § 114)

277. CIRDI, *Aguas Argentinas c. Argentine*, aff. n° ARB/03/19, Ordonnance de réponse à une demande de transparence et de participation en tant qu'*Amicus curiae*, 19 mai 2005, §§ 19 et s.

278. Le même raisonnement a d'ailleurs été adopté par le Tribunal de l'affaire *Biwater Gauff c. Tanzanie*, précitée, § 64.

CHAPITRE 2 :

Vers une responsabilité des investisseurs pour violation des droits de l'homme en droit des investissements

485. *Responsabilité en toutes circonstances ?* Étant donné le caractère central de la notion de « responsabilité » en droit,[1] en particulier en droit international général et toutes ses branches (dont le secteur de l'investissement), les éléments qu'elle est susceptible de couvrir méritent d'être exposés. Par ailleurs, il convient de relever immédiatement qu'en l'état actuel du droit des investissements, l'engagement de la responsabilité des investisseurs ne parait guère chose facile, ne serait-ce qu'en raison de l'absence d'un cadre réglementaire international d'une clarté suffisante. De la sorte, les procédés d'engagement de la responsabilité de l'investisseur invitent à un passage par divers mécanismes de responsabilités essentiellement indirects dont les ramifications aboutissent en théorie, et parfois même en pratique, à l'établissement d'une telle responsabilité. Seulement, ces mécanismes sont pour la plupart nationaux et semblent combler le vide d'un système international de responsabilité des entreprises multinationales à l'instar des régimes de responsabilité applicables aux États[2] ou encore aux organisations

---

[1]. En ce sens, un auteur fait remarquer qu'[i]*l n'y a pas de système juridique organisé, marqué par son unicité et sa complexité, sans qu'il y ait également, en son épicentre, un système de responsabilité, lui-même plus ou moins articulé* ». Voy. P. — M. DUPUY, « Responsabilité » in D. ALLAND et S. RIALS (dir.), *Dictionnaire de la culture juridique*, Paris, éd. Puf, 2014, p. 1341.

[2]. Le diable de la responsabilité semble présent partout. En effet, l'établissement de règles claires d'engagement de la responsabilité des États n'est pas allé de soi tant il a fallu près d'un demi-siècle de tractations au sein de la commission du droit international (CDI) des Nations unies avant d'aboutir à l'adoption d'un texte dont l'appellation porte les séquelles des compromis juridiques. Il s'agit du désormais célèbre Projet d'articles relatif à la responsabilité de l'État — CDI, *Projet d'Articles sur la responsabilité de l'État pour fait internationalement illicite*, rés. 56/83 de l'AGNU du 12 décembre 2001 —, initié dès 1953 à la suite d'une demande formulée par l'AGNU lors de sa huitième session (AGNU, *Demande de codification des principes du droit international qui régissent la responsabilité de l'État*, rés. 799 [VIII] du 7 décembre 1953) ; sur cette question, voy. Entre autres, P. REUTER, « Trois observations sur la codification de la responsabilité internationale des États pour fait illicite », in *Mélanges Michel Virally. Le droit international au service de la paix, de la justice et du développement*, Paris, éd. Pedone, 1991, pp. 389-398 ; A. PELLET, « Les articles de la CDI sur la responsabilité de l'État pour fait internationalement illicite. Suite — et fin ? », *AFDI*, 2002, vol. 48,

internationales.[3] Il n'est pas inutile de souligner qu'avec les États, les OIG et OING, les entreprises multinationales sont une composante de « *la société internationale économique* ».[4] Ces dernières « *apparaissent* (...) *comme des acteurs de la première importance dans la société internationale économique qu'ils ne cessent d'influencer, voire de modeler en fonction de leurs besoins* ».[5] et consistent en « *un groupement de sociétés commerciales relevant du secteur privé comme public* (...) *présentant une certaine permanence, placé sous la direction d'une mère, située dans un État, et comprenant des sociétés filiales ou affiliées situées dans plusieurs autres États* ».[6] Il va sans dire que les entreprises multinationales sont le reflet principal des investissements réalisés par les personnes morales sur les territoires des États, lesquels peuvent également être réalisés (dans une moindre mesure) par des personnes physiques. Mais malgré cet état de fait, l'entreprise multinationale continue de constituer un défi pour le droit international économique[7] notamment en ses aspects relatifs à l'engagement de la responsabilité desdites entreprises.[8] L'on peut à cet égard ajouter que la relation État et investisseur permet, d'une part, au premier d'engager des poursuites à l'encontre du second sur son territoire et, d'autre part, permet au second de faire opérer un contrôle de légalité au regard des règles du droit international. Une telle objection place en réalité l'investisseur sur le même terrain que le national, là où les règles issues notamment des traités de protection des investissements lui accordent des protections étendues et là où les nationaux portent leurs contestations à l'égard des décisions de leurs États devant les juridictions régionales. Aussi, le fait qu'un tribunal arbitral puisse opérer un contrôle de légalité interpelle du point de vue de la légitimité. Compte tenu de ces considérations, il importe de mettre en lumière les critères permettant l'engagement de la responsabilité de l'investisseur (Section 1) avant de procéder à la qualification de ladite responsabilité (Section 2).

---

pp. 1-23 ; M. FORTEAU, *Droit de la sécurité collective et droit de la responsabilité internationale de l'État*, Paris, éd. Pedone, 2006, pp.

3. C'est à la suite de l'adoption par la CDI du projet d'articles précité que l'AGNU a encouragé la commission et l'a priée de poursuivre son travail de codification, en s'intéressant à la responsabilité des organisations internationales (AGNU, rés. 56/82 du 12 décembre 2001 et 57/21 du 19 novembre 2002). L'entreprise a abouti en 2011 à l'adoption d'un projet d'articles sur relatif à la responsabilité des organisations internationales — AGNU, *Projet d'articles sur la responsabilité des organisations internationales*, rés. 66/98 et 66/100 du 9 décembre 2011.

4. D. CARREAU, P. JUILLARD et *al.*, *Droit international économique*, Paris, éd. Dalloz, 2017, 6ème éd., pp. 28 et s, spéc. p. 29.

5. *Idem.*

6. *Ibid*, p. 45.

7. *Ibid*, p. 46.

8. Voy. Ch. LEBEN, « Le juridique : problème de définition », in B. GOLDMAN et Ph. FRANCESCAKIS (dir.), *L'entreprise multinationale face au droit*, Pairs, éd. Litec, 1977, pp. 44 et s ; L. BOISSON DE CHAZOURNES, « Conclusions générales », in L. DUBIN et *al.* (dir.), *L'entreprise multinationale et le droit international. SFDI, colloque de Paris 8 Vincennes–Saint-Denis*, Paris, éd. Pedone, 2017, p. 512.

Section 1 :
L'engagement de la responsabilité de l'investisseur pour violation des droits de l'homme

486. ***Responsabilité d'un non-sujet ?*** Pour partir d'une base de responsabilité établie dans le cadre de la responsabilité internationale, il est tentant d'avoir comme support d'analyse les Projets d'Articles sur la responsabilité internationale de l'État[9] et sur la responsabilité des organisations internationales.[10] Quand bien même les États comme les organisations internationales diffèrent de l'entreprise multinationale, au moins en ceci que cette dernière n'est pas, contrairement aux premiers, sujet de droit international, deux raisons principales semblent exister en faveur de ce choix. D'une part et contrairement aux deux « Projets d'articles » du point de vue de leurs destinataires, l'absence de règles spécifiques applicables à toutes les entreprises qui opèrent sur des territoires étrangers ; et d'autre part, l'apparente adéquation entre les critères d'engagement de la responsabilité retenus par les projets cités tant ils s'émancipent de l'existence d'un dommage.[11] Cela étant, il devient possible d'engager la responsabilité internationale dès lors qu'une action ou une omission est constitutive en elle-même d'un fait illicite. La logique est ainsi celle de la préservation d'un ordre établi auquel tous les sujets doivent se conformer. Mais, et c'est là toute la difficulté, les entreprises n'étant pas considérées comme des sujets de droit international, il devient difficile de leur imposer des obligations, ce qui, dès lors, fait naitre un premier obstacle. S'agit-il d'un obstacle substantiel ou plutôt d'un obstacle de façade ? En tous cas, toute tentative d'engagement de la responsabilité de l'investisseur ne va pas de soi et nécessite des réponses à des questionnements substantiels. Au titre de ces questionnements figurent en bonne place celles de savoir pourquoi et comment des « non-sujets » de droit se voient imposer des obligations ? Sur le pourquoi, une réponse non des moindres pourrait consister à soutenir que si l'entreprise multinationale n'est pas confortablement saisissable dans l'ordre international,

---

[9]. Projet d'Articles de la CDI, précité.

[10]. *Idem.*

[11]. Les articles 1 et 2 du Projet d'articles sur la responsabilité de l'État précité et 3 et 4 du Projet d'articles sur la responsabilité des organisations internationales précité, sont identiques dans leur substance et se rapportent tous à l'exposé de la philosophie générale de la responsabilité internationale des États et Organisations internationales. Ainsi, concernant les États, « [t] *out fait internationalement illicite de l'État engage sa responsabilité internationale.* » (art. 2), et « [I] *l y a fait internationalement illicite de l'État lorsqu'un comportement consistant en une action ou une omission : a) Est attribuable à l'État en vertu du droit international ; et b) Constitue une violation d'une obligation internationale de l'État* » (art. 3). Et concernant les organisations internationales, [t] out fait internationalement illicite d'une organisation internationale engage sa responsabilité internationale. » (art. 3), et « [i] *l y a fait internationalement illicite d'une organisation internationale lorsqu'un comportement consistant en une action ou une omission : a) Est attribuable à cette organisation en vertu du droit international ; et b) Constitue une violation d'une obligation internationale de cette organisation* ». (art. 4). Il apparait que les deux textes ont ceci de commun qu'ils s'intéressent à l'illicéité d'un comportement attribuable à un sujet de droit international (État ou à une organisation internationale) et constitutif d'un manquement à une obligation internationale.

elle l'est toutefois dans les ordres internes au moins parce qu'il s'agit du lieu où elle mène ses activités par le biais des filiales. Partant, elle est potentiellement responsable au regard du droit interne. Reste alors l'interrogation liée au « comment ? ». Celle-ci nécessite en revanche un exposé des catégories de droits aptes à provoquer la responsabilité de l'investisseur (Paragraphe 1) avant celui de la nature de cette responsabilité (Paragraphe 2).

§1 : L'identification des droits de l'homme menacés par les activités de l'investisseur

487. ***La responsabilité des États comme référence.*** Identifier les droits menacés par les activités de l'investisseur exige la distinction entre différentes catégories de droits dont l'invocation est susceptible d'affecter les droits de l'investisseur. Cet état de fait invite à s'orienter vers le droit international des droits de l'homme en ceci qu'il s'agit d'un foyer des droits individuels et collectifs fondamentaux. Partant de ce postulat, il devient utile de mettre l'accent sur les règles dont la violation serait constitutive d'un fait illicite et donc à l'origine de l'engagement de la responsabilité de l'investisseur. Rappelons-nous qu'aux termes du Projet d'articles de la CDI, le fait illicite doit « *consiste* [r] [en] *une violation d'une obligation internationale de l'État* »[12] et par analogie, en ce qui concerne l'organisation internationale, « *consiste* [r] [en] *une violation d'une obligation internationale de cette organisation* ».[13] On pourrait dans la même veine, et toujours par analogie, en déduire que le fait illicite serait pour l'entreprise, « la violation d'une obligation internationale de cette dernière ».[14] Sans perdre de vue l'obstacle du « non-sujet » de droit international,[15] on pourrait

---

[12]. Art. 2 § b) du *Projet d'Articles sur la responsabilité de l'État pour fait internationalement illicite*, rés. 56/83 de l'AGNU du 12 décembre 2001.

[13]. Art. 4 § b) du *Projet d'articles sur la responsabilité des organisations internationales*, rés. 66/98 et 66/100 de l'AGNU du 9 décembre 2011.

[14]. Il faut dire à cet égard que du point de vue des États, le fait internationalement illicite est indifférent de l'entité à l'égard de laquelle le fait illicite se produit dès lors qu'il est question de la violation d'une obligation conventionnelle. Voy. CIJ, *Interprétation des traités de paix conclus avec la Bulgarie, la Hongrie et la Roumanie*, Avis consultatif du 18 juillet 1950 (2ème phase), Recueil 1950, p. 221, § 9.

[15]. Il faut dire que le Tribunal de l'affaire *Urbaser et al. c. Argentine* a eu l'audace de déduire des obligations imposées par le droit international aux entreprises, la considération des secondes par le premier comme des sujets au même titre que les États, les organisations internationales et les individus. CIRDI, *Urbaser et al. Argentine*, aff. n° ARB/07/26, Sentence du 8 décembre 2016, § 1195 : « *The Tribunal may mention in this respect that international law accepts corporate social responsibility as a standard of crucial importance for companies operating in the field of international commerce. This standard includes commitments to comply with human rights in the framework of those entities' operations conducted in countries other than the country of their seat or incorporation. In light of this more recent development, it can no longer be admitted that companies operating internationally are immune from becoming subjects of international law. On the other hand, even though several initiatives undertaken at the international scene are seriously targeting corporations human rights conduct, they are not, on their own, sufficient to oblige corporations to put their policies in line with human rights law. The focus must be, therefore, on contextualizing a*

à ce stade le disqualifier par l'argument de l'invocation du Projet d'articles sur la responsabilité des États dans l'arbitrage d'investissement.[16] Ainsi, la direction empruntée par les arbitres dans l'établissement de la responsabilité de l'État pourrait, en certains de ses aspects, servir de guide pour l'engagement de la responsabilité des investisseurs. Néanmoins, il ne s'agira guère dans le présent paragraphe de s'attarder sur l'ensemble des comportements illicites au regard de l'ensemble des règles du droit international, mais il s'agira davantage de mesurer les comportements de l'investisseur susceptibles de générer des manquements aux droits fondamentaux des individus établis sur le territoire de l'État hôte. Une telle démarche s'impose au regard de la difficulté pour les législations des États, limitées par la territorialité, d'appréhender l'ensemble des activités d'une entité établie sur plusieurs territoires. Sans opérer une distinction parmi les droits fondamentaux reconnus aux individus, force est de constater que les droits mobilisés devant les instances de règlement des différents et à l'encontre de l'investisseur, se manifestent sous une double catégorie : les droits individuels (A) et les droits collectifs (B).

A. Les droits individuels

488. En dépit de leur rareté dans le contentieux de l'investissement, les droits individuels n'en demeurent pas moins exploités par les tribunaux d'investissement, non pas au soutien d'une argumentation visant à constater une méconnaissance de droits par l'État ou par l'investisseur, mais davantage pour servir de fondement au raisonnement de l'instance saisie.

1. Les droits individuels comme base de raisonnement du tribunal

489. ***La dignité humaine, point de départ.*** Certains tribunaux d'investissement se montrent ouverts à la lecture proposée par les instances onusiennes intervenant dans le secteur des droits de l'homme, au point de confronter la protection garantie aux investisseurs au titre des traités

---

corporation's specific activities as they relate to the human right at issue in order to determine whether any international law obligations attach to the non-State individual. ».

[16]. Pour exemple très récent, CIRDI, *Perenco Ecuador Limited c. République d'Équateur*, aff. n° ARB/08/06, sentence du 27 septembre 2019. Dans cette affaire où il était précisément question d'une privation de chance génératrice d'un manque à gagner, alléguée par l'entreprise Perenco, le Tribunal de cette affaire s'est appuyé sur les articles 36 et 39 du Projet d'articles de la CDI, respectivement relatifs à l'« [i]*ndemnisation* » et « *la contribution au préjudice* » pour analyser l'opportunité d'une telle indemnisation. Ainsi, le Tribunal a rappelé, conformément au projet d'articles, que l'indemnisation est justifiée dès lors qu'il est impossible de procéder à une restitution (Sentence *Perenco,* § 74.), mais qu'une telle indemnisation doit tenir compte du comportement de l'entité lésée dans la survenance du préjudice subi (Sentence *Perenco*, § 344). Sur ce dernier élément, le Tribunal a conclu à l'absence de contribution de la part de *Perenco* à la provocation du préjudice qu'elle a subi (Sentence *Perenco*, § 352). Cette configuration a permis au Tribunal de prononcer la condamnation de l'Équateur au versement de la somme astronomique de 448 820 400,00 $ US (Sentence *Perenco*, § 1023 — a —) au titre de l'indemnisation du préjudice subi à la lumière du principe de l'indemnisation posé à l'article 36 précité. C'est dire le rôle que joue le Projet d'articles de la CDI dans le contentieux de l'investissement.

d'investissement et les obligations en matière des droits de l'homme.[17] Cette logique était celle du tribunal de l'affaire *Urbaser c. Argentine* au cours de laquelle la dignité humaine a été mobilisée pour conforter le droit de l'individu à un niveau de vie suffisant, dont le droit à l'eau est une composante essentielle.[18] Ce faisant, le tribunal s'est pour le moins abrité derrière le comité des droits économiques, sociaux et culturels, pour qui « [l] *e droit à l'eau est aussi inextricablement lié au droit au meilleur État de santé susceptible d'être atteint (...) et aux droits à une nourriture et à un logement suffisants (...). Il devrait également être considéré conjointement avec les autres droits consacrés dans la Charte internationale des droits de l'homme, et d'abord le droit à la vie et à la dignité.* ».[19] On peut voir dans une telle démarche la volonté d'inscrire dans le schéma interprétatif la dimension protectrice de la dignité humaine avec toutes les conséquences que cela emporte, en termes de reconnaissance du droit à un niveau de vie suffisant, consacré par le Pacte international relatif aux droits sociaux, économiques et culturels.[20] Telle semble avoir été la volonté du tribunal de l'affaire *Urbaser* précitée, d'autant plus qu'un lien a été tissé entre les obligations de l'État et les droits et obligations de l'investisseur aux regards de la Charte des droits de l'homme[21] et le Pacte sur les droits sociaux, économiques et culturels ; le tout rendu possible par le truchement de la Déclaration tripartite de l'OIT,[22]

---

[17]. Entre autres affaires : CIRDI, *Urbaser et al. c. Argentine*, aff. n° ARB/07/26, Sentence du 8 décembre 2016, § 1199 ; CIRDI, *Tulip Real Estate and Development Netherlands B. V. c. Turquie*, aff. n° ARB/11/28, Décision d'annulation du 30 décembre 2015, §§ 86 et 87 ; CIRDI, *El Paso Energy International Company c. Argentine*, aff. n° ARB/03/15, Sentence du 31 octobre 2011, § 598 et s. ; CIRDI, *Phoenix Action LTD c. République tchèque*, aff. n° ARB/06/5, Sentence du 15 avril 2009, § 78. Dans cette dernière affaire, l'interprétation d'un traité d'investissement en dehors de la prise en compte des cas de violations des droits de l'homme fut considérée comme une extrémité peu imaginable. Ainsi, indique le tribunal « [t]*o take an extreme example, nobody would suggest that ICSID protection should be granted to investments made in violation of the most fundamental rules of protection of human rights, like investments made in pursuance of torture or genocide or in support of slavery or trafficking of human organs.* ».

[18]. Voy. CIRDI, *Urbaser et al. c. Argentine*, aff. n° ARB/07/26, Sentence du 8 décembre 2016, § 1197.

[19]. Conseil économique et social (Comité des droits économiques, sociaux et culturels), *Observation générale n° 15 – 2002 —. Le droit à l'eau (art. 11 et 12 du Pacte international relatif aux droits économiques, sociaux et culturels)*, doc. E/C.12/2002/11, 20 janvier 2003, p. 2, § 3.

[20]. Voy. Art. 11 § 1 du Pacte international relatif aux droits sociaux, économiques et culturels, aux termes duquel « [l] *es États parties (...) reconnaissent le droit de toute personne à un niveau de vie suffisant pour elle-même et sa famille, y compris une nourriture, un vêtement et un logement suffisants, ainsi qu'à une amélioration constante de ses conditions d'existence.* ». Il faut toutefois dire au passage que l'invocation de cette seule disposition ne permet pas l'identification de mettre des obligations à la charge de personnes privées et donc aux investisseurs.

[21]. On aura rappelé que ladite Charte n'est rien d'autre que la combinaison de la Déclaration universelle des droits de l'homme du 10 décembre 1948 et les Pactes jumeaux (L'un relatif aux droits civils et politiques et l'autre relatif aux droits sociaux, économiques et culturels : voy. AGNU, rés. 2200 A — XXI —) du 16 décembre 1966 qui en ont résulté.

[22]. CIRDI, *Urbaser et al. c. Argentine*, précitée, § 1198.

laquelle cible les investisseurs au même titre que les États et les organisations internationales.[23]

490. ***La considération de l'interdépendance des droits.*** Si le chemin emprunté permet l'intégration des droits de l'homme, il demeure cependant peu opportun pour la spécificité des droits considérés. Certes, il a été question du droit à l'eau, mais les arguments avancés allaient au-delà de ce seul droit. Partir de la dignité humaine revient à prendre en compte les droits qu'elle touche. Or, le substrat même des droits fondamentaux est leur couverture par ladite dignité. Ce n'est donc pas un hasard si le raisonnement du tribunal aboutit à l'idée de l'interprétation des traités d'investissement en tenant compte du contexte de respect du droit fondamental à bénéficier de l'eau. Car, le raisonnement adopté est applicable à tout droit fondamental ce qui, plus loin, pourrait légitimer l'engagement de la responsabilité de l'investisseur par l'État pour non-respect du droit individuel à un niveau de vie suffisant.[24] Au fond, une telle démarche n'a rien d'étrange si l'on se fie à la logique combinée des principaux instruments du droit international des droits de l'homme dont la Déclaration universelle des droits de l'homme est le noyau en ce qu'elle consacre dès son préambule « *la reconnaissance de la dignité inhérente à tous les membres de la famille humaine et de leurs droits égaux et inaliénables [comme] le fondement de la liberté, de la justice et de la paix dans le monde (...)* » [25]et, est renforcée par l'interdépendance des normes de protection des droits de l'homme.[26] Il va sans dire que l'approche

---

[23]. Ce n'est qu'au prix de cette combinaison que les arbitres ont su mettre en exergue l'existence d'obligations internationales en matière des droits de l'homme incombant à l'investisseur. Et pour parvenir à cette fin, il a fallu affirmer que l'interprétation d'un traité d'investissement ne peut, compte tenu des prescriptions de l'art. 31 de la Convention de Vienne sur le droit des traités, s'opérer en dehors des règles pertinentes du droit international parmi lesquelles figurent les obligations issues du droit international des droits de l'homme. À cet égard, les termes employés par le tribunal sont sans ambiguïté : « *The Tribunal further retains that the Convention has to be interpreted in the light of the rules set out in the Vienna Convention on the Law of Treaties of May 23, 1969, and that Article 31 § 3 (c) of that Treaty indicates that account is to be taken of "any relevant rules of international law applicable in the relations between the parties." The BIT cannot be interpreted and applied in a vacuum. The Tribunal must certainly be mind-ful of the BIT's special purpose as a Treaty promoting foreign investments, but it cannot do so without taking the relevant rules of international law into account. The BIT has to be construed in harmony with other rules of international law of which it forms part, including those relating to human rights.* ». CIRDI, *Urbaser et al. c. Argentine*, précitée, § 1200.

[24]. Ce droit est non seulement à la fois consacré par la DUDH et le PIDESC précités, respectivement aux art. 25 et 11, mais aussi et surtout a servi de pivot pour le tribunal de l'affaire *Urbaser* précitée. Remarquons que l'invocation d'un droit au caractère aussi extensif que ce droit augure une volonté d'intégrer les droits sociaux et économiques dans l'arsenal juridique auquel l'investisseur est tenu.

[25]. Préambule de Déclaration universelle des droits de l'homme, adoptée par l'AGNU (res. 2017 – III– A) le 10 décembre 1948.

[26]. Laquelle stipule que la protection d'un droit fondamental est liée à celle d'un autre. En ce sens, voy. *Déclaration et programme d'action de Vienne, adoptés par la Conférence mondiale sur les droits de l'homme* (doc. A/ CONF.157/23 du 12 juillet 1993) le 25 juin 1993, § 5 : « *Tous les droits de l'homme sont universels, indissociables, interdépendants et intimement liés. La communauté internationale doit traiter des droits de l'homme globalement, de manière équitable et équilibrée, sur un pied d'égalité et en leur accordant la même importance.* »

du tribunal de l'affaire *Urbaser* est susceptible, à terme, d'intégrer toutes catégories de droits fondamentaux et contribuer ainsi à l'établissement d'obligations en matière des droits de l'homme à la charge de l'investisseur. C'est peut-être l'une des raisons qui a poussé le tribunal de l'affaire *David Aven c. Costa-Rica*[27](sur laquelle on reviendra dans les passages consacrés aux droits collectifs), à creuser cette piste en considérant que les droits relevant des droits de l'homme, en l'occurrence la protection de l'environnement, font naitre des obligations *erga omnes*.[28] Il aurait cependant été plus simple pour le tribunal de qualifier lesdites obligations de normes de *jus cogens*[29], en jouant sur le rattachement du droit à un environnement sain à celui du droit à la vie par le mécanisme de l'indivisibilité des droits de l'homme[30], ce qui aurait permis d'éviter la confusion que semblait faire le tribunal entre la nature intangible de la règle violée (*jus cogens*) et la faculté pour tous les sujets de réclamer la sanction de sa violation (*erga omnes*).[31] Ainsi, l'établissement de l'existence d'une norme de *jus cogens* faciliterait l'invocation de l'intérêt à agir de l'État pour réclamer la sanction de l'investisseur en vertu de *l'actio popularis*[32], laquelle ouvre la voie à une « *action en justice appartenant à tous les sujets de droit pour défendre les intérêts publics* ».[33]

2. Les droits individuels comme source de compétence du tribunal ?

491. ***Extension***. La compétence des tribunaux d'investissement est, on le sait, fonction de l'existence d'un investissement. Ainsi et concernant le CIRDI, « [l] *a compétence (...) s'étend aux différends d'ordre juridique entre un État contractant (...) et le ressortissant d'un autre État contractant qui sont en relation directe avec*

[27]. Tribunal *ad hoc* (CNUDCI), *David Aven et al. c. Costa-Rica*, aff. n° UNCT/15/3, Sentence du 18 septembre 2018.
[28]. *Ibid.*, § 738.
[29]. Sur cette question, voy. L'introduction de cette étude.
[30]. Rappelée au même titre que l'interdépendance et l'universalité, sous les qualificatif « indissociabilité » et « liaison », lors de la Conférence de Vienne précitée (doc. A/ CONF.157/23 du 12 juillet 1993, § 5) : « *Tous les droits de l'homme sont universels, indissociables, interdépendants et intimement liés.* ». Le soulignement est de nous.
[31]. Le tribunal s'est, pour ce faire, référé à la CIJ (*Barcelona Traction – Belgique c. Espagne*, arrêt du 5 février 1970, *Recueil*, p. 32, § 33) en estimant que « [i]*t is particularly convincing when it comes to rights and obligations that are the concern of all States, as it happens in the protection of the environment. It is pertinent to recall the observation of the International Court of Justice regarding this kind of obligations: "In view of the importance of the rights involved, all States can be held to have a legal interest in their protection; they are obligations erga omnes"* ». Voy. Tribunal *ad hoc*, *David Aven et al. c. Costa-Rica*, précitée, § 738.
[32]. C'est même dans ce sens qu'on peut lire la suite des indications de la CIJ dans la même affaire précitée (*Barcelona Traction*, § 34) : « [c] *es obligations découlent par exemple, dans le droit international contemporain, de la mise hors la loi des actes d'agression et du génocide, mais aussi des principes et des règles concernant les droits fondamentaux de la personne humaine, y compris la protection contre la pratique de l'esclavage et la discrimination raciale. Certains droits de protection correspondants se sont intégrés au droit international général (...) ; d'autres sont conférés par des instruments internationaux de caractère universel ou quasi universel.* »
[33]. J. SALMON (dir.), *Dictionnaire de droit international public*, *op. cit.* p. 37.

un investissement et que les parties ont consenti par écrit à soumettre au Centre. ».[34] Seuls les litiges liés à l'investissement ouvrent donc la voie à la compétence. Certes cette disposition couvre les compétences matérielle et personnelle. Compétence matérielle en ce que le différend doit constituer un investissement ; et compétence personnelle en ce que le différend doit opposer un État au ressortissant d'un autre État. Or, l'invocation par un État de droits civils et politiques ou sociaux, économiques et culturels parait comme une invite à l'attention du tribunal à étendre sa compétence au-delà du seul cadre de l'investissement. Sur ce terrain, et dans l'esprit de l'art. 42 de la Convention de Washington relative aux différends liés à l'investissement[35], tout semble dépendre de l'attitude du tribunal saisi de l'affaire, laquelle se présente sous un double visage au regard de la jurisprudence arbitrale : le tribunal accepte d'étendre le champ matériel de sa compétence en s'ouvrant aux droits fondamentaux individuels, ou à l'inverse, le tribunal refuse une telle extension en se focalisant sur les seuls instruments relatifs à l'investissement.[36] Au titre de la première hypothèse, les termes des instruments directement applicables relatifs à l'investissement sont d'une clarté suffisante et dans ce cas, les arbitres s'y tiennent.[37] En revanche, lorsque les termes des traités d'investissement sont obscurs ou lorsqu'ils contiennent des clauses de renvoi visant l'application des droits de l'homme, les arbitres pourraient y trouver une voie pour l'application des instruments de protection des droits fondamentaux individuels. Il va sans dire que « *True it is that the choice of law rule in Article 42(1) of the ICSID Convention includes reference to "such rules of international law as may be applicable." This means that the Tribunal has to apply international law as a whole to the claim, and not the provisions of the BIT in isolation* ».[38] Si cette dernière hypothèse ouvre la brèche d'une application des instruments relatifs aux droits de l'homme invoqués par les États, elle génère par la même occasion un risque pour les arbitres de faire le choix entre lesdits instruments et les règles de protection des investissements. À ce sujet, il a été relevé qu'« [e] *n pareil cas, la question hiérarchique s'invite dans le débat, mais elle n'a jamais encore reçu de réponse*

---

34. Art. 25 § 1 de la *Convention pour le règlement des différends relatifs aux investissements entre États et ressortissants d'autres États*, conclue à Washington le 18 mars 1965 et entrée en vigueur le 14 octobre 1966.

35. *Idem.*

36. Les deux hypothèses sont en réalité couvertes par l'art. 42 de la Convention de Washington sur le règlement des différends relatifs à l'investissement, aux termes duquel : « *(1) Le Tribunal statue sur le différend conformément aux règles de droit adoptées par les parties. Faute d'accord entre les parties, le Tribunal applique le droit de l'État contractant partie au différend—y compris les règles relatives aux conflits de lois—ainsi que les principes de droit international en la matière. (2) Le Tribunal ne peut refuser de juger sous prétexte du silence ou de l'obscurité du droit. (3) Les dispositions des alinéas précédents ne portent pas atteinte à la faculté pour le Tribunal, si les parties en sont d'accord, de statuer ex aequo et bono* ».

37. Voy. A. DE NANTEUIL, *Doit international de l'investissement*, Paris, éd. Pedone, 2020, 3ème éd., p. 486.

38. CIRDI, *Emmis International et al. c. Hongrie*, aff. n° ARB/12/2, décision sur l'objection du défendeur du 11 mars 2011, § 78.

véritable ».[39] Il faut toutefois souligner que les circonstances de l'espèce sont parfois telles qu'il devient difficile pour un tribunal d'écarter les droits fondamentaux invoqués par l'État.

492. *Compétence en fonction du bien-fondé des demandes ?* Inutile en effet de souligner qu'une opération d'investissement a forcément vocation à générer un apport d'une manière ou d'une autre pour la collectivité qui l'héberge ; autrement, l'investissement étranger n'aura aucun intérêt pour l'État hôte et serait une remise en cause de la justification du mouvement des capitaux.[40] Si le principe devant les instances de règlement des différends liés à l'investissement est incontestablement la résolution des litiges éponymes, il n'en demeure pas moins que la nature des droits convoqués par l'État (presque toujours défendeur) joue un rôle sur la compétence des arbitres saisis. Tout semble laisser penser que plus le droit invoqué est justifié, plus l'arbitre (ou le juge) lui sera sensible ; et plus la sensibilité du juge est grande, plus les chances de voir la compétence étendue sont grandes.[41] Ainsi le tribunal de l'affaire *Saur c. Argentine* a pu considérer à propos du droit à l'eau « *Le droit fondamental à l'eau* et *le droit de l'investisseur à bénéficier de la protection offerte par* [le TBI] *opèrent sur des plans différents : l'entreprise concessionnaire d'un service public de première nécessité se trouve dans une situation de dépendance face à l'administration publique, qui dispose de pouvoirs spéciaux pour en garantir la jouissance en raison de la souveraineté du droit fondamental à l'eau ; mais l'exercice de ces pouvoirs ne se fait pas de façon absolue et doit, au contraire, être conjugué avec le respect des droits et des garanties octroyés à l'investisseur étranger en vertu* (...) [du TBI] ».[42] De cette position, les arbitres ont tiré la conclusion que « [c] *ontrebalancer* [l] *es deux*

---

39. A. DE NANTEUIL, *Doit international de l'investissement*, *op. cit.*, p. 491.

40. On aura rappelé que dès les premières phrases de son préambule, la Convention pour le règlement des différends relatifs aux investissements entre États et ressortissants d'autres États (conclue à Washington le 18 mars 1965) énonce que les États adhèrent à ladite Convention en « [c] *onsidérant la nécessité de la coopération internationale pour le développement économique, et le rôle joué dans ce domaine par les investissements privés internationaux* » ; A cela s'ajoute le fait que les Administrateurs de la Banque Mondiale observèrent que « [b] *ien que l'objectif général de la Convention soit d'encourager l'investissement privé international, les dispositions de la Convention sont conçues en vue de maintenir l'équilibre entre les intérêts des investisseurs et ceux des États hôtes* » (voy. Banque Mondiale : Rapport des Administrateurs sur la Convention pour le règlement des différends relatifs aux investissements entre États et ressortissants d'autres États, daté du 6 août 1965 et adopté par le Conseil des gouverneurs de la BIRD, rés. n° 214 du 10 septembre 1964, § 13).

41. Au sujet de la protection du droit fondamental à l'eau, les arbitres de l'affaire *Azurix c. Argentine* (CIRDI, aff. n° ARB/01/12, sentence du 14 juillet 2006, § 310) avaient considéré au sujet des mesures prises par l'État argentin, à l'encontre de l'entreprise Azurix, visant à garantir l'accès à l'eau potable que « *For the Tribunal, the issue is not so much whether the measure concerned is legitimate and serves a public purpose, but whether it is a measure that, being legitimate and serving a public purpose, should give rise to a compensation claim. In the exercise of their public policy function, governments take all sorts of measures that may affect the economic value of investments without such measures giving rise to a need to compensate* ».

42. CIRDI, *Saur International c. Argentine*, aff. n° ARB/04/4, Décision sur les compétence et responsabilité du 6 juin 2012, § 331. Le soulignement est de nous.

principes [soulignés] *sera la tâche que le Tribunal devra effectuer lors de son analyse des prétentions substantives présentées par* [l'entreprise] *Sauri* ».[43]

B. Les droits à dimension collective

493. *Droits collectifs ou droits de la collectivité ?* La question des droits à dimension collective prête souvent à confusion entre les catégories de droits dits collectifs et droits dits de la collectivité.[44] La première catégorie est symbolisée par l'article 29 de la DUDH aux termes duquel, « *l''individu a des devoirs envers la communauté dans laquelle seule* (sic) *le libre et plein développement de sa personnalité est possible* »[45] ; et la seconde catégorie est, quant à elle, caractérisée par une émancipation du seul cadre des droits de l'homme en ce qu'elle vise les droits conférés à un groupe et à lui seul.[46] Aussi pertinente soit-elle, cette lecture pourrait poser quelques difficultés tant la frontière qu'elle suggère entre les droits collectifs et les droits de la collectivité n'est pas exempte de tout risque de chevauchement. Ainsi par exemple, si la « liberté syndicale » est un droit individuel, il n'en est pas de même du droit de se syndiquer, lequel ne peut s'exercer qu'à travers un groupement, lequel est à son tour une sorte de collectivité. Il en va de même, en sens inverse, du droit à la vie dont l'exercice peut se faire individuellement, collectivement ou encore en collectivité. Pour ces raisons et afin de couper court à tout risque de confusion, est privilégiée la formule « droits à dimension collective » par laquelle, il faut à la fois entendre les « *droits individuels, dont l'individu est titulaire, mais dont l'exercice est collectif* »[47] et les droits reconnus à raison d'une personnalité juridique distincte de celle des individus.[48]Compte tenu de cette donne, il est tentant de distinguer les droits exercés collectivement au sein de la structure symbolique de l'investissement de ceux exercés collectivement en dehors de ladite structure.

1. Les droits collectifs des personnes rattachées à l'entreprise : les salariés

494. Au titre de ces droits, on songe en premier lieu aux droits fondamentaux au travail. À ce titre, peuvent être invoqués la discrimination, la privation de la

---

43. *Ibid.*, § 332.

44. Voy. F. SUDRE (mise à jour H. SURREL), *Les droits de l'homme*, Répertoire de droit international (Dalloz), 2017, §§ 41 et s, spéc. § 42. Les auteurs donnent comme exemple de cette catégorie, la liberté syndicale et le droit de vote (*idem*).

45. Art. 29 § 1 de la DUDH, (rés. 217 A -III-), adoptée par l'AGNU le 10 décembre 1948.

46. F. SUDRE (mise à jour H. SURREL), « Les droits de l'homme », *Répertoire de droit international* (Dalloz), 2017, §§ 41 et s, spéc. § 42. Les auteurs donnent comme exemple de cette catégorie, l'interdiction de l'apartheid (Convention internationale sur l'élimination et la répression du crime d'apartheid, rés. 3068-XXVIII —, adoptée par l'AGNU le 30 novembre 1973 et entrée en vigueur le 18 juillet 1976 du crime contre le génocide [Convention pour la prévention et la répression du crime de génocide, res. 260 A — III —, adoptée par l'AGNU le 9 décembre 1948 et entrée en vigueur le 12 janvier 1951], etc.

47. F. SUDRE (mise à jour H. SURREL), *Les droits de l'homme*, *op. cit.*, § 42.

48. L. HENNEBEL et H. TIGROUDJA, *Traité de droit international des Droits de l'homme*, Paris, éd. Pedone, 2ème éd. 2018 p. 1070.

liberté d'association dont le pendant est le droit de se syndiquer. Malgré leurs consécrations,[49] tout se passe comme si les droits cités n'intègrent pas véritablement le substrat des droits fondamentaux dont sont tenus les entreprises multinationales. Seulement, les droits dont il est question passent souvent sous silence, car ils se heurtent à un double obstacle. D'une part, ils ne sont que rarement mis en avant par les États dans les différends les opposant aux investisseurs ; d'autre part, et quand bien même lesdits droits seraient méconnus par une multinationale, les litiges y relatifs sont réglés devant les juridictions internes sans bénéficier d'un accueil favorable devant les instances arbitrales à l'occasion d'un différend opposant l'investisseur à l'État.[50] Combinés, ces deux obstacles contribuent à une certaine mise à l'écart des droits fondamentaux au travail et toutes les conséquences qui en résultent en termes de protection des salariés contre d'éventuels agissements de la multinationale, en méconnaissance de leurs droits fondamentaux.[51]

2. Les droits collectifs des personnes non liées à l'entreprise : les tiers

495. *Matérialisation.* Il s'agit en particulier des droits dont les bénéficiaires sont des particuliers non pas en raison de leur appartenance au personnel de l'entreprise, mais du fait de leur établissement sur le territoire où sont menées les activités de ladite entreprise. Lesdits droits prennent corps à travers la communauté nationale, mais aussi à travers des communautés plus ou moins autonomes.

a) Le général

---

[49]. Sans qu'il soit besoin de faire le tour desdites consécrations, on pourrait reprendre le propos d'un auteur qui soulignait à propos des règles produites par l'Organisation de référence en matière de travail que « [l] *es conventions de l'OIT couvrent un large éventail de sujets, notamment les droits syndicaux, les heures de travail, les dispositions concernant les congés annuels, les normes sur l'âge minimum à l'emploi, les interdictions relatives au travail forcé, la discrimination dans le milieu du travail et beaucoup d'autres sujets. Les systèmes de l'OIT comprennent également la Convention relative aux peuples indigènes et tribaux* (...), *qui contient un certain nombre de dispositions importantes sur les droits des peuples autochtones, et la Déclaration de principes tripartites sur les entreprises multinationales et la politique sociale de l'OIT* (...) ». Voy. F. MARRELLA, « Protection internationale des droits de l'homme et activités des sociétés transnationales », *RCADI*, vol. 385, 2016, p. 408.

[50]. On pourrait objecter qu'une instance de règlement des différends relatifs aux investissements n'a pas vocation à se transformer en une juridiction consacrée aux droits de l'homme. Bien entendu, il n'est pas souhaitable que chaque instance se transforme en un tribunal des droits de l'homme, mais que toutes les règles pertinentes du droit international soient au moins considérées lors d'un différend relatif à l'investissement. Dès lors, il pourrait être fait abstraction des droits de l'homme impactés par une opération d'investissement et ce, en considérant « *toute règle pertinente de droit international applicable dans les relations entre les parties* », conformément aux dispositions de l'art. 31-3 (c) de la Convention de Vienne sur le droit des traités (conclue à Vienne le 23 mai 1969 et entrée en vigueur le 27 janvier 1980).

[51]. Tels que des cas de discrimination au sein de la filiale.

496. ***Le droit des peuples en tant que communauté nationale.***[52] Au titre des droits des tiers intégrés dans la terminologie « droit des peuples », que le déroulement d'une opération d'investissement pourrait impacter négativement, on peut citer le droit à la paix, au développement, à l'environnement et à la jouissance du patrimoine commun de l'humanité.[53] L'ensemble de ces droits s'inscrivent dans le cadre du concept dit de « droits de solidarité »[54] dont les instruments de référence, sans être les seuls, sont le Pacte international relatif aux droits civils et politiques et le Pacte international relatif aux droits sociaux, économiques et culturels où l'on peut lire dès l'entame que « [p] *our atteindre leurs fins, tous les peuples peuvent disposer librement de leurs richesses et de leurs ressources naturelles, sans préjudice des obligations qui découlent de la coopération économique internationale, fondée sur le principe de l'intérêt mutuel, et du droit international. En aucun cas, un peuple ne pourra être privé de ses propres moyens de subsistance.* ».[55]même s'il est souvent fait remarquer que

---

52. Polysémique, le terme « communauté » est entendu ici comme « [e] *nsemble, groupement de personnes physiques ou morales qu'unissent un ou plusieurs éléments communs ou la poursuite de certains objectifs communs* » (J. SALMON [dir.], *Dictionnaire de droit international public*, Bruxelles, éd. Bruylant/AUF, 2001, p. 203) et ce, au sens de l'État indépendant telle « *une volonté manifestée dans des conventions ou dans des usages acceptés généralement comme consacrant des principes de droit et établis en vue de régler la co-existence de ces communautés indépendantes ou en vue de la poursuite de buts communs* » (CPJI, *affaire du Lotus [France c. Turquie]*, arrêt du 7 septembre 1927, série A, n° 10, *Recueil*. p. 18.

53. En ce sens, voy. D. ROUSSEAU, « Les droits de l'homme de la troisième génération », *RIEJ*, vol. 19, 1987/2, pp. 19-31, spéc., p. 19 ; L. HENNEBEL et H. TIGROUDJA, *Traité de droit international des Droits de l'homme*, *op. cit.*, p. 78.

54. Un débat oppose à ce sujet des auteurs hostiles à l'intégration de cette catégorie de droits dans les droits de l'homme en soulignant qu'elle serait à l'origine d'une décrédibilisation des droits fondamentaux en ce que, selon l'un des éminents représentants de ce courant, « [son] *titulaire n'est pas certain (les peuples, l'État, la communauté internationale ?)*, [son] *objet est imprécis et général (la paix, le développement, le respect du patrimoine commun de l'humanité)*, [son] *débiteur non identifié (l'État, la Communauté internationale, les États développés ?)* » (voy. F. SUDRE, « Les droits de l'homme », *Répertoire de droit international* [Dalloz], 2017, §§ 41 et s, spéc. § 46.) ; A cette vision s'oppose celle qui consiste à considérer ladite catégorie de droits comme une véritable composante des droits de l'homme, ce qui amène l'un des représentants de ce courant à se demander si « [e] *n s'opposant aux droits de solidarité au nom de la défense des "véritables droits de l'Homme"*, [la doctrine] *ne prend-elle pas partie en faveur d'une conception politique particulière qu'expriment les droits de 1789 ?* » (Voy. D. ROUSSEAU, « Les droits de l'homme de la troisième génération », *RIEJ*, vol. 19, 1987/2, pp. 19-31, spéc., p. 31.). On ne peut qu'adhérer à la seconde thèse tant elle se démarque de toute entreprise de hiérarchisation des droits de l'homme et épouse une perspective de découverte évolutive des droits fondamentaux. C'est d'ailleurs pourquoi « *tout se passe comme si le non droit dans lequel* [une partie de] *la doctrine prétend maintenir les droits de la "troisième génération" était un droit qu'elle refuse, des droits de l'Homme dont elle ne veut pas : parce qu'ils font "entrer" dans l'espace public de nouveaux acteurs : parce qu'ils modifient les équilibres et les positions instituées. Mais cette entreprise de dénégation peut-elle stopper "le cours imprévisible de l'aventure démocratique alors que croyant sauver les 'vrais' droits de l'Homme, elle les perd en oubliant que les droits de l'Homme sont, inséparablement, des droits individuels, collectifs, et de solidarité* ». *Idem.*

55. Art. 1 § 2 commun aux deux Pactes relatifs aux droits civils et politiques (rés. 2200 A — XXI — , adopté par l'AGNU le 16 décembre 1966 et entré en vigueur le 23 mars 1976) et aux droits sociaux,

les droits dits de solidarité, en particulier celui des peuples à disposer d'eux-mêmes, est un droit dont l'origine se situe dans les textes relatifs à la décolonisation,[56] le développement progressif d'un tel droit, à la suite de différentes interprétations[57] s'est révélé fédérateur d'une série de catégories de groupes « *et concerne tout autant les peuples sous domination étrangère que les peuples occupés* ».[58] À partir de là, il devient légitime de confronter ce droit à l'exploitation des ressources naturelles par une investisseur étranger.[59]

économiques et culturels (rés. 2200 A — XXI —, adopté par l'AGNU le 16 décembre 1966 et entré en vigueur le 3 janvier 1976).

[56]. Allusion faite à la Déclaration sur l'octroi de l'indépendance aux pays et aux peuples coloniaux, Résolution 1514 (XV) adoptée par l'AGNU le 14 décembre 1960. Il y est indiqué « *que le maintien du colonialisme empêche le développement de la coopération économique internationale, entrave le développement social, culturel et économique des peuples dépendants et va à l'encontre de l'idéal de paix universelle des Nations Unies,* [et] (...) *que les peuples peuvent, pour leurs propres fins, disposer librement de leurs richesses et ressources naturelles sans préjudice des obligations qui découleraient de la coopération économique internationale, fondée sur le principe de l'avantage mutuel, et du droit international* (...) » (voy. Préambule de la déclaration citée).

[57]. Ainsi par exemple, la CIJ a à l'occasion de l'affaire du Timor Oriental, considéré « (...) *qu'il n'y a rien à redire à l'affirmation* (...) *selon laquelle le droit des peuples à disposer d'eux-mêmes, tel qu'il s'est développé à partir de la Charte et de la pratique de l'organisation des Nations Unies, est un droit opposable erga omnes* [constitutif] (...) *d'un des principes essentiels du droit international contemporain* ». Voy. CIJ, *Affaire relative au Timor Oriental (Portugal c. Australie)*, arrêt du 30 juin 1995, Recueil 1995, p. 102, § 29.

[58]. L. HENNEBEL et H. TIGROUDJA, *Traité de droit international des Droits de l'homme*, *op. cit.*, 1085.

[59]. Sur les querelles bien nombreuses autour des conception et interprétation des liens existants entre le droit des peuples à disposer d'eux-mêmes et les droits civils et politiques et sociaux, économiques et culturels. *Ibid.*, p. 1087 ; il faut toutefois relever que le Comité des droits de l'homme, la Commission africaine des droits de l'homme ainsi que la Cour interaméricaine des droits de l'homme ont tous déposé dans le sens d'une interprétation du droit des peuples à disposer d'eux-mêmes dans le sens du droit des peuples à disposer de leurs ressources naturelles. Voy. Respectivement, Com. dr. h., *Le droit des peuples à disposer d'eux-mêmes*, Observation générale n° 12, 1984, § 2 : « *L'article premier* [du PIDCP] *consacre un droit inaliénable de tous les peuples, défini aux paragraphes 1 et 2 de cet article. En vertu de ce droit, les peuples déterminent librement leur statut politique et assurent librement leur développement économique, social et culturel. L'article impose à tous les États les obligations qui correspondent à ce droit. Ce droit, et les obligations correspondantes qui ont trait à sa mise en œuvre, sont indissociables des autres dispositions du Pacte et des règles de droit international.* ». ; CADHP, *Social and Economic Rights Action Center et Center for Economic and Social Rights c. Nigeria*, decision des 13 et 27 octobre 2001, pétition n° 155/96, § 45 : « *Eu égard aux droits socio-économiques,* (...) *l'État est obligé de respecter la libre utilisation des ressources qui appartiennent ou sont à la disposition d'un individu seul ou en une quelconque forme d'association avec d'autres personnes, notamment le ménage ou la famille, aux fins des besoins liés aux droits* [socio-économiques] *mentionnés plus haut* [et] [e] *n ce qui concerne le groupe collectif, il faudrait respecter les ressources dont il dispose, étant donné que pour satisfaire ses besoins, il doit utiliser les mêmes ressources.* » ; Cour interam. dr. h., *Saramaka Peoples' c. Suriname*, arrêt du 28 novembre 2007, Série C, n° 270, § 121 : « *In accordance with this Court's jurisprudence as stated in the Yakye Axa and Sawhoyamaxa cases, members of tribal and indigenous communities have the right to own the natural resources they have traditionally used within their territory for the same reasons that they have a right to own the land they have traditionally used and occupied for centuries. Without them, the very physical and cultural survival of such peoples is at stake. 123 Hence the need to protect*

497. ***Primauté du droit sur les ressources naturelles ?*** Dès lors, surgit la question de savoir si la faculté dont jouissent les investisseurs en vertu des traités ou contrats d'investissement, pour l'exploitation des ressources naturelles, est susceptible de se heurter aux droits des peuples sur leurs ressources naturelles. À cet égard, il faut dire que le « régionalisme » des droits de l'homme, lequel supporte des visions différentes des droits fondamentaux, est déterminant. En tous cas, la réponse apportée par la Résolution 1803 de l'AGNU est d'une clarté suffisante tant il y est mentionné que « [l] *e droit de souveraineté permanente des peuples et des nations sur leurs richesses et leurs ressources naturelles doit s'exercer dans l'intérêt du développement national et du bien-être de la population de l'État intéressé* »[60]. Et que « [l] *a coopération internationale en vue du développement économique des pays en voie de développement, qu'elle prenne la forme d'investissements de capitaux, publics ou privés, d'échanges de marchandises ou de services, d'assistance technique ou d'échanges de données scientifiques, doit favoriser le développement national indépendant de ces pays et se fonder sur le respect de leur souveraineté sur leurs richesses et leurs ressources naturelles* ».[61] Il en résulte une certaine prévalence du droit des individus sur leurs richesses naturelles par rapport aux droits des investisseurs d'exploiter lesdites richesses sur le fondement des traités et contrats d'investissement.[62]

b) Le particulier

498. ***Le droit des peuples en tant qu'entité autonome***. Les droits des minorités sont envisagés ici non pas sous l'angle de la relation dualiste entre l'État en tant que représentant des intérêts de la collectivité et les investisseurs en tant qu'exploitants des ressources de la collectivité, mais sous l'angle d'un rapport tripartite entre l'État en tant que concédant, l'investisseur en tant concessionnaire et les minorités en tant que « propriétaires ». Ce schéma peut, il est vrai, sembler abstrait et susciter une certaine inquiétude tant il tend à opposer les intérêts de l'État et certains de ses nationaux. Seulement, la logique même du contentieux des droits de l'homme dans ses aspects relatifs à l'investissement, et lorsqu'il est

---

the lands and resources they have traditionally used to prevent their extinction as a people. That is, the aim and purpose of the special measures required on behalf of the members of indigenous and tribal communities is to guarantee that they may continue living their traditional way of life, and that their distinct cultural identity, social structure, economic system, customs, beliefs and traditions are respected, guaranteed and protected by States. ». Nous reviendrons plus en détails et sous la dimension protectrice des minorités, sur ces deux dernières affaires (voy. *infra*).

60. AGNU, Souveraineté permanente sur les ressources naturelles, Rés. 1803 (XVII) du 14 décembre 1962, point 1.

61. Rés. 1803 (XVII), précitée, point 6.

62. En effet, le point 8 de la Rés. 1803 (XVII) précitée, énonce à ce sujet que « [l] *es accords relatifs aux investissements étrangers librement conclus par des États souverains ou entre de tels États seront respectés de bonne foi ; les États et les organisations internationales doivent respecter strictement et consciencieusement la souveraineté des peuples et des nations sur leurs richesses et leurs ressources naturelles, conformément à la Charte et aux principes énoncés dans la présente résolution* ».

initié par les nationaux d'un État d'accueil d'investissement, met souvent en jeu,[63] devant les instances régionales de protection des droits de l'homme, les seules problématiques liées à la gestion des ressources naturelles. Les décisions les plus audacieuses en ce sens semblent provenir des Cours régionales africaine et américaine des droits de l'homme qui, dans ce qu'il ressemble à une promotion des droits des peuples paraissent établir une certaine limitation des prérogatives de l'État lorsque des concessions portent sur des terres occupées par des minorités.

499. ***Les Ogoni devant la Commission africaine des droits l'homme et des peuples***. Dans le cadre de la Commission africaine des droits de l'homme et des peuples, c'est l'affaire dite du *Peuple Ogoni* qui a constitué une esquisse du conflit tripartite pouvant résulter de l'exploitation des ressources naturelles. En l'espèce, un mouvement de défense des droits du peuple indigène des Ogoni (*Movement for the Survival of the Ogoni People – MOSOP*), peuple vivant dans le sud du Nigeria, précisément dans la Delta du Niger, reprochait[64] à l'État nigérian des exploitations pétrolières par le biais d'un consortium constitué d'une société d'État nommée *Nigeria National Petroleum Company* et une filiale de la multinationale *Shell* nommée *Shell Petroleum Development Corporation.* Les requérants alléguaient[65] notamment que l'exploitation pétrolière a été réalisée

---

[63]. Cela s'explique par le fait que les Cours régionales compétentes en matière des droits de l'homme étant censées protéger les droits fondamentaux individuels ou collectifs, songent à protéger, prioritairement, les droits fondamentaux contre les agissements des États, lesquels sont les destinataires privilégiés des obligations relevant des droits de l'homme. Inutile de rappeler à cet égard que l'existante même d'une Cour de protection des droits de l'homme n'est qu'un mécanisme de garantie des droits éponymes consacrés. Ainsi, les statuts des trois principales Cours régionales des droits de l'homme que sont la Cour européenne des droits de l'homme (voy. art. 19 de la Conv. EDH — Signée le 4 novembre 1950 et entrée en vigueur le 3 septembre 1953 — : « *Afin d'assurer le respect des engagements résultant [...] de la [...] Convention et de ses protocoles, il est institué une Cour européenne des droits de l'homme [...] nommée "la Cour". Elle fonctionne de façon permanente.* »), la Cour interaméricaine des droits de l'homme (voy. art. 1er du statut de ladite Cour — Rés. n° 448 adoptée par l'Assemblée générale de l'OEA a sa neuvième session ordinaire tenue à La Paz en octobre 1979 — : « *La Cour interaméricaine des Droits de l'Homme est une institution judiciaire autonome, dont l'objectif est d'interpréter et d'appliquer la Convention américaine relative aux Droits de l'Homme.* ») et la Commission africaine des droits de l'homme et des peuples (voy. art. 3 du règlement de ladite Commission — Adopté lors de sa 2e session ordinaire tenue à Dakar du 8 au 13 février 1988, révisé lors de la 18e session ordinaire tenue à Praia du 2 au 11 octobre 1995 puis lors de la 47e session ordinaire tenue à Banjul du 12 au 26 mai 2010 et entré en vigueur le 18 aout 2010 — : « *La Commission africaine est un organe autonome créé par un traité, travaillant dans le cadre de l'Union africaine en vue de promouvoir les droits de l'homme et des peuples et d'assurer leur protection en Afrique.* »), s'inscrivent dans un commun état d'esprit de protection des personnes contre l'État.

[64]. La requête a été introduite le 14 mars 1996 auprès de la Commission. Voy. CADHP, *Social and Economic Rights Action Center et Center for Economic and Social Rights c. Nigeria*, decision des 13 et 27 octobre 2001, pétition n° 155/96, § 11.

[65]. Pour appuyer leur requête, les demandeurs se font fondés sur plusieurs articles de la Chartes africaine des droits de l'homme et des peuples : les articles 2 (droit à la non-discrimination), 4 (droit à la vie), 14 (droit à la propriété), 16 (droit à la santé), 18 (protection de la famille et protection des groupes vulnérables, 21 [Droit à la disposition de richesses et ressources naturelles] et 24 [Droits des peuples à un environnement satisfaisant]. CADHP, *Social and Economic Rights Action Center*, précitée § 10.

sans tenir compte ni de la santé ni de l'environnement des individus établis dans la zone,[66] ce qui, avec le concours des autorités nationales[67] a, selon eux, causé de graves conséquences pour la collectivité sans que le gouvernement n'intervienne.[68] Après avoir pris acte des différentes allégations et déclaré la requête recevable,[69] la Commission africaine s'est penchée sur le fond.[70] À ce propos, elle a dégagé quatre niveaux de protection auxquels l'État est tenu vis-à-vis des individus relevant de sa juridiction : l'obligation de respecter le libre choix dans la jouissance des ressources naturelles[71] ; la protection de ce droit contre les tiers[72] ; la promotion du droit de jouissance des ressources naturelles par le biais d'infrastructures et installations adaptées[73] ; et entreprendre des initiatives pour la prise en charge des besoins fondamentaux des individus.[74] Toutes ces obligations ont, aux yeux de la Commission, été méconnues par le Nigeria. Il est par ailleurs intéressant de relever que pour parvenir à cette conclusion, la Commission africaine a dû relever que « [l] *a survie des Ogoni dépendait de leurs terres et fermes qui ont été détruites du fait de l'implication directe du gouvernement. Ces brutalités et d'autres brutalités similaires ont non seulement persécuté les individus vivant au pays Ogoni, mais aussi la communauté Ogoni dans son ensemble. Elles ont affecté la vie de la société Ogoni dans son ensemble.* »[75]Cette relation de dépendance entre le peuple Ogoni et les ressources naturelles apparait quelque peu comme le symbole d'une vision régionale axée sur la protection des droits des peuples en ceci que « [l] *e caractère unique de la situation africaine et les qualités spéciales de la Charte africaine imposent une importante tâche à la Commission africaine. Le droit international et les droits de l'homme doivent répondre aux circonstances africaines. En clair, les droits collectifs, environnementaux, économiques et sociaux sont des éléments essentiels des droits de l'homme en Afrique.* »[76]. Il est bien question des droits collectifs des minorités opposés à ceux de l'État. Force est de constater à cet égard que l'efficacité des opérateurs économiques se trouve assujettie aux droits non pas seulement de l'Étant comme représentant de la communauté nationale, mais aussi et surtout aux droits des communautés en tant que minorité, et ce, parce que comme l'indique la

---

66. *Ibid.*, § 2.

67. Il faut dire que loin d'être une simple allégation, l'intervention de l'armée nigériane causant la perte de domicile pour plusieurs villageois a été reconnue par les autorités nigérianes. En ce sens, *Ibid.*, § 8.

68. *Ibid.*, § 3.

69. *Ibid.*, § 14.

70. Il faut préciser que le Nigeria (défendeur) n'a pas présenté de mémoire contradictoire dans cette affaire et s'est simplement contenté de prendre acte du bien-fondé des différentes allégations portées à son encontre, chose que la Commission ne manque pas de regretter (CADHP, *Social and Economic Rights Action Center,* § 49).

71. CADHP, *Social and Economic Rights Action Center,* § 45.

72. *Ibid.*, § 46.

73. *Idem.*, § 46.

74. *Ibid.*, § 47.

75. *Ibid.*, § 67.

76. *Ibid.*, § 68.

Commission, « [l] » *intervention de sociétés multinationales peut être une force de développement potentiellement positive si l'État et le peuple concerné sont attentifs au bien commun et aux droits sacrés des individus et des communautés.* ».[77] Au-delà de la distinction entre les différentes entités aptes à interagir autour des ressources naturelles que sont l'investisseur, l'État, et les peuples (en l'occurrence les Ogoni), il est pareillement fait la distinction entre la propriété foncière de l'État et celle des communautés établies sur des territoires ancestraux désignés comme titulaires de prérogatives souveraines sur les ressources naturelles, prérogatives couvrant un large panel de droits : le droit à la vie, le droit à la propriété, le droit à la santé, le droit à la protection de sa famille et le droit au développent dans un environnement sain.[78] Le positionnement de la Commission africaine en faveur d'une vision régionale plaçant les communautés autochtones au cœur de la souveraineté sur les ressources naturelles n'est pas isolé et l'on peut même soutenir qu'elle fut reprise, non sans une dose d'audace, par la Cour interaméricaine des droits de l'homme.[79]

500. ***Les Saramaka devant la Cour interaméricaine des droits de l'homme.*** Du côté de la Cour précitée, l'affaire dite du *Peuple Saramaka* était l'occasion d'une approche pour le moins révolutionnaire. En fait, lorsqu'elle a été saisie par des membres de la communauté Saramaka en contestation de l'exploitation de leurs terres sans consultation préalable, la Cour interaméricaine s'est, là encore, placée sur le terrain de la distinction entre l'État comme représentant de la collectivité nationale et le peuple comme composante de la collectivité nationale. Cela a permis de mettre en exergue les limites des prérogatives de l'État sur la propriété foncière lorsque celles-ci sont confrontées au droit à la propriété des terres sur lesquelles sont établies des communautés. Il faut toutefois dire que si elle a adopté un raisonnement proche de celui de la Commission africaine, la Cour interaméricaine a, dans l'affaire Saramaka, mené des raisonnements[80] qui ont abouti à l'expropriation en lieu et place de la discrimination dont il était question dans l'affaire des Ogoni. En l'espèce, l'État surinamien avait octroyé au cours de la seconde moitié de la décennie 1990 des concessions d'exploitation minière et forestière à plusieurs filiales de l'entreprise de droit chinois *China International*

---

[77]. *Ibid.*, § 69.

[78]. La violation de l'un ou l'autre de ces droits tomberait sous le coup du droit à la non-discrimination. C'est en tous cas ce que semblait indiquer la Commission africaine dans l'affaire qui nous occupe. *Ibid.*, §§ 50 et s.

[79]. En ce sens, L. HENNEBEL et H. TIGROUDJA, *Traité de droit international des Droits de l'homme*, *op. cit.*, p. 1088.

[80]. On aura relevé que contrairement à ce qu'il a pu être relevé au sujet des liens entre l'affaire *Ogoni* et l'affaire *Saramaka (Ibid.*, p. 1088.), à savoir que la Cour interaméricaine s'est inspirée de la décision de la Commission africaine pour construire son raisonnement dans l'affaire *Saramaka*, cette dernière est davantage le reflet de l'affaire *Awas Tingni Community c. Nicaragua* (Cour IDH, *The Mayagna Awas Tingni Community c. Nicaragua*, arrêt du 31 août 2001, Série C, n° 79, §§ 151 et s.) que celle de la Commission africaine. On en veut pour preuve le fait que cette décision constitue, semble-t-il, la première du genre dans le cadre de la Cour interaméricaine des droits de l'homme à reconnaitre le droit à la propriété aux peuples autochtones, et, est antérieure à la décision de la commission africaine dans l'affaire du *Peuple Ogoni*, précitée.

Marine Containers Ltd dont une partie se trouvait en terre Saramaka. Privées de l'usage de leurs terres par les activités des concessionnaires, les Saramaka ont, notamment par l'intermédiaire d'une association représentant leurs intérêts, contesté, mais sans succès, auprès des autorités du Suriname avant le dépôt d'une pétition devant la Commission interaméricaine des droits de l'homme.[81] Après avoir déclaré leur requête recevable, la Commission interaméricaine[82] décide de transmettre l'affaire à la Cour interaméricaine des droits de l'homme,[83] laquelle devrait dire si et dans quelle mesure les concessions accordées étaient privatives d'un droit collectif à la propriété dont les titulaires seraient les membres d'une communauté à savoir les Saramaka.[84] Pour répondre à cette interrogation, la Cour part du postulat selon lequel la survie des peuples indigènes et tribaux dépend de leur accès aux ressources naturelles[85] et que ce postulat se traduit par une protection accordée par l'art. 21 de la Convention interaméricaine des droits de l'homme aux termes duquel : « *1. Toute personne a droit à l'usage et à la jouissance de ses biens. La loi peut subordonner cet usage et cette jouissance à l'intérêt social. 2. Nul ne peut être privé de ses biens, sauf sur paiement d'une juste indemnité, pour raisons d'intérêt public ou d'intérêt social, et dans les cas et selon les formes prévues par la loi. 3. L'usure ainsi que toute autre forme d'exploitation de l'homme par l'homme sont interdites par la loi.* ».[86] Partant de ce postulat [87]et sans nier la possibilité pour l'État de restreindre l'usage des ressources naturelles, la Cour interaméricaine a conditionné l'octroi des concessions à trois conditions « *First, the State must ensure the effective participation of the members of the Saramaka people, in conformity with their customs and traditions, regarding any development, investment, exploration or extraction plan (...) within Saramaka territory. Second, the State must guarantee that the Saramakas will receive a reasonable benefit from any such plan within their territory. Thirdly, the State must ensure that no concession will be issued within Saramaka territory unless and until independent and technically capable entities, with the State's supervision, perform a prior environmental and social*

---

81. La pétition a été déposée le 30 septembre 2000 et fait grief aux concessions accordées par le gouvernement surinamien en ce que, d'une part, elles méconnaissent le droit à l'usage et à l'exploitation des terres ancestrales, et d'autre part, elles consistent en une violation des droits à la propriété et à l'intégrité culturelle.

82. La recevabilité de la demande a été admise par la Commission à l'occasion de sa 24ème session (rapport 09/06) en date du 2 mars 2006.

83. La décision de la Commission interaméricaine de transmettre l'affaire à la Cour interaméricaine intervient le 23 juin 2006 et fait suite au constat d'une violation du droit à la propriété.

84. Cour IDH, *Saramaka Peoples' c. Suriname*, arrêt du 28 novembre 2007, Série C, n° 270, § 125.

85. *Ibid.*, § 120.

86. Art. 21 de la Convention interaméricaine des droits de l'homme, adoptée à San José, le 22 novembre 1969 lors de la Conférence spécialisée interaméricaine sur les Droits de l'Homme.

87. La Cour interaméricaine s'est d'ailleurs référée à sa jurisprudence antérieure (affaire *Saramaka* précitée, § 121) où il était question de l'interprétation du droit à la propriété à la lumière des droits des minorités. Voy. En particulier : Cour IDH, *The Sawhoyamaxa Indigenous Community c. Paraguay*, arrêt du 29 mars 2006, Série C, n° 146, § 118 ; Cour IDH, *The Indigenous Community Yakye Axa c. Paraguay*, arrêt du 17 juin 2005, Série C, n° 125, §§ 124 puis 137.

impact assessment. »[88]. C'est dire que les prérogatives de l'État sur les ressources naturelles sont assujetties à la préservation de la survie des communautés dont la garantie dépend largement du lien que celles-ci entretiennent avec les terres sur lesquelles elles sont établies. Il est intéressant d'observer à ce sujet précis que la Cour a dû faire appel au droit à la vie du peuple Saramaka pour justifier la nécessité de garantir la pérennité de la relation privilégiée qu'a ledit peuple vis-à-vis de ses terres, en contrepartie de sa survie en tant que communauté. Tout se passe comme si le lien entre l'État et le territoire est substitué par le lien entre les territoires et les peuples, d'où le constat immédiat d'une distinction entre l'État comme garant de l'exploitation des terres et le peuples comme propriétaires des ressources naturelles issues de leurs terres. Il en résulte et en a résulté dans le raisonnement de la Cour que toute concession accordée à un investisseur est soumise non pas seulement à l'accord préalable de l'État, mais aussi et surtout celui de la ou les communautés intéressées, ces dernières devant prétendre à un partage de bénéfice lorsque des concessions d'exploitation de leurs terres auront été accordées à un investisseur.[89] Au fond, il convient de mettre l'accent sur les rapports entre le peuple et l'État. Il en va même de la perception de la notion de population de l'État qui, à la suite d'un raisonnement comme celui des Commission africaine des droits de l'homme et des peuples et Cour interaméricaine des droits de l'homme se révèle sous la double facette communauté nationale/communauté indigène (autochtone ou tribale). Double facette dont la première des conséquences est le consentement des copropriétaires fonciers que sont la communauté nationale représentée par le gouvernement de l'État et la communauté indigène « autoreprésentée ».

§2 : La qualification de l'implication de l'investisseur dans la violation des droits de l'homme

501. ***Au-delà du schéma classique.*** Dans le présent paragraphe il sera question des qualificatifs permettant de designer le comportement de l'investisseur lorsque ceux-ci sont constitutifs d'une violation des droits de l'homme pour laquelle la responsabilité de l'investisseur est susceptible d'être engagée. On pourrait à cet égard et du point de vue du degré d'implication de l'investisseur dans la violation des droits de l'homme, admettre sans débat l'existence d'investisseurs auteurs d'infractions et d'investisseurs complices d'infractions.[90] Seulement, la responsabilité de l'investisseur ne se réduit pas à la seule dimension pénale, mais connait également une dimension civile.[91] Compte tenu de cette donne, la logique

[88]. Cour IDH, *Saramaka Peoples' c. Suriname*, précitée, § 129.

[89]. *Ibid.*, § 138.

[90]. Voy. S. MANCIAUX, « L'implication d'investisseurs étrangers dans certaines violations des droits de l'homme », in E. DOCKES (dir.), *Au cœur des combats juridiques. Pensées et témoignages de juristes engagés*, Paris, éd. Dalloz, coll. Thèmes et commentaires, 2007, pp. 358-362, spéc. p. 358.

[91]. Si ce constat était pleinement justifié dans la décennie 2000, il ne semble plus tenable compte tenu du développement du contentieux relatif à l'investissement, et parait même remis en cause par la pratique récente.

du présent paragraphe sera celle, non pas pénale consistant à considérer l'investisseur comme auteur ou comme complice d'une violation des droits de l'homme[92], mais plutôt celle d'identifier le rôle principal ou secondaire de l'investisseur en cas de violation des droits de l'homme, sans forcément chercher à identifier la nature civile ou pénale des poursuites dont cet investisseur peut être l'objet.[93] Avant d'étudier cette question en profondeur et dans l'objectif de le faire, l'on peut partir du postulat selon lequel l'investisseur est susceptible d'être l'acteur principal dans la violation des droits de l'homme (A) comme il peut en être l'acteur secondaire[94] (B).

A. L'investisseur en tant qu'acteur principal de la violation des droits de l'homme

502. Par acteur il faut entendre la « [p] *ersonne qui prend une part active, joue un rôle important* [ou qui] *intervient dans un domaine* ».[95] Le qualificatif « principal » renvoie quant à lui au « *plus important* [ou au] *premier parmi plusieurs* ».[96] Est donc acteur principal celui qui joue un rôle de premier plan dans un domaine. Le domaine dont il est question est, du point de vue du sujet qui nous occupe, celui des droits dont les bénéficiaires sont les individus installés sur le territoire d'un État au sein duquel un investisseur mène des opérations économiques. À cet égard, l'établissement de l'implication de l'investisseur comme l'acteur principal d'une violation des droits de l'homme nécessite une certaine extension du champ d'intervention dudit investisseur.

1. Négation de la seule complicité

503. ***Au-delà de la seule complicité.*** Dans une perspective de détermination du rôle potentiel de l'investisseur en cas de violations des droits de l'homme liées à son activité économique, il a été soutenu en substance que les entreprises sont généralement complices et non autrices des violations des droits de l'homme.[97] Et

---

[92]. Cela se justifie par le fait que les concepts d'auteur et de complice sont « *dorénavant employé*[s] *de manière beaucoup plus riche, plus profonde et plus large qu'auparavant eu égard aux rapports entre entreprises et droits de l'homme.* ». Voy. Commission internationale de juristes : *Rapport du Comité d'experts juridiques sur la complicité des entreprises dans les crimes internationaux — Complicité des entreprises et Responsabilité juridique —*, Genève, vol. 1 (*affronter les faits et établir une voie juridique*), Genève, éd. 2010, p. 4.

[93]. Il convient cependant de signaler à ce stade que le degré d'implication de l'investisseur est susceptible de mener vers des poursuites pénales et/ou civiles. Sur cette question, voy. Section 2 du présent chapitre.

[94]. On aura relevé que ces deux dimensions (auteur et complice) qui ne relèvent que du volet pénal de la responsabilité n'épuisent guère tous les aspects de la responsabilité de l'investisseur, laquelle est à la fois civile et pénale. Sur ces deux questions, voir respectivement les paragraphes 1 et 2 de la section 2 du présent chapitre.

[95]. A. REY et J. REY-DEBOVE (dir.), *Le Petit Robert de la langue française (2022)*, éd. Le Robert, 2021, p. 28.

[96]. *Ibid*, p. 2023.

[97]. Voy. S. MANCIAUX, « L'implication d'investisseurs étrangers dans certaines violations des droits de l'homme », *loc. cit.*, p. 358.

que plus précisément, « [d] *eux hypothèses peuvent être envisagées relativement à la violation des droits de l'homme à l'occasion d'une opération d'investissement : l'investisseur étranger peut être auteur de la violation des droits de l'homme ou il peut simplement en être le bénéficiaire. La différence entre ces deux hypothèses tient au rôle de l'État hôte. Dans le premier cas il est étranger à la violation et pourra s'en prévaloir en cas de litige l'opposant à l'investisseur. Dans le second, l'État est l'auteur de la violation des droits de l'homme dont profite l'investisseur étranger ; l'hypothèse d'un différend à ce propos entre ces deux protagonistes est alors plus difficilement concevable.* ».[98] Certes d'une grande pertinence, l'observation peut toutefois être complétée en ce sens qu'en termes de responsabilité, les protagonistes d'une opération d'investissement ne se réduisent pas à l'État et l'investisseur, de même que la responsabilité de l'investisseur n'est pas exclusivement centrée sur le domaine pénal. Ainsi, au titre des protagonistes, en plus de l'État et l'investisseur, on pourrait ajouter la population et, en termes de responsabilité, on pourrait, en plus de la responsabilité pénale, ajouter la responsabilité civile. Ce n'est qu'au moyen d'une telle conception que les règles relatives aux obligations des investisseurs en matière des droits de l'homme pourraient concrètement servir dans la qualification du comportement de l'investisseur. C'est d'ailleurs dans ce sens qu'il faut lire les instruments internationaux destinés à l'encadrement des activités des entreprises multinationales dans le domaine des droits de l'homme et dont l'objectif est, *in fine*, la conciliation de l'économique et du social.

504. *Double dimension*. D'un point de vue pénal, est constitutive de complicité l'« *aide apportée en connaissance de cause à l'auteur de l'infraction dès lors que cette aide ne réunit pas les éléments constitutifs de l'infraction elle-même* »[99]. Autrement dit, le complice ne commet pas personnellement l'infraction, mais participe matériellement à sa commission. Il va sans dire que le complice n'est qu'un « aidant » ou « assistant » pour la commission de l'infraction alors que le coauteur est l'un des auteurs de l'infraction et donc un auteur de l'infraction. La complicité est donc sous cet angle, la traduction pénale du rôle

98. Voy. S. MANCIAUX, « L'implication d'investisseurs étrangers dans certaines violations des droits de l'homme », *loc. cit.*, p. 358 (le soulignement est de nous). Par ailleurs, il convient de relever qu'être le bénéficiaire d'une infraction traduit une forme de complicité si le comportement à l'origine de l'infraction a été facilité et/ou encouragé par le bénéficiaire. Toujours dans le cadre de l'étude citée, l'auteur opte clairement pour l'hypothèse de la complicité de l'investisseur dans la violation des droits de l'homme plutôt que pour la violation des droits de l'homme par l'investisseur en tant qu'auteur : « *Aux violations des droits de l'homme les plus criantes telles les atteintes à la vie, à l'intégrité corporelle, à la liberté d'aller et venir, au droit de propriété, etc., correspondent les infractions pénales suivantes : homicides, coups et blessures, séquestration arbitraire, vol, etc. Mais de telles infractions sont peu susceptibles d'être relevées en pratique, car elles supposent que des employés de l'investisseur ou des milices à ses ordres se livrent directement à de telles exactions. Et il est douteux qu'un investisseur prenne une telle initiative en raison des risques qu'elle comporte aussi bien dans l'État d'accueil que dans son État d'origine et dans tous les États dans lesquels il opère : intervention de la puissance publique dans le premier cité, opprobre général dans les autres pour le moins, voire également mise en œuvre de voies de droit.* » (*Ibid.*, p. 360).

99. J. SALMON (dir.), *Dictionnaire de droit international public*, *op. cit.*, p. 219.

secondaire de la personne impliquée dans la commission d'une infraction. Si pour chaque infraction il y a forcément un auteur, il n'y a pas forcément un complice pour chaque infraction. Cela revient à dire que l'identification d'un complice pour une infraction dépend des circonstances de commission de l'infraction. Envisager la question de la qualification des comportements fautifs de l'investisseur sous le seul angle de la complicité peut impliquer une présomption de « non-commission de l'infraction » par l'investisseur, ce qui, et c'est le revers de la médaille, reviendrait à attribuer une présomption de « commission de l'infraction » à l'État.[100] Or, et cela est particulièrement vrai dans le domaine de l'investissement, le fait pour un État d'accorder une concession à un investisseur ne présume guère d'un quelconque rôle que celui-ci pourrait avoir dans la gestion de ladite concession, si ce n'est, justement, l'implication la moins importante dans le déroulé des opérations menées par l'investisseur. S'il est vrai sur ce terrain que les obligations positives de l'État lui imposent de mobiliser tous les moyens dont il dispose afin de garantir les sécurités tant de l'investisseur que de ses propres nationaux, il n'en demeure pas moins que de telles actions ne sauraient servir de rempart contre toutes potentielles infractions commises par l'investisseur à l'égard des nationaux et inversement, pas plus d'ailleurs que n'importe quelles autres infractions commises dans les limites territoriales de cet État. Sur ce plan précis, il incombe à chacun des protagonistes d'endosser le rôle qui est le sien dans la commission de l'infraction. Il faut tout de même relever que quand bien même les trois entités sont concernées, seules deux d'entre elles sont susceptibles de porter atteinte aux droits de l'homme : l'État et l'entreprise. Car la troisième entité qu'est le/les peuples sont souvent victimes, soit d'un comportement de l'État, soit d'un comportement de l'investisseur. Ce dernier cas, conséquence d'une infraction issue directement de l'activité de l'investisseur, et objet de notre propos, se dédouble en infraction à l'égard des communauté et minorité nationales.

2. L'investisseur, acteur du fait des infractions à l'égard de l'État et des minorités ?

505. *État contre investisseur et investisseur contre État.* Partir du postulat selon lequel la méconnaissance des droits de l'homme résulte en matière d'investissement des seules actions de l'État en tant que partenaire ou de l'investisseur en tant que gestionnaire, revient à souligner négativement les cas dans lesquels les États ne seraient pas auteurs de violations des droits de l'homme. À ce propos, le projet d'Articles sur la responsabilité de l'État pour fait internationalement illicite indique que « [l] *e comportement d'une personne ou entité qui n'est pas un organe de l'État* (...), *mais qui est habilitée par le droit de cet État à exercer des prérogatives de puissance publique, pour autant que, en l'espèce, cette personne ou entité agisse en cette qualité, est considéré comme un*

---

100. Rappelons qu'auteur et complice peuvent subir la même sanction. Ainsi, l'art. 121-6 du Code pénal français (en vigueur depuis le 1er mars 1994) dispose que « [s] *era puni comme auteur le complice de l'infraction* (...) ».

fait de l'État d'après le droit international. ».[101] Sont donc exclus du champ de la responsabilité de l'État, les comportements d'une entité n'exerçant pas les prérogatives de puissance publique et n'agissant pas pour le compte de l'État. Mais cela ne suffit en réalité pas pour soustraire du champ de la responsabilité de l'État, toutes les actions de l'entreprise inscrites dans un cadre autre que celui de la poursuite des prérogatives de puissance publique et engagées à cette fin. Il faudrait au moins à cet égard que l'investisseur soit à l'origine d'un comportement fautif consistant en une méconnaissance des droits protégés par l'État en vertu de ses engagements internationaux ou alors des obligations pesant sur l'investisseur en vertu des règles internationales relatives à l'investissement. Pour le premier cas de figure, le comportement fautif de l'investisseur conduit à une relation conflictuelle entre l'investisseur et l'État d'accueil. Tel est d'ailleurs le cas lorsque l'État se présente comme demandeur devant les instances de règlement des différends relatifs à l'investissement.[102] Néanmoins, il faut s'empresser de nuancer cette affirmation, car les réclamations de l'État ne sont guère toujours fondées sur des violations des droits de l'homme commises par l'investisseur. Tel est le cas lorsque sont en jeu les demandes initiées par des entreprises détenues par l'État d'accueil contre les entreprises étrangères.[103] Les cas de figure auxquels est faite allusion pourraient résulter d'une relation conflictuelle entre les règles dont il est question dans le domaine des droits de l'homme (obligation pesant sur l'État pour la mise en œuvre d'un droit fondamental) et les règles présentes dans le domaine du droit de l'investissement (obligation pour l'investisseur de respecter le droit international et a défaut, le droit de l'État d'accueil). Mais l'identification du rôle de l'investisseur en tant qu'acteur principal de la violation des droits fondamentaux semble davantage se matérialiser dans le domaine civil que dans le domaine pénal.

---

[101]. Art. 5 du *Projet d'Articles sur la responsabilité de l'État pour fait internationalement illicite*, rés. 56/83 de l'AGNU du 12 décembre 2001.

[102]. Deux procédés, l'un classique et l'autre relativement récent, permettent d'identifier l'État sous le visage de demandeur dans le contentieux de l'investissement : l'État demandeur via l'initiation de la procédure d'arbitrage (notamment, CIRDI, *Gabon c. Société Serete,* aff. n° ARB/76/1, Ordonnance prenant acte du désistement à l'instance du 27 février 1978 ; CIRDI, *Tanzania Electric Supply Company Limited c. Independent Power Tanzania Limited,* aff. n° ARB/98/8, sentence du 12 juillet 2001 ; CIRDI, *Gouvernement de la province de Kalimantan oriental c. PT Kaltim Prima,* aff. n° ARB/07/3, Décision sur la compétence du 28 décembre 2009 ; CIRDI, *République du Pérou c. Caravelí Cotaruse Transmisora de Energía,* aff. n° ARB/13/24, Ordonnance de procédure prenant acte du désistement à l'instance du 26 décembre 2013) et l'État demandeur via les demandes reconventionnelles. La première hypothèse n'a eu, en raison notamment de sa faible mobilisation, qu'un impact marginal sur les droits de l'homme tant elle s'est souvent soldée par des compromis entre l'État et l'investisseur (affaires *Gabon c. Société Serete* et *République du Pérou c. Caravelí Cotaruse*) et touche à des problématiques d'ordre purement économique se rapportant, par exemple, à la vente d'actions (voy. *Gouvernement de la province de Kalimantan oriental c. PT Kaltim Prima,* précitée, § 16.) ou fixation des tarifs (*Tanzania Electric Supply Company Limited c. Independent Power Tanzania Limited,* §§ 19 et s.). Quant à la seconde hypothèse, celle-ci connait un essor depuis le début de ces deux dernières décennies (voy. le premier chapitre du présent titre).

[103]. En ce sens, voy. Par exemple, l'affaire précitée : CIRDI, *Tanzania Electric Supply Company Limited c. Independent Power Tanzania Limited,* aff. n° ARB/98/8, sentence du 12 juillet 2001.

506. ***Rétrospective : omniprésence du domaine civil.*** Sur le terrain de l'implication de l'investisseur dans les violations des droits de l'homme sous l'angle civil, le droit à l'eau présente un intérêt certain parce qu'à la fois, au cœur de certaines opérations d'investissement, considéré comme un droit fondamental par les instruments internationaux y relatifs [104]et relève d'un domaine cher aux États. L'illustration la plus parfaite de l'omniprésence des questions liées à l'eau dans le domaine de l'investissement n'est autre que celle des affaires ayant opposé l'argentine à plusieurs investisseurs.[105] Dans ces affaires, la question était de savoir si un État est en mesure d'obliger un investisseur à garantir la fourniture d'eau sur son territoire. Formulée autrement, du point de vue de l'investisseur, il importait de savoir si un investisseur était en droit de refuser la fourniture d'eau à la population d'un État en raison d'un défaut de respect des engagements, et ce, quel que soit le motif de la défaillance de l'État. En clair, il était demandé aux arbitres de dire si le droit fondamental à l'eau garanti par l'État est un élément constitutif de la législation dont sont impérativement tenus les investisseurs. S'il est vrai que les réponses apportées à cette question ont d'abord été négatives pour l'État et positives pour l'investisseur, elles se révèlent aujourd'hui nuancées sous le poids du droit en cause. En fait, dans une affaire *Saur c. Argentine*[106], la défenderesse a fait référence au droit fondamental à l'eau et prié le tribunal d'interpréter les obligations découlant du traité d'investissement applicable à la lumière des obligations en matière des droits de l'homme dans le cadre desquelles s'inscrivent les actions entreprises par l'État argentin et dont l'objectif était la préservation du droit fondamental de la population d'accès à l'eau.[107] A l'opposé de cette proposition, l'entreprise *Saur* soutenait qu'une telle justification était vaine et ne saurait légitimer les manquements de l'État argentin à ses obligations découlant du Traité.[108]Sans manquer l'occasion de relever que « [l] *accès à l'eau potable constitue, du point de vue de l'État, un service public de première*

[104]. En ce sens, voy. Conseil économique et social — Comité des droits économiques, sociaux et culturels , *Observation générale n° 15 (2002). Le droit à l'eau (art. 11 et 12 du Pacte international relatif aux droits économiques, sociaux et culturels)*, doc. E/C.12/2002/11, 20 janvier 2003, p. 2, § 3 ; Conseil des droits de l'homme, *Les droits de l'homme et l'accès à l'eau potable et à l'assainissement*, rés. A/ HRC/15/L.14, 24 septembre 2010, § 3 ; AGNU, Le droit de l'homme à l'eau et à l'assainissement, rés. A/ RES/64/292, 28 juillet 2010, art. 1. Par ailleurs, quand bien même le droit à l'eau n'y a pas été nommément cité, l'art. 11 § 1 du Pacte international relatif aux droits économiques, sociaux et culturels (AGNU, rés. 2200 A — XXI — du 16 décembre 1966, entré en vigueur le 3 janvier 1976) y fait écho sous la bannière du « droit à un niveau de vie suffisant » : « *Les États parties au présent Pacte reconnaissent le droit de toute personne à un niveau de vie suffisant pour elle-même et sa famille, y compris une nourriture, un vêtement et un logement suffisants, ainsi qu'à une amélioration constante de ses conditions d'existence.* ».

[105]. Voy. *Supra*.

[106]. CIRDI, *Saur International c. Argentine*, aff. n° ARB/04/4, Décision sur les compétence et responsabilité du 6 juin 2012. Les faits de cette affaire révèlent que l'entreprise *Saur* était chargée de la gestion des services d'approvisionnement de populations argentines en eau potable.

[107]. *Ibid*., § 328.

[108]. *Ibid*., § 329.

nécessité et, du point de vue du citoyen, un droit fondamental »[109] et que « [p] *our ce motif, en cette matière, l'ordre juridique peut et doit réserver à l'Autorité publique des fonctions légitimes de planification, de supervision, de police, de sanction, d'intervention et même de résiliation, afin de protéger l'intérêt général* »[110], le tribunal de l'affaire *Saur* a conclu à la violation par l'Argentine de ses obligations envers l'investisseur en ce que les mesures prises étaient synonymes d'expropriation indirecte.[111]D'autres affaires antérieures, initiées contre l'Argentine, ont été l'occasion d'un raisonnement similaire.[112]

507. *Tendance sur fond de lacune*. L'approche préconisée par les arbitres souffre d'un défaut de légitimité tant elle s'émancipe de l'architecture des obligations internationales orientées vers la primauté des obligations en matière des droits l'homme sur les autres obligations dont font partie les obligations en matière de protection des investissements. Admettre que le droit à l'eau est un droit fondamental sans tirer les conclusions utiles d'une telle admission correspond quelque peu à une sorte d'extrapolation.[113] Aussi, le *Projet d'Articles sur la responsabilité de l'État pour fait internationalement illicite*[114] exonère tout État de ses responsabilités en cas de détresse[115] ou de nécessité,[116] ce qui paraissait être le cas de l'État argentin au moment de la prise de mesures drastiques à

---

[109]. *Ibid.*, § 330.

[110]. *Idem.*

[111]. *Ibid.*, § 2.

[112]. Voy. Notamment : CIRDI, *Azurix c. Argentine*, aff. n° ARB/01/12, sentence du 14 juillet 2006 ; CIRDI, *Compañia de Aguas del Aconquija et Vivendi c. Argentine*, aff. n° ARB/97/3, sentence du 20 aout 2007.

[113]. Conformément à L'art. 103 § de la charte des Nations Unies (signée le 23 juin 1946), « [e] *n cas de conflit entre les obligations des Membres des Nations Unies en vertu de la présente Charte et leurs obligations en vertu de tout autre accord international, les premières prévaudront.* ». Rappelons que le but de cette charte est l'« *encourage* [ment] [et] *le respect des droits de l'homme et des libertés fondamentales pour tous, sans distinction de race, de sexe, de langue ou de religion* » (voy. art. 1er § 3 de la charte).

[114]. AGNU, rés. du 12 décembre 2001, 56/83, A/56/49 (Vol. I)/Corr.3.

[115]. Telle est la préconisation de l'art. 25 du Projet d'Articles précité relatif à la détresse, aux termes duquel : « *L'illicéité du fait d'un État non conforme à une obligation internationale de cet État est exclue si l'auteur dudit fait n'a raisonnablement pas d'autre moyen, dans une situation de détresse, de sauver sa propre vie ou celle de personnes qu'il a la charge de protéger. 2. Le paragraphe 1 ne s'applique pas : a) Si la situation de détresse est due, soit uniquement soit en conjonction avec d'autres facteurs, au comportement de l'État qui l'invoque ; ou b) Si ledit fait est susceptible de créer un péril comparable ou plus grave.* ».

[116]. Il en est de même de l'art. 26 du Projet d'Articles précité relatif à l'état de nécessité, aux termes duquel : « *L'État ne peut invoquer l'état de nécessité comme cause d'exclusion de l'illicéité d'un fait non conforme à l'une de ses obligations internationales que si ce fait : a) Constitue pour l'État le seul moyen de protéger un intérêt essentiel contre un péril grave et imminent ; et b) Ne porte pas gravement atteinte à un intérêt essentiel de l'État ou des États à l'égard desquels l'obligation existe ou de la communauté internationale dans son ensemble. 2. En tout cas, l'état de nécessité ne peut être invoqué par l'État comme cause d'exclusion de l'illicéité : a) Si l'obligation internationale en question exclut la possibilité d'invoquer l'état de nécessité ; ou b) Si l'État a contribué à la survenance de cette situation.* ».

l'encontre des investisseurs.[117] Seulement, l'actualité du droit des investissements laisse apparaitre une tendance vers l'abandon d'une telle approche, laquelle ressort des récentes affaires *Urbaser c. Argentine*[118] et *Burlington c. Équateur*[119]. Au-delà de ce fait, les demandes de participation de la société civile à l'arbitrage d'investissement en matière d'eau attestent l'importance de ces questions pour « la communauté nationale » représentée par l'État.[120] Ces demandes peuvent être interprétées comme une invite à une meilleure prise en compte de la responsabilité des investisseurs[121] relativement aux obligations en matière des droits de l'homme pesant, d'une part sur l'État en vertu des engagements internationaux et, d'autre part sur l'investisseur compte tenu de la double obligation de respecter la législation de l'État d'accueil et le droit international des droits de l'homme.[122]

508. ***L'investisseur vis-à-vis des minorités***. À l'hypothèse de la violation des droits de l'homme garantis par l'État et bénéficiant à la collectivité nationale, viennent s'ajouter les violations des droits de l'homme à l'égard des minorités. Ces dernières peuvent être entendues comme les groupes rattachés à un État par un lien de nationalité, mais présentant des caractéristiques notamment ethniques et culturelles propres, dont la pérennisation constitue le noyau de leurs identités.[123]

---

117. Dont principalement la fixation des prix en prenant compte de la dévaluation du peso argentin ainsi que la rupture du contrat de concession.

118. CIRDI, *Urbaser et al. c. Argentine*, précitée, § 1195.

119. CIRDI, *Burlington Ressources Inc. c. Équateur*, aff. n° ARB/08/5, décision sur les demandes reconventionnelles du 7 février 2017.

120. Voy. P. MAYER, « Les arbitrages CIRDI en matière d'eau », in SFDI, *L'eau en droit international*. Colloque d'Orléans, Paris, éd. Pedone, 2011, pp. 174 et s.

121. C'est tellement vrai que comme le relève S. MANCIAUX au sujet de l'affaire *Aguas del Tunari c. Bolivie*, aff. n° ARB/02/3 (à l'occasion de laquelle il était reproché à l'Argentine la résiliation d'un contrat de concession de distribution d'eau), que même « *ayant obtenu fin 2005 une décision sur la compétence du tribunal arbitral Cirdi saisi, l'investisseur a pourtant abandonné en janvier 2006 sa demande d'indemnisation et mis fin au litige, vraisemblablement en raison de la très forte campagne internationale initiée à son encontre par de nombreuses ONG.* » (S. MANCIAUX, « L'implication des investisseurs », *loc. cit.*, p. 359).

122. Dans un sens large, cela peut prendre la forme d'un « *détournement de ressources foncières, aquifères ou minières d'un État* » (voy. S. LAVOREL, « Exploitation des ressources naturelles et droit des peuples à l'autodétermination économique », in M. AILINCAI et S. LAVOREL [dir.], *Exploitation des ressources naturelles et protection des droits de l'homme*, Paris, éd. Pedone, 2013, p. 38.

123. En dépit de l'existence d'instruments de protection des minorités, celles-ci restent peu définies. En effet, ni la *Déclaration des droits des personnes appartenant à des minorités nationales ou ethniques, religieuses et linguistiques* (AGNU, rés. 47/135 du 18 décembre 1992) ni la Convention-cadre pour la Protection des Minorités nationales (Conseil de l'Europe, adoptée le 10 novembre 1994 et ouverte à la signature le 1er février 1995) ne définissent ce concept. En revanche, le projet de *Protocole additionnel à la Convention européenne des droits de l'homme sur les droits des minorités* (Conseil de l'Europe, recommandation 1201/1993 ; le texte n'a toutefois pas abouti) en donne une définition proche de celle adoptée dans les présents passages. Ainsi, on y lit à l'art. 1er qu'« [a] *ux fins de cette Convention l'expression "minorité nationale" désigne un groupe de personnes dans un État qui : a. résident sur le territoire de cet État et en sont citoyens ; b. entretiennent des liens anciens, solides et durables avec cet État ; c. présentent des caractéristiques ethniques, culturelles, religieuses ou linguistiques spécifiques ; d. sont suffisamment représentatives, tout en étant moins nombreuses*

Couvrant les « autochtones », le concept de « minorités », fait bénéficier à ceux qui en relèvent, notamment le droit aux ressources, le droit à la propriété, le droit à la vie, le droit au logement, et même le droit de manifester ses convictions personnelles.[124] L'actualité du droit des investissement révèle, là aussi, que les investissements sont parfois mis en cause non pas parce qu'ils méconnaissent directement des obligations en matière des droits de l'homme, mais parce qu'ils interviennent comme un obstacle à la jouissance des droits collectifs.[125] À ce sujet, à la différence des affaires précédemment exposées, le rôle de l'investisseur en tant qu'acteur du fait des infractions à l'égard des minorités se matérialise par l'intervention de cet investisseur en tant qu'exploitant des ressources naturelles. Les cas les plus marquants sont ceux dans lesquels, à travers leurs activités d'exploitation des ressources naturelles, les investisseurs entravent le droit de certaines minorités de jouir du bénéfice des ressources issues de leurs terres en ce compris le droit à l'eau.[126]

B. L'investisseur en tant qu'acteur secondaire de la violation des droits de l'homme

509. ***Du constat à la mise en œuvre***. En dehors des cas où l'investisseur est l'acteur principal des manquements aux droits de l'homme, il arrive également que celui-ci soit lié à des opérations dont l'exécution conduit à des violations des

---

que le reste de la population de cet État ou d'une région de cet État ; e. sont animées de la volonté de préserver ensemble ce qui fait leur identité commune, notamment leur culture, leurs traditions, leur religion ou leur langue. » Le terme minorité sera employé comme synonyme d'autochtone tant ce dernier s'identifie à travers les critères du premier à la seule différence que le concept d'autochtone n'est pas principalement basé sur le nombre là où le concept de « minorités » est axé sur le nombre. Mais le fait est que les autochtones appartiennent tous généralement à des minorités sans que toutes les minorités soient considérées comme des autochtones. Le terme « minorités » couvre donc celui d'« autochtone ».

[124]. On aura relevé que l'exercice de ces droits ne vise en aucun cas à compromettre la législation nationale, mais tend au contraire à s'inscrire dans sa logique, et ce, compte tenu des engagements internationaux en matière des droits de l'homme souscrits par l'État. En une formule, les droits des minorités considérés s'inscrivent dans la logique de l'art. 4, § 2 de la *Déclaration des droits des personnes appartenant à des minorités nationales ou ethniques, religieuses et linguistiques (précitée)*, lequel énonce que « [l] *es États prennent des mesures pour créer des conditions propres à permettre aux personnes appartenant à des minorités d'exprimer leurs propres particularités et de développer leur culture, leur langue, leurs traditions et leurs coutumes, sauf dans le cas de pratiques spécifiques qui constituent une infraction à la législation nationale et sont contraires aux normes internationales.* ».

[125]. On renverra ici aux développements consacrés aux droits collectifs dans le premier § de la présente section.

[126]. L'affaire dite du peuple Ogoni (sur laquelle nous reviendrons) née de la pollution des eaux à la suite des activités menée par une filiale de l'entreprise Shall au Delta du Niger au Nigeria est une illustration parfaite : CADHP, *The Social and Economic Rights Action Center and the Center for Economic and Social Rights c. Nigeria*, decision des 13 et 27 octobre 2001, n° 155/96. Sur cette question voy. S. PAQUEROT, « Exploitation des ressources naturelles et droit à l'eau et l'assainissement », in M. AILINCAI et S. LAVOREL (dir.), *Exploitation des ressources naturelles et protection des droits de l'homme*, Paris, éd. Pedone, 2013, pp. 24 et s.

droits de l'homme. En lieu et place de sa désignation comme acteur principal, l'investisseur est désigné comme acteur secondaire. Ainsi, par acteur secondaire, on désigne le fait pour une « [p] *ersonne* [de] *prend* [re] *une part active, joue* [r] *un rôle important* [ou] *interv* [enir] *dans un domaine* »,[127] mais de manière accessoire.[128] Les récents développements en matière d'investissement semblent révéler que l'implication de l'investisseur en tant qu'acteur secondaire a lieu généralement dans les cas les plus graves des violations des droits de l'homme, ce qui donne lieu à des poursuites pénales pour complicité (au sens technique et pénal du terme). À cet égard et en dehors des cas divers de complicité, le secteur des crimes contre l'humanité offre une pratique riche d'enseignements qu'il convient d'explorer puis restituer par l'exemple.

1. Généralités

510. *Bénéficiaire ou complice.* Il n'est plus rare de mettre en cause des investisseurs étrangers parce qu'intervenant d'une manière ou d'une autre dans un processus de violation des droits de l'homme.[129] À cet égard, l'État et l'investisseur peuvent être dos à dos. Le premier étant à l'origine de l'infraction et le second en étant le bénéficiaire. Mais, être bénéficiaire d'une infraction n'est-ce pas en être le complice de son auteur ? En tous cas, tel est le nœud de la problématique de la complicité des investisseurs étrangers dans les infractions commises par les États. Étant donné que l'objet du propos est la complicité de l'investisseur, il convient de mettre en lumière les perspectives d'une telle donne.

511. *Hypothèses « abusivement » multiples*. L'une des hypothèses la plus classique est celle où la contribution de l'investisseur est telle qu'elle incite ou encourage la commission de l'infraction en vue d'une facilitation ou protection de l'opération d'investissement. Il en résulte qu'« [e] *n réalité l'investisseur étranger ne se rend complice de la violation des droits de l'homme que si cette dernière est commise à son profit direct et qu'il est conscient de cet état de fait* (...) ».[130] Tel a d'ailleurs été le cas d'une série d'affaires[131] dans lesquelles diverses allégations de violations des droits de l'homme avaient été mentionnées. Cela va

---

127. A. REY et J. REY-DEBOVE (dir.), *op. cit.*, p. 28.

128. Complément inspiré de : *Ibid.*, p. 2334.

129. Sur cette question, voy. I. MOULIER, « La responsabilité des entreprises transnationales et de leurs dirigeants : approche extraterritoriale et internationale », in M. AILINCAI et S. LAVOREL (dir.), *Exploitation des ressources naturelles et protection des droits de l'homme*, Paris, éd. Pedone, 2013, pp. 163-190, spéc. pp. 175 et s.

130. S. MANCIAUX, « L'implication des investisseurs », *loc. cit.*, p. 363.

131. Notamment, les affaires *Abganinin et al c. Amvac Chemical Corp,* 545 F, 3ème éd., 733, 9ème Circuit, 2008 : allégations relatives à l'usage de pesticide provoquant la stérilité des employés qui en ont fait usage ; *Vietnam Association for Victims et al. c. Dow Chemical Corp.*, 05-1953 cv, 2ème Circuit, 2008 : allégations relatives à l'usage d'herbicides ayant provoqué des blessures chez les employés ; *Hereros c. Deutsche Afrika*, 232 Fed. Appx. 90, 3ème Circuit, 2007 : allégations relatives à la traite des membres de la communauté Hereros. Sur toutes ces références, voy. I. MOULIER, « La responsabilité des entreprises », *loc. cit.*, pp. 175.

du travail des enfants[132] à la collaboration avec des groupes armés[133] en passant par l'absence de règles minimales de sécurité au travail.[134] Dès lors, l'enjeu reste ici la détermination du degré d'implication de l'investisseur dans la commission de l'infraction. Pour parvenir à cette fin, ont été émises des interrogations sur les capacités d'un investisseur à connaitre à l'avance les intentions d'un État en termes de violations des droits de l'homme et que même si la réponse était positive, il ne saurait être tenu pour responsable des comportements d'un État souverain.[135] Non seulement « *si un investisseur étranger ne peut être tenu pour responsable du comportement des autorités d'un pays souverain, il ne peut prétendre les ignorer* »[136] ; mais aussi, il ne peut réfuter l'existence d'un tel comportement lorsque celui-ci tend à faciliter les réalisation et/ou maximisation du bénéfice tiré de l'opération d'investissement. Mais cette considération couvre de multiples cas de figures qu'il importe de recentrer. À cet égard, le Haut-commissariat aux droits de l'homme des Nations-Unies a, dans un rapport de 2001, exposé une triple catégorisation de la complicité : complicité directe[137] ;

---

132. A ce sujet, la plainte déposée en France par un groupe d'associations le 26 février 2013 contre le groupe Samsung pour qui des enfants travaillaient alors même que ledit groupe revendiquait une responsabilité sociale exemplaire. Voy. E. DAVID et G. LEFEVRE, *Juger les multinationales. Droits humains bafoués, ressources naturelles pillées, impunité organisée*, Bruxelles, éd. Mardaga, 2015, pp. 9 et s.

133. Tel était le cas dans l'affaire Total en Birmanie (construction du gazoduc de Yadana) autour, laquelle avait donné lieu à des poursuites devant les juridictions belges suivant le canal de la compétence universelle. Mais cette affaire a été jugée irrecevable pour défaut compétence des juridictions belges le 29 juin 2005 puis le 29 octobre 2008. Sur cette question, voy. E. DAVID et G. LEFEVRE, *Juger les multinationales, op. cit.*, pp. 12 et s.

134. Le drame Rana Plaza au Bangladesh ayant causé la mort de 1138 personnes à la suite de l'effondrement d'un immeuble faisant office d'ateliers de confection de textiles en donne une illustration. *Idem.*

135. S. MANCIAUX, « L'implication d'investisseurs étrangers », *loc. cit.*, p. 363.

136. *Idem.*

137. Aux fins d'identification de cette catégorie, le Haut-Commissariat indique : « *Toute entreprise qui aide sciemment un État à violer les principes du droit international énoncés dans la Déclaration universelle des droits de l'homme pourrait être considérée comme complice directe de cette violation. Une entreprise, par exemple, qui a soutenu, voire contribué au déplacement forcé de personnes dans des circonstances assimilables à une violation du droit international relatif aux droits de l'homme pourrait être considérée comme directement complice de cette violation. Elle pourrait être qualifiée de responsable si l'entreprise ou ses représentants étaient informés des répercussions probables de leur assistance.* ». Voy. AGNU, *Rapport du Haut-commissaire aux Droits de l'Homme des Nations-Unies*, Cinquante sixième session, Supplément n° 36 (doc. À/56/36), 28 septembre 2001, p. 21, § 109.

complicité par intérêt[138] ; complicité tacite.[139] Là encore, le cadre de la complicité parait déborder. Si les deux premières catégories de complicité (complicité directe et complicité par intérêt) présentent un intérêt indéniable pour les droits de l'homme, la dernière parait excessive en ce sens qu'elle invite l'investisseur à surveiller d'une certaine manière les comportements et activités de l'État en matière des droits de l'homme ; et délègue les missions des instances régionales et onusiennes de protection des droits de l'homme à des acteurs économiques dont l'objectif premier est la réalisation d'un profit. En tous cas, multiples affaires portées à la connaissance du public portent en apparence sur la participation d'investisseurs à la commission de manquements aux droits de l'homme. De l'affaire *Unocal*[140] à l'affaire *Monsanto*[141] en passant par l'affaire *Total*[142], les allégations de violation des droits de l'homme ne cessent de cibler les investisseurs. Mais, dans ce qui ressemble à une réponse de principe, la complicité de l'investisseur n'a semblé jouer qu'à raison d'une aide/participation et/ou assistance dans la réalisation d'une infraction dont l'auteur serait l'État.[143] Toutes ces considérations invitent à voir ce qu'il en est de la complicité des entreprises au regard de l'actualité récente.

2. Une évolution spectaculaire : l'affaire *Lafarge*

512. *Germes d'une infraction de complicité de crime contre l'humanité*. En France, le cas d'une société de droit syrien, détenue à hauteur de 98 % par le groupe Lafarge et ayant mené des activités sur une partie du territoire syrien contrôlé par des groupes armés dont notamment « l'État islamique », est à cet égard éclairant. Afin de garantir ses activités, ladite société aurait transigé avec lesdits groupes armés autour de plusieurs millions de dollars. Alors que le 28 juin 2018, le juge d'instruction avait prononcé une mise en examen à son encontre et, celle-ci ayant été annulée par la Cour d'appel de Paris le 7 novembre 2019 pour

138. Celle-ci étant : « *Lorsque le monde de l'entreprise tire profit d'abus commis par une autre entité, on peut dire que l'attitude adoptée par les entreprises à l'égard de violations commises par le gouvernement ou par des rebelles relève également de la complicité. Les violations commises par des forces de sécurité — répression d'une manifestation pacifique contre les activités d'une entreprise ou recours à des méthodes répressives lors de la surveillance des locaux d'une entreprise, par exemple — sont couramment citées comme exemples de complicité des entreprises dans les abus en matière de droits de l'homme.* ». Voy. AGNU, *Rapport du Haut-commissaire aux Droits de l'Homme des Nations-Unies*, Cinquante sixième session, Supplément n° 36 (doc. À/56/36), 28 septembre 2001, p. 22, § 110.

139. Laquelle « *suppose que l'on s'attend normalement à voir les entreprises signaler aux autorités compétentes tout abus systématique ou continu en matière de droits de l'homme.* ». Voy. AGNU, *Rapport du Haut-commissaire aux Droits de l'Homme des Nations-Unies*, Cinquante sixième session, Supplément n° 36 (doc. À/56/36), 28 septembre 2001, p. 22, § 111.

140. Sur cette affaire, voy. E. DAVID et G. LEFEVRE, *Juger les multinationales, op. cit., pp. 9 et s.*

141. *Idem.*

142. *Idem.*

143. Ainsi par exemple, dans l'une des décisions emblématiques relativement à la complicité de violation des droits de l'homme visant les entreprises, il a été souligné que la multinationale « (...) *may be liable (...) for aiding and abetting the Myanmar Military in subjecting Plaintiffs to forced labor* ». Voy. *Doe I c. Unocal Corp.*, 395 F, 3ème éd., 932, 942-43 (9ème Circuit, 2002, p. 5)

motif d'absence de lien entre les versements réalisés pour le compte d'une organisation qualifiée de terroriste et les activités de celle-ci, le 7 septembre 2021, la société Lafarge a vu sa mise en examen prononcée le 28 juin 2018, annulée par le Conseil d'État. Dans cette affaire, la question était de savoir si le versement d'importantes sommes d'argent à des groupes armés tombait sous le coup de la qualification de complicité de crime contre l'humanité. À cet égard, deux thèses étaient en confrontation. D'une part celle qui consiste à ne considérer la complicité de crime contre l'humanité que lorsque le complice adhère au projet de l'auteur du crime ; et d'autre part, la thèse consistant à conclure à l'existence de ladite complicité dès lors qu'une assistance ou simplification du crime aura été constatée. La discussion se situe clairement sur le terrain de la distinction entre les éléments caractéristiques de l'auteur du crime contre l'humanité et ceux du complice de ces crimes. Dit autrement, et comme le relève la Cour de cassation, l'enjeu « *est de savoir si la complicité doit être définie différemment du droit commun lorsqu'est en cause le crime contre l'humanité* »[144] ? Pour répondre à cette interrogation, la Chambre criminelle a procédé à la confrontation des articles 121-7 et 212-1 du code pénal. Le premier énonçant qu'« [e] *st complice d'un crime ou d'un délit la personne qui sciemment, par aide ou assistance, en a facilité la préparation ou la consommation* ».[145] Et le second indiquant en substance que « [c] *onstitue* (...) *un crime contre l'humanité* (...) un (...) [acte] (...) *commis en exécution d'un plan concerté à l'encontre d'un groupe de population civile dans le cadre d'une attaque généralisée ou systématique* (...) ».[146] Il convient cependant de remarquer que ni l'un ni l'autre des deux articles exposés ne se prononce expressément sur la complicité de crime contre l'humanité en ceci que le premier évoque le complice d'un délit ou crime, mais pas le crime contre l'humanité dont le degré de gravité est supposé plus élevé ; et le second en ce sens qu'il n'aborde que les auteurs des crimes contre l'humanité sans s'intéresser aux

---

[144]. Cour de Cassation — crim. — (n° 19-87.367), arrêt du 7 septembre 2021, § 62.

[145]. Art. 121-7 alinéa 1 du code pénal, version en vigueur depuis le 1er mars 1994.

[146]. Pour davantage de clarté, l'art. 212-1 du code pénal énumère une série d'actes susceptibles de relever des crimes contre l'humanité : « *Constitue également un crime contre l'humanité et est puni de la réclusion criminelle à perpétuité l'un des actes ci-après commis en exécution d'un plan concerté à l'encontre d'un groupe de population civile dans le cadre d'une attaque généralisée ou systématique : 1° L'atteinte volontaire à la vie ; 2° L'extermination ; 3° La réduction en esclavage ; 4° La déportation ou le transfert forcé de population ; 5° L'emprisonnement ou toute autre forme de privation grave de liberté physique en violation des dispositions fondamentales du droit international ; 6° La torture ; 7° Le viol, la prostitution forcée, la grossesse forcée, la stérilisation forcée ou toute autre forme de violence sexuelle de gravité comparable ; 8° La persécution de tout groupe ou de toute collectivité identifiable pour des motifs d'ordre politique, racial, national, ethnique, culturel, religieux ou sexiste ou en fonction d'autres critères universellement reconnus comme inadmissibles en droit international ; 9° La disparition forcée ; 10° Les actes de ségrégation commis dans le cadre d'un régime institutionnalisé d'oppression systématique et de domination d'un groupe racial sur tout autre groupe racial ou tous autres groupes raciaux et dans l'intention de maintenir ce régime ; 11° Les autres actes inhumains de caractère analogue causant intentionnellement de grandes souffrances ou des atteintes graves à l'intégrité physique ou psychique. Les deux premiers alinéas de l'article 132-23 relatif à la période de sûreté sont applicables aux crimes prévus par le présent article.* ».

complices. Face à ce vide juridique, la démarche de la Chambre criminelle a consisté d'abord en une mise à l'écart des dispositions relatives à la caractérisation du crime contre l'humanité avant d'axer son raisonnement sur la complicité au sens de l'article 121-7, au motif que la gravité du crime contre l'humanité est telle[147] qu'« [i]*l suffit qu*[e] [le complice] *ait connaissance de ce que les auteurs principaux commettent ou vont commettre un tel crime contre l'humanité et que par son aide ou assistance, il en facilite la préparation ou la consommation.* ».[148] C'est donc au moyen d'une argumentation *a fortiori* que les juges de cassation ont déduit de la lecture combinée des articles précités une application du régime commun en matière de complicité pénale aux crimes contre l'humanité, et ce, sans distinction entre les personnes physiques et les personnes morales.[149] Déduction ensuite de laquelle les versements de plusieurs millions de dollars effectués par la société Lafarge pour le compte d'une « *organisation dont l'objet n'est que criminel suffit à caractériser la complicité par aide et assistance* »[150] ; ce qui était le cas de la société Lafarge aux yeux de la Chambre criminelle.

513. ***Vers une effectivité réelle de l'infraction pénale de complicité ?*** En dehors de la volonté affichée de donner corps à une infraction peu ou pas connue du droit interne,[151] la Cour de cassation semble se lancer dans une perspective d'intégration des infractions de complicité à l'égard de l'entreprise multinationale dès lors que les agissements de celle-ci sont en lien avec des crimes contre l'humanité. Il est intéressant de noter à cet égard que la Chambre criminelle s'est en réalité émancipée du statut du Tribunal de Nuremberg, lequel ne caractérise la complicité qu'à travers « la concertation » ou « le complot »[152] dans la commission du crime. À vrai dire, il s'agit de deux vocables dont la portée nécessite une plus grande contribution dans le crime allégué contrairement au

---

[147]. La gravité en question venant du fait que ce genre, « *au-delà de l'attaque contre l'individu, qu'il transcende, c'est l'humanité qu'il vise et qu'il nie* ». C.Cass., Crim., arrêt du 7 septembre 2021, n° 19-87.367, *Bulletin*, § 64.

[148]. *Ibid.*, § 67.

[149]. *Ibid.*, § 71.

[150]. *Ibid.*, § 81.

[151]. Rappelons que selon toute vraisemblance, l'infraction de crime contre l'humanité trouve son origine dans l'article 6 — c) du Statut du Tribunal militaire international de Nuremberg, intégré à l'*Accord concernant la poursuite et le châtiment des grands criminels de guerre des Puissances européennes de l'Axe — Accord de Londres —*, entré en vigueur le 8 aout 1945, où elle est définie comme « (...) *l'assassinat, l'extermination, la réduction en esclavage, la déportation, et tout autre acte inhumain commis contre toutes populations civiles, avant ou pendant la guerre, ou bien les persécutions pour des motifs politiques, raciaux ou religieux, lorsque ces actes ou persécutions, qu'ils aient constitué ou non une violation du droit interne du pays où ils ont été perpétrés, ont été commis à la suite de tout crime rentrant dans la compétence du Tribunal, ou en liaison avec ce crime.* ».

[152]. L'allusion à ces deux notions apparait clairement dans l'article 6 du Statut du Tribunal militaire international de Nuremberg précité (dernier § de l'art. 6) où l'on peut lire que « [l] *es dirigeants, organisateurs, provocateurs ou complices qui ont pris part à l'élaboration ou à l'exécution d'un plan concerté ou d'un complot pour commettre l'un quelconque des crimes ci-dessus définis sont responsables de tous les actes accomplis par toutes personnes en exécution de ce plan* ». Le soulignement est de nous.

vocable « avoir connaissance » utilisé par la Cour de cassation et dont la nature n'affecte que très peu l'intention de l'éventuel complice. Peu importe que le complice ait ou non l'intention de contribuer au crime, seul l'impact direct ou indirect de ses aide ou assistance sur la réalisation du crime servent de baromètre pour la qualification de complicité. Il est d'ailleurs aisé de noter que « la prise de connaissance » ne nécessite point d'action, contrairement au complot ou la concertation, lesquels sont assujettis à une réelle mobilisation du complice et donc de son intention à agir. À la synthèse, il peut être indiqué que l'infraction de complicité comme envisagée par la Chambre criminelle dénote une volonté d'ancrage des facettes de l'interdiction du crime contre l'humanité quel que soit le degré d'implication intentionnel ou non du complice.

514. ***Deux vertus au soutien de l'infraction pénale de complicité.*** Cette configuration est porteuse d'une double vertu qu'il importe d'exposer. D'un côté, c'est l'élargissement de la compétence juridictionnelle en ce que les juges internes seraient compétents pour juger les actes de complicités pour crimes contre l'humanité. Il y aurait là tant une action préventive que dissuasive. Préventive, car elle intercepterait les éventuelles implications financières des multinationales dans toutes opérations dont l'impact en termes de responsabilité est incertain. Et dissuasive parce que les multinationales ne pourraient bénéficier du voile de l'impunité résultant jusqu'ici du jeu combiné de l'incompétence de certains tribunaux spécialisés comme ceux compétents en matière d'investissement, et, les juridictions nationales faute de rattachement territorial suffisant. D'un autre côté, il est tout à fait plausible de mettre l'accent sur la qualité de l'auteur de l'infraction qui, aux yeux de la Chambre criminelle, peut à la fois être une personne physique ou une personne morale. Là encore, c'est l'action en elle-même qui sert de baromètre, peu importe que les agissements proviennent d'une catégorie ou d'une autre.[153] On ne peut que voir dans l'arrêt de la Chambre criminelle l'élargissement du champ de l'infraction de complicité à des secteurs où les activités de certaines personnes morales pouvaient se soustraire aux mécanismes de responsabilité offerts par le droit international.[154]

515. ***Éléments constitutifs de l'infraction de complicité de crime contre l'humanité***. En l'état, et pour résumer quelque peu l'apport de la position de la Chambre criminelle dans l'engagement de la responsabilité pénale résultant de la complicité de crime contre l'humanité, il importe de tenir compte de trois éléments que sont : la connaissance du crime, la contribution apportée à son auteur et la facilitation de sa réalisation. Au fond, ces trois éléments se rattachent à la

---

[153]. C.Cass., Crim., arrêt du 7 septembre 2021, précité, § 71.

[154]. Cette considération a d'ailleurs été évoquée par la Cour de cassation (arrêt précité, § 70) en des termes suffisamment clairs : « [u] *ne interprétation différente (...) qui poserait la condition que le complice de crime contre l'humanité adhère à la conception ou à l'exécution d'un plan concerté, aurait pour conséquence de laisser de nombreux actes de complicité impunis, alors que c'est la multiplication de tels actes qui permet le crime contre l'humanité* ». On voit là une tentative de prévention des crimes contre l'humanité par le jeu d'une simplification de l'engagement de la responsabilité des complices de tels crimes.

qualité du destinataire de l'aide ou de l'assistance. De là et conformément à l'orientation de la Chambre criminelle, le critère principal de la connaissance du crime[155] est entendu dans sa conception large en ceci qu'il est valable tant pour les crimes présents que futurs[156] ; c'est-à-dire que la contribution apportée ne doit pas interférer avec la commission ou future commission d'un crime contre l'humanité, ce qui place le curseur de vérification de complicité du côté du destinataire de l'aide selon qu'il soit auteur ou potentiel auteur de crimes de contre l'humanité. À y regarder de près, l'infraction de complicité de crime contre l'humanité comme envisagée dans l'affaire *Lafarge* est symptomatique d'une vision élargie de la complicité que l'on pourrait mettre sur le compte de l'exigence de diligence dont la concrétisation dans le domaine des crimes contre l'humanité prend la hauteur de la gravité de l'infraction tant du point de vue de la filiale que de la société mère. C'est dire que dans certaines circonstances, l'entreprise multinationale se doit de s'abstenir de transiger/apporter une aide ou assistance à un tiers dont les agissements génèrent ou sont susceptibles de générer certaines catégories d'infractions. Il reste cependant à savoir si la logique suivie par la Chambre criminelle est applicable à d'autres infractions d'une moindre gravité à savoir, par exemple, les discriminations, la liberté syndicale et d'expression des salariés ou encore la méconnaissance des droits des minorités. Pour l'heure, il peut être prématuré de l'envisager, mais l'expansion des domaines de l'investissement et l'extension des compétences des juges internes seraient de nature à stimuler une telle logique.

Section 2 :
La qualification de la responsabilité de l'investisseur pour violation des droits de l'homme

516. Établir la responsabilité de l'investisseur astreint à limiter le champ du propos aux seules entreprises multinationales. Cette restriction trouve justification non pas dans le fait que les multinationales épuisent les opérations d'investissement, mais réside davantage dans le fait que les activités des multinationales sont plus à même de compromettre les droits de l'homme. Au titre de l'opération de qualification, il convient donc de mettre l'accent sur les droits dont la violation entraîne des conséquences pour leur auteur, soit vis-à-vis de lui-même, soit à l'égard de la victime. Dans le premier cas, on parle de la responsabilité pénale et dans le second cas, on parle de la responsabilité civile. En réalité, la distinction entre les deux types de responsabilité résulte de l'objet même

155. Pour y faire allusion, la Cour de cassation emploie une formule alternative bien percutante et estime (arrêt précité, § 81) que « *le versement en connaissance de cause d'une somme de plusieurs millions de dollars à une organisation dont l'objet n'est que criminel suffit à caractériser la complicité par aide et assistance* ». Le soulignement est de nous.

156. On en veut pour preuve l'usage de la formule (arrêt précité, § 67) « *a* [voir] *connaissance de ce que les auteurs principaux commettent ou vont commettre un tel crime contre l'humanité* (...) ». Le soulignement est de nous.

de la sanction, laquelle consiste en des répression et dissuasion concernant la responsabilité pénale et, vise la réparation relativement à la responsabilité civile. Étant donné que dans le contexte de la responsabilité, les agissements de l'entreprise multinationale sont à la fois attribuables à la personne morale et/ou à la personne physique, il s'avère utile de mettre l'accent sur les procédés permettant de rendre compte de la responsabilité de l'une et l'autre. Partant, il parait judicieux dans une telle quête de rechercher la responsabilité civile[157] lorsque les investissements sont attribués à une entreprise multinationale (Paragraphe 1) avant de s'intéresser à la responsabilité pénale des dirigeants de l'entreprise (Paragraphe 2).

§1 : La responsabilité civile de l'entreprise multinationale

517. ***L'illusion de la responsabilité pénale de l'entreprise multinationale***. Avant d'entrer dans le vif des développements consacrés au présent paragraphe, on pourrait s'interroger sur l'hypothèse qui consisterait à établir une responsabilité pénale de la personne morale qu'est l'entreprise multinationale. Formulé autrement, la responsabilité pénale de l'entreprise multinationale est-elle une réalité ? La réponse à cette question diffère selon qu'on est sur le terrain du droit interne ou celui du droit international. Sur le plan interne, la réponse pourrait sembler positive en fonction des États.[158] En revanche, sur le plan international, la négative l'emporte, cette catégorie de responsabilité étant en principe absente dudit droit. Il faut tout de même dire que quand bien même elle serait consacrée dans certaines législations nationales, la responsabilité pénale des personnes morales n'en demeure pas moins utopique, ne serait-ce que parce que le principe même de la responsabilité pénale en fait une responsabilité personnelle dont l'objectif est la condamnation de l'auteur de l'infraction à des peines allant de l'amende à l'incarcération. Or, il est plus qu'hypothétique de prétendre incarcérer, d'une quelconque manière, une personne morale. Étant limitée aux seules sanctions pécuniaires (les amendes), la prétendue responsabilité pénale des entreprises multinationales en tant que personnes morales relève davantage de l'abstrait que du concret. Au surplus, réparer un dommage causé par les agissements d'une entreprise présente plus d'intérêts pour les victimes qu'une sanction pénale dont la mise en œuvre fait face à des obstacles pratiques.[159]

---

[157]. Par responsabilité civile on peut entendre l'obligation de réparation pesant sur l'auteur d'un préjudice ayant causé un dommage à autrui.

[158]. En France par exemple, la responsabilité pénale des personnes morales est consacrée dans le code pénal à l'alinéa 1 de l'art. 121-2 (modifié par la Loi n° 2004-204 du 9 mars 2004 — art. 54 — *JORF* 10 mars 2004 et en vigueur depuis le 31 décembre 2005), lequel dispose que « *Les personnes morales, à l'exclusion de l'État, sont responsables pénalement* (...) *des infractions commises, pour leur compte, par leurs organes ou représentants.* ».

[159]. C'est en réalité la divergence fondamentale entre les responsabilités civile et pénale, car « [l] *e civilement responsable doit réparer le dommage* [et] *le pénalement responsable doit être puni pour le dommage qu'il a causé* ». Voy. A. SERIAUX, « Responsabilité civile », in D. ALLAND et

518. *Plan*. En conséquence de ce qui précède, et sauf cas extrême de graves violations des droits de l'homme (crime contre l'humanité, trafic des organes, ou encore le travail forcé des enfants, etc.)[160], il parait plus justifié de s'intéresser aux moyens techniques permettant d'établir la responsabilité civile de l'entreprise multinationale (A) avant d'exposer les réparations devant en résulter (B).

A. Les mécanismes juridiques

519. *Exposé des mécanismes*. Le fait qu'une multinationale soit, à travers l'une de ses filiales, en mesure de mener des activités au-delà des frontières de son État national revêt comme contrepartie la possibilité pour l'État sur le territoire duquel sont menées de telles activités de procéder à des poursuites à l'encontre de la filiale : c'est le principe de territorialité.[161] De même, le fait pour une multinationale, à travers l'une de ses filiales, de commettre des infractions en dehors des limites territoriales de son État de rattachement donne la possibilité à cet État d'engager des poursuites à l'encontre de la filiale : c'est le principe de la personnalité active.[162] De même encore, le fait pour une multinationale, à travers ses filiales, de commettre des infractions à l'égard des nationaux d'un quelconque État autorise celui-ci à engager des poursuites à l'encontre de la filiale : c'est le

---

S. RIALS (dir.), *Dictionnaire de la culture juridique*, Paris, éd. Lamy/Puf, 2014, p. 1354 ; le propos de l'auteur s'inscrit dans la droite ligne du code de procédure pénale dont l'art. 2 (version en vigueur depuis le 12 août 2011) dispose que « [l]*'action civile en réparation du dommage causé par un crime, un délit ou une contravention appartient à tous ceux qui ont personnellement souffert du dommage directement causé par l'infraction. La renonciation à l'action civile ne peut arrêter ni suspendre l'exercice de l'action publique* », laquelle revêt une nature pénale. On voit à travers cette disposition l'importance du dommage pour l'engagement de la responsabilité civile, d'une part et, la poursuite de l'objectif pénal de sanction sans tenir coûte que coûte compte de l'existence d'un dommage, d'autre part.

160. On aura relevé à titre d'exemple que le Comité des droits de l'enfant a, à l'occasion de de son Observation générale n° 16 (relative aux *obligations des États concernant les incidences du secteur des entreprises sur les droits de l'enfant*, doc. CRC/C/GC/16 du 17 avril 2013, p. 11.), indiqué que : « *En application du Protocole facultatif concernant* [notamment] *la vente d'enfants (...), les États sont tenus d'adopter des lois pénales également applicables aux personnes morales, y compris aux entreprises. Ils devraient envisager d'instaurer la responsabilité pénale (ou une autre forme de responsabilité juridique tout aussi dissuasive) des personnes morales, notamment des entreprises, dans les affaires impliquant des atteintes graves aux droits de l'enfant, notamment dans les cas de travail forcé. Les tribunaux nationaux devraient avoir compétence pour connaitre de ces affaires, conformément aux règles établies régissant la compétence.* ».

161. Pour une allusion à ce principe, voy. Art. 113-2 (version en vigueur depuis le 1er mars 1994) du code pénal, lequel dispose que « [l] *a loi pénale française est applicable aux infractions commises sur le territoire de la République. L'infraction est réputée commise sur le territoire de la République dès lors qu'un de ses faits constitutifs a eu lieu sur ce territoire.* »

162. Pour une allusion à cette catégorie, voy. Art. 113-6 (en vigueur depuis le 1er mars 1994 et modifié par la Loi n° 2009-1503 du 8 décembre 2009 — art. 36) du code pénal, lequel dispose que « [l] *a loi pénale française est applicable à tout crime commis par un Français hors du territoire de la République. Elle est applicable aux délits commis par des Français hors du territoire de la République si les faits sont punis par la législation du pays où ils ont été commis.* ».

principe de la personnalité passive.[163] Pour que soit engagée la responsabilité civile de l'entreprise multinationale[164], peuvent être suivies les différentes voies dont il vient d'être et sera question.

1. L'engagement de la responsabilité au moyen du mécanisme de l'extraterritorialité ?

520. ***Extraterritorialité fluctuante.*** Le cas du régime étasunien de responsabilité à l'égard des multinationales est à cet égard illustratif. En effet, plusieurs mécanismes de responsabilités ont été mobilisés afin de permettre l'engagement de poursuites à l'encontre des multinationales.[165] Ouvert aux seules victimes étrangères des infractions notamment relatives aux droits de l'homme commises à l'étranger, l'*Alien Tort Statute* (ATS)[166] apparait comme « *un instrument de compétence universelle, original dans la mesure où il a pour objet non pas, comme le font habituellement les règles instituant une compétence de cette nature, les actions pénales, mais uniquement les actions civiles* ».[167] Problématique d'un point de vue technique, cette dimension incite toutefois à intégrer le mécanisme décrit dans la sphère des actions civiles en raison de son objet, lequel vise la réparation du préjudice subi par les victimes. C'est dire qu'aussi séduisant soit-il, ce mécanisme soulève d'importantes difficultés. D'abord du point de vue de la composante juridictionnelle de la souveraineté des États sur les territoires desquels des infractions auraient été commises[168] ; et

---

[163]. Pour une allusion à cette catégorie, voy. Art. 113-7 (version en vigueur depuis le 1er mars 1994) du code pénal, lequel dispose que « [l] *a loi pénale française est applicable à tout crime, ainsi qu'à tout délit puni d'emprisonnement, commis par un Français ou par un étranger hors du territoire de la République lorsque la victime est de nationalité française au moment de l'infraction.* »

[164]. L'expression « responsabilité de la multinationale » renvoie prioritairement, dans les développements qui suivent, à l'engagement de la responsabilité de la filiale dont les activités sont à l'origine des manquements sur les territoires des États (d'accueil ou d'origine de la filiale de la société mère) ou à l'encontre du ressortissant d'un État-tiers.

[165]. Sur cette question, O. DE SCHUTTER, « Les affaires Total et Unocal : complicité et extraterritorialité dans l'imposition aux entreprises d'obligations en matière de droits de l'homme », *AFDI*, vol. 52, 2006, pp. 61 et s.

[166]. Ce texte de référence date de la première session du premier Congrès des États-Unis établissant le pouvoir judiciaire, du 24 septembre 1789.

[167]. M. M. MOHAMED SALAH, *L'irruption des droits de l'homme dans l'ordre économique international : mythe ou réalité ?* Paris, éd. LGDJ, 2012, p. 258.

[168]. La Cour suprême des États-Unis a elle-même soulevé de telles difficultés en estimant que l'extraterritorialité résultant de l'ATS pourrait occasionner des conséquences similaires à l'initiative d'autres États et à l'égard des ressortissants étasuniens installés dans d'autres pays lorsque des actions civiles pour des infractions commises sur le territoire des États-Unis ou ailleurs sont dirigées à leur encontre. Ainsi, « (...) *accepting petitioners' view would imply that other nations, also applying the law of nations, could hale our citizens into their courts for alleged violations of the law of nations occurring in the United States, or anywhere else in the world. The presumption against extraterritoriality guards against our courts triggering such serious foreign policy consequences, and instead defers such decisions, quite appropriately, to the political branches. We therefore conclude that the presumption against extraterritoriality applies to claims under the ATS, and that nothing in the statute rebuts that presumption* » (Voy. *Kiobel v. Royal Dutch Petroleum*, 569 U.S., p. 13 [2013].

d'autre part, du point de vue de l'établissement d'un empiètement sur le domaine de la compétence universelle dont la vocation est la poursuite par les États, donc pénales, des auteurs de violations graves des droits de l'homme.[169] En dehors de ces deux réserves et si l'on se place du côté des victimes, le procédé paraitrait justifié et même pertinent, ne serait-ce que parce qu'il rend possible les actions civiles à l'égard des multinationales. Sur ce point, des réticences, voire des oppositions[170] avaient été formulées au lendemain de la réactivation de l'ATS[171] en ceci qu'il recelait un doute quant à son application aux violations des droits de l'homme commises par des personnes privées.[172] Alors qu'on le pensait exclusif des manquements au droit des gens c'est-à-dire les infractions commises par les autorités d'un État ou des personnes privées agissant pour le compte de cet État, l'ATS s'est vite révélé aux yeux des juridictions fédérales étasuniennes comme une source de compétence universelle opérant vis-à-vis des actes attribuables aux personnes privées en plus de ceux attribuables aux personnes publiques.[173] C'est ainsi que profitant de la brèche, « [l] *es victimes des atteintes aux droits de l'homme imputables aux entreprises transnationales épaulées par des avocats créatifs et des ONG particulièrement actives vont rapidement s'y engouffrer avec un relatif succès* »[174]. Relatif succès d'autant plus que les récentes décisions des

---

169. De même que pour la crainte d'un engagement des procédures à l'encontre des ressortissants étasuniens dans tel ou tel État sur la base d'une application extraterritoriale de leurs lois nationales, la Cour suprême des Etats-Unis semble poser le principe d'une présomption de non-application extraterritoriale de l'ATS (En ce sens, voy.Ph. ROCHE-BRUYN, *Entre mesures extraterritoriales et lois blocages, quel ordre économique mondial ?*, éd. Iris, mars 2023 (Note), 15 p.).

170. A. M. BURLEY, « The Alien Tort Statute and the Judiciary Act of 1789: A Badge of Honor », *AJIL*, vol. 83, 1989, pp. 491 et s.

171. Depuis son entrée en vigueur en 1789 et jusqu'en 1980, l'ATS n'a été que faiblement mobilisé. Ce n'est en effet qu'à partir de l'affaire *Filartiga* (*Filartiga v. Pena-Irala*, 630 F, 2ème éd., 876, 880, 2nd Circuit -1980-), à l'occasion de laquelle, la Cour d'appel du Second Circuit a procédé à l'extension du champ de l'ATS tant aux faits commis à l'étranger que comme base de compétence des juridictions fédérales étasuniennes.

172. Cela résulte des divergences autour des circonstances dans lesquelles ce texte est né. On a à cet égard pu relever, chez certains, qu'il visait à « *rassurer les Européens, à l'époque, sur le fait que les Etats-Unis n'allaient pas devenir la Terre d'élection des pirates et que les étrangers n'y seraient pas victimes d'un déni de justice* » (M. M. MOHAMED SALAH, *L'irruption des droits de l'homme dans l'ordre économique international : mythe ou réalité ?*, Paris, éd. LGDJ, 2012, p. 258); et chez d'autres, qu'il consistait à combler « *l'absence de transfert de pouvoir du Congrès à l'autorité judiciaire pour juger des dommages au personnel consulaire* » (Ch. FABRE, « Réflexions sur l'Alien Tort Statute [ATS] », *RSC*, 2016, n° 3, p. 506). La convergence des deux points de vue exposés se situe donc sur le plan de la garantie d'un droit à un procès, au bénéfice des étrangers. Cette donne s'inscrit dans le schéma actuel de ce qui s'apparente à une protection des étrangers au moyen de la saisine des juridictions fédérales étasuniennes.

173. La jonction a pu être réalisée à travers une vision large de la violation du droit des gens, laquelle résulte principalement des actes accomplis par les personnes agissant pour le compte de l'État, mais aussi celles agissant pour leur propre compte. Tel fut le raisonnement de la Cour d'appel du second Circuit (*Kadic & al. v. Kuradzic* - 70 F. 3ème éd., 232, 2nd Circuit -1995-, p. 239.) dont la teneur suit : « *We do not agree that the law of nations, as understood in the modern era, confines its reach to state action. Instead, we hold that certain forms of conduct violate the law of nations whether undertaken by those acting under the auspices of a state or only as private individuals. An early example of the application of the law of nations to the acts of private individuals is the prohibition against piracy.* ».

174. M. M. MOHAMED SALAH, *L'irruption des droits de l'homme, op. cit.*, p. 259.

cours fédérales étasuniennes sont quelque peu moins enthousiasmées à l'idée d'une extraterritorialité au moyen de l'ATS, pour les actes commis par les multinationales à l'étranger en violation des droits de l'homme.

521. ***Tout ça pour ça***. Dans le prolongement des turbulences de l'ATS et en conséquence des difficultés « théorico-pratiques » auxquelles il s'est confronté, le mécanisme extraterritorial tant vantée de l'ATS semble revêtir un bilan très en deçà de ce qu'il laissait germer au lendemain du tournant opéré dans l'affaire *Filartiga* précitée où tout paraissait mener vers l'engagement systématique de la responsabilité civile des multinationales. Deux affaires relativement récentes, rendues par la Cour suprême des États-Unis, opèrent un tournant significatif d'un retrait annonciateur de la fin ou du moins du rétrécissement du cadre des poursuites des multinationales pour les infractions à l'égard des étrangers commises en dehors des limites territoriales des Etats-Unis. Il s'agit des affaires *Kiobel v. Royal Deutch Petroleum*[175] et *Jesner v. Arab Bank*.[176] La première des deux affaires était l'occasion pour la Cour suprême, saisie par des plaignants nigérians affirmant que des violations du droit international couvertes par le droit des peuples à disposer de leurs ressources avaient été commises par le gouvernement nigérian avec la complicité de la société *Royal Dutch Shell* et sa filiale nigériane, d'affirmer le principe de la non-application de l'ATS aux infractions commises en dehors des Etats-Unis.[177] Pour ce faire, la Cour Suprême a combiné l'argument politique de la nécessité pour les Etats-Unis de maintenir un climat de courtoisie internationale vis-à-vis des États concernés par les faits de l'espèce[178] et l'argument juridique de l'exigence d'une disposition expresse puisée des droits positifs des États concernés donnant compétence aux juridictions étatsuniennes sur la base de l'ATS.[179] Autrement dit, pour que l'ATS soit applicable, doit être dissipé tout risque d'ingérence judiciaire.[180] Quant à la seconde affaire, celle-ci a consisté en une confirmation de la première tant l'argument politique de la préservation des relations diplomatiques avec l'État concerné par les faits (la Jordanie) y a été d'un rôle décisif pour la construction

---

175. *Kiobel v. Royal Dutch Petroleum*, 569 U.S., p. 13 (2013).

176. *Joseph Jesner et al. v. Arab Bank*, 584 U. S., (2018).

177. Ainsi la Cour supreme conclue « (...) *that the presumption against extraterritoriality applies to claims under the ATS, and that nothing in the statute rebuts that presumption.* » (*Kiobel v. Royal Dutch Petroleum*, 569 U.S., [2013], p. 13).

178. « Indeed, far from avoiding diplomatic strife, providing such a cause of action could have generated it. » (*Kiobel v. Royal Dutch Petroleum*, 569 U.S., [2013], p. 13).

179. La Cour suprême a en ce sens fait sienne l'argumentation développée dans l'affaire *Morrison v. National Australia Bank* (561 U. S. 247, (2010), p. 16.) en indiquant que « *to rebut the presumption, the ATS would need to evince a "clear indication of extraterritoriality* » (*Kiobel v. Royal Dutch Petroleum*, 569 U.S., [2013], p. 6.).

180. « *Indeed, the danger of unwarranted judicial interference in the conduct of foreign policy is magnified in the context of the ATS, because the question is not what Congress has done but instead what courts may do.* » (*Kiobel v. Royal Dutch Petroleum*, 569 U.S., [2013], p. 5)

du raisonnement de la Cour.[181] En cause étaient des allégations d'attaques terroristes perpétrées au moyen orient avec la complicité *de* l'opérateur *Arab Bank* et plusieurs de ses filiales.[182]Ainsi, la question était de savoir si le droit international impose des obligations aux entreprises multinationales et si dans l'affirmative les juridictions étasuniennes étaient habilitées, sur la base de l'ATS, à se prononcer sur les réparations dues aux victimes. La Cour apporte une réponse en deux temps constitutive d'un rejet de la demande.[183] Concernant la première question, elle se montre réticente quant à l'existence d'obligations en matière des droits de l'homme à la charge des multinationales ; et relativement à la seconde question, elle relève le faible lien existant entre la contribution aux actes terroristes prêtée à l'opérateur *Arab Bank* et le rôle de sa filiale sise sur le territoire des Etats-Unis.[184] La combinaison de ces deux réponses a conduit la Cour suprême à invoquer l'argument de la séparation des pouvoirs en indiquant au passage qu'il revient au Congres étasunien d'établir des règles de responsabilité à destination des multinationales pour les faits commis à l'étranger.[185] Il s'est donc clairement agit d'une autolimitation de prérogatives juridictionnelles dont l'objectif est l'incitation du Congres à adopter une législation plus pertinente permettant la poursuite des infractions commises par les multinationales hors des frontières des Etats-Unis.

522. ***Requalifier l'extraterritorialité de l'ATS***. A la lumière des développements récents le concernant, l'ATS apparait davantage comme un instrument de compétence universelle que comme un instrument d'extraterritorialité. Finalement, l'originalité prêtée à cet instrument, ébauchée au début des années 1980 puis confirmée quelques années plus tard, s'est en fin de compte révélée moins décisive et plus en retrait dans les affaires récentes.[186] On peut en tirer comme conclusion que du point de vue des victimes, l'apport de

---

[181]. En abordant la question de l'engagement de la responsabilité de l'opérateur *Arab Bank*, la Cour suprême a pris le soin de mettre en lumière les oppositions au mécanisme venant de plusieurs États — le Canada, l'Allemagne, l'Indonésie, la Nouvelle Guinée, l'Afrique du Sud, la Suisse et le Royaume-Uni) à la suite de l'affaire *Kiobel* précitée et les tensions diplomatiques avec la Jordanie suscitées par l'affaire à elle soumise (voy. *Joseph Jesner et al. v. Arab Bank*, 584 U. S., [2018], p. 10).

[182]. Les requérants saisissent les juridictions étasuniennes, car selon eux des opérations de financement auraient transité par une filiale de la Banque située aux Etats-Unis.

[183]. Laquelle tient à une position de principe opposée à la possibilité pour les individus de prétendre à des réparations à la suite d'infractions commises par une multinationale hors des frontières des Etats-Unis : « *the Court holds that foreign corporations may not be defendants in suits brought under the ATS.* » (*Joseph Jesner et al. v. Arab Bank*, précitée, p. 27).

[184]. *Ibid.*, p. 25.

[185]. *Ibid.*, p. 29.

[186]. On aura relevé au passage que l'historique des actions civiles sur le fondement de l'ATS a été rappelé par la Cour suprême avant d'être drastiquement orienté vers les cas les plus graves de violation des droits de l'homme dont les entreprises pourraient être responsables. (*Joseph Jesner et al. v. Arab Bank*, 584 U. S., (2018), pp. 7-10.)

l'ATS se limite à la possibilité d'engager des actions civiles en réparation,[187] mais seulement si les infractions alléguées consistent en des violations graves des droits de l'homme comme cela peut être le cas des crimes contre l'humanité.[188]À elle seule, cette dimension légitime les interrogations sur l'absence de particularité du mécanisme de l'ATS et nourrit les doutes quant à sa capacité à supporter d'une quelconque manière les plaintes des victimes des violations des droits de l'homme perpétrées en dehors des Etats-Unis. Cet état des choses traduit la confirmation de l'absence d'un véritable système de protection des droits de l'homme contre les activités des multinationales.

2. L'engagement de la responsabilité au moyen du principe de personnalité

523. *Personnalités doubles*. On sait que lorsque la question des prérogatives d'un État souverain est abordée, il est habituellement fait la distinction entre les compétences exécutive, législative et juridictionnelle dont la concrétisation a en principe lieu dans les limites territoriales de l'État concerné. Il va sans dire que les juridictions d'un État sont compétentes pour les seuls faits commis sur leur territoire. À titre exceptionnel, et dans le cadre spécifique de la compétence juridictionnelle, certains éléments peuvent se révéler pertinents pour l'engagement de poursuites dans un « État A » alors même que les faits se sont déroulés dans un « État B ». Deux cas de figure reflètent une telle configuration. L'auteur des faits commis sur le territoire de « l'État B » est ressortissant de « l'État A » : la personnalité active ; les faits commis sur le territoire de « l'État B » l'ont été vis-à-vis d'un ressortissant de « l'État A » : la personnalité passive. Toutes deux sources de compétence des « États A et B » le premier parce que concerné par les faits et le second parce que lieu de commission des faits,[189] les personnalités active et passive paraissent constituer une sérieuse piste d'engagement de la responsabilité civile des auteurs d'infractions.

524. *La personnalité active*. En principe, les infractions ne sont susceptibles de poursuites devant les juridictions d'un État que lorsqu'elles ont été commises dans les limites territoriales de cet État. En revanche, il arrive que les juridictions d'un État se déclarent compétentes pour statuer sur des faits commis hors de leurs frontières ; et ce, non pas sur la base d'une législation extraterritoriale, mais sur la

---

[187]. La précision fut d'ailleurs réitérée (en référence à l'affaire *José Francisco Sosa v. Humberto Alvarez-Machain et al.*, 542 U.S. 2004, 713-714.) par la Cour suprême en des termes suffisament clairs : « *The ATS is "strictly jurisdictional" and does not by its own terms provide or delineate the definition of a cause of action for violations of international law.* » (*Joseph Jesner et al. v. Arab Bank*, précitée, p. 8).

[188]. Telle semble en tous cas la position de la Cour suprême des Etats-Unis au regard des affaires citées.

[189]. Contrairement à la compétence universelle dont la mise œuvre est fonction de la gravité de l'infraction commise (crimes contre l'humanité par exemple), les principes de personnalités active et passive nécessitent, quant à eux, un lien de rattachement avec l'État songeant à se déclarer compètent pour les faits commis hors de ses limites territoriales. En ce sens, voy. F. MARRELLA, « Protection internationale des droits de l'homme et activités des sociétés transnationales », *loc. cit.*, p. 99.

base d'un rattachement des infractions commises au territoire. Le principe de la personnalité active poursuit ce schéma dans sa composante « auteur des faits incriminés » possédant la nationalité de l'État dont les juridictions se déclarent compétentes. Tel est bien entendu le cas de la législation française, laquelle autorise des poursuites dès lors que le « (...) *crime [est] commis par un Français hors du territoire de la République [et] est applicable aux délits commis par des Français hors du territoire de la République si les faits sont punis par la législation du pays où ils ont été commis.* ».[190] Il est intéressant de relever que cette dernière condition tend à rappeler le respect de la souveraineté de l'État sur le territoire duquel l'infraction est commise et contourne le piège des lois extraterritoriales notamment étasuniennes dont on a pu dire qu'elles heurtaient la souveraineté des États.[191] L'on peut dire que ce principe joue en faveur des victimes établies sur le territoire d'un État tiers.

525. *La personnalité passive*. Contrairement à la compétence basée sur la personnalité active, la personnalité passive est, quant à elle orientée vers les victimes. C'est-à-dire que dès lors que la victime est associée à la nationalité d'un État, les juridictions de celui-ci peuvent se déclarer compétentes. Mais comme pour la personnalité active, la compétence issue de la personnalité passive laisse apparaitre un certain nombre d'indices qui convergent vers la poursuite des auteurs d'infractions hors du territoire français. Tel est également le message de l'art. 113 précité, aux termes duquel « [l] *a loi pénale française est applicable à tout crime, ainsi qu'à tout délit puni d'emprisonnement, commis par un Français ou par un étranger hors du territoire de la République lorsque la victime est de nationalité française au moment de l'infraction.* ».[192] Cette disposition interpelle au moins à un titre. On y décèle en effet, au moins en apparence, une limite matérielle en ceci qu'elle ne semble régir que les actions pénales. Mais, tel ne semble pas le cas au regard de l'évolution de la législation dans le domaine d'une compétence valant pour les seuls crimes vers une compétence valant tant pour les crimes que pour les délits.[193] La référence à la notion de « délit » marque en effet cette évolution. À ce sujet, doctrine et jurisprudence convergent vers une

---

190. Art. 113-6 du code pénal, en vigueur depuis le 1er mars 1994 et modifié par la Loi n° 2009-1503 du 8 décembre 2009 — art. 36.

191. O. DE SCHUTTER, « Les affaires Total et Unocal : complicité et extraterritorialité dans l'imposition aux entreprises d'obligations en matière de droits de l'homme », *AFDI*, vol. 52, 2006, p. 60.

192. Art. 113-7 du code pénal, version en vigueur depuis le 1er mars 1994.

193. Il s'agissait de la logique de l'art. 13 de la Loi n° 75-624 du 11 juillet 1975 modifiant et complétant certaines dispositions de droit pénal, *JORF* du 13 juillet 1975 : « *Tout étranger qui, hors du territoire de la République, s'est rendu coupable, soit comme auteur, soit comme complice, d'un crime ou d'un délit attentatoire à la sûreté de l'État ou de contrefaçon du sceau de l'État, de monnaies nationales ayant cours ou de crime contre des agents ou des locaux diplomatiques ou consulaires français est jugé d'après les dispositions des lois françaises s'il est arrêté en France ou si le Gouvernement obtient son extradition. Les poursuites peuvent être engagées à ces fins.* ». Il n'est d'ailleurs pas anodin qu'une des différences notables entre cette version et la version actuelle tourne autour des symboles de la souveraineté de l'État soulignés (le soulignement est de nous).

extension du domaine de la compétence passive.[194] L'on peut dire de ce principe qu'il joue à la faveur des victimes de l'État tiers dont les juridictions se déclarent compétentes pour des infractions commises à l'étranger.

526. *Synthèse de compétences active et passive*. L'une et l'autre des deux compétences active et passive poursuivent un objectif de lutte contre l'impunité, impunité qui, comme on l'a vu dans les passages précédents, présente quelques fois l'avantage de maximiser les chances de poursuites des faits commis en dehors du territoire français. Qu'il s'agisse de victimes ressortissantes de l'État qui se déclare compétent ou des ressortissantes de l'État sur le territoire duquel l'infraction a été commise, les deux mécanismes convergent vers l'extension des possibilités de saisine à disposition des victimes. Mais étendre la marge de manouvre des victimes dans leur quête d'un *for* accueillant s'accompagne d'une réduction du champ de l'impunité. De manière concrète et pour ce qui concerne les multinationales, on peut imaginer que, d'une part, dès lors qu'une filiale d'un groupe français commet des infractions à l'étranger, des poursuites seraient susceptibles d'être engagées à son encontre ; et que, d'autre part, la commission d'une infraction à l'étranger par une multinationale non rattachée juridiquement à la France donne compétence aux juridictions, dès lors que ladite infraction aura impliqué une victime française. Un problème fondamental mérite toutefois d'être relevé ici. Séduisant dans son principe, le mécanisme de la personnalité active et passive) ne saurait efficacement jouer en l'absence de sa généralisation. C'est dire que l'efficacité d'un tel mécanisme dépend entièrement de l'adaptation des législations nationales aux hypothèses d'engagement de la responsabilité des entreprises pour les infractions commises à l'étranger. Au fond, derrière ce qui pourrait ressembler à une réalité juridique se cachent des obstacles politico-économiques. La généralisation du recours à la compétence active ou passive dépend en grande partie de la robustesse du système judiciaire en question. On imagine difficilement un État dont le système judiciaire est fragile et dont l'économie l'est également, s'engouffrer dans la poursuite de multinationales d'une force égale, voire dépassant la sienne. Toutefois, ce dernier point peut être nuancé lorsqu'on sait que la plupart des multinationales sont issues de pays « supposément solides judiciairement ».

B. La nature de la réparation due

527. *Sens de la réparation*. Avant d'aborder plus en profondeur la nature de la réparation pouvant ou devant résulter de la responsabilité civile d'une multinationale en matière des droits de l'homme, il convient de décliner le sens qu'il convient de lui attribuer. La diversité des champs à aborder dans ce passage invite à ce qu'il soit supposé que « [d] *ans son sens le plus général, la réparation consiste dans le rétablissement d'une situation antérieure à la survenance d'un préjudice soit par la remise des choses en état, soit par une compensation pour le*

---

194. Voy. D. BRACH-THIEL, Abandon de famille, *Répertoire de droit international (Dalloz)*, septembre 2020, § 10.

préjudice subi».[195] Compensation et remise en état sont donc les éléments permettant d'identifier la réparation. Partant de ce postulat et prenant compte du domaine qui nous occupe, deux logiques s'opposent : celle des poursuites devant les juridictions d'un État et celles de l'arbitrage d'investissement. Alors que la première se manifeste sous la double forme actions civiles/actions pénales, la seconde s'apparente aux seules actions civiles. En dehors de leurs similitudes autour d'une même visée réparatrice, la ligne de partage entre ces deux logiques se trouve au niveau de la fonction sanctionnatrice que seules les poursuites pénales sont à même de faire naitre. Tout parait donc fonction des instances saisies et destinataires de la réparation. Tenir compte du premier aspect de cette dernière considération revient à mettre en exergue la réparation due à l'État et la prise en compte du second aspect de cette même considération invite à s'intéresser à la réparation due aux victimes.

1. La réparation due aux victimes à raison du préjudice subi

528. ***Double condition.*** C'est la conséquence de ce qu'il convient d'appeler la compensation des pertes que peut générer le préjudice souffert par les victimes des activités d'une multinationale. En revanche, pour que la réparation soit possible, il est impératif de suivre un canal pour le moins restreint. Ledit canal procède du respect de deux conditions impératives liées l'une à l'auteur de la saisine et l'autre à l'instance saisie.

529. ***L'auteur de la saisine : un créancier des droits de l'homme.*** On songe ici en premier lieu à l'individu dont les droits sont susceptibles d'entraves causées par les activités de la multinationale. Comme on le sait, l'individu est, au regard des instruments de protection des droits de l'homme, le destinataire premier de la protection droits de fondamentaux.[196] Il va sans dire que des voies de recours lui sont permises afin de faire respecter les droits dont il est bénéficiaire. Dans ce cadre précis, la victime peut demander réparation lorsque les faits reprochés relèvent d'un lien juridique direct avec l'opérateur économique. Tel pourrait être le cas en matière de droits fondamentaux au travail, à la protection syndicale ou à la sécurité au travail. Dans ce genre d'hypothèses, les individus sont créanciers à raison de leur situation statutaire vis-à-vis de l'entreprise. Mais les individus peuvent également, surtout lorsqu'ils ne sont pas juridiquement liés à l'entreprise, avoir des réclamations collectives principalement autour du droit à la propriété. Une fois donc ce statut personnel établi, il n'y aura plus qu'à s'orienter vers l'instance compétente.

530. ***L'instance saisie : juridiction compétente en matière des droits de l'homme.*** Deux catégories de juridictions méritent d'être relevées ici. D'un côté, les juridictions nationales et de l'autre côté les juridictions régionales. Au titre des juridictions nationales figurent, en principe, les tribunaux de l'État sur le territoire duquel sont menées les activités d'investissement, lesquelles ne posent

---

195. J. SALMON (dir.), *Dictionnaire de droit international public*, *op. cit.*, p. 975.

196. L'on pourrait également dire bénéficiaire de ces droits, ce qui revient au même en termes de garantie des droits fondamentaux.

généralement aucune barrière à leur saisine. Il convient au demeurant de relever qu'une telle saisine doit au mieux être assujettie à des exigences procédurales tenant à la distinction entre les juridictions relevant de l'ordre judiciaire et celles relevant de l'ordre administratif.[197]C'est en réalité sur le plan régional que les choses peuvent se présenter différemment. Ainsi et alors même qu'elles sont très actives sur le plan régional[198] de protection des droits de l'homme, les Cours européenne et interaméricaine des droits de l'homme ne peuvent être saisies qu'au moyen d'un épuisement des voies de recours internes pour la première[199] et le passage du filtre de la commission interaméricaine des droits de l'homme pour la

---

[197]. Il s'agit en réalité d'un choix d'organisation judiciaire que l'on retrouve dans certains pays comme la France et la plupart des pays d'Europe et d'Afrique francophone, optant ainsi pour une dualité juridictionnelle. On aura en revanche relevé que d'autres pays s'inscrivent dans une logique d'unité juridictionnelle (à l'échelle européenne quelques cinq États seraient concernés : le Royaume-Uni, l'Irlande, le Danemark, Malte et Chypre). En tout état de cause, la première semble refléter le principe de l'organisation judiciaire à l'échelle mondiale. En ce sens, voy. T. OLSON, « Justice administrative et Constitution en Europe : état des lieux », *Nouveaux cahiers du Conseil constitutionnel*, n° 37, 2012, p. 141. Cet auteur fait remarquer fait remarquer à juste titre que *: « L'existence d'une justice administrative chargée de régler les litiges opposant les personnes publiques aux personnes privées a longtemps été présentée par certains comme étant la quintessence de l'exception française. Cette idée est aussi enracinée qu'erronée. Certes le degré de l'autonomie de la justice administrative et les formes qu'elle adopte varient d'un système à un autre. Dans certains pays l'autonomie existe de la base au sommet et le modèle adopté est celui d'une dualité juridictionnelle absolue et complète. Tel est le cas de la France. Dans d'autres systèmes, cette autonomie existe soit à la base soit au sommet et, en ce cas, le modèle adopté est celui d'une dualité relative et limitée. »*

[198]. On aura rappelé qu'il n'existe pas de Cour ou Tribunal internationaux (au sens universel) compétents en matière des droits de l'homme. Toutefois, certains organes comme le comité des droits de l'homme chargé de la mise en œuvre du Pacte international relatif aux droits civils et politiques est présent comme l'est le comité des droits économiques, sociaux et culturels. À ces deux comités, l'on peut ajouter la Cour internationale de justice, laquelle peut être indirectement saisie par la voie de la protection diplomatique. Mais, dans ce cas, il s'agirait davantage d'un recours étatique que d'un recours individuel tel que l'a indiqué la Cour permanente de justice internationale dans son célèbre *obiter dictum* à l'occasion de l'affaire dite *Concessions Mavrommatis en Palestine*. Ainsi, « [e] *n prenant fait et cause pour l'un des siens, en mettant en mouvement, en sa faveur, l'action diplomatique ou l'action judiciaire internationale, cet État fait, à vrai dire, valoir son droit propre, le droit qu'il a de faire respecter en la personne de ses ressortissants, le droit international* ». Voy. CPJI, *Concessions Mavrommatis en Palestine (Gouvernement de la République hellénique c. Gouvernement de Sa Majesté britannique)*, arrêt du 30 août 1924, Série A, n° 2, p. 12.

[199]. Voy. Art. 34 (requêtes individuelles) et 35-1 (conditions de recevabilité) de la Convention EDH (telle qu'amendée par les Protocoles n° 11, 14 et 15 et complétée par le Protocole additionnel et les Protocoles n° 4, 6, 7, 12,13 et 16) aux termes desquels, respectivement : « *La Cour peut être saisie d'une requête par toute personne physique, toute organisation non gouvernementale ou tout groupe de particuliers qui se prétend victime d'une violation par l'une des Hautes Parties contractantes des droits reconnus dans la Convention ou ses protocoles. Les Hautes Parties contractantes s'engagent à n'entraver par aucune mesure l'exercice efficace de ce droit.* » et « *1. La Cour ne peut être saisie qu'après l'épuisement des voies de recours internes, tel qu'il est entendu selon les principes de droit international généralement reconnus, et dans un délai de quatre mois à partir de la date de la décision interne définitive.* ». Par ailleurs, il y a lieu de faire mention du protocole additionnel n° 15 (signé le 24 juin 2013 puis entré en vigueur le 1er août 2021) par lequel le délai de recours après épuisement des voies de recours interne est raccourci de six à quatre mois.

seconde.[200] Sans constituer un réel obstacle à l'aboutissement des plaintes des victimes, [201] le filtre instauré dans les différentes procédures est symptomatique d'une certaine exigence de garantie de protection. Mais, et la nuance mérite d'être relevée, les deux juridictions citées suivent des trajectoires différentes en ce qu'elles ont tendance à protéger différentes catégories de victimes. Là où la Cour EDH tend vers la protection des personnes physiques et morales contre l'État,[202] la Cour interaméricaine protège de plus en plus les minorités.[203] Cette dichotomie s'est traduite dans l'activité de la Cour EDH par une prise en compte généreuse des droits des investisseurs à l'égard des États[204], et ce, alors même que les potentielles victimes des activités d'une multinationale se heurtent à l'incapacité technique de saisir directement la Cour EDH.[205] Au niveau de la Cour interaméricaine des droits de l'homme, la trajectoire a été plutôt guidée par des considérations liées au droit à la propriété orientées vers une dimension plus collective qu'individuelle motivée par la dimension économico-sociale endossée par ladite Cour. Toutes ces raisons expliquent que l'idéal serait l'introduction des plaintes devant les juridictions nationales sans présumer de leur manque de fiabilité au regard des espèces à elles soumises[206] puis s'orienter vers les juridictions régionales sous réserve que l'accès à celles-ci soit facilité en cas de litige opposant l'investisseur étranger aux victimes supposées de son activité économique. En conséquence, et c'est l'objet de ce détour à travers les modalités

---

[200]. Voy. Art. 61-1 de la Convention américaine relative aux droits de l'homme (adoptée à San José le 22 novembre 1969). On y lit que « [s] *euls les États parties à la présente Convention et la Commission ont qualité pour saisir la Cour.* ». Le filtre de la commission est donc celui qui permet la saisine de la Cour par les individus.

[201]. L'on peut à certains égards soutenir (sans toutefois y souscrire) qu'il s'agit d'un filtre visant à rendre qualitatives les saisines en matière des droits de l'homme.

[202]. C'est en effet au sein de la jurisprudence de la Cour EDH que l'on relève les approches les plus originales en matière de garantie des droits civils et politiques. C'est d'ailleurs au nom de cette dynamique que la Cour de Strasbourg a étendu la protection offerte aux personnes physiques à celle offerte aux personnes morales.

[203]. Ainsi la jurisprudence la plus dynamique en matière de protection des minorités ressort des différentes affaires

[204]. En ce sens, voy. E. DECAUX et M. KUCERA, « La jurisprudence de la cour européenne des droits de l'homme en matière de protection des investissements », in Ch. LEBEN (dir.), Droit international des investissements et de l'arbitrage transnational, Paris, ed. Pedone, 2015, pp. 501-529. Les auteurs font remarquer que « la Convention [EDH] ne contient aucune disposition spécifique relative à la protection des investissements, mais la jurisprudence de la Cour [EDH] contient une quantité surprenante d'éléments qui peuvent présenter un intérêt plus ou moins direct pour la protection juridique des investissements ». Voy. Article précité, p. 527.

[205]. Il faut dire que la plupart des affaires en ce domaine ne résistent pas au filtre de l'épuisement des voies de recours internes, lesquelles sont assurées par des juridictions solides sur le fondement d'une législation *a priori* correcte coiffée par la jurisprudence de la Cour. Quand bien même tel ne serait pas le cas, la victime ne pourrait introduire une demande devant la Cour EDH si ce n'est à l'encontre d'un État. Or, les victimes sont quelquefois victimes de l'activité de l'investisseur pas celle de l'État. Néanmoins, il est peut-être possible d'espérer un changement dans les années à venir sous la houlette du nouveau mécanisme

[206]. Une idée souvent relayée par la doctrine consiste à nourrir un certain doute à l'égard des judications nationales

de réception des demandes relatives aux droits de l'homme par les juridictions nationales et régionales, on s'aperçoit que lesdites juridictions sont susceptibles de garantir l'examen des réclamations « civiles » nées des activités des investisseurs étrangers.

2. La réparation due à l'État à raison d'un manquement

531. L'établissement d'un investisseur sur le territoire d'un État est synonyme d'un risque de violation de la législation de cet État. Or, il est un principe que la violation d'une règle de droit qu'elle soit nationale ou internationale débouche sur l'engagement de la responsabilité de son auteur aux fins de réparation. Le manquement d'un investisseur à ses obligations à l'égard de l'État d'accueil

532. ***Réparation au-delà du dommage***. En réalité, l'on est là dans une logique familière du droit de la responsabilité internationale, laquelle n'exige pas l'existence d'un dommage pour que soit engagée la responsabilité de l'État. Dès lors, le simple manquement à une obligation est constitutif d'un fait illicite et tout fait illicite engage responsabilité. Ce schéma peut fonctionner à l'égard de l'investisseur étranger qui, d'une manière ou d'une autre outrepasse ses obligations découlant du respect de la législation de l'État d'accueil lorsqu'il s'abstient de respecter les obligations en matière des droits de l'homme sur le territoire dudit État. On est en effet là dans l'esprit de responsabilité qui sous-tend le projet d'Articles sur la responsabilité internationale de l'État pour fait internationalement illicite, lequel dispose que « [t] *out fait internationalement illicite de l'État engage sa responsabilité internationale* ».[207] Certes le projet d'Articles s'adresse aux États, mais on ne peut s'empêcher de penser que son objet étant la responsabilité, il est intéressant d'interroger la logique qui le porte dans le domaine d'engagement de la responsabilité. Deux éléments justifient ce positionnement. D'abord, il importe peu que les règles de la responsabilité aient tel ou tel acteur comme destinataire en ce sens que dès lors qu'elles présentent les qualités nécessaires pour être appliquées dans un domaine, quelconque artifice ne sauraient légitimement les en écarter. Ensuite, les multinationales agissant comme des États, elles méritent de ce fait d'être traitées comme tel, non pas dans leur protection, mais aussi sur le terrain de leur responsabilité. Enfin, le qualificatif de « non-sujet de droit international » souvent attribué à la catégorie d'opérateurs qui nous occupe, ne présente pas une barrière insurmontable. Il suffit pour s'en convaincre de se rapporter aux décisions rendues dans le cadre de l'arbitrage d'investissement. En effet, sans considérer explicitement l'investisseur comme sujet de droit international les tribunaux compétents en matière d'investissement le traitent factuellement comme tel en le condamnant au profil de l'État et inversement. Il ne peut qu'en résulter des conséquences sur le plan de la réparation, conséquences dont la forme varie souvent de la simple absence de protection à la réparation des préjudices subis.

---

207. Art. 1er du *Projet d'Articles sur la responsabilité de l'État pour fait internationalement illicite*, rés. 56/83 de l'AGNU du 12 décembre 2001.

533. *Prevention et dissuasion.* Évoquer les fonctions préventive et dissuasive dans un passage relevant de la réparation pourrait prêter à confusion. Seulement, il ne s'agit ni de mettre l'accent sur une quelconque sanction ni de mettre en valeur les actions des États en ce sens, mais simplement de montrer par les exemples la fonction réparatrice du préjudice que cache l'exigence de réparation lorsque celle-ci est destinée à l'État.[208] Cette considération ne revient toutefois pas à soutenir que la réparation dont il est question s'inscrit dans le schéma de la responsabilité pénale, ce qui serait d'ailleurs le contrepied de la démonstration envisagée. Distinguer les fonctions préventive et dissuasive revient à souligner le rôle de l'État dans ce qu'il peut envisager antérieurement à la survenance du fait illicite (prévenir la violation de la législation par exemple) cadre légal et ce que ce dernier peut envisager postérieurement à la survenance dudit fait illégal (préjudice causé pour l'environnement par exemple). En ce qui concerne la fonction préventive de la réparation, celle-ci est, d'un point de vue pratique, tout à fait plausible à mettre en exergue pour la limitation des prérogatives de l'investisseur et cela passe par les restrictions législatives dans un domaine où intervient l'investisseur. L'on a cependant à cet égard, évoqué la question de la liberté normative de l'État, que certains tribunaux ont pu remettre en cause.[209] Il faut d'ailleurs souligner que la fonction préventive de cette liberté normative ne recouvre son côté réparateur que lorsqu'elle est admise par les instances de règlement des différends avec toutes les conséquences qu'elle englobe en termes de restrictions de l'activité de l'investisseur. Tout se passe donc comme si les instances de règlement des différends étaient des organismes de validation des mesures prises par l'État. Relativement à la fonction dissuasive, celle-ci est n'est ni plus ni moins, la privation de l'investisseur des garanties devant lui être assurée par l'État d'accueil. Là encore, les choses n'apparaissent comme telles qu'à l'issue d'une validation de la part des autorités de l'État. Restriction de la législation en amont de l'infraction et privation du bénéfice des avantages en aval de celle-ci, apparaissent donc sous la forme d'une réparation dont les contours doivent être tracées par une instance de règlement des différends entre États et investisseurs.[210]

---

[208]. Ainsi, dans l'affaire Amadou Sadio Diallo (*République de Guinée c. République démocratique du Congo*, arrêt du 19 juin 2012, Recueil, p. 324, § 57.), la CIJ a tenu *« à rappeler que l'indemnité accordée à la Guinée, dans l'exercice par celle-ci de sa protection diplomatique à l'égard de M. Diallo, est destinée à réparer le préjudice subi par celui-ci. »*.

[209]. Voy. Introduction de la présente étude.

[210]. Ainsi, le CIRDI a, à l'occasion d'une affaire ou l'État défendeur objectait que la protection à laquelle prétendait un demandeur résultait d'une concession obtenue frauduleusement, donné raison à l'objection de l'État. Le tribunal a donc consideré que « [i]*t is not possible to recognize the existence of rights arising from illegal acts, because it would violate the respect for the law which, as already indicated, is a principle of international public policy*». Voy. CIRDI, *Inceysa Vallisoletana c. Salvador*, aff. n° ARB/03/26, Sentence du 2 août 2006, §§ 249.

§2 : La responsabilité pénale des dirigeants de l'entreprise multinationale

534. Pour la simplification du propos, on entendra par responsabilité pénale, la mise en œuvre de procédés juridiques dont l'objectif vise à sanctionner l'entreprise à raison des manquements sans aller jusqu'à la réparation des victimes. Sur le plan international, on sait que le droit pénal éponyme n'admet pas de poursuites pénales à l'encontre d'une personne morale, cela rend difficile toute tentative de systématisation de la responsabilité des investisseurs personnes morales. Il convient de souligner que l'intitulé même de ce paragraphe se justifie par la considération selon laquelle, même si elles sont de plus en plus considérées pénalement responsables dans certains États[211], les personnes morales demeurent les oubliées du droit pénal international.[212] Partant, il devient impératif de s'intéresser à la responsabilité pénale des dirigeants de l'entreprise, lesquels sont des personnes physiques.[213] Signalons dès à présent qu'un impossible engagement de la responsabilité pénale des entreprises n'est pas en soi un obstacle dédouanant lesdites entreprises de toute responsabilité. Car et comme cela a été souligné, dès lors que la sanction vise les dirigeants de l'entreprise, on pourrait en

---

[211]. On en veut pour preuve la rédaction de l'art. 121-2 (Modifié par Loi n° 2004-204 du 9 mars 2004 — art. 54 [] JORF 10 mars 2004 en vigueur le 31 décembre 2005 du code pénal français en vertu duquel : « *Les personnes morales, à l'exclusion de l'État, sont responsables pénalement* [...] ». Par ailleurs, il a été relevé dans le même sens que « [l] *a loi canadienne sur les crimes de guerre et sur les crimes contre l'humanité, entrée en vigueur en octobre 2000, et érigeant en crimes de droit canadien les infractions au droit international humanitaire, les crimes contre l'humanité et le crime de génocide, ne spécifie pas par exemple qu'elle s'applique uniquement à des personnes physiques. Elle pourrait ainsi trouver à s'appliquer à des personnes morales* » (I. MOULIER, « La responsabilité des entreprises transnationales et de leurs dirigeants : approche extraterritoriale et internationale », in M. AILINCAI et S. LAVOREL (dir.), *Exploitation des ressources naturelles et protection des droits de l'homme*, Paris, éd. Pedone, 2013, p. 164, note 7.

[212]. Ainsi, le Statut de Rome de la Cour Pénale internationale, établi le 17 juillet 1998 et entré en vigueur le 1er juillet 2002, ne s'étale pas sur les personnes morales. On y lit aux termes de l'art. 25 : « *1. La Cour est compétente à l'égard des personnes physiques en vertu du présent Statut. 2. Quiconque commet un crime relevant de la compétence de la Cour est individuellement responsable et peut être puni conformément au présent Statut.* ». Le soulignement est de nous.

[213]. Au fond, il ne s'agit que d'une conséquence de la mise à l'écart de la responsabilité des personnes morales. Déjà à ce sujet, le Statut du Tribunal militaire international de Nuremberg, intégré à l'*Accord concernant la poursuite et le châtiment des grands criminels de guerre des Puissances européennes de l'Axe — Accord de Londres —*, entré en vigueur le 8 aout 1945, énonçait en son art. 6 que « *[l] e Tribunal établi* (...) *pour le jugement et le châtiment des grands criminels de guerre des pays européens de l'Axe sera compétent pour juger et punir toutes personnes qui, agissant pour le compte des pays européens de l'Axe, auront commis, individuellement ou à titre de membres d'organisations l'un quelconque des crimes suivants*. Donc, « [l] es actes [constitutifs de] crimes (...) [sont] *soumis à la juridiction du Tribunal et entraîn* [ent] *une responsabilité individuelle* (...) » — le soulignement est de nous —. Cette disposition s'est d'ailleurs déclinée dans les faits tant seule la responsabilité individuelle des auteurs fut recherchée à l'occasion du Procès de Nuremberg où le tribunal déclara que « *ce sont des hommes et non des entités abstraites, qui commettent les crimes dont la répression s'impose comme sanction du droit international* ». Voy. AGNU/CDI, *Le statut et le jugement du Tribunal de Nuremberg. Historique et analyse (Mémorandum du Secrétaire général)*, doc. A/CN.4/5 du 3 mars 1949, p. 44.

déduire dans une certaine mesure que la responsabilité de l'entreprise a, fut-ce indirectement, été recherchée. Ainsi, l'engagement de la responsabilité des dirigeants de l'entreprise apparaitrait comme un complément de la responsabilité civile de l'entreprise dans le sens des poursuites éventuellement engagées contre la multinationale.[214] Si tel est le cas, il restera alors à décliner les voies et moyens permettant d'y parvenir. Deux procédés sont à cet égard envisageables ; prioritairement ceux de l'État hôte (A), à défaut ceux de l'État d'origine (B).

A. Une responsabilité pénale de principe à l'initiative de l'État hôte

535. ***Quintessence.*** L'établissement de la filiale d'une entreprise multinationale sur le territoire d'un autre État emporte la conséquence de sa soumission à la juridiction de cet État. Il s'agit -là d'une traduction de l'application du principe cardinal de souveraineté des États, principe en vertu duquel les États sont habilités à assurer les mises en œuvre du droit qu'ils édictent et celui auquel ils souscrivent. À la première catégorie correspond l'obligation de respect de la législation de l'État à destination de la filiale en tant qu'investisseur ; et à la seconde correspond l'obligation de respect des engagements notamment relatifs aux droits de l'homme, destinés aux États. Mais demeure la question de savoir si les États hôtes disposent de moyens permettant d'atteindre l'entreprise multinationale. Deux éléments de réponse synonymes d'*a priori* peuvent à ce stade être apportés : d'une part, les conditions d'engagement de la responsabilité pénale dépendrait de la maturité du système juridique et, d'autre part, l'engagement de la responsabilité pénale des personnes morales serait une hypothèse difficilement applicable. La conciliation des deux impératifs décrits passe par une justification du procédé sans laquelle des applications aussi variables selon les États pourraient poser des difficultés pratiques de compréhension d'où le passage par l'engagement de la responsabilité pénale individuelle, laquelle parait une solution susceptible de garantir l'efficacité des poursuites. Compte tenu de cela, un détour par les fondements d'une telle pratique s'impose préalablement à tout exposé de ses mises en application.

1. Le fondement

536. L'un des éléments caractéristiques de l'accession des individus à la justice internationale est, comme on le sait et tel que cela a été indiqué dans les passages précédents, l'épuisement des voies de recours internes. Ces dernières se matérialisent dans le domaine qui nous préoccupe, par la saisine des juridictions nationales préalablement à toutes tentatives de saisine d'autres juridictions relevant du cadre étatique régional, universel ou relevant de l'arbitrage. Aucune

214. A cet égard, l'alinéa 3 de l'art. 121-2 du code pénal précité précise que « [l]*a responsabilité pénale des personnes morales n'exclut pas celle des personnes physiques auteurs ou complices des mêmes faits* (...) », ce qui voudrait donc dire que les sanctions prononcées à l'encontre de la personne morale n'épuisent guère la responsabilité des personnes physiques intervenant au nom ou pour le compte de ladite personne morale.

de ces catégories d'instances juridictionnelles ne doit être saisie si ce n'est à titre alternatif. Les règles applicables à l'investissement permettent pourtant d'outrepasser l'impératif d'épuisement des voies de recours internes et légitiment donc le contournement des règles applicables en la matière.

537. ***L'anéantissement peu justifié des voies de recours internes***. Derrière le contournement des voies de recours internes se cache l'idée d'une crainte d'un procès inéquitable. C'est-à-dire, un procès auquel l'État serait juge et partie au litige l'opposant à l'investisseur. Qu'il nous soit permis d'émettre une réserve en ce sens. Si l'investisseur n'a réellement pas confiance au système judiciaire de son partenaire économique, en l'occurrence l'État, il parait pour le moins étonnant que celui-ci songe à y investir. Et l'interrogation ne fait que se renforcer lorsqu'on prend compte de la considération selon laquelle un investissement est une opération économique menée à long terme sur le territoire d'un État. A-t-elle seule, cette considération bat en brèche la prétention sans doute hasardeuse d'une insuffisance systématique des systèmes judiciaires d'une catégorie d'États sur les territoires desquels sont réalisés les investissements. Cela est d'autant plus étonnant que seuls les États du sud sont généralement la cible de telles attaques. Au fond, l'argument n'est que très peu juridique et mérite donc d'être confronté à la réalité juridique, laquelle justifie le recours aux juridictions de l'État hôte.

538. ***Le recours doublement justifié aux juridictions de l'État hôte***. La violation de l'ordre public, c'est-à-dire l'« [e] nsemble *de principes de l'ordre juridique interne d'un pays déterminé, jugés fondamentaux à un moment donné et auxquels il n'est pas permis de déroger* »[215], provoque de la part de ce pays des sanctions pénales.[216] Au titre de ces principes figurent généralement les règles relatives à la protection des droits fondamentaux. Néanmoins, qu'il soit question de la non-discrimination, de la sécurité des personnes ou du respect de leurs dignités, le contenu de l'ordre public demeure lié à des considérations propres aux États en fonction de paramètres internes.[217] Même si les droits de l'homme

---

215. J. SALMON (dir.), Dictionnaire de droit international public, *op. cit.*, p. 786. Par ailleurs, L'engagement de la responsabilité pénale nécessite une action de la part de l'État dont la motivation serait la sanction des infractions remettent en cause la garantie de l'ordre public dans des domaines variés allant de la sécurité au respect de la dignité de la personne.

216. Il convient de rappeler avec Mohamed Mahmoud Mohamed Salah qu'en droit international privé, il existe deux autres mécanismes proches, « *à savoir le mécanisme des lois de police et celui des règles matérielles* ». Voy. M. M. MOHAMED SALAH, *L'irruption des droits de l'homme dans l'ordre économique international : mythe ou réalité ?*, Paris, éd. LGDJ/Lextenso, 2012, p. 286. À cet égard et sans être particulièrement décisives, les lois de police ont servi comme renfort à l'application d'une loi ghanéenne en France parce qu'elle tendait à protéger le droit à la santé via un embargo sur les viandes bovines venant de France au moment du pic de la maladie dite de la vache folle (Voy. *Idem*, note 231 et C. Cass., 16 mars 2010, pourvoi n° 0821511, Bulletin).

217. Sur ce terrain précis, le juge administratif français a tracé les contours de l'ordre public en partant des concepts de tranquillité, sécurité, salubrité (loi municipale du 4 avril 1884 reprise par l'art. L2212-2 du Code général des collectivités territoriales, en vigueur depuis le 22 décembre 2014) vers celui de la dignité (CE, arrêt du 27 octobre 1995, n° 136727, *Recueil Lebon* : « *Considérant qu'il appartient à l'autorité investie du pouvoir de police municipale de prendre toute mesure pour*

paraissent échapper aux divergences d'approches en termes d'ordre public,[218] il reste tout de même certain que les juridictions de l'État sont les seules habilitées en principe sinon en priorité à prononcer des sanctions pénales à l'encontre de l'investisseur étranger. Cette double exclusivité de détermination des règles dont la violation impacte l'ordre public doublée de celle de la commission de l'infraction éventuelle sur le territoire de l'État concerné, légitime le recours aux juridictions de l'État préalablement à toute tentative de saisine de tribunaux autres que ceux du lieu de la commission de l'infraction. En des termes plus concrets, il s'agirait pour l'État d'accueil de poursuivre pénalement les investisseurs dont les comportements violent l'obligation de respect de la législation à laquelle sont tenus tous les étrangers, étrangers dont font partie les investisseurs. En ce sens, et sans être les seules, les manœuvres frauduleuses (corruption par exemple) sont de plus en plus mobilisées dans cet arbitrage.[219]

2. L'application

539. *Moyens.* Les mises en œuvre des sanctions pénales à l'encontre de l'investisseur peuvent prendre diverses formes,[220] compte tenu de la diversité des cadres légaux des États. Cette donnée rend périlleuse toute tentative de restitution générale des différents modèles étatiques existants d'où l'intérêt de se focaliser sur le cas des sanctions entreprises par les juridictions françaises. À cet égard, l'on songe en premier lieu au cadre légal français où « [l] *a responsabilité pénale des personnes morales n'exclut pas celle des personnes physiques auteurs ou complices des mêmes faits* (...) »[221]. Autrement dit, les personnes physiques agissant dans le cadre de l'exercice des fonctions occupées au sein d'une entreprise peuvent voir leurs responsabilités pénales engagées parallèlement à celle de l'entreprise en tant qu'entité distincte. Cette logique est renforcée par le principe de la responsabilité personnelle que l'on retrouve à l'art. 121-1 du code pénal et aux termes duquel « [n] *ul n'est responsable pénalement que de son propre fait* ».[222]Dans les faits, la combinaison des art. 121-1 et 2 mène vers un

prévenir une atteinte à l'ordre public ; que le respect de la dignité de la personne humaine est une des composantes de l'ordre public ») comme composantes de l'ordre public.

218. En ce sens, voy. J. B. RACINE, « Les normes porteuses d'ordre public dans l'arbitrage commercial international », in E. LOQUIN et S. MANCIAUX (dir.), *L'ordre public et l'arbitrage*, Dijon, éd. CREDIMI/LexisNexis, 2014, p. 16.

219. S. MANCIAUX, « L'ordre public international et l'arbitrage d'investissement », in E. LOQUIN et S. MANCIAUX (dir.), *L'ordre public et l'arbitrage*, Dijon, éd. CREDIMI/LexisNexis, 2014, pp. 40 et s.

220. Il peut en effet s'agir d'un non-bénéfice de la protection lorsque les violations des droits fondamentaux sont en jeu (CIRDI, *Inceysa c. Salvador*, aff. n° ARB/03/26, sentence du 2 août 2006) ou lorsque des cas de corruptions dans la constitution de l'investissement sont constatées (CIRDI, *Société d'exploitation et de recherche minière c. Burkina Faso*, aff. n° ARB/97/1, sentence du 19 janvier 2000).

221. Voy. Art. 121-2, alinéa 3 du code pénal modifié par la Loi n° 2004-204 du 9 mars 2004 — art. 54 — *JORF* 10 mars 2004 et en vigueur depuis le 31 décembre 2005)

222. Version en vigueur depuis le 1er mars 1994.

dédoublement de responsabilités pour une même infraction.[223] Cela consiste en une quête basée non pas seulement sur l'entité dans le cadre de laquelle l'infraction est commise, mais aussi cible les auteurs des agissements ayant conduit à l'infraction.[224] C'est sur le fondement de ces règles que les poursuites pénales des dirigeants d'entreprises peuvent être entreprises.

540. *Concrétisation*. Bien entendu, la concrétisation des poursuites pénales du dirigeant d'une entreprise est tout à fait applicable à la filiale d'une multinationale tant, et on ne le rappellera jamais assez, les opérations économiques menées par une multinationale à travers l'une de ses filiales, sur le territoire d'un État, sont régies par les règles en vigueur au sein de cet État. La dynamique des articles précités a eu échos dans la jurisprudence notamment en matière d'impact des activités des entreprises sur l'environnement. Ainsi, lorsqu'elle a été saisie d'un pourvoi à l'encontre d'une décision par laquelle la chambre correctionnelle de la cour d'appel de Grenoble[225] a décidé d'attribuer la responsabilité pénale à un directeur salarié d'une entreprise pour exploitation non conforme d'une installation classée, la chambre criminelle de la Cour de cassation[226] a annulé la décision au moyen d'un constat d'une absence de justification visant à opérer une distinction entre le statut du condamné et celui du dirigeant de fait. Aux yeux de la Cour, les dommages causés par « *les rejets gazeux illicites émanant de l'entreprise* »[227] sont le résultat de l'infraction pénale, elle-même provoquée par « *l'exercice normal des attributions salariées qui* (...) *avai* [ent] *été confiées par le président* »[228] de l'entreprise au directeur salarié. Derrière ce raisonnement se cache une volonté de cibler la responsabilité de l'instance « dirigeante » au détriment d'une responsabilité de l'instance « exécutante », ce qui, au demeurant, rappelle les liens existants entre une société mère et ses filiales. C'est dire que le dirigeant de fait d'une multinationale pourrait se faire condamner en France pour des infractions commises par une filiale si le ou les directeurs salariés de celle-ci

---

223. L'on peut dire que la responsabilité pénale implique une triple dimension : pas de responsabilité pénale de plein droit (il faut apporter la preuve irréfutable de l'infraction pénale pour que celle-ci joue à l'encontre du coupable) ; pas de responsabilité pénale du fait d'autrui (poursuite du ou des coupables et lui/eux seuls) ; pas de responsabilité collective (identification du rôle précis joué par le coupable).

224. Cela peut paraitre faussement élastique en ce sens que les employés d'une entreprise autres que dirigeants sont en principe exclus de ce registre pénal, car ils sont considérés depuis une jurisprudence relativement ancienne comme de simples receveurs d'ordre (C.Cass., Crim., 28 février 1956, n° 53-02.879, *Bulletin.*). Dans l'arrêt cité, la chambre criminelle a jugé que « *si en principe, nul n'est passible de peines qu'à raison de son fait personnel, la responsabilité pénale peut cependant naître du fait d'autrui dans les cas exceptionnels où certaines obligations légales imposent le devoir d'exercer une action directe sur les faits d'un auxiliaire ou d'un subordonné ; que, notamment, dans les industries soumises à des règlements édictés dans un intérêt de salubrité ou de sûreté publiques, la responsabilité pénale remonte essentiellement aux chefs d'entreprise, à qui sont personnellement imposés les conditions et le mode d'exploitation de leur industrie* ».

225. C.Cass. Comm., arrêt du 12 mai 2004, n° 00-19.415, inédit

226. C. Cass. Crim., arrêt du 28 juin 2005, n° 04-84.281, inédit.

227. *Idem.*

228. *Idem.*

ne sont que des exécutants. Inutile de rappeler que rien ne s'oppose à ce que la mise en œuvre d'un procédé identique soit déployée les pays notamment du sud. Il est vrai toutefois que d'un point de vue stratégique, il peut être périlleux, voire impossible pour un État à économie relativement faible d'être aux trousses d'une multinationale dont les instances dirigeantes ignorent parfois (et ce n'est pas ironique) l'existence de l'État poursuivant.

B. Vers une responsabilité pénale d'exception à l'initiative de l'État d'origine

541. ***Remédier***. L'engagement de la responsabilité pénale dans l'État d'origine apparait comme une solution alternative à l'absence de poursuites à l'encontre des dirigeants de l'entreprise, en particulier lorsque ceux-ci échappent aux juridictions de l'État hôte. Ainsi, la mise en œuvre de cette alternative est souvent assujettie à l'existence d'une violation de la législation de l'État hôte[229]. C'est dire qu'une telle initiative arrive comme un remède à l'absence de poursuites à l'encontre de l'une quelconque des instances dirigeantes agissant au nom de l'entreprise. Si l'on se focalise sur les affaires récentes portées notamment devant les juridictions françaises,[230] étasuniennes,[231] néerlandaises[232] et britanniques,[233] pour des infractions commises en dehors des limites géographiques de ces États, on ne peut s'abstenir de constater une convergence d'approche autour de la volonté de poursuivre les multinationales y compris pour des manquements commis à l'étranger. Mais ce procédé peut paraitre fragile pour des raisons liées à un manque de généralisation. En d'autres termes, le fait que les initiatives des poursuites pénales à l'encontre de l'investisseur soient diverses n'est guère synonyme de garantie tant cela dépendrait exclusivement de la volonté de l'État. Là où tel investisseur serait poursuivi pour telles infractions commises sur le territoire d'un tel État, un autre investisseur ne le serait pas pour des infractions équivalentes, voire plus graves commises sur le territoire d'un tel autre État. Il va sans dire qu'un déséquilibre/insécurité résulterait d'une justice exclusivement dépendante de la volonté de son initiateur au lieu de l'être en fonction de l'intensité de l'infraction commise.

542. ***Multiplier.*** Dans le prolongement de l'idée qui précède, les mises en application des poursuites de la part de l'État hôte pourraient être légitimées par

---

[229]. On trouve la traduction, d'une telle logique à l'alinéa 2 de l'art. 113-6 (en vigueur depuis le 1er mars 1994 et modifié par la Loi n° 2009-1503 du 8 décembre 2009 — art. 36) du Code pénal relatif à la personnalité active, aux termes duquel la loi pénale française « (...) *est applicable aux délits commis par des Français hors du territoire de la République si les faits sont punis par la législation du pays où ils ont été commis.* » (le soulignement est de nous) ; Il faut toutefois relever que cette disposition est sans préjudice des crimes notamment de guerre, contre l'humanité, ou encore de génocide dont la commission ouvre la voie à des poursuites par tous les États et *a fortiori* l'État d'origine.

[230]. Par exemple, les affaires *Lafarge* et *Comilog* précitées.

[231]. Par exemple, les affaires *Kiobel* et *Jensen* précitées.

[232]. Affaire *Shell* portée devant les juridictions néerlandaises.

[233]. Par exemple, l'affaire *Shell* portée devant les juridictions britanniques.

l'atteinte aux droits de l'homme sur le territoire de l'État hôte lorsque celui-ci peine à poursuivre l'investisseur. Pour surmonter cette difficulté et avec elle celle qui est liée au caractère aléatoire des poursuites au sein de l'État hôte, il pourrait être fait recours aux traités d'investissements liant les États. Ainsi, et si l'on prend l'exemple d'un TBI, il pourrait être intégré parmi ses dispositions, une référence à l'application de la loi pénale de l'État d'origine lorsque les violations commises par l'investisseur touchent à des droits consacrés dans les ordres juridiques des deux États parties au traité. On sait, relativement aux droits fondamentaux susceptibles d'être violés par un investisseur (droits fondamentaux au travail, travail des mineurs, ressources naturelles, doit à l'environnement, etc.), qu'ils sont consacrés dans la plupart des États, au moins, en ceci qu'ils résultent en grande partie des Pactes de 1966 auxquels la quasi-totalité des États adhèrent. La voie royale d'une harmonisation des poursuites pénales à l'encontre de l'investisseur dont l'initiateur serait l'État d'origine des investissements, semble résider dans la construction de dispositions conventionnelles visant à garantir le rôle de cet État dans ce sens en contrepartie du bénéfice de la protection offerte par les traités d'investissement au profil des investisseurs.

Conclusion du titre 2

543. L'infléchissement du droit des investissements sous l'influence des droits de l'homme n'est pas que conceptuel et tient en partie à des moyens à la disposition des droits de l'homme leur permettant d'agir sur le contenu du droit des investissements. Certains de ces moyens résultent du caractère horizontal des obligations en matière des droits de l'homme, lequel a pour conséquence la justiciabilité de ces droits et à l'égard des États et à l'égard des investisseurs. C'est là que réside la nouveauté[1] en matière de justiciabilité des droits de l'homme, sous couvert de l'obligation de *due diligence*, laquelle a tendance à exiger des investisseurs une attitude raisonnable à l'égard des droits fondamentaux. Ni l'obligation de diligence incombant à l'investisseur, ni l'obligation de protéger incombant à l'État permettent pour l'heure une véritable justiciabilité des droits de l'homme en raison de la non-généralisation de la première et la fragilité des moyens de mise en œuvre de la seconde. Cette lacune est cependant nuancée par l'admission devant les instances arbitrales des demandes reconventionnelles, lesquelles s'annoncent comme un procédé de mise en œuvre des droits fondamentaux des individus dont l'État a la charge, ce qui, en soi, symbolise une avancée vers le contrôle citoyen de l'arbitrage d'investissement.

544. La combinaison des mécanismes d'adaptation du droit des investissements au droit international des droits de l'homme révèle la réunion de facteurs propices à l'engagement de la responsabilité de l'investisseur et même les éléments de sa qualification comme telle. Sur le premier point, l'investisseur peut être poursuivi pour un manquement à des droits individuels (discrimination au sein de l'entreprise par exemple) comme il peut l'être pour des manquements à des droits collectifs (entrave à la liberté syndicale ou entrave au droit pour une collectivité au bénéfice à l'eau potable par exemple). Dans ces cas de figure, l'investisseur peut être poursuivi en tant qu'acteur principal ou en tant qu'acteur secondaire de la violation des droits de l'homme. Mais pour que soit mise en œuvre la protection de l'investisseur, il convient de distinguer les personnes

[1]. L'obligation pesant sur l'État n'étant qu'une obligation résultant du fait que ce dernier est le destinataire « originel » des obligations en matière des droits de l'homme que l'on peut résumer en obligations positives (mobiliser des moyens pour la protection des droits fondamentaux) et négatives (s'abstenir de violer les droits de l'homme). Les deux catégories d'obligations renvoient en réalité à l'obligation de protéger les droits fondamentaux.

physiques (responsabilité pénale des dirigeants de l'entreprise) de la personne morale (responsabilité civile de l'entreprise).

545. Sans prétendre à la perfection, ces propositions d'engagement de la responsabilité visent à envisager une réflexion sur les potentialités d'une intégration affirmée des droits de l'homme dans le droit des investissements, de sorte que le second soit une préservation du premier de toutes initiatives de contestation, voire de dénigrement.

Conclusion générale

546. L'influence du droit international des droits de l'homme sur le droit des investissements apparait à travers deux prismes. D'abord sur le plan des sources et ensuite sur le plan du contenu. Concernant le premier point, les foyers nationaux et internationaux intéressant l'investissement sont dans l'ensemble mobilisés pour l'intégration des droits de l'homme dans le droit des investissements, mais cette intervention se heurte à des obstacles liés à la souplesse des cadres normatifs empruntés. Relativement au contenu, c'est-à-dire la réalité effective du droit des investissements, celle-ci révèle l'existence des droits de l'homme, mais beaucoup plus du côté des investisseurs que du côté des États, en raison des concepts souvent généreux en matière de protection de l'investisseur. En revanche, des tendances nouvelles se font peu à peu jour et procèdent de l'avènement de nouveaux concepts qui penchent vers la protection de l'État et donc sa population sans qu'une véritable mise en œuvre leur soit assurée en raison d'obstacles liés à l'absence de mécanismes adaptés.

547. En une formule, le droit international des droits de l'homme a certes influencé les acteurs dans leurs productions normatives, mais n'en a pas encore fait de même pour leurs mises en œuvre. Il y a là la résurgence de la même difficulté à laquelle se heurtent les droits de l'homme. Même sous cet angle, l'influence est présente en des dimensions variées que ne saurait combler la seule mise en lumière des droits de l'homme. À ce titre, droits de l'homme et droit des investissements sont appelés à faire cause commune tant les règles de protection des investissements trouvent quelque peu leur origine dans les droits de l'homme comme en témoignent l'interdiction des traitements injustes et inéquitables et celle de la discrimination dont les extensions aboutissent à l'interdiction de l'expropriation sans indemnisation et à l'interdiction des traitements inégalitaires des investisseurs.[1]

548. Il convient d'intégrer plus généralement l'idée de l'association des sphères économique et sociale dans l'approche contentieuse du droit des investissements.[2] Cela consisterait objectivement à étendre la compétence des arbitres aux différends relevant de l'investissement et touchant aux droits de

---

[1]. En ce sens, A. DE NANTEUIL, *Droit international de l'investissement*, Paris, éd. Pedone, 2020, 3ème éd., p. 485.

[2]. Dans le sens de cette association, voy. M. M. MOHAMED SALAH, *L'irruption des droits de l'homme dans l'ordre économique international : mythe ou réalité ?* Paris, éd. LGDJ, 2012, p.

l'homme. Il s'agirait non pas d'une substitution d'une compétence par une autre, mais plutôt d'un élargissement des rôles des arbitres. On passerait ainsi d'arbitrage quasi exclusivement protecteur des investisseurs à un arbitrage soucieux de la protection de tous, investisseurs comme population de l'État d'accueil. Dans ce cas précis, il n'y aurait pas d'opposition entre les intérêts des États et ceux des investisseurs si ce n'est que les premiers auront la charge de porter les droits des populations dont ils ont la charge. Cette hypothèse est possible dans le cadre du CIRDI ou elle pourrait se concrétiser au moyen d'une révision de l'article 25 de la Convention de Washington. On pourrait certes penser à une éventuelle opposition de certains États, mais la réflexion se dissipe dès lors qu'on a à l'esprit que l'intégration d'une compétence en matière des droits de l'homme correspond aux objectifs du droit international des droits de l'homme consentis par les États à travers les principaux instruments internationaux relatifs aux droits de l'État. Il ne serait donc que peu probable que la majorité des États s'opposent à une telle extension.

549. Compte tenu des développements suggérés dans la présente étude, l'appellation « traité de protection et de promotion des investissements » parait décalée de la réalité du domaine. Cela est dû au fait que les traités d'investissements ne sont plus ces traités dont la vocation est l'exposé des règles qui s'imposent à l'État sur le territoire duquel un opérateur mène son activité économique. De telles règles sont désormais accompagnées d'autres règles dont la vocation est d'imposer des obligations aux investisseurs. Ces dernières règles relèvent pour la plupart du droit international des droits de l'homme. Certaines d'entre elles répondent aux exigences des obligations de l'État d'imposer le respect des droits de l'homme sur son territoire ; et d'autres relèvent de l'obligation de respecter les normes impératives des droits de l'homme dont le respect incombe à tous, y compris les investisseurs, lesquels sont soumis à l'obligation de respecter la législation de l'État d'accueil.

550. Certains auteurs privilégient l'intégration d'obligations en matière des droits de l'homme dans les traités d'investissement,[3] mais une telle solution n'aurait qu'une faible incidence sur la compétence des arbitres décidés à privilégier les considérations relatives aux droits de l'homme au détriment des droits économiques de l'investisseur ou inversement. Étant donné que les droits de l'homme servent à la fois l'investisseur et l'État d'accueil, mais qu'ils sont aussi et surtout largement consacrés sur les plans internes et international, il serait tout à fait logique que ces droits soient intégrés dans le champ d'appréciation d'un différend opposant l'investisseur à l'État. La transversalité des droits fondamentaux peut à cet égard servir comme base normative apte à permettre aux arbitres l'interprétation d'un traité d'investissement sans le délier des considérations relatives aux droits de l'homme.

---

[3]. F. HORCHANI, « Les droits de l'homme et le droit des investissements internationaux », in L. BOY et *al* (dir.), *Droit économique et droits de l'homme*, Bruxelles, éd. Larcier, 2009, p. 166.

551. Par ailleurs, on pourrait espérer que sur le plan local, l'obtention d'une autorisation d'investissement soit systématiquement conditionnée à l'engagement explicite de l'investisseur dans le sens du respect de la législation nationale ; engagement qui privilégierait le droit à l'environnement, le droit aux ressources naturelles, le droit au travail, etc. Bref, les droits de l'homme que les activités de l'entreprise multinationale pourraient affecter. Ce serait là une manière d'associer davantage l'investisseur au respect des droits de l'homme, et partant, de faire en sorte que les droits de l'homme lui soient opposables. Il pourrait s'agir par exemple d'un engagement autonome en bonne et due forme, d'un formulaire ou encore d'une Charte[4] devant être soumis à l'investisseur en vue d'une signature. L'avantage de tels engagements serait d'accentuer le contenu du principe selon lequel l'étranger en général, et l'investisseur en particulier, se soumettent à la législation de l'État hôte[5].

552. Aussi, il serait tout à fait judicieux de procéder au renforcement des dispositions relatives à l'encadrement des activités des multinationales autres que celles contenues dans les traités d'investissement en les dotant d'une force contraignante au même titre que les règles qui s'imposent à l'État en matière de protection des investissements. Le caractère volontaire des règles émanant des organisations internationales telles que l'OCDE, l'OIT ou l'ONU devrait en ce sens, d'abord être dotées d'une force obligatoire et ensuite, être intégrées explicitement dans les traités d'investissement en tant qu'éléments d'interprétation de ces traités lorsqu'un différend relatif à l'investissement est porté par un investisseur devant les instances de règlement des différends éponymes.

553. Dans le prolongement de l'idée ci-dessus exposée et du côté du droit des investissements, plus précisément le concept de TJE, beaucoup reste à faire. Si une évolution (ou révolution) doit y avoir lieu, celle-ci doit passer par une certaine « officialisation de l'influence des droits de l'homme sur le TJE ». Au surplus, les rédacteurs des instruments de promotion et de protection des

---

4. On aura relevé que ces sentences pourraient se heurter aux effets de la distinction opérée par la doctrine entre les réclamations contractuelles et réclamations conventionnelles. I. FADLALLAH, « La distinction *Treaty- Claims Contract-Claims* », *in* Ch. LEBEN (dir.), *Droit international des investissements et de l'arbitrage transnational*, Paris, éd. Pedone, 2015, p. 767.

5. En dépit des différentes controverses sur l'équilibre, le déséquilibre voire le rééquilibrage des relations États/investisseurs, l'obligation de respecter la législation nationale a toujours fait consensus, car pour les uns comme pour les autres, elle s'impose à tous les investisseurs étrangers. C'est cependant le contenu de cette obligation qui pose des difficultés et génère à certains égards des controverses. Sur cette question, M. M. M'BENGUE, « Les obligations des investisseurs étrangers », in DUBIN (L.) et *al* (dir.), *L'entreprise multinationale et le droit international. Colloque de Paris 8 Vincennes — Saint-Denis, organisé les 19, 20 et 21 mai 2016*, Paris, éd. Pedone, 2017, p. 314. L'auteur fait remarquer contre toute attente que « *le respect de la clause de la clause de "conformité à la législation" est générateur de protection et non véritablement d'obligations pour les investisseurs étrangers* ».

investissements gagneraient à passer de « l'officieux[6] » vers « l'officiel[7] » en substituant la formulation « en conformité avec le droit international » par la formulation « en conformité avec le droit international des droits de l'homme ». Cela présenterait plusieurs avantages. Premièrement, le droit international des investissements gagnerait en clarté en ce sens que le contenu de la clause de TJE serait interprété à la lumière du droit international des droits de l'homme. Concrètement, on s'attendrait à ce que l'État agisse, en vertu du TJE, à l'égard de l'investisseur, en conformité avec son propre droit interne, mais aussi et surtout en conformité avec le droit international des droits de l'homme. Ce dernier gagnerait sans doute à son tour en effectivité, car l'État agirait non plus conformément à un concept abstrait de TJE, mais conformément à un droit qu'il applique quotidiennement sur son territoire. Deuxièmement, pour les investisseurs, étant entendu que les suites données aux réclamations fondées sur les traitements injustes et inéquitables (TII) sont variables, il serait plus facile, en se référant aux droits de l'homme, de contrôler l'issue des demandes basées sur les violations des droits fondamentaux. Troisièmement, pour les tribunaux arbitraux, la charge de travail serait considérablement réduite, en ceci que les arbitres se garderaient d'interpréter le TJE en conformité avec les droits de l'homme.

554. À travers la neutralisation du statut d'étranger, l'investisseur s'assimile au national, et dès lors qu'il est assimilé au national, il serait régi par les règles applicables au national. Or, on sait que les droits fondamentaux du national sont les droits consacrés par le droit international des droits de l'homme. Tout se passe comme si l'insuffisance de la protection des droits de l'homme ne se fait sentir qu'en droit des investissements. Étirer les concepts des droits de l'homme au sein du droit des investissements revient à remettre en cause leur bien fondé en tant qu'éléments de protection des droits fondamentaux. Où le droit des investissements se fait sien un concept de protection des droits fondamentaux, et dans ce cas se contenterait de son contenu originel ; ou le droit des investissements s'affranchit d'un tel concept, et dans ce cas, il suivrait sa trajectoire propre avec des concepts propres. Cela aiderait à rendre lisible le contenu des concepts clés du droit des investissements et contribuerait à harmoniser les règles de protection des investissements, en ceci que ces règles auraient la même source : soit le droit international des droits de l'homme soit une autre branche du droit international. Compte tenu, d'une part, de l'ancrage du droit des investissements dans les droits de l'homme et, d'autre part, de l'universalité des droits fondamentaux, l'hypothèse d'un arrimage du concept de TJE au contenu des principaux textes internationaux des droits de l'homme parait plausible.

---

6. En optant pour une interprétation minimaliste, les arbitres appliquent en réalité le droit international des droits de l'homme.

7. Autant dévoiler franchement le droit dont il est question.

555. Il ressort des décisions des tribunaux arbitraux étudiées que la détermination du contenu du TJE varie en fonction des formulations retenues dans les traités d'investissement. Que le contenu du TJE soit déterminé en fonction des dispositions pertinentes du traité applicable, cela ne pose pas de grandes difficultés. En revanche, les choses se compliquent dès lors que les arbitres se trouvent en situation de déterminer le contenu du TJE en l'absence d'un traité. C'est dans cette perspective que peuvent être cernées les insuffisances des solutions jusqu'ici adoptées[8]. Pour contourner cette difficulté, il serait opportun d'envisager les contours du TJE en opérant une distinction entre l'investisseur-personne physique et l'investisseur-personne morale. Les droits de l'homme pourraient à cet égard avoir un rôle important à jouer. Ainsi, on pourrait en déduire que si l'investisseur est une personne physique, la protection à laquelle il pourrait prétendre découlerait de la conception minimaliste du TJE ; c'est-à-dire le bénéfice des droits fondamentaux garantis par un État de droit parmi lesquels figure la non-discrimination et l'absence de déni de justice. Et si au contraire, l'investisseur est une personne morale, celui-ci pourrait espérer une protection des droits économiques découlant du TJE, déterminés en fonction des attentes légitimes. À ce niveau, les droits de l'homme agiraient non pas dans le sens de la personne morale, mais serviraient à tracer les contours des attentes légitimes de l'investisseur en se saisissant de l'opportunité des agissements des États en fonction des droits fondamentaux des populations locales. Car ce qui importe prioritairement dans les premiers cas c'est la garantie à l'investisseur-personne physique d'une protection de ses droits fondamentaux en tant qu'Homme sous couvert de TJE. Le second cas s'oriente, quant à lui, vers la protection des droits autres que fondamentaux de l'Homme, résultant du TJE.

556. Les alternatives proposées revêtent un double avantage. D'un côté, elles permettent de désengorger les instances arbitrales compétentes en matière de différends relatifs à l'investissement en passant par une réduction des prétentions abusives fondées sur les violations du TJE et le risque de leur accueil par les tribunaux arbitraux. Et d'un autre côté, cela permettrait une unification des approches du TJE au sein du droit des investissements. Les droits de l'homme apparaitraient sous une double facette en tant que, d'une part, protecteurs des droits fondamentaux et, d'autre part, porteurs des droits fondamentaux des populations. C'est dire tout l'intérêt aussi bien encadrant que structurant de l'usage du concept de TJE en droit des investissements. En une formule, l'extension du TJE va au-delà de ce qui est exigé par les droits de l'homme, en particulier lorsqu'elle intègre des considérations relatives à la garantie des réclamations ostensiblement économiques.

557. En somme, parce qu'elle touche tant les sources que le contenu du droit des investissements, l'influence exercée par le droit international des droits de l'homme sur le droit des investissements soulève des interrogations au sujet des

---

[8]. F. HORCHANI, « Les droits de l'homme et le droit des investissements », *loc. cit.*, p. 166.

rapports entre l'État et l'investisseur, et plus précisément la question de savoir si la réalité des liens entre ces deux protagonistes dépend d'autre chose que la mise en œuvre des règles de protection des droits de l'homme. À ce titre, et dans une perspective de prolongement de ce travail, il pourrait être intéressant de se pencher sur l'apport des droits de l'homme pour la protection des investissements.

Index alphabétique

Les chiffres renvoient aux numéros des paragraphes

Table des matières

Structures éditoriales du groupe L'Harmattan

L'Harmattan Italie
Via degli Artisti, 15
10124 Torino
harmattan.italia@gmail.com

L'Harmattan Hongrie
Kossuth l. u. 14-16.
1053 Budapest
harmattan@harmattan.hu

L'Harmattan Sénégal
10 VDN SICAP AMITIE 3
BP 45034 Dakar-Fann
direction@senharmattan.com

L'Harmattan Cameroun
Tsinga/Derrière polyclinique FECAFOOT
BP 11486 Yaoundé
Jacques.koukam@harmattan.fr

L'Harmattan Burkina Faso
Villa 281, secteur 23 623, rue 14.32
Ouagadougou
zagbie@outlook.fr

L'Harmattan Guinée
Almamya, rue KA 028 OKB Agency
BP 3470 Conakry
harmattanguinee@yahoo.fr

L'Harmattan RDC
185, avenue Nyangwe
Commune de Lingwala – Kinshasa
matangilamusadila@yahoo.fr

L'Harmattan Congo
219, avenue Nelson Mandela
BP 2874 Brazzaville
deunovmikhael@gmail.com

L'Harmattan Mali
Immeuble Mgr Jean Marie Cissé
Aci Hamadallaye
BP 145 Bamako
syllaka@yahoo.fr

L'Harmattan Togo
Djidjole – Maison Amela
face EPP BATOME
02 BP 20680 Lomé
didieramela11@gmail.com

L'Harmattan Côte d'Ivoire
Résidence Karl – Cité des Arts
Abidjan-Cocody
03 BP 1588 Abidjan
harmattan.ivoire@gmail.com

L'Harmattan Bénin
Rue 604, (Immeuble à l'entrée
de la rue UCAO- Cite de Saint-Jean)
Cotonou
stepcorpus@gmail.com

Nos librairies en France

Librairie internationale
16, rue des Écoles
75005 Paris
librairie.internationale@harmattan.fr
01 40 46 79 11
www.librairieharmattan.com

Librairie des savoirs
21, rue des Écoles
75005 Paris
librairie.sh@harmattan.fr
01 46 34 13 71
www.librairieharmattansh.com

www.ingramcontent.com/pod-product-compliance
Lightning Source LLC
LaVergne TN
LVHW021151061026
849535LV00002B/422